上海市志

总目

1978—2010

上海市地方志编纂委员会　编

上海人民出版社

上海市地方志编纂委员会

上海市地方志编纂委员会

（2007.8—2018.6）

《上海市志(1978—2010)》凡例

一、本志坚持以马克思主义为指导,遵循辩证唯物主义和历史唯物主义原理,实事求是记述上海市自然、政治、经济、文化和社会的历史与现状。

二、本志为上海市首轮社会主义新方志中《上海通志》《上海市专志系列丛刊》之续,续义不续例,体例方面创新调整,并对首轮志书补缺正误。采用小篇平列体,分别编纂,陆续出版,汇为全志。

三、本志记述地域范围,以2010年底上海市行政区划为准。由上海市辐射至全国其他地区及国外事物,兼及记述。

四、本志记述内容的时限,上起1978年,下讫2010年,反映这一时期上海改革开放全貌。首轮《上海市专志系列丛刊》所缺或记述内容不够丰富的分志、分卷,上溯至事物发端。中国共产党分志、人民代表大会分志、人民政府分志、人民政协分志、民主党派分志,为保持同一届次内容记述的完整性,下延至2010年后的首个换届年份。

五、本志按自然、政治、经济、文化和社会为序设置分志、分卷,事以类从,类为一志,并兼顾当代社会分工的原则。全志除总述外,中国共产党分志、农业分志、工业分志、商业分志、服务业分志、城乡建设分志、金融分志、口岸分志设置综述卷,并设经济综述分志,加强全志整体性。各分志、分卷采用篇章节体,卷首设概述、大事记,以专记、附录、索引殿后。

六、本志体裁以述、记、志、传、图、表、录为主,力求内容与形式统一。

七、本志人物传遵循"生不立传"原则。入传人物排列先后以卒年为序,在世人物以人物简介(排列以生年为序)、人物表(人物录)记载。

八、本志采用规范的语体文、记述体,行文按《〈上海市志(1978—2010)〉编纂行文规范》,力求严谨、朴实、简洁、流畅,以第三人称记述。

九、本志纪年,凡1949年5月27日上海市解放以前的用历史纪年,一般标示朝代、年号、年份,括注公元纪年;1949年5月27日上海市解放后,一律采用公元纪年。

十、本志所记述的地名、机构名称、职称及币种、计量单位,一般按当时称谓。

十一、本志所用统计资料,原则上根据统计部门公布的材料;未列入统计部门统计的,根据部门统计的材料。

十二、本志资料来源于国家档案馆、上海市及有关省市档案馆、部门档案馆(室),以及历史文献、口碑资料、社会调查、部门提供的材料等,均经考证核实,一般不注明出处。

编纂说明

一、本总目，收录《上海市志(1978—2010)》全139部分志、分卷目录。

二、本总目，各分志、分卷目录按照《〈上海市志(1978—2010)〉卷目及编纂分工》(2021版)卷目次序编排。

三、本总目，各分志、分卷正文目录收录到节层次，节以下一级目不作收录；人物篇，以传略、简介人物姓名为标题的，不作收录。各分志、分卷末专记、附录、索引下层次目录，不作收录。

四、本总目，各分志、分卷目录原页码一并收录，以便利用。

目　录

《上海市志(1978—2010)》凡例 …… 1

编纂说明 …… 1

《上海市志·总述(1978—2010)》目录 …… 1
《上海市志·国民经济社会发展图表(1978—2010)》目录 …… 4
《上海市志·大事记(1978—2010)》目录 …… 11
《上海市志·地理分志(1978—2010)》目录 …… 12
《上海市志·气象分志(1978—2010)》目录 …… 15
《上海市志·人口分志(1978—2010)》目录 …… 19
《上海市志·中国共产党分志·综述卷(1978—2010)》目录 …… 21
《上海市志·中国共产党分志·纪检监察卷(1978—2010)》目录 …… 24
《上海市志·中国共产党分志·组织卷(1978—2010)》目录 …… 29
《上海市志·中国共产党分志·宣传卷(1978—2010)》目录 …… 32
《上海市志·中国共产党分志·统战卷(1978—2010)》目录 …… 36
《上海市志·中国共产党分志·党史研究卷(1978—2010)》目录 …… 40
《上海市志·人民代表大会分志(1978—2010)》目录 …… 42
《上海市志·人民政府分志(1978—2010)》目录 …… 46
《上海市志·人民政协分志(1978—2010)》目录 …… 51
《上海市志·民主党派分志(1978—2010)》目录 …… 55
《上海市志·群众团体分志·工商联卷(1978—2010)》目录 …… 60
《上海市志·群众团体分志·工会卷(1978—2010)》目录 …… 64
《上海市志·群众团体分志·共青团卷(1978—2010)》目录 …… 69
《上海市志·群众团体分志·妇联卷(1978—2010)》目录 …… 72
《上海市志·公安司法分志·公安卷(1978—2010)》目录 …… 76
《上海市志·公安司法分志·检察卷(1978—2010)》目录 …… 82
《上海市志·公安司法分志·审判卷(1978—2010)》目录 …… 85

《上海市志·公安司法分志·司法行政卷(1978—2010)》目录 …… 90
《上海市志·公安司法分志·监狱卷(1978—2010)》目录 …… 94
《上海市志·民防分志(1978—2010)》目录 …… 98
《上海市志·外事·港澳台侨事务分志·外事·港澳事务卷(1978—2010)》目录 …… 101
《上海市志·外事·港澳台侨事务分志·台湾事务卷(1978—2010)》目录 …… 104
《上海市志·外事·港澳台侨事务分志·华侨事务卷(1978—2010)》目录 …… 107
《上海市志·合作交流分志(1978—2010)》目录 …… 110
《上海市志·档案方志分志·档案卷(1978—2010)》目录 …… 112
《上海市志·档案方志分志·方志卷(1978—2010)》目录 …… 116
《上海市志·经济综述分志(1978—2010)》目录 …… 118
《上海市志·经济体制改革分志(1978—2010)》目录 …… 122
《上海市志·国有资产管理分志(1978—2010)》目录 …… 126
《上海市志·私营经济分志(1978—2010)》目录 …… 129
《上海市志·外资经济分志(1978—2010)》目录 …… 131
《上海市志·农业分志·农业综述卷(1978—2010)》目录 …… 134
《上海市志·农业分志·种植业卷(1978—2010)》目录 …… 138
《上海市志·农业分志·畜牧业卷(1978—2010)》目录 …… 142
《上海市志·农业分志·渔业卷(1978—2010)》目录 …… 146
《上海市志·水利·水务分志(1978—2010)》目录 …… 149
《上海市志·工业分志·工业综述卷(1978—2010)》目录 …… 153
《上海市志·工业分志·纺织业卷(1978—2010)》目录 …… 156
《上海市志·工业分志·电业卷(1978—2010)》目录 …… 159
《上海市志·工业分志·化工业卷(1978—2010)》目录 …… 163
《上海市志·工业分志·钢铁业卷(1978—2010)》目录 …… 166
《上海市志·工业分志·机械业卷(1978—2010)》目录 …… 169
《上海市志·工业分志·仪表电子·计算机业卷(1978—2010)》目录 …… 173
《上海市志·工业分志·轻工业卷(1978—2010)》目录 …… 177
《上海市志·工业分志·汽车业卷(1978—2010)》目录 …… 181
《上海市志·工业分志·船舶业卷(1978—2010)》目录 …… 186
《上海市志·工业分志·航空业卷(1978—2010)》目录 …… 189
《上海市志·工业分志·航天业卷(1978—2010)》目录 …… 194
《上海市志·工业分志·烟草业卷(1978—2010)》目录 …… 197
《上海市志·建筑业分志(1978—2010)》目录 …… 200

《上海市志・商业分志・综述卷(1978—2010)》目录 …… 204
《上海市志・商业分志・粮油盐业卷(1978—2010)》目录 …… 206
《上海市志・商业分志・食品业卷(1978—2010)》目录 …… 211
《上海市志・商业分志・日用消费品商业卷(1978—2010)》目录 …… 213
《上海市志・商业分志・药品医疗器械业卷(1978—2010)》目录 …… 215
《上海市志・商业分志・生产资料业卷(1978—2010)》目录 …… 218
《上海市志・服务业分志・综述卷(1978—2010)》目录 …… 221
《上海市志・服务业分志・餐饮业卷(1978—2010)》目录 …… 223
《上海市志・服务业分志・住宿业卷(1978—2010)》目录 …… 226
《上海市志・服务业分志・会展业卷(1978—2010)》目录 …… 228
《上海市志・服务业分志・商务和居民服务业卷(1978—2010)》目录 …… 230
《上海市志・旅游业分志(1978—2010)》目录 …… 232
《上海市志・对外经济贸易分志(1978—2010)》目录 …… 235
《上海市志・城乡建设分志・综述卷(1978—2010)》目录 …… 238
《上海市志・城乡建设分志・城乡规划卷(1978—2010)》目录 …… 240
《上海市志・城乡建设分志・城乡道路卷(1978—2010)》目录 …… 245
《上海市志・城乡建设分志・房地产业卷(1978—2010)》目录 …… 248
《上海市志・城乡建设分志・环境保护卷(1978—2010)》目录 …… 251
《上海市志・绿化市容分志(1978—2010)》目录 …… 257
《上海市志・交通运输分志・公路运输卷(1978—2010)》目录 …… 261
《上海市志・交通运输分志・铁路运输卷(1978—2010)》目录 …… 264
《上海市志・交通运输分志・城市公共交通卷(1978—2010)》目录 …… 267
《上海市志・交通运输分志・江河运输卷(1978—2010)》目录 …… 271
《上海市志・交通运输分志・海洋运输卷(1978—2010)》目录 …… 274
《上海市志・交通运输分志・港口卷(1978—2010)》目录 …… 277
《上海市志・交通运输分志・海事・救助・打捞卷(1978—2010)》目录 …… 280
《上海市志・交通运输分志・航空运输卷(1978—2010)》目录 …… 283
《上海市志・邮政・电信分志・邮政业卷(1978—2010)》目录 …… 287
《上海市志・邮政・电信分志・电信业卷(1978—2010)》目录 …… 290
《上海市志・信息化分志(1978—2010)》目录 …… 294
《上海市志・金融分志・金融综述卷(1978—2010)》目录 …… 297
《上海市志・金融分志・银行业卷(1978—2010)》目录 …… 300
《上海市志・金融分志・证券业・期货业卷(1978—2010)》目录 …… 304

《上海市志·金融分志·保险业卷(1978—2010)》目录 …… 307
《上海市志·财政·税务分志·财政卷(1978—2010)》目录 …… 310
《上海市志·财政·税务分志·税务卷(1978—2010)》目录 …… 316
《上海市志·综合经济管理分志·工商行政管理卷(1978—2010)》目录 …… 321
《上海市志·综合经济管理分志·食品药品监督管理卷(1978—2010)》目录 …… 325
《上海市志·综合经济管理分志·质量技术监督卷(1978—2010)》目录 …… 327
《上海市志·综合经济管理分志·物价管理卷(1978—2010)》目录 …… 330
《上海市志·综合经济管理分志·审计卷(1978—2010)》目录 …… 333
《上海市志·口岸分志·口岸综述卷(1978—2010)》目录 …… 336
《上海市志·口岸分志·海关卷(1978—2010)》目录 …… 340
《上海市志·口岸分志·出入境检验检疫卷(1978—2010)》目录 …… 344
《上海市志·口岸分志·出入境边防检查卷(1978—2010)》目录 …… 348
《上海市志·科学分志·科学技术卷(1978—2010)》目录 …… 351
《上海市志·科学分志·人文社会科学卷(1978—2010)》目录 …… 356
《上海市志·教育分志·学前教育·特殊教育卷(1978—2010)》目录 …… 360
《上海市志·教育分志·普通教育卷(1978—2010)》目录 …… 364
《上海市志·教育分志·高等教育卷(1978—2010)》目录 …… 367
《上海市志·教育分志·成人教育卷(1978—2010)》目录 …… 371
《上海市志·教育分志·职业教育卷(1978—2010)》目录 …… 375
《上海市志·新闻出版分志·报业卷(1978—2010)》目录 …… 379
《上海市志·新闻出版分志·广播电视卷(1978—2010)》目录 …… 383
《上海市志·新闻出版分志·出版卷(1978—2010)》目录 …… 388
《上海市志·文学·艺术分志·文学卷(1978—2010)》目录 …… 392
《上海市志·文学·艺术分志·电影卷(1978—2010)》目录 …… 395
《上海市志·文学·艺术分志·戏剧卷(1978—2010)》目录 …… 398
《上海市志·文学·艺术分志·音乐·舞蹈卷(1978—2010)》目录 …… 401
《上海市志·文学·艺术分志·曲艺·杂技卷(1978—2010)》目录 …… 404
《上海市志·文学·艺术分志·美术·书法·摄影卷(1978—2010)》目录 …… 407
《上海市志·文学·艺术分志·群众文艺卷(1978—2010)》目录 …… 411
《上海市志·文学·艺术分志·文化娱乐业卷(1978—2010)》目录 …… 414
《上海市志·图书·文博分志·图书馆事业卷(1978—2010)》目录 …… 416
《上海市志·图书·文博分志·文博卷(1978—2010)》目录 …… 419
《上海市志·文化产业分志(1978—2010)》目录 …… 421

《上海市志·卫生·体育分志·医疗卫生卷(1978—2010)》目录 …… 423
《上海市志·卫生·体育分志·体育卷(1978—2010)》目录 …… 428
《上海市志·社会团体分志(1978—2010)》目录 …… 432
《上海市志·民族·宗教分志·民族卷(1978—2010)》目录 …… 434
《上海市志·民族·宗教分志·宗教卷(1978—2010)》目录 …… 436
《上海市志·人力资源和社会保障分志·人事卷(1978—2010)》目录 …… 439
《上海市志·人力资源和社会保障分志·劳动卷(1978—2010)》目录 …… 442
《上海市志·人力资源和社会保障分志·社会保险卷(1978—2010)》目录 …… 447
《上海市志·民政·民生分志·民政卷(1978—2010)》目录 …… 451
《上海市志·民政·民生分志·社会生活卷(1978—2010)》目录 …… 455
《上海市志·民俗·方言分志·民俗卷(1978—2010)》目录 …… 456
《上海市志·民俗·方言分志·方言卷(1978—2010)》目录 …… 459
《上海市志·浦东开发开放分志》目录 …… 462
《上海市志·上海特奥会分志》目录 …… 467
《上海市志·开发区分志(1978—2010)》目录 …… 469
《上海市志·黄浦江分志(1978—2010)》目录 …… 473
《上海市志·区县简况(1978—2010)》目录 …… 476

《上海市志·总述(1978—2010)》目录

《上海市志(1978—2010)》凡例 …… 1
编纂说明 …… 1
总论 …… 1

第一篇　自然 …… 7
第一章　地理 …… 10
第一节　地域 …… 11
第二节　地况 …… 12
第三节　水情 …… 13
第四节　气候 …… 15
第五节　土壤 …… 18
第六节　生物 …… 19
第二章　环境保护 …… 21
第一节　环境质量 …… 21
第二节　环保规划、法治 …… 25
第三节　环境治理 …… 26
第四节　自然生态保护 …… 28

第二篇　政治 …… 33
第一章　中国共产党 …… 37
第一节　党代会 …… 37
第二节　机构 …… 38
第二章　人民政府 …… 44
第一节　机构 …… 44
第二节　管理体制改革 …… 48
第三节　政务建设 …… 51
第三章　人大 …… 56
第一节　换届情况 …… 56
第二节　主要工作 …… 56
第四章　政协 …… 61
第一节　换届情况 …… 61
第二节　主要工作 …… 61
第五章　民主党派与群团组织 …… 65
第一节　民主党派、工商联 …… 65
第二节　工、青、妇 …… 73
第六章　政法 …… 85
第一节　公安 …… 85
第二节　检察 …… 88
第三节　审判 …… 90
第四节　司法行政 …… 96

第三篇　规划与战略 …… 103
第一章　五年计划与规划 …… 105
第一节　“五五”后三年计划(1978—1980年) …… 105
第二节　“六五”计划(1981—1985年) …… 105
第三节　“七五”计划(1986—1990年) …… 106
第四节　“八五”计划(1991—1995年) …… 106
第五节　“九五”计划(1996—2000年) …… 107
第六节　“十五”计划(2001—2005年) …… 108
第七节　“十一五”规划纲要(2006—

2010年) …… 109
第二章 城市总体规划 …… 112
第一节 上海市城市总体规划方案(1986年) …… 112
第二节 上海市城市总体规划(1999—2020年) …… 113
第三章 浦东开发开放 …… 114
第一节 历程 …… 114
第二节 重要实践 …… 117
第四章 “四个中心”建设 …… 124
第一节 国际经济中心建设 …… 125
第二节 国际贸易中心建设 …… 127
第三节 国际金融中心建设 …… 129
第四节 国际航运中心建设 …… 139

第四篇 经济 …… 145
第一章 城市建设 …… 148
第一节 城建投融资体制改革 …… 148
第二节 城市基础设施建设 …… 151
第三节 住房 …… 160
第四节 城乡一体化与新城建设 …… 174
第五节 城市应急(安全) …… 177
第二章 开发区建设 …… 180
第一节 概况 …… 180
第二节 国家级开发区 …… 181
第三节 市级开发区 …… 187
第三章 产业 …… 191
第一节 发展战略 …… 192
第二节 产业结构 …… 196
第三节 空间布局 …… 199
第四节 农业 …… 200
第五节 工业 …… 206
第六节 商业 …… 214
第七节 其他 …… 220
第四章 国资国企改革 …… 223
第一节 国资国企管理体制改革 …… 224
第二节 市政公用行业与物业管理行业改革 …… 232
第五章 对外经贸交流与合作 …… 235
第一节 对外贸易 …… 235
第二节 对外经济合作 …… 239
第三节 境外对沪投资 …… 240
第四节 对外经贸管理 …… 243

第五篇 文化 …… 255
第一章 文化体制改革与设施体系建设 …… 258
第一节 文化体制改革 …… 258
第二节 文化设施建设 …… 263
第三节 公共文化服务体系 …… 264
第二章 文学艺术创作与文化活动 …… 267
第一节 文学创作成果 …… 267
第二节 表演艺术成就 …… 268
第三节 文化活动 …… 270
第三章 文化事业和产业 …… 275
第一节 广播、电视、电影 …… 275
第二节 博物馆、图书馆 …… 280
第三节 报刊、出版 …… 281
第四节 体育 …… 283
第五节 旅游 …… 284
第六节 文化企业 …… 285
第七节 文化创意产业 …… 286
第八节 数字新媒体 …… 287
第四章 精神文明建设 …… 289
第一节 精神文明宣传教育 …… 289
第二节 文明城市(区)创建 …… 290
第三节 志愿服务 …… 291
第四节 市民文化学习 …… 292
第五节 爱国主义教育 …… 293
第五章 社会科学研究 …… 294
第一节 研究机构与队伍 …… 294
第二节 重要学术研究进展 …… 295
第三节 学术活动 …… 298
第四节 服务社会 …… 299
第五节 中国特色社会主义理论研究 …… 301
第六章 科技创新 …… 308
第一节 科技制度改革 …… 308

第二节　重大创新成果 …… 311
第三节　对外合作交流 …… 315
第四节　科学普及工作 …… 320

第六篇　社会 …… 325
第一章　行政区划 …… 328
第一节　市 …… 328
第二节　区县 …… 328
第二章　人口 …… 343
第一节　人口数量与构成 …… 343
第二节　婚姻、家庭 …… 346
第三节　居民收入与消费 …… 347
第四节　城市人口管理 …… 348
第三章　居民自治与社会共治 …… 351
第一节　社区管理体制改革 …… 351
第二节　居民区自治探索 …… 353
第四章　社会保障与就业 …… 355
第一节　社会保障体系与制度建设 …… 355
第二节　就业扶持 …… 362
第五章　养老 …… 373
第一节　养老服务 …… 373
第二节　制度体系建设 …… 375
第六章　教育 …… 377
第一节　教育设施 …… 377
第二节　教育法规和学制 …… 380
第三节　教育体制改革 …… 383
第四节　教育阶段 …… 386
第七章　卫生医疗 …… 394
第一节　公共卫生 …… 394
第二节　医疗 …… 396

编后记 …… 400

《上海市志·国民经济社会发展图表(1978—2010)》目录

序 …… 1
《上海市志(1978—2010)》凡例 …… 1
编纂说明 …… 1
概述 …… 1
大事记 …… 15

第一篇 综合 …… 49
第一章 社会经济发展 …… 51
1978—2010 年主要年份社会经济主要指标统计表 …… 52
1978—2010 年主要年份经济和社会主要指标发展速度统计表 …… 55
1978—2010 年主要年份社会经济发展结构指标统计表 …… 57
1978—2010 年主要年份经济和社会发展人均指标统计表 …… 59
各时期社会经济主要指标统计表 …… 60
各时期社会经济主要指标年平均增长率统计表 …… 61
第二章 国民经济核算 …… 62
1978—2010 年上海市生产总值总量统计表 …… 66
1978—2010 年上海市生产总值指数(以 1978 年为 100)统计表 …… 67
1978—2010 年上海市生产总值指数(以上年为 100)统计表 …… 68
1978—2010 年上海市生产总值构成统计表 …… 69
1978—2010 年人均生产总值及指数统计表 …… 70
第三章 财政和金融 …… 71
1978—2010 年地方财政收支统计表 …… 74
2000—2010 年地方财政收入统计表 …… 75
1978—2006 年地方财政支出统计表 …… 76
2007—2010 年地方财政支出统计表 …… 76
1990—2010 年金融机构存款余额统计表 …… 77
1978—2010 年年末储蓄存款余额统计表 …… 78
1990—2010 年金融机构贷款余额统计表 …… 79
2000—2010 年主要金融市场交易统计表 …… 79
1990—2010 年上海证券交易所有价证券成交总额统计表 …… 80
1978—2010 年原保险保费收入和赔付支出统计表 …… 81
第四章 能源 …… 82
1985—2010 年主要年份能源消耗基本情况统计表 …… 85
1978—2010 年能源消费弹性系数统计表 …… 86

1985—2010 年主要年份能源消费总量统计表 …… 87
1980—2010 年主要年份能源终端消费量统计表 …… 87
第五章 人口和劳动力 …… 88
1978—2010 年户数、人口数和人口密度统计表 …… 90
1978—2010 年人口性别比和平均期望寿命统计表 …… 91
1978—2010 年人口迁移统计表 …… 92
2005—2010 年在沪外国常住人口统计表 …… 93
1978—2010 年全社会从业人员统计表 …… 94
1978—2010 年社会就业统计表 …… 95
1978—2010 年从业人员报酬统计表 …… 96
1978—2010 年职工平均工资统计表 …… 97

第二篇 工业、交通运输、邮政业 …… 99
第一章 工业 …… 101
1978—2010 年工业总产值及指数统计表 …… 103
1978—1999 年工业总产值(按登记注册类型分)统计表 …… 104
2000—2010 年工业总产值(按登记注册类型分)统计表 …… 104
1978—2010 年主要工业产品产量统计表 …… 105
1997—2010 年工业企业经济效益指标统计表 …… 110
2004—2010 年高技术产业主要指标统计表 …… 111
2001—2010 年六个重点发展工业行业主要指标统计表 …… 114
第二章 交通运输、邮政和信息传输业 …… 116
1978—2010 年货物运输量统计表 …… 118
1978—2010 年货物周转量统计表 …… 119
1978—2010 年旅客周转量统计表 …… 120
1978—2010 年旅客发送量统计表 …… 121
1978—2010 年港口、集装箱吞吐量统计表 …… 122
1978—2010 年邮电通信情况统计表 …… 123
1978—2010 年邮政业务主要指标统计表 …… 124
2004—2010 年信息化基础设施统计表 …… 125
2005—2010 年信息服务业经营情况统计表 …… 125

第三篇 农业和农村 …… 127
第一章 农业 …… 129
1978—2010 年农村户数、人口和从业人员统计表 …… 132
1978—2010 年农业总产值统计表 …… 133
1978—2010 年农业总产值指数(以 1952 年为 100)统计表 …… 134
1978—2010 年年末耕地面积统计表 …… 135
1978—2010 年农作物总播种面积及构成统计表 …… 136
1978—2010 年粮食作物播种面积和产量统计表 …… 137
1978—2010 年棉花、油菜籽播种面积和产量统计表 …… 138
1978—2010 年其他农作物播种面积和产量统计表 …… 139
1978—2010 年林业生产统计表 …… 140
1978—2010 年奶牛、羊、生猪、兔的年末存栏统计表 …… 141
1978—2010 年生猪、家禽出栏和鲜蛋、牛奶、生猪肉、水产品产量统计表 …… 142
1978—2010 年农业机械化统计表 …… 143
1978—2010 年农业机械年末拥有量统计表 …… 144
1978—2010 年农村用电量统计表 …… 145
1978—2010 年化肥和农药施用量

(实物量)统计表 …… 146
1978—2010年农田水利工程投资额统计表 …… 147
第二章 农村 …… 148
1978—2010年农业银行年末存贷款统计表 …… 149
1978—2010年农村商业银行年末存贷款统计表 …… 150
1991—2010年郊区(县)工业生产、销售总量统计表 …… 151
1998—2010年郊区(县)利用外资情况统计表 …… 151
1994—2010年郊区(县)固定资产投资完成情况统计表 …… 152
1997—2010年郊区(县)房地产开发投资主要指标统计表 …… 152
1997—2010年郊区(县)社会消费品零售总额情况统计表 …… 153

第四篇 商贸旅游 …… 155
第一章 批发和零售业、住宿和餐饮业 …… 157
1978—2010年社会消费品零售总额(按商品用途分)统计表 …… 159
1978—2010年社会消费品零售总额(按经济类型分)统计表 …… 160
1978—2010年社会消费品零售总额(按行业分)统计表 …… 161
1978—2010年主要消费品零售量统计表 …… 162
1978—2010年批发零售贸易业商品购销存总额统计表 …… 166
1998—2002年限额以上餐饮业主要财务指标统计表 …… 168
2003—2010年限额以上餐饮业主要财务指标统计表 …… 168
第二章 对外经济 …… 170
1978—2010年进出口商品总额统计表 …… 173
2001—2010年外贸进口商品总额统计表 …… 174
1990—2010年外贸出口商品总额统计表 …… 174
1980—2010年外商直接投资合同项目统计表 …… 175
1980—2010年外商直接投资合同金额统计表 …… 176
1981—2010年外商直接投资实际到位金额统计表 …… 177
1983—2010年对外承包工程和劳务合作统计表 …… 178
第三章 旅游 …… 179
1978—2010年旅游入境人数统计表 …… 180
1980—2010年国际旅游外汇收入统计表 …… 181
2001—2010年国内来沪旅游人数及人均消费支出统计表 …… 182

第五篇 投资和城市建设 …… 183
第一章 固定资产投资 …… 185
1978—2010年全社会固定资产投资总额统计表 …… 187
1991—2010年全社会固定资产投资总额(按行业分)统计表 …… 188
1990—2010年全社会固定资产投资总额(按三次产业分)统计表 …… 190
1990—2010年全社会固定资产投资资金来源统计表 …… 191
第二章 房地产 …… 192
1995—2010年房地产开发投资统计表 …… 194
1995—2010年房地产开发投资(按用途分)统计表 …… 194
1978—2010年住宅投资和竣工建筑面积统计表 …… 195
1995—2010年房地产开发企业房屋建筑面积统计表 …… 196

1995—2010 年房地产开发企业商品房销售和出租情况统计表 …………… 197
1988—2010 年存量房交易情况统计表 ………………………………… 199
第三章　城市建设 ……………………… 200
1979—2010 年城市基础设施投资额统计表 ………………………………… 202
1979—2010 年用于公用事业和市政建设的投资额统计表 ……………… 203
1978—2010 年自来水情况统计表…… 204
1978—2010 年用电量统计表………… 205
1978—2010 年煤气情况统计表……… 206
1978—2010 年液化石油气和天然气情况统计表 ………………………… 207
1996—2010 年轨道交通、高架道路、黄浦江大桥和隧道情况统计表 …… 208
1978—2010 年市政工程设施情况…… 209
第四章　环境保护 ……………………… 210
1990—2010 年环保投入和“三废”综合利用统计表 ……………………… 212
1991—2010 年水环境保护统计表…… 212
1991—2010 年大气环境保护统计表 ………………………………… 213
1978—2010 年城市环境卫生统计表 ………………………………… 214
1978—2010 年城市园林绿化统计表 ………………………………… 215

第六篇　价格 ………………………… 217
第一章　居民消费价格 ………………… 219
1978—2010 年居民消费价格指数(以上年为 100)统计表 …………… 221
1978—1993 年居民消费价格定基指数(以 1978 年为 100)统计表…… 222
1994—2000 年居民消费价格定基指数(以 1993 年为 100)统计表…… 222
2001—2010 年居民消费价格定基指数(以 2000 年为 100)统计表…… 222
第二章　生产者价格 …………………… 223
1992—2010 年工业品出厂价格指数(以上年为 100)统计表 …………… 225
1992—2010 年工业品出厂价格定基指数(以 1991 年为 100)统计表………… 226
1992—2010 年原材料、燃料、动力购进价格指数(以上年为 100)统计表 …… 228
1992—2010 年原材料、燃料、动力购进价格定基指数(以 1991 年为 100)统计表 ………………………………… 229
第三章　固定资产投资和房地产价格 ………………………… 230
1993—2010 年固定资产投资价格指数(以上年为 100)统计表 …………… 232
1998—2010 年房屋销售价格指数(以上年为 100)统计表 …………… 232
1998—2010 年房屋租赁价格指数(以上年为 100)统计表 …………… 233
1998—2010 年土地交易价格指数统计表 ………………………………… 233

第七篇　人民生活 ……………………… 235
第一章　城市居民生活 ………………… 237
1978—2010 年城市居民家庭生活基本情况统计表 ……………………… 239
1978—2010 年城市居民家庭人均可支配收入统计表 ………………… 241
1978—2010 年城市居民家庭人均消费支出统计表 …………………… 243
第二章　农村居民生活 ………………… 245
1978—2010 年农村居民家庭生活基本情况统计表 ……………………… 248
1978—2010 年农村居民家庭人均可支配收入(按收入来源分)情况统计表 ………………………………… 250
1978—2010 年农村居民家庭人均生活消费支出(按支出类别分)统计表 ………………………………… 251
1994—2010 年农村居民家庭人均可支配收入(按收入水平分)

统计表 …………………………… 252
1994—2010年农村居民家庭人均生活消费支出(按收入水平分)统计表 …………………………… 252

第八篇　社会事业 …………………… 253
第一章　教育 …………………………… 255
1978—2010年各级各类学校数统计表 …………………………… 257
1978—2010年各级各类学校招生数统计表 …………………………… 258
1978—2010年各级各类学校在校学生数统计表 …………………… 259
1978—2010年各级各类学校毕业生数统计表 …………………………… 260
1978—2010年普通高等学校基本情况统计表 …………………………… 261
1978—2010年研究生人数统计表…… 262
1978—2010年普通中学基本情况统计表 …………………………… 263
1978—2010年小学基本情况统计表 …………………………… 264
1978—2010年幼儿园、特殊教育学校基本情况统计表 …………………… 265
第二章　卫生、社会保障和社会福利 …… 266
1978—2010年卫生机构数统计表…… 269
1978—2010年卫生机构人员数统计表 …………………………… 270
1978—2010年卫生机构床位数统计表 …………………………… 271
1978—2010年每万人口卫生技术人员、医院床位数统计表 ………………… 272
1978—2010年医院诊疗人次及入院人数统计表 ………………………… 273
1978—2010年婴儿死亡率、新生儿死亡率、孕产妇死亡率统计表 …… 274
2000—2010年各类社会保险参保人数统计表 …………………………… 275
2000—2010年享受各类社会保险人数统计表 …………………………… 276
2000—2010年社会最低保障标准统计表 …………………………… 276
1980—2010年各类福利机构情况统计表 …………………………… 277
1980—2010年抚恤、补助对象人数统计表 …………………………… 279
1980—2010年优抚和社会救济金额及福利企业情况统计表 …………… 280
第三章　文化和体育 ………………… 281
1978—2010年文化事业单位数统计表 …………………………… 283
1978—2010年艺术表演团体演出情况统计表 …………………………… 284
1978—2010年艺术表演场所、戏剧演出情况统计表 ……………………… 285
1980—2010年广播电台情况统计表 …………………………… 286
1980—2010年电视台情况统计表…… 287
1978—2010年电影摄制、译制和放映情况统计表 ………………… 288
1978—2010年图书馆、博物馆及文化馆情况统计表 ………………… 289
1978—2010年图书、期刊和报纸出版情况统计表 ……………………… 290
1978—2010年公共体育场地统计表 …………………………… 291
1979—2010年等级运动员人数统计表 …………………………… 292
第四章　科学技术 …………………… 293
1978—2010年研究与开发机构数及科技活动人员统计表 ……………… 295
1985—2010年科技活动经费筹集总额和内部支出统计表 …………… 296
1978—2010年研究与试验发展经费支出情况统计表 ………………… 297
1978—2010年科技成果统计表……… 298
1985—2010年专利申请量统计表…… 299
1985—2010年专利授权量统计表…… 300

1991—2010 年技术合同项目和成交金额统计表 …… 301
1985—2010 年自然科学研究与技术开发机构情况统计表 …… 302

第九篇 统计机构组织 …… 303
第一章 政府统计机构 …… 305
第一节 市统计局 …… 305
第二节 国家统计局直属统计机构 …… 310
第三节 区、县政府统计机构 …… 312
第四节 乡镇、街道统计组织 …… 315
第二章 统计学术团体 …… 317
第一节 市统计学会 …… 317
第二节 区县统计学会 …… 323

第十篇 统计调查 …… 325
第一章 普查 …… 327
第一节 人口普查 …… 327
第二节 经济普查 …… 329
第三节 农业普查 …… 331
第四节 工业普查 …… 333
第五节 第三产业普查 …… 335
第六节 基本单位普查 …… 336
第二章 专业统计 …… 338
第一节 工业 …… 338
第二节 建筑业 …… 340
第三节 固定资产投资 …… 340
第四节 房地产业 …… 341
第五节 交通运输、邮政业 …… 342
第六节 能源 …… 343
第七节 批发和零售业、住宿和餐饮业 …… 345
第八节 科技 …… 347
第九节 对外贸易 …… 350
第十节 社会服务业 …… 354
第十一节 劳动工资 …… 355
第十二节 企业(集团)统计调查 …… 358
第三章 抽样调查 …… 360
第一节 规模以下工业企业调查 …… 360
第二节 规模以下商业企业调查 …… 361
第三节 采购经理调查 …… 362
第四节 居民消费价格调查 …… 363
第五节 生产投资价格调查 …… 365
第六节 农产量调查 …… 367
第七节 城市居民调查 …… 367
第八节 农村居民调查 …… 372
第九节 人口调查 …… 374
第十节 景气调查 …… 379
第十一节 专项调查 …… 381

第十一篇 统计制度方法 …… 383
第一章 统计制度 …… 385
第一节 在地统计 …… 385
第二节 统计调查项目管理 …… 387
第三节 统计登记 …… 389
第二章 国民经济核算制度 …… 391
第一节 国民经济核算制度的沿革 …… 391
第二节 专题统计指标体系 …… 393
第三章 统计数据采集 …… 400
第一节 网上直报 …… 400
第二节 一套表 …… 402

第十二篇 统计信息化建设 …… 405
第一章 统计计算工具 …… 407
第一节 微型计算机 …… 407
第二节 小型计算机 …… 408
第三节 计算机网络 …… 409
第二章 统计信息处理自动化 …… 410
第一节 统计数据处理 …… 410
第二节 软件开发与引进 …… 411
第三节 数据库建设 …… 412
第四节 信息编码 …… 413
第五节 人员培训 …… 414

第十三篇　统计科研与教育 …… 415
第一章　统计科学基础研究 …… 417
第一节　理论研究 …… 417
第二节　基础工作研究 …… 419
第二章　统计制度方法研究 …… 429
第一节　研究项目 …… 429
第二节　研究成果 …… 433
第三章　统计刊物 …… 437
第一节　《上海统计》…… 437
第二节　《统计应用研究》…… 438
第三节　《统计科学与实践》…… 439
第四章　统计教育 …… 440
第一节　学历教育 …… 440
第二节　在职培训 …… 443
第三节　岗前培训和持证上岗制度 …… 446

第十四篇　统计管理 …… 447
第一章　统计法治 …… 449
第一节　地方统计法规制定 …… 449
第二节　统计法律法规宣传 …… 450
第三节　统计违法行为查处 …… 454
第二章　统计分析 …… 457
第一节　进度分析 …… 457
第二节　专题分析 …… 458
第三节　专送统计分析 …… 460
第四节　统计分析获奖 …… 461
第三章　统计新闻宣传 …… 462
第一节　统计公报 …… 462
第二节　统计资料 …… 463
第三节　新闻发布 …… 467
第四节　上海统计网建设 …… 472
第四章　统计专业职务评聘 …… 474
第一节　职称考试 …… 474
第二节　以考代评资格考试 …… 475
第三节　技术职务评聘 …… 477

附录 …… 481
索引 …… 513
编后记 …… 518

《上海市志·大事记(1978—2010)》目录

《上海市志(1978—2010)》凡例 …… 1
编纂说明 …… 1

1978年 …… 1
1979年 …… 9
1980年 …… 18
1981年 …… 28
1982年 …… 35
1983年 …… 44
1984年 …… 52
1985年 …… 62
1986年 …… 74
1987年 …… 86
1988年 …… 97
1989年 …… 109
1990年 …… 118
1991年 …… 128
1992年 …… 139
1993年 …… 152
1994年 …… 162
1995年 …… 173
1996年 …… 186
1997年 …… 199
1998年 …… 212
1999年 …… 225
2000年 …… 238
2001年 …… 250
2002年 …… 266
2003年 …… 281
2004年 …… 295
2005年 …… 310
2006年 …… 326
2007年 …… 343
2008年 …… 360
2009年 …… 376
2010年 …… 388

编后记 …… 410

《上海市志·地理分志（1978—2010）》目录

序 …… 1
《上海市志(1978—2010)》凡例 …… 1
编纂说明 …… 1
概述 …… 1
大事记 …… 9

第一篇　行政建置 …… 43
第一章　管理机构 …… 45
第一节　秦至清时期 …… 45
第二节　中华民国时期 …… 46
附：日伪政权 …… 48
第三节　中华人民共和国时期 …… 49
第二章　建置沿革 …… 54
第一节　先秦至隋时期 …… 54
第二节　唐宋时期 …… 55
第三节　元明清时期 …… 56
第四节　中华民国时期 …… 57
附：日伪政权 …… 58
第五节　中华人民共和国时期 …… 59
第三章　区划 …… 61
第一节　秦至明时期 …… 61
第二节　清时期 …… 62
第三节　中华民国时期 …… 63
附：日伪政权 …… 70
第四节　中华人民共和国时期 …… 71
第四章　区县沿革 …… 74
第一节　唐至清时期 …… 74
第二节　中华民国时期 …… 77
第三节　中华人民共和国时期 …… 80
第四节　1949—2010年间撤销建置的区划 …… 86

第二篇　地质地貌 …… 95
第一章　地质 …… 97
第一节　地质演变 …… 97
第二节　地质构造 …… 102
第三节　矿产 …… 105
第二章　地貌类型与分区 …… 108
第一节　地貌类型 …… 108
第二节　地貌分区 …… 108
第三章　三角洲成陆地貌 …… 110
第一节　三角洲现状 …… 110
第二节　成陆过程 …… 113
第四章　岛屿成陆地貌 …… 116
第一节　崇明三岛 …… 116
第二节　其他岛屿 …… 121
第五章　山丘 …… 130
第六章　海岸线 …… 135
第一节　河口海岸 …… 136
第二节　杭州湾海岸 …… 149
第三节　南汇嘴 …… 155
第四节　历史时期上海海岸线的变迁 …… 157

第三篇　气候 …… 159
　第一章　气候因素与特点 …… 161
　　第一节　影响因素 …… 161
　　第二节　气候特点 …… 161
　第二章　气象要素 …… 164
　　第一节　气温 …… 164
　　第二节　降水 …… 165
　　第三节　湿度和蒸发 …… 166
　　第四节　日照、太阳辐射和云雾 …… 167
　　第五节　气压、风 …… 168
　　第六节　城市气候 …… 169

第四篇　水文 …… 171
　第一章　海洋 …… 173
　　第一节　东海 …… 173
　　第二节　长江口 …… 174
　　第三节　杭州湾 …… 175
　第二章　河流 …… 178
　　第一节　长江水系 …… 178
　　第二节　黄浦江水系 …… 182
　　　附：黄浦江水系历史名称 …… 192
　　第三节　吴淞江水系 …… 194
　　　附：吴淞江水系历史名称 …… 200
　　第四节　其他河流 …… 201
　　第五节　河流改道 …… 202
　第三章　湖泊 …… 209
　　第一节　淀山湖 …… 209
　　第二节　浦西地区湖泊 …… 210
　　第三节　其他地区湖泊 …… 211
　　　附：历史名称 …… 212
　第四章　潮汐 …… 213
　　第一节　潮汐基本状况 …… 213
　　第二节　各区潮汐具体情形 …… 218
　　第三节　天文大潮 …… 226
　第五章　地下水 …… 228
　　第一节　类型及特点 …… 228
　　第二节　地下水开发利用 …… 240

第五篇　土壤和动植物 …… 271
　第一章　土壤 …… 273
　　第一节　土壤分类 …… 273
　　第二节　土壤分布及生产性状 …… 277
　第二章　动植物 …… 288
　　第一节　动物种类及分布 …… 288
　　第二节　植物区系与植被类型 …… 289
　　第三节　野生动植物栖息地 …… 291
　　第四节　野生动植物保护 …… 293

第六篇　自然灾害 …… 297
　第一章　灾害种类及特征 …… 300
　　第一节　暴雨、洪涝 …… 300
　　第二节　高温、干旱 …… 301
　　第三节　雷暴、冰雹 …… 302
　　第四节　大风、龙卷风 …… 303
　　第五节　潮灾、台风 …… 304
　　第六节　寒潮、冰冻、大雪 …… 304
　　第七节　雾、霾 …… 305
　第二章　重大灾害事件 …… 307
　　第一节　暴雨、洪涝 …… 307
　　第二节　高温酷暑 …… 317
　　第三节　干旱 …… 320
　　第四节　雷暴、冰雹 …… 321
　　第五节　龙卷风 …… 325
　　第六节　台风 …… 326
　　第七节　低温灾害 …… 334
　　第八节　雾、霾灾害 …… 336

第七篇　地理研究 …… 339
　第一章　机构、团体 …… 342
　　第一节　机构 …… 342
　　第二节　团体 …… 348
　第二章　研究成果 …… 350
　　第一节　自然地理研究成果 …… 350
　　第二节　人文地理研究成果 …… 354
　　第三节　地图与地理信息系统(GIS)研究成果 …… 362

《上海市志·气象分志(1978—2010)》目录

序 …… 1

《上海市志(1978—2010)》凡例 …… 1

编纂说明 …… 1

概述 …… 1

大事记 …… 9

第一篇　气候 …… 37

第一章　气候要素与气候特征 …… 39

第一节　温度 …… 39

第二节　降水 …… 47

第三节　风 …… 53

第四节　辐射与日照 …… 58

第五节　湿度与蒸发 …… 61

第六节　气候特征 …… 64

第二章　气候变化 …… 67

第一节　冷暖变化 …… 67

第二节　旱涝变化 …… 70

第三节　风速变化 …… 73

第三章　城市气候与岛屿气候 …… 75

第一节　城市热岛 …… 75

第二节　城市雨岛 …… 80

第三节　城市干岛 …… 82

第四节　城市混浊岛 …… 85

第五节　城市风环境 …… 88

第六节　崇明岛屿气候 …… 89

第二篇　天气系统与气象灾害 …… 95

第一章　热带气旋 …… 97

第一节　等级划分 …… 97

第二节　产生频数 …… 97

第三节　源地与路径 …… 100

第四节　主要影响 …… 101

第五节　灾情实例 …… 106

第二章　梅雨 …… 111

第一节　标准 …… 111

第二节　气候特点 …… 112

第三节　天气系统 …… 114

第四节　灾情实例 …… 114

第三章　暴雨 …… 116

第一节　形成 …… 116

第二节　时空分布 …… 116

第三节　日数 …… 119

第四节　灾情实例 …… 120

第四章　大风 …… 123

第一节　气候特征 …… 123

第二节　灾情实例 …… 127

第五章　雷暴 …… 130

第一节　时空分布 …… 130

第二节　灾情实例 …… 131

第六章　龙卷风、冰雹与飑线 …… 134

第一节　龙卷风 …… 134

第二节　冰雹 …… 137

第三节　飑线 …………………………… 140
第七章　雾与霾 …………………………… 144
第一节　雾 …………………………… 144
第二节　霾 …………………………… 146
第三节　灾情实例 …………………………… 148
第八章　寒潮与冰雪 …………………………… 151
第一节　寒潮 …………………………… 151
第二节　冰冻 …………………………… 152
第三节　大雪 …………………………… 155
第四节　灾情实例 …………………………… 158
第九章　高温与干旱 …………………………… 161
第一节　高温 …………………………… 161
第二节　干旱 …………………………… 168

第三篇　气象探测与通信 …………………………… 171
第一章　地面气象观测 …………………………… 173
第一节　国家级地面站 …………………………… 173
第二节　地面自动气象站 …………………………… 179
第二章　海洋气象观测 …………………………… 181
第一节　海岛综合观测站 …………………………… 181
第二节　海岛自动观测站 …………………………… 181
第三节　船舶与浮标自动观测站 …… 188
第三章　高空气象探测 …………………………… 191
第一节　探测业务 …………………………… 191
第二节　探测项目 …………………………… 192
第四章　地基遥感探测 …………………………… 194
第一节　天气雷达探测 …………………………… 194
第二节　风廓线和微波辐射探测 …… 199
第三节　气溶胶激光雷达等地基遥感探测 …………………………… 201
第五章　卫星气象探测 …………………………… 203
第一节　卫星云图接收 …………………………… 203
第二节　卫星遥感分析处理应用 …… 207
第三节　GPS/MET 大气可降水量监测 …………………………… 209
第六章　特种气象观测 …………………………… 210
第一节　辐射观测 …………………………… 210
第二节　酸雨观测 …………………………… 211
第三节　雷电观测 …………………………… 212
第四节　梯度观测 …………………………… 213
第五节　移动观测 …………………………… 214
第七章　气象通信 …………………………… 216
第一节　沿革 …………………………… 216
第二节　有线通信 …………………………… 217
第三节　无线通信 …………………………… 219
第四节　上海区域气象通信枢纽(SQS)系统 …………………………… 221
第五节　气象卫星综合应用业务系统(9210 工程) …………………………… 224
第六节　数字宽带气象网络通信系统 …………………………… 225
第七节　应急卫星通信系统 ………… 227
第八节　通信网络管理 …………………………… 227

第四篇　气象预报 …………………………… 229
第一章　气象预报业务 …………………………… 231
第一节　气象预报责任区域 ………… 231
第二节　气象预报业务分工 ………… 235
第三节　重要天气预报预警 ………… 236
第四节　气象信息综合分析处理系统(MICAPS) …………………………… 237
第五节　客观化天气预报发展 ……… 239
第二章　气象预报种类 …………………………… 243
第一节　短临天气预报 …………………………… 243
第二节　短期天气预报 …………………………… 245
第三节　中期天气预报 …………………………… 248
第四节　延伸期天气预报 …………………………… 250
第五节　短期气候预测 …………………………… 251
第六节　专业天气预报 …………………………… 253
第三章　气象预报方法 …………………………… 258
第一节　天气图预报 …………………………… 258
第二节　数值天气预报 …………………………… 259
第三节　数理统计预报 …………………………… 260
第四节　模式输出统计(MOS)预报 …………………………… 261
第五节　集合预报与概率预报 ……… 261
第六节　天气预报会商 …………………………… 263

第五篇　应用气象 …… 265
第一章　环境与健康气象 …… 267
第一节　业务 …… 267
第二节　监测网 …… 270
第二章　农业气象 …… 274
第一节　业务 …… 274
第二节　服务 …… 278
第三章　海洋气象 …… 282
第一节　预报规范 …… 282
第二节　调查与科研项目 …… 286
第三节　预报责任海区与服务保障 …… 287
第四章　航空气象 …… 292
第一节　观测与探测 …… 292
第二节　预报与服务 …… 294
第三节　情报与设备 …… 298
第四节　航空气象案例 …… 302

第六篇　气象服务 …… 305
第一章　决策气象服务 …… 307
第一节　灾害性天气服务 …… 307
第二节　气候预测服务 …… 310
第三节　突发事件气象应急与联动 …… 311
第二章　公众气象服务 …… 315
第一节　天气预报服务 …… 315
第二节　气象预警服务 …… 315
第三节　气象服务途径 …… 316
第三章　重大专项气象服务 …… 323
第一节　重大活动气象保障 …… 323
第二节　重大赛事气象保障 …… 324
第三节　重要节庆气象保障 …… 326
第四节　重点工程建设气象服务 …… 326
第四章　专业气象服务 …… 329
第一节　专业服务手段 …… 329
第二节　气候论证服务 …… 331
第三节　防雷技术服务 …… 333
第五章　气象灾害风险管理 …… 334
第一节　气象灾害防御预案 …… 334
第二节　影响预报与风险预警 …… 334

第七篇　气象科研 …… 337
第一章　气象科研体系 …… 339
第一节　气象科研机构分布 …… 339
第二节　科研基础技术手段与实验室 …… 341
第二章　气象科研领域 …… 344
第一节　台风路径、强度与机理 …… 344
第二节　中小尺度灾害性天气研究 …… 347
第三节　天气气候应用研究 …… 350
第四节　精细化数值天气预报研究 …… 354
第五节　大气探测技术研究 …… 356
第六节　环境与健康气象研究 …… 362
第七节　农业气象科研与成果应用 …… 365
第三章　气象科研重要成果 …… 371
第一节　国家级科技成果奖 …… 371
第二节　省部级科技成果奖 …… 374
第三节　科技著作与重要论文 …… 378

第八篇　气象仪器装备 …… 381
第一章　气象仪器装备配置 …… 383
第一节　地面气象观测仪器 …… 383
第二节　高空气象探测仪器 …… 389
第三节　气象雷达 …… 390
第四节　气象卫星地面接收系统 …… 396
第五节　气象通信仪器设备 …… 398
第六节　电子计算机 …… 402
第七节　气象移动监测车 …… 404
第二章　气象仪器装备的研制 …… 406
第一节　气象卫星 …… 406
第二节　探空仪 …… 410
第三节　自动气象站 …… 412
第四节　气象警报器 …… 415

第五节　紫外线监测仪 …… 415

第三章　气象仪器装备保障 …… 416

第一节　仪器计量检定 …… 416

第二节　仪器装备供应管理 …… 419

第三节　主要生产企业 …… 422

第九篇　气象机构与管理 …… 425

第一章　组织机构 …… 427

第一节　领导体制 …… 427

第二节　管理机构 …… 428

第二章　区县气象局(台)站 …… 435

第一节　浦东新区气象局 …… 435

第二节　宝山区气象局 …… 436

第三节　闵行区气象局 …… 437

第四节　嘉定区气象局 …… 438

第五节　金山区气象局 …… 439

第六节　松江区气象局 …… 440

第七节　青浦区气象局 …… 441

第八节　南汇区气象局 …… 442

第九节　奉贤区气象局 …… 443

第十节　崇明县气象局 …… 444

第三章　气象社团 …… 446

第一节　市气象学会 …… 446

第二节　中国气象学会在沪专业委员会 …… 456

第四章　综合管理 …… 459

第一节　气象政策法规 …… 459

第二节　大气探测业务管理 …… 463

第三节　行业与社会管理 …… 468

第四节　档案资料管理 …… 474

第五节　计划财务管理 …… 479

第五章　部市与地区合作交流 …… 483

第一节　部市合作 …… 483

第二节　地区合作交流 …… 486

第六章　国际合作与交流 …… 490

第一节　国际合作 …… 490

第二节　国际交往 …… 492

第十篇　气象队伍 …… 515

第一章　队伍规模 …… 517

第一节　队伍结构 …… 517

第二节　学历结构 …… 519

第三节　职称结构 …… 520

第四节　机关管理人员 …… 522

第二章　队伍管理 …… 523

第一节　人事管理 …… 523

第二节　干部管理 …… 525

第三章　人才管理 …… 527

第一节　人才引进 …… 527

第二节　人才培养 …… 528

第三节　人才服务 …… 530

第四节　气象专业教育 …… 531

第十一篇　人物 …… 535

第一章　人物传略 …… 537

第二章　人物简介 …… 538

第三章　人物表 …… 541

专记 …… 555

附录 …… 603

索引 …… 681

编后记 …… 697

《上海市志·人口分志（1978—2010）》目录

序 …… 1
《上海市志（1978—2010）》凡例 …… 1
编纂说明 …… 1
概述 …… 1
大事记 …… 11

第一篇　人口数量 …… 55
第一章　人口总量 …… 57
第一节　常住人口 …… 57
第二节　户籍人口 …… 57
第二章　人口自然变动 …… 59
第一节　人口出生 …… 59
第二节　人口死亡 …… 60
第三节　人口自然增长 …… 61
第四节　生育水平 …… 63
第三章　人口迁移与流动 …… 69
第一节　户籍人口迁移 …… 69
第二节　来沪流动人口 …… 71
第三节　国际迁移与流动 …… 73
第四节　外侨人口与在沪港澳台人口 …… 75

第二篇　人口构成 …… 79
第一章　人口性别构成 …… 81
第一节　性别总构成 …… 81
第二节　常住人口分年龄性别构成 …… 82
第三节　分行政区常住人口性别构成 …… 83
第四节　常住人口出生性别比 …… 84
第二章　人口年龄构成 …… 86
第一节　人口年龄结构 …… 86
第二节　劳动适龄人口 …… 90
第三节　老年人口 …… 90
第三章　就业人口构成 …… 93
第一节　在业人口数量 …… 93
第二节　在业人口行业构成 …… 93
第三节　在业人口职业构成 …… 94
第四节　不在业人口 …… 95
第四章　少数民族人口构成 …… 98
第一节　少数民族人口数量与民族构成 …… 98
第二节　少数民族人口性别与年龄构成 …… 100
第三节　少数民族人口在业构成 …… 101
第五章　婚姻与家庭 …… 103
第一节　婚姻 …… 103
第二节　家庭 …… 107

第三篇　人口分布 …… 109
第一章　人口密度 …… 111
第一节　常住人口密度 …… 111

第二节　户籍人口密度 ………………… 112
第二章　地区分布 ……………………… 113
第一节　常住人口地区分布 ………… 113
第二节　户籍人口地区分布 ………… 114
第三节　少数民族人口分布 ………… 115
第三章　人口城镇化 …………………… 117
第一节　农业人口与非农业人口 …… 117
第二节　城镇化率 …………………… 118

第四篇　人口素质 ……………………… 121
第一章　身体素质 ……………………… 123
第一节　平均预期寿命 ……………… 123
第二节　婴儿死亡率 ………………… 124
第三节　孕产妇死亡率 ……………… 124
第二章　科学文化素质 ………………… 126
第一节　文化程度构成 ……………… 126
第二节　每十万人受教育程度 ……… 127

第五篇　科研技术 ……………………… 129
第一章　人口研究 ……………………… 131
第一节　人口重大问题研究 ………… 131
第二节　人口研究机构与团体 ……… 138
第二章　计划生育科研 ………………… 148
第一节　计划生育科技工作 ………… 148
第二节　计划生育科研机构与团体 …………………………… 151

第六篇　人口与计划生育管理 ……… 155
第一章　领导与管理机构 ……………… 157
第一节　领导机构 …………………… 157
第二节　管理机构 …………………… 158
第三节　社会组织 …………………… 162
第二章　法规、会议与活动 …………… 164
第一节　重要文件 …………………… 164
第二节　发展规划 …………………… 171
第三节　重要会议 …………………… 172
第四节　重要活动 …………………… 180
第三章　人口管理 ……………………… 185
第一节　户籍人口管理 ……………… 185
第二节　外来人口管理 ……………… 186
第三节　人口普查与抽样调查 ……… 187
第四章　计划生育政策与管理服务 …… 191
第一节　生育政策 …………………… 191
第二节　计生奖励与扶助 …………… 193
第三节　计划生育依法行政 ………… 198
第四节　流动人口计生服务管理 …… 201
第五节　计划生育统计与信息化建设 ………………………… 207
第六节　计划生育公共服务 ………… 214

第七篇　人物 …………………………… 229
第一章　人物传略 ……………………… 231
第二章　人物简介 ……………………… 235
第三章　人物录 ………………………… 241

附录 ……………………………………… 249
索引 ……………………………………… 347
编后记 …………………………………… 354

《上海市志·中国共产党分志·综述卷(1978—2010)》目录

（内部版）

《上海市志(1978—2010)》凡例 …… 1
编纂说明 …… 1
概述 …… 1
大事记 …… 10

第一篇 组织机构 …… 41
第一章 中共上海市委员会 …… 41
第一节 历届市委 …… 41
第二节 市委机构组成 …… 60
第三节 市委机构改革 …… 89
第二章 中共上海市纪律检查委员会 …… 92
第一节 市纪委领导机构 …… 92
第二节 市纪委内设机构 …… 103
第三章 中共上海市区县委员会 …… 104
第一节 浦东新区区委 …… 104
第二节 黄浦区区委 …… 109
第三节 静安区区委 …… 117
第四节 徐汇区区委 …… 120
第五节 长宁区区委 …… 122
第六节 普陀区区委 …… 125
第七节 闸北区区委 …… 127
第八节 虹口区区委 …… 130
第九节 杨浦区区委 …… 132
第十节 宝山区区委 …… 134
第十一节 闵行区区委 …… 138
第十二节 嘉定区区委 …… 141
第十三节 金山区区委 …… 143
第十四节 松江区区委 …… 145
第十五节 青浦区区委 …… 147
第十六节 奉贤区区委 …… 150
第十七节 崇明县县委 …… 152
第四章 中共上海市人大常委会、市人民政府、市政协、市高级人民法院、市人民检察院党组 …… 153
第一节 中共上海市人大常委会党组 …… 153
第二节 中共上海市人民政府党组 …… 156
第三节 中共上海市政协党组 …… 158
第四节 中共上海市高级人民法院党组 …… 161
第五节 中共上海市人民检察院党组 …… 162

第二篇 重要会议 …… 164
第一章 中共上海市代表大会 …… 164
第一节 市第五次党代表大会 …… 164
第二节 市第六次党代表大会 …… 165
第三节 市第七次党代表大会 …… 166
第四节 市第八次党代表大会 …… 167
第五节 市第九次党代表大会 …… 168
第六节 市第十次党代表大会 …… 169
第二章 中共上海市代表会议 …… 170

第一节　1982 年市党代表会议……… 170
第二节　1987 年市党代表会议……… 170
第三节　1992 年市党代表会议……… 171
第四节　1997 年市党代表会议……… 171
第三章　中共上海市委员会全体会议 ……………………………… 171
第一节　五届市委全体会议 ………… 171
第二节　六届市委全体会议 ………… 177
第三节　七届市委全体会议 ………… 182
第四节　八届市委全体会议 ………… 190
第五节　九届市委全体会议 ………… 199

第三篇　重点工作 ……………………… 214
第一章　中共上海市第四届委员会时期 ……………………………… 214
第一节　巩固发展安定团结政治局面 ……………………… 214
第二节　恢复调整上海国民经济 …… 221
第三节　制定上海经济发展战略 …… 230
第四节　实施经济体制改革 ………… 232
第五节　开创党建新局面 …………… 238
第二章　中共上海市第五届委员会时期 ……………………………… 242
第一节　促进经济发展 ……………… 243
第二节　推进经济体制改革 ………… 244
第三节　实行对外开放 ……………… 247
第四节　改善人民生活 ……………… 248
第五节　推动精神文明建设 ………… 250
第六节　加强党的建设 ……………… 254
第三章　中共上海市第六届委员会时期 ……………………………… 259
第一节　推进产业结构战略性调整 …………………………… 260
第二节　深化改革 …………………… 270
第三节　开发开放浦东 ……………… 277
第四节　改变城市面貌 ……………… 282
第五节　推进精神文明建设 ………… 285
第六节　改善城乡居民生活 ………… 289
第七节　加强党的建设 ……………… 292
第四章　中共上海市第七届委员会时期 ……………………………… 299
第一节　增强综合经济实力 ………… 299
第二节　加强城市现代化建设和管理 ……………………………… 304
第三节　拓展经济体制改革 ………… 306
第四节　坚持对内对外开放 ………… 312
第五节　推进民主法制建设 ………… 319
第六节　加强精神文明建设 ………… 324
第七节　改善城乡居民生活 ………… 333
第八节　加强党的建设 ……………… 339
第五章　中共上海市第八届委员会时期 ……………………………… 343
第一节　发展国民经济 ……………… 344
第二节　加强城市建设与管理 ……… 346
第三节　深化改革开放 ……………… 351
第四节　推进民主法制建设 ………… 358
第五节　深化学习“三个代表”重要思想、学习科学发展观 …… 363
第六节　发展社会事业 ……………… 364
第七节　推进就业政策、优化保障体系 ……………………………… 368
第八节　加强党的建设 ……………… 370
第六章　中共上海市委第九届委员会时期 ……………………………… 376
第一节　举办中国 2010 年上海世界博览会 ………………………… 376
第二节　转变经济发展方式 ………… 380
第三节　推进“四个中心”建设 ……… 382
第四节　探索改革开放新路 ………… 385
第五节　优化城市建设管理和发展布局 ……………………………… 390
第六节　推进智慧城市建设 ………… 393
第七节　推进文化大都市建设 ……… 397
第八节　推进社会建设 ……………… 399
第九节　加强党的建设 ……………… 402

第四篇　交流交往 ……………………… 409
第一章　对外交往 …………………… 409

第一节　来访 …… 409
第二节　出访 …… 424
第二章　港澳台交流 …… 427
第一节　来访 …… 427
第二节　出访 …… 430
第三章　合作交流 …… 431
第一节　来访 …… 431
第二节　出访 …… 434

第五篇　人物传 …… 437

专记 …… 449
附录 …… 459
编后记 …… 530

《上海市志·中国共产党分志·纪检监察卷(1978—2010)》目录

序 …… 1
《上海市志(1978—2010)》凡例 …… 1
编纂说明 …… 1
概述 …… 1
大事记 …… 15

第一篇 组织机构 …… 57
第一章 中共上海市纪律检查委员会 …… 60
第一节 市委复查办 …… 60
第二节 市委纪委筹备组 …… 60
第三节 合署办公前市纪委 …… 61
第四节 合署办公后市纪委 …… 65
第二章 上海市监察局(委) …… 76
第一节 合署办公前市监察局 …… 76
第二节 合署办公后市监察局(委) …… 77
第三章 内设、派驻(派出)与部委办局机构 …… 81
第一节 内设机构 …… 81
第二节 派驻(派出)机构 …… 85
第三节 部委办局纪检监察机构 …… 88
第四章 各区县纪委、监察局(委) …… 91
第一节 浦东新区 …… 91
第二节 徐汇区 …… 95
第三节 长宁区 …… 97
第四节 普陀区 …… 98
第五节 闸北区 …… 100
第六节 虹口区 …… 101
第七节 杨浦区 …… 103
第八节 黄浦区 …… 104
第九节 卢湾区 …… 107
第十节 静安区 …… 109
第十一节 宝山区 …… 110
第十二节 闵行区 …… 113
第十三节 嘉定区 …… 116
第十四节 金山区 …… 117
第十五节 松江区 …… 119
第十六节 青浦区 …… 121
第十七节 奉贤区 …… 124
第十八节 崇明县 …… 126

第二篇 重要会议 …… 129
第一章 参加市党代会 …… 131
第一节 出席第五次市党代会并作工作报告 …… 131
第二节 出席第六次市党代会并作工作报告 …… 131
第三节 出席第七次市党代会并作工作报告 …… 132
第四节 出席第八次市党代会并作工作报告 …… 132
第五节 出席第九次市党代会并作工作报告 …… 132

第二章　市纪委、市监察局(委)重要会议 …… 134
第一节　市委纪委筹备组重要会议 …… 134
第二节　市纪委全会 …… 135
第三节　市监察工作会议 …… 144
第四节　上海市加强党风廉政建设干部大会 …… 147
第五节　反腐倡廉有关重要会议 …… 151
第三章　纪检监察系统重要会议 …… 156
第一节　在沪召开的中央纪委、监察部工作会议 …… 156
第二节　在沪召开的华东片会 …… 157
第三节　在沪召开的直辖市联席会议 …… 159

第三篇　重要活动 …… 161
第一章　中央纪委、监察部领导来沪指导工作 …… 163
第一节　中央纪委、监察部领导来沪考察 …… 163
第二节　中央纪委、监察部来沪检查工作 …… 166
第二章　市委、市政府领导检查指导工作 …… 169
第一节　市委、市政府领导检查委局工作 …… 169
第二节　市委、市政府领导参加反腐倡廉活动 …… 170

第四篇　党风廉政制度建设 …… 173
第一章　党风廉政建设责任制 …… 176
第一节　责任制规定 …… 176
第二节　责任制分工 …… 177
第三节　责任追究规定 …… 178
第二章　反腐倡廉制度 …… 180
第一节　廉洁自律制度 …… 180
第二节　党内监督制度 …… 186
第三节　纪检监察工作制度 …… 189
第三章　预防与治理腐败制度 …… 195
第一节　惩防体系建设 …… 195
第二节　“制度加科技” …… 198
第三节　源头治理与专项清理制度 …… 201

第五篇　领导干部廉洁自律建设 …… 205
第一章　纠正解决谋取不正当利益问题 …… 208
第一节　清理违规住房 …… 208
第二节　规范使用公车 …… 211
第三节　治理收受礼金、礼品、有价证券问题 …… 215
第二章　清理整顿私自从事营利性活动 …… 219
第一节　治理领导干部企业兼职、投资入股、购买股票问题 …… 219
第二节　规范公务员退休(辞职)后从业行为 …… 221
第三节　规范领导干部配偶、子女从业行为 …… 223
第三章　制止奢侈浪费不正之风 …… 226
第一节　严禁公款吃喝玩乐 …… 226
第二节　规范公款出国(境) …… 229
第三节　清理公款购买保险和安装电话电脑 …… 232

第六篇　基层党风廉政建设 …… 235
第一章　国有企业反腐倡廉建设 …… 238
第一节　企廉工作组织领导 …… 238
第二节　企廉工作会议 …… 239
第三节　企廉工作任务 …… 241
第二章　社区党风廉政建设 …… 249
第一节　工作会议 …… 249
第二节　工作制度 …… 252

第三节　工作内容 …………………… 253
第三章　农村基层党风廉政建设 ……… 255
第一节　工作机制 …………………… 255
第二节　工作推进会议 ……………… 256
第三节　工作重点 …………………… 257
第四节　维护农民利益专项检查 …… 261
第五节　减轻农民负担专项治理 …… 263
第四章　高校党风廉政建设 …………… 266
第一节　制度建设 …………………… 266
第二节　工作推进 …………………… 269
第三节　源头治理 …………………… 271
第五章　“两新”组织反腐倡廉建设 …… 276
第一节　工作协调机制 ……………… 276
第二节　工作试点会议 ……………… 277
第三节　工作途径 …………………… 279

第七篇　党风廉政宣传教育 ………… 283
第一章　反腐倡廉教育活动 …………… 286
第一节　党性党风党纪主题教育 …… 286
第二节　反腐倡廉专题教育 ………… 290
第三节　“讲党性、重品行、作表率”系列教育 …………………… 295
第二章　反腐倡廉典型教育 …………… 298
第一节　先进典型示范教育 ………… 298
第二节　反面典型警示教育 ………… 300
第三节　反腐倡廉成果展 …………… 303
第三章　廉政文化建设 ………………… 305
第一节　廉政文化制度建设和理论研讨 ………………………… 305
第二节　廉政文化“七进”活动 ……… 307
第三节　廉政文化宣传 ……………… 316
第四章　反腐倡廉网络宣传 …………… 325
第一节　反腐倡廉网络宣传机制 …… 325
第二节　反腐倡廉网站建设 ………… 326
第三节　反腐倡廉网络评论 ………… 327
第五章　纪检监察干部培训 …………… 329
第一节　培训规划 …………………… 329
第二节　教育培训 …………………… 331
第三节　出国(境)培训 ……………… 336

第八篇　监督工作 ………………………… 339
第一章　巡视工作 ……………………… 342
第一节　巡视机构和专职巡视队伍 ………………………… 342
第二节　巡视工作任务和程序 ……… 344
第三节　巡视工作组织实施 ………… 346
第二章　党内监督 ……………………… 352
第一节　领导干部民主生活会 ……… 352
第二节　廉政谈话 …………………… 358
第三节　党务公开 …………………… 361
第四节　领导干部报告个人有关事项 ………………………… 362
第五节　述职述廉 …………………… 366
第六节　党委工作部门评议 ………… 367
第七节　责任制检查与责任追究 …… 369
第三章　党外监督 ……………………… 373
第一节　市人大代表意见和市政协委员提案办理工作 ………… 373
第二节　新闻舆论监督 ……………… 378

第九篇　信访举报 ………………………… 383
第一章　受理检举控告和申诉 ………… 385
第一节　受理检举控告 ……………… 385
第二节　受理申诉 …………………… 389
第三节　信访举报件的查办 ………… 392
第四节　信访举报案件线索移送 …… 394
第二章　信访举报管理 ………………… 396
第一节　目标管理 …………………… 396
第二节　信息化管理 ………………… 398
第三节　质量管理 …………………… 400

第十篇　案件查处和审理 …………… 403
第一章　案件查处 ……………………… 406
第一节　市纪委恢复重建后案件查处 ………………………… 406
第二节　纪检监察机关合署办公后案件查处 …………………… 410
第三节　“社保资金案”查处 ………… 414

第四节　案件管理工作 …… 416
第二章　审理工作 …… 421
第一节　平反冤假错案 …… 421
第二节　审理违纪案件和处分党员 …… 424
第三节　申诉复查 …… 428
第四节　回访教育 …… 429
第五节　案件质量检查 …… 430
第六节　业务指导 …… 431

第十一篇　行政监察 …… 433
第一章　执法监察 …… 436
第一节　专项执法监察 …… 436
第二节　经济类执法监察 …… 443
第三节　重点领域监管 …… 447
第四节　重大事故案件查处 …… 452
第二章　廉政监察 …… 456
第一节　专项治理 …… 456
第二节　专项监管 …… 461
第三章　行政效能监察 …… 466
第一节　行政效能监察会议 …… 466
第二节　行政效能监察主要工作 …… 467
第四章　特邀监察员 …… 472
第一节　工作机制 …… 472
第二节　工作内容 …… 473
第三节　历届特邀监察员名单 …… 475
第五章　廉洁办博 …… 477
第一节　组织领导 …… 477
第二节　制度预防 …… 481
第三节　监督保障 …… 484

第十二篇　纠风工作 …… 491
第一章　纠风专项治理 …… 494
第一节　清理教育乱收费 …… 494
第二节　纠正医药购销和医疗服务不正之风 …… 497
第三节　减轻企业负担 …… 500
第四节　治理公路“三乱” …… 503
第五节　规范行业协会和中介组织 …… 505
第二章　政风行风评议 …… 507
第一节　全面测评 …… 507
第二节　重点评议 …… 509
第三节　基层单位评议 …… 514
第三章　纠风热线网络 …… 516
第一节　“62780990”政风行风热线 …… 516
第二节　“962114”政风行风监督电话 …… 517
第三节　“纠风在线”网站 …… 518
第四章　政府管理改革 …… 519
第一节　政务公开 …… 519
第二节　财政监管 …… 522
第五章　行政审批制度改革 …… 526
第一节　组织领导 …… 526
第二节　清理检查 …… 528
第三节　专项建设 …… 529

第十三篇　调查研究与理论研讨 …… 533
第一章　调查研究 …… 535
第一节　问卷调查 …… 535
第二节　专题调研 …… 540
第二章　理论建设 …… 557
第一节　交流研讨 …… 557
第二节　课题成果 …… 559
第三节　理论文集 …… 564
第三章　学会建设 …… 568
第一节　组织建设 …… 569
第二节　主要工作 …… 572
第三节　研究成果 …… 578

第十四篇　对外交流 …… 583
第一章　对外接待 …… 585
第一节　接待亚洲国家和地区代表团 …… 585
第二节　接待美洲及大洋洲

代表团 …… 591
第三节 接待欧洲代表团 …… 593
第四节 接待非洲代表团 …… 597
第二章 对外出访 …… 601
第一节 出访亚洲国家 …… 601
第二节 出访美洲及大洋洲国家 …… 603
第三节 出访欧洲国家 …… 604
第四节 出访非洲国家 …… 605
第三章 反腐败国际交流 …… 607
第一节 国际透明组织来沪访问 …… 607
第二节 亚太经合组织来沪访问 …… 608

第十五篇 队伍建设 …… 609
第一章 政治思想建设 …… 612
第一节 政治建设 …… 612
第二节 理论学习 …… 613
第三节 主题教育活动 …… 616
第四节 专题教育活动 …… 624
第二章 能力建设 …… 627
第一节 业务培训 …… 627
第二节 岗位锻炼 …… 633
第三章 作风建设 …… 635
第一节 党风建设 …… 635
第二节 创先争优 …… 637
第三节 扶贫帮困 …… 641
第四章 纪律建设 …… 643
第一节 法律法规学习 …… 643
第二节 党的纪律教育 …… 645
第三节 规范管理 …… 646

第十六篇 人物 …… 649
第一章 人物传略 …… 651
第二章 人物简介 …… 657
第三章 人物名录 …… 660
第一节 先进单位 …… 660
第二节 先进个人 …… 665

附录 …… 681
索引 …… 743
编后记 …… 762

《上海市志·中国共产党分志·组织卷（1978—2010）》目录

序 …… 1
《上海市志（1978—2010）》凡例 …… 1
编纂说明 …… 1
概述 …… 1
大事记 …… 13

第一篇　组织机构 …… 53
　第一章　中共上海市委组织部 …… 55
　　第一节　机构沿革 …… 55
　　第二节　职能发展 …… 57
　　第三节　内设机构 …… 58
　　第四节　事业单位 …… 60
　第二章　区县和大口系统组织部门 …… 65
　　第一节　区县党委组织部 …… 65
　　第二节　大口党委组织部门 …… 83
　第三章　老干部工作部门 …… 89
　　第一节　市委老干部局 …… 89
　　第二节　区县、大口老干部工作部门 …… 93

第二篇　重要会议 …… 95
　第一章　组织工作重要会议 …… 97
　　第一节　全市组织工作会议 …… 97
　　第二节　全市组织部长会议 …… 100
　　第三节　专项重要会议 …… 103
　第二章　老干部工作重要会议 …… 117
　　第一节　市委、市政府专题会议 …… 117
　　第二节　市老干部工作会议 …… 118
　　第三节　老干部、老干部工作“双先”表彰会 …… 120
　　第四节　市老干部迎春茶话会 …… 122

第三篇　重要活动 …… 125
　第一章　组织工作重要活动 …… 127
　　第一节　拨乱反正 …… 127
　　第二节　整党整风 …… 129
　　第三节　“让人民高兴，使人民放心”主题活动 …… 130
　　第四节　“三讲”教育活动 …… 132
　　第五节　“三个代表”重要思想学习教育活动 …… 134
　　第六节　保持共产党员先进性教育活动 …… 135
　　第七节　科学发展观学习实践活动 …… 137
　第二章　老干部重大纪念活动 …… 139
　　第一节　庆祝建党和建立新中国 …… 139
　　第二节　庆祝中国人民解放军建军及纪念红军长征、抗日战争胜利 …… 140
　　第三节　庆祝上海解放及其他重要活动 …… 142

第四篇　党的组织建设 …… 145
第一章　党的组织体系建设 …… 147
第一节　市级组织 …… 147
第二节　区县党委 …… 148
第三节　大口党委 …… 151
第四节　基层党组织 …… 153
第二章　党的组织制度建设 …… 160
第一节　地方党委工作制度 …… 160
第二节　党的代表大会制度 …… 162
第三节　党内选举制度 …… 165
第四节　党务公开制度 …… 169
第三章　党的基层组织建设 …… 171
第一节　社区党建工作 …… 171
第二节　国企党建工作 …… 173
第三节　机关党建工作 …… 175
第四节　农村党建工作 …… 178
第五节　高校党建工作 …… 181
第六节　"两新"组织党建工作 …… 183
第四章　党员队伍建设 …… 188
第一节　党员发展 …… 188
第二节　党员教育 …… 191
第三节　党员管理 …… 200
第四节　党员服务 …… 213
第五节　党务工作者 …… 216
第五章　党建工作创新 …… 220
第一节　区域化党建 …… 220
第二节　凝聚力工程 …… 222
第三节　联系服务群众 …… 226
第四节　城乡结对帮扶 …… 229

第五篇　干部工作 …… 233
第一章　干部人事制度改革 …… 235
第一节　党政干部人事制度改革 …… 235
第二节　事业单位干部人事制度改革 …… 241
第三节　国有企业人事制度改革 …… 243
第二章　领导班子建设 …… 249
第一节　思想政治建设 …… 249
第二节　领导班子换届 …… 257
第三节　领导班子调整配备 …… 269
第四节　后备干部队伍建设 …… 272
第三章　干部选拔任用 …… 278
第一节　干部选拔任用机制 …… 278
第二节　干部交流 …… 283
第三节　年轻干部、女干部、少数民族干部、党外干部培养选拔 …… 290
第四章　干部日常管理 …… 301
第一节　干部考核 …… 301
第二节　出国(境)人员审查审批 …… 305
第三节　领导干部兼职管理 …… 307
第四节　干部退休(职)管理 …… 308
第五节　军转干部安置 …… 310
第六节　干部援派 …… 311
第五章　干部教育培训 …… 318
第一节　方针和规划 …… 318
第二节　内容与形式 …… 320
第三节　基地建设 …… 327
第六章　干部监督 …… 330
第一节　干部审查和落实干部政策 …… 330
第二节　领导班子和领导干部监督 …… 334
第三节　干部选拔任用工作监督 …… 338
第四节　举报受理 …… 342

第六篇　人才工作 …… 345
第一章　全面落实党的知识分子政策 …… 347
第一节　复查和平反冤假错案 …… 347
第二节　信任和使用知识分子 …… 348
第三节　调整用非所学和促进流动 …… 350
第四节　改善工作和生活条件 …… 351
第二章　人才队伍建设 …… 353
第一节　人才选拔与培养 …… 353
第二节　海外人才引进 …… 360

第三章 管理与服务 …… 363
第一节 政策与规划 …… 363
第二节 管理机构 …… 366
第三节 服务机构 …… 368
第四节 人才服务全国 …… 371

第七篇 自身建设 …… 375
第一章 机关建设 …… 377
第一节 主题活动 …… 377
第二节 学习培训 …… 381
第三节 部风文化建设 …… 383
第四节 制度建设 …… 384
第二章 调研信息工作 …… 387
第一节 调研工作 …… 387
第二节 报刊编印 …… 392
第三章 信息化建设 …… 396
第一节 信息化建库 …… 396
第二节 集成化应用 …… 397
第三节 网络化办公 …… 398

第八篇 老干部工作 …… 401
第一章 老干部工作领导责任制 …… 403
第一节 制度制定 …… 403
第二节 检查落实 …… 403
第二章 老干部思想政治建设 …… 404
第一节 政治待遇 …… 404
第二节 党支部建设 …… 406
第三节 思想政治工作 …… 408
第三章 离休干部生活待遇 …… 412
第一节 综合福利工作 …… 412
第二节 易地安置工作 …… 417
第三节 信访工作 …… 418
第四章 老干部发挥作用 …… 420
第一节 关心下一代工作 …… 420
第二节 其他工作 …… 423
第五章 社区和企业老干部工作 …… 425
第一节 社区老干部工作 …… 425
第二节 企业老干部工作 …… 430
第六章 信息调研宣传工作 …… 434
第一节 信息、调研、宣传工作会议 …… 434
第二节 信息工作 …… 435
第三节 调研工作 …… 436
第四节 宣传工作 …… 440
第七章 学习活动阵地建设 …… 446
第一节 市老干部活动室 …… 446
第二节 市老干部活动中心 …… 450
第三节 市老干部大学 …… 452
第八章 工作部门自身建设 …… 462
第一节 工作培训和交流 …… 462
第二节 局机关建设 …… 464

第九篇 人物 …… 473
第一章 人物传略 …… 475
第一节 市委组织部人物传略 …… 475
第二节 市委老干部局人物传略 …… 477
第二章 人物简介 …… 478
第一节 市委组织部部长 …… 478
第二节 市委组织部副部长 …… 480
第三节 市委组织部秘书长 …… 486
第四节 市委组织部副秘书长 …… 487
第五节 市委老干部局局长 …… 488
第六节 市委老干部局副局长 …… 490
第三章 人物录 …… 493
第一节 组织工作人物录 …… 493
第二节 老干部工作人物录 …… 536

附录 …… 589
索引 …… 618
编后记 …… 657

《上海市志·中国共产党分志·宣传卷(1978—2010)》目录

《上海市志(1978—2010)》凡例 …… 1
编纂说明 …… 1
概述 …… 1
大事记 …… 25

第一篇　机构队伍 …… 117
第一章　中共上海市委宣传部 …… 119
第一节　机构沿革 …… 119
第二节　内设机构 …… 121
第三节　部机关职能 …… 123
第二章　直属单位 …… 125
第一节　机关 …… 125
第二节　群团组织 …… 131
第三节　事业单位 …… 136
第四节　主要经营性单位 …… 145
第五节　其他 …… 151
第三章　区(县)及大口党委宣传部门 …… 152
第一节　区(县)党委宣传部门 …… 152
第二节　大口党委宣传部门 …… 159
第四章　宣传队伍 …… 161
第一节　数量、构成 …… 161
第二节　干部人才队伍建设 …… 161

第二篇　理论工作 …… 173
第一章　理论学习 …… 175
第一节　学习马克思主义基本理论、毛泽东思想 …… 175
第二节　学习邓小平理论 …… 175
第三节　学习“三个代表”重要思想 …… 178
第四节　学习科学发展观 …… 180
第五节　党委中心组学习 …… 181
第二章　理论宣传 …… 184
第一节　重要宣讲活动 …… 184
第二节　理论宣传阵地 …… 186
第三章　理论研究 …… 194
第一节　马克思主义研究机构 …… 194
第二节　激励引导 …… 198
第三节　学术研讨 …… 205
第四节　研究专著 …… 212
第四章　哲学社会科学规划管理 …… 215
第一节　科研规划 …… 215
第二节　优秀成果评选和资助 …… 217

第三篇　新闻工作 …… 235
第一章　坚持党性原则 …… 237
第一节　服务大局 …… 237
第二节　正面宣传和正确舆论导向 …… 241
第二章　组织管理 …… 244
第一节　管理体制 …… 244
第二节　日常管理 …… 246

第三节 专项整治 …… 250
第四节 表彰评奖 …… 252
第三章 新闻事业发展 …… 253
第一节 报纸 …… 253
第二节 广播电视 …… 266
第三节 网络媒体 …… 271
第四节 新闻团体 …… 273
第五节 新闻教育与研究 …… 278
第四章 社会舆情工作 …… 282
第一节 社会舆情工作任务和要求 …… 282
第二节 上海社会舆情工作 …… 283

第四篇 文艺工作 …… 287
第一章 领导管理 …… 289
第一节 方针政策 …… 289
第二节 领导管理体制 …… 291
第三节 文艺院团改革 …… 294
第四节 影视领域改革 …… 295
第五节 引导扶持 …… 297
第二章 获奖成果 …… 321
第一节 精神文明建设“五个一工程”奖文艺作品 …… 321
第二节 国家舞台艺术精品工程 …… 324
第三节 中国艺术节文华奖 …… 326
第四节 茅盾文学奖、鲁迅文学奖、曹禺戏剧文学奖 …… 328
第五节 群星奖 …… 329
第六节 其他 …… 331
第三章 文化活动 …… 333
第一节 主题活动 …… 333
第二节 品牌活动 …… 333
第三节 群文活动 …… 370

第五篇 出版工作 …… 373
第一章 出版管理 …… 375
第一节 党的出版方针 …… 375
第二节 管理体制 …… 378
第三节 导向管理 …… 381
第四节 质量管理 …… 386
第五节 政策法规 …… 389
第六节 治理整顿 …… 393
第二章 改革发展 …… 400
第一节 体制改革 …… 400
第二节 行业发展 …… 406
第三章 重要成果 …… 411
第一节 出版工程与品牌 …… 411
第二节 重要奖项 …… 424
第三节 品牌活动 …… 430

第六篇 社会宣传工作 …… 435
第一章 形势政策宣传 …… 437
第一节 党代会主题宣传 …… 437
第二节 改革开放宣传 …… 439
第三节 重大主题宣传 …… 443
第二章 重大节点宣传 …… 451
第一节 中国共产党建党纪念日宣传 …… 451
第二节 上海解放及新中国成立纪念日宣传 …… 452
第三节 中国人民解放军建军纪念日宣传 …… 455
第四节 其他 …… 456
第三章 思想道德建设 …… 460
第一节 爱国主义教育 …… 460
第二节 先进典型宣传 …… 465
第四章 基层思想政治工作 …… 468
第一节 思想政治工作研究 …… 468
第二节 各区(县)特色工作 …… 471
第三节 企业文化建设 …… 485
第四节 市民心理健康服务 …… 486
第五节 政工师评聘 …… 487

第七篇 精神文明建设 …… 489
第一章 精神文明建设指导 …… 491
第一节 领导协调机制 …… 491

第二节 指导方针和任务要求 …… 493
第二章 精神文明建设主题实践活动 …… 504
第一节 综合性主题实践活动 …… 504
第二节 专题性主题实践活动 …… 506
第三章 精神文明创建评选活动 …… 519
第一节 评选标准和测评体系 …… 519
第二节 文明城区、社区、小区、镇村、家庭 …… 519
第三节 文明单位、行业 …… 522
第四节 其他 …… 523
第四章 未成年人思想道德建设 …… 525
第一节 工作机制 …… 525
第二节 工作要求 …… 527
第三节 主要任务 …… 528
第四节 特色活动 …… 534
第五章 志愿服务工作 …… 540
第一节 发展历程 …… 540
第二节 领导体制和队伍建设 …… 543
第三节 保障支持 …… 549
第四节 重要项目、活动 …… 554
第六章 宣传平台建设 …… 566
第一节 《上海精神文明建设》杂志 …… 566
第二节 东方文明网 …… 567
第三节 上海文明网 …… 567
第七章 社区学校指导及公益广告管理 …… 568
第一节 社区学校指导 …… 568
第二节 公益广告 …… 571

第八篇 对外宣传和新闻发布 …… 573
第一章 对外宣传 …… 575
第一节 方针任务 …… 575
第二节 体制机制 …… 577
第三节 重大主题外宣 …… 579
第四节 城市形象推广 …… 587
第五节 境外媒体服务 …… 592
第六节 外宣媒体 …… 597
第七节 境外文化交流 …… 601
第二章 新闻发布 …… 608
第一节 发布制度 …… 608
第二节 工作体系 …… 611
第三节 重大活动新闻发布和媒体服务 …… 613
第四节 突发事件舆论引导 …… 620

第九篇 互联网宣传 …… 625
第一章 管理与指导 …… 627
第一节 管理机制 …… 627
第二节 指导性与规范性文件 …… 627
第三节 管理工作 …… 628
第四节 网络文化建设 …… 629
第二章 网络宣传活动 …… 636
第一节 大型赛事、盛会宣传 …… 636
第二节 重要会议宣传 …… 638
第三节 其他 …… 641

第十篇 文化事业产业 …… 645
第一章 协调统筹 …… 647
第一节 领导体制机制 …… 647
第二节 规划统筹 …… 648
第三节 宣传文化专项资金 …… 652
第四节 文化立法 …… 653
第五节 文化统计 …… 657
第二章 推进文化体制改革 …… 662
第一节 前期探索 …… 662
第二节 综合试点 …… 664
第三节 全面推开 …… 666
第三章 文化产业发展 …… 671
第一节 方针政策 …… 671
第二节 探索创新 …… 673
第三节 园区平台建设 …… 676
第四节 融合发展 …… 683
第四章 公共文化服务体系建设 …… 688
第一节 方针政策 …… 688
第二节 基层公共文化设施网络

建设 …………………………… 689
第三节　公共文化内容配送机构 …… 690
第四节　上海中心图书馆建设 ……… 693
第五节　优秀传统文化传承保护 …… 696
第五章　重大文化设施建设 …………… 700
第一节　建设进程 ……………………… 700
第二节　主要项目 ……………………… 701

第十一篇　文化国资……………………… 707
第一章　国有文化资产 ………………… 709
第一节　管理体制 ……………………… 709
第二节　管理范围 ……………………… 711
第三节　主要工作 ……………………… 714
第二章　文化国资运营 ………………… 720
第一节　资产总量 ……………………… 720
第二节　经营性国资运营机构 ……… 721
第三节　非经营性国资运营机构 …… 730
第三章　文化国资改革发展 …………… 746
第一节　上市公司 ……………………… 746
第二节　私募股权基金 ………………… 749
第三节　重要项目 ……………………… 750

第十二篇　人物 ………………………… 755
第一章　人物传略 ……………………… 757
第二章　人物简介 ……………………… 763
第一节　部长 …………………………… 763
第二节　副部长 ………………………… 764
第三节　纪检组组长 …………………… 767
第四节　秘书长 ………………………… 767

附录 …………………………………………………… 769
索引 …………………………………………………… 853
编后记 ………………………………………………… 871

《上海市志·中国共产党分志·统战卷(1978—2010)》目录

《上海市志(1978—2010)》凡例 …… 1
编纂说明 …… 1
概述 …… 1
大事记 …… 15

第一篇　机构和团体 …… 69
第一章　中共统一战线工作部门 …… 72
第一节　中共上海市委统一战线工作部 …… 72
第二节　区县委办统一战线工作部门 …… 80
第三节　高校、科研院所和企业统一战线工作部门 …… 84
第二章　政府部门统一战线工作机构 …… 89
第一节　上海市民族和宗教事务委员会 …… 90
第二节　中共上海市委台湾工作办公室、市人民政府台湾事务办公室 …… 94
第三节　上海市人民政府侨务办公室 …… 96
第四节　上海市人民政府参事室 …… 99
第五节　上海市文史研究馆 …… 101
第三章　群众团体 …… 103
第一节　上海市工商业联合会(上海市商会) …… 105
第二节　上海市归国华侨联合会 …… 112
第三节　上海市台湾同胞联谊会 …… 118
第四节　上海市黄埔军校同学会 …… 123
第五节　上海市欧美同学会(上海市留学人员联合会) …… 128
第六节　上海中华职业教育社 …… 138
第四章　院校 …… 144
第一节　上海市社会主义学院 …… 145
第二节　上海新侨职业技术学院 …… 148
第三节　上海市机械工业学校 …… 151
第五章　社会团体 …… 154
第一节　上海海外联谊会 …… 156
第二节　上海中青年知识分子联谊会 …… 164
第三节　上海市统战理论研究会 …… 171
第四节　上海市光彩事业促进会 …… 174
第五节　上海市海外交流协会 …… 177
第六节　上海市公共关系协会 …… 180
第七节　上海沪港经济发展协会 …… 183
第八节　上海中山学社 …… 187

第二篇　多党合作和政治协商 …… 191
第一章　与党外人士政治协商 …… 194
第一节　与党外人士直接协商 …… 194
第二节　人民政协协商 …… 215
第二章　党外人士参政议政和民主

监督 …… 232
第一节 参与国家政权建设 …… 232
第二节 政府部门和民主党派对口联系 …… 236
第三节 参加庆典和纪念 …… 238
第四节 课题调研 …… 243
第五节 聘请“特约(邀)四员” …… 250
第三章 协助民主党派自身建设 …… 259
第一节 协助民主党派加强思想建设 …… 259
第二节 协助民主党派加强组织建设 …… 279
第三节 协助民主党派加强制度建设 …… 305
第四章 支持民主党派社会服务 …… 307
第一节 支边扶贫 …… 307
第二节 咨询服务 …… 312
第三节 办学和社区共建 …… 315
第四节 服务上海世博会 …… 317

第三篇 贯彻民族和宗教政策 …… 319
第一章 贯彻民族政策 …… 321
第一节 学习宣传贯彻民族政策、法规和条例 …… 321
第二节 保障少数民族平等权利 …… 324
第三节 支持少数民族社团工作 …… 333
第四节 帮助少数民族发展经济、文化、教育、扶贫 …… 334
第五节 尊重少数民族风俗习惯和宗教信仰 …… 338
第六节 推进社区民族工作和谐民族关系 …… 340
第七节 开展国内外交流 …… 343
第二章 贯彻宗教政策 …… 346
第一节 学习宣传政策、法规和条例 …… 346
第二节 支持宗教团体活动 …… 357
第三节 创建文明宗教场所 …… 365
第四节 协助宗教界人士文化教育和思想政治培训 …… 366

第四篇 经济领域统一战线 …… 369
第一章 支持工商联履职 …… 372
第一节 恢复发展 …… 372
第二节 协助工商联换届 …… 378
第二章 调研和支持参政议政 …… 382
第一节 调查研究 …… 382
第二节 调研参政 …… 385
第三节 指导推动 …… 388
第三章 参与经济建设 …… 391
第一节 经济咨询服务 …… 391
第二节 发展外向型经济 …… 399
第四章 促进非公有制经济发展 …… 403
第一节 建立党工团组织 …… 403
第二节 开展培训和评比 …… 405
第三节 建立非公有制经济代表人士综合评价和表彰 …… 409
第四节 服务和协调 …… 419
第五章 光彩事业 …… 422
第一节 推动光彩事业 …… 422
第二节 光彩基金 …… 427
第三节 光彩事业活动日 …… 432

第五篇 党外干部和知识分子 …… 435
第一章 党外干部工作 …… 437
第一节 党外人士代表安排 …… 437
第二节 联系和培养党外干部 …… 444
第二章 党外知识分子工作 …… 452
第一节 会议和活动 …… 452
第二节 联系机制 …… 455
第三节 关心知识分子工作和生活 …… 458
第四节 悼念和纪念党外知名人士 …… 459
第三章 市政府参事工作 …… 468
第一节 任命和聘任 …… 468
第二节 参政和咨询 …… 470

第三节 海外联络 …… 473
第四章 市文史馆工作 …… 475
第一节 推荐、自荐和聘任 …… 475
第二节 编史修志 …… 477
第三节 诗社和诗集 …… 481
第四节 馆庆节庆和展览交流 …… 482
第五节 待遇和照顾 …… 489

第六篇 联络港澳台同胞和海外侨胞 …… 491
第一章 会议、调研和培训 …… 494
第一节 工作会议 …… 494
第二节 合作会议 …… 497
第三节 沪港大都市发展研讨会 …… 502
第四节 沪港澳青年经济发展论坛 …… 504
第五节 中华学人与21世纪上海发展国际研讨会 …… 506
第六节 调研和培训 …… 508
第二章 互访、联谊和节庆 …… 512
第一节 接待香港同胞 …… 513
第二节 接待澳门同胞 …… 532
第三节 接待台湾同胞 …… 535
第四节 接待海外侨胞 …… 540
第五节 组团访问 …… 552
第六节 庆典和纪念 …… 559
第三章 交流、合作和奖赛 …… 567
第一节 文化艺术交流与合作 …… 567
第二节 教育科技医疗卫生交流与合作 …… 571
第三节 体育交流与合作 …… 574
第四节 华文教育和奖赛 …… 575
第四章 鼓励建言、投资和创业 …… 579
第一节 鼓励建言 …… 580
第二节 鼓励投资 …… 585
第三节 引进合资、独资企业 …… 589
第四节 引进房地产项目 …… 594
第五节 引进服务性企业 …… 597
第六节 引进银行保险企业 …… 599
第七节 支持留学人员归国创业 …… 601
第五章 捐赠和设奖 …… 606
第一节 捐赠 …… 606
第二节 设奖励基金和奖助学金 …… 616
第六章 服务和表彰 …… 619
第一节 协办定居和出国出境 …… 619
第二节 协助解难帮困 …… 620
第三节 维权和协调 …… 624
第四节 表彰授奖 …… 626

第七篇 指导区县、委办和基层工作 …… 631
第一章 区县委办统战部长会议 …… 634
第一节 传达和部署工作会议 …… 634
第二节 座谈、专题会和研讨会 …… 638
第三节 会议制度 …… 641
第二章 调研和探索 …… 646
第一节 调研 …… 646
第二节 探索统战体制改革和建立协调机制 …… 652
第三章 培训和辅导 …… 654
第一节 培训 …… 654
第二节 辅导 …… 658
第四章 指导基层统一战线工作 …… 664
第一节 指导高校和科研院所统一战线工作 …… 664
第二节 联系重点国有企业 …… 670
第三节 指导社区统一战线工作 …… 675
第四节 推进新的社会阶层统一战线工作 …… 680

第八篇 会议、宣传、研究和表彰 …… 685
第一章 重要会议 …… 687
第一节 市委统战工作会议 …… 687
第二节 统战部长会议 …… 689
第三节 中央统战部在沪召开的会议 …… 694

第二章 宣传活动 …… 697
第一节 庆祝和纪念 …… 697
第二节 征文和知识竞赛 …… 699
第三章 宣传媒体 …… 701
第一节 《浦江同舟》杂志 …… 701
第二节 公共媒体 …… 702
第三节 网站 …… 706
第四章 理论研究 …… 708
第一节 组织研究 …… 708
第二节 调研 …… 712
第三节 统战理论课题研究优秀成果 …… 716
第四节 统战理论研究刊物 …… 729
第五章 表彰先进 …… 731
第一节 表彰统战工作先进 …… 731
第二节 表彰为“两个文明”“三个文明”服务先进 …… 732
第六章 书籍志鉴 …… 734
第一节 书籍 …… 734
第二节 志鉴 …… 738

第九篇 人物 …… 741
第一章 人物传略 …… 743
第二章 人物简介 …… 761
第三章 人物录 …… 789

专记 …… 805
附录 …… 829
索引 …… 843
编后记 …… 864

《上海市志·中国共产党分志·党史研究卷(1978—2010)》目录

序 …… 1
《上海市志(1978—2010)》凡例 …… 1
编纂说明 …… 1
概述 …… 1
大事记 …… 11

第一篇　组织机构 …… 39
第一章　市委党史机构 …… 41
第一节　市委党史资料征集(调查)委员会 …… 41
第二节　市委党史研究室 …… 43
第二章　区县委办局党史机构 …… 45
第一节　区县党史机构 …… 45
第二节　委办局党史机构 …… 49
第三章　政协文史机构与群众团体、学术团体 …… 52
第一节　政协文史机构 …… 52
第二节　群众团体研究机构 …… 52
第三节　学术团体社会组织 …… 54
第四章　党校高校军校等党史教研机构与纪念场馆 …… 56
第一节　党校高校党史教研机构 …… 56
第二节　军校与院所等党史教研机构 …… 59
第三节　党史纪念场馆 …… 60

第二篇　重要活动 …… 63
第一章　纪念活动 …… 65
第一节　历史事件纪念活动 …… 65
第二节　历史人物纪念活动 …… 74
第二章　学术活动 …… 83
第一节　全国与区域性学术活动 …… 83
第二节　全市与相关部门学术活动 …… 88
第三节　委办区县等学术活动 …… 97
第三章　调研指导和工作会议 …… 102
第一节　调研指导 …… 102
第二节　工作会议 …… 107

第三篇　学术研究 …… 113
第一章　综合、专题研究 …… 115
第一节　中国共产党诞生研究 …… 115
第二节　中共上海史与专题研究 …… 126
第三节　编写中共党史与专题研究 …… 136
第二章　分期研究 …… 149
第一节　新民主主义革命时期党史研究 …… 149
第二节　社会主义革命和建设时期党史研究 …… 164
第三节　改革开放和社会主义现代化建设新时期党史研究 …… 172
第三章　人物研究 …… 180

第一节　领袖人物 …… 180
第二节　重要人物 …… 187
第三节　英烈人物 …… 195

第四篇　史料征编 …… 201
第一章　档案文献 …… 203
第一节　档案 …… 204
第二节　综合文献 …… 210
第三节　图册音像 …… 217
第二章　党史工具书与志书 …… 222
第一节　党史大事记 …… 222
第二节　组织史资料 …… 225
第三节　志书及辞书 …… 228
第三章　回忆口述史料 …… 231
第一节　回忆口述史料征集 …… 231
第二节　回忆口述史料的发表与出版 …… 237
第四章　遗址遗迹 …… 242
第一节　调查考证核实 …… 242
第二节　保护利用开放 …… 247
第三节　纪念设施与出版物 …… 251

第五篇　资政育人 …… 257
第一章　党史资政 …… 259
第一节　服务现实 …… 259
第二节　专题专报 …… 261
第三节　课题组织及调研 …… 266
第二章　党史宣传 …… 272
第一节　党史报刊网站 …… 272
第二节　党史著作 …… 277
第三节　展览影视广播 …… 286
第三章　党史教育 …… 295
第一节　党员干部教育 …… 295
第二节　高校学生教育 …… 298
第三节　中小学生教育 …… 301
第四节　社会普及教育 …… 304

第六篇　管理工作 …… 309
第一章　科研管理 …… 311
第一节　规划 …… 311
第二节　课题 …… 316
第三节　评奖 …… 320
第二章　行政管理 …… 325
第一节　联络指导 …… 325
第二节　审核史料 …… 330
第三节　信访接待 …… 332
第三章　队伍建设 …… 334
第一节　职业培训与人才培养 …… 334
第二节　职称管理 …… 337
第三节　特约研究员 …… 338

第七篇　人物 …… 341
第一章　人物传略 …… 343
第二章　人物简介 …… 350
第三章　人物表 …… 353
第一节　先进集体 …… 353
第二节　先进人物 …… 359

专记 …… 369
附录 …… 383
编后记 …… 464

《上海市志·人民代表大会分志(1978—2010)》目录

序 …… 1
《上海市志(1978—2010)》凡例 …… 1
编纂说明 …… 1
概述 …… 1
大事记 …… 15

第一篇　各级人大代表选举 …… 81
第一章　区、县和乡、镇人大代表选举 …… 84
第一节　1978—1990年区、县和乡、镇人大代表选举 …… 84
第二节　1993—1996年区、县和乡、镇人大代表选举 …… 86
第三节　1998—1999年区、县和乡、镇人大代表选举 …… 87
第四节　2002—2003年区、县和乡、镇人大代表选举 …… 88
第五节　2006—2007年区、县和乡、镇人大代表选举 …… 89
第六节　2011—2012年区、县和乡、镇人大代表选举 …… 91
第二章　市人大代表选举 …… 94
第一节　市七至九届人大代表选举 …… 94
第二节　市十届人大代表选举 …… 95
第三节　市十一届人大代表选举 …… 95
第四节　市十二届人大代表选举 …… 96
第五节　市十三届人大代表选举 …… 97
第三章　全国人大代表选举 …… 100
第一节　五至七届全国人大代表选举 …… 100
第二节　八届全国人大代表选举 …… 100
第三节　九届全国人大代表选举 …… 101
第四节　十届全国人大代表选举 …… 102
第五节　十一届全国人大代表选举 …… 103

第二篇　市人民代表大会会议 …… 109
第一章　市七至九届人大会议 …… 111
第一节　市七届人大会议 …… 111
第二节　市八届人大会议 …… 114
第三节　市九届人大会议 …… 117
第二章　市十届人大会议 …… 122
第一节　市十届人大一次会议 …… 122
第二节　市十届人大二次会议 …… 127
第三节　市十届人大三次会议 …… 131
第四节　市十届人大四次会议 …… 135
第五节　市十届人大五次会议 …… 141
第六节　市十届人大六次会议 …… 145
第三章　市十一届人大会议 …… 148
第一节　市十一届人大一次会议 …… 148
第二节　市十一届人大二次会议 …… 153
第三节　市十一届人大三次会议 …… 157
第四节　市十一届人大四次会议 …… 161

第五节　市十一届人大五次会议 …… 168
第六节　市十一届人大六次会议 …… 172
第四章　市十二届人大会议 …… 176
第一节　市十二届人大一次会议 …… 176
第二节　市十二届人大二次会议 …… 181
第三节　市十二届人大三次会议 …… 186
第四节　市十二届人大四次会议 …… 191
第五节　市十二届人大五次会议 …… 196
第五章　市十三届人大会议 …… 205
第一节　市十三届人大一次会议 …… 205
第二节　市十三届人大二次会议 …… 210
第三节　市十三届人大三次会议 …… 215
第四节　市十三届人大四次会议 …… 220
第五节　市十三届人大五次会议 …… 227

第三篇　市人民代表大会常务委员会（上篇） …… 237
第一章　组成人员与机构制度 …… 239
第一节　组成人员 …… 239
第二节　机构设置 …… 243
第三节　制度建设 …… 250
第二章　常委会会议 …… 256
第一节　市七至九届人大常委会会议 …… 256
第二节　市十届人大常委会会议 …… 257
第三节　市十一届人大常委会会议 …… 266
第四节　市十二届人大常委会会议 …… 276
第五节　市十三届人大常委会会议 …… 287
第三章　常委会主任会议 …… 301
第一节　市七至九届人大常委会主任会议 …… 301
第二节　市十届人大常委会主任会议 …… 302
第三节　市十一届人大常委会主任会议 …… 304
第四节　市十二届人大常委会主任会议 …… 306
第五节　市十三届常委会主任会议 …… 309

第四篇　市人民代表大会常务委员会（中篇） …… 315
第一章　地方立法 …… 317
第一节　制定地方性法规 …… 319
第二节　修改及废止地方性法规 …… 355
第三节　作出法律性决定和法规解释 …… 387
第四节　参与全国人大立法 …… 391
第二章　决定重大事项 …… 393
第一节　综合性决议和决定 …… 393
第二节　财政经济方面决议和决定 …… 396
第三节　城市建设和管理方面决议和决定 …… 398
第四节　教育科学文化卫生方面决议和决定 …… 399
第五节　内务司法和社会生活方面决议和决定 …… 400
第六节　人大工作和政权建设方面决议和决定 …… 402
第七节　授予“上海市荣誉市民”称号决定 …… 407
第三章　监督工作 …… 410
第一节　审议专项工作报告 …… 410
第二节　审议计划预算执行和审计报告及审查批准决算 …… 449
第三节　执法检查 …… 459
第四节　规范性文件备案审查 …… 501
第五节　专题询问 …… 505
第四章　人事任免 …… 507
第一节　人事任免工作概况 …… 507
第二节　市人大及其常委会机构人员任免 …… 510

第三节 市政府组成人员任免 ……… 511
第四节 法院和检察院人事任免 …… 519
第五节 全国人大代表选免 ………… 525

第五篇 市人民代表大会常务委员会(下篇) ………… 527
第一章 代表工作 ………… 529
第一节 代表议案和书面意见办理 ………… 529
第二节 市人大代表联系与活动 …… 536
第三节 全国人大代表联系与活动 ………… 548
第二章 重要日常工作 ………… 555
第一节 出席市委有关人大工作的会议和活动 ………… 555
第二节 出席有关活动 ………… 557
第三节 召开重要会议和举办重要活动 ………… 560
第四节 宣传工作 ………… 571
第五节 理论学习与法治研讨 ……… 580
第六节 信息化建设 ………… 598
第七节 信访工作 ………… 601
第八节 培训工作 ………… 608
第三章 联络与交往 ………… 615
第一节 与全国人大常委会联系 …… 615
第二节 与区、县人大常委会联系 …… 620
第三节 与兄弟省区市人大常委会联系 ………… 624
第四节 与港澳台交往 ………… 629
第五节 与外国议会交往及外事活动 ………… 631

第六篇 市人民代表大会专门委员会 ………… 651
第一章 专门委员会的设立与组成 …… 653
第一节 专门委员会的设立 ………… 653
第二节 组成人员产生与构成 ……… 654
第二章 专门委员会主要工作 ………… 657
第一节 审议代表议案 ………… 657
第二节 参与立法工作 ………… 667
第三节 参与监督工作 ………… 678
第四节 开展调查研究 ………… 684

第七篇 区、县和乡、镇人民代表大会 ………… 691
第一章 区、县人民代表大会及其常务委员会 ………… 693
第一节 区、县人民代表大会 ……… 693
第二节 区、县人大常委会 ………… 699
第三节 代表工作和代表联系选民 ………… 708
第二章 乡、镇人民代表大会 ………… 715
第一节 乡、镇人民代表大会 ……… 715
第二节 乡、镇人大主席 ………… 717
第三节 代表活动 ………… 717

第八篇 人物 ………… 721
第一章 传略 ………… 723
第一节 主任 ………… 723
第二节 副主任 ………… 724
第二章 简介 ………… 731
第一节 主任 ………… 731
第二节 副主任 ………… 732
第三章 名录 ………… 742
第一节 市人民代表大会代表名录 ………… 742
第二节 市人大会议主席团、常务主席、秘书长和委员会组成人员名录 ………… 786
第三节 中共市人大常委会党组成员名录 ………… 814
第四节 市人大常委会组成人员名录 ………… 815
第五节 市人大专门委员会组成人员

名录 …………………………… 819
第六节　市人大常委会工作委员会组成人员名录 ……………… 825
第七节　市人大常委会秘书长、副秘书长和办事机构负责人名录…………………………… 829
第八节　上海市选举产生的全国人大代表名录 …………………… 831
附:上海市选出的全国人大代表当选为全国人大常委会组成人员名录 …… 835

专记 …………………………………………………………………… 837
索引 …………………………………………………………………… 870
编后记 ………………………………………………………………… 931

《上海市志·人民政府分志(1978—2010)》目录

序 …… 1
《上海市志(1978—2010)》凡例 …… 1
编纂说明 …… 1
概述 …… 1
大事记 …… 21

第一篇　政府机构 …… 103
第一章　市政府机构 …… 105
第一节　市政府领导组成 …… 106
第二节　市政府机构组成 …… 113
第三节　市政府机构改革 …… 127
第二章　区县政府 …… 133
第一节　区县政府机构 …… 133
第二节　街道办事处和乡镇政府 …… 136
第三节　事权下放　分级管理 …… 138
第四节　浦东新区政府 …… 140

第二篇　政务建设 …… 143
第一章　法治建设 …… 146
第一节　法治建设沿革 …… 146
第二节　行政立法 …… 150
第三节　行政执法与法治监督 …… 154
第二章　行政决策建设 …… 159
第一节　科学民主决策 …… 159
第二节　行政审批制度改革 …… 162
第三节　接受监督　民主协商 …… 166
第四节　督查督办 …… 170
第五节　参事咨政 …… 172
第三章　政务公开 …… 175
第一节　建立政务公开制度 …… 175
第二节　实施政务信息公开 …… 176
第三节　公开方式 …… 178
第四章　电子政务建设 …… 182
第一节　规划与制度建设 …… 182
第二节　政务外网及共网建设 …… 182
第三节　重要信息系统及门户网站建设 …… 184
第四节　基础数据库建设 …… 187
第五章　应急管理 …… 190
第一节　应急管理体制 …… 190
第二节　应急管理机制与预案建设 …… 192
第六章　公务员管理 …… 196
第一节　考试录用与选调交流 …… 196
第二节　教育培训与考核奖惩 …… 197
第七章　监察　审计 …… 201
第一节　行政监察 …… 201
第二节　审计监督 …… 206
第八章　信访工作 …… 213
第一节　机构与制度建设 …… 213
第二节　信访及其办理 …… 216
第九章　档案、史志工作 …… 218

第一节　档案工作 …………………… 218
第二节　文史工作 …………………… 220
第三节　地方志工作 ………………… 222
第十章　机关事务管理 ……………… 227
第一节　管理体制 …………………… 227
第二节　机关运行经费与资产管理 …………………………… 228

第三篇　战略规划与重大改革 ……… 231
第一章　战略规划与发展 …………… 233
第一节　发展战略 …………………… 233
第二节　改革开放至20世纪末发展计划 …………………………… 239
第三节　第十个五年计划(2001—2005年) …………………… 242
第四节　第十一个五年规划(2006—2010年) …………………… 245
第二章　综合调控与重大改革 ……… 248
第一节　调控与普查 ………………… 248
第二节　投融资管理与重大项目 …… 256
第三节　经济体制改革 ……………… 262
第四节　浦东新区综合配套改革试点 …………………………… 267

第四篇　经济建设 …………………… 271
第一章　服务业 ……………………… 274
第一节　发展规划 …………………… 274
第二节　政策举措 …………………… 276
第三节　发展成效 …………………… 279
第二章　商业 ………………………… 284
第一节　商业改革初步探索 ………… 285
第二节　大商贸战略的实施 ………… 287
第三节　加快国际商贸中心城市建设 …………………………… 289
第三章　对外经济贸易 ……………… 295
第一节　探索突破外贸统制 ………… 295
第二节　加快外经贸体制改革 ……… 297
第三节　实施大经贸发展战略 ……… 300
第四节　加快上海国际贸易中心建设 …………………………… 302
第四章　利用外资 …………………… 307
第一节　促进外商直接投资 ………… 307
第二节　促进国(境)外间接投资 …… 312
第五章　金融业 ……………………… 320
第一节　推进金融发展 ……………… 320
第二节　发展金融机构与业务 ……… 323
第三节　实施金融管理 ……………… 325
第四节　建设金融市场 ……………… 327
第六章　旅游业 ……………………… 332
第一节　旅游管理体制 ……………… 333
第二节　旅游业规划及发展 ………… 333
第三节　旅游业开发建设 …………… 336
第四节　宾馆与旅行社发展 ………… 339
第五节　旅游行业管理 ……………… 341
第七章　工业 ………………………… 345
第一节　管理机构与体制 …………… 346
第二节　产业结构调整 ……………… 349
第三节　工业投资与技术进步 ……… 353
第四节　节能减排 …………………… 356
第五节　高新技术产业 ……………… 362
第六节　工业污染治理 ……………… 364
第八章　农业 ………………………… 368
第一节　农业生产 …………………… 369
第二节　农业服务与管理 …………… 373
第三节　农业投入与基本建设 ……… 377
第四节　农村改革与新农村建设 …… 380
第五节　上海农垦 …………………… 383
第九章　国有资产管理 ……………… 387
第一节　国资管理体制 ……………… 388
第二节　国资监管 …………………… 390
第三节　国企授权经营与改革 ……… 395
第十章　民营经济 …………………… 400
第一节　发展与培育 ………………… 400
第二节　政策措施 …………………… 402
第三节　管理与服务 ………………… 404
第十一章　开发区 …………………… 408
第一节　开发区建设 ………………… 408

第二节　开发区管理 …………………… 411
第三节　开发区绩效 …………………… 414
第十二章　财政 ………………………… 417
第一节　财政管理体制与综合性政策 ………………………… 418
第二节　财政收支与财政平衡 ……… 423
第三节　财政管理 …………………… 427
第四节　其他财政管理 ……………… 431
第十三章　税收管理 …………………… 435
第一节　税制沿革 …………………… 436
第二节　税收征管 …………………… 440
第三节　税源培育 …………………… 441
第四节　税收服务 …………………… 445
第十四章　市场监管 …………………… 449
第一节　工商行政管理 ……………… 449
第二节　物价监管 …………………… 458
第三节　质量技术监督 ……………… 463
第四节　食品药品监督管理 ………… 467
第十五章　安全生产监管 ……………… 475
第一节　监管体制机制 ……………… 475
第二节　安全生产工作 ……………… 477
第十六章　对口支援与合作交流 ……… 482
第一节　组织机构 …………………… 482
第二节　重大决策与政策 …………… 484
第三节　对口支援与对口帮扶 ……… 489
第四节　合作交流 …………………… 493
第五节　赈灾援助 …………………… 498

第五篇　社会发展 ……………………… 499
第一章　科学技术 ……………………… 501
第一节　科技规划与体制改革 ……… 501
第二节　技术创新与创新服务 ……… 505
第三节　科研建设与奖励 …………… 507
第四节　科学普及与合作交流 ……… 508
第五节　高科技园区 ………………… 513
第二章　教育 …………………………… 516
第一节　教育管理 …………………… 517
第二节　教育改革 …………………… 521
第三节　学科专业与师资队伍建设 ………………………… 528
第四节　教育投入与设施建设 ……… 530
第五节　教育交流合作 ……………… 532
第三章　文化 …………………………… 535
第一节　文化体制改革与管理 ……… 536
第二节　文化艺术和文化产业 ……… 541
第三节　公共文化建设 ……………… 546
第四节　广播　电影　电视 ………… 552
第五节　文化交流合作 ……………… 557
第四章　新闻出版 ……………………… 562
第一节　新闻事业 …………………… 563
第二节　出版业 ……………………… 566
第五章　医疗卫生 ……………………… 569
第一节　医疗卫生体制 ……………… 569
第二节　医疗服务与管理 …………… 571
第三节　公共卫生 …………………… 575
第四节　发展中医药 ………………… 581
第五节　开展爱国卫生 ……………… 583
第六章　体育 …………………………… 586
第一节　开展全民健身 ……………… 586
第二节　发展竞技体育 ……………… 589
第三节　承办、举办体育赛事 ……… 591
第四节　场馆建设与体育产业 ……… 596
第七章　民族　宗教 …………………… 599
第一节　民族事务 …………………… 599
第二节　宗教事务 …………………… 602
第八章　公安工作 ……………………… 606
第一节　治安管理 …………………… 607
第二节　道路交通管理 ……………… 611
第三节　消防管理 …………………… 614
第四节　出入境管理 ………………… 616
第九章　司法行政 ……………………… 620
第一节　法律服务 …………………… 620
第二节　法制宣传教育 ……………… 624
第三节　监狱工作 …………………… 627
第四节　劳动教养(戒毒)与社区矫正工作 ………………………… 629
第十章　知识产权 ……………………… 631
第一节　知识产权管理与行政

保护 …… 631
第二节 鼓励创造与开展知识产权服务 …… 633
第三节 知识产权宣传和人才培养 …… 635
第四节 知识产权交流合作 …… 637
第十一章 人口人才管理 …… 641
第一节 人口管理 …… 641
第二节 计划生育管理 …… 645
第三节 引进与开发人才 …… 646
第四节 专业技术人员管理 …… 649

第六篇 民生保障 …… 653
第一章 劳动就业 …… 656
第一节 就业制度改革 …… 656
第二节 就业服务与培训 …… 663
第三节 职工工资改革与管理 …… 668
第四节 保障农民收入 …… 669
第二章 社会保障 …… 671
第一节 推进养老保险 …… 671
第二节 实施医疗保险 …… 674
第三节 完善失业工伤生育保险 …… 676
第四节 小城镇社会保险 …… 679
第五节 实行外来从业人员综合保险 …… 679
第三章 住房保障与制度改革 …… 681
第一节 住房制度改革 …… 682
第二节 解困与住房保障 …… 683
第四章 社会救助 …… 689
第一节 实施基本生活救助 …… 689
第二节 实施专项救助 …… 692
第三节 开展社会帮困互助 …… 695
第四节 发展慈善事业 …… 696
第五章 社会事务 …… 699
第一节 发展社会福利 …… 699
第二节 双拥优抚 …… 703
第三节 民政专项事务管理 …… 706
第四节 社会组织管理 …… 708
第六章 社区建设 …… 710
第一节 推进基层社区建设 …… 710
第二节 社区公共服务 …… 713
第七章 市政府实事项目 …… 717
第一节 实事项目的实施与绩效 …… 717
第二节 历年完成的实事项目 …… 718

第七篇 城乡建设与管理 …… 725
第一章 城乡规划 …… 729
第一节 上海市城市总体规划 …… 729
第二节 中心城与郊区(县)规划 …… 734
第三节 城乡规划管理 …… 738
第二章 城市基础设施建设 …… 741
第一节 道路 …… 741
第二节 桥梁、隧道 …… 745
第三节 轨道交通 …… 748
第四节 能源发展 …… 751
第五节 供水与防汛排水 …… 757
第三章 交通运输 邮政电信 …… 762
第一节 发展公共交通 …… 762
第二节 道路运输管理与整治 …… 767
第三节 铁路运输 …… 769
第四节 水路运输 …… 771
第五节 航空运输 …… 775
第六节 邮政电信 …… 776
第四章 房地产与建筑建材业 …… 779
第一节 房地产管理 …… 779
第二节 住宅建设与旧区改造 …… 783
第三节 房地产市场发展与调控 …… 787
第四节 建筑建材业 …… 790
第五章 环境保护与治理 …… 794
第一节 环境与生态保护 …… 794
第二节 园林绿化与林业 …… 802
第三节 环卫管理 …… 806
第四节 市容管理 …… 811
第六章 信息化建设 …… 816
第一节 规划与监管 …… 816
第二节 信息基础设施建设 …… 818
第三节 发展信息产业 …… 820
第四节 保障信息安全 …… 823

第八篇　外事　港澳台事务侨务 …… 827
第一章　外事服务管理 …… 830
第一节　归口管理 …… 830
第二节　涉外服务 …… 832
第三节　涉外荣誉表彰 …… 835
第二章　对外交往 …… 837
第一节　重要来访 …… 837
第二节　市政府领导出访 …… 840
第三节　国际友好城市 …… 842
第三章　国际性会议与活动 …… 847
第一节　重大国际会议和活动 …… 847
第二节　专题性国际会议和活动 …… 849
第三节　国际组织地区性年会和活动 …… 851
第四节　中国2010年上海世界博览会 …… 853
第五节　上海市市长国际企业家咨询会议 …… 858
第四章　外国驻沪机构管理 …… 861
第一节　外国驻沪领事机构 …… 861
第二节　外国驻沪媒体机构 …… 864
第五章　港澳事务 …… 869
第一节　高层往来 …… 869
第二节　沪港合作 …… 870
第三节　重要活动 …… 872
第六章　台湾事务 …… 874
第一节　民间往来 …… 874
第二节　沪台经贸合作 …… 876
第三节　沪台互访交流 …… 878
第七章　侨务工作 …… 882
第一节　工作体制 …… 882
第二节　联络联谊 …… 882
第三节　引资引智 …… 884
第四节　接受捐赠与华文教育 …… 886
第五节　归侨侨眷事务 …… 887

第九篇　人物 …… 891
第一章　上海市市长简介 …… 893
第二章　上海市副市长简介 …… 896

附录 …… 909
索引 …… 931
编后记 …… 936

《上海市志·人民政协分志(1978—2010)》目录

序 …… 1
《上海市志(1978—2010)》凡例 …… 1
编纂说明 …… 1
概述 …… 1
大事记 …… 13

第一篇　组织 …… 65
　第一章　政协上海市委员会 …… 67
　　第一节　第五届委员会 …… 67
　　第二节　第六届委员会 …… 68
　　第三节　第七届委员会 …… 70
　　第四节　第八届委员会 …… 71
　　第五节　第九届委员会 …… 72
　　第六节　第十届委员会 …… 74
　　第七节　第十一届委员会 …… 75
　　第八节　工作机构 …… 77
　　第九节　事业单位 …… 82
　第二章　区县政协 …… 86
　　第一节　浦东新区政协 …… 86
　　第二节　徐汇区政协 …… 87
　　第三节　长宁区政协 …… 89
　　第四节　普陀区政协 …… 91
　　第五节　闸北区政协 …… 92
　　第六节　虹口区政协 …… 94
　　第七节　杨浦区政协 …… 96
　　第八节　黄浦区政协 …… 97
　　第九节　静安区政协 …… 99
　　第十节　宝山区政协 …… 101
　　第十一节　闵行区政协 …… 103
　　第十二节　嘉定区政协 …… 104
　　第十三节　金山区政协 …… 105
　　第十四节　松江区政协 …… 106
　　第十五节　青浦区政协 …… 107
　　第十六节　奉贤区政协 …… 108
　　第十七节　崇明县政协 …… 108
　　第十八节　卢湾区政协 …… 110
　　第十九节　南汇区政协 …… 112
　　第二十节　南汇县政协 …… 113
　　第二十一节　奉贤县政协 …… 114
　　第二十二节　南市区政协 …… 115
　　第二十三节　青浦县政协 …… 116
　　第二十四节　松江县政协 …… 118
　　第二十五节　金山县政协 …… 119
　　第二十六节　上海县政协 …… 120
　　第二十七节　嘉定县政协 …… 121
　　第二十八节　川沙县政协 …… 122
　　第二十九节　吴淞区政协 …… 123

第二篇　会议 …… 125
　第一章　第五届市政协会议 …… 127
　　第一节　全体会议 …… 127
　　第二节　常委会会议 …… 128

第三节　主席会议 …………………… 130
第二章　第六届市政协会议 ………… 131
第一节　全体会议 …………………… 131
第二节　常委会会议 ………………… 132
第三节　主席会议 …………………… 135
第三章　第七届市政协会议 ………… 137
第一节　全体会议 …………………… 137
第二节　常委会会议 ………………… 138
第三节　主席会议 …………………… 141
第四章　第八届市政协会议 ………… 143
第一节　全体会议 …………………… 143
第二节　常委会会议 ………………… 145
第三节　主席会议 …………………… 148
第五章　第九届市政协会议 ………… 152
第一节　全体会议 …………………… 152
第二节　常委会会议 ………………… 153
第三节　主席会议 …………………… 157
第六章　第十届市政协会议 ………… 161
第一节　全体会议 …………………… 161
第二节　常委会会议 ………………… 163
第三节　主席会议 …………………… 167
第七章　第十一届市政协会议 ……… 174
第一节　全体会议 …………………… 174
第二节　常委会会议 ………………… 176
第三节　主席会议 …………………… 181

第三篇　学习 …………………………… 193
第一章　学习内容 …………………… 195
第一节　中国特色社会主义基本理论 …………………………… 195
第二节　中共中央有关会议精神 …… 197
第三节　推进人民政协工作发展的重要精神 ………………………… 201
第四节　上海市经济社会改革发展情况 ……………………………… 204
第五节　形势任务和现代科学知识 …………………………… 208
第二章　学习方式 …………………… 214
第一节　中心组学习会 ……………… 214
第二节　委员学习会 ………………… 214
第三节　委员座谈会 ………………… 216
第四节　委员学习活动日和知识讲座 …………………………… 218
第五节　委员自学 …………………… 219

第四篇　协商议政 …………………… 221
第一章　有关经济社会发展大政方针的协商议政 ………………………… 223
第一节　经济社会发展规划 ………… 223
第二节　改革发展重要措施 ………… 233
第三节　国家法律和地方性法规规章 …………………………… 240
第二章　有关群众切身利益问题的协商议政 ………………………… 248
第一节　劳动就业与社会保障 ……… 248
第二节　住房与交通出行 …………… 253
第三节　公用事业与食品安全 ……… 260
第四节　教育、文化和社会事业 …… 264

第五篇　视察监督 …………………… 271
第一章　委员视察 …………………… 273
第一节　第五届市政协委员视察 …… 273
第二节　第六届市政协委员视察 …… 274
第三节　第七届市政协委员视察 …… 277
第四节　第八届市政协委员视察 …… 281
第五节　第九届市政协委员视察 …… 285
第六节　第十届市政协委员视察 …… 290
第七节　第十一届市政协委员视察 …………………………… 299
第二章　主席会议(成员)赴基层视察调研 ………………………… 305
第一节　第九届市政协主席会议(成员)赴基层调研 ……………… 305
第二节　第十届市政协主席会议(成员)赴基层调研 ……………… 312
第三节　第十一届市政协主席会议(成员)赴基层视察调研 …… 322

第三章 重点工作监督 …… 329
第一节 落实政策工作 …… 329
第二节 市场管理与市场规范 …… 332
第三节 发展公共交通 …… 334
第四节 世博安全运行 …… 336
第五节 城市公共安全 …… 339
第四章 特邀监督员和行风评议 …… 343
第一节 特邀监督员工作 …… 343
第二节 行风评议 …… 347

第六篇 建言献策 …… 351
第一章 建议案 …… 353
第一节 常委会会议建议案 …… 353
第二节 主席会议建议案 …… 376
第二章 专题调研 …… 412
第一节 第五届市政协专题调研 …… 412
第二节 第六届市政协专题调研 …… 413
第三节 第七届市政协专题调研 …… 415
第四节 第八届市政协专题调研 …… 418
第五节 第九届市政协专题调研 …… 424
第六节 第十届市政协专题调研 …… 434
第七节 第十一届市政协专题调研 …… 451
第三章 委员论坛 研讨会 专题座谈会 …… 459
第一节 委员论坛 …… 459
第二节 研讨会 …… 469
第三节 专题座谈会 …… 473

第七篇 提案和反映社情民意 …… 483
第一章 提案 …… 486
第一节 提案的提出、审查立案和分理交办 …… 486
第二节 提案的数量和类别 …… 488
第三节 提案的办理和促进办理 …… 490
第四节 工作会议和工作研讨 …… 497
第五节 评选表彰 …… 500
第六节 优秀提案选录 …… 503
第二章 反映社情民意 …… 515
第一节 社情民意信息的征集 …… 515
第二节 社情民意信息的处理 …… 517
第三节 工作会议 …… 518
第四节 评选表彰 …… 519

第八篇 文史资料和新闻宣传 …… 525
第一章 文史资料 …… 527
第一节 征集和编辑 …… 527
第二节 出版和发行 …… 530
第三节 编译工作 …… 540
第二章 新闻宣传 …… 542
第一节 措施与制度 …… 542
第二节 主要媒体的专栏专题 …… 545
第三节 报刊和网站 …… 546

第九篇 团结合作 …… 553
第一章 民族和宗教工作 …… 555
第一节 民族工作 …… 555
第二节 宗教工作 …… 559
第二章 港澳台侨工作 …… 564
第一节 港澳委员工作 …… 564
第二节 港澳侨工作 …… 568
第三节 对台工作 …… 572
第三章 对外友好交流 …… 576
第一节 友好交流活动 …… 576
第二节 外事接待和出访 …… 580
第四章 合作交流 …… 582
第一节 工作交流 …… 582
第二节 对口联系 …… 589
第五章 重要纪念和节庆文化活动 …… 594
第一节 历史事件纪念活动 …… 594
第二节 历史人物纪念活动 …… 599
第三节 节庆文化活动 …… 603

第十篇 自身建设 …… 605
第一章 界别活动和委员联络联谊工作 …… 607

第一节 界别活动 …………………… 607
第二节 委员联络与服务工作 ……… 611
第三节 委员艺术沙龙 ……………… 614
第二章 专门委员会建设 ……………… 619
第一节 机构与任务 ………………… 619
第二节 工作规则和活动方式 ……… 623
第三节 工作交流 …………………… 626
第三章 区县政协联络指导工作 ……… 631
第一节 学习交流 …………………… 631
第二节 工作探讨 …………………… 632
第三节 联合调研 …………………… 636
第四章 工作总结和制度建设 ………… 638
第一节 工作研究与总结 …………… 638
第二节 工作制度 …………………… 641
第五章 理论研究 ……………………… 649
第一节 研讨会 ……………………… 649
第二节 理论课题研究 ……………… 652

第十一篇 社会团体 ……………… 661
第一章 上海政协之友社 ……………… 663
第一节 组织机构 …………………… 663
第二节 会议 ………………………… 665
第三节 主要活动 …………………… 667
第二章 上海华夏文化经济促进会 …… 670
第一节 组织机构 …………………… 670
第二节 会议 ………………………… 672
第三节 主要活动 …………………… 672
第三章 上海科技成果转化促进会 …… 675
第一节 组织机构 …………………… 676
第二节 会议 ………………………… 677
第三节 主要活动 …………………… 677
第四章 上海市人民政协理论研究会 ……………………………… 679
第一节 组织机构 …………………… 679
第二节 会议 ………………………… 680
第三节 主要活动 …………………… 681
第五章 上海公共外交协会 …………… 683
第一节 组织机构 …………………… 683
第二节 会议 ………………………… 684
第三节 主要活动 …………………… 684
第六章 上海市文史资料研究会 ……… 685
第一节 组织机构 …………………… 685
第二节 会议 ………………………… 686
第三节 主要活动 …………………… 686

第十二篇 人物 …………………… 687
第一章 传略 …………………………… 689
第一节 主席 ………………………… 689
第二节 副主席 ……………………… 691
第二章 简介 …………………………… 706
第一节 主席 ………………………… 706
第二节 副主席 ……………………… 707
第三章 名录 …………………………… 717
第一节 市政协主席、副主席、秘书长、常务委员、委员名录 ……… 717
第二节 市政协副秘书长、专门委员会(工作组、指导组)主任(组长)、副主任(副组长)名录 ……… 754

附录 …………………………………… 771
索引 …………………………………… 801
编后记 ………………………………… 842

《上海市志·民主党派分志（1978—2010）》目录

《上海市志（1978—2010）》凡例 ………… 1
编纂说明 ………… 1
概述 ………… 1
大事记 ………… 15

第一篇　中国国民党革命委员会上海市委员会 ………… 85
第一章　组织 ………… 89
第一节　党员 ………… 89
第二节　市级组织 ………… 94
第三节　区（县）组织 ………… 107
第四节　直属基层组织 ………… 108
第二章　代表大会和委员会全体会议 ………… 112
第一节　代表大会 ………… 112
第二节　委员会全体会议 ………… 115
第三章　履行职能 ………… 122
第一节　参加政治协商活动 ………… 122
第二节　参加人民代表大会 ………… 122
第三节　参加政治协商会议 ………… 126
第四节　参与政府事务管理和民主监督 ………… 133
第五节　建言献策和反映社情民意 ………… 135
第六节　专题调研 ………… 136
第七节　举办论坛与研讨会 ………… 142
第四章　社会服务 ………… 145
第一节　岗位建功 ………… 145
第二节　经济咨询服务 ………… 146
第三节　兴办学校和培训班 ………… 147
第四节　支援西部地区开发 ………… 149
第五节　赈灾救灾 ………… 152
第六节　服务社区与新农村建设 ………… 154
第七节　社会法制建设 ………… 157
第八节　服务上海世博会 ………… 158
第五章　促进祖国统一与海外联谊 ………… 160
第一节　对台宣传 ………… 160
第二节　吸引外资外智 ………… 161
第三节　交流交往 ………… 162
第四节　祖国和平统一促进委员会 ………… 164
第五节　上海中山文化交流协会 ………… 166
第六章　自身建设 ………… 168
第一节　思想建设 ………… 168
第二节　组织建设 ………… 178
第三节　制度建设 ………… 187

第二篇　中国民主同盟上海市委员会 ………… 191
第一章　组织 ………… 195
第一节　盟员 ………… 195
第二节　市级组织 ………… 199
第三节　区（县）组织 ………… 218

第四节　直属基层组织 …………………… 219
第二章　代表大会和委员会全体会议 …………………… 224
第一节　代表大会 …………………… 224
第二节　委员会全体会议 …………………… 228
第三章　履行职能 …………………… 234
第一节　参加政治协商活动 …………………… 234
第二节　参加人民代表大会 …………………… 236
第三节　参加政治协商会议 …………………… 240
第四节　参与政府事务管理 …………………… 247
第五节　民主监督 …………………… 248
第六节　建言献策和反映社情民意 …………………… 249
第七节　专题调研 …………………… 259
第八节　论坛与研讨会 …………………… 262
第四章　社会服务 …………………… 266
第一节　岗位建功 …………………… 266
第二节　特色办学 …………………… 270
第三节　支教扶贫 …………………… 271
第四节　社区服务 …………………… 273
第五节　赈灾救灾 …………………… 277
第六节　服务上海世博会 …………………… 279
第七节　海外联谊与促进祖国统一 …………………… 281
第五章　自身建设 …………………… 283
第一节　思想建设 …………………… 283
第二节　组织建设 …………………… 297
第三节　制度建设 …………………… 308

第三篇　中国民主建国会上海市委员会 …………………… 311
第一章　组织 …………………… 315
第一节　会员 …………………… 315
第二节　市级组织 …………………… 320
第三节　区(县)组织 …………………… 337
第四节　直属基层组织 …………………… 339
第二章　代表大会和委员会全体会议 …………………… 343
第一节　代表大会 …………………… 343
第二节　委员会全体会议 …………………… 346
第三章　履行职能 …………………… 351
第一节　参加政治协商活动 …………………… 351
第二节　参加人民代表大会 …………………… 352
第三节　参加政治协商会议 …………………… 355
第四节　参与政府事务管理 …………………… 362
第五节　专题调研 …………………… 365
第六节　建言献策和反映社情民意 …………………… 368
第七节　参政议政平台建设 …………………… 372
第四章　社会服务 …………………… 376
第一节　岗位建功 …………………… 376
第二节　咨询服务 …………………… 380
第三节　促进非公有制经济发展 …………………… 382
第四节　兴办学校和企业 …………………… 384
第五节　扶贫帮困 …………………… 389
第六节　支援中西部开发 …………………… 394
第七节　赈灾救灾 …………………… 397
第八节　服务社会建设 …………………… 399
第九节　为崇明发展服务 …………………… 402
第十节　对外、对港澳台联络 …………………… 404
第十一节　服务上海世博会 …………………… 406
第五章　自身建设 …………………… 408
第一节　思想建设 …………………… 408
第二节　组织建设 …………………… 418
第三节　机关建设 …………………… 426
第四节　制度建设 …………………… 427

第四篇　中国民主促进会上海市委员会 …………………… 431
第一章　组织 …………………… 435
第一节　会员 …………………… 435
第二节　市级组织 …………………… 439
第三节　区(县)组织 …………………… 452
第四节　直属基层组织 …………………… 454
第二章　代表大会和委员会全体会议 …………………… 456

第一节　代表大会 …………………… 456
第二节　委员会全体会议 …………… 459
第三章　履行职能 …………………… 466
第一节　参加政治协商活动 ………… 466
第二节　参加人民代表大会 ………… 467
第三节　参加政治协商会议 ………… 470
第四节　参与政府事务管理 ………… 478
第五节　民主监督 …………………… 479
第六节　建言献策和反映社情民意 …………………………… 482
第七节　专题调研 …………………… 483
第八节　举办论坛与研讨会 ………… 488
第四章　社会服务 …………………… 492
第一节　岗位建功 …………………… 492
第二节　兴办教育事业 ……………… 494
第三节　支援西部开发与扶贫帮困 …………………………… 496
第四节　开展共建服务活动 ………… 502
第五节　赈灾救灾 …………………… 506
第六节　海外联谊与促进祖国统一 …………………………… 508
第七节　服务上海世博会 …………… 509
第五章　自身建设 …………………… 511
第一节　思想建设 …………………… 511
第二节　组织建设 …………………… 524
第三节　制度建设 …………………… 535

第五篇　中国农工民主党上海市委员会 …………………… 537
第一章　组织 ………………………… 540
第一节　党员 ………………………… 540
第二节　市级组织 …………………… 542
第三节　区(县)组织 ……………… 558
第四节　直属基层组织 ……………… 560
第二章　代表大会和委员会全体会议 ………………………… 564
第一节　代表大会 …………………… 564
第二节　委员会全体会议 …………… 568
第三章　履行职能 …………………… 576
第一节　参加政治协商活动 ………… 576
第二节　参加人民代表大会 ………… 577
第三节　参加政治协商会议 ………… 580
第四节　参与政府事务管理 ………… 590
第五节　专题调研 …………………… 593
第六节　建言献策和反映社情民意 …………………………… 596
第七节　举办论坛与研讨会 ………… 598
第四章　社会服务 …………………… 600
第一节　岗位建功 …………………… 600
第二节　服务社会 …………………… 601
第三节　扶贫帮困和对口援建 ……… 607
第四节　赈灾救灾 …………………… 609
第五节　吸引外资与促进祖国统一 …………………………… 613
第六节　服务上海世博会 …………… 614
第五章　自身建设 …………………… 617
第一节　思想建设 …………………… 617
第二节　组织建设 …………………… 626
第三节　制度建设 …………………… 634

第六篇　中国致公党上海市委员会 …………………… 637
第一章　组织 ………………………… 641
第一节　筹建 ………………………… 641
第二节　党员 ………………………… 641
第三节　市级组织 …………………… 645
第四节　区(县)组织 ……………… 653
第五节　直属基层组织 ……………… 655
第二章　代表大会和委员会全体会议 ………………………… 657
第一节　代表大会 …………………… 657
第二节　委员会全体会议 …………… 661
第三章　履行职能 …………………… 667
第一节　参加政治协商活动 ………… 667
第二节　参加人民代表大会 ………… 668
第三节　参加政治协商会议 ………… 671

第四节　参与政府事务管理 …………… 679
第五节　开展调查研究 ………………… 681
第六节　举办专题论坛 ………………… 683
第七节　反映社情民意 ………………… 686
第四章　海外联谊 …………………… 688
第一节　建立海外联谊网络 …………… 688
第二节　服务侨胞 ……………………… 688
第三节　接待来访 ……………………… 690
第四节　组团出访 ……………………… 691
第五节　引进外资和人才 ……………… 694
第六节　重要节庆、纪念活动 ………… 695
第五章　社会服务 …………………… 698
第一节　党员立足本职作贡献 ………… 698
第二节　咨询服务 ……………………… 702
第三节　兴办各类学校和培训班 ……… 704
第四节　扶贫帮困 ……………………… 705
第五节　赈灾救灾 ……………………… 707
第六节　参加社区建设 ………………… 708
第七节　服务上海世博会 ……………… 710
第六章　自身建设 …………………… 713
第一节　思想建设 ……………………… 713
第二节　组织建设 ……………………… 722
第三节　机关建设 ……………………… 728
第四节　制度建设 ……………………… 729
第五节　表彰先进 ……………………… 729
第六节　宣传阵地建设 ………………… 731

第七篇　九三学社上海市委员会 …… 735
第一章　组织 ………………………… 738
第一节　社员 …………………………… 738
第二节　市级组织 ……………………… 742
第三节　区(县)组织 ………………… 757
第四节　直属基层组织 ………………… 759
第二章　代表大会和委员会全体会议 ………………………… 763
第一节　代表大会 ……………………… 763
第二节　委员会全体会议 ……………… 766
第三章　履行职能 …………………… 772
第一节　参加政治协商活动 …………… 772
第二节　参加人民代表大会 …………… 773
第三节　参加政治协商会议 …………… 777
第四节　参与政府事务管理 …………… 785
第五节　民主监督 ……………………… 787
第六节　建言献策和反映社情民意 …… 789
第七节　专题调研 ……………………… 790
第八节　举办论坛与研讨会 …………… 797
第四章　社会服务 …………………… 804
第一节　岗位建功 ……………………… 804
第二节　科普活动 ……………………… 808
第三节　咨询服务 ……………………… 811
第四节　扶贫帮困 ……………………… 815
第五节　业余办学及社区服务 ………… 819
第六节　赈灾救灾 ……………………… 822
第七节　海外联谊与促进祖国统一 …… 823
第八节　服务上海世博会 ……………… 826
第五章　自身建设 …………………… 828
第一节　思想建设 ……………………… 828
第二节　组织建设 ……………………… 836
第三节　制度建设 ……………………… 847

第八篇　台湾民主自治同盟上海市委员会 ………………………… 851
第一章　组织 ………………………… 854
第一节　盟员 …………………………… 854
第二节　市级组织 ……………………… 858
第三节　基层组织 ……………………… 863
第二章　盟员大会和委员会全体会议 ………………………… 865
第一节　盟员(代表)大会 …………… 865
第二节　委员会全体会议 ……………… 868
第三章　对台工作 …………………… 874
第一节　对台宣传 ……………………… 874
第二节　台情研究 ……………………… 880
第三节　对台联络 ……………………… 881
第四节　服务台胞 ……………………… 885

第四章　履行职能 …… 887
第一节　参加政治协商活动 …… 887
第二节　参加人民代表大会 …… 888
第三节　参加政治协商会议 …… 890
第四节　参与政府事务管理 …… 896
第五节　专题调研 …… 898
第六节　建言献策和反映社情民意 …… 901
第七节　举办论坛与研讨会 …… 901
第五章　社会服务 …… 903
第一节　岗位建功 …… 903
第二节　教育、文化、医疗服务和吸引外资 …… 905
第三节　扶贫帮困和对口援建 …… 907
第四节　赈灾救灾 …… 909
第五节　服务上海世博会 …… 911
第六章　自身建设 …… 912
第一节　思想建设 …… 912
第二节　组织建设 …… 920
第三节　机关建设 …… 924
第四节　制度建设 …… 925

第九篇　人物 …… 927
第一章　人物传略 …… 929
第二章　人物简介 …… 972
第三章　人物名录 …… 980
第一节　上海各民主党派任中央主席、副主席、常委、委员 …… 980
第二节　中国科学院院士、中国工程院院士中的民主党派成员 …… 990
第三节　上海市人民政府参事和上海市文史研究馆馆员中的民主党派成员 …… 990
第四节　获国家最高科学技术奖、上海市教育功臣和上海市科技功臣荣誉称号的民主党派成员 …… 992

附录 …… 993
索引 …… 1018
编后记 …… 1064

《上海市志·群众团体分志·工商联卷（1978—2010）》目录

《上海市志（1978—2010）》凡例 …… 1
编纂说明 …… 1
概述 …… 1
大事记 …… 13

第一篇　组织机构 …… 53
第一章　市工商联 …… 56
第一节　会员 …… 56
第二节　会员代表大会 …… 58
第三节　执行委员会 …… 59
第四节　常务委员会 …… 66
第五节　专门委员会 …… 74
第六节　党组 …… 80
第七节　编制、部室 …… 81
第八节　机关党委 …… 83
第九节　机关工会 …… 83
第十节　民建支部 …… 84
第十一节　会址 …… 85
第二章　区县工商联 …… 87
第一节　浦东新区工商联 …… 87
附一　川沙县工商联（1978—1993） …… 88
附二　南汇县（区）工商联（1978—2009） …… 89
第二节　黄浦区工商联 …… 90
附　南市区工商联（1979—2000） …… 92
第三节　卢湾区工商联 …… 93
第四节　静安区工商联 …… 95
第五节　徐汇区工商联 …… 96
第六节　长宁区工商联 …… 97
第七节　普陀区工商联 …… 98
第八节　闸北区工商联 …… 99
第九节　虹口区工商联 …… 102
第十节　杨浦区工商联 …… 103
第十一节　宝山区工商联 …… 105
第十二节　闵行区工商联 …… 106
第十三节　嘉定区工商联 …… 108
第十四节　金山区工商联 …… 110
第十五节　松江区工商联 …… 112
第十六节　青浦区工商联 …… 113
第十七节　奉贤区工商联 …… 114
第十八节　崇明县工商联 …… 116
第三章　街道（乡镇）商会 …… 118
第一节　设置 …… 118
第二节　街道商会 …… 119
第三节　乡镇商会 …… 119
第四节　上海各区（县）工商联街道（乡镇）商会 …… 120
附一　南汇区工商联街道（乡镇）商会 …… 120
附二　南市区工商联街道商会 …… 120
第四章　各局（公司）工委会 …… 135
第一节　组织 …… 135
第二节　活动 …… 136
第五章　行业商会 …… 138
第一节　橡胶工业同业公会 …… 138

第二节　电线电缆行业商会 …………… 139
第三节　箱包皮具行业商会 …………… 141
第四节　房地产商会 ………………… 141
第五节　钢铁贸易商会 ……………… 145
第六节　民办教育协会 ……………… 146
第七节　纺织服装商会 ……………… 149
第八节　石材产业商会 ……………… 150
第九节　汽车保养和维修设备商会 …………………………… 152
第十节　黄金珠宝商会 ……………… 153
第十一节　汽车配件及用品业商会 ………………………… 155
第十二节　自行车商会 ……………… 156
第十三节　环境保护产业商会 ……… 158
第十四节　塑料行业商会 …………… 159
第六章　外省市在沪商会 ……………… 161
第一节　宁波商会 …………………… 161
第二节　上海温州商会 ……………… 162
第七章　会办事业单位 ………………… 165
第一节　上海市小企业(贸易发展)服务中心 ……………………… 165
第二节　上海市工商联(商会)服务中心 …………………………… 167
第八章　会办企业单位 ………………… 169
第一节　上海市工商界爱国建设公司 …………………………… 169
第二节　上海工商经济开发公司 …… 172
第三节　上海工商房屋建设公司 …… 175
第四节　上海爱联经济发展总公司 …………………………… 175
第九章　会办教育机构 ………………… 177
第一节　上海工商学院 ……………… 177
第二节　中等工商进修学院(校) …… 179

第二篇　宣传教育 ……………………… 181
第一章　政治引导 ……………………… 184
第一节　学习中央文件精神 ………… 184
第二节　学习时事政治 ……………… 188
第三节　举办展览 …………………… 191
第二章　组织活动 ……………………… 193
第一节　上海工商联讲坛 …………… 193
第二节　民营企业家研修班 ………… 195
第三节　关爱员工,实现双赢 ……… 196
第四节　其他 ………………………… 201
第三章　培训讲座 ……………………… 209
第一节　讲座 ………………………… 209
第二节　培训 ………………………… 212
第四章　专题宣传 ……………………… 216
第一节　确立宣传民营经济发展主题 ………………………… 216
第二节　确立年度宣传专题 ………… 217
第五章　评选推荐 ……………………… 219
第一节　优秀中国特色社会主义事业建设者 ………………………… 219
第二节　推荐名牌和科技奖 ………… 220
第三节　就业和对口合作先进 ……… 222
第四节　抗震救灾先进 ……………… 223
第五节　优秀基层商会 ……………… 225
第六章　宣传媒介 ……………………… 227
第一节　网站 ………………………… 227
第二节　期刊 ………………………… 227
第三节　图书 ………………………… 230
第四节　内刊 ………………………… 235

第三篇　调研议政 ……………………… 239
第一章　调查研究 ……………………… 242
第一节　民营经济研究 ……………… 242
第二节　专题调研 …………………… 244
第三节　建言献策 …………………… 249
第二章　参政议政 ……………………… 253
第一节　参加各级人民代表大会 …… 253
第二节　参加各级人民政协 ………… 255
第三节　参与政府事务管理 ………… 267
第四节　参与民主监督 ……………… 269

第四篇　经济服务 ……………………… 273
第一章　扶贫支边救灾 ………………… 276

第一节　扶贫 …… 276
第二节　支边 …… 280
第三节　救灾 …… 282
第四节　慈善 …… 287
第二章　光彩事业 …… 289
第一节　发起成立 …… 289
第二节　理事会 …… 289
第三节　光彩事业活动日 …… 292
第四节　感恩行动 …… 295
第三章　对口支援 …… 297
第一节　经贸推介 …… 297
第二节　组织企业考察 …… 297
第四章　构建民营经济服务体系 …… 299
第一节　民企参与国资国企改革 …… 299
第二节　经贸推介 …… 300
第三节　法律服务与协调劳动关系 …… 302
第四节　城区、郊区(县)工商联工作例会 …… 303
第五节　民营企业家人事档案管理 …… 305
第五章　劳动与社会保障 …… 307
第一节　民营企业招聘 …… 307
第二节　落实见习计划 …… 309
第三节　创业带动就业 …… 310
第六章　促进经济发展座谈研讨与咨询 …… 311
第一节　座谈 …… 311
第二节　研讨 …… 319
第三节　咨询 …… 322
第七章　国内合作 …… 324
第一节　市区联动 …… 324
第二节　长三角地区 …… 325
第三节　中西部地区 …… 325
第四节　其他地区 …… 326
第八章　关心原工商业者及家属 …… 328
第一节　落实政策 …… 328
第二节　老会员活动 …… 330
第三节　工商界互助金 …… 332
第四节　慰问补助 …… 333
第九章　参与世博会 …… 335
第一节　前期服务 …… 335
第二节　世博接待 …… 336
第三节　民企参与 …… 339
第四节　组织活动 …… 345

第五篇　联络合作 …… 353
第一章　港澳交往合作 …… 355
第一节　接待港澳团体 …… 355
第二节　接待港澳知名人士 …… 359
第三节　沪港经济发展协会 …… 363
第四节　出访港澳 …… 366
第五节　经贸活动 …… 369
第二章　对台交往合作 …… 373
第一节　接待台湾工商团体 …… 373
第二节　接待台湾知名人士 …… 375
第三节　组团出访 …… 376
第四节　对台宣传 …… 378
第五节　经贸活动 …… 380
第三章　国际交往合作 …… 382
第一节　接待亚洲工商团体 …… 382
第二节　接待欧洲工商团体 …… 391
第三节　接待美洲工商团体 …… 400
第四节　接待非洲工商团体 …… 409
第五节　接待澳大利亚、新西兰工商团体 …… 410
第六节　组团出访亚洲 …… 411
第七节　组团出访欧洲 …… 413
第八节　组团出访美洲 …… 418
第九节　组团出访非洲、大洋洲 …… 420
第十节　参加世界华商大会 …… 423
第十一节　对外合作经贸活动 …… 425
第十二节　友好商会 …… 433
第十三节　出席驻沪领馆及商务机构活动 …… 435

第六篇　人物 …… 441
第一章　人物传略 …… 443
第二章　人物简介 …… 448
第三章　名录 …… 464
第一节　上海市工商业联合会(上海市商会)正、副主席(会长、主任委员)、秘书长、常务委员、执行委员名录 …… 464
第二节　中华全国工商业联合会(中国民间商会)在沪副主席(副主任委员)、常务委员、执行委员名录 …… 475
第三节　全国人大、上海市人大代表名录 …… 477
第四节　全国政协、上海市政协委员名录 …… 480
第五节　优秀中国特色社会主义事业建设者名录 …… 484
第六节　劳动模范(先进工作者)、三八红旗手、新长征突击手名录 …… 490

附录 …… 495
索引 …… 566
编后记 …… 580

《上海市志·群众团体分志·工会卷（1978—2010）》目录

序 …… 1
《上海市志（1978—2010）》凡例 …… 1
编纂说明 …… 1
概述 …… 1
大事记 …… 15

第一篇　职工队伍 …… 67
　第一章　基本状况 …… 69
　　第一节　职工人数 …… 69
　　第二节　职工分布 …… 71
　　第三节　职工来源 …… 75
　　第四节　职工结构 …… 77
　第二章　就业 …… 80
　　第一节　用工制度 …… 80
　　第二节　就业渠道 …… 83
　第三章　劳动权益 …… 87
　　第一节　职工工资收入 …… 87
　　第二节　劳动时间 …… 92
　　第三节　安全生产状况 …… 94
　　第四节　社会保障 …… 102
　第四章　家庭生活 …… 122
　　第一节　职工家庭收支情况 …… 122
　　第二节　住房状况 …… 125

第二篇　工代会·组织机构 …… 129
　第一章　上海市工会代表大会 …… 132
　　第一节　第六次代表大会 …… 132
　　第二节　第七次代表大会 …… 132
　　第三节　第八次代表大会 …… 133
　　第四节　第九次代表大会 …… 134
　　第五节　第十次代表大会 …… 135
　　第六节　第十一次代表大会 …… 136
　　第七节　第十二次代表大会 …… 137
　第二章　上海市总工会 …… 139
　　第一节　委员会 …… 139
　　第二节　党组 …… 149
　　第三节　办事机构 …… 153
　　第四节　经费审查委员会 …… 155
　第三章　产业（局）、行业和地区工会 …… 156
　　第一节　产业（局）、行业工会 …… 156
　　第二节　区县工会 …… 158
　　第三节　街镇工会 …… 160
　　第四节　开发区工会 …… 162
　第四章　基层工会 …… 164
　　第一节　组织状况 …… 164
　　第二节　组织形态 …… 166
　　第三节　组织结构 …… 168

第三篇　参与国家和社会事务管理 …… 171
　第一章　参政议政 …… 174
　　第一节　参加人民代表大会 …… 175

第二节　参加政治协商会议 …………… 177
第三节　参与企业改革 ……………… 180
第四节　参与社会保障制度改革 …… 183
第二章　参与法律法规制定 ……………… 189
第一节　参与国家立法 ……………… 189
第二节　参与制定地方性法规 ……… 191
第三章　参与上海世博会建设与运行保障工作 ……………………… 196
第一节　迎世博劳动竞赛 …………… 196
第二节　世博运行保障劳动竞赛 …… 199
第三节　世博知识和文明礼仪培训 ………………………… 200
第四节　世博志愿者行动 …………… 201
第五节　平安世博建设 ……………… 203
第六节　关爱世博职工生活 ………… 203
第四章　参与社会管理和国家重大活动 ……………………………… 205
第一节　维护社会稳定 ……………… 205
第二节　参与市场物价监督 ………… 210
第三节　参与其他重要社会活动 …… 215

第四篇　服务经济建设 ……………… 219
第一章　组织劳动竞赛 ………………… 221
第一节　建功立业主题竞赛活动 …… 221
第二节　“双增双节”与“节能减排” ……………………… 223
第三节　重点工程和实事立功竞赛 ………………………… 225
第二章　提升职工技能 ………………… 226
第一节　技能传授培训 ……………… 226
第二节　岗位技术练兵 ……………… 228
第三节　技术技能比赛 ……………… 229
第四节　技术晋级登高 ……………… 231
第三章　开展技术创新与协作 ………… 234
第一节　职工技协组织 ……………… 234
第二节　创造发明 …………………… 235
第三节　技术协作 …………………… 239
第四节　技术创新 …………………… 242
第四章　劳模工作和五一劳动奖 ……… 249
第一节　劳模评选 …………………… 249
第二节　表彰宣传 …………………… 250
第三节　劳模管理 …………………… 252
第四节　劳模服务 …………………… 255
第五节　五一劳动奖状、奖章 ……… 257
第五章　班组建设 ……………………… 260
第一节　班组基础建设 ……………… 260
第二节　班组长培训 ………………… 262
第三节　先进班组创建活动 ………… 263
第六章　工会劳动保护 ………………… 265
第一节　队伍建设 …………………… 265
第二节　安全教育 …………………… 267
第三节　群众监督 …………………… 271

第五篇　职工劳动和生活保障 ……… 277
第一章　参与就业援助服务 …………… 280
第一节　就业帮扶 …………………… 280
第二节　扶持创业带动就业 ………… 288
第二章　参与职工工资管理协调 ……… 292
第一节　参与工资管理体制改革 …… 292
第二节　参与最低工资制度的建立与完善 ………………………… 293
第三节　促进一线职工工资收入增加 ………………………… 294
第三章　帮困送温暖 …………………… 298
第一节　上海市职工帮困基金会 …… 298
第二节　送温暖系列活动 …………… 300
第三节　定向帮困 …………………… 303
第四节　职工援助服务中心 ………… 306
第四章　职工互助互济 ………………… 310
第一节　生活互助 …………………… 310
第二节　医疗互助 …………………… 312
第五章　生活保障和疗休养 …………… 319
第一节　生活福利设施 ……………… 319
第二节　为职工办实事 ……………… 323

第三节　职工疗休养 ………………… 327

第六篇　职工民主管理 ……………… 333
第一章　职工代表大会 ………………… 336
第一节　职代会制度建设 …………… 336
第二节　职代会制度的拓展 ………… 343
第三节　职代会职权的行使 ………… 348
第四节　职代会工作制度和职工代表 ………………………… 355
第二章　厂务公开 ……………………… 361
第一节　推广普及 …………………… 361
第二节　调研检查 …………………… 365
第三节　评选表彰 …………………… 367
第三章　职工董事、监事和职工持股会 ………………………… 369
第一节　职工董事、监事 …………… 369
第二节　职工持股会 ………………… 373

第七篇　劳动关系协商和调解处理 ………………………… 377
第一章　劳动关系协商机制 …………… 380
第一节　参与劳动合同制度建设 …… 380
第二节　集体协商、集体合同制度建设 ………………………… 383
第三节　三方协商机制建设 ………… 393
第二章　劳动法律监督 ………………… 398
第一节　工会劳动法律监督组织 …… 398
第二节　劳动法律监督检查活动 …… 399
第三章　劳动争议调解和处理 ………… 403
第一节　劳动争议调解 ……………… 403
第二节　劳动争议仲裁 ……………… 406
第三节　职工信访和法律援助 ……… 407
第四章　和谐劳动关系建设 …………… 413
第一节　和谐劳动关系评选活动 …… 413
第二节　和谐劳动关系创建活动 …… 415

第八篇　女职工工作 ………………… 417
第一章　女职工人数、机构 …………… 420
第一节　女职工人数 ………………… 420
第二节　女职工委员会 ……………… 421
第二章　女职工权益和特殊利益维护 ………………………… 425
第一节　女职工权益源头参与 ……… 425
第二节　女职工权益保护集体协商和集体合同 ……………………… 427
第三节　女职工权益宣传教育与法律援助 ………………………… 429
第四节　女职工健康实事工程 ……… 431
第五节　女职工帮扶工作 …………… 433
第三章　女职工建功立业与培训 ……… 437
第一节　建功立业活动 ……………… 437
第二节　女职工周末学校 …………… 439

第九篇　农民工工作 ………………… 443
第一章　农民工队伍状况 ……………… 446
第一节　农民工队伍数量 …………… 446
第二节　农民工队伍结构 …………… 447
第三节　农民工群体研究与政策参与 ………………………… 448
第二章　农民工权益维护与服务 ……… 452
第一节　农民工入会 ………………… 452
第二节　维权工作机制与工作机构 ………………………… 454
第三节　劳动经济权益维护 ………… 456
第四节　政治民主权益维护 ………… 460
第五节　帮扶与服务 ………………… 463
第三章　提升农民工素质 ……………… 468
第一节　农民工学校 ………………… 468
第二节　教育培训活动 ……………… 469

第十篇　退休人员管理与服务 ……… 475
第一章　退休人员状况 ………………… 478
第一节　规模与结构 ………………… 478
第二节　退休人员养老金 …………… 482
第二章　退休人员管理服务工作 ……… 485
第一节　管理机构 …………………… 485

第二节　服务内容 …………………… 487
第三节　退管经济 …………………… 495
第三章　帮扶上海支援外地建设退休回沪人员 …………………… 498
第一节　基本状况 …………………… 498
第二节　帮扶范围 …………………… 499
第三节　帮扶措施 …………………… 500

第十一篇　宣传教育和文化体育工作 …………………… 505
第一章　职工宣传思想工作 …………………… 508
第一节　政治思想教育 …………………… 508
第二节　群众性精神文明创建活动 …………………… 513
第三节　普法宣传和法制教育 ……… 516
第四节　宣传形式和活动阵地 ……… 518
第二章　文化教育与技术培训 ………… 521
第一节　职工文化培训 …………………… 521
第二节　职工素质工程 …………………… 524
第三节　振兴中华读书活动 ………… 527
第三章　职工文艺 …………………… 530
第一节　职工文学创作 …………………… 530
第二节　职工文艺演出 …………………… 532
第三节　职工艺术团体 …………………… 535
第四章　文化设施和报刊、书籍出版 …… 537
第一节　文化宫、俱乐部和体育场馆 …………………… 537
第二节　工会报刊和书籍出版 ……… 542
第五章　职工体育 …………………… 545
第一节　职工运动会 …………………… 545
第二节　职工体育健身活动 ………… 546

第十二篇　理论研究 …………………… 549
第一章　研究机构和载体 …………………… 552
第一节　理论研究机构 …………………… 552
第二节　理论研究书刊 …………………… 555
第三节　理论研究成果评选交流 …… 556
第二章　工运史研究 …………………… 558
第一节　工运史领域的拨乱反正 …… 558
第二节　工运史资料编纂 ………………… 559
第三节　工运史纪念宣传 ………………… 562
第三章　工会理论政策研究 ………………… 567
第一节　工会基本理论问题研究 …… 567
第二节　工人阶级研究 …………………… 570
第三节　工会在党和国家工作大局中发挥作用研究 …………………… 575
第四节　维护职工合法权益研究 …… 579
第五节　构建和谐劳动关系研究 …… 585
第六节　加强和改进工会建设研究 …………………… 588
第四章　工作调研 …………………… 598
第一节　职工队伍状况调查 ………… 598
第二节　专项工作调研 …………………… 600

第十三篇　与港澳台工会和国外工会的交流 …………………… 611
第一章　互访和建立友好关系 ………… 613
第一节　与港澳台工会的互访 ……… 613
第二节　与国外工会的互访 ………… 616
第三节　友好关系 …………………… 629
第四节　参与全国总工会和其他方面的互访 …………………… 633
第二章　交流和合作 …………………… 637
第一节　经济、技术和业务的交流合作 …………………… 637
第二节　文化、艺术和体育的交流合作 …………………… 638
第三节　工会建设方面的交流合作 …………………… 640

第十四篇　工会建设 …………………… 647
第一章　基层组织建设 …………………… 649
第一节　工会组建 …………………… 649
第二节　“职工之家”建设 ………………… 655
第二章　干部队伍建设 …………………… 658
第一节　干部状况 …………………… 658

第二节　干部管理 …… 661
第三节　干部教育培训 …… 663
第三章　工会新闻宣传、信息和统计 …… 666
第一节　工会新闻宣传 …… 666
第二节　工会信息 …… 669
第三节　工会统计 …… 672
第四章　经费收缴与管理 …… 675
第一节　资金来源 …… 675
第二节　经费的使用 …… 679
第三节　经费管理 …… 682
第五章　经费审查监督 …… 685
第一节　经审组织建设 …… 685
第二节　审计监督制度 …… 686
第三节　审计监督工作 …… 688
第六章　工会企事业 …… 689
第一节　发展概况 …… 689
第二节　市总工会直属企事业 …… 690
第三节　工会系统企事业 …… 697
第四节　企事业管理 …… 698

第十五篇　人物 …… 703
第一章　人物传略 …… 705
第一节　工会干部 …… 705
第二节　劳动模范 …… 710
第二章　人物简介 …… 717
第三章　劳动模范名录 …… 720

附录 …… 853
索引 …… 887
编后记 …… 897

《上海市志·群众团体分志·共青团卷(1978—2010)》目录

《上海市志(1978—2010)》凡例 …… 1
编纂说明 …… 1
概述 …… 1
大事记 …… 13

第一篇　青年人口 …… 39
第一章　青年人口总量与分布 …… 41
第一节　人口总量 …… 41
第二节　人口分布 …… 43
第二章　青年人口构成 …… 47
第一节　年龄构成 …… 47
第二节　性别构成 …… 48
第三节　受教育程度构成 …… 50
第四节　行业职业构成 …… 65
第三章　青年人口变动 …… 76
第一节　自然变动 …… 76
第二节　迁移与流动 …… 78
第四章　青年婚姻、生育与体质 …… 92
第一节　婚姻 …… 92
第二节　生育 …… 108
第三节　体质 …… 117

第二篇　团代会·组织机构 …… 135
第一章　共青团上海市代表大会 …… 137
第一节　第七次代表大会 …… 137
第二节　第八次代表大会 …… 137
第三节　第九次代表大会 …… 138
第四节　第十次代表大会 …… 139
第五节　第十一次代表大会 …… 139
第六节　第十二次代表大会 …… 140
第七节　第十三次代表大会 …… 141
第二章　共青团上海市委员会 …… 143
第一节　委员会 …… 143
第二节　党组 …… 147
第三节　内设机构 …… 149
第四节　团属实业与事业单位 …… 151
第三章　区、县、大口系统和高校团组织 …… 158
第一节　区、县团组织 …… 158
第二节　委、办、局、公司系统团组织 …… 160
第三节　大专院校团组织 …… 161
第四节　1998—2008年团组织挂靠情况 …… 167
第四章　基层团组织 …… 169
第一节　沿革 …… 169
第二节　街镇团组织 …… 170
第五章　青联与学联 …… 173
第一节　青年联合会 …… 173
第二节　学生联合会 …… 177

第三篇　教育引导 …… 181
第一章　政治理论教育 …… 184

第一节 政治理论学习 …………………… 184
第二节 爱国主义教育 …………………… 192
第三节 革命传统教育 …………………… 202
第四节 形势政策宣传教育 ………… 212
第五节 青年思想政治工作探索 …… 217
第二章 思想道德教育 …………………… 223
第一节 学习雷锋活动 …………………… 223
第二节 道德文明教育 …………………… 228
第三章 成长成才教育 …………………… 242
第一节 榜样示范教育 …………………… 242
第二节 读书与实践活动 ……………… 249

第四篇 参加建设 ………………………… 261
第一章 生产与劳动 ……………………… 264
第一节 劳动竞赛 ………………………… 264
第二节 促进就业 ………………………… 281
第三节 岗位成才 ………………………… 286
第二章 科技与创业 ……………………… 299
第一节 科技实践 ………………………… 299
第二节 支持创业 ………………………… 307
第三章 志愿与服务 ……………………… 317
第一节 组织机构与主题志愿活动 ………………………… 317
第二节 大型会议与体育赛事志愿者活动 ………………………… 328
第三节 世博会志愿活动 ……………… 332
第四章 文化与体育 ……………………… 339
第一节 文化活动 ………………………… 339
第二节 体育活动 ………………………… 351
第三节 活动场所 ………………………… 353

第五篇 维权服务 ………………………… 357
第一章 青少年权益保护 ……………… 359
第一节 组织机构及沿革 ……………… 359
第二节 主要工作 ………………………… 361
第二章 青少年发展与帮扶服务 ……… 373
第一节 青年工作联席会议 ………… 373
第二节 青少年发展规划 ……………… 374
第三节 青少年帮扶工作 ……………… 376

第六篇 交流合作 ………………………… 387
第一章 国内交流与合作 ……………… 389
第一节 与西部和民族地区交流合作 ………………………… 389
第二节 与港澳台地区交流合作 …… 395
第二章 国际交流活动 ………………… 400
第一节 出国访问 ………………………… 400
第二节 国外来访 ………………………… 404
第三节 海外服务 ………………………… 410

第七篇 少年儿童工作 ………………… 413
第一章 少先队组织 ……………………… 415
第一节 沿革 ………………………………… 415
第二节 少先队上海市代表大会 …… 416
第三节 组织机构 ………………………… 419
第四节 组织建设 ………………………… 422
第五节 全团带队 ………………………… 425
第二章 少先队活动 ……………………… 428
第一节 少先队“自动化”运动 ……… 428
第二节 雏鹰争章活动 ………………… 429
第三节 各类主题活动 ………………… 430
第三章 少先队理论研究与科研活动 ………………………… 443
第一节 研究机构和载体 ……………… 443
第二节 学术活动与成果 ……………… 445
第四章 辅导员队伍建设与社会支持 ………………………… 450
第一节 辅导员专业培训 ……………… 450
第二节 少先队“名师带徒”工程 …… 452
第三节 全社会支持少先队 ………… 454
第五章 少先队对外交流活动 ………… 455
第一节 与境外儿童组织交流 ……… 455
第二节 对外交流主题活动 ………… 456

第八篇 青年与共青团工作研究 …… 459
第一章 研究队伍与活动 ……………… 462

第一节　专门机构 …… 462
第二节　群众性学术团体 …… 463
第三节　学术活动 …… 465
第二章　青年研究 …… 472
第一节　青年学科发展研究 …… 472
第二节　青年运动史研究 …… 473
第三节　青年问题与青年现象研究 …… 476
第三章　共青团工作研究与调查 …… 500
第一节　共青团工作研究 …… 500
第二节　共青团工作调查 …… 507

第九篇　组织建设 …… 515
第一章　基层组织建设 …… 517
第一节　团市委与基层团建 …… 517
第二节　各领域基层组织建设 …… 519
第三节　团建活动创新 …… 524
第二章　团员队伍建设 …… 531
第一节　团员发展与培养 …… 531
第二节　团员教育与管理 …… 537
第三章　团干部队伍建设 …… 542
第一节　干部队伍发展 …… 542
第二节　干部教育与培养 …… 544
第四章　制度建设 …… 550
第一节　奖惩制度 …… 550
第二节　其他制度规定 …… 550

第十篇　人物 …… 553
第一章　青年英烈传略 …… 555
第二章　人物简介 …… 559
第三章　优秀人物与先进集体名录 …… 562
第一节　优秀人物 …… 562
第二节　先进集体 …… 590

专记 …… 639
附录 …… 649
索引 …… 679
编后记 …… 696

《上海市志·群众团体分志·妇联卷(1978—2010)》目录

序一 …… 1
序二 …… 1
《上海市志(1978—2010)》凡例 …… 1
编纂说明 …… 1
概述 …… 1
大事记 …… 17

第一篇　女性人口 …… 71
第一章　总量和分布 …… 73
第一节　性别结构 …… 73
第二节　地域分布 …… 75
第三节　年龄构成 …… 78
第二章　教育和劳动 …… 82
第一节　受教育程度 …… 82
第二节　参与经济活动 …… 88
第三节　经济收入 …… 92
第三章　健康和保健 …… 94
第一节　人口预期寿命 …… 94
第二节　生殖健康 …… 98
第三节　生育保健 …… 100
第四章　婚姻和家庭 …… 104
第一节　人口婚姻状况 …… 104
第二节　婚姻关系变动 …… 107
第三节　家庭结构 …… 110
第五章　女性流动人口 …… 115
第一节　地域分布和年龄构成 …… 115
第二节　教育程度和职业分布 …… 117
第三节　流动方式和婚姻状况 …… 119

第二篇　妇代会·组织机构 …… 121
第一章　上海市妇女代表大会 …… 124
第一节　第七次妇女代表大会 …… 124
第二节　第八次妇女代表大会 …… 124
第三节　第九次妇女代表大会 …… 125
第四节　第十次妇女代表大会 …… 126
第五节　第十一次妇女代表大会 …… 126
第六节　第十二次妇女代表大会 …… 127
第七节　第十三次妇女代表大会 …… 128
第二章　上海市妇联 …… 129
第一节　执委会 …… 130
第二节　党组 …… 139
第三节　内设机构 …… 141
第四节　直属单位 …… 145
第三章　区县妇联 …… 156
第一节　组织沿革 …… 156
第二节　主要职能 …… 157
第四章　系统委办妇委会(妇工委) …… 159
第一节　机关事业单位妇委会(妇工委) …… 159
第二节　民主党派团体妇委会 …… 162
第五章　基层组织 …… 164

第一节　组织沿革 …… 164
第二节　街镇妇联 …… 165
第三节　基层妇代会 …… 165
第六章　团体会员 …… 167
第一节　女职工委员会 …… 167
第二节　女性社团 …… 168

第三篇　参与国家和社会事务管理 …… 175
第一章　参政议政 …… 178
第一节　参与国家政治生活 …… 178
第二节　畅通参政议政渠道 …… 187
第三节　推动法规政策制定 …… 191
第二章　参与社会重大事务 …… 200
第一节　参与重大活动 …… 200
第二节　承接政府实事项目 …… 204
第三节　参与对口帮扶和救灾援助 …… 212
第三章　协调妇女儿童事务 …… 217
第一节　协调机构与机制 …… 217
第二节　规划编制与实施 …… 222
第三节　落实政府事务 …… 231

第四篇　服务和参与经济社会建设 …… 243
第一章　双学双比 …… 245
第一节　协调机构与活动 …… 245
第二节　农村妇女学习培训 …… 249
第三节　主题竞赛 …… 252
第四节　示范创建 …… 257
第二章　巾帼建功 …… 264
第一节　协调机构与活动 …… 264
第二节　岗位成才 …… 267
第三节　岗位建功 …… 270
第四节　“巾帼文明岗” …… 275
第三章　妇女就业创业 …… 282
第一节　再就业指导与服务 …… 282
第二节　职业提升与拓展 …… 284
第三节　资源联动与创业助推 …… 291
第四章　先进激励 …… 297
第一节　评选“三八红旗手(集体)” …… 297
第二节　其他劳动竞赛和评选表彰 …… 302

第五篇　维护权益 …… 307
第一章　法律法规宣传 …… 310
第一节　重点宣传 …… 310
第二节　重要活动 …… 314
第二章　维权基础 …… 319
第一节　机构和队伍 …… 319
第二节　热线和制度 …… 324
第三节　机制和网络 …… 327
第三章　协同维权 …… 332
第一节　社会帮教 …… 332
第二节　社会宣教 …… 333
第三节　社会联动 …… 336
第四章　维权服务 …… 342
第一节　分类维权 …… 342
第二节　帮困助老 …… 347
第三节　帮困助医 …… 349
第四节　帮困助学 …… 352
第五节　“温暖送三岛”扶贫帮困 …… 357

第六篇　儿童家庭工作 …… 361
第一章　儿童工作机构阵地 …… 364
第一节　上海市儿童基金会 …… 364
第二节　少年儿童野外活动营地 …… 368
第二章　关心儿童成长 …… 371
第一节　开展儿童活动 …… 371
第二节　助力儿童健康 …… 375
第三节　关注儿童安全 …… 378
第四节　维护儿童权益 …… 380
第五节　发展儿童文化 …… 382
第三章　家庭教育指导 …… 385
第一节　理论指导 …… 385

第二节　实践指导 …… 389
第三节　建设发展 …… 393
第四章　家庭文明建设 …… 397
第一节　家庭文明创建机构 …… 397
第二节　家庭文明创建活动 …… 399
第三节　家庭文明创建品牌 …… 403
第五章　家庭服务和指导 …… 407
第一节　社区家庭服务 …… 407
第二节　家庭志愿者 …… 412
第三节　家庭建设指导 …… 414

第七篇　宣传教育 …… 417
第一章　宣传工作 …… 419
第一节　男女平等基本国策宣传 …… 419
第二节　优秀女性宣传 …… 423
第三节　重大专题宣传 …… 432
第四节　宣传载体 …… 439
第二章　妇女教育 …… 450
第一节　思想道德教育 …… 450
第二节　女性终身教育 …… 457
第三节　专题学习教育 …… 463

第八篇　友好交流 …… 467
第一章　国际交流合作 …… 470
第一节　出访交流 …… 470
第二节　接待来访 …… 485
第三节　合作项目 …… 504
第四节　举办国际论坛 …… 508
第二章　与港澳台交流合作 …… 514
第一节　港澳执委 …… 514
第二节　增进联谊 …… 518
第三节　交流合作 …… 525

第九篇　理论研究 …… 535
第一章　研究机构 …… 538
第一节　学术团体 …… 538
第二节　妇女研究中心 …… 543
第二章　妇女运动史志研究 …… 548
第一节　妇女运动史料编纂 …… 548
第二节　《上海妇女志》编纂 …… 551
第三章　妇女社会地位调查 …… 553
第一节　第一期上海妇女社会地位调查 …… 553
第二节　第二期上海妇女社会地位调查 …… 554
第三节　第三期上海妇女社会地位调查 …… 555
第四章　理论政策研究 …… 557
第一节　妇联工作理论问题研究 …… 557
第二节　妇联工作实践专题研究 …… 560
第五章　妇女儿童家庭专题研究 …… 565
第一节　妇女平等参与经济建设研究 …… 565
第二节　维护妇女儿童权益研究 …… 568
第三节　儿童家庭问题研究 …… 571
第六章　理论研究载体 …… 575
第一节　理论研讨 …… 575
第二节　理论书刊 …… 579

第十篇　组织建设 …… 583
第一章　恢复与重建 …… 585
第一节　组织恢复 …… 585
第二节　功能重建 …… 585
第二章　组织体系建设 …… 587
第一节　体制机制建设 …… 587
第二节　基层组织建设 …… 591
第三章　组织能力建设 …… 595
第一节　服务型组织建设 …… 595
第二节　党建带妇建 …… 597
第三节　社会化转型 …… 601
第四章　干部队伍建设 …… 607
第一节　基本情况 …… 607
第二节　干部队伍管理 …… 610
第三节　干部教育 …… 614

第十一篇　人物 …… 625
第一章　人物传略 …… 627
第二章　人物简介 …… 633
第三章　先进集体 …… 638
第四章　人物名录 …… 748

专记 …… 809
附录 …… 831
索引 …… 857
编后记 …… 866

《上海市志·公安司法分志·公安卷（1978—2010）》目录

《上海市志（1978—2010）》凡例 …… 1
编纂说明 …… 1
概述 …… 1
大事记 …… 13

第一篇　组织机构 …… 41
第一章　市公安局 …… 43
第一节　沿革 …… 43
第二节　部门设置及职能 …… 48
第二章　区县公安机构与派出所 …… 60
第一节　区县公安机构 …… 60
第二节　派出所 …… 61
第三章　公安现役部队与专门公安机关 …… 63
第一节　公安现役部队 …… 63
第二节　专门公安机关 …… 64

第二篇　刑事案件侦查 …… 67
第一章　公安刑侦体制改革 …… 69
第一节　侦查预审一体化改革 …… 69
第二节　责任区刑侦队和执法办案队建设 …… 70
第二章　刑事案件发案与"严打"斗争 …… 71
第一节　刑事案件发案 …… 71
第二节　"严打"斗争 …… 71
第三章　重大刑事案件侦破 …… 74
第一节　命案侦破 …… 74
第二节　侵犯财产类案件侦破 …… 76
第三节　"黑恶势力"案件侦破 …… 79
第四节　毒品刑事案件侦破与易制毒化学品管控 …… 80
第五节　拐卖妇女儿童案件侦破 …… 83
第六节　流窜犯罪案件侦破与"追逃" …… 84
第四章　刑事科学技术和刑侦信息化应用 …… 93
第一节　刑事科学技术 …… 93
第二节　刑侦信息化 …… 102

第三篇　经济犯罪案件侦查 …… 105
第一章　经济犯罪侦查体制机制 …… 107
第一节　经侦体制机制建设 …… 107
第二节　经侦情报和信息化应用 …… 108
第二章　经济犯罪案件发案与侦破 …… 111
第一节　经济犯罪案件发案 …… 111
第二节　打击经济犯罪专项行动 …… 112
第三章　重大经济犯罪案件侦破 …… 114
第一节　金融类案件侦破 …… 114
第二节　侵犯知识产权案件侦破 …… 122
第三节　违反公司法案件侦破 …… 124
第四节　扰乱市场秩序案件侦破 …… 126
第五节　危害税收征管秩序案件侦破 …… 129

第六节　缉捕在逃经济犯罪嫌疑人 …… 132
第四章　经济犯罪预警防范 …… 134
第一节　经济犯罪防范宣传 …… 134
第二节　警社合作防范经济犯罪 …… 135

第四篇　治安管理 …… 137
第一章　治安管理处罚 …… 139
第一节　治安案件查处 …… 139
第二节　查禁“黄赌毒” …… 144
第二章　公共场所和特种行业治安管理 …… 149
第一节　公共场所治安管理 …… 149
第二节　特种行业治安管理 …… 152
第三章　危险物品及犬类管理 …… 157
第一节　枪支弹药管理 …… 157
第二节　剧毒、危险化学品管理 …… 159
第三节　放射性同位素管理 …… 160
第四节　管制刀具管理 …… 160
第五节　犬类管理 …… 161
第四章　社会特殊人员管理 …… 163
第一节　协助收容流浪乞讨人员 …… 163
第二节　肇事肇祸精神障碍患者管理 …… 164
第五章　街面、社区治安管理 …… 166
第一节　街面巡逻 …… 166
第二节　社区警务 …… 168
第三节　安全防范 …… 170
第六章　企事业单位与重点建设工程内部治安保卫 …… 171
第一节　重点单位内部治安保卫 …… 171
第二节　重点建设工程内部治安保卫 …… 175

第五篇　人口管理 …… 177
第一章　常住人口管理 …… 179
第一节　市内户口迁移 …… 179
第二节　外省市迁沪落户 …… 183
第三节　市内“农转非”户口管理 …… 185
第四节　蓝印户口管理 …… 186
第二章　居民身份证管理 …… 188
第一节　居民身份证制度 …… 188
第二节　公民身份号码管理 …… 189
第三节　第二代居民身份证换发 …… 190
第三章　外来流动人口管理 …… 192
第一节　外来流动人口调查 …… 192
第二节　暂(寄)住证和居住证管理 …… 193
第三节　出租房屋治安管理 …… 195
第四章　人口管理信息化建设应用 …… 197
第一节　户籍人口卡片信息系统 …… 197
第二节　常住人口信息管理系统 …… 197
第三节　外来流动人口信息管理系统和居住证信息系统 …… 199
第四节　实有人口信息管理系统 …… 199
第五章　门弄牌管理与边境通行证管理 …… 201
第一节　门弄牌管理 …… 201
第二节　边境通行证管理 …… 202

第六篇　道路交通管理 …… 205
第一章　道路交通设施和道路通行管理 …… 207
第一节　道路交通设施 …… 207
第二节　道路通行管理 …… 208
第二章　道路交通秩序管理 …… 212
第一节　交警指挥体系与勤务制度 …… 212
第二节　交警信息系统应用 …… 214
第三节　交通管理辅助力量 …… 216
第四节　交通违法处理与整治 …… 216
第三章　车辆和驾驶人管理 …… 219
第一节　机动车管理 …… 219
第二节　非机动车管理 …… 220
第三节　驾驶人(证)管理 …… 223
第四章　交通安全宣传教育 …… 225
第一节　交通安全宣传活动 …… 225

第二节　交通安全媒体宣传 …………… 226
第五章　交通事故处理与防范 …………… 228
第一节　交通事故处理 …………… 228
第二节　交通事故防范 …………… 229
第三节　道路交通事故(选录) …………… 229

第七篇　消防管理 …………… 235
第一章　消防组织与设施装备 …………… 237
第一节　消防组织 …………… 237
第二节　消防设施 …………… 238
第三节　装备器材 …………… 244
第二章　火灾预防 …………… 246
第一节　社会化消防建设 …………… 246
第二节　消防宣传教育 …………… 248
第三章　消防训练 …………… 251
第一节　常规训练 …………… 251
第二节　演练与战术研讨 …………… 252
第四章　消防监督管理 …………… 254
第一节　建设工程消防审核验收 …………… 254
第二节　单位民宅与建筑物监管 …………… 254
第三节　爆炸物、危化品与烟花爆竹消防监管 …………… 258
第四节　消防产品生产监管 …………… 260
第五章　灭火与抢险救援 …………… 261
第一节　火灾扑救与处置 …………… 261
第二节　安检排爆与抢险救援 …………… 266

第八篇　出入境管理与边防检查 …………… 269
第一章　中国公民出入境管理 …………… 271
第一节　公民因私事出国管理 …………… 271
第二节　公民往来港澳台地区管理 …………… 272
第三节　定居国外的中国公民入出境管理 …………… 277
第二章　境外人员管理 …………… 279
第一节　外国人停居留证件管理 …………… 279
第二节　境外人员到沪住宿登记管理 …………… 281
第三章　出入境管理违法犯罪行为查处 …………… 284
第一节　打击妨碍国(边)境管理犯罪 …………… 284
第二节　打击外国人“三非”违法行为 …………… 285
第四章　边防检查 …………… 286
第一节　出入境人员边防检查 …………… 286
第二节　出入境交通运输工具边防检查监护 …………… 291
第三节　口岸管控 …………… 295
第四节　边检服务 …………… 298

第九篇　网络安全监督管理 …………… 301
第一章　网络信息安全管理 …………… 303
第一节　网络信息系统等级保护 …………… 303
第二节　网络信息安全监测通报 …………… 303
第三节　互联网监控巡查处置 …………… 304
第二章　网络社会安全管理 …………… 306
第一节　治理机制 …………… 306
第二节　动态管理处置 …………… 306
第三节　运营单位安全管理 …………… 307
第三章　惩治网络犯罪 …………… 311
第一节　电子数据检查与鉴定 …………… 311
第二节　打击网络违法犯罪 …………… 312
第三节　重大涉网刑事案件(选录) …………… 313

第十篇　防暴处突与反恐怖 …………… 315
第一章　防暴处突 …………… 317
第一节　防暴处突队伍 …………… 317
第二节　防暴处突装备 …………… 318
第三节　专业训练 …………… 319
第四节　应急处突 …………… 322
第二章　反恐怖工作 …………… 325
第一节　反恐怖防范 …………… 325
第二节　反恐怖应急处置 …………… 326

第十一篇　监所管理 …… 329
第一章　监管场所 …… 331
第一节　看守所 …… 331
第二节　行政监管场所 …… 332
第二章　依法羁押和深挖犯罪 …… 334
第一节　看守所依法羁押 …… 334
第二节　行政监管场所依法羁押 …… 334
第三节　深挖犯罪 …… 335
第三章　监所制度建设 …… 337
第一节　刑事、行政监管场所分设 …… 337
第二节　分管分押 …… 337
第三节　接济会见 …… 338
第四节　岗位执法规范与监督 …… 339
第四章　监所安全管控 …… 341
第一节　安全检查与值班巡视 …… 341
第二节　打击"牢头狱霸" …… 341
第三节　预案演练 …… 342
第五章　教育与生活卫生 …… 343
第一节　监所教育 …… 343
第二节　生活卫生 …… 344
第六章　监所设施建设 …… 346
第一节　基础设施建设 …… 346
第二节　功能用房建设 …… 347
第三节　技防与信息化建设 …… 347

第十二篇　专门领域保卫 …… 349
第一章　警卫 …… 351
第一节　党和国家领导人警卫（选录） …… 351
第二节　重要外宾警卫（选录） …… 351
第三节　重要会议和重大活动安保警卫 …… 353
第二章　文化领域保卫 …… 358
第一节　安全防范 …… 358
第二节　专属文化保卫 …… 361
第三章　城市公共交通安全保卫 …… 364
第一节　轨道交通安全保卫 …… 364
第二节　地面公共交通安全保卫 …… 369
第三节　事故事件处置 …… 372
第四章　铁路安全保卫 …… 375
第一节　火车站、列车安全保卫 …… 375
第二节　铁路线路安全保卫 …… 379
第三节　铁路内部单位安全保卫 …… 382
第五章　机场安全保卫 …… 384
第一节　机场空防安全保卫 …… 384
第二节　专机警卫（选录） …… 386
第三节　机场工程建设安全保卫 …… 387
第四节　机场突发事件处置（选录） …… 388
第六章　警务航空安全保卫 …… 390
第一节　警航装备与基地 …… 390
第二节　警航专业队伍 …… 390
第三节　警务飞行训练 …… 391
第四节　警航巡察救援 …… 392
第七章　上海化学工业区安全保卫 …… 394
第一节　化工区封闭式管理 …… 394
第二节　化工区安全防范 …… 395
第三节　化工区道路交通安全管理 …… 397
第四节　化工区消防安全管理 …… 397
第八章　域外农场安全保卫 …… 400
第一节　域外农场社会治安管理 …… 400
第二节　域外农场公安基础建设 …… 401
第九章　水域安全保卫 …… 403
第一节　水域治安管控 …… 403
第二节　水上航行安全管理 …… 404
第三节　轮渡站客运码头治安管理 …… 405
第四节　来沪船舶治安管理 …… 407
第五节　外轮治安管理 …… 409
第六节　港区安保与治安管理 …… 410
第七节　外国军舰（船舶）访沪保卫 …… 412
第八节　边海防安全保卫 …… 415

第十三篇　辅助决策指挥 …… 417
第一章　警务指挥 …… 419

第一节　指挥调度 …………………… 419
第二节　110 报警服务 ……………… 420
第三节　应急联动 …………………… 422
第四节　大型群众性活动安保 ……… 424
第二章　公安信访 …………………… 427
第一节　信访制度 …………………… 427
第二节　信访类别与信访专项工作 ………………………… 429
第三章　警务合作交流 ……………… 433
第一节　友好往来 …………………… 433
第二节　警务合作 …………………… 435
第四章　档案管理与史志编研 ……… 440
第一节　档案收集与整理 …………… 440
第二节　档案保管与利用 …………… 442
第三节　档案信息化 ………………… 444
第四节　史志编研 …………………… 445
第五章　公安情报与统计 …………… 448
第一节　综合情报 …………………… 448
第二节　"110 信箱" ……………… 449
第三节　公众安全感暨公安工作满意度调查 ……………… 451
第六章　调查研究 …………………… 453
第一节　业务调研 …………………… 453
第二节　理论研究 …………………… 456

第十四篇　警务科技 ………………… 461
第一章　科技管理 …………………… 463
第一节　科技规划 …………………… 463
第二节　项目管理 …………………… 464
第二章　科技应用 …………………… 469
第一节　通信技术应用 ……………… 469
第二节　警务信息技术 ……………… 476

第十五篇　法制 ……………………… 489
第一章　参与制定地方性公安法规规章 ………………………… 491
第一节　参与制定地方性法规 ……… 491
第二节　参与制定政府规章 ………… 493
第二章　执法管理 …………………… 496
第一节　执法监督管理制度 ………… 496
第二节　执法质量考评检查 ………… 497
第三节　执法规范化建设 …………… 499
第四节　公安行政审批制度改革 …… 501
第三章　行政复议诉讼 ……………… 503
第一节　行政复议 …………………… 503
第二节　行政诉讼 …………………… 505

第十六篇　宣传与教育 ……………… 509
第一章　公安宣传 …………………… 511
第一节　宣传内容 …………………… 511
第二节　宣传阵地 …………………… 514
第二章　教育训练 …………………… 519
第一节　上海公安高等专科学校 …… 519
第二节　学历教育 …………………… 522
第三节　业务培训 …………………… 524
第四节　教官制 ……………………… 529

第十七篇　后勤保障 ………………… 531
第一章　基础设施 …………………… 533
第一节　基础项目建设 ……………… 533
第二节　派出所 ……………………… 534
第二章　装备与管理 ………………… 536
第一节　武器装备 …………………… 536
第二节　警械和警用器材装备 ……… 537
第三节　警用车辆 …………………… 538
第四节　被装管理 …………………… 540
第五节　应急装备 …………………… 541
第三章　财务 ………………………… 543
第一节　经费保障 …………………… 543
第二节　经费管理 …………………… 544
第三节　资产管理 …………………… 545
第四章　审计 ………………………… 547
第一节　经济责任审计 ……………… 547
第二节　警务保障审计 ……………… 547
第三节　专项审计 …………………… 549
第五章　后勤服务 …………………… 550

第一节 后勤服务社会化改革 ········ 550
第二节 突发与重大专项任务的后勤服务 ········ 551
第三节 医疗服务 ········ 552

第十八篇 队伍建设 ········ 555
第一章 政治工作 ········ 557
第一节 思想政治教育 ········ 557
第二节 干部管理 ········ 558
第三节 民警管理 ········ 560
第四节 文职人员管理 ········ 565
第五节 立功创模 ········ 567
第六节 离退休人员管理 ········ 568
第二章 纪检监察 ········ 569
第一节 廉政建设 ········ 569
第二节 警示教育 ········ 572
第三节 建规立制 ········ 573
第四节 查处违法违纪案件及违反“五条禁令” ········ 574
第三章 督察 ········ 576
第一节 安保工作 ········ 576
第二节 内部管理 ········ 576
第三节 警务部署 ········ 577
第四节 维护民警执法权益 ········ 578

第十九篇 人物 ········ 579
第一章 人物传略 ········ 581
第二章 人物简介 ········ 589
第三章 烈士表 ········ 593
第四章 先进集体和个人表(部分) ········ 596

专记 ········ 615
附录 ········ 635
索引 ········ 667
编后记 ········ 720

《上海市志·公安司法分志·检察卷（1978—2010）》目录

《上海市志（1978—2010）》凡例 …… 1
编纂说明 …… 1
概述 …… 1
大事记 …… 15

第一篇　检察机构 …… 53
第一章　上海市人民检察院 …… 56
第一节　沿革 …… 56
第二节　市检察院内设机构 …… 62
第二章　上海市检察分院 …… 68
第一节　上海市人民检察院分院 …… 68
第二节　上海市人民检察院第一分院 …… 70
第三节　上海市人民检察院第二分院 …… 72
第三章　派出检察院 …… 75
第一节　劳改劳教农场区人民检察院 …… 75
第二节　特定区域人民检察院 …… 79
第四章　铁路运输检察院 …… 82
第一节　上海市人民检察院铁路运输分院 …… 82
第二节　铁路运输基层检察院 …… 85
第五章　区县人民检察院 …… 89
第一节　沿革 …… 89
第二节　区县检察院职能及内设机构 …… 90
第六章　社团与事业单位 …… 95
第一节　上海市检察学会、上海市检察官协会 …… 95
第二节　上海市女检察官协会 …… 99
第三节　《检察风云》杂志社 …… 101

第二篇　刑事检察 …… 105
第一章　审查逮捕 …… 107
第一节　审查批准逮捕 …… 107
第二节　审查决定逮捕 …… 113
第二章　审查起诉 …… 119
第一节　审查起诉普通刑事犯罪案件 …… 119
第二节　审查起诉职务犯罪案件 …… 127
第三节　不起诉 …… 131
第四节　免予起诉 …… 134
第五节　出庭支持公诉 …… 137
第三章　未成年人刑事检察 …… 144
第一节　未成年人案件办理 …… 144
第二节　未成年人刑事检察工作机制 …… 150

第三篇　立案侦查 …… 159
第一章　查办贪污贿赂案件 …… 162
第一节　查办贪污挪用案件 …… 163
第二节　查办贿赂案件 …… 173

第三节　查办新增管辖职务犯罪案件 …… 185
第四节　查办其他经济案件 …… 186
第二章　查办渎职侵权案件 …… 196
第一节　查办侵权犯罪案件 …… 197
第二节　查办渎职犯罪案件 …… 201
第三节　查办其他法纪案件 …… 209
第三章　检察业务协作 …… 215
第一节　个案协查 …… 215
第二节　司法协助 …… 217

第四篇　诉讼法律监督 …… 221
第一章　刑事立案监督 …… 224
第一节　立案监督 …… 224
第二节　行政执法与刑事司法相衔接法律监督 …… 229
第二章　侦查活动监督 …… 232
第一节　纠正违法 …… 232
第二节　追捕追诉 …… 235
第三章　刑事审判监督 …… 240
第一节　二审程序监督 …… 240
第二节　审判监督程序监督 …… 246
第三节　刑事审判活动监督 …… 251
第四章　刑罚执行监督 …… 253
第一节　刑事判决裁定的执行监督 …… 253
第二节　对监外执行情况监督 …… 258
第五章　监管活动监督 …… 262
第一节　监督保障监管场所正常秩序 …… 262
第二节　监督保障监所安全稳定 …… 273
第三节　监督保障被监管人员合法权益 …… 276
第四节　对劳教场所监督 …… 279
第六章　民事行政检察监督 …… 284
第一节　民事行政案件抗诉 …… 284
第二节　纠正意见、检察建议(意见)、再审检察建议 …… 289
第三节　其他民事行政检察监督 …… 294

第五篇　预防违法犯罪 …… 305
第一章　参与社会治安综合治理 …… 307
第一节　检察建议 …… 307
第二节　帮教工作 …… 311
第三节　综合治理联系点 …… 315
第四节　未成年人法制教育 …… 318
第二章　职务犯罪预防 …… 323
第一节　专业化预防 …… 323
第二节　社会化预防 …… 337

第六篇　控告申诉检察 …… 349
第一章　信访与举报 …… 352
第一节　信访接待和办理 …… 352
第二节　举报审查办理和举报奖励 …… 360
第二章　刑事申诉复查 …… 367
第一节　复查不服检察机关处理决定的申诉案 …… 367
第二节　复查不服生效判决、裁定的申诉案 …… 371
第三章　国家赔偿和刑事被害救助 …… 376
第一节　国家赔偿 …… 376
第二节　救助制度 …… 380

第七篇　自身监督 …… 383
第一章　接受人大监督和政协民主监督 …… 385
第一节　工作报告与工作通报 …… 385
第二节　办理议案、书面意见和提案 …… 388
第三节　代表、委员联系工作 …… 391
第二章　外部监督 …… 394
第一节　特约检察员 …… 394
第二节　廉政监督员 …… 401
第三节　人民监督员 …… 404
第三章　纪检监察 …… 412
第一节　党风廉政建设 …… 412
第二节　专项检查 …… 418
第三节　查处违纪违法 …… 422

第八篇　调研与科技 …… 427
第一章　调查研究 …… 429
第一节　专题调研 …… 429
第二节　法律政策研究 …… 436
第三节　检察理论研究 …… 446
第二章　检察技术 …… 451
第一节　司法鉴定 …… 451
第二节　视听技术 …… 458
第三节　技术协助和保障 …… 460
第三章　信息化 …… 463
第一节　信息网络 …… 463
第二节　信息技术应用 …… 466
第三节　案件管理系统 …… 472

第九篇　出版宣传与交流 …… 475
第一章　检察书刊 …… 478
第一节　《检察风云》 …… 478
第二节　《上海检察调研》 …… 480
第三节　调研文章汇编 …… 482
第四节　《上海检察年鉴》 …… 484
第五节　法学书籍 …… 485
第二章　检察宣传 …… 487
第一节　媒体宣传 …… 487
第二节　新闻发布会 …… 491
第三节　法制展览 …… 496
第四节　文艺创作 …… 499
第五节　检察门户网站 …… 502
第三章　检察业务交流 …… 504
第一节　涉外交流 …… 504
第二节　国内交流 …… 508

第十篇　综合管理 …… 511
第一章　文档管理 …… 513
第一节　检察信息工作 …… 513
第二节　督促检查工作 …… 516
第三节　档案管理工作 …… 520
第四节　检察保密工作 …… 523
第二章　司法警察 …… 528
第一节　保障案件办理 …… 528
第二节　维护接待秩序 …… 531
第三章　综合后勤保障 …… 533
第一节　经费保障 …… 533
第二节　车辆、服装等装备保障 …… 536
第三节　机关管理保障 …… 538
第四节　办公用房、业务用房建设与管理 …… 542

第十一篇　检察队伍 …… 547
第一章　检察人员 …… 549
第一节　检察编制与人员招录 …… 549
第二节　检察官任免 …… 557
第二章　教育培训 …… 561
第一节　思想政治教育 …… 561
第二节　学历教育 …… 565
第三节　岗位培训 …… 569
第四节　任职培训 …… 572
第五节　人才培养 …… 575
第三章　检察机关建设 …… 579
第一节　干部管理 …… 579
第二节　基层检察院建设 …… 581
第三节　市级检察院建设 …… 586

第十二篇　人物 …… 591
第一章　人物传略 …… 593
第二章　人物简介 …… 597
第三章　先进集体和先进个人 …… 603
第一节　先进集体 …… 603
第二节　先进个人 …… 616

专记 …… 623
附录 …… 637
索引 …… 695
编后记 …… 717

《上海市志·公安司法分志·审判卷(1978—2010)》目录

序 …… 1
《上海市志(1978—2010)》凡例 …… 1
编纂说明 …… 1
概述 …… 1
大事记 …… 15

第一篇 审判机构 …… 43
第一章 上海市高级人民法院 …… 45
第一节 沿革 …… 45
第二节 内设机构 …… 45
第二章 中级法院 …… 53
第一节 上海市中级人民法院 …… 53
第二节 上海市第一中级人民法院 …… 54
第三节 上海市第二中级人民法院 …… 55
第四节 上海海事法院 …… 57
第五节 上海铁路运输中级法院 …… 59
第三章 基层法院 …… 62
第一节 沿革 …… 62
第二节 内设机构 …… 63
第四章 人民法庭 …… 90
第一节 沿革 …… 90
第二节 法庭设置 …… 92

第二篇 刑事审判 …… 93
第一章 人身犯罪案件审判 …… 96
第一节 故意杀人案件 …… 96
第二节 故意伤害案件 …… 98
第三节 强奸案件 …… 99
第四节 案例选介 …… 101
第二章 经济犯罪案件审判 …… 103
第一节 生产、销售伪劣商品犯罪案件 …… 103
第二节 走私犯罪案件 …… 104
第三节 金融犯罪案件 …… 105
第四节 危害税收征管案件 …… 107
第五节 侵犯知识产权案件 …… 110
第六节 案例选介 …… 112
第三章 财产犯罪案件审判 …… 116
第一节 抢劫案件 …… 116
第二节 盗窃案件 …… 118
第三节 诈骗案件 …… 122
第四节 案例选介 …… 124
第四章 职务犯罪案件审判 …… 127
第一节 贪污贿赂案件 …… 127
第二节 渎职案件 …… 132
第三节 案例选介 …… 133
第五章 其他犯罪案件审判 …… 135
第一节 毒品案件 …… 135
第二节 淫秽物品案件 …… 137
第三节 重大责任事故案件 …… 138
第四节 案例选介 …… 139

第三篇　民事审判 …………………………… 141
第一章　民事诉讼制度 ………………………… 143
第一节　审判组织 ……………………………… 143
第二节　审判方式 ……………………………… 145
第三节　裁判文书 ……………………………… 146
第四节　诉调对接 ……………………………… 147
第五节　简易程序 ……………………………… 150
第二章　婚姻家庭案件审判 …………………… 152
第一节　离婚案件 ……………………………… 152
第二节　抚养、赡养、扶养案件 ……………… 155
第三节　继承案件 ……………………………… 157
第三章　房地产案件审判 ……………………… 159
第一节　土地使用权案件 ……………………… 159
第二节　房地产开发经营案件 ………………… 160
第三节　房屋交易案件 ………………………… 162
第四节　物业管理案件 ………………………… 165
第四章　侵权损害赔偿案件审判 ……………… 168
第一节　侵权案件 ……………………………… 168
第二节　人格权案件 …………………………… 170
第三节　交通事故赔偿案件 …………………… 171
第四节　医疗事故赔偿案件 …………………… 172
第五章　劳动人事案件审判 …………………… 174
第一节　劳动争议案件 ………………………… 174
第二节　人事争议案件 ………………………… 177

第四篇　商事审判 …………………………… 179
第一章　合同案件审判 ………………………… 182
第一节　买卖合同案件 ………………………… 182
第二节　借款担保合同案件 …………………… 184
第二章　公司案件审判 ………………………… 185
第一节　股权转让案件 ………………………… 185
第二节　损害公司利益案件 …………………… 187
第三节　公司解散清算案件 …………………… 188
第四节　公司破产案件 ………………………… 189
第三章　涉外、涉港澳台案件审判 …………… 194
第一节　投资贸易纠纷案件 …………………… 194
第二节　仲裁司法审查案件 …………………… 196

第五篇　金融审判 …………………………… 199
第一章　涉银行案件审判 ……………………… 201
第一节　储蓄存款案件 ………………………… 201
第二节　金融借款案件 ………………………… 202
第三节　银行卡案件 …………………………… 204
第四节　其他涉银行案件 ……………………… 206
第二章　保险案件审判 ………………………… 208
第一节　财产保险案件 ………………………… 208
第二节　人身保险案件 ………………………… 209
第三章　证券、期货案件审判 ………………… 211
第一节　证券案件 ……………………………… 211
第二节　期货案件 ……………………………… 213
第四章　其他金融案件审判 …………………… 216
第一节　融资租赁案件 ………………………… 216
第二节　票据案件 ……………………………… 217
第三节　信托案件 ……………………………… 219
第四节　委托理财案件 ………………………… 220

第六篇　知识产权审判 ……………………… 223
第一章　知识产权诉讼制度 …………………… 225
第一节　管辖制度 ……………………………… 225
第二节　“三合一”审判模式 ………………… 225
第三节　技术事实查明机制 …………………… 226
第二章　知识产权案件审判 …………………… 228
第一节　著作权案件 …………………………… 228
第二节　专利案件 ……………………………… 231
第三节　不正当竞争案件 ……………………… 236
第四节　其他知识产权案件 …………………… 239

第七篇　海事铁路审判 ……………………… 245
第一章　海事审判 ……………………………… 247
第一节　海事诉讼制度 ………………………… 247
第二节　海事案件审判 ………………………… 249
第三节　海商案件审判 ………………………… 251
第二章　铁路审判 ……………………………… 256
第一节　铁路案件管辖 ………………………… 256
第二节　铁路刑事案件 ………………………… 258
第三节　铁路民商事案件 ……………………… 261

第四节 铁路案件执行 …………………… 263

第八篇 行政审判 …………………… 267
第一章 行政诉讼制度 …………………… 269
第一节 立案程序 …………………… 269
第二节 管辖制度 …………………… 270
第三节 诉讼参加人制度 …………………… 270
第四节 其他制度 …………………… 271
第二章 行政案件审判 …………………… 274
第一节 公安类行政案件 …………………… 274
第二节 住房保障和房屋管理类行政案件 …………………… 276
第三节 规土类行政案件 …………………… 281
第四节 工商类行政案件 …………………… 284
第五节 人力资源和社会保障类行政案件 …………………… 286
第六节 其他行政案件 …………………… 288

第九篇 少年审判 …………………… 297
第一章 机构建设与审判制度 …………………… 299
第一节 机构建设 …………………… 299
第二节 审判制度 …………………… 302
第二章 案件审判与审判延伸 …………………… 307
第一节 案件审判 …………………… 307
第二节 审判延伸 …………………… 310

第十篇 审判监督 …………………… 315
第一章 审判监督制度 …………………… 317
第一节 内部监督检查 …………………… 317
第二节 异议反馈评价 …………………… 320
第三节 瑕疵改进建议 …………………… 320
第四节 专项联动检查 …………………… 321
第五节 错案责任追究 …………………… 323
第六节 质量效率评估 …………………… 325
第七节 法检联席会议 …………………… 326
第二章 审判监督案件 …………………… 327
第一节 改制前的审判监督 …………………… 327
第二节 改制后的审判监督 …………………… 328
第三节 刑事审监案件 …………………… 329
第四节 民、商事审监案件 …………………… 331
第五节 行政审监案件 …………………… 334
第六节 减刑假释案件 …………………… 335
第七节 检察建议案件 …………………… 338
第八节 落实政策案件 …………………… 339

第十一篇 申诉审查 …………………… 341
第一章 申诉审查制度建设 …………………… 344
第一节 公开听证 …………………… 344
第二节 繁简分流 …………………… 345
第三节 案件评议 …………………… 346
第四节 驳回缓处 …………………… 346
第五节 监督指导 …………………… 347
第二章 申诉审查案件 …………………… 348
第一节 刑事申诉案件 …………………… 348
第二节 民、商事申诉案件 …………………… 349
第三节 行政申诉案件 …………………… 351

第十二篇 案件执行 …………………… 353
第一章 案件执行制度 …………………… 356
第一节 执行机构 …………………… 356
第二节 执行流程 …………………… 357
第三节 执行听证 …………………… 359
第四节 执行公开 …………………… 360
第五节 执行和解 …………………… 363
第六节 执行救助 …………………… 364
第七节 强制执行 …………………… 365
第八节 统一协调 …………………… 367
第九节 监督管理 …………………… 369
第二章 各类案件执行 …………………… 371
第一节 刑事案件执行 …………………… 371
第二节 民事案件执行 …………………… 372
第三节 商事案件执行 …………………… 376
第四节 行政案件执行 …………………… 378
第五节 拒执罪案例选介 …………………… 379
第三章 集中联动执行 …………………… 382
第一节 清理积案 …………………… 382

第二节　专项执行 …………………… 385
第三节　委托执行 …………………… 387
第四节　协调执行 …………………… 387
第五节　协助查询 …………………… 390
第六节　诚信记录 …………………… 393
第七节　限制措施 …………………… 394

第十三篇　审判管理 …………………… 397
第一章　立案管理 …………………… 399
第一节　立案窗口 …………………… 399
第二节　立案流程 …………………… 402
第三节　立案调解 …………………… 404
第二章　信访管理 …………………… 406
第一节　接访机制 …………………… 406
第二节　诉访分离 …………………… 408
第三章　质量管理 …………………… 410
第一节　内部监督制度 …………………… 410
第二节　质效评估体系 …………………… 411
第三节　司法建议书 …………………… 413
第四节　审判白皮书 …………………… 414
第四章　业务指导 …………………… 415
第一节　指导性文件 …………………… 415
第二节　审判案例指导 …………………… 416
第五章　审判改革 …………………… 421
第一节　审判方式改革 …………………… 421
第二节　裁判文书改革 …………………… 425
第六章　审判事务管理 …………………… 427
第一节　境外司法协助 …………………… 427
第二节　司法救助 …………………… 428
第三节　司法委托 …………………… 429

第十四篇　审判研究 …………………… 433
第一章　科研交流 …………………… 435
第一节　学术研讨 …………………… 435
第二节　课题调研 …………………… 439
第三节　国际交流 …………………… 447
第二章　书刊论著 …………………… 450
第一节　期刊 …………………… 450
第二节　书籍 …………………… 452

第十五篇　审判保障 …………………… 461
第一章　综合保障 …………………… 463
第一节　督查联络 …………………… 463
第二节　司法鉴定 …………………… 465
第三节　档案管理 …………………… 466
第二章　后勤保障 …………………… 469
第一节　财务管理 …………………… 469
第二节　物资装备 …………………… 470
第三节　审判楼宇 …………………… 473
第三章　信息化 …………………… 475
第一节　基础建设 …………………… 475
第二节　应用软件开发 …………………… 478
第三节　信息化管理 …………………… 483
第四章　警务保障 …………………… 487
第一节　庭审保障 …………………… 488
第二节　安全保卫 …………………… 488
第三节　警员管理 …………………… 490
第五章　法制宣传 …………………… 493
第一节　传播媒介 …………………… 493
第二节　专题宣传 …………………… 496
第三节　新闻发布 …………………… 499

第十六篇　审判队伍 …………………… 501
第一章　政治建设 …………………… 503
第一节　组宣职能 …………………… 503
第二节　教育活动 …………………… 503
第三节　党团建设 …………………… 514
第二章　人事管理 …………………… 519
第一节　法官管理 …………………… 519
第二节　其他人员管理 …………………… 523
第三节　离退休人员管理 …………………… 526
第三章　业务培训 …………………… 528
第一节　培训机构 …………………… 528
第二节　学历教育 …………………… 531
第三节　职业培训 …………………… 533
第四节　业务培训纲要 …………………… 538

第四章　纪律建设 …… 540
第一节　制度建设 …… 540
第二节　监督检查 …… 544
第三节　违纪追究 …… 546

第十七篇　人物 …… 547
第一章　人物传略 …… 549
第二章　人物简介 …… 555
第三章　人物表 …… 558
第一节　先进集体 …… 558
第二节　先进个人 …… 561
第三节　法官 …… 567

专记 …… 571
附录 …… 589
索引 …… 617
编后记 …… 649

《上海市志·公安司法分志·司法行政卷（1978—2010）》目录

序 …… 1
《上海市志（1978—2010）》凡例 …… 1
编纂说明 …… 1
概述 …… 1
大事记 …… 13

第一篇　组织机构 …… 55
第一章　市级机构 …… 57
第一节　议事和办事机构 …… 57
第二节　市司法局 …… 60
第三节　局属行政单位 …… 66
第四节　局属事业单位 …… 69
第五节　社会组织 …… 74
第六节　代管单位 …… 78
第二章　区县和街道（乡镇）机构 …… 81
第一节　区县机构 …… 81
第二节　街道（乡镇）机构 …… 82

第二篇　法制宣传和依法治市 …… 87
第一章　法制宣传 …… 89
第一节　普法规划和决议 …… 89
第二节　重点对象学法用法 …… 103
第三节　法制宣传教育活动 …… 110
第四节　法制宣传教育载体 …… 130
第五节　法治文化培育 …… 135
第二章　依法治市 …… 142
第一节　沿革 …… 142
第二节　协调指导与督促检查 …… 145
第三节　工作载体 …… 147

第三篇　律师 …… 151
第一章　律师管理 …… 153
第一节　《律师暂行条例》时期的管理 …… 153
第二节　《律师法》时期的管理 …… 155
第三节　律师管理体制改革 …… 162
第二章　律师执业机构与队伍 …… 167
第一节　执业机构 …… 167
第二节　律师队伍 …… 169
第三章　律师业务 …… 174
第一节　业务量与业务类型 …… 174
第二节　诉讼业务 …… 176
第三节　非诉讼代理和其他业务 …… 180
第四节　业务绩效 …… 185
第五节　案例 …… 186
第四章　律师履行社会责任 …… 191
第一节　参政议政 …… 191
第二节　维护社会稳定 …… 195
第三节　参与社会公益事业 …… 200

第四篇　公证 …… 207
第一章　公证管理 …… 209
第一节　《公证暂行条例》时期的

管理 …… 209
第二节 《公证法》时期的管理 …… 218
第三节 公证管理体制改革 …… 221
第二章 公证机构及公证从业人员 …… 225
第一节 公证机构 …… 225
第二节 公证从业人员 …… 227
第三章 公证业务 …… 230
第一节 业务数量和类型 …… 230
第二节 国内一般公证 …… 232
第三节 涉中国港澳台地区公证 …… 238
第四节 涉外公证 …… 240
第五节 业务收入 …… 243
第六节 案例 …… 244
第四章 公证参与重大项目和公益服务 …… 248
第一节 政府重大项目工程服务 …… 248
第二节 公益服务案例 …… 249

第五篇 司法鉴定 …… 253
第一章 司法鉴定管理 …… 255
第一节 基础性管理 …… 255
第二节 《关于司法鉴定管理问题的决定》颁布后的管理 …… 259
第三节 司法鉴定管理体制改革 …… 263
第二章 司法鉴定机构和司法鉴定人 …… 267
第一节 司法鉴定机构 …… 267
第二节 司法鉴定人 …… 268
第三章 司法鉴定业务 …… 271
第一节 业务数量 …… 271
第二节 业务类别 …… 274
第三节 业务收入 …… 275
第四节 案例 …… 276

第六篇 法律援助 …… 279
第一章 法律援助监督管理 …… 281
第一节 《法律援助条例》颁布前的管理 …… 281
第二节 《法律援助条例》颁布后的管理 …… 283
第三节 第五次全国法律援助工作会议后的体制改革 …… 285
第二章 法律援助机构 …… 286
第一节 政府法律援助机构 …… 286
第二节 社会团体法律援助机构 …… 295
第三章 法律援助业务 …… 296
第一节 业务类型和数量 …… 296
第二节 法律援助案件类型 …… 297
第三节 接待咨询活动 …… 300
第四节 服务质量内控 …… 304
第五节 法律援助案例 …… 305
第四章 法律援助便民利民服务 …… 308
第一节 接待窗口建设 …… 308
第二节 便民服务举措 …… 310

第七篇 人民调解和基层法律服务 …… 315
第一章 人民调解 …… 317
第一节 人民调解指导管理 …… 317
第二节 人民调解组织和人民调解员 …… 323
第三节 人民调解工作领域 …… 327
第四节 人民调解协议书及司法确认 …… 334
第二章 基层法律服务 …… 337
第一节 指导管理 …… 337
第二节 机构队伍 …… 343
第三节 业务开展 …… 346

第八篇 法学教育 …… 351
第一章 法学教育指导管理 …… 353
第一节 教育工作计划 …… 353
第二节 人才培养 …… 354
第二章 上海政法学院 …… 360
第一节 教育设施 …… 360
第二节 教职工管理 …… 365
第三节 教学科研 …… 369
第四节 学生培养 …… 376
第五节 学生管理 …… 379
第三章 局属其他法学院校和教育

机构 …………………………… 385
第一节 上海市司法学校(上海市司法干部学校) …………… 385
第二节 上海市司法警官学校(上海市劳改工作警察学校) ……… 387
第三节 上海市政法干部自修大学 …………………………… 388
第四节 其他教育培训机构 ………… 389

第九篇 社区矫正 …………………… 391
第一章 社区矫正指导管理 ………… 393
第一节 管理体制 ………………… 393
第二节 规范化建设 ……………… 395
第二章 社区矫正人员规模与结构 …… 401
第一节 人员规模 ………………… 401
第二节 人员结构 ………………… 401
第三章 社区矫正衔接与执行 ……… 403
第一节 调查评估 ………………… 403
第二节 法律文书衔接 …………… 404
第三节 社区服刑人员交接 ……… 405
第四节 社区矫正宣告 …………… 406
第五节 矫正小组 ………………… 406
第六节 矫正方案 ………………… 407
第七节 矫正终止 ………………… 408
第四章 社区服刑人员监督管理 ……… 410
第一节 报告 ……………………… 410
第二节 外出管理 ………………… 410
第三节 变更居住地管理 ………… 411
第四节 其他事项管理 …………… 411
第五节 社区矫正信息管理系统 …… 412
第六节 考核与奖惩 ……………… 413
第五章 社区服刑人员教育矫正 ……… 415
第一节 教育学习 ………………… 415
第二节 心理矫正 ………………… 418
第三节 分类矫正 ………………… 419
第四节 个性化矫正 ……………… 423
第六章 社区服务 ………………… 426
第一节 服务时间与项目 ………… 426
第二节 服务场所与基地 ………… 427
第七章 社会适应性帮扶 ………… 428
第一节 帮困救助活动 …………… 428
第二节 过渡性安置基地、就业基地建设 …………………………… 429
第八章 社会力量参与社区矫正 ……… 430
第一节 社工与社会帮教志愿者 …… 430
第二节 开展活动 ………………… 431

第十篇 安置帮教 ………………… 435
第一章 安置帮教组织、协调与指导 …… 437
第一节 组织协调机制 …………… 437
第二节 制度化建设 ……………… 438
第三节 信息化建设 ……………… 439
第四节 社会帮教组织 …………… 439
第二章 安置帮教措施 …………… 442
第一节 监所内必访 ……………… 442
第二节 出监所必接 ……………… 442
第三节 户口必报 ………………… 443
第四节 基本情况必知 …………… 444
第五节 有困难必帮 ……………… 444
第三章 社会帮教组织活动 ……… 448
第一节 社会工作者 ……………… 448
第二节 专业与志愿帮教活动 ……… 449
第三节 "两类"组织其他活动 ……… 452

第十一篇 劳动教养和戒毒 ………… 455
第一章 劳动教养管理体制 ……… 457
第一节 领导和管理机关 ………… 457
第二节 执行机关 ………………… 458
第二章 劳教执法 ………………… 460
第一节 审批 ……………………… 460
第二节 申诉、行政复议、行政诉讼 ……………………………… 460
第三节 所外执行和所外就医 ……… 461
第四节 劳动教养期限 …………… 462
第五节 解除、撤销劳动教养 ……… 462
第三章 劳教人员管理 …………… 464
第一节 日常管理 ………………… 464
第二节 生活卫生管理 …………… 466
第三节 分类分级管理 …………… 470
第四节 民主管理 ………………… 470

第五节 选举权行使 …… 470
第六节 考核奖惩 …… 471
第四章 劳教人员教育矫治 …… 473
第一节 组织实施 …… 473
第二节 政治、文化、技术教育 …… 475
第三节 分类教育 …… 477
第四节 个别教育 …… 478
第五节 辅助教育 …… 478
第六节 心理矫治 …… 479
第五章 戒毒 …… 481
第一节 劳教教养戒毒 …… 481
第二节 司法戒毒康复 …… 484
第三节 强制隔离戒毒 …… 486
第四节 戒毒研究 …… 491

第十二篇 综合保障 …… 495
第一章 基础建设与保障 …… 497
第一节 经费保障 …… 497
第二节 办公用房和业务用房建设 …… 498
第三节 装备管理 …… 499
第二章 信息化建设 …… 502
第一节 信息化建设规划 …… 502
第二节 硬件建设 …… 503
第三节 软件建设与应用 …… 505
第三章 考核考评 …… 511
第一节 区县司法行政工作考核 …… 511
第二节 执业考评 …… 512
第三节 机关文明处室考评 …… 512
第四章 监督制约 …… 513
第一节 党风廉政建设 …… 513
第二节 政风行风建设 …… 514
第三节 内部审计 …… 516
第四节 警务督察 …… 518
第五节 党委巡察 …… 520

第十三篇 调查研究与合作交流 …… 521
第一章 调查研究 …… 523
第一节 调研组织工作 …… 523
第二节 调查研究成果 …… 525
第二章 合作交流 …… 529
第一节 对口支援 …… 529
第二节 对中国港澳台合作交流 …… 531
第三节 对外合作交流 …… 535

第十四篇 队伍 …… 551
第一章 队伍规模结构 …… 553
第一节 组织建设 …… 553
第二节 规模与结构 …… 554
第二章 干部队伍建设 …… 557
第一节 干部选拔培养 …… 557
第二节 干部交流 …… 559
第三章 教育培训 …… 561
第一节 思想政治教育 …… 561
第二节 业务培训 …… 564
第四章 精神文明创建活动 …… 568
第一节 文明单位创建 …… 568
第二节 文明行业创建 …… 570
第三节 现代化文明劳教所创建 …… 571

第十五篇 人物 …… 573
第一章 人物传略 …… 575
第二章 人物简介 …… 577
第三章 人物表 …… 578
第一节 先进集体 …… 578
第二节 先进个人 …… 583
第三节 因公牺牲人员 …… 589

专记 …… 591
附录 …… 617
索引 …… 639
编后记 …… 642

《上海市志·公安司法分志·监狱卷(1978—2010)》目录

序 …… 1
《上海市志(1978—2010)》凡例 …… 1
编纂说明 …… 1
概述 …… 1
大事记 …… 13

第一篇 机构社团与管理体制 …… 49
第一章 管理机构 …… 51
第一节 沿革 …… 51
第二节 主要职能 …… 54
第三节 内设机构 …… 55
第二章 执行机构 …… 58
第一节 提篮桥监狱 …… 58
第二节 五角场监狱 …… 59
第三节 周浦监狱 …… 60
第四节 北新泾监狱 …… 61
第五节 白茅岭监狱 …… 62
第六节 军天湖监狱 …… 63
第七节 未成年犯管教所 …… 64
第八节 青浦监狱 …… 65
第九节 女子监狱 …… 66
第十节 宝山监狱 …… 66
第十一节 新收犯监狱 …… 67
第十二节 南汇监狱 …… 67
第十三节 监狱总医院 …… 68
第十四节 已撤销执行机构 …… 72
第三章 企事业单位与团体 …… 76
第一节 劳改企业 …… 76
第二节 事业单位 …… 82
第三节 农场社区管理委员会 …… 87
第四节 团体与专家组 …… 88
第四章 管理体制 …… 94
第一节 管理体制改革 …… 94
第二节 监企分开 …… 97
第三节 监社分开 …… 98
第四节 监狱现代警务机制建设 …… 99

第二篇 刑罚执行 …… 101
第一章 收监 …… 103
第一节 条件与程序 …… 103
第二节 罪犯法律权利和义务 …… 107
第二章 监外执行 减刑 假释 …… 120
第一节 监外执行 …… 120
第二节 减刑 假释 …… 128
第三节 死缓犯、无期犯处理 …… 141
第三章 释放与安置 …… 146
第一节 释放 …… 146
第二节 安置 …… 150
第四章 刑罚执行方式改革 …… 158
第一节 未成年犯“三试” …… 158
第二节 就地改造 …… 159
第三节 周末监禁和放假 …… 160

第三篇　狱政管理 …… 163
第一章　分押分管 …… 165
第一节　罪犯分押 …… 165
第二节　罪犯分管 …… 176
第二章　警戒 …… 186
第一节　警戒人员 …… 186
第二节　狱内侦查 …… 190
第三节　防控 …… 192
第四节　应急处置 …… 206
第三章　考核奖惩 …… 216
第一节　考核 …… 216
第二节　奖惩 …… 218
第三节　非正常死亡处理 …… 222
第四节　又犯罪处理 …… 222
第四章　日常管理 …… 227
第一节　通信 …… 227
第二节　会见 …… 231
第三节　罪犯档案管理 …… 238
第四节　罪犯物品 …… 242
第五章　规范化建设与文明创建工作 …… 245
第一节　大队(监区)规范化建设 …… 245
第二节　文明单位与现代化文明监狱创建 …… 252

第四篇　教育改造 …… 259
第一章　教育管理 …… 261
第一节　特殊学校 …… 261
第二节　教育组织 …… 263
第二章　思想教育 …… 272
第一节　思想政治教育 …… 272
第二节　分类教育 …… 285
第三节　入监教育 …… 287
第四节　出监教育 …… 289
第五节　个别教育 …… 291
第六节　心理矫治 …… 295
第三章　文化、技术教育 …… 300
第一节　文化教育 …… 300
第二节　技术教育 …… 310
第三节　智力开发 …… 316
第四章　辅助教育 …… 321
第一节　综合治理帮教 …… 321
第二节　改造质量考察 …… 335
第三节　读书活动 …… 337
第四节　文艺活动 …… 338
第五节　习美活动 …… 343
第六节　体育活动 …… 346
第七节　报纸　广播　电视 …… 347
第八节　影视拍摄 …… 351

第五篇　生活卫生 …… 353
第一章　生活 …… 355
第一节　饮食管理 …… 355
第二节　被服管理 …… 368
第三节　钱款与消费管理 …… 374
第四节　作息与床位管理 …… 379
第二章　卫生 …… 382
第一节　医疗组织 …… 382
第二节　卫生防疫 …… 385
第三节　疾病治疗 …… 392
第四节　正常死亡处理 …… 399

第六篇　生产劳动 …… 403
第一章　工业生产 …… 405
第一节　手工具生产 …… 405
第二节　玻璃制品生产 …… 406
第三节　钢管生产 …… 408
第四节　“LD”牌轴承生产 …… 409
第五节　服装与印刷生产 …… 409
第六节　光学仪器与反光材料生产 …… 412
第七节　其他工业产品生产 …… 413
第八节　产品质量管理 …… 419
第二章　农业生产 …… 430
第一节　农业生产单位 …… 430
第二节　土地资源 …… 430

第三节　农业劳动力 …………………… 433
第四节　粮食生产 …………………… 433
第五节　经济作物生产 …………………… 437
第六节　林木果蔬种植 …………………… 440
第七节　畜牧养殖业 …………………… 444
第三章　劳务加工 …………………… 450
第一节　加工企业 …………………… 450
第二节　加工项目 …………………… 451
第三节　劳务加工管理 …………………… 452
第四章　劳动管理 …………………… 454
第一节　劳动考核奖惩 …………………… 454
第二节　劳动时间 …………………… 456
第三节　劳动报酬 …………………… 456
第四节　劳动保护 …………………… 458
第五节　承包责任制 …………………… 459
第六节　财务管理体制改革 …………………… 462

第七篇　设施设备 …………………… 465
第一章　监房设施 …………………… 467
第一节　设计建造 …………………… 467
第二节　各监狱设施 …………………… 470
第三节　布局调整 …………………… 483
第二章　隔离警戒设施 …………………… 486
第一节　隔离设施 …………………… 486
第二节　警戒设施 …………………… 490
第三章　生活卫生设施 …………………… 495
第一节　生活设施 …………………… 495
第二节　卫生设施 …………………… 499
第四章　教育设施 …………………… 505
第一节　文化、技术教学设施 …………………… 505
第二节　广播、电视教学设施 …………………… 508
第三节　体育设施 …………………… 508
第四节　图书、阅览设施 …………………… 509
第五章　生产设施设备 …………………… 511
第一节　工业生产设施设备 …………………… 511
第二节　农业生产设施设备 …………………… 516
第三节　劳务加工设施设备 …………………… 519
第六章　装备 …………………… 523
第一节　戒具 …………………… 523
第二节　武器 …………………… 525
第三节　通信装备 …………………… 526
第四节　交通装备 …………………… 529

第八篇　科研工作与对外交流 …………………… 533
第一章　科研工作 …………………… 535
第一节　科研组织 …………………… 535
第二节　科研方式 …………………… 536
第三节　科研成果 …………………… 542
第四节　期刊 …………………… 552
第二章　对外交流 …………………… 555
第一节　出国(境)访问(考察) …………………… 555
第二节　对外接待 …………………… 569

第九篇　管理人员 …………………… 603
第一章　编制职位 …………………… 605
第一节　人员编制 …………………… 605
第二节　职位设置 …………………… 609
第二章　人事管理 …………………… 616
第一节　人员招录 …………………… 616
第二节　警衔与专业技术职务 …………………… 623
第三节　考核 …………………… 634
第四节　奖励 …………………… 643
第五节　惩戒 …………………… 651
第六节　离退休 …………………… 658
第三章　生活保障 …………………… 663
第一节　工资 …………………… 663
第二节　福利待遇 …………………… 667
第三节　警服 …………………… 675
第四节　住房 …………………… 679
第四章　素质培养 …………………… 686
第一节　政治素质培养 …………………… 686
第二节　文化素质教育 …………………… 692
第三节　道德素质教育 …………………… 696
第四节　党纪法纪素质培养 …………………… 699

第五节　业务素质培训 …… 704

第十篇　人物 …… 709

第一章　人物传略 …… 711

第二章　人物简介 …… 727

第三章　人物列表 …… 739

第四章　人物名录 …… 776

第一节　1986—2010年市监狱管理局(市劳改局)集体三等功单位名录 …… 776

第二节　个人名录 …… 778

专记 …… 787

附录 …… 809

索引 …… 864

编后记 …… 895

《上海市志·民防分志(1978—2010)》目录

序 …… 1
《上海市志(1978—2010)》凡例 …… 1
编纂说明 …… 1
概述 …… 1
大事记 …… 11

第一篇 组织机构 …… 35
第一章 领导机构 …… 37
第一节 上海市人民防空领导小组 …… 37
第二节 上海市人民防空委员会 …… 37
第三节 上海市国防动员委员会 …… 39
第四节 上海市减灾领导小组 …… 40
第二章 办事机构 …… 42
第一节 上海市人民防空办公室 …… 42
第二节 上海市人民防空(抗震)办公室 …… 43
第三节 上海市人民防空(抗震、抗灾救灾、核化救援)办公室 …… 44
第四节 上海市民防办公室 …… 44
第五节 直属单位 …… 49
第三章 区县局委机构、基层组织与社团 …… 58
第一节 区(县)民(人)防机构 …… 58
第二节 局(委)机构 …… 61
第三节 基层防空组织 …… 61
第四节 市民防协会 …… 63

第二篇 人民防空组织指挥 …… 67
第一章 指挥体制与指挥场所 …… 70
第一节 指挥体制 …… 70
第二节 指挥场所 …… 72
第二章 人民防空预案 …… 73
第一节 人民防空基本方案 …… 73
第二节 人民防空保障计划 …… 73
第三节 基层单位人员疏散掩(隐)蔽预案 …… 74
第三章 人防专业队伍 …… 75
第一节 市级人防专业队伍 …… 75
第二节 区(县)与目标单位人防专业队伍 …… 81
第四章 重要经济目标防护 …… 84
第一节 防护组织 …… 84
第二节 防护目标与措施 …… 85
第三节 防护演练 …… 87
第五章 疏散地域(基地)与应急避难场所建设 …… 89
第一节 疏散地域与疏散基地 …… 89
第二节 应急避难场所 …… 90
第六章 训练演练 …… 94
第一节 日常训练 …… 94
第二节 组织指挥演练 …… 96
第三节 现地实兵演练 …… 99

第三篇　通信警报和信息化建设 …… 105
第一章　通信建设与管理 …… 108
第一节　通信设备 …… 108
第二节　有线通信 …… 109
第三节　无线通信 …… 111
第四节　通信设施维护管理 …… 116
第五节　民防通信平战结合建设与保障 …… 116
第二章　警报建设与管理 …… 122
第一节　警报设施与信号 …… 122
第二节　警报设施维护管理 …… 126
第三节　警报试鸣 …… 127
第三章　信息化建设 …… 129
第一节　信息网络 …… 129
第二节　信息应用系统 …… 131
第三节　专业信息数据库 …… 134
第四节　防空监视系统 …… 136

第四篇　民防工程 …… 139
第一章　民防工程建设 …… 142
第一节　工程规划 …… 142
第二节　计划、建设管理 …… 143
第三节　建设实施 …… 154
第四节　防护设备与工程质量监督检查 …… 164
第五节　工程建设类型 …… 167
第二章　民防工程管理与使用 …… 169
第一节　普查建档 …… 169
第二节　已建工程管理 …… 172
第三节　平时开发利用 …… 180

第五篇　地下空间综合管理 …… 193
第一章　管理机制与制度 …… 195
第一节　地下空间联席会议 …… 195
第二节　管理制度 …… 198
第二章　规划 …… 201
第一节　规划编制 …… 201
第二节　近期规划 …… 202
第三章　使用管理 …… 204
第一节　普查统计 …… 204
第二节　安全管理 …… 207
第三节　管理信息化 …… 210

第六篇　应急救援 …… 215
第一章　管理体制 …… 217
第一节　组织领导和指挥体制 …… 217
第二节　应急救援值班与指挥程序 …… 219
第二章　应急救援队伍建设 …… 229
第一节　民(人)防救援队伍组织建设 …… 229
第二节　民(人)防救援队伍管理及训练 …… 235
第三节　民防系统救援装备建设 …… 241
第三章　主要灾害源和灾害 …… 255
第一节　危险化学品与放射源 …… 255
第二节　主要灾害 …… 266
第四章　应急预案与演练 …… 268
第一节　应急预案与对策研究 …… 268
第二节　应急救援演练 …… 275
第五章　应急救援实施 …… 282
第一节　应急救援实施情况及案例 …… 282
第二节　参与重大安保与救灾行动 …… 286

第七篇　宣传教育 …… 291
第一章　宣传教育形式 …… 293
第一节　进学校 …… 293
第二节　进社区 …… 305
第三节　进企业、进机关(进党校)、进网络 …… 308
第四节　集中宣传 …… 310
第二章　宣传载体 …… 316
第一节　民防科普教育馆 …… 316
第二节　电影、电视、公益广告 …… 318

第二节　报刊 …… 320
第四节　广播、画廊 …… 323
第五节　宣传资料 …… 324
第三章　特色宣传活动 …… 326
第一节　民防建设研讨 …… 326
第二节　文艺汇演 …… 326
第三节　竞赛、展览 …… 327
第四节　应急器材发放 …… 328

第八篇　综合保障和对外交流 …… 331
第一章　法制建设 …… 334
第一节　法规和规章 …… 334
第二节　政策和专项管理文件 …… 335
第三节　行政执法 …… 339
第二章　民防科研 …… 344
第一节　民(人)防工程课题 …… 344
第二节　指挥通信课题 …… 347
第三节　防灾救灾课题 …… 349
第四节　获奖情况 …… 351
第三章　经费保障 …… 354
第一节　经费来源 …… 354
第二节　经费使用 …… 361
第四章　干部队伍 …… 367
第一节　干部任用 …… 367
第二节　干部管理 …… 368
第三节　民防系统教育培训 …… 373
第五章　对外交流 …… 377
第一节　境外交流 …… 377
第二节　境内交流 …… 381

第九篇　人物 …… 385
第一章　人物传略 …… 387
第二章　人物简介 …… 388
第三章　人物名录 …… 398
第一节　先进个人 …… 398
第二节　先进集体 …… 415

专记 …… 433
附录 …… 457
索引 …… 511
编后记 …… 524

《上海市志·外事·港澳台侨事务分志·外事·港澳事务卷(1978—2010)》目录

序 …… 1
《上海市志(1978—2010)》凡例 …… 1
编纂说明 …… 1
概述 …… 1
大事记 …… 9

第一篇　外宾来访和领导出访 …… 45
第一章　亚洲国家外宾来访 …… 47
第一节　东亚和东南亚国家代表团访沪 …… 47
第二节　南亚诸国国家代表团访沪 …… 70
第三节　中亚和西亚国家代表团访沪 …… 75
第二章　非洲国家外宾来访 …… 85
第一节　北部非洲国家代表团访沪 …… 85
第二节　撒哈拉沙漠以南非洲国家代表团访沪 …… 89
第三章　欧洲国家外宾来访 …… 107
第一节　俄罗斯与东欧国家代表团访沪 …… 107
第二节　西欧和北欧国家代表团访沪 …… 122
第三节　中欧和南欧国家代表团访沪 …… 145
第四章　美洲国家外宾来访 …… 154
第一节　北美洲国家代表团访沪 …… 154
第二节　中美洲国家代表团访沪 …… 172
第三节　南美洲国家代表团访沪 …… 179
第五章　大洋洲和南太岛国外宾来访 …… 191
第一节　澳新两国代表团访沪 …… 191
第二节　南太平洋岛国代表团访沪 …… 195
第六章　国际组织外宾来访 …… 202
第一节　联合国组织代表团访沪 …… 202
第二节　地区性和其他国际组织代表团访沪 …… 203
第七章　领导出访 …… 206
第一节　率领或参加中央组团出访 …… 206
第二节　友好交流和推进友好城市合作出访 …… 209
第三节　出席国际重大活动出访 …… 220

第二篇　国际会议和活动 …… 223
第一章　重大国际会议和活动 …… 225
第一节　上海合作组织会议和活动 …… 225
第二节　亚洲太平洋经济合作组织第九次领导人非正式会议 …… 233
第二章　专题性国际会议和活动 …… 242

第一节 全球会议 …………………… 242
第二节 专题性国际会议 …………… 251
第三节 国际组织或集团地区性年会 ………………………… 256
第四节 国际活动 …………………… 267
第三章 中国2010年上海世界博览会 ………………………… 274
第一节 申博外事 …………………… 274
第二节 筹博外事 …………………… 275
第三节 办博外事 …………………… 278
第四章 其他国际会议和活动 ………… 289
第一节 联合国所属机构和国际组织在沪召开的国际会议 ……… 289
第二节 国家部委和国际组织联合召开的国际会议 …………… 291
第三节 上海主办或参与主办的国际会议 ………………………… 292
第四节 其他会议和活动 …………… 303

第三篇 国际友好城市 ………………… 311
第一章 亚洲地区国际友好城市 ……… 317
第一节 市级友好城市 ……………… 317
第二节 市级友好交流关系城市 …… 351
第三节 区级友好城市 ……………… 355
第四节 友好交流合作协议城市 …… 361
第二章 非洲地区国际友好城市 ……… 365
第一节 市级友好城市 ……………… 365
第二节 区(镇)级国际友好城市和友好交流合作协议城市 …… 372
第三章 欧洲地区国际友好城市 ……… 374
第一节 市级友好城市 ……………… 374
第二节 市级友好交流关系城市 …… 424
第三节 区级友好城市和友好交流合作协议城市 ……………… 427
第四章 美洲地区国际友好城市 ……… 431
第一节 市级友好城市 ……………… 431
第二节 友好交流合作协议城市 …… 449
第五章 大洋洲地区国际友好城市 …… 450
第一节 市级友好城市 ……………… 450
第二节 区级友好城市和友好交流合作协议城市 ……………… 457
第六章 国际友好城市交流合作成果 ……………………………… 459
第一节 助推上海"四个中心"建设 ……………………………… 459
第二节 提升上海城市建设和管理水平 ……………………………… 461
第三节 促进上海社会事业发展 …… 463
第四节 推进公共外交开展 ………… 464
第五节 参与上海世博会 …………… 467

第四篇 各领域国际交流合作 ……… 471
第一章 经济领域交流合作 …………… 473
第一节 贸易投资 …………………… 473
第二节 金融业 ……………………… 489
第三节 航运与旅游业 ……………… 495
第四节 科技与信息产业 …………… 510
第二章 社会领域交流合作 …………… 520
第一节 教育 ………………………… 520
第二节 文化 ………………………… 526
第三节 卫生体育 …………………… 535
第三章 民间和区县对外交往 ………… 547
第一节 民间对外交往 ……………… 547
第二节 浦东新区对外交往 ………… 562
第三节 其他区县对外交往 ………… 576

第五篇 外国驻沪机构 ……………… 593
第一章 外国驻沪领事机构 …………… 595
第一节 亚洲国家驻沪领事机构 …… 598
第二节 非洲国家驻沪领事机构 …… 623
第三节 欧洲国家驻沪领事机构 …… 625
第四节 美洲国家驻沪领事机构 …… 670
第五节 大洋洲国家驻沪领事机构 ………………………… 688
第六节 上海与外国驻沪领事机构的业务往来 ……………………… 693
第二章 外国驻沪新闻机构 …………… 705
第一节 沿革 ………………………… 706
第二节 业务工作 …………………… 710
第三节 机构管理 …………………… 715

第三章　外国非企业经济组织驻沪机构 …… 718
　第一节　外国在沪非企业经济组织的设立 …… 718
　第二节　外国在沪非企业经济组织的种类 …… 721
　第三节　外国在沪非企业经济组织选介 …… 723

第六篇　外事港澳事务机构团体与服务管理 …… 727
第一章　机构社团 …… 729
　第一节　中共上海市委外事、外宣工作领导小组 …… 729
　第二节　上海市人民政府外事办公室 …… 729
　第三节　上海市人民政府港澳事务办公室 …… 732
　第四节　上海市人民对外友好协会 …… 733
　第五节　上海各区县政府外事办公室 …… 735
　第六节　其他外事涉外部门和机构 …… 735
　第七节　国际问题研究单位和机构 …… 736
　第八节　大专院校国际问题研究机构 …… 737
　第九节　上海市人民政府外事办公室服务机构 …… 740
　第十节　对外团体 …… 741
第二章　服务管理 …… 744
　第一节　外事工作会议 …… 744
　第二节　政策规章和法制建设 …… 751
　第三节　因公出国(境)管理 …… 753
　第四节　外事队伍建设 …… 757
　第五节　礼宾规范与涉外参观点 …… 759
　第六节　对外表彰 …… 782
　第七节　涉外事件处理 …… 783

第七篇　与港澳合作事务 …… 793
第一章　人员往来 …… 795
　第一节　港澳人士访沪 …… 795
　第二节　市领导访问港澳 …… 814
第二章　合作交流 …… 818
　第一节　合作交流机制 …… 818
　第二节　港澳人士参政议政与参与公益 …… 820
　第三节　各领域合作交流 …… 829
第三章　重要活动 …… 847
　第一节　会展活动 …… 847
　第二节　论坛研讨 …… 849

第八篇　人物 …… 855
第一章　人物传略 …… 857
第二章　人物简介 …… 859
　第一节　历届上海市人民政府外事办公室主任、上海市人民对外友好协会会长 …… 859
　第二节　受中共中央、国务院表彰的上海世博会先进个人 …… 860
　第三节　受外交部、上海市等有关部门表彰人物 …… 860
　第四节　上海市荣誉市民 …… 860
第三章　人物表 …… 865

专记 …… 897
附录 …… 909
索引 …… 944
编后记 …… 968

《上海市志·外事·港澳台侨事务分志·台湾事务卷(1978—2010)》目录

（内部版）

《上海市志(1978—2010)》凡例 …… 1
编纂说明 …… 1
概述 …… 1
大事记 …… 12

第一篇　机构团体 …… 29
第一章　机构 …… 31
第一节　上海市人民政府台湾事务办公室 …… 31
第二节　区、县人民政府台湾事务办公室 …… 32
第三节　其他涉台部门、组织、团体 …… 34
第四节　委、办、局及其他涉台归口管理部门 …… 35
第五节　上海台胞接待服务中心 …… 37
第二章　团体 …… 41
第一节　大地文化社 …… 41
第二节　永丰贸易发展总公司 …… 42
第三节　上海市台湾同胞投资企业协会 …… 45
第四节　上海市海峡两岸交流促进会 …… 51

第二篇　重要人员往来 …… 53
第一章　台湾重要人士来沪 …… 54
第一节　“汪辜”上海会晤 …… 54
第二节　中国国民党主席连战访问上海 …… 58
第三节　亲民党主席宋楚瑜访问上海 …… 61
第四节　中国国民党主席吴伯雄访问上海 …… 63
第五节　台湾其他重要人士和经贸团组等来访 …… 64
第二章　沪台政界交往 …… 66
第一节　韩正市长访台 …… 66
第二节　沪台市政交流 …… 68
第三节　台北高雄两市市长访沪 …… 70
第三章　地方交流 …… 72
第一节　中共上海市委与中国国民党台北市委党际交流 …… 72
第二节　沪台“双城论坛” …… 73
第三节　沪台县市、乡镇、村里交流 …… 75

第三篇　沪台经贸交流与合作 …… 77
第一章　台商来沪投资考察与沪台经贸政策措施 …… 78
第一节　台商来沪经贸考察 …… 78
第二节　台湾经贸学参访团(名人)来沪情况 …… 79
第三节　沪台经贸政策措施 …… 80
第二章　贸易与投资 …… 89
第一节　沪台小额贸易 …… 89

第二节 沪台贸易 …… 90
第三节 台商投资 …… 92
第四节 沪上台资企业选介 …… 97
第三章 主要投资与合作产作 …… 99
第一节 高科技产业 …… 100
第二节 船舶制造业 …… 101
第三节 金融业 …… 101
第四节 现代农业 …… 104
第四章 台胞捐赠 …… 107
第一节 捐赠与管理 …… 108
第二节 捐赠分类 …… 109

第四篇 科教文卫体交流 …… 113
第一章 科学技术 …… 114
第一节 沪台科技人员互访 …… 114
第二节 沪台科技项目交流 …… 115
第三节 沪台重大课题研讨 …… 117
第二章 教育 …… 124
第一节 沪台高等教育交流 …… 124
第二节 基础教育交流 …… 127
第三节 其他教育交流 …… 128
第三章 文化艺术 …… 130
第一节 美术摄影交流 …… 130
第二节 音乐舞蹈交流 …… 132
第三节 电影电视艺术交流 …… 137
第四节 戏曲表演艺术交流 …… 139
第五节 综合艺术交流 …… 142
第四章 体育卫生 …… 147
第一节 体育交流 …… 147
第二节 医疗卫生交流 …… 149

第五篇 社会团体与台湾综合性交往 …… 155
第一章 沪上党派团体与台湾的交流 …… 156
第一节 台盟市委、市台联会 …… 156
第二节 其他党派团体与台胞往来 …… 158
第三节 宗教领域交流 …… 159
第二章 社团交流 …… 161
第一节 工会组织交流 …… 161
第二节 青少年交流 …… 162
第三节 妇女团体交流 …… 165
第三章 上海与海外涉台机构的交流 …… 167
第一节 与海外华人社团交流 …… 167
第二节 与澳洲台胞交流 …… 168
第三节 与欧洲台胞交流 …… 169
第四节 与南美洲台胞交流 …… 170

第六篇 传媒交流与宣传活动 …… 171
第一章 上海专业媒体的涉台宣传 …… 172
第一节 浦江之声广播电台 …… 172
第二节 《上海对台工作》刊物 …… 174
第三节 《上海与台湾》网站 …… 175
第四节 其他在沪媒体的涉台宣传报道 …… 176
第二章 实物宣传 …… 180
第三章 宣传活动 …… 185
第一节 涉台纪念活动 …… 185
第二节 涉台文艺活动 …… 195
第四章 新闻出版交流 …… 200
第一节 新闻交流 …… 200
第二节 出版界交流 …… 208

第七篇 研究与教育 …… 213
第一章 涉台研究机构 …… 214
第一节 主要专业研究机构 …… 214
第二节 其他涉台研究机构 …… 215
第二章 学术交流 …… 217
第一节 学术交流的机制和形式 …… 217
第二节 论坛与研讨会 …… 219
第三章 学术成果 …… 237
第一节 课题与专著成果 …… 237
第二节 实务调研成果 …… 239
第四章 教育 …… 240

第一节 党员干部教育 …… 240
第二节 青少年涉台教育 …… 244

第八篇 服务 …… 249
第一章 台胞台属 …… 250
第一节 上海台胞源 …… 250
第二节 落实台胞台属政策 …… 251
第三节 关心关爱台胞台属 …… 254
第二章 寻亲、接待与救助台湾渔民 …… 256
第一节 寻找失散同胞 …… 256
第二节 接待台湾避风渔船渔民 …… 259
第三节 救助台湾避风渔船渔民 …… 261
第四节 台胞救助 …… 263
第三章 通邮 通航 …… 265
第一节 沪台通邮 …… 266
第二节 沪台通航 …… 267
第四章 台胞服务 …… 273
第一节 台胞就医 …… 273
第二节 台胞就读 …… 275
第三节 台胞出入境 …… 277
第五章 台胞权益保护 …… 279
第一节 贯彻台湾同胞投资保护法 …… 279
第二节 涉台信访 …… 283
第三节 涉台突发事件处置 …… 286

第九篇 人物 …… 291
第一章 人物传 …… 292
第二章 人物简介 …… 294

专记 …… 297
附录 …… 311
编后记 …… 321

《上海市志·外事·港澳台侨事务分志·华侨事务卷(1978—2010)》目录

《上海市志(1978—2010)》凡例 …… 1
编纂说明 …… 1
概述 …… 1
大事记 …… 19

第一篇　组织机构与团体 …… 49
第一章　管理机构 …… 51
第一节　上海市人民政府侨务办公室 …… 51
第二节　区县政府侨务办公室 …… 55
第二章　人民团体 …… 61
第一节　上海市归国华侨联合会 …… 61
第二节　区县归国华侨联合会 …… 65
第三节　上海市欧美同学会 …… 70
第三章　涉侨组织 …… 73
第一节　上海市人民代表大会华侨民族宗教事务委员会 …… 73
第二节　中国人民政治协商会议上海市委员会港澳台侨委员会 …… 74
第三节　中国致公党上海市委员会 …… 76
第四章　社团 …… 78
第一节　中共上海市委统战部所属社团 …… 78
第二节　上海市人民政府侨务办公室所属社团 …… 78
第三节　上海市归国华侨联合会所属社团 …… 80
第四节　归侨学生校友会 …… 82
第五章　服务机构 …… 85
第一节　事业单位 …… 85
第二节　企业单位 …… 87

第二篇　侨情 …… 93
第一章　华侨华人 …… 95
第一节　1985 年华侨华人 …… 95
第二节　1995 年华侨华人 …… 97
第三节　2003 年华侨华人 …… 100
第四节　2010 年华侨华人 …… 101
第五节　华侨华人与境外侨团 …… 103
第二章　归侨侨眷 …… 107
第一节　1985 年归侨侨眷 …… 107
第二节　1995 年归侨侨眷 …… 107
第三节　2004 年归侨侨眷 …… 109
第四节　2010 年归侨侨眷 …… 110

第三篇　境外工作 …… 115
第一章　境外联谊 …… 117
第一节　侨务接待 …… 117
第二节　侨务出访 …… 121
第三节　联谊交流 …… 123
第二章　境外引资 …… 128
第一节　招商引资 …… 128
第二节　引资活动 …… 130

第三节　服务侨企 …………………… 134
第三章　境外引智 …………………… 141
第一节　引智创业 …………………… 141
第二节　引智活动 …………………… 144
第三节　服务创业 …………………… 148
第四章　境外华文教育 …………………… 154
第一节　华文教育概况 …………………… 154
第二节　华文教育建设 …………………… 156
第三节　华裔青少年活动 …………………… 161
第四节　教育交流 …………………… 170
第五章　境外交流与宣传 …………………… 174
第一节　文艺体育交流 …………………… 174
第二节　科学技术交流 …………………… 183
第三节　侨务宣传 …………………… 188

第四篇　参政议政与服务社会 …………………… 201
第一章　参政议政 …………………… 203
第一节　议案提案 …………………… 203
第二节　涉侨意见建议 …………………… 206
第二章　服务长三角 …………………… 211
第一节　"相聚长三角"活动 …………………… 211
第二节　长三角合作交流研讨 …………………… 213
第三章　沪滇对口支援 …………………… 215
第一节　对口帮扶协作 …………………… 215
第二节　投资援助 …………………… 217
第三节　支援云南华侨农场 …………………… 219
第四章　服务全国 …………………… 221
第一节　经济合作 …………………… 221
第二节　社会服务 …………………… 223
第三节　助力北京奥运会 …………………… 223
第五章　华侨华人捐赠 …………………… 225
第一节　捐赠管理 …………………… 225
第二节　捐赠总量 …………………… 228

第五篇　侨政事务 …………………… 233
第一章　维权护侨 …………………… 235
第一节　落实政策 …………………… 235
第二节　法制建设 …………………… 240
第三节　信访维权 …………………… 249
第四节　依法行政 …………………… 254
第二章　为侨服务 …………………… 263
第一节　扶侨帮困 …………………… 263
第二节　文化联谊 …………………… 268
第三节　侨界表彰 …………………… 279
第三章　社区侨务 …………………… 282
第一节　社区侨务建设 …………………… 282
第二节　社区侨务工作指导 …………………… 285
第三节　社区侨务"双向服务" …………………… 289
第四章　侨务工作会议 …………………… 293
第一节　在沪召开的全国侨务工作会议 …………………… 293
第二节　上海市侨务工作会议 …………………… 294
第三节　上海市侨务专题工作会议 …………………… 295
第四节　上海市侨务工作联席会议 …………………… 298
第五章　侨务信息与理论研究 …………………… 300
第一节　侨务信息简报 …………………… 300
第二节　课题调研 …………………… 302
第三节　学术研讨 …………………… 305
第四节　专家咨询和座谈会 …………………… 313

第六篇　人物 …………………… 317
第一章　人物传略 …………………… 319
第一节　侨务机构和涉侨组织负责人 …………………… 319
第二节　侨界知名人士 …………………… 321
第二章　人物简介 …………………… 324
第一节　侨务机构和涉侨组织负责人 …………………… 324
第二节　侨界知名人士 …………………… 331
第三章　人物录 …………………… 335
第一节　上海市归国华侨联合会委员会名录 …………………… 335
第二节　上海市欧美同学会理事会名录 …………………… 341
第三节　社团理事会(联谊会)

名录 …………………………… 348
第四节 上海出席全国归国华侨代表大会的代表名录 …………… 360
第五节 上海担任中华全国归国华侨联合会委员会的委员名录 …………………………… 362
第六节 归侨侨眷院士、学部委员名录 …………………………… 362
第七节 侨界荣誉名录 ……………… 364

专记 …………………………… 371
附录 …………………………… 387
索引 …………………………… 398
编后记 …………………………… 407

《上海市志·合作交流分志(1978—2010)》目录

序 …… 1

《上海市志(1978—2010)》凡例 …… 1

编纂说明 …… 1

概述 …… 1

大事记 …… 9

第一篇　机构 …… 71

第一章　领导机构 …… 73

第一节　市对口支援三峡工程库区移民工作领导小组 …… 73

第二节　市援藏援疆工作领导小组 …… 77

第三节　市对口云南帮扶协作领导小组 …… 80

第四节　市国内合作交流工作联席会议 …… 82

第五节　市合作交流与对口支援工作领导小组 …… 84

第六节　市对口支援与合作交流工作领导小组 …… 86

第七节　市对口支援都江堰市灾后重建工作领导小组 …… 88

第二章　管理机构 …… 91

第一节　市计委协作办公室 …… 91

第二节　市政府协作办公室 …… 91

第三节　市政府接待办公室 …… 92

第四节　市政府合作交流办公室 …… 93

第五节　各区(县)合作交流办公室 …… 94

第三章　服务机构 …… 103

第一节　市原材料开发基金会 …… 103

第二节　市原材料开发投资公司 …… 104

第三节　合作交流中心 …… 104

第四章　市政府驻外省市机构 …… 106

第一节　市政府驻北京办事处 …… 106

第二节　市政府驻重庆办事处 …… 107

第三节　市政府驻哈尔滨办事处 …… 108

第四节　市政府驻广州办事处 …… 109

第五节　市政府驻武汉办事处 …… 110

第六节　市政府驻西安办事处 …… 111

第七节　市政府驻秦皇岛办事处 …… 112

第八节　市政府驻深圳办事处 …… 113

第九节　市政府驻山西办事处 …… 114

第十节　市政府驻海南办事处 …… 116

第十一节　市政府驻昆明办事处 …… 117

第十二节　市政府驻西藏办事处 …… 117

第十三节　市政府驻新疆办事处 …… 118

第十四节　市政府驻内蒙古办事处 …… 119

第五章　驻沪机构 …… 121

第一节　中央在沪单位办事机构 …… 121
第二节　各地政府驻沪办事机构 …… 121

第二篇　对口支援 …… 125
第一章　对口支援三峡 …… 128
第一节　目标任务 …… 128
第二节　工作机制 …… 131
第三节　资金与项目 …… 141
第四节　项目选介 …… 155
第五节　移民及劳务安置 …… 165
第二章　对口支援西藏日喀则地区 …… 170
第一节　目标任务 …… 170
第二节　工作机制 …… 172
第三节　资金与项目 …… 178
第四节　项目选介 …… 194
第三章　对口支援新疆 …… 216
第一节　对口支援阿克苏地区 …… 216
第二节　对口支援喀什地区 …… 252
第四章　对口帮扶云南 …… 264
第一节　目标任务 …… 264
第二节　工作机制 …… 269
第三节　资金与项目 …… 276
第四节　项目选介 …… 289
第五章　对口支援四川都江堰 …… 314
第一节　目标任务 …… 314
第二节　工作机制 …… 322
第三节　资金与项目 …… 330
第四节　项目选介 …… 341
第六章　对口支援青海果洛 …… 356
第一节　目标任务 …… 356
第二节　干部选派 …… 357
第三节　资金与项目 …… 357

第三篇　国内合作 …… 361
第一章　长江三角洲城市合作 …… 363
第一节　上海经济区合作 …… 363
第二节　长三角协调合作机制 …… 368
第三节　发展规划 …… 373
第四节　专(课)题合作 …… 378
第五节　城市功能合作 …… 383
第二章　长江流域城市合作 …… 397
第一节　合作总体情况 …… 397
第二节　合作机制与机构 …… 401
第三节　发展规划 …… 407
第四节　重点合作项目 …… 412
第三章　省市合作 …… 419
第一节　横向经济联合 …… 419
第二节　框架协议合作 …… 423
第三节　专题合作 …… 428
第四章　地方政府往来 …… 430
第一节　接待来访 …… 430
第二节　组团出访 …… 445

第四篇　人物·先进 …… 457
第一章　人物简介 …… 459
第二章　先进 …… 462
第一节　国家级先进 …… 462
第二节　市级先进 …… 463

专记 …… 501
附录 …… 519
索引 …… 605
编后记 …… 618

《上海市志·档案方志分志·档案卷(1978—2010)》目录

《上海市志(1978—2010)》凡例 …… 1
编纂说明 …… 1
概述 …… 1
大事记 …… 13

第一篇　档案机构·团体 …… 51
第一章　档案局 …… 54
第一节　上海市档案局 …… 54
第二节　区、县档案局 …… 56
第二章　档案馆 …… 60
第一节　上海市档案馆 …… 60
第二节　区、县档案馆 …… 62
第三节　专门档案馆 …… 72
第四节　部门档案馆 …… 73
第五节　企业档案馆 …… 75
第六节　事业单位档案馆 …… 77
第三章　档案室 …… 84
第一节　机关、团体档案室 …… 84
第二节　企业、事业单位档案室 …… 84
第四章　档案学会 …… 86
第一节　上海市档案学会 …… 86
第二节　区、县档案学会 …… 89
第三节　专业和学术研究委员会 …… 92
第五章　其他档案管理机构 …… 94
第一节　档案管理中心 …… 94
第二节　档案中介服务机构 …… 95

第二篇　档案行政管理 …… 97
第一章　统筹规划 …… 99
第一节　制订规划 …… 99
第二节　实施规划 …… 102
第二章　法制建设 …… 107
第一节　建章立制 …… 107
第二节　普法教育 …… 109
第三节　执法监督 …… 113
第三章　业务指导 …… 120
第一节　调研试点 …… 120
第二节　检查评比 …… 124
第三节　评估认定 …… 126
第四节　协作交流 …… 130
第四章　科教管理 …… 136
第一节　科研管理 …… 136
第二节　教育管理 …… 139
第三节　信息化管理 …… 143
第五章　宣传报道 …… 146
第一节　媒体报道 …… 146
第二节　拍摄专题片 …… 149
第六章　职称评聘 …… 151
第一节　评审组织 …… 151
第二节　评聘要求 …… 153
第三节　评聘实施 …… 157

第三篇　档案收集 …… 161
第一章　档案接收 …… 164
第一节　接收范围与要求 …… 164

第二节　接收内容 …… 167
第二章　档案征集 …… 174
第一节　征集范围 …… 174
第二节　征集成果 …… 175
第三章　拍摄建档 …… 184
第一节　拍摄建档范围 …… 184
第二节　拍摄建档内容 …… 184

第四篇　档案业务管理 …… 187
第一章　档案室档案管理 …… 189
第一节　文书档案管理 …… 189
第二节　科技档案管理 …… 193
第三节　专业档案管理 …… 200
第二章　档案馆档案管理 …… 212
第一节　档案实体整理 …… 212
第二节　档案鉴定 …… 215
第三章　档案安全保护 …… 218
第一节　馆库建设 …… 218
第二节　保护技术 …… 220

第五篇　档案服务社会 …… 227
第一章　开放利用 …… 229
第一节　档案开放 …… 229
第二节　档案利用 …… 233
第三节　档案编研 …… 238
第二章　教育基地 …… 248
第一节　爱国主义教育基地 …… 248
第二节　其他教育基地 …… 252
第三章　主题活动 …… 254
第一节　档案馆日活动 …… 254
第二节　学生主题活动 …… 256
第三节　家庭建档活动 …… 261
第四章　展览论坛 …… 264
第一节　档案展览 …… 264
第二节　论坛讲座 …… 279
第五章　档案文化传播 …… 286
第一节　档案期刊 …… 286
第二节　档案图册 …… 288
第三节　视频作品 …… 292
第四节　网络传播 …… 294

第六篇　档案科研教育 …… 299
第一章　档案科研 …… 301
第一节　科研机构 …… 301
第二节　理论研究 …… 302
第三节　技术研究 …… 309
第四节　学术交流 …… 315
第五节　获奖成果 …… 320
第二章　档案教育 …… 344
第一节　学历教育 …… 344
第二节　在职培训 …… 352

第七篇　档案信息化建设 …… 359
第一章　档案信息化平台建设 …… 361
第一节　网络平台建设 …… 361
第二节　系统平台建设 …… 365
第二章　档案信息化应用系统建设 …… 367
第一节　档案室信息化应用系统 …… 367
第二节　档案馆信息化应用系统 …… 372
第三节　专项技术应用系统 …… 378
第三章　档案信息资源建设 …… 382
第一节　档案数据库建设 …… 382
第二节　电子文件归档和电子档案接收进馆 …… 383
第四章　档案信息资源安全管理 …… 386
第一节　市档案局(馆)档案信息安全管理 …… 386
第二节　区、县档案局(馆)档案信息安全管理 …… 387

第八篇　档案对外、对港澳台交流 …… 389
第一章　国际档案会议 …… 391
第一节　参加国际档案会议 …… 391
第二节　举办国际档案会议 …… 392
第二章　业务交流 …… 395
第一节　接待来访 …… 395

第二节 考察访问 …… 402
第三节 学术研讨 …… 405
第四节 专业培训 …… 407
第五节 项目合作 …… 409
第三章 举办展览 …… 412
第一节 在国外举办档案展览 …… 412
第二节 在国内举办外国档案展览 …… 415

第九篇 档案选介(上) …… 419
第一章 中华人民共和国成立前的机构档案 …… 421
第一节 北洋政府时期机构档案 …… 421
第二节 国民政府时期机构档案 …… 423
第三节 日伪政权机构档案 …… 427
第四节 租界机构档案 …… 430
第五节 社会团体档案 …… 436
第二章 革命历史档案资料 …… 449
第一节 革命历史档案 …… 449
第二节 革命历史资料 …… 450
第三章 中华人民共和国成立后的机关团体档案 …… 454
第一节 中共上海市委及所属机构档案 …… 454
第二节 上海市人大常委会机关档案 …… 455
第三节 上海市人民政府及所属机构档案 …… 456
第四节 上海市政协机关档案 …… 461
第五节 上海市各民主党派、工商联档案 …… 461
第六节 上海市工青妇及其他社会团体档案 …… 462

第十篇 档案选介(下) …… 465
第一章 农业档案 …… 467
第一节 农业管理档案 …… 467
第二节 农业科研档案 …… 467
第二章 工业档案 …… 470
第一节 钢铁工业档案 …… 470
第二节 纺织工业档案 …… 471
第三节 化学工业档案 …… 473
第四节 轻工业档案 …… 475
第五节 机械工业档案 …… 477
第六节 汽车工业档案 …… 478
第七节 仪表电讯工业档案 …… 478
第八节 电力工业档案 …… 479
第九节 船舶工业档案 …… 479
第三章 城市建设档案 …… 481
第一节 城市规划档案 …… 481
第二节 市政建设档案 …… 482
第三节 建筑工程档案 …… 484
第四节 环境保护档案 …… 485
第五节 绿化市容管理档案 …… 485
第四章 金融业档案 …… 487
第一节 银行业档案 …… 487
第二节 保险业档案 …… 489
第三节 证券业档案 …… 490
第四节 其他金融机构档案 …… 492
第五章 交通、邮政业档案 …… 495
第一节 交通运输档案 …… 495
第二节 港口档案 …… 497
第三节 邮政档案 …… 498
第六章 信息服务业档案 …… 499
第一节 信息化管理档案 …… 499
第二节 通信业档案 …… 499
第七章 商贸、旅游业档案 …… 501
第一节 商贸档案 …… 501
第二节 旅游业档案 …… 502
第八章 文化、教育档案 …… 504
第一节 文化档案 …… 504
第二节 教育档案 …… 507
第九章 体育、卫生档案 …… 510
第一节 体育档案 …… 510
第二节 卫生档案 …… 511
第十章 专业档案 …… 514
第一节 气象档案 …… 514

第二节　水文档案 …………………… 515
第三节　测绘档案 …………………… 515
第四节　地名档案 …………………… 515
第五节　艺术档案 …………………… 516
第六节　公证档案 …………………… 517
第七节　工商登记档案 ……………… 517
第八节　科技成果档案 ……………… 518
第十一章　重大活动档案 …………… 519
第一节　重要博览会档案 …………… 519
第二节　重要节庆活动档案 ………… 520
第三节　重大体育赛事档案 ………… 521
第四节　对口援建项目档案 ………… 523

第十一篇　人物·先进集体 ………… 525
第一章　人物传略 …………………… 527
第二章　表录 ………………………… 532
第一节　档案系统先进单位名录 …… 532
第二节　档案系统先进个人表 ……… 540
第三节　档案系列研究馆员表 ……… 557

专记 …………………………………… 559
附录 …………………………………… 573
编后记 ………………………………… 587

《上海市志·档案方志分志·方志卷(1978—2010)》目录

《上海市志(1978—2010)》凡例 …… 1
编纂说明 …… 1
概述 …… 1
大事记 …… 15

第一篇　机构与管理 …… 51
　第一章　机构队伍 …… 53
　　第一节　早期方志编修队伍 …… 53
　　第二节　民国时期修志机构 …… 54
　　第三节　上海市地方志编纂委员会及其办公室 …… 57
　　第四节　区县地方志编纂机构 …… 63
　　第五节　专志编纂机构 …… 97
　第二章　规划与管理 …… 120
　　第一节　重要会议 …… 120
　　第二节　方志规划 …… 124
　　第三节　依法修志 …… 137
　　第四节　指导与管理 …… 140
　　第五节　人才培养与职称评定 …… 155

第二篇　志书编纂 …… 157
　第一章　区县志编纂 …… 161
　　第一节　县志 …… 161
　　第二节　区志 …… 175
　　第三节　乡镇村社街道农场志 …… 193
　第二章　专志编纂 …… 215
　　第一节　《上海市专志系列丛刊》 …… 215
　　第二节　未纳入《丛刊》的专志 …… 269
　　第三节　专志续修 …… 318
　第三章　《上海通志》编纂 …… 322
　　第一节　筹备与启动 …… 322
　　第二节　分纂与总纂 …… 323
　　第三节　结构与篇目 …… 324
　　第四节　评审与出版 …… 345
　　第五节　评价与影响 …… 346

第三篇　年鉴编纂 …… 349
　第一章　综合年鉴编纂 …… 351
　　第一节　《上海年鉴》 …… 351
　　第二节　区县综合年鉴 …… 354
　第二章　专门年鉴编纂 …… 379
　　第一节　专业年鉴 …… 379
　　第二节　部门年鉴 …… 389
　　第三节　统计年鉴 …… 398
　　第四节　全国性年鉴 …… 405

第四篇　开发利用与学术研究 …… 407
　第一章　旧志鉴资源 …… 409
　　第一节　府县乡镇志 …… 409

第二节　上海市通志稿 …… 425
第三节　早期年鉴 …… 426
第二章　开发利用 …… 430
第一节　志书整理 …… 430
第二节　读志用志 …… 433
第三节　地情书籍 …… 441
第四节　特色志 …… 459
第五节　资料库与信息化建设 …… 460
第三章　学术研究 …… 466
第一节　理论研究 …… 466
第二节　学术团体 …… 480
第三节　学术研讨 …… 483
第四节　刊物与论著 …… 491

第五篇　人物 …… 505
第一章　人物传略 …… 507
第二章　人物简介 …… 521
第三章　先进名录 …… 526
第一节　先进集体名录 …… 526
第二节　先进人物名录 …… 527

专记 …… 533
附录 …… 541
索引 …… 631
编后记 …… 659

《上海市志·经济综述分志(1978—2010)》目录

《上海市志(1978—2010)》凡例 …… 1
编纂说明 …… 1
概述 …… 1
大事记 …… 17

第一篇　经济总量、结构与成果 …… 163
第一章　经济总量 …… 166
第一节　上海市生产总值 …… 167
第二节　地方财政收入 …… 169
第三节　全社会固定资产投资 …… 172
第四节　进出口贸易总额 …… 175
第五节　社会消费品零售总额 …… 178
第六节　外商直接投资额 …… 180
第七节　金融机构存贷款余额 …… 183
第八节　全员劳动生产率 …… 185
第二章　经济结构 …… 187
第一节　产业结构 …… 188
第二节　所有制结构 …… 190
第三节　投资结构 …… 193
第四节　消费结构 …… 196
第三章　发展成果 …… 200
第一节　经济规模与绩效 …… 200
第二节　民生发展 …… 211
第三节　城市建设 …… 226

第二篇　发展战略与规划 …… 255
第一章　上海经济发展战略 …… 258
第一节　战略制定 …… 258
第二节　战略内容 …… 262
第二章　迈向21世纪的上海经济、社会发展战略 …… 268
第一节　战略制定 …… 268
第二节　战略内容 …… 273
第三章　浦东开发开放战略与“四个中心”战略 …… 279
第一节　浦东开发开放战略 …… 279
第二节　“四个中心”战略 …… 284
第四章　五年计划和规划纲要 …… 291
第一节　“五五”后三年计划(1978—1980年) …… 291
第二节　“六五”计划(1981—1985年) …… 292
第三节　“七五”计划(1986—1990年) …… 295
第四节　“八五”计划(1991—1995年) …… 298
第五节　“九五”计划(1996—2000年) …… 303
第六节　“十五”计划(2001—2005年) …… 307
第七节　“十一五”规划纲要(2006—2010年) …… 311
第五章　城市规划 …… 317

第一节　上海市城市总体规划方案（1986年版）…………………… 317
第二节　上海市城市总体规划(2001年版）…………………… 320
第三节　浦东新区规划 …………………… 325
第四节　城镇规划 …………………… 327

第三篇　基础设施建设 …………………… 333
第一章　交通设施 …………………… 336
第一节　综合交通规划 …………………… 336
第二节　港口 …………………… 342
第三节　航空港 …………………… 349
第四节　铁路 …………………… 356
第五节　道路 …………………… 358
第六节　桥隧 …………………… 361
第七节　公共交通 …………………… 366
第八节　交通枢纽 …………………… 372
第二章　通信设施 …………………… 377
第一节　基础通信网 …………………… 377
第二节　数据与传输网 …………………… 381
第三节　国际信息港工程 …………………… 384
第三章　住宅建设 …………………… 387
第一节　规划与政策 …………………… 387
第二节　住宅投资 …………………… 390
第三节　保障性住房 …………………… 392
第四章　旧区改造 …………………… 397
第一节　规划与政策 …………………… 397
第二节　成片改造 …………………… 401
第三节　成套改造 …………………… 403
第四节　“平改坡”…………………… 404
第五章　公用设施 …………………… 406
第一节　电力设施 …………………… 406
第二节　供水设施 …………………… 409
第三节　燃气设施 …………………… 412
第六章　公共与商业设施 …………………… 415
第一节　教育设施 …………………… 415
第二节　卫生设施 …………………… 417
第三节　文化设施 …………………… 418
第四节　体育设施 …………………… 420
第五节　商业设施 …………………… 421
第七章　市容环境 …………………… 423
第一节　园林绿化 …………………… 423
第二节　环境卫生 …………………… 432
第八章　城市防灾设施 …………………… 437
第一节　防汛设施 …………………… 437
第二节　消防设施 …………………… 440
第三节　民防设施 …………………… 441
第四节　抗震设施 …………………… 444

第四篇　产业结构与布局 …………………… 447
第一章　三次产业结构 …………………… 450
第一节　沿革 …………………… 450
第二节　产业结构调整方针 …………………… 454
第二章　产业内部结构 …………………… 460
第一节　农业 …………………… 460
第二节　工业 …………………… 475
第三节　服务业 …………………… 495
第三章　产业布局 …………………… 510
第一节　总体布局 …………………… 510
第二节　农业布局 …………………… 523
第三节　工业布局 …………………… 528
第四节　服务业布局 …………………… 556

第五篇　市场体系建设 …………………… 577
第一章　商品市场 …………………… 580
第一节　消费品市场 …………………… 580
第二节　生产资料市场 …………………… 588
第二章　金融市场 …………………… 591
第一节　货币市场 …………………… 592
第二节　证券市场 …………………… 596
第三节　外汇市场 …………………… 602
第四节　保险市场 …………………… 604
第五节　期货市场 …………………… 607
第六节　黄金市场 …………………… 610
第三章　人力资源市场 …………………… 612
第一节　劳动力市场 …………………… 612
第二节　人才市场 …………………… 615

第四章　房地产市场 …… 619
第一节　土地市场 …… 619
第二节　房产市场 …… 625
第三节　建筑市场 …… 635
第五章　产权市场 …… 639
第一节　技术产权市场 …… 639
第二节　企业产权市场 …… 642
第三节　联合产权市场 …… 643

第六篇　对外开放 …… 645
第一章　对外贸易 …… 648
第一节　对外贸易管理 …… 649
第二节　国际货物贸易 …… 652
第三节　国际服务贸易 …… 657
第四节　国际技术贸易 …… 664
第二章　利用外资 …… 670
第一节　利用外资管理 …… 670
第二节　直接利用外资 …… 674
第三节　间接利用外资 …… 694
第四节　海关特殊监管区域 …… 697
第三章　对外经济合作 …… 705
第一节　企业境外投资 …… 705
第二节　对外工程承包和劳务合作 …… 716
第三节　国际经济技术援助 …… 723
第四节　引进国外智力 …… 729

第七篇　投融资 …… 735
第一章　投融资管理 …… 738
第一节　投融资体制 …… 738
第二节　政府投融资机制 …… 746
第二章　投融资主体 …… 749
第一节　政府性融资平台 …… 749
第二节　金融机构 …… 759
第三节　重大投资项目 …… 767
第三章　投融资方式 …… 769
第一节　财政资金 …… 769
第二节　国内银行贷款 …… 770
第三节　利用外资 …… 783
第四节　土地使用权转让 …… 791
第五节　信托融资 …… 793
第六节　其他方式 …… 797

第八篇　科技创新发展 …… 805
第一章　战略规划与管理 …… 807
第一节　发展战略与方针 …… 808
第二节　科技规划 …… 810
第三节　拨款制度改革 …… 813
第四节　法规与政策 …… 814
第五节　科技经费投入 …… 819
第六节　成果与奖励 …… 821
第二章　技术创新体系 …… 828
第一节　企业技术创新 …… 828
第二节　科技企业 …… 838
第三节　研发基地 …… 844
第四节　科技园区 …… 854
第五节　科技服务平台 …… 867
第三章　人才队伍建设 …… 880
第一节　人才规划 …… 880
第二节　人才政策 …… 881
第三节　科技人才计划与基金 …… 887

第九篇　经济协调发展 …… 893
第一章　可持续发展战略 …… 896
第一节　可持续发展的总体战略 …… 896
第二节　可持续发展的行动计划 …… 900
第二章　经济与人口协调发展 …… 922
第一节　人口规划 …… 922
第二节　人口管理 …… 923
第三节　人口资源 …… 930
第三章　经济与环境协调发展 …… 938
第一节　规划和管理 …… 938
第二节　大气污染防治 …… 944
第三节　工业“三废”治理 …… 947
第四节　农村环境治理 …… 952
第五节　水环境治理 …… 953

第六节　声环境治理 …… 962
第七节　生态保护与修复 …… 965
第四章　经济与资源协调发展 …… 971
第一节　规划与管理 …… 971
第二节　清洁生产 …… 981
第三节　循环经济 …… 983
第四节　低碳经济 …… 986
第五节　水资源开发 …… 994
第六节　土地资源利用 …… 997
第五章　经济与社会协调发展 …… 1001
第一节　教育事业 …… 1001
第二节　文化事业 …… 1007
第三节　卫生事业 …… 1015
第四节　体育事业 …… 1018
第五节　社会保障体系 …… 1021
第六章　城乡经济协调发展 …… 1049
第一节　规划与政策 …… 1049
第二节　城镇化建设 …… 1053
第三节　郊区经济发展 …… 1056
第四节　村庄改造 …… 1059

第十篇　区域统筹发展 …… 1061
第一章　上海经济区 …… 1063
第一节　沿革 …… 1063
第二节　战略与规划 …… 1066
第三节　合作机制与项目 …… 1067
第二章　长三角一体化发展 …… 1070
第一节　规划与政策 …… 1071
第二节　长三角协调合作机制 …… 1086
第三节　重点合作领域 …… 1091
第三章　长江流域协调发展 …… 1107
第一节　发展规划 …… 1107
第二节　长江流域城市合作 …… 1111
第三节　重点合作领域 …… 1118
第四章　服务全国 …… 1122
第一节　横向经济联合 …… 1122
第二节　地区合作 …… 1124
第三节　对口支援 …… 1129

第十一篇　综合经济管理 …… 1135
第一章　机构与团体 …… 1138
第一节　综合管理机构 …… 1138
第二节　归口管理机构 …… 1149
第三节　协调机构 …… 1155
第四节　区县机构 …… 1157
第五节　其他机构 …… 1161
第六节　社团机构 …… 1166
第二章　计划调控 …… 1170
第一节　计划管理职能转变 …… 1170
第二节　计划调控内容 …… 1173
第三章　综合经济管理 …… 1184
第一节　国企国资管理 …… 1184
第二节　财税管理 …… 1189
第三节　国土管理 …… 1192
第四节　工商行政管理 …… 1195
第五节　审计管理 …… 1199
第六节　统计管理 …… 1202

第十二篇　人物 …… 1207
第一章　人物传略 …… 1209
第二章　人物简介 …… 1211

专记 …… 1215
附录 …… 1241
索引 …… 1304
编后记 …… 1321

《上海市志·经济体制改革分志（1978—2010）》目录

《上海市志（1978—2010）》凡例 …… 1
编纂说明 …… 1
概述 …… 1
大事记 …… 29

第一篇　工作机构 …… 107
　第一章　主管机构 …… 109
　　第一节　上海市经济体制改革办公室 …… 109
　　第二节　上海市经济体制改革委员会 …… 110
　　第三节　上海市人民政府经济体制改革办公室 …… 111
　　第四节　上海市发展和改革委员会 …… 112
　第二章　辅助和临时机构 …… 116
　　第一节　上海市经济体制改革研究会 …… 116
　　第二节　上海市体制改革研究所 …… 116
　　第三节　《上海改革》杂志社 …… 117
　　第四节　上海市发展和改革委员会信息中心 …… 117
　　第五节　上海市发展改革研究院 …… 118
　　第六节　部分临时机构 …… 118

第二篇　改革经济管理和行政体制 …… 121
　第一章　改革计划管理体制 …… 125
　　第一节　改革计划调控方式 …… 127
　　第二节　转变计划管理职能 …… 129
　第二章　改革财税管理体制 …… 139
　　第一节　理顺利益关系 …… 140
　　第二节　构建公共财政体制 …… 147
　　第三节　改革税务管理体制 …… 158
　第三章　改革投融资体制 …… 166
　　第一节　改革投资管理体制 …… 167
　　第二节　改革政府投融资体制 …… 171
　第四章　改革物价管理体制 …… 181
　　第一节　建立市场化价格体系 …… 182
　　第二节　改革物价管理体制 …… 188
　　第三节　建立物价调控机制 …… 190
　　第四节　建立物价监督机制 …… 194
　第五章　改革国有资产管理体制 …… 200
　　第一节　建立国有资产管理体制 …… 200
　　第二节　建立国有资产运营管理体系 …… 207
　　第三节　完善国有企业董监事会制度 …… 218
　第六章　改革行政体制 …… 227
　　第一节　改革行政组织和运行体系 …… 227
　　第二节　建立分级管理体制 …… 232

第三节　改革城市综合管理体制 …… 235
第四节　推动中间组织改革和发展 …… 239

第三篇　改革企业体制 …… 243
第一章　探索国有企业体制改革 …… 246
第一节　扩大企业自主权 …… 246
第二节　改革企业收入分配制度 …… 250
第三节　改革企业经营机制 …… 259
第二章　推进国有企业战略性调整 …… 266
第一节　化解历史负担 …… 266
第二节　实施“抓大放小”战略 …… 277
第三章　建立现代企业制度 …… 290
第一节　建立现代企业制度基本框架 …… 291
第二节　全面推进现代企业制度建设 …… 296
第四章　改革城镇集体经济体制 …… 302
第一节　改革传统城镇集体企业体制 …… 303
第二节　创新城镇集体企业体制 …… 306
第五章　完善中小企业发展体制环境 …… 310
第一节　扶持民营企业发展 …… 310
第二节　完善中小企业发展服务体系和政策环境 …… 315

第四篇　改革和发展市场体系 …… 319
第一章　改革商业流通体制 …… 323
第一节　改革商业管理体制 …… 323
第二节　改革商业企业体制 …… 325
第三节　改革商业经营体制 …… 329
第二章　调整和创新消费品市场 …… 336
第一节　构建消费品市场新格局 …… 336
第二节　推行现代营销模式 …… 339
第三章　发展生产资料市场 …… 343
第一节　突破计划供应瓶颈 …… 343
第二节　形成交易市场体系 …… 345
第四章　建设人力资源市场 …… 349
第一节　发展劳动力市场 …… 349
第二节　建立人才市场 …… 359
第五章　建设金融市场 …… 364
第一节　建立货币市场 …… 365
第二节　建立外汇交易市场 …… 367
第三节　建立保险市场 …… 369
第四节　建立金融衍生市场 …… 370
第六章　建设资本市场 …… 373
第一节　重建证券市场 …… 374
第二节　建立产权市场 …… 383

第五篇　建设开放型经济体制 …… 393
第一章　开发开放浦东 …… 396
第一节　推进开发开放 …… 397
第二节　推进综合配套改革 …… 404
第三节　释放开发开放综合效应 …… 406
第二章　建设“四个中心” …… 408
第一节　建设上海国际经济中心 …… 408
第二节　建设上海国际金融中心 …… 412
第三节　建设上海国际贸易中心 …… 417
第四节　建设上海国际航运中心 …… 423
第三章　利用境外资本和管理经验 …… 434
第一节　引导外商直接投资 …… 435
第二节　促进境外间接投资 …… 440
第三节　释放外商投资综合效益 …… 446
第四章　改革对外贸易体制 …… 448
第一节　改革外贸管理体制 …… 449
第二节　改革外贸经营体制 …… 457
第五章　改革对外经济体制 …… 462
第一节　形成多元化发展机制 …… 463
第二节　推动企业“走出去” …… 475
第六章　建设区域经济合作促进机制 …… 483
第一节　发展横向经济联合 …… 484
第二节　推进区域经济合作 …… 489
第三节　落实对口支援政策措施 …… 503

第六篇　改革住房和土地制度 ……… 509
第一章　改革住房制度 …………………… 512
第一节　建立住房解困机制 ………… 512
第二节　启动住房制度改革 ………… 517
第二章　建设和发展房产市场 ………… 525
第一节　推进住房商品化 …………… 525
第二节　建立房产交易市场 ………… 527
第三节　建立市场监管调控体系 …… 532
第四节　建立市场化旧房改造机制 …………………………… 536
第三章　建设住房保障机制 …………… 541
第一节　建立廉租住房供应机制 …… 541
第二节　建立经济适用住房供应机制 …………………………… 543
第三节　建立动迁安置住房供应机制 …………………………… 545
第四节　建立公共租赁住房发展机制 …………………………… 547
第四章　改革土地使用制度 …………… 549
第一节　建立土地有偿使用制度 …… 549
第二节　改革农村土地使用制度 …… 555
第三节　改革土地使用管理体制 …… 557

第七篇　建设社会保障体系 ………… 563
第一章　建立城镇职工基本社会保险制度 …………………………… 566
第一节　建立养老保险制度 ………… 567
第二节　建立医疗保险制度 ………… 571
第三节　建立失业保险制度 ………… 576
第四节　建立生育和工伤保险制度 …………………………… 578
第二章　建设多层次社会保障体系 …… 581
第一节　建立城镇社会保险体系 …… 581
第二节　建立社会帮困救助体系 …… 586
第三节　建立农村社会保障体系 …… 590
第三章　建设市场化就业促进体系 …… 597
第一节　突破统配就业体制 ………… 597
第二节　建立就业促进和保障体系 ………………………… 600
第三节　建立创业带动就业激励机制 ………………………… 610

第八篇　改革社会和公用事业体制 ………………………… 615
第一章　改革科技事业体制 ………… 619
第一节　改革科研机构和科技企业体制 ………………………… 621
第二节　改革科研投融资机制 ……… 626
第三节　贯彻“科教兴市”战略 ……… 632
第二章　改革教育事业体制 ………… 636
第一节　改革办学体制 …………… 637
第二节　改革管理体制 …………… 643
第三节　改革投融资机制 ………… 654
第四节　推进综合改革 …………… 658
第三章　改革医疗卫生事业体制 ……… 665
第一节　优化资源配置 …………… 666
第二节　建立卫生法治体系 ………… 668
第三节　改革公共医疗卫生体系 …… 670
第四节　规范民营医疗机构 ………… 673
第四章　改革文化和体育事业体制 …… 675
第一节　探索文艺院团体制改革 …… 675
第二节　重构文化产业布局 ………… 677
第三节　创新文化管理体制 ………… 680
第四节　改革投融资体制 ………… 682
第五章　改革公用事业体制 ………… 685
第一节　改革公共交通行业体制 …… 685
第二节　改革燃气行业体制 ………… 694
第三节　改革水务行业体制 ………… 696
第六章　改革事业单位管理体制 ……… 699
第一节　改革收入分配制度 ………… 700
第二节　改革人事管理制度 ………… 702
第三节　建立分类管理体制 ………… 704

第九篇　改革郊区经济体制 ………… 707
第一章　改革农村基本经济制度 ……… 710
第一节　改革农业经营体制 ………… 710

第二节　改革农产品流通体制 ········ 717
第三节　改革农村经济组织体制 ······ 720
第四节　改革村级集体经济产权制度 ································ 723
第二章　改革和发展乡镇工业 ············ 727
第一节　改革乡镇企业体制 ············ 728
第二节　推进工业园区化 ·············· 736
第三章　改革农垦经济体制 ·············· 738
第一节　探索经营机制改革 ············ 739
第二节　推进农工商集团化发展 ······ 742
第三节　融入产业发展大局 ············ 744
第四章　建设城乡统筹发展体制 ········ 746
第一节　确立发展战略 ················ 747
第二节　改革城镇化发展体制 ········ 751
第三节　建设统筹发展体制 ············ 759

专记 ·· 769
附录 ·· 787
索引 ·· 833
编后记 ·· 841

《上海市志·国有资产管理分志（1978—2010）》目录

序 …… 1
《上海市志（1978—2010）》凡例 …… 1
编纂说明 …… 1
概述 …… 1
大事记 …… 13

第一篇　国有资产 …… 59
　第一章　上海市国有资产 …… 61
　　第一节　总量 …… 61
　　第二节　结构 …… 67
　　第三节　效益 …… 84
　　第四节　社会效益 …… 99
　第二章　市属国有资产 …… 107
　　第一节　总量 …… 107
　　第二节　结构 …… 112
　　第三节　效益 …… 129
　第三章　区县国有资产 …… 141
　　第一节　总量 …… 141
　　第二节　结构 …… 144
　　第三节　效益 …… 155

第二篇　管理体制·机构 …… 163
　第一章　管理体制 …… 165
　　第一节　简政放权 …… 165
　　第二节　政企分开与政资分开 …… 170
　　第三节　国资委作为出资人代表 …… 174
　第二章　管理机构 …… 177
　　第一节　上海市国有资产管理局 …… 177
　　第二节　上海市国有资产管理委员会及其办公室 …… 178
　　第三节　上海市国有资产监督管理委员会 …… 184
　　第四节　上海市国资委专家委员会 …… 190
　　第五节　上海区县国有资产管理机构 …… 192
　第三章　国资监督管理制度 …… 194
　　第一节　国资监管制度制定 …… 194
　　第二节　主要内容 …… 195
　　第三节　制度清理与审批制度改革 …… 201

第三篇　国有企业 …… 205
　第一章　市属出资监管企业 …… 207
　　第一节　产业类企业 …… 207
　　第二节　投资类企业 …… 236
　　第三节　科研类企业 …… 253
　　第四节　直属管理企业 …… 262
　第二章　委托监管企业 …… 267
　　第一节　金融类企业 …… 267
　　第二节　文化类企业 …… 272
　　第三节　行政事业类企业 …… 275

第四节　其他企业 …… 283

第四篇　管理 …… 285
第一章　国有资产战略规划 …… 287
第一节　国有经济结构调整 …… 287
第二节　企业战略管理 …… 291
第三节　投资监管 …… 298
第二章　国有资产经营预算 …… 301
第一节　国资经营预算管理 …… 301
第二节　国资收益管理 …… 304
第三章　产权管理 …… 308
第一节　产权登记与界定管理 …… 308
第二节　不实资产核销 …… 310
第三节　境外国有资产管理 …… 313
第四节　上市公司国有股权 …… 315
第五节　产权交易市场 …… 318
第四章　绩效管理 …… 323
第一节　资产保值增值考核 …… 323
第二节　企业效绩评价 …… 327
第三节　经营业绩考核 …… 329
第四节　领导人员薪酬管理 …… 332
第五节　期股期权激励 …… 334
第五章　基础管理 …… 337
第一节　清产核资 …… 337
第二节　统计与财务评价 …… 341
第三节　资产评估 …… 346
第四节　信息化管理 …… 352
第六章　委托监管 …… 359
第一节　实施委托监管 …… 359
第二节　统一基础管理 …… 363
第七章　国有资产管理研究 …… 366
第一节　课题和调研 …… 366
第二节　重点课题研究 …… 368

第五篇　营运 …… 375
第一章　国有企业改制 …… 378
第一节　公司制改革 …… 378
第二节　现代企业制度试点 …… 382
第二章　国企组织结构调整 …… 387
第一节　发展大集团 …… 387
第二节　下放搞活小企业 …… 392
第三节　主辅分离辅业改制 …… 397
第三章　资产重组 …… 401
第一节　兼并重组 …… 401
第二节　债权转股权 …… 403
第三节　债务重组 …… 405
第四节　上市公司资产重组 …… 406
第五节　行业性资产重组 …… 408
第六节　按战略调整的资产重组 …… 409
第七节　开放式资产重组 …… 412
第四章　国企关闭破产 …… 414
第一节　政策性破产 …… 414
第二节　依法破产 …… 417
第三节　关闭注销 …… 418
第五章　资产证券化 …… 420
第一节　核心资产上市 …… 420
第二节　整体资产上市 …… 420
第六章　协调指导 …… 423
第一节　国企科技创新 …… 423
第二节　国企管理创新 …… 431
第三节　职工再就业 …… 436
第四节　节能减排 …… 446
第五节　国企法制建设 …… 450
第六节　安全生产 …… 454

第六篇　监督 …… 459
第一章　出资人监管 …… 462
第一节　股东事务 …… 462
第二节　公司章程 …… 464
第二章　董事会建设 …… 466
第一节　试点 …… 466
第二节　运行规范 …… 470
第三章　监事会监督 …… 476
第一节　监事会建设 …… 476
第二节　监督方式 …… 479
第三节　监督报告 …… 482
第四节　监督成效 …… 484

第四章　专业监督 …… 487
第一节　审计 …… 487
第二节　财务监督 …… 491
第三节　纪检监察 …… 495

第七篇　队伍 …… 503
第一章　国企职工 …… 505
第一节　职工规模与结构 …… 505
第二节　劳动管理 …… 507
第三节　薪酬管理 …… 509
第四节　民主管理 …… 512
第二章　国企领导人员 …… 515
第一节　市属企业情况 …… 515
第二节　管理体制 …… 516
第三节　领导班子建设 …… 521
第四节　国企后备干部 …… 524
第三章　机关队伍建设 …… 528
第一节　建立制度 …… 528
第二节　教育培训 …… 529
第三节　帮困助学 …… 529
第四章　专业人才 …… 531
第一节　专业人才结构 …… 531
第二节　人才队伍建设 …… 534
第五章　文化与教育 …… 538
第一节　教育培训及研究机构 …… 538
第二节　教育培训 …… 541
第三节　创建文明单位 …… 544
第四节　法制宣传 …… 545
第五节　企业文化 …… 547

第八篇　人物 …… 551
第一章　人物简介 …… 553
第一节　市国资办、市国资委、市国资委党委历任领导人员 …… 553
第二节　市国资委系统全国劳动模范 …… 560
第三节　中国工程院院士 …… 569
第二章　人物表录 …… 573

专记 …… 585
附录 …… 623
索引 …… 772
编后记 …… 788

《上海市志·私营经济分志(1978—2010)》目录

序 …… 1
《上海市志(1978—2010)》凡例 …… 1
编纂说明 …… 1
概述 …… 1
大事记 …… 15

第一篇　个体工商户与农民专业合作社 …… 73
　第一章　个体工商户 …… 76
　　第一节　数量规模 …… 76
　　第二节　行业分布 …… 84
　第二章　农民专业合作社 …… 87
　　第一节　规模与结构 …… 88
　　第二节　规范与扶持 …… 90
　　第三节　选介 …… 106

第二篇　私营企业 …… 117
　第一章　规模与结构 …… 120
　　第一节　数量规模 …… 120
　　第二节　经济结构 …… 129
　　第三节　人员结构 …… 134
　第二章　选介 …… 136
　　第一节　制造业企业 …… 136
　　第二节　服务业、交通运输和零售业企业 …… 142
　　第三节　餐饮业企业 …… 151

第三篇　商品交易市场 …… 161
　第一章　市场发展与监管 …… 163
　　第一节　沿革 …… 163
　　第二节　规范与监管 …… 166
　第二章　市区商品交易市场 …… 168
　　第一节　农副产品市场 …… 168
　　第二节　综合性交易市场 …… 173
　第三章　郊区商品交易市场 …… 181
　　第一节　农副产品市场 …… 181
　　第二节　综合性交易市场 …… 183

第四篇　经济园区 …… 187
　第一章　市级园区 …… 191
　　第一节　上海富民经济开发区 …… 191
　　第二节　上海希望经济城 …… 192
　　第三节　上海蓝天经济城 …… 193
　　第四节　上海新城经济开发区 …… 194
　　第五节　康桥工业区 …… 195
　　第六节　孙桥农业区 …… 196
　　第七节　交大科技园(交大慧谷) …… 198
　　第八节　上海虹桥临空经济园区 …… 199
　　第九节　上海天地软件园 …… 200
　　第十节　空间188创意产业园 …… 201
　　第十一节　上海莘莘学子创业园 …… 202
　　第十二节　上海市工业综合开发区 …… 203
　　第十三节　上海崇明现代农业园区 …… 203

第十四节　上海市崇明工业园区 …… 204
第二章　区级园区 …… 207
第一节　沿革 …… 207
第二节　选介 …… 210
第三章　园区管理 …… 217
第一节　经营行为规范 …… 217
第二节　违规经营治理 …… 218
第三节　"三虚"整治专项行动 …… 220

第五篇　光彩事业与品牌建设 …… 223
第一章　光彩事业 …… 225
第一节　光彩事业活动日 …… 225
第二节　再就业与培训 …… 226
第三节　扶贫开发 …… 227
第四节　公益慈善 …… 229
第五节　创业与就业 …… 230
第六节　社会贡献 …… 234
第二章　品牌建设 …… 241
第一节　商标培育 …… 242
第二节　广告业 …… 249
第三节　重合同守信用 …… 257
第四节　创新发展 …… 260

第六篇　管理与服务 …… 265
第一章　法规与政策 …… 267
第一节　法律法规 …… 267
第二节　规章制度 …… 275
第二章　市场监管与服务 …… 283
第一节　个体私营管理 …… 284
第二节　专项治理 …… 295
第三章　税收管理 …… 302
第一节　私营企业所得税 …… 302
第二节　个人所得税 …… 307
第三节　城乡个体工商业户所得税 …… 310
第四节　税收征收管理 …… 314
第四章　社会保障 …… 325
第一节　城镇基本养老保险 …… 325
第二节　城镇基本医疗保险 …… 326
第三节　失业、生育和工伤保险 …… 327
第四节　农村社会养老保险和小城镇社会保险 …… 330
第五章　宣传媒体 …… 332
第一节　期刊 …… 332
第二节　内部资料 …… 335
第三节　其他宣传教育品 …… 336

第七篇　机构与团体 …… 339
第一章　机构 …… 341
第一节　上海市工商行政管理局 …… 341
第二节　上海市工商业联合会 …… 346
第三节　上海市农业委员会 …… 349
第二章　团体 …… 352
第一节　上海市科学技术协会 …… 352
第二节　上海市个体劳动者协会 …… 353
第三节　上海市私营企业协会 …… 355
第四节　上海市民营经济研究会 …… 360
第五节　上海市企业联合会 …… 360
第六节　上海市经济团体联合会 …… 360
第七节　上海中小企业信息服务中心 …… 361

第八篇　人物 …… 363
第一章　人物传略 …… 365
第二章　人物简介 …… 368
第一节　个体工商户业主 …… 368
第二节　私营企业经营者 …… 375
第三节　市场监督管理人员 …… 381
第三章　人物表 …… 383
第四章　先进集体 …… 413

专记 …… 459
附录 …… 467
索引 …… 553
编后记 …… 566

《上海市志·外资经济分志(1978—2010)》目录

序 …… 1
《上海市志(1978—2010)》凡例 …… 1
编纂说明 …… 1
概述 …… 1
大事记 …… 15

第一篇　外资管理体制 …… 47
　第一章　管理机构 …… 49
　　第一节　上海市进出口办公室 …… 49
　　第二节　上海市对外经济贸易委员会 …… 50
　　第三节　上海市外国投资工作委员会 …… 52
　　第四节　上海市商务委员会 …… 56
　第二章　外商投资管理 …… 58
　　第一节　法律法规 …… 58
　　第二节　审批管理网络 …… 61
　　第三节　审批管理 …… 64
　　第四节　优惠政策 …… 94

第二篇　外商直接投资形式 …… 107
　第一章　合资、合作、独资经营企业 …… 110
　　第一节　中外合资经营企业 …… 110
　　第二节　中外合作经营企业 …… 135
　　第三节　外商独资经营企业 …… 152
　第二章　股份制与合伙制经营企业 …… 175
　　第一节　外商投资股份制企业 …… 175
　　第二节　外商投资合伙制企业 …… 199

第三篇　外商直接投资来源地 …… 201
　第一章　亚洲 …… 206
　　第一节　日本 …… 206
　　第二节　新加坡 …… 223
　　第三节　韩国 …… 234
　　第四节　泰国 …… 242
　　第五节　马来西亚、菲律宾、印度尼西亚、文莱 …… 246
　　第六节　印度、巴基斯坦、阿富汗、土耳其、以色列 …… 256
　　第七节　伊朗、阿拉伯联合酋长国、沙特阿拉伯、塞浦路斯 …… 261
　　第八节　亚洲其他国家 …… 264
　第二章　欧洲 …… 268
　　第一节　德国 …… 268
　　第二节　英国 …… 276
　　第三节　法国 …… 285
　　第四节　意大利 …… 292
　　第五节　荷兰 …… 296
　　第六节　瑞典、丹麦、挪威、爱尔兰 …… 302
　　第七节　瑞士、比利时、奥地利、芬兰 …… 310
　　第八节　西班牙、葡萄牙、卢森堡、

希腊 …………………………… 321
第九节 俄罗斯、波兰、匈牙利、捷克 …………………………… 326
第十节 欧洲其他国家 ……………… 329
第三章 美洲 ……………………………… 331
第一节 美国 …………………………… 331
第二节 加拿大 ………………………… 343
第三节 墨西哥与巴拿马 …………… 350
第四节 巴西、智利、阿根廷、巴哈马 ………………………… 351
第五节 美洲其他国家和地区 ……… 354
第四章 大洋洲 …………………………… 357
第一节 澳大利亚 ……………………… 357
第二节 新西兰 ………………………… 363
第三节 大洋洲其他国家和地区 …… 364
第五章 非洲 ……………………………… 368
第一节 南非与塞舌尔 ……………… 368
第二节 非洲其他国家(地区) ……… 370
第六章 世界自由港 …………………… 372
第一节 维尔京群岛 ………………… 372
第二节 开曼群岛 ……………………… 381
第三节 百慕大 ………………………… 385
第四节 巴巴多斯 ……………………… 387
第五节 萨摩亚 ………………………… 389
第六节 毛里求斯 ……………………… 394

第四篇 中国港澳台商及留学归国人员直接投资 ………………… 401
第一章 中国香港地区 ………………… 404
第一节 沿革 …………………………… 404
第二节 投资行业 ……………………… 409
第三节 企业选介 ……………………… 443
第二章 中国澳门地区 ………………… 465
第一节 沿革 …………………………… 465
第二节 投资行业 ……………………… 467
第三节 企业选介 ……………………… 474
第三章 中国台湾地区 ………………… 479
第一节 沿革 …………………………… 479
第二节 投资行业 ……………………… 482
第三节 企业选介 ……………………… 503
第四章 出国留学人员回国创业 ……… 528
第一节 沿革 …………………………… 528
第二节 投资行业 ……………………… 531
第三节 企业选介 ……………………… 533

第五篇 外商直接投资产业 ………… 543
第一章 第一产业 ……………………… 545
第一节 种植与养殖 ………………… 547
第二节 农副产品加工 ……………… 552
第三节 农林牧渔服务业 …………… 555
第二章 第二产业 ……………………… 558
第一节 机械设备仪器业 …………… 561
第二节 电力电机业 ………………… 571
第三节 汽车制造业 ………………… 578
第四节 石油化工业 ………………… 583
第五节 医药医械制造业 …………… 592
第六节 通信与电子设备业 ………… 595
第七节 冶金业 ………………………… 605
第八节 轻纺业 ………………………… 611
第九节 建筑业 ………………………… 626
第三章 第三产业 ……………………… 635
第一节 储运服务业 ………………… 638
第二节 商业服务业 ………………… 646
第三节 金融服务业 ………………… 655
第四节 房地产服务业 ……………… 669
第五节 信息服务业 ………………… 674
第六节 生活服务业 ………………… 680
第七节 商务服务业 ………………… 687
第四章 经济效益与社会效益 ………… 711
第一节 经济效益 ……………………… 711
第二节 社会效益 ……………………… 712

第六篇 跨国公司总部经济 ………… 731
第一章 跨国公司地区总部 …………… 733
第一节 沿革 …………………………… 733
第二节 认定与颁证 ………………… 736

第三节　运营 …… 758
第四节　企业选介 …… 762
第二章　投资性公司 …… 785
第一节　沿革 …… 785
第二节　运营 …… 786
第三节　企业选介 …… 789
第三章　外商投资研发中心 …… 806
第一节　沿革 …… 806
第二节　运营 …… 807
第三节　企业选介 …… 808

第七篇　开发区建设 …… 831
第一章　开发区管理 …… 834
第一节　规划引领 …… 834
第二节　转型管理 …… 836
第三节　管理模式 …… 838
第二章　国家级开发区 …… 840
第一节　沿革 …… 840
第二节　国家级开发区介绍 …… 841
第三章　市级开发区 …… 874
第一节　沿革 …… 874
第二节　市级开发区介绍 …… 876

第八篇　投资服务与投资促进 …… 927
第一章　服务机制 …… 929
第一节　引资工作机制 …… 929
第二节　外资信息服务机制 …… 929
第三节　外资登记服务机制 …… 930
第四节　外商出入境签证服务机制 …… 931
第五节　外商投资企业权益保障机制 …… 932
第六节　通关便利服务机制 …… 933
第七节　知识产权保护机制 …… 935
第八节　外商求助投诉处理机制 …… 939
第二章　投资促进 …… 941
第一节　投资促进体系 …… 941
第二节　投资促进方式 …… 942
第三章　服务机构 …… 945
第一节　上海市外商投资企业协会 …… 945
第二节　上海市外国投资促进中心 …… 946
第三节　上海市外商投资服务中心 …… 948
第四节　上海外国投资促进平台 …… 950
第五节　上海市外商投资企业投诉中心 …… 950
第六节　上海市对外服务公司 …… 951
第七节　专业服务机构选介 …… 952

第九篇　人物 …… 961
第一章　人物传略 …… 963
第二章　人物简介 …… 967
第一节　外资工作主要领导 …… 967
第二节　上海市荣誉市民获得者 …… 972
第三节　上海市白玉兰荣誉奖获得者 …… 978
第四节　上海市白玉兰纪念奖获得者 …… 992
第三章　受表彰的外籍人士表 …… 995

专记 …… 1031
附录 …… 1041
索引 …… 1086
编后记 …… 1114

《上海市志·农业分志·农业综述卷（1978—2010）》目录

《上海市志（1978—2010）》凡例 ………… 1
编纂说明 ………… 1
概述 ………… 1
大事记 ………… 17

第一篇　农业基本情况 ………… 59
第一章　自然条件 ………… 61
第一节　气候 ………… 61
第二节　自然灾害 ………… 64
第三节　水利 ………… 70
第二章　土地与耕地 ………… 74
第一节　土地 ………… 74
第二节　耕地 ………… 75
第三节　滩涂 ………… 78
第三章　农业生产 ………… 80
第一节　农业人力资源 ………… 81
第二节　农业产值 ………… 88
第三节　农业产业结构 ………… 92
第四节　农业服务 ………… 95
第五节　种植业 ………… 101
第六节　畜牧业 ………… 113
第七节　渔业 ………… 115
第八节　林业 ………… 122
第九节　域外农业 ………… 125
第四章　农业规划与区域布局 ………… 127
第一节　农业规划 ………… 127
第二节　上海农业综合布局 ………… 132
第三节　主要农业产业布局 ………… 133
第四节　农用地利用与保护 ………… 141
第五章　农业生产资料 ………… 145
第一节　农资种类 ………… 145
第二节　农资市场 ………… 149
第三节　农资管理 ………… 151

第二篇　农村体制改革 ………… 155
第一章　农村土地制度改革 ………… 157
第一节　家庭联产承包责任制 ………… 157
第二节　土地承包经营权流转 ………… 160
第三节　农民宅基地置换 ………… 163
第四节　农村集体建设用地改革 ………… 165
第二章　农村集体经济产权制度改革 ………… 167
第一节　改革“政社合一”体制 ………… 167
第二节　集体资产管理改革 ………… 168
第三节　农村集体产权制度改革 ………… 169
第三章　农村税费改革和综合改革 ………… 173
第一节　税费改革 ………… 173
第二节　农村综合改革 ………… 174
第四章　农业保险 ………… 177
第一节　改革 ………… 177
第二节　收支与投入 ………… 179

第三篇　农业经营 …… 181
第一章　经营体制 …… 183
第一节　农业适度规模经营 …… 183
第二节　农民专业合作社 …… 189
第三节　家庭农场 …… 193
第二章　农产品加工、流通和市场建设 …… 196
第一节　农业产业化龙头企业 …… 196
第二节　农业品牌 …… 202
第三节　农产品加工 …… 206
第四节　农产品出口 …… 207
第五节　农产品展示展销 …… 214
第六节　农产品流通 …… 218
第三章　农业园区 …… 223
第一节　沿革 …… 223
第二节　现代农业园区 …… 226
第四章　农业旅游 …… 231
第一节　农业旅游沿革 …… 231
第二节　农业旅游模式 …… 233
第三节　世博观光农园 …… 234

第四篇　农业管理 …… 237
第一章　机构、社团 …… 239
第一节　中共上海市委农村工作办公室 …… 239
第二节　上海市农业委员会 …… 243
第三节　事业单位 …… 248
第四节　社团 …… 253
第二章　农业政策和投入 …… 259
第一节　农业政策 …… 259
第二节　财政支农资金投入 …… 269
第三章　农业法制 …… 273
第一节　农业立法 …… 273
第二节　农业执法 …… 275
第四章　农产品质量安全监管 …… 277
第一节　农产品质量安全生产管理 …… 277
第二节　农产品质量安全标准 …… 279
第三节　农产品质量安全认证 …… 282
第四节　农产品质量安全检测 …… 285
第五章　农业环境保护 …… 292
第一节　农业环境保护措施 …… 293
第二节　农业环境监测 …… 295
第三节　农业环境保护“三年行动计划” …… 296
第六章　村庄改造 …… 305
第一节　村庄改造政策 …… 305
第二节　村庄改造建设情况 …… 308
第三节　村庄改造选录 …… 320

第五篇　农业设施与装备 …… 325
第一章　农业设施 …… 327
第一节　设施粮田 …… 327
第二节　蔬菜业设施 …… 331
第三节　渔业设施 …… 338
第四节　畜牧业设施 …… 344
第二章　农业机械 …… 349
第一节　粮食生产机械 …… 349
第二节　畜禽养殖机械 …… 355
第三节　水产养殖机械 …… 357
第三章　农机管理 …… 358
第一节　农机管理部门 …… 358
第二节　农机安全生产监督管理 …… 359
第三节　农机质量监管 …… 363
第四章　农机化公共服务 …… 365
第一节　农业机械试验鉴定 …… 365
第二节　农机社会化服务 …… 369

第六篇　科技、教育和信息化 …… 373
第一章　农业科技 …… 375
第一节　农业科研机构 …… 375
第二节　农业科研 …… 383
第三节　农机科研 …… 393
第四节　农业科研成果 …… 405
第二章　农业科技推广 …… 422
第一节　农业技术推广组织机构 …… 422

第二节　种植业科技推广 …… 427
第三节　畜牧业科技推广 …… 429
第四节　渔业科技推广 …… 434
第五节　农业机械化科技推广 …… 438
第三章　农业教育培训 …… 444
第一节　高等农业教育 …… 444
第二节　中等农业教育 …… 446
第三节　成人农业职业技术教育 …… 448
第四节　农业职业教育 …… 451
第五节　农业科普 …… 455
第四章　农业信息化 …… 464
第一节　沿革 …… 464
第二节　农业信息化项目 …… 467

第七篇　国内外合作交流 …… 481
第一章　对口支援 …… 483
第一节　援藏 …… 483
第二节　援疆 …… 487
第三节　援滇 …… 491
第四节　援三峡库区 …… 498
第五节　对口支援都江堰 …… 510
第二章　国内合作 …… 516
第一节　长三角及长江流域农业合作 …… 516
第二节　沪港、沪台农业合作 …… 518
第三节　其他(省市区)合作 …… 521
第三章　国际合作 …… 523
第一节　国际经贸合作 …… 523
第二节　引进设备与技术交流 …… 524
第三节　国际合资合作 …… 526
第四节　农副产品出口贸易 …… 529
第四章　三峡移民接收与安置 …… 532
第一节　工作机构与安置政策 …… 532
第二节　前期准备工作 …… 533
第三节　上海市移民安置工作 …… 534

第八篇　区县农业与农垦 …… 543
第一章　浦东新区 …… 545
第一节　农业生产条件 …… 545
第二节　农业经营管理 …… 546
第三节　农业生产特色 …… 546
第四节　农村经济体制改革 …… 555
第五节　农业产业化 …… 557
第二章　闵行区 …… 559
第一节　农业生产条件 …… 559
第二节　农业经营管理 …… 559
第三节　农业生产特色 …… 561
第四节　农业产业化 …… 564
第三章　嘉定区 …… 567
第一节　农业生产条件 …… 567
第二节　农业经营管理 …… 568
第三节　农业生产特色 …… 569
第四节　农业产业化 …… 576
第五节　观赏农业 …… 578
第四章　宝山区 …… 579
第一节　农业生产条件 …… 579
第二节　农业经营管理 …… 580
第三节　农业生产特色 …… 582
第四节　农业产业化 …… 585
第五节　新农村建设 …… 586
第五章　奉贤区 …… 588
第一节　农业生产条件 …… 588
第二节　农业经营管理 …… 588
第三节　农业生产特色 …… 590
第四节　农业产业化 …… 595
第五节　农业旅游 …… 597
第六章　松江区 …… 599
第一节　农业生产条件 …… 599
第二节　农业经营管理 …… 599
第三节　农业生产特色 …… 600
第四节　农业产业化 …… 604
第五节　农业旅游 …… 606
第七章　金山区 …… 608
第一节　农业生产条件 …… 608
第二节　农业经营管理 …… 608
第三节　农业生产特色 …… 609
第四节　农业产业化 …… 615

第五节　家家富工程 …… 616
第八章　青浦区 …… 618
第一节　农业生产条件 …… 618
第二节　农业经营管理 …… 618
第三节　农业生产特色 …… 620
第四节　农业产业化 …… 624
第五节　农业旅游 …… 626
第九章　崇明县 …… 627
第一节　农业生产条件 …… 627
第二节　农业经营管理 …… 627
第三节　农业生产特色 …… 629
第四节　农业产业化 …… 635
第十章　南汇区 …… 637
第一节　农业生产条件 …… 637
第二节　农业经营管理 …… 637
第三节　农业生产特色 …… 638
第四节　农业产业化 …… 645
第五节　农业旅游 …… 646
第十一章　农垦 …… 648
第一节　农垦改革 …… 648
第二节　围垦 …… 653
第三节　种植业 …… 655
第四节　养殖业 …… 663
第五节　人员 …… 670
第六节　经营 …… 673

第九篇　人物 …… 679
第一章　人物传略 …… 681
第二章　人物简介 …… 683
第三章　人物表录 …… 685

专记 …… 703
附录 …… 711
索引 …… 764
编后记 …… 781

《上海市志·农业分志·种植业卷（1978—2010）》目录

《上海市志（1978—2010）》凡例 …… 1
编纂说明 …… 1
概述 …… 1
大事记 …… 15

第一篇　土壤与耕地 …… 81
　第一章　土壤 …… 83
　　第一节　成陆与成土 …… 83
　　第二节　地貌类型与成土母质 …… 84
　　第三节　土壤分类与组合 …… 85
　　第四节　水稻土类型与生产性能 …… 93
　　第五节　其他土壤类型与生产性能 …… 98
　　第六节　土壤物质基础 …… 102
　第二章　土壤障碍治理 …… 119
　　第一节　蔬菜大棚土壤次生盐渍化 …… 119
　　第二节　西瓜大棚土壤次生盐渍化 …… 121
　　第三节　低洼地改造与盐渍土治理 …… 123
　第三章　耕地与园地 …… 124
　　第一节　耕地园地面积与利用结构 …… 124
　　第二节　粮食和蔬菜用地面积分布 …… 126
　　第三节　耕作制度 …… 130
　　第四节　耕地地力培育 …… 131

第二篇　粮油棉作物生产 …… 137
　第一章　水稻 …… 139
　　第一节　品种引进与选育 …… 139
　　第二节　主栽品种与各区县分布 …… 141
　　第三节　播种面积与产量 …… 143
　　第四节　生产技术 …… 150
　第二章　麦子 …… 154
　　第一节　品种引进与选育 …… 154
　　第二节　主栽品种与各区县分布 …… 155
　　第三节　播种面积与产量 …… 157
　　第四节　生产技术 …… 171
　第三章　油菜 …… 175
　　第一节　品种选育与引进 …… 175
　　第二节　主栽品种与各区县分布 …… 176
　　第三节　播种面积与产量 …… 177
　　第四节　生产技术 …… 183
　第四章　棉花 …… 187
　　第一节　品种选育与主栽品种 …… 187
　　第二节　播种面积与产量 …… 187
　　第三节　生产技术 …… 193

第三篇　蔬菜作物生产 …… 195
　第一章　种类结构 …… 197
　　第一节　白菜类 …… 197
　　第二节　绿叶菜类 …… 198
　　第三节　根菜类 …… 200
　　第四节　瓜类 …… 201

第五节　茄果类 ………………………… 202
第六节　豆类 ………………………… 204
第七节　甘蓝类 ………………………… 205
第八节　芥菜类 ………………………… 207
第九节　葱蒜类 ………………………… 207
第十节　薯芋类 ………………………… 208
第十一节　水生蔬菜 ………………………… 209
第十二节　多年生蔬菜 ………………………… 210
第二章　区域布局和面积产量 ………… 212
第一节　蔬菜生产区域布局 ………… 212
第二节　蔬菜面积与产量 ………… 216
第三章　茬口和栽培技术 ………………… 218
第一节　露地生产茬口 ………………… 218
第二节　设施生产茬口 ………………… 220
第三节　栽培技术 ………………………… 224
第四节　包装与运输 ………………… 230
第四章　种子种苗 ………………………… 232
第一节　良种引进 ………………………… 232
第二节　良种繁育 ………………………… 234
第三节　品种选育 ………………………… 235
第四节　蔬菜育苗 ………………………… 244
第五章　产销政策与管理 ………………… 247
第一节　蔬菜产销政策 ………………… 247
第二节　蔬菜生产行政管理 ………… 248
第三节　上海世博会蔬菜供应 ……… 248
第四节　淡季蔬菜供应 ………………… 250

第四篇　瓜果作物生产 ………………… 251
第一章　西甜瓜 ………………………… 253
第一节　西瓜 ………………………… 253
第二节　甜瓜 ………………………… 257
第二章　水果 ………………………… 260
第一节　桃 ………………………… 260
第二节　葡萄 ………………………… 264
第三节　梨 ………………………… 266
第四节　柑橘 ………………………… 268
第五节　特色水果 ………………………… 269
第三章　品牌建设 ………………………… 271
第一节　瓜果产品品牌认证 ………… 271
第二节　"评优、推优"活动 ………… 272
第三节　果品节 ………………………… 274

第五篇　其他作物生产 ………………… 277
第一章　食用菌 ………………………… 279
第一节　双孢蘑菇 ………………………… 279
第二节　香菇 ………………………… 284
第三节　草菇 ………………………… 286
第四节　金针菇 ………………………… 288
第五节　秀珍菇 ………………………… 289
第六节　真姬菇 ………………………… 290
第七节　杏鲍菇 ………………………… 291
第八节　其他 ………………………… 292
第二章　花卉 ………………………… 295
第一节　花卉业发展概况 ………… 295
第二节　鲜切花卉 ………………………… 297
第三节　盆花和观叶植物 ………… 302
第四节　花卉种苗 ………………………… 304
第五节　其他花卉 ………………………… 306
第三章　草莓 ………………………… 309
第一节　栽培品种 ………………………… 309
第二节　生产区域、面积、产量 ……… 310
第三节　赵屯草莓 ………………………… 310
第四章　鲜食玉米和青贮玉米 ………… 313
第一节　糯玉米 ………………………… 313
第二节　甜玉米 ………………………… 316
第三节　青贮玉米 ………………………… 317

第六篇　农资与市场监管 ……………… 319
第一章　种子 ………………………… 321
第一节　种子生产和良种繁育基地 ………………………… 321
第二节　品种审定 ………………………… 322
第三节　种子质量检验 ………………… 328
第四节　种子经营管理和种质资源保护 ………………………… 330
第二章　农药 ………………………… 333
第一节　农药品种研发 ………………… 333

第二节　农药品种 …………………… 334
第三节　农药管理 …………………… 338
第三章　肥料 ………………………… 341
第一节　化学肥料 …………………… 341
第二节　复混和复合肥料 …………… 344
第三节　商品有机肥 ………………… 346
第四节　肥料登记管理 ……………… 347
第四章　农资市场监管与专项整治 …… 349
第一节　农资市场监管 ……………… 349
第二节　专项整治 …………………… 351

第七篇　植物保护 ………………… 355
第一章　病虫测报与防治 …………… 357
第一节　病虫害测报 ………………… 357
第二节　病虫害防治 ………………… 365
第二章　粮油作物病虫害防治 ……… 372
第一节　水稻病虫害 ………………… 372
第二节　麦子、油菜病虫害 ………… 382
第三章　蔬菜、瓜果作物病虫害防治 …… 387
第一节　蔬菜病虫害 ………………… 387
第二节　瓜果病虫害 ………………… 394
第四章　草、鼠害防治 ……………… 402
第一节　粮田草害 …………………… 402
第二节　农田鼠害 …………………… 403

第八篇　植物检疫 ………………… 405
第一章　检疫管理 …………………… 407
第一节　检疫法规 …………………… 407
第二节　行政许可审批 ……………… 408
第三节　检疫队伍 …………………… 410
第四节　检疫执法 …………………… 411
第二章　有害生物监测 ……………… 412
第一节　预警体系 …………………… 412
第二节　疫情调查与监测 …………… 417
第三章　检疫性有害生物发生与控制 …… 422
第一节　病害 ………………………… 422
第二节　虫害 ………………………… 426
第三节　草害 ………………………… 432

第九篇　农田基本建设 …………… 435
第一章　农田水利建设 ……………… 437
第一节　灌溉工程 …………………… 437
第二节　除涝工程 …………………… 442
第二章　粮田设施 …………………… 445
第一节　粮田基础设施 ……………… 446
第二节　粮田附属设施 ……………… 448
第三节　粮田设施建设管理 ………… 449
第三章　菜田设施 …………………… 450
第一节　塑料大棚设施 ……………… 450
第二节　玻璃温室 …………………… 454
第三节　基础设施 …………………… 456
第四节　“菜篮子”工程专用车 ……… 458
第五节　建成设施菜田资产管护 …… 459
第四章　区域特色农产品生产基地 …… 460
第一节　葡萄生产基地 ……………… 460
第二节　桃生产基地 ………………… 462
第三节　梨生产基地 ………………… 463
第四节　柑橘生产基地 ……………… 464
第五节　西甜瓜生产基地 …………… 464
第六节　草莓生产基地 ……………… 465
第七节　花卉生产基地 ……………… 466
第八节　食用菌生产基地 …………… 467
第九节　其他经济作物生产基地 …… 468

第十篇　农产品质量安全 ………… 469
第一章　农产品质量安全生产管理 …… 471
第一节　行政管理 …………………… 471
第二节　技术服务 …………………… 473
第三节　监督检查 …………………… 474
第四节　法律法规 …………………… 475
第二章　农产品质量安全标准和示范区建设 …… 477
第一节　标准化工作机构 …………… 477
第二节　地方标准制修订 …………… 477
第三节　地方标准的宣传与培训 …… 480

第四节 农业标准化示范区建设 …… 481
第三章 农产品质量安全认证 ………… 485
第一节 工作体系 …………………… 485
第二节 安全卫生优质农产品认证 ……………………… 486
第三节 无公害农产品、绿色食品和有机食品认证 …………… 487
第四节 农产品地理标志登记 ……… 489
第四章 农产品质量安全检测 ……… 490
第一节 检测机构 …………………… 490
第二节 投入品及环境检测 ………… 491
第三节 农产品质量安全检测 ……… 492

第十一篇 机构与团体 ……………… 497
第一章 行政管理机构 ……………… 499
第一节 上海市农业委员会 ………… 499
第二节 上海市农场管理局 ………… 500
第二章 农业技术推广和管理事业机构 ………………………… 501
第一节 专业类推广机构 …………… 501
第二节 综合类推广机构 …………… 503
第三节 上海市种子管理总站(种子公司) ……………………… 505
第三章 科教事业机构 ……………… 506
第一节 市农科院种植业相关研究机构 ……………………… 506
第二节 种植业相关科研院校和专业 ………………………… 510
第三节 其他科研机构 ……………… 512
第四章 社会团体 ……………………… 515
第一节 学会 ………………………… 515
第二节 行业协会 …………………… 517
第三节 其他社会团体 ……………… 518

第十二篇 农业经营主体 …………… 521
第一章 种植户 ……………………… 523
第一节 种植大户 …………………… 523
第二节 典型种粮大户选介 ………… 524
第三节 家庭农场选介 ……………… 525
第二章 农民专业合作社 …………… 527
第一节 蔬菜专业合作社选介 ……… 527
第二节 瓜果专业合作社选介 ……… 528
第三节 其他专业合作社选介 ……… 529
第三章 农业产业化龙头企业 ……… 531
第一节 农业产业化国家重点龙头企业 ……………………… 531
第二节 农业产业化上海市重点龙头企业选介 ……………… 536
第四章 农场 ………………………… 539
第一节 国有农场概况 ……………… 539
第二节 主要国有农场 ……………… 539
第三节 宝山区集体农场 …………… 543

第十三篇 人物 ……………………… 545
第一章 人物传略 …………………… 547
第二章 人物简介 …………………… 562
第三章 人物表 ……………………… 589

专记 ………………………………… 611
附录 ………………………………… 629
索引 ………………………………… 665
编后记 ……………………………… 696

《上海市志·农业分志·畜牧业卷（1978—2010）》目录

《上海市志（1978—2010）》凡例 …… 1
编纂说明 …… 1
概述 …… 1
大事记 …… 13

第一篇　机构、社团 …… 35
　第一章　管理机构 …… 37
　　第一节　行政机构 …… 37
　　第二节　事业编制机构 …… 37
　　第三节　其他编制机构 …… 41
　第二章　教育与科研机构 …… 43
　　第一节　上海交通大学农业与生物学院 …… 43
　　第二节　上海农林职业技术学院 …… 43
　　第三节　上海市农业科学院畜牧兽医研究所 …… 44
　　第四节　中国农业科学院上海兽医研究所 …… 45
　　第五节　上海市奶牛研究所 …… 46
　　第六节　上海市禽类蛋品公司科学研究所 …… 47
　　第七节　上海市饲料科学研究所 …… 47
　第三章　社团组织 …… 48
　　第一节　上海市畜牧兽医学会 …… 48
　　第二节　畜牧兽医行业协会 …… 49

第二篇　养猪业 …… 55
　第一章　品种繁育 …… 57
　　第一节　资源 …… 57
　　第二节　生猪繁育体系 …… 61
　　第三节　繁育技术 …… 66
　第二章　产业发展 …… 68
　　第一节　规模结构 …… 68
　　第二节　主要规模化猪场 …… 72
　第三章　饲养管理 …… 76
　　第一节　饲料种类和配制 …… 76
　　第二节　饲养方式 …… 77
　　第三节　饲养管理技术 …… 78
　第四章　经营 …… 84
　　第一节　经营方式 …… 84
　　第二节　生猪营销 …… 87

第三篇　奶牛业 …… 95
　第一章　奶牛育种与繁殖 …… 97
　　第一节　品种繁育 …… 97
　　第二节　奶牛繁殖 …… 105
　第二章　产业发展 …… 109
　　第一节　生产规模 …… 109
　　第二节　政策管理 …… 112
　　第三节　主要奶牛生产企业 …… 117
　第三章　奶牛饲养管理 …… 122
　　第一节　奶牛饲养 …… 122
　　第二节　饲养标准和饲料组合 …… 125

第四章 价格体系 …………………………… 132
第一节 生鲜乳第三方检测 ………… 132
第二节 生鲜乳按质论价 …………… 133

第四篇 家禽业 ……………………………… 141
第一章 肉鸡 …………………………… 144
第一节 主要品种 …………………… 144
第二节 产业发展 …………………… 148
第三节 饲养形式 …………………… 150
第四节 经营方式 …………………… 151
第二章 蛋鸡 …………………………… 155
第一节 主要品种 …………………… 155
第二节 产业发展 …………………… 163
第三节 鸡舍结构与饲养设备 ……… 166
第四节 饲养形式 …………………… 167
第五节 饲料营养 …………………… 168
第六节 经营方式 …………………… 170
第三章 鸭和鹅 ………………………… 173
第一节 肉鸭 ………………………… 173
第二节 蛋鸭 ………………………… 177
第三节 朗德鹅 ……………………… 182
第四章 家禽种业 ……………………… 185
第一节 种禽生产 …………………… 185
第二节 雏禽孵化 …………………… 187
第三节 雏禽供应 …………………… 189
第四节 种禽管理 …………………… 190
第五节 良种引进和选育推广 ……… 191

第五篇 其他畜禽业 ………………………… 199
第一章 草食动物 ……………………… 201
第一节 耕牛 ………………………… 201
第二节 肉牛 ………………………… 205
第三节 绵羊(湖羊) ………………… 206
第四节 山羊 ………………………… 211
第五节 兔 …………………………… 215
第二章 家禽 …………………………… 220
第一节 鹌鹑 ………………………… 220
第二节 乌骨鸡 ……………………… 223
第三节 鸽 …………………………… 226
第三章 特种肉禽类 …………………… 231
第一节 山鸡 ………………………… 231
第二节 鹧鸪 ………………………… 234
第三节 野鸭 ………………………… 236
第四节 番鸭 ………………………… 239
第五节 珍珠鸡 ……………………… 241
第六节 鸵鸟 ………………………… 243
第四章 特种观赏禽类 ………………… 247
第一节 孔雀 ………………………… 247
第二节 锦鸡 ………………………… 249
第三节 黑天鹅 ……………………… 251
第四节 鸳鸯 ………………………… 253
第五节 贵妃鸡 ……………………… 254
第五章 特种毛皮动物 ………………… 256
第一节 貂 …………………………… 256
第二节 狐 …………………………… 258
第三节 海狸鼠 ……………………… 261
第六章 其他特种动物 ………………… 263
第一节 梅花鹿 ……………………… 263
第二节 工作犬 ……………………… 265
第三节 宠物犬 ……………………… 267
第四节 豚鼠 ………………………… 268

第六篇 饲料业 ……………………………… 271
第一章 饲料工业 ……………………… 273
第一节 饲料原料 …………………… 273
第二节 饲料生产工业 ……………… 281
第三节 饲料生产 …………………… 291
第二章 饲料管理 ……………………… 295
第一节 饲料标准化 ………………… 295
第二节 饲料行政管理 ……………… 297
第三章 饲料经营 ……………………… 302
第一节 计划供应饲料经营 ………… 302
第二节 市场经济饲料经营 ………… 305
第三节 规范饲料经营管理 ………… 306
第四章 饲料质量监督与检测 ………… 308
第一节 饲料企业质量管理 ………… 308
第二节 饲料质量安全监测 ………… 309

第五章　饲料监督 …………………………… 318
第一节　饲料生产监督 ………………… 318
第二节　饲料经营监督 ………………… 320
第三节　饲料使用监督 ………………… 321

第七篇　兽药业 ……………………………… 325
第一章　兽药生产 ………………………… 327
第一节　企业选介 ……………………… 327
第二节　获得证书及荣誉 ……………… 334
第二章　兽药经营与管理 ………………… 336
第一节　经营主体 ……………………… 336
第二节　管理机构与模式 ……………… 337
第三节　兽药管理措施 ………………… 339
第四节　兽药标准 ……………………… 341
第三章　兽药监督管理 …………………… 344
第一节　兽药生产监管 ………………… 344
第二节　兽药经营监管 ………………… 345
第三节　兽药使用监管 ………………… 347
第四章　兽药检验 ………………………… 350
第一节　检验机构建设 ………………… 350
第二节　兽药及兽药残留检测 ………… 351

第八篇　畜禽养殖场 ………………………… 355
第一章　菜篮子工程 ……………………… 357
第一节　"菜篮子工程"建设 …………… 357
第二节　企业选介 ……………………… 359
第二章　标准化养殖基地建设 …………… 363
第一节　猪场建设 ……………………… 363
第二节　奶牛场建设 …………………… 372
第三节　禽场建设 ……………………… 379
第三章　畜禽场环境治理 ………………… 383
第一节　畜禽粪便综合处理 …………… 383
第二节　环保项目 ……………………… 385
第三节　畜禽养殖业污染物排放标准 ………………………… 392
第四节　规模场粪尿综合利用推荐模式 ………………………… 394
第五节　畜禽场沼气工程建设 ………… 399
第六节　其他生态项目 ………………… 406

第九篇　动物疫病预防与控制 ……………… 407
第一章　畜牧兽医站建设 ………………… 409
第一节　畜牧兽医队伍建设 …………… 409
第二节　兽医实验室建设 ……………… 410
第三节　乡镇兽医站建设 ……………… 416
第二章　动物疫病防控措施 ……………… 420
第一节　预防制度与管理制度 ………… 420
第二节　疫情监测 ……………………… 423
第三节　建立长效机制 ………………… 427
第三章　动物疫病防控成效 ……………… 429
第一节　防控达标的疫病 ……………… 429
第二节　重大动物疫病防控 …………… 437
第三节　其他疫病防控 ………………… 440

第十篇　动物卫生监督 ……………………… 455
第一章　基础设施建设 …………………… 457
第一节　市境道口建设 ………………… 457
第二节　动物及动物产品留验场 ……… 459
第三节　检疫报检点建设 ……………… 460
第四节　信息化建设 …………………… 462
第二章　动物卫生监督执法 ……………… 466
第一节　地产畜禽养殖场监督 ………… 466
第二节　动物检疫监督 ………………… 470
第三节　市场流通监督 ………………… 473
第四节　市境道口动物防疫监督 ……… 476
第五节　动物、动物产品检疫证明 …… 479
第六节　种用、乳用动物调运审批 …… 481
第七节　动物诊疗会展监管 …………… 483
第八节　省际联防 ……………………… 486
第三章　畜禽场投入品监管执法 ………… 489
第一节　兽药使用监管执法 …………… 489
第二节　饲料使用监管执法 …………… 490

第十一篇　动物无害化处理 ………………… 493
第一章　无害化处理体系建设 …………… 495
第一节　处理系统建设 ………………… 495

第二节　收集系统建设 …… 499
第二章　无害化处理方式 …… 502
第一节　掩埋法 …… 502
第二节　焚烧法 …… 503
第三节　化制法 …… 506
第四节　其他方法 …… 507
第三章　行业无害化处理 …… 510
第一节　畜禽养殖环节无害化处理 …… 510
第二节　市场与流通环节无害化处理 …… 511
第三节　出入境检疫环节无害化处理 …… 513
第四节　其他动物无害化处理 …… 515
第四章　动物无害化处理 …… 518
第一节　社会效益 …… 518
第二节　资源化利用 …… 519

第十二篇　教育·科研·技术推广 …… 521
第一章　教育 …… 523
第一节　全日制高、中等教育 …… 523
第二节　技能鉴定·继续教育·资格考试 …… 524
第二章　科学研究 …… 527
第一节　机构 …… 527
第二节　研究特色 …… 528
第三节　研究成果 …… 534
第三章　技术推广 …… 541
第一节　动物遗传育种 …… 541
第二节　动物营养与饲养 …… 549
第三节　动物疫病防治 …… 554
第四节　生猪科技入户工程 …… 556
第五节　畜禽粪污排放和治理 …… 557
第六节　动物信息管理 …… 560
第四章　出版著作 …… 564
第一节　主要出版书籍介绍 …… 564
第二节　主要刊物和网络媒体介绍 …… 571
第三节　历年出版书籍名录 …… 573
第五章　交流与合作 …… 576
第一节　国内交流与合作 …… 576
第二节　国际交流与合作 …… 577

第十三篇　政策、法规与标准 …… 581
第一章　产业政策 …… 584
第一节　畜牧业生产政策 …… 584
第二节　动物防疫与动物卫生监督政策 …… 600
第二章　畜牧业地方法规 …… 604
第一节　生产法规 …… 604
第二节　动物防疫法规 …… 606
第三章　产业标准 …… 614
第一节　畜禽品种标准 …… 614
第二节　畜牧业生产技术标准 …… 618
第三节　畜牧投入品和畜产品安全检测标准 …… 622

第十四篇　人物 …… 627
第一章　人物传略 …… 629
第二章　人物简介 …… 635
第一节　全国、部级劳模、先进个人 …… 635
第二节　获上海市劳模、三八红旗手和先进个人奖项人物 …… 640
第三节　获市级以上科技奖项人物 …… 644
第三章　人物表录 …… 649

附录 …… 661
索引 …… 704
编后记 …… 724

《上海市志·农业分志·渔业卷（1978—2010）》目录

序 …… 1
《上海市志（1978—2010）》凡例 …… 1
编纂说明 …… 1
概述 …… 1
大事记 …… 11

第一篇　渔业环境与资源 …… 37
第一章　水域环境 …… 39
第一节　地理特征和水系水域 …… 39
第二节　气候 …… 41
第三节　水文、水质 …… 43
第四节　饵料生物 …… 44
第二章　渔业水域 …… 47
第一节　近海水域 …… 47
第二节　长江口水域 …… 47
第三节　内陆水域 …… 48
第四节　水域污染 …… 50
第五节　水域环境保护 …… 53
第三章　渔业资源 …… 56
第一节　海洋经济种类 …… 56
第二节　长江口经济种类 …… 63
第三节　内河经济种类 …… 68
第四节　引进外来品种 …… 75
第五节　资源保护 …… 79
第四章　水生野生动物 …… 86
第一节　保护与管理 …… 86
第二节　中华鲟保护 …… 89
第三节　外来有害物种 …… 93

第二篇　捕捞生产 …… 95
第一章　淡水捕捞 …… 98
第一节　长江口水域 …… 98
第二节　内河水域 …… 109
第二章　群众海洋捕捞 …… 114
第一节　生产概况 …… 114
第二节　拖网 …… 118
第三节　围网 …… 123
第四节　沿海定置张网 …… 124
第五节　鲳流网 …… 127
第三章　国营海洋捕捞 …… 128
第一节　生产概况 …… 128
第二节　拖网 …… 130
第三节　围网 …… 134
第四节　鱿钓 …… 137
第四章　渔业基地 …… 140
第一节　市区基地 …… 140
第二节　郊区设施 …… 145
第三节　安全通信 …… 148
第五章　生产经营 …… 150
第一节　郊区渔业 …… 150
第二节　国营捕捞企业 …… 151
第三节　生产补助 …… 152

第三篇 远洋渔业 …… 157
第一章 大洋性远洋渔业 …… 159
第一节 拖网 …… 159
第二节 围网 …… 168
第三节 延绳钓 …… 176
第四节 鱿钓 …… 182
第二章 过洋性远洋渔业 …… 189
第一节 专属经济区生产 …… 189
第二节 亚洲 …… 192
第三节 非洲 …… 195
第四节 南美洲 …… 199
第五节 太平洋岛国 …… 201
第三章 渔业监管 …… 205
第一节 企业年审 …… 205
第二节 船员管理 …… 209
第三节 渔船出入境 …… 211
第四节 渔业政策 …… 213
第四章 驻外机构与国际交往 …… 220
第一节 驻外机构 …… 220
第二节 国际交往 …… 227

第四篇 水产养殖 …… 235
第一章 苗种繁育 …… 238
第一节 常规鱼繁育 …… 238
第二节 优质鱼繁育 …… 241
第三节 虾、蟹繁育 …… 243
第四节 鳖、龟、贝类繁育 …… 247
第五节 水产良种检测 …… 249
第六节 水产良种基地 …… 250
第二章 养殖生产 …… 258
第一节 海、淡水养殖 …… 259
第二节 优质水产品养殖 …… 262
第三节 养殖方式 …… 270
第四节 病害防治 …… 275
第五节 健康养殖 …… 279
第三章 养殖基地 …… 283
第一节 商品鱼基地 …… 283
第二节 标准化水产养殖场 …… 288
第三节 陆基水产养殖场 …… 299
第四节 市外水产养殖基地 …… 300
第四章 经营模式 …… 302
第一节 承包责任制 …… 302
第二节 专业合作社 …… 303
第三节 观赏鱼市场与展销 …… 306
第四节 垂钓游乐 …… 308

第五篇 流通与加工 …… 311
第一章 水产品购销 …… 314
第一节 水产品供应 …… 314
第二节 购销体制改革 …… 320
第三节 贸易货栈 …… 325
第二章 水产交易市场 …… 328
第一节 集体经济性质 …… 328
第二节 民营经济性质 …… 332
第三节 国营经济性质 …… 334
第四节 其他经营性质 …… 336
第五节 水产品交易 …… 337
第三章 水产品保鲜 …… 342
第一节 活鱼保鲜 …… 342
第二节 冷冻保鲜 …… 342
第四章 水产品加工 …… 345
第一节 传统产品 …… 345
第二节 新产品开发 …… 349
第三节 加工企业与主要产品 …… 350

第六篇 渔业管理 …… 353
第一章 行政机构 …… 356
第一节 上海市水产局 …… 356
第二节 上海市水产办公室 …… 358
第三节 郊区渔业行政机构 …… 360
第二章 海洋渔业管理机构 …… 364
第一节 东海区渔业指挥部(农业部东海区渔政局) …… 364
第二节 上海市郊区渔业指挥部 …… 368
第三章 执法机构 …… 370
第一节 上海市渔政监督管理处 …… 370

第二节　上海渔港监督局(上海渔船检验局) …… 371
第三节　郊区渔政执法机构 …… 373
第四节　长江口中华鲟自然保护区管理处 …… 373
第四章　依法管理 …… 375
第一节　法规建设 …… 375
第二节　行政监管 …… 376
第三节　海洋渔政管理 …… 377
第四节　长江渔政管理 …… 383
第五节　内陆水域渔政管理 …… 386
第六节　安全管理 …… 388
第七节　渔业执法装备 …… 393
第五章　社会团体组织 …… 395
第一节　学术组织机构 …… 395
第二节　社会组织机构 …… 398

第七篇　教育与科技 …… 401
第一章　教育 …… 404
第一节　学历教育 …… 404
第二节　成人教育 …… 417
第三节　职业培训 …… 419
第四节　科普教育 …… 425
第五节　渔业期刊 …… 430
第二章　科技研究机构 …… 434
第一节　东海水产研究所 …… 434
第二节　渔业机械仪器研究所 …… 437
第三节　上海市水产研究所 …… 441
第四节　上海水产品加工技术开发中心 …… 444
第三章　水产技术推广 …… 446
第一节　推广机构 …… 446
第二节　水产技术应用与推广 …… 447
第三节　科技入户 …… 458
第四章　科研成果 …… 460
第一节　远洋渔业产学研 …… 460
第二节　群众海洋渔业、水产养殖产学研 …… 464
第三节　科研获奖项目 …… 469

第八篇　渔业企业 …… 485
第一章　上海水产集团 …… 488
第一节　概况 …… 488
第二节　经济结构 …… 494
第三节　企业改革 …… 497
第二章　捕捞生产企业 …… 502
第一节　近海捕捞(上海市海洋渔业公司) …… 502
第二节　远洋捕捞 …… 503
第三章　工业企业 …… 508
第一节　修造船 …… 508
第二节　水产品加工企业 …… 511
第三节　绳网制造(上海绳网厂) …… 513
第四章　商业企业 …… 515
第一节　水产品购销 …… 515
第二节　冷冻冷藏 …… 519
第三节　批发销售 …… 520
第四节　服务企业 …… 522
第五章　养殖及其他企业 …… 524
第一节　养殖企业 …… 524
第二节　其他企业 …… 525

第九篇　人物 …… 531
第一章　人物传略 …… 533
第二章　人物简介 …… 544
第三章　人物表 …… 562
第四章　人物名录 …… 582

专记 …… 593
附录 …… 621
索引 …… 676
编后记 …… 709

《上海市志·水利·水务分志(1978—2010)》目录

序 …… 1
《上海市志(1978—2010)》凡例 …… 1
编纂说明 …… 1
概述 …… 1
大事记 …… 11

第一篇　水域环境　水资源 …… 57
第一章　水域环境 …… 60
第一节　气象与水文 …… 60
第二节　水域 …… 69
第三节　岛屿与滩涂 …… 85
第二章　水资源 …… 91
第一节　当地水资源量 …… 91
第二节　过境水资源量 …… 95
第三节　水资源普查(调查) …… 98

第二篇　供水 …… 105
第一章　原水 …… 108
第一节　概况 …… 108
第二节　原水系统 …… 108
第二章　制水 …… 113
第一节　概况 …… 113
第二节　水厂 …… 113
第三节　净水工艺及设备 …… 121
第四节　其他设施设备 …… 128
第三章　输配 …… 131
第一节　管网建设 …… 131
第二节　供水设施改造 …… 132
第三节　调度与输配 …… 135
第四章　供水水质 …… 141
第一节　水质标准 …… 141
第二节　水质管理 …… 143
第五章　农村改水与集约化供水 …… 145
第一节　概况 …… 145
第二节　农村改水 …… 145
第三节　集约化供水 …… 146
第六章　销售与服务 …… 150
第一节　销售 …… 150
第二节　服务 …… 152
第三节　用水困难改造 …… 158
第七章　取水　用水　节水 …… 160
第一节　取水 …… 160
第二节　用水 …… 161
第三节　取水管理 …… 164
第四节　节水管理 …… 167

第三篇　农田水利 …… 175
第一章　农田水利建设与分片治理 …… 177
第一节　农田水利建设 …… 177
第二节　农田菜田灌溉与排涝 …… 179
第三节　分片治理 …… 185
第二章　专项建设工程和示范工程 …… 191

第一节　专项建设工程 …… 191
第二节　示范工程 …… 194
第三章　农场水利 …… 197
第一节　域内农场水利 …… 197
第二节　域外农场水利 …… 199

第四篇　滩涂开发利用与保护 …… 203
第一章　滩涂开发利用 …… 205
第一节　滩涂圈围主要区域 …… 205
第二节　工程促淤 …… 257
第二章　滩涂保护 …… 270
第一节　滩涂资源保护 …… 270
第二节　滩涂种青 …… 273

第五篇　防汛减灾 …… 277
第一章　海塘 …… 279
第一节　海塘工程建设 …… 279
第二节　陆域海塘 …… 283
第三节　三岛海塘 …… 293
第四节　穿堤建筑物 …… 307
第二章　江河堤防 …… 310
第一节　堤防建设概况 …… 310
第二节　市区防汛墙 …… 312
第三节　郊区堤防 …… 323
第四节　沿江沿河水闸 …… 330
第五节　防汛墙附属设施 …… 339
第三章　区域除涝 …… 341
第一节　概况 …… 341
第二节　分片除涝 …… 342
第三节　排涝设施与运行管理 …… 362
第四章　城镇雨水排水 …… 370
第一节　全市雨水排水系统 …… 370
第二节　市中心雨水排水系统 …… 371
第三节　城镇下立交与地道雨水排水泵站 …… 394
第四节　道路易积水点排水改善工程 …… 397
第五节　沉管抢修工程 …… 403
第五章　水旱灾害 …… 406
第一节　水灾 …… 406
第二节　旱灾 …… 413
第三节　咸潮入侵 …… 414
第六章　灾害预防与应急处置 …… 415
第一节　灾害预防 …… 415
第二节　应急处置 …… 418

第六篇　城镇污水处理与河道治理 …… 425
第一章　水环境治理 …… 428
第一节　江河、湖泊水环境 …… 428
第二节　中心城区与其他骨干河道水环境 …… 435
第二章　城镇污水处理 …… 439
第一节　全市城镇污水处理厂 …… 439
第二节　市区污水处理厂 …… 442
第三节　郊区污水处理厂 …… 453
第四节　污泥处理处置 …… 464
第五节　农村污水处理 …… 467
第三章　污水治理与苏州河环境综合整治工程 …… 468
第一节　合流污水治理一期工程 …… 468
第二节　污水治理二期工程 …… 473
第三节　污水治理三期工程 …… 477
第四节　苏州河环境综合整治工程 …… 480
第五节　西干线改造工程 …… 485
第四章　中小河流整治 …… 487
第一节　中心城区河道整治 …… 487
第二节　郊区黑臭河道整治 …… 491
第三节　郊区骨干河道整治 …… 492
第四节　郊区万河及村沟宅河整治 …… 496

第七篇　科学技术 …… 499
第一章　基础性研究 …… 502
第一节　调查与项目前期研究 …… 502

第二节 工程建设研究 …… 514
第三节 生产运行研究 …… 519
第二章 勘测 …… 521
第一节 测量 …… 521
第二节 工程勘察 …… 524
第三章 设计 …… 533
第一节 设计管理 …… 533
第二节 水务工程设计 …… 534
第三节 获奖典型设计项目 …… 538
第四章 水文 …… 559
第一节 水文系统水准高程 …… 559
第二节 站网设置 …… 559
第三节 水文测验 …… 565
第四节 水文分析评价 …… 572
第五节 水文水质测验技术与设施建设 …… 574
第五章 信息化 …… 581
第一节 概况 …… 581
第二节 基础设施 …… 582
第三节 数据平台 …… 583
第四节 业务应用 …… 587
第五节 信息化管理 …… 596
第六章 成果与专利 …… 599
第一节 科技成果 …… 599
第二节 专利 …… 606
第七章 技术推广和科普交流 …… 609
第一节 技术推广应用 …… 609
第二节 科普与交流 …… 614
第八章 科技管理 …… 621
第一节 机构 …… 621
第二节 管理规范 …… 623
第三节 咨询与服务 …… 623

第八篇 水务综合管理 …… 625
第一章 规划 …… 628
第一节 流域规划 …… 628
第二节 综合规划 …… 636
第三节 专业规划 …… 649
第二章 法治建设 …… 665
第一节 法律、规章 …… 665
第二节 学法普法 …… 673
第三章 行政执法 …… 677
第一节 执法机构 …… 677
第二节 制度建设与执法 …… 679
第四章 行政许可与信息公开 …… 683
第一节 行政许可 …… 683
第二节 信息公开 …… 693
第五章 水务工程建设与设施维护管理 …… 696
第一节 工程建设制度 …… 696
第二节 工程建设监督管理 …… 701
第三节 设施维护管理 …… 705
第六章 投资与收费 …… 714
第一节 水务投资 …… 714
第二节 投资管理 …… 718
第三节 收费与补助政策 …… 721
第七章 滩涂与采砂管理 …… 732
第一节 滩涂管理 …… 732
第二节 采砂管理 …… 733

第九篇 海洋综合管理 …… 735
第一章 海洋管理体系与机制 …… 737
第一节 海洋管理架构与职责 …… 737
第二节 海洋管理机制 …… 738
第二章 海域海岛管理与海洋环境保护 …… 743
第一节 海域海岛管理 …… 743
第二节 海洋环境保护 …… 745
第三节 海洋执法 …… 751

第十篇 组织机构与队伍 …… 755
第一章 管理与指挥协调机构 …… 758
第一节 市级管理机构 …… 758
第二节 流域挂靠机构 …… 768
第三节 区、县水务(海洋)机构 …… 769
第四节 建设指挥机构 …… 779
第五节 市水务局(海洋局)直属

机构 …… 783
第二章　企业 …… 789
第一节　水利企业 …… 789
第二节　供排水企业 …… 790
第三节　勘察设计企业 …… 793
第三章　队伍 …… 797
第一节　队伍状况 …… 797
第二节　教育培训 …… 798
第三节　行风建设 …… 801
第四章　社团组织 …… 805
第一节　学会、协会 …… 805
第二节　思研会 …… 808
第十一篇　人物·先进集体 …… 813
第一章　人物 …… 815
第一节　人物传略 …… 815
第二节　人物简介 …… 819
第三节　人物表 …… 820
第四节　人物名录 …… 822
第二章　先进集体名录 …… 828
第一节　全国性先进集体名录 …… 828
第二节　省市部级先进集体名录 …… 828
第三节　文明单位 …… 831
专记 …… 833
特记 …… 863
附录 …… 875
索引 …… 928
编后记 …… 945

《上海市志·工业分志·工业综述卷（1978—2010）》目录

序 …… 1
《上海市志（1978—2010）》凡例 …… 1
编纂说明 …… 1
概述 …… 1
大事记 …… 19

第一篇　工业规模与效益 …… 135
第一章　工业经济规模 …… 138
第一节　工业总产值与主要产品产量 …… 138
第二节　工业企业与职工 …… 152
第三节　工业固定资产 …… 158
第二章　工业经济效益 …… 162
第一节　工业利润总额与税金总额 …… 162
第二节　工业产品销售率 …… 166
第三节　全员劳动生产率 …… 169
第三章　工业投资规模与投资效益 …… 173
第一节　工业投资规模 …… 173
第二节　工业投资效益 …… 178

第二篇　工业所有制结构 …… 183
第一章　国有工业经济 …… 186
第一节　经济规模 …… 186
第二节　经济效益 …… 189
第二章　集体工业经济 …… 192
第一节　经济规模 …… 192
第二节　经济效益 …… 195
第三章　私营工业经济 …… 198
第一节　经济规模 …… 198
第二节　经济效益 …… 201
第四章　港澳台及外商投资工业经济 …… 203
第一节　经济规模 …… 203
第二节　经济效益 …… 208
第五章　股份制工业经济 …… 211
第一节　经济规模 …… 211
第二节　经济效益 …… 213

第三篇　工业产业结构 …… 217
第一章　传统产业 …… 222
第一节　轻工业 …… 222
第二节　纺织工业 …… 231
第三节　机电工业 …… 243
第四节　电子仪表工业 …… 246
第五节　电力工业 …… 255
第六节　烟草工业 …… 266
第七节　有色金属工业 …… 271
第八节　建筑材料工业 …… 279
第二章　支柱产业 …… 289
第一节　电子信息制造业 …… 289
第二节　汽车制造业 …… 297

第三节　钢铁制造业 …………………… 308
第四节　电站设备及大型机电设备制造业 ……………………… 324
第五节　石油化工及精细化工制造业 ……………………… 331
第六节　生物医药制造业 …………… 350
第三章　高新技术产业 ………………… 359
第一节　新材料产业 ………………… 359
第二节　新能源产业 ………………… 363
第三节　新能源汽车 ………………… 368
第四节　先进重大装备制造业 ……… 371
第五节　民用航空制造业 …………… 376
第六节　船舶与海洋工程装备制造业 ……………………… 381
第七节　软件与信息服务业 ………… 386
第四章　生产性服务业 ………………… 388
第一节　产业规模 …………………… 388
第二节　重点领域 …………………… 390
第三节　主要生产性服务业功能区 ……………………… 397

第四篇　工业区域布局 ………………… 405
第一章　中心城区工业布局 …………… 407
第一节　中心城区工业布局调整 …… 407
第二节　都市产业园区 ……………… 409
第三节　创意产业园区 ……………… 413
第二章　工业开发区 …………………… 419
第一节　开发区分布与规模 ………… 419
第二节　开发区主导产业与经济效益 ……………………… 428
第三节　开发区土地利用 …………… 434
第三章　工业产业基地 ………………… 440
第一节　精品钢材产业基地 ………… 441
第二节　石油化工及精细化工产业基地 ……………………… 443
第三节　汽车产业基地 ……………… 448
第四节　装备制造产业基地 ………… 455
第五节　电子信息产业基地 ………… 461
第六节　生物医药产业基地 ………… 466
第七节　船舶与海洋工程装备产业基地 ……………………… 469
第八节　航天产业基地 ……………… 473

第五篇　国有工业企业改革 ………… 477
第一章　企业经营机制改革 …………… 480
第一节　企业经营自主权 …………… 480
第二节　承包经营责任制 …………… 482
第三节　企业经营机制转换 ………… 484
第四节　企业领导体制 ……………… 491
第五节　劣势企业退出机制 ………… 495
第六节　国企结构调整与重组 ……… 497
第二章　企业劳动制度改革 …………… 501
第一节　劳动合同制 ………………… 501
第二节　再就业工程 ………………… 504
第三节　社会保障体系 ……………… 508
第三章　企业内部分配制度改革 ……… 513
第一节　工资总额包干与工效挂钩 ……………………… 513
第二节　企业自主分配制度 ………… 516
第三节　企业经营者分配制度 ……… 518
第四章　现代企业制度 ………………… 521
第一节　现代企业制度试点 ………… 521
第二节　企业增资减债 ……………… 524
第三节　国有大中型企业三年解困 ……………………… 525
第四节　发展大集团与搞活小企业 ……………………… 527

第六篇　工业管理 …………………… 533
第一章　工业管理体制与机构 ………… 537
第一节　工业管理体制 ……………… 537
第二节　上海市经济和信息化委员会 ……………………… 540
第三节　工业局与工业公司 ………… 553
第四节　区县工业管理机构 ………… 559
第五节　工业行业协会 ……………… 561
第二章　工业管理内容 ………………… 565

第一节 规划管理 …… 565
第二节 经济运行管理 …… 568
第三节 投资管理 …… 572
第四节 技术管理 …… 578
第五节 质量管理 …… 581
第六节 行业管理 …… 585

第七篇 工业经济合作 …… 589
第一章 国内经济合作 …… 592
第一节 合作形式 …… 592
第二节 合作区域 …… 598
第二章 国(境)外经济合作 …… 612
第一节 引进国(境)外先进技术 …… 612
第二节 工业产品出口 …… 619
第三节 工业出口市场 …… 638
第四节 工业出口企业 …… 645
第五节 跨国(境)经营 …… 662

第八篇 工业技术创新 …… 667
第一章 国产化 …… 671
第一节 消化吸收引进技术 …… 671
第二节 14项科技结合生产重点工业项目会战 …… 674
第二章 自主创新体系 …… 677
第一节 企业技术中心 …… 677
第二节 产学研联合 …… 685
第三节 应用型研究所体制改革 …… 688
第四节 科技型中小企业 …… 692
第三章 创新投入与创新人才 …… 698
第一节 创新投入 …… 698
第二节 创新人才 …… 704
第四章 创新成果 …… 710
第一节 重大工业项目 …… 710
第二节 重点新产品 …… 718
第三节 重大技术创新 …… 723
第四节 自主知识产权 …… 733
第五节 工业产品创优与品牌战略 …… 740
第六节 中国国际工业博览会 …… 747

第九篇 工业污染治理与节能减排 …… 751
第一章 工业污染治理 …… 754
第一节 中心城区污染治理 …… 754
第二节 重点污染工业区环境综合治理 …… 756
第三节 废气治理 …… 763
第四节 废水治理 …… 768
第五节 固体废弃物治理 …… 772
第六节 清洁生产 …… 774
第二章 节约能源 …… 778
第一节 节能管理 …… 778
第二节 节能技术改造 …… 788
第三节 合同能源管理 …… 792
第四节 节能监察 …… 794
第三章 节约原材料与资源综合利用 …… 797
第一节 节约原材料 …… 797
第二节 资源综合利用 …… 799

第十篇 人物 …… 805

专记 …… 819
附录 …… 845
索引 …… 1007
编后记 …… 1020

《上海市志·工业分志·纺织业卷(1978—2010)》目录

《上海市志(1978—2010)》凡例 …… 1
编纂说明 …… 1
概述 …… 1
大事记 …… 17

第一篇　行业概览 …… 99
　第一章　棉纺业 …… 101
　　第一节　沿革 …… 101
　　第二节　工艺设备 …… 109
　　第三节　产品开发与选介 …… 118
　第二章　织布业 …… 125
　　第一节　沿革 …… 125
　　第二节　工艺设备 …… 133
　　第三节　产品开发与选介 …… 141
　第三章　印染业 …… 148
　　第一节　沿革 …… 148
　　第二节　工艺设备 …… 155
　　第三节　产品开发与选介 …… 160
　第四章　毛麻业 …… 168
　　第一节　沿革 …… 168
　　第二节　工艺设备 …… 178
　　第三节　产品开发与选介 …… 185
　第五章　丝绸业 …… 192
　　第一节　沿革 …… 192
　　第二节　工艺设备 …… 201
　　第三节　产品开发与选介 …… 206
　第六章　针织业 …… 211
　　第一节　沿革 …… 211
　　第二节　工艺设备 …… 221
　　第三节　产品开发与选介 …… 228
　第七章　家纺业 …… 235
　　第一节　沿革 …… 235
　　第二节　工艺设备 …… 246
　　第三节　产品开发与选介 …… 250
　第八章　服装业 …… 259
　　第一节　沿革 …… 259
　　第二节　工艺设备 …… 272
　　第三节　产品开发与选介 …… 276
　第九章　产业用纺织品 …… 284
　　第一节　沿革 …… 284
　　第二节　工艺设备 …… 295
　　第三节　产品开发与选介 …… 298
　第十章　化纤业 …… 302
　　第一节　沿革 …… 302
　　第二节　工艺设备 …… 310
　　第三节　产品开发与选介 …… 318
　第十一章　纺机器材业 …… 324
　　第一节　沿革 …… 324
　　第二节　工艺设备 …… 332
　　第三节　产品开发与选介 …… 339

第二篇　企业选介 …… 349
　第一章　上市公司 …… 351

第一节 国企改制及新组建上市公司 …… 351
第二节 外商投资、民营上市公司 …… 363
第二章 生产企业 …… 372
第一节 棉、毛、丝纺织印染企业 …… 372
第二节 化纤、产业用、纺机及其他企业 …… 388
第三章 品牌企业 …… 402
第一节 针织内衣、羊毛衫企业 …… 402
第二节 服装服饰企业 …… 409
第三节 家用纺织品企业 …… 415
第四章 服务型企业 …… 420
第一节 商贸企业 …… 420
第二节 功能性企业 …… 428
第三节 时尚企业与园区 …… 433

第三篇 改革开放 …… 443
第一章 企业经营体制改革 …… 445
第一节 经营机制 …… 445
第二节 劳动分配制度 …… 452
第三节 企业领导体制 …… 461
第二章 纺织品流通体制改革 …… 468
第一节 原材料采购与供应 …… 468
第二节 内销市场机制 …… 476
第三节 营销方式 …… 479
第三章 外贸体制改革 …… 483
第一节 外贸收购制 …… 483
第二节 出口代理制 …… 484
第三节 企业自营出口 …… 487
第四章 产权制度改革 …… 496
第一节 改制上市 …… 496
第二节 持股经营 …… 502
第三节 债转股 …… 507
第五章 对内搞活与区县纺织 …… 511
第一节 国集联营及与外省市合作 …… 511
第二节 地区纺织 …… 515
第三节 民营企业 …… 521
第六章 对外开放与中外合资、合作 …… 527
第一节 “三来一补”与对外合作 …… 527
第二节 中外合资企业 …… 533
第三节 国外经济合作与境外企业 …… 542
第四节 外商独资企业 …… 545

第四篇 调整转型 …… 549
第一章 产业结构调整 …… 551
第一节 行业调整 …… 551
第二节 国企“突破口”战役 …… 557
第三节 退二进三 …… 567
第二章 企业结构调整 …… 577
第一节 兼并重组 …… 577
第二节 破产清算 …… 580
第三节 政府导向性调整 …… 589
第四节 壳体企业管理 …… 592
第三章 劳动力结构调整 …… 595
第一节 结构失衡 …… 595
第二节 再就业服务中心 …… 600
第三节 职工再就业 …… 607
第四章 产业升级 …… 614
第一节 制造业升级 …… 614
第二节 品牌战略 …… 622
第五章 转型发展 …… 630
第一节 发展外贸 …… 630
第二节 培育时尚 …… 635
第三节 园区建设 …… 649

第五篇 科研技术 …… 657
第一章 纺织科研院所与科技企业集聚区 …… 659
第一节 上海市纺织科学研究院 …… 659
第二节 科研院所、科技企业集聚区选介 …… 666
第三节 上海纺织建筑设计研究院 …… 678
第二章 技术改造与技术创新 …… 687
第一节 科技管理 …… 687

第二节　技术改造 ······ 690
第三节　技术创新 ······ 701
第四节　军工、特种配套 ······ 708
第三章　产学研结合 ······ 714
第一节　产学研合作 ······ 714
第二节　产学研成果 ······ 720
第四章　知识产权与技术专利 ······ 729
第一节　专利申请 ······ 729
第二节　专利实施 ······ 735
第三节　知识产权保护 ······ 741
第五章　学术团体与学术交流 ······ 744
第一节　学术团体 ······ 744
第二节　期刊、书籍 ······ 750
第三节　交流平台 ······ 754

第六篇　管理 ······ 761
第一章　行业管理 ······ 763
第一节　行政管理 ······ 763
第二节　公司管理 ······ 769
第三节　行业协会 ······ 782
第二章　生产管理 ······ 788
第一节　计划管理 ······ 788
第二节　质量管理 ······ 794
第三节　节能减排 ······ 806
第四节　安全生产 ······ 813
第三章　财务投资管理 ······ 820
第一节　财务管理 ······ 820
第二节　资产管理 ······ 825
第三节　投资管理 ······ 828
第四节　风险责任管理 ······ 831
第四章　人力资源管理 ······ 836
第一节　管理、制度 ······ 836
第二节　开发、培养 ······ 840
第三节　教育、培训 ······ 845
第五章　信息化管理 ······ 852
第一节　信息化沿革 ······ 852
第二节　集团信息化建设 ······ 855
第三节　信息化应用 ······ 861
第六章　物业管理 ······ 865
第一节　管理体制 ······ 865
第二节　专业化管理 ······ 867

第七篇　人物 ······ 875
第一章　人物传略 ······ 877
第一节　领导传略 ······ 877
第二节　专家传略 ······ 882
第三节　著名人士传略 ······ 890
第二章　人物简介 ······ 896
第一节　领导简介 ······ 896
第二节　专家简介 ······ 903
第三节　著名人士简介 ······ 907
第三章　人物表录 ······ 913

专记 ······ 933
附录 ······ 1027
索引 ······ 1271
编后记 ······ 1294

《上海市志·工业分志·电业卷(1978—2010)》目录

序 …… 1
《上海市志(1978—2010)》凡例 …… 1
编纂说明 …… 1
概述 …… 1
大事记 …… 15

第一篇　建设 …… 55
第一章　电力规划 …… 57
第一节　系统规划 …… 57
第二节　电源规划 …… 65
第三节　电网规划 …… 69
第二章　业主项目管理 …… 74
第一节　工程项目 …… 74
第二节　业主项目部 …… 79
第三节　工程监理 …… 83
第三章　设计 …… 85
第一节　设计能力 …… 85
第二节　设计项目 …… 87
第三节　设计管理 …… 92
第四章　施工 …… 97
第一节　施工能力 …… 97
第二节　施工管理 …… 106
第五章　电源建设工程 …… 118
第一节　燃煤发电工程 …… 118
第二节　燃油、燃气发电工程 …… 127
第三节　风力、太阳能和综合利用发电工程 …… 130
第六章　电网建设工程 …… 135
第一节　35千伏工程 …… 135
第二节　110千伏工程 …… 140
第三节　220千伏工程 …… 145
第四节　500千伏工程 …… 153
第五节　直流输变电工程 …… 162
第六节　电力管道工程 …… 165

第二篇　发电 …… 171
第一章　发电供热能力 …… 173
第一节　发电能力 …… 173
第二节　供热能力 …… 185
第二章　发电管理 …… 190
第一节　发电运行 …… 191
第二节　设备维修 …… 197
第三节　设备改造 …… 202
第四节　节能降耗 …… 206
第五节　发电安全 …… 209
第六节　技术监督 …… 216
第三章　燃料 …… 224
第一节　燃料采购 …… 224
第二节　燃料储运 …… 230
第三节　验收核算 …… 233
第四章　减排环保 …… 238
第一节　废气治理 …… 238

第二节　废水治理 …… 243
第三节　灰渣治理 …… 245

第三篇　供电 …… 251
第一章　供电能力 …… 253
第一节　电能质量 …… 253
第二节　供电可靠性 …… 257
第三节　线路损失率 …… 260
第二章　供电网络 …… 264
第一节　10 千伏网络 …… 264
第二节　35～110 千伏网络 …… 268
第三节　220 千伏及以上网络 …… 274
第三章　供电管理 …… 285
第一节　供电运行 …… 285
第二节　设备运行 …… 288
第三节　设备维修 …… 293
第四节　设备改造 …… 296
第五节　电网改造 …… 302
第六节　带电作业 …… 305
第七节　供电安全 …… 308
第八节　技术监督 …… 323
第四章　路灯 …… 327
第一节　路灯设施 …… 327
第二节　路灯运行 …… 331
第三节　路灯节能 …… 338

第四篇　调度 …… 341
第一章　调度体系 …… 343
第一节　调度组织 …… 343
第二节　电网接线 …… 347
第三节　规章制度 …… 351
第二章　调度运行 …… 357
第一节　调度业务 …… 358
第二节　运行方式 …… 365
第三节　调度安全 …… 371
第三章　调度装置 …… 378
第一节　继电保护与安全自动装置 …… 378
第二节　调度通信装置 …… 381
第三节　调度自动化装置 …… 384
第四节　设备改造 …… 387
第五节　设备管理 …… 389

第五篇　用电 …… 393
第一章　用电水平 …… 395
第一节　用电量 …… 395
第二节　负荷 …… 399
第二章　用电管理 …… 402
第一节　用电业务 …… 402
第二节　电价 …… 412
第三节　电能计量 …… 421
第四节　农村用电 …… 424
第五节　电力营销技术支持系统 …… 427
第三章　客户服务 …… 435
第一节　服务承诺 …… 435
第二节　保电任务 …… 437
第三节　用电实事工程 …… 439
第四节　窗口服务 …… 441
第五节　电力服务热线“95598” …… 443
第六节　社区服务 …… 444
第四章　需求侧管理 …… 446
第一节　负荷管控 …… 446
第二节　调控措施 …… 451

第六篇　科技 …… 457
第一章　科技管理 …… 460
第一节　规划与计划 …… 460
第二节　立项与实施 …… 462
第三节　成果评审 …… 465
第四节　科技信息 …… 466
第二章　成果 …… 469
第一节　科技成果 …… 469
第二节　管理成果 …… 492
第三节　知识产权 …… 502
第三章　科技进步 …… 506
第一节　发电科技进步 …… 506

第二节 输电科技进步 …… 508
第三节 变电科技进步 …… 512
第四节 电网科技进步 …… 517

第七篇 节能 …… 523
第一章 能耗管控 …… 526
第一节 节电管理 …… 526
第二节 “上大压小” …… 529
第三节 “西电东送” …… 531
第四节 发电权交易 …… 533
第二章 能源结构调整 …… 535
第一节 电源布局与发电结构优化 …… 535
第二节 分布式能源 …… 537
第三节 清洁能源 …… 540
第四节 抽水蓄能发电 …… 543
第三章 节能措施 …… 545
第一节 节能改造 …… 545
第二节 节能技术应用 …… 547
第三节 降耗降损 …… 548

第八篇 体制 …… 553
第一章 行业组织 …… 556
第一节 华东电业管理局 …… 556
第二节 上海市电力工业局 …… 560
第三节 上海市电力行业协会 …… 564
第二章 体制改革 …… 567
第一节 办电方式改革 …… 567
第二节 管理模式改革 …… 574
第三节 电力市场化改革 …… 579

第九篇 企业 …… 583
第一章 集团性企业 …… 585
第一节 华东电网有限公司 …… 585
第二节 上海市电力公司 …… 589
第三节 上海电力股份有限公司 …… 592
第四节 华能国际电力股份有限公司上海分公司 …… 595
第五节 申能股份有限公司 …… 596
第六节 中国华电集团公司上海分公司 …… 599
第七节 上海电力建设有限责任公司 …… 600
第二章 基建企业 …… 605
第一节 设计企业 …… 605
第二节 施工和修造企业 …… 609
第三节 监理企业 …… 618
第三章 发电企业 …… 620
第一节 燃煤发电企业 …… 620
第二节 燃油、燃气发电企业 …… 634
第三节 风力、太阳能和综合利用发电企业 …… 637
第四节 发电专业企业 …… 643
第四章 电网企业 …… 648
第一节 供电企业 …… 648
第二节 电网专业企业 …… 657
第五章 科教医机构 …… 665
第一节 科技机构 …… 665
第二节 教培医疗机构 …… 667

第十篇 管理 …… 673
第一章 计划 …… 675
第一节 生产计划 …… 675
第二节 投资计划 …… 677
第三节 统计 …… 681
第二章 物资 …… 684
第一节 采购 …… 684
第二节 合同 …… 686
第三节 供应 …… 687
第四节 库存 …… 689
第五节 物资管理信息系统 …… 694
第三章 财务 审计 …… 696
第一节 财务 …… 697
第二节 审计 …… 706
第四章 劳动工资 …… 715
第一节 劳动组织 …… 715
第二节 劳动合同 …… 719

第三节　劳动保护 …… 721
第四节　工资制度 …… 724
第五节　公积金和社会保险 …… 728
第六节　职称评聘 …… 734
第七节　劳动生产率 …… 736
第五章　信息化工作 …… 738
第一节　信息化组织 …… 738
第二节　信息化规划 …… 739
第三节　信息安全体系 …… 740
第四节　信息基础设施 …… 742
第六章　管理现代化 …… 747
第一节　管理体系认证 …… 747
第二节　企业资源计划 …… 749
第三节　卓越绩效管理 …… 751
第十一篇　队伍 …… 753
第一章　队伍状况 …… 755
第一节　员工分布 …… 755
第二节　员工结构 …… 760
第二章　教育培训 …… 771
第一节　文化教育 …… 771
第二节　技术培训 …… 776
第三节　干部培训 …… 784
第十二篇　人物 …… 789
第一章　人物传略 …… 791
第二章　人物简介 …… 797
第三章　人物名录 …… 813
专记 …… 825
附录 …… 841
索引 …… 888
编后记 …… 908

《上海市志·工业分志·化工业卷（1978—2010）》目录

序 …… 1
《上海市志（1978—2010）》凡例 …… 1
编纂说明 …… 1
概述 …… 1
大事记 …… 17

第一篇　机构与企业 …… 85
第一章　上海市化学工业局 …… 88
第一节　沿革 …… 88
第二节　体制机制 …… 91
第三节　基本情况 …… 94
第二章　上海化工控股（集团）公司 …… 99
第一节　沿革 …… 99
第二节　体制机制 …… 100
第三节　基本情况 …… 100
第三章　上海华谊（集团）公司 …… 101
第一节　沿革 …… 101
第二节　体制机制 …… 104
第三节　基本情况 …… 105
第四节　主要企业 …… 106
第五节　主要事业单位 …… 127
第四章　中国石化上海高桥分公司 …… 134
第一节　沿革 …… 134
第二节　体制机制 …… 138
第三节　基本情况 …… 140
第五章　中国石化上海石油化工股份有限公司 …… 145
第一节　沿革 …… 145
第二节　体制机制 …… 152
第三节　基本情况 …… 157
第六章　上海化学工业区发展有限公司 …… 159
第一节　沿革 …… 159
第二节　体制机制 …… 160
第三节　基本情况 …… 161
第七章　上海宝钢化工有限公司 …… 162
第一节　沿革 …… 162
第二节　组织机构 …… 163
第三节　产品和经济指标 …… 164
第八章　协会、学会 …… 165
第一节　上海市化工行业协会 …… 165
第二节　上海市化学化工学会 …… 170

第二篇　产业布局与结构 …… 175
第一章　产业布局 …… 178
第一节　上海区域 …… 178
第二节　化工园区 …… 189
第三节　市外布局 …… 210
第二章　结构调整 …… 219
第一节　基础化学品制造业 …… 219
第二节　石油化工 …… 231

第三篇　基本建设 …………………………… 239
　第一章　基础化学品生产装置 ………… 242
　　第一节　煤化工装置 ………………… 242
　　第二节　橡胶轮胎生产线 …………… 247
　　第三节　氯碱及氟化工装置 ………… 248
　　第四节　精细化工装置 ……………… 255
　　第五节　化肥装置 …………………… 259
　第二章　石油化工生产装置 …………… 262
　　第一节　炼油装置 …………………… 262
　　第二节　石油化工装置 ……………… 294
　　第三节　合成纤维装置 ……………… 313
　　第四节　塑料橡胶装置 ……………… 321
　　第五节　工业气体装置 ……………… 325
　第三章　上海化工园区重点项目 ……… 330
　　第一节　上海化学工业区 …………… 330
　　第二节　奉贤分区与星火开发区 …… 336

第四篇　主要产品 …………………………… 337
　第一章　基础化学品 …………………… 340
　　第一节　煤化工产品 ………………… 340
　　第二节　氯碱及氟化工产品 ………… 342
　　第三节　精细化工产品 ……………… 348
　　第四节　其他化学原料产品 ………… 356
　第二章　化肥 …………………………… 360
　　第一节　合成氨 ……………………… 360
　　第二节　尿素 ………………………… 360
　　第三节　碳酸氢铵 …………………… 360
　　第四节　氯化铵 ……………………… 361
　　第五节　乙烯利 ……………………… 361
　第三章　轮胎及工业气体 ……………… 362
　　第一节　轮胎 ………………………… 362
　　第二节　工业气体 …………………… 364
　第四章　染料、颜料、涂料和油墨 ……… 366
　　第一节　染料 ………………………… 366
　　第二节　颜料 ………………………… 370
　　第三节　涂料 ………………………… 371
　　第四节　油墨 ………………………… 373
　第五章　塑料及橡胶制品 ……………… 374
　　第一节　塑料制品 …………………… 374
　　第二节　橡胶制品 …………………… 376
　第六章　石油化工产品 ………………… 382
　　第一节　燃料油品 …………………… 382
　　第二节　润滑油 ……………………… 387
　　第三节　化工产品 …………………… 393
　第七章　采购和销售 …………………… 422
　　第一节　华谊集团采购和销售 ……… 422
　　第二节　高桥石化采购和销售 ……… 442
　　第三节　上海石化采购和销售 ……… 460

第五篇　环境保护 …………………………… 481
　第一章　环保管理 ……………………… 484
　　第一节　上海市相关环保法规 ……… 484
　　第二节　环保管理机构 ……………… 485
　　第三节　环保管理制度 ……………… 487
　　第四节　环境监测 …………………… 489
　第二章　“三废”处理 …………………… 495
　　第一节　“三废”处理管理 …………… 495
　　第二节　“三废”处理装置 …………… 500
　第三章　节能减排 ……………………… 511
　　第一节　节能 ………………………… 511
　　第二节　减排 ………………………… 520
　　第三节　污染企业退出和搬迁 ……… 524
　第四章　绿化 …………………………… 529
　　第一节　概况 ………………………… 529
　　第二节　绿化管理 …………………… 532

第六篇　安全生产 …………………………… 535
　第一章　安全管理组织 ………………… 538
　　第一节　安全生产委员会 …………… 538
　　第二节　安全管理机构 ……………… 541
　第二章　安全制度和管理 ……………… 544
　　第一节　安全制度 …………………… 544
　　第二节　安全督查和隐患整改 ……… 546
　第三章　安全保障 ……………………… 556
　　第一节　安全技术 …………………… 556
　　第二节　劳动保护 …………………… 558

第三节 职业病防治 …… 562
第四章 危险化学品管理 …… 566
第一节 概况 …… 566
第二节 管理制度 …… 568
第五章 安全预防 …… 574
第一节 安全教育 …… 574
第二节 安全活动 …… 577
第三节 安全应急预案和演练 …… 581

第七篇 科技进步 …… 585
第一章 科研院所 …… 588
第一节 上海化工研究院 …… 588
第二节 上海石油化工研究院 …… 590
第三节 企业研究院所 …… 594
第二章 企业技术中心与检测机构 …… 605
第一节 技术中心 …… 605
第二节 检测机构 …… 607
第三章 技术进步和科技创新 …… 614
第一节 引进消化吸收 …… 614
第二节 重大技术改造 …… 618
第三节 自主创新 …… 629
第四节 科技成果 …… 652
第四章 知识产权 …… 663
第一节 知识产权和专利管理 …… 663
第二节 专利选介 …… 668

第八篇 人力资源 …… 675
第一章 劳动管理 …… 678
第一节 人事与分配 …… 678
第二节 员工队伍 …… 705
第二章 教育培训 …… 716
第一节 教育培训机构 …… 716
第二节 岗位培训 …… 733
第三章 分流安置与再就业 …… 748
第一节 分流安置 …… 748
第二节 再就业 …… 752

第九篇 人物 …… 755
第一章 人物传略 …… 757
第二章 人物简介 …… 767
第三章 人物表录 …… 784

专记 …… 823
附录 …… 847
索引 …… 952
编后记 …… 968

《上海市志·工业分志·钢铁业卷（1978—2010）》目录

《上海市志（1978—2010）》凡例 …… 1
编纂说明 …… 1
概述 …… 1
大事记 …… 13

第一篇　机构与企业 …… 51
第一章　上海冶金 …… 55
第一节　上海市冶金工业局 …… 55
第二节　上海冶金控股（集团）公司 …… 57
第三节　上海冶金主要企事业单位 …… 58
第二章　梅山 …… 70
第一节　梅山工程指挥部 …… 70
第二节　上海梅山冶金公司 …… 71
第三节　上海梅山（集团）有限公司 …… 72
第三章　宝山钢铁 …… 73
第一节　宝钢工程指挥部 …… 73
第二节　上海宝山钢铁总厂、宝山钢铁（集团）公司 …… 74
第三节　宝山钢铁联合（集团）公司 …… 75
第四章　宝钢集团 …… 77
第一节　上海宝钢集团公司、宝钢集团有限公司 …… 77
第二节　宝钢集团主要在沪钢铁子公司 …… 81
第五章　其他企业 …… 86

第二篇　工程建设 …… 89
第一章　上海冶金重大工程建设 …… 91
第一节　上海益昌冷轧薄板工程 …… 91
第二节　上海克虏伯不锈钢工程 …… 93
第三节　其他重大项目 …… 93
第二章　梅山工程建设 …… 99
第一节　梅山矿山工程 …… 99
第二节　梅山钢铁工程 …… 100
第三章　宝山钢铁工程建设 …… 105
第一节　宝钢一期工程 …… 105
第二节　宝钢二期工程 …… 112
第三节　宝钢三期工程 …… 115
第四章　宝钢集团重大工程建设 …… 123
第一节　宝钢三期后重大工程项目 …… 123
第二节　宝钢一钢不锈钢工程 …… 131
第三节　宝钢浦钢搬迁罗泾工程 …… 133
第四节　宝钢五钢重大工程项目 …… 135
第五节　宝钢梅钢重大工程项目 …… 137

第三篇　物资供应 …… 143
第一章　大宗原料 …… 145
第一节　铁矿石 …… 145
第二节　煤炭与焦炭 …… 146
第三节　生铁 …… 148
第四节　废钢 …… 149
第五节　冶金辅料 …… 151
第二章　能源 …… 152
第一节　水 …… 152

第二节　电 …… 156
第三节　气 …… 159
第三章　备件 …… 165
第一节　备件进口 …… 165
第二节　备件国产化 …… 166
第三节　备件出口 …… 168
第四节　备件管理 …… 168
第四章　物资运输 …… 171
第一节　陆运 …… 171
第二节　水运 …… 173

第四篇　钢铁生产 …… 177
第一章　铁矿开采 …… 180
第一节　采矿 …… 180
第二节　选矿 …… 181
第二章　炼铁 …… 182
第一节　高炉 …… 182
第二节　熔融还原炼铁装置 …… 186
第三节　烧结 …… 187
第四节　焦炉 …… 189
第三章　炼钢 …… 190
第一节　平炉 …… 190
第二节　转炉 …… 191
第三节　电炉 …… 195
第四节　连铸 …… 198
第四章　轧钢 …… 204
第一节　开坯(初轧) …… 204
第二节　热轧 …… 206
第三节　冷轧 …… 217
第四节　钢管 …… 227
第五节　线(棒)材 …… 234
第六节　型钢 …… 237
第七节　锻材 …… 241

第五篇　钢铁贸易 …… 243
第一章　国内贸易 …… 245
第一节　计划经济时期 …… 245
第二节　市场经济时期 …… 248
第二章　国际贸易 …… 255
第一节　上海冶金对外贸易 …… 256
第二节　梅山对外贸易 …… 257
第三节　宝山钢铁、宝钢集团对外贸易 …… 257
第三章　服务用户 …… 267
第一节　用户满意服务 …… 267
第二节　产销研一体化 …… 271
第四章　电子商务 …… 273
第一节　上海钢联电子商务股份有限公司 …… 273
第二节　东方钢铁电子商务有限公司 …… 275

第六篇　经营管理 …… 279
第一章　生产管理 …… 281
第一节　计划管理 …… 281
第二节　生产调度 …… 283
第三节　质量管理 …… 284
第四节　安全管理 …… 290
第二章　财务管理 …… 296
第一节　预算管理 …… 296
第二节　成本管理 …… 298
第三节　资金管理 …… 299
第四节　会计管理 …… 301
第三章　信息化管理 …… 304
第一节　管理系统信息化 …… 304
第二节　冶金行业信息化 …… 308
第四章　改革与创新 …… 311
第一节　三项制度改革 …… 311
第二节　现代化管理 …… 314
第三节　资产经营 …… 317
第四节　法务管理 …… 321
第五节　董事会试点 …… 323

第七篇　科技研发 …… 327
第一章　科研机构 …… 329
第一节　决策机构 …… 329
第二节　咨询机构 …… 329
第三节　管理机构 …… 331
第四节　主要院所 …… 334
第五节　学术性团体 …… 337

第二章　科研工作 …………………………… 340
第一节　科技发展 …………………………… 340
第二节　科研机制 …………………………… 345
第三节　科技会议 …………………………… 349
第三章　知识产权 …………………………… 351
第一节　知识产权管理 …………………………… 351
第二节　专利与技术秘密 …………………………… 353
第三节　技术贸易 …………………………… 355
第四章　科研成果 …………………………… 358
第一节　科研成果管理 …………………………… 363
第二节　重大科技项目 …………………………… 366
第五章　科技交流 …………………………… 383
第一节　学术年会 …………………………… 383
第二节　对台交流 …………………………… 384
第三节　国际交流 …………………………… 385

第八篇　节能环保 …………………………… 389
第一章　节能减排 …………………………… 391
第一节　能源管理 …………………………… 391
第二节　节能项目与节能技术 …………………………… 393
第三节　能源管理成果 …………………………… 399
第二章　环境保护 …………………………… 403
第一节　环保管理 …………………………… 403
第二节　环保项目与成果 …………………………… 410
第三章　绿化 …………………………… 422
第一节　绿化建设 …………………………… 422
第二节　绿化管理 …………………………… 426
第四章　综合利用 …………………………… 430
第一节　综合利用管理 …………………………… 430
第二节　废弃物管理 …………………………… 433

第九篇　改革调整 …………………………… 443
第一章　政企分开 …………………………… 445
第一节　简政放权 …………………………… 445
第二节　企业转制 …………………………… 448
第二章　合并重组 …………………………… 453
第一节　产品关联企业重组 …………………………… 453
第二节　上海地区钢铁企业联合重组 …………………………… 454
第三节　兼并重组 …………………………… 455
第三章　产业结构调整 …………………………… 457
第一节　淘汰落后产能 …………………………… 457
第二节　分离改制 …………………………… 458
第三节　债务重组 …………………………… 463
第四章　减员分流 …………………………… 465
第一节　转岗与分流 …………………………… 465
第二节　减员与安置 …………………………… 466
第五章　钢铁主业一体化 …………………………… 470
第一节　战略规划 …………………………… 470
第二节　管理一体化 …………………………… 471

第十篇　人力资源 …………………………… 477
第一章　人力资源管理 …………………………… 479
第一节　定员 …………………………… 479
第二节　干部管理 …………………………… 482
第三节　劳动管理 …………………………… 492
第四节　薪酬管理 …………………………… 501
第二章　教育培训 …………………………… 505
第一节　教育机构 …………………………… 505
第二节　学历教育 …………………………… 507
第三节　职业教育 …………………………… 514

第十一篇　人物 …………………………… 521
第一章　人物传略 …………………………… 523
第二章　人物简介 …………………………… 529
第三章　人物名录 …………………………… 536

专记 …………………………… 555
附录 …………………………… 587
索引 …………………………… 661
编后记 …………………………… 669

《上海市志·工业分志·机械业卷（1978—2010）》目录

序 …… 1
《上海市志（1978—2010）》凡例 …… 1
编纂说明 …… 1
概述 …… 1
大事记 …… 9

第一篇　组织机构与管理 …… 97
第一章　机构 …… 99
第一节　管理机构 …… 99
第二节　上海电气（集团）总公司 …… 103
第二章　科研教育单位 …… 111
第一节　上海电气集团股份有限公司中央研究院 …… 111
第二节　上海电气自动化设计研究所有限公司 …… 113
第三节　上海开通数控有限公司 …… 114
第四节　上海市机电科技情报研究所 …… 114
第五节　上海市机电设计研究院有限公司 …… 115
第六节　上海工业锅炉研究所 …… 117
第七节　上海电机学院 …… 119
第三章　改革与调整 …… 121
第一节　经营机制改革 …… 121
第二节　结构调整重组 …… 124
第三节　园区基地 …… 130
第四章　管理与品牌 …… 135
第一节　效益与品牌 …… 135
第二节　集团管理 …… 137
第三节　平台管理 …… 143

第二篇　电站装备产业 …… 151
第一章　规模和效益 …… 153
第二章　主要产品 …… 159
第一节　火力发电机组 …… 159
第二节　燃气轮机 …… 168
第三节　百万级核电机组 …… 168
第四节　水力、风力发电装备 …… 169
第五节　高压三相感应电动机 …… 170
第六节　其他产品 …… 171
第三章　科学技术 …… 173
第一节　技术装备 …… 173
第二节　产品开发标准 …… 175
第三节　引进技术 …… 176
第四节　科技成果 …… 177

第三篇　重型装备产业 …… 181
第一章　重工装备制造产业 …… 183
第一节　沿革 …… 183
第二节　产品 …… 185
第三节　技术装备 …… 190
第四节　经济效益 …… 192

第二章　矿山装备制造产业 …………… 194
第一节　沿革 ………………………… 194
第二节　产品 ………………………… 194
第三节　技术和效益 ………………… 196
第三章　输配电装备产业 …………… 197
第一节　沿革 ………………………… 197
第二节　主要产品 …………………… 198
第三节　技术装备和经济效益 ……… 202
第四章　石油装备制造产业 ………… 204
第一节　沿革 ………………………… 204
第二节　主要产品 …………………… 205
第三节　经济效益 …………………… 207

第四篇　成套装备产业 ………………… 209
第一章　机电一体化产业 …………… 212
第一节　沿革 ………………………… 212
第二节　产品和效益 ………………… 212
第二章　电梯制造业 ………………… 215
第一节　沿革 ………………………… 215
第二节　产品 ………………………… 216
第三节　装备和效益 ………………… 218
第三章　轨道交通设备产业 ………… 220
第一节　沿革 ………………………… 220
第二节　产品和经济效益 …………… 221
第四章　机床制造产业 ……………… 223
第一节　上海机床厂有限公司 ……… 223
第二节　上海重型机床厂有限公司 ………………………… 229
第五章　印刷包装机械产业 ………… 234
第一节　沿革 ………………………… 234
第二节　产品 ………………………… 235
第三节　装备和效益 ………………… 237
第六章　环保机械产业 ……………… 242
第一节　沿革 ………………………… 242
第二节　产品 ………………………… 243
第三节　技术 ………………………… 244
第四节　经济效益 …………………… 246
第七章　冰箱空调压缩机制造产业 …… 247
第一节　沿革 ………………………… 247
第二节　产品 ………………………… 249
第三节　技术和经济效益 …………… 250

第五篇　配套装备产业 ………………… 253
第一章　通用机械 …………………… 256
第一节　沿革 ………………………… 256
第二节　主要产品 …………………… 256
第二章　电机线缆制造产业 ………… 261
第一节　沿革 ………………………… 261
第二节　主要产品 …………………… 261
第三章　液压气动设备产业 ………… 269
第一节　沿革 ………………………… 269
第二节　主要产品 …………………… 269
第四章　轴承制造产业 ……………… 271
第一节　沿革 ………………………… 271
第二节　主要产品 …………………… 271
第五章　机械基础制造产业 ………… 274
第一节　沿革 ………………………… 274
第二节　产品 ………………………… 274

第六篇　汽车机械制造业 ……………… 279
第一章　行业沿革 …………………… 281
第一节　引进合资 …………………… 281
第二节　支柱产业 …………………… 283
第三节　国际战略 …………………… 285
第二章　行业格局 …………………… 289
第一节　企业格局 …………………… 289
第二节　产品格局 …………………… 291
第三节　产销格局 …………………… 294
第四节　上海国际汽车城 …………… 296
第三章　对外开放 …………………… 299
第一节　技术引进 …………………… 299
第二节　合资经营 …………………… 301
第三节　外资独资机构企业 ………… 303
第四章　技术创新 …………………… 310
第一节　自主品牌建设 ……………… 310
第二节　合资企业本土化研发 ……… 312
第三节　新能源汽车建设 …………… 314

第七篇 化工、轻工、纺织机械制造业 …… 319
第一章 化工机械制造产业 …… 321
第一节 沿革 …… 321
第二节 产品 …… 323
第三节 经济效益 …… 332
第二章 轻工机械制造产业 …… 334
第一节 沿革 …… 334
第二节 产品 …… 335
第三节 经济效益 …… 345
第三章 纺织机械制造产业 …… 347
第一节 沿革 …… 347
第二节 产品 …… 349
第三节 科技研发 …… 351
第四节 经济效益 …… 353

第八篇 仪器仪表、医疗、农业机械制造业 …… 355
第一章 仪器仪表机械制造 …… 357
第一节 沿革 …… 357
第二节 电工仪器仪表 …… 359
第三节 光学分析仪器 …… 364
第四节 自动化仪表 …… 371
第五节 电子测量仪器 …… 378
第二章 医疗机械制造产业 …… 383
第一节 沿革 …… 383
第二节 医用射线设备 …… 384
第三节 诊察治疗设备 …… 386
第四节 医用检验仪器设备 …… 391
第五节 体外循环设备 …… 393
第六节 医院设备 …… 394
第七节 手术器械 …… 397
第八节 制药机械 …… 400
第三章 农业机械制造产业 …… 406
第一节 沿革 …… 406
第二节 种植机械 …… 407
第三节 其他机械 …… 409

第九篇 企业 …… 413
第一章 电站装备企业 …… 415
第一节 电站装备制造企业 …… 415
第二节 电站装备海外企业 …… 423
第二章 重型装备企业 …… 425
第一节 重型装备制造企业 …… 425
第二节 输配电装备企业 …… 432
第三节 石油装备制造企业 …… 438
第三章 成套装备制造企业 …… 440
第一节 机电一体化制造企业 …… 440
第二节 轨道交通制造企业 …… 444
第三节 机床制造企业 …… 445
第四节 印刷包装机械制造企业 …… 447
第五节 环保机械制造企业 …… 451
第六节 冰箱空调压缩机制作企业 …… 453
第四章 配套装备企业 …… 458
第一节 通用机械制造企业 …… 458
第二节 电机线缆制造企业 …… 460
第三节 液压气动设备制造企业 …… 463
第四节 轴承制造企业 …… 464
第五节 机械基础产品制造企业 …… 465
第五章 汽车企业 …… 480
第一节 上海汽车工业(集团)总公司 …… 480
第二节 上海汽车集团股份有限公司 …… 483
第三节 汽车摩托车企业 …… 485
第四节 汽车零部件企业 …… 491
第六章 化工、轻工、纺织企业 …… 500
第一节 化工机械企业 …… 500
第二节 轻工机械企业 …… 502
第三节 纺织机械企业 …… 511
第七章 仪器仪表、医疗器械、农业机械企业 …… 517
第一节 仪器仪表企业 …… 517
第二节 光学分析仪器 …… 525
第三节 自动化仪表企业 …… 531
第四节 电子测量仪器 …… 541

第五节 医疗器械企业 …………………… 545
第六节 农业机械制造企业 …………… 547

第十篇 人物 ………………………………… 555
第一章 人物传略 ………………………… 557
第二章 人物简介 ………………………… 564
第三章 人物表录 ………………………… 574

专记 …………………………………………………………………… 609
索引 …………………………………………………………………… 621
编后记 ………………………………………………………………… 633

《上海市志·工业分志·仪表电子·计算机业卷(1978—2010)》目录

《上海市志(1978—2010)》凡例 …… 1
编纂说明 …… 1
概述 …… 1
大事记 …… 13

第一篇 行业概览 …… 73
第一章 广播电视 …… 76
第一节 行业沿革 …… 76
第二节 主要产品 …… 80
第三节 配套件生产 …… 94
第四节 生产技术 …… 102
第二章 通信设备雷达 …… 106
第一节 行业沿革 …… 106
第二节 主要产品 …… 109
第三节 生产技术 …… 115
第三章 电子元器件 …… 120
第一节 行业沿革 …… 120
第二节 主要产品 …… 124
第三节 生产技术 …… 132
第四章 真空电子器件 …… 139
第一节 行业沿革 …… 139
第二节 主要产品 …… 141
第三节 生产技术 …… 147
第五章 半导体器件 …… 150
第一节 行业沿革 …… 150
第二节 主要产品 …… 157
第三节 生产技术 …… 163
第六章 照明 …… 166
第一节 行业沿革 …… 166
第二节 主要产品 …… 169
第三节 生产技术 …… 173
第七章 电工电器仪器仪表、电子测量仪器 …… 175
第一节 行业沿革 …… 175
第二节 主要产品 …… 181
第三节 生产技术 …… 195
第八章 光学、分析仪器 …… 205
第一节 行业沿革 …… 205
第二节 主要产品 …… 211
第三节 生产技术 …… 218
第九章 自动化仪表 …… 224
第一节 行业沿革 …… 224
第二节 主要产品 …… 231
第三节 生产技术 …… 241
第十章 集成电路 …… 245
第一节 行业沿革 …… 246
第二节 主要产品与项目 …… 256
第三节 生产技术 …… 259
第四节 产业园与公共服务平台 …… 260

第二篇 企业 …… 263
第一章 国有企业 …… 265
第一节 广播电视行业 …… 265

第二节　通信设备行业 …… 277
第三节　电子元件行业 …… 280
第四节　真空电子器件行业 …… 290
第五节　半导体器件行业 …… 295
第六节　电工仪器仪表行业 …… 301
第七节　光学、分析仪器行业 …… 313
第八节　自动化仪表行业 …… 319
第九节　电子测量仪器行业 …… 333
第二章　集体企业 …… 340
第一节　广播电视行业 …… 340
第二节　电子元件行业 …… 346
第三节　真空电子器件行业 …… 352
第四节　半导体器件行业 …… 353
第五节　电工仪器仪表行业 …… 357
第六节　光学、分析仪器行业 …… 359
第三章　合资(合作)企业 …… 360
第一节　电子整机行业 …… 360
第二节　通信设备行业 …… 368
第三节　电子元件行业 …… 373
第四节　真空电子器件行业 …… 389
第五节　半导体器件行业 …… 394
第六节　电工仪器仪表行业 …… 396
第七节　集成电路、IC卡行业 …… 400
第八节　光学、仪器仪表行业 …… 407
第九节　自动化仪表行业 …… 410
第十节　电子测量仪器行业 …… 416
第十一节　其他类行业 …… 417

第三篇　体制改革与开放 …… 419
第一章　经营体制改革 …… 422
第一节　企业整顿 …… 422
第二节　管理上等级 …… 423
第三节　经营承包责任制 …… 424
第四节　企业扩权 …… 426
第五节　厂长负责制 …… 428
第六节　撤销行政性公司 …… 429
第七节　转换经营机制 …… 431
第八节　现代企业制度 …… 433
第九节　研究所改革 …… 434
第二章　投融资改革 …… 438
第一节　改制上市 …… 438
第二节　股权分置和资产重组 …… 446
第三节　引进外资 …… 449
第四节　多渠道融资 …… 457
第五节　多途径创汇 …… 459
第六节　外贸自主权 …… 461
第七节　国内合资合作 …… 464
第八节　海外开厂设点 …… 468
第三章　国资管理改革 …… 473
第一节　方案制定 …… 473
第二节　组织实施 …… 475
第三节　法人治理结构 …… 477
第四节　组织体系 …… 479
第五节　规范运作 …… 480
第六节　监督机制 …… 483
第四章　分配制度改革 …… 487
第一节　工资 …… 487
第二节　奖金 …… 491
第三节　期权分配 …… 492
第四节　医保制度改革 …… 494
第五章　用工制度改革 …… 497
第一节　劳动合同制 …… 497
第二节　全员劳动合同制 …… 497
第三节　劳务工 …… 499
第六章　人事制度改革 …… 503
第一节　干部制度 …… 503
第二节　人才制度 …… 505
第三节　高技能队伍 …… 508

第四篇　调整转型 …… 511
第一章　企业组织结构调整 …… 513
第一节　组建经营性公司 …… 513
第二节　兼并重组 …… 515
第三节　托管收购 …… 517
第四节　分拆聚合 …… 518
第五节　分类施策 …… 518
第六节　壳体企业 …… 519
第七节　小企业改制 …… 522

第八节　破产 …… 524
第二章　产业产品结构调整 …… 527
第一节　项目引进 …… 527
第二节　发展高新产业 …… 530
第三节　传统产业升级 …… 532
第四节　集成新行业 …… 535
第五节　扩大产品出口 …… 538
第三章　布局结构调整 …… 541
第一节　盘活不动产资源 …… 541
第二节　空转和实转 …… 541
第三节　制定土地规划 …… 542
第四节　积聚资金 …… 543
第四章　转型 …… 547
第一节　资产运作平台 …… 547
第二节　发展战略 …… 548
第三节　聚焦主业 …… 550
第四节　商务不动产 …… 551
第五节　金融服务业 …… 556
第五章　再就业工程 …… 560
第一节　精简富余人员 …… 560
第二节　再就业机构 …… 561
第三节　有序运行 …… 564
第四节　职业介绍 …… 567
第五节　资金保障 …… 571
第六节　稳定 …… 573

第五篇　计算机 …… 577
第一章　管理机构 …… 580
第一节　行政管理机构沿革 …… 580
第二节　历届公司(集团)行政负责人班子成员 …… 583
第二章　产业提升和结构调整 …… 586
第一节　经营策略调整 …… 586
第二节　企业投资及企业调整 …… 587
第三节　基本建设 …… 592
第四节　技术引进和技术改造 …… 595
第五节　资质平台建设 …… 598
第三章　产品与应用 …… 600
第一节　主要计算机产品 …… 600
第二节　主要计算机外围设备 …… 609
第三节　专用设备 …… 613
第四节　典型应用系统及软件 …… 621
第四章　企业管理 …… 653
第一节　国有资产管理 …… 653
第二节　全面质量管理 …… 655
第三节　产品质量奖 …… 657
第五章　主要企业 …… 660
第一节　生产制造企业 …… 660
第二节　系统集成及软件企业 …… 667
第三节　其他企业 …… 673

第六篇　科技、教育、品牌 …… 675
第一章　科技 …… 677
第一节　科技管理体制沿革 …… 677
第二节　研发体系 …… 679
第三节　产品开发 …… 688
第四节　科技工作机制 …… 700
第二章　计算机科技 …… 704
第一节　科技创新体系 …… 704
第二节　科技创新激励机制 …… 706
第三节　科技成果(荣誉) …… 707
第四节　自主知识产权 …… 719
第三章　教育 …… 729
第一节　校院简介 …… 729
第二节　教育体制沿革 …… 733
第三节　五项功能 …… 737
第四章　品牌 …… 745
第一节　整机品牌 …… 745
第二节　广播电视设备品牌 …… 755
第三节　整机配套件品牌 …… 757
第四节　无线通信设备品牌 …… 762
第五节　自动化仪表仪器仪表品牌 …… 765
第六节　新兴产业品牌 …… 769
第七节　精密分析仪器品牌 …… 774
第八节　持续发展产业的品牌 …… 778

第七篇　管理 …………………………… 785
第一章　系统管理与公司管理 ………… 787
第一节　系统管理机构 ……………… 787
第二节　公司管理 …………………… 794
第三节　协会 ………………………… 802
第二章　生产经营管理 ………………… 807
第一节　生产管理 …………………… 807
第二节　质量管理 …………………… 812
第三节　财务资金管理 ……………… 818
第四节　投资管理 …………………… 822
第五节　销售管理 …………………… 826
第六节　减亏增效 …………………… 834
第七节　物资供应与节能降耗 ……… 837
第八节　管理现代化 ………………… 841
第九节　安全生产 …………………… 843
第三章　国资运行管理 ………………… 848
第一节　重大经营决策权 …………… 848
第二节　投资收益权 ………………… 850
第三节　人事管理权 ………………… 853
第四节　战略管理 …………………… 855
第五节　全面预算管理 ……………… 858
第六节　运营监控管理 ……………… 861
第七节　产权事务管理制度 ………… 867
第四章　物业管理 ……………………… 871
第一节　住房解困 …………………… 871
第二节　经租与开发 ………………… 873
第三节　物业管理与监控 …………… 877
第五章　企业文化 ……………………… 880
第一节　观念文化 …………………… 880
第二节　经营文化 …………………… 882
第三节　凝聚文化 …………………… 885
第四节　形象文化 …………………… 888

第八篇　人物 …………………………… 891
第一章　人物传略 ……………………… 893
第二章　人物简介 ……………………… 903
第三章　人物表 ………………………… 907

专记 ……………………………………… 975
附录 ……………………………………… 993
索引 ……………………………………… 1007
编后记 …………………………………… 1056

《上海市志·工业分志·轻工业卷(1978—2010)》目录

《上海市志(1978—2010)》凡例 …… 1
编纂说明 …… 1
概述 …… 1
大事记 …… 19

第一篇　行业概览 …… 93
第一章　食品 …… 96
第一节　沿革 …… 96
第二节　工艺设备 …… 102
第二章　塑料制品 …… 105
第一节　沿革 …… 105
第二节　工艺设备 …… 123
第三章　家用电器 …… 126
第一节　沿革 …… 126
第二节　工艺设备 …… 133
第四章　日用化学品 …… 135
第一节　沿革 …… 135
第二节　工艺设备 …… 145
第五章　家具 …… 150
第一节　沿革 …… 150
第二节　工艺设备 …… 159
第六章　工艺美术 …… 161
第一节　沿革 …… 161
第二节　工艺设备 …… 166
第七章　造纸及纸制品 …… 168
第一节　沿革 …… 168
第二节　工艺设备 …… 189
第八章　照明电器 …… 193
第一节　沿革 …… 193
第二节　工艺设备 …… 197
第九章　五金 …… 203
第一节　沿革 …… 203
第二节　工艺设备 …… 212
第十章　皮革及制鞋、皮件 …… 214
第一节　沿革 …… 214
第二节　工艺设备 …… 224
第十一章　制笔 …… 226
第一节　沿革 …… 226
第二节　工艺设备 …… 234
第十二章　文教体育用品 …… 236
第一节　沿革 …… 236
第二节　工艺设备 …… 249
第十三章　玩具 …… 252
第一节　沿革 …… 252
第二节　工艺设备 …… 258
第十四章　自行车 …… 259
第一节　沿革 …… 259
第二节　工艺 …… 272
第十五章　缝制机械 …… 274
第一节　沿革 …… 274
第二节　工艺 …… 290
第十六章　钟表 …… 291
第一节　沿革 …… 291

第二节 工艺设备 …… 301
第十七章 日用玻璃 …… 304
第一节 沿革 …… 304
第二节 工艺设备 …… 313
第十八章 保温容器 …… 315
第一节 沿革 …… 315
第二节 工艺设备 …… 321
第十九章 其他行业(公司) …… 323
第一节 照相器材 …… 323
第二节 机动车及汽车配件 …… 327
第三节 包装印刷 …… 331
第四节 木材加工 …… 333
第五节 轻工装备 …… 339
第六节 办公机械 …… 342
第七节 室内装饰 …… 347

第二篇 企业 …… 351
第一章 快速消费品 …… 353
第一节 食品企业选介 …… 353
第二节 造纸纸品企业选介 …… 359
第三节 日用化学品企业选介 …… 361
第二章 耐用消费品 …… 369
第一节 塑料制品企业选介 …… 369
第二节 家用电器企业选介 …… 370
第三节 皮革工业企业选介 …… 374
第四节 家具 …… 379
第五节 五金制品企业选介 …… 383
第六节 照明电器企业选介 …… 384
第七节 自行车企业选介 …… 388
第八节 玻璃保温瓶企业选介 …… 390
第九节 钟表工业企业选介 …… 392
第三章 文体休闲用品 …… 397
第一节 工艺美术企业选介 …… 397
第二节 文教体育用品 …… 400
第三节 玩具企业选介 …… 403
第四节 乐器企业选介 …… 405
第五节 制笔企业选介 …… 408
第六节 包装印刷企业选介 …… 410
第四章 轻工机械装备 …… 414
第一节 轻工机械企业选介 …… 414
第二节 缝制机械企业选介 …… 416
第三节 其他制造企业选介 …… 422

第三篇 产品与品牌 …… 425
第一章 主要产品 …… 427
第一节 快速消费品 …… 427
第二节 耐用消费品 …… 433
第三节 日常消费品 …… 448
第四节 文体休闲用品 …… 459
第五节 轻工机械 …… 473
第六节 原料产品 …… 482
第二章 自主品牌 …… 487
第一节 快速消费品 …… 487
第二节 耐用消费品 …… 490
第三节 日常消费品 …… 501
第四节 文体休闲用品 …… 513
第五节 轻工机械 …… 522
第六节 原料产品 …… 524
第三章 知名品牌 …… 527
第一节 中国驰名商标 …… 528
第二节 中国名牌产品 …… 529
第三节 上海市著名商标 …… 530
第四节 上海名牌产品 …… 538
第五节 中华老字号 …… 549

第四篇 管理 …… 551
第一章 机构 …… 553
第一节 上海市轻工业局 …… 553
第二节 上海市手工业管理局、上海市第二轻工业局 …… 561
第三节 上海轻工控股(集团)公司 …… 565
第四节 联社 …… 593
第二章 经济运行 …… 597
第一节 走出消费品短缺时期(1978—1990年) …… 597

第二节　质量品种效益的提升(1991—1995年) …… 605
第三节　轻工控股公司前期(1996—1999年) …… 612
第四节　轻工控股公司后期(2000—2005年) …… 614
第五节　“十一五”期间(2006—2010年) …… 617
第六节　集体经济 …… 625
第三章　行业协会 …… 629
第一节　上海市轻工业协会 …… 629
第二节　上海家用电器行业协会 …… 630
第三节　上海市玩具和婴童用品行业协会 …… 630
第四节　上海缝制机械行业协会 …… 631
第五节　上海市工具行业协会 …… 632
第六节　上海市自行车行业协会 …… 632
第七节　上海市酿酒专业协会 …… 633
第八节　上海塑料行业协会 …… 634
第九节　上海市家具行业协会 …… 634
第十节　上海工艺美术行业协会 …… 635
第十一节　上海市钟表行业协会 …… 636
第十二节　上海宝玉石行业协会 …… 636
第十三节　上海照明电器行业协会 …… 637
第十四节　上海皮革行业协会 …… 638
第十五节　上海市纸业行业协会 …… 638
第十六节　上海市乐器行业协会 …… 639
第十七节　上海市眼镜行业协会 …… 639
第十八节　上海日用化学品行业协会 …… 640

第五篇　改革开放 …… 641
第一章　经营体制改革 …… 643
第一节　企业经营自主权 …… 643
第二节　企业领导管理体制 …… 650
第三节　公司改革改制 …… 658
第四节　内销体制改革 …… 662
第五节　外销体制改革 …… 667
第二章　产权制度改革 …… 675
第一节　中小企业产权改革 …… 675
第二节　上市股份公司 …… 681
第三节　经营者激励制约机制 …… 686
第四节　投资主体多元化 …… 690
第五节　民营化改制 …… 691
第三章　对内搞活 …… 693
第一节　横向经济联合 …… 693
第二节　对口支援及国内经济合作 …… 699
第四章　对外开放 …… 702
第一节　外商投资企业 …… 702
第二节　境外投资 …… 744

第六篇　调整转型 …… 749
第一章　产业结构调整 …… 751
第一节　产业调整 …… 751
第二节　产业优化 …… 758
第二章　企业结构调整 …… 766
第一节　兼并与重组 …… 766
第二节　扭亏增盈与企业破产 …… 771
第三节　壳体企业 …… 775
第三章　劳动力结构调整 …… 779
第一节　劳动用工及制度改革 …… 779
第二节　再就业工程 …… 782
第四章　创新发展 …… 789
第一节　品牌战略 …… 789
第二节　文化创意与时尚产业 …… 795
第三节　信息化与工业化融合 …… 798
第四节　都市型工业及园区 …… 804
第五节　展会 …… 809

第七篇　科技教育 …… 813
第一章　产品开发与技术进步 …… 815
第一节　新产品与新经济增长点 …… 815
第二节　技术进步 …… 824
第三节　产学研结合与知识产权 …… 838

第二章 投资与质量 …… 844
第一节 固定资产投资与技术改造 …… 844
第二节 质量 …… 850
第三章 科研教育院所校 …… 853
第一节 科研院所 …… 853
第二节 学校 …… 858
第四章 学术团体与刊物 …… 864
第一节 学术团体选介 …… 864
第二节 期刊与出版物选介 …… 865

第八篇 人物 …… 869
第一章 人物传略 …… 871
第二章 人物简介 …… 875
第三章 人物表 …… 890

专记 …… 925
附录 …… 985
索引 …… 1145
编后记 …… 1192

《上海市志·工业分志·汽车业卷(1978—2010)》目录

《上海市志(1978—2010)》凡例 …… 1
编纂说明 …… 1
概述 …… 1
大事记 …… 13

第一篇 决策·规划 …… 65
第一章 上海大众汽车合资决策 …… 67
第一节 技术引进决策 …… 67
第二节 轿车合资决策 …… 68
第二章 上海桑塔纳轿车国产化决策 …… 71
第一节 战略 …… 71
第二节 组织·政策 …… 73
第三章 建设上海支柱产业·国家轿车基地决策 …… 76
第一节 决策 …… 76
第二节 动员 …… 78
第三节 指导 …… 79
第四章 上海通用汽车·泛亚汽车技术中心合资决策 …… 82
第一节 决策合资 …… 82
第二节 指导推进 …… 83
第五章 上汽改革·上南合作决策 …… 86
第一节 上汽改制决策 …… 86
第二节 上汽上市决策 …… 88
第三节 上南合作决策 …… 89
第六章 上海汽车工业自主创新决策 …… 92
第一节 上汽自主品牌建设决策 …… 92
第二节 新能源汽车建设决策 …… 94
第七章 上海国际汽车城建设决策 …… 97
第一节 决策 …… 97
第二节 启动 …… 99
第三节 推进 …… 100
第八章 规划 …… 103
第一节 "五五"后三年规划 …… 103
第二节 "六五"发展规划 …… 104
第三节 "七五"发展规划 …… 107
第四节 "八五"发展规划 …… 110
第五节 "九五"发展规划 …… 113
第六节 "十五"发展规划 …… 116
第七节 "十一五"发展规划 …… 121

第二篇 体制改革 …… 127
第一章 企业化改制 …… 129
第一节 企业性公司改制 …… 129
第二节 企业经营机制改革 …… 132
第二章 集团化改制 …… 137
第一节 现代企业制度改革试点 …… 137
第二节 组建上汽集团 …… 138
第三节 集团化相关改革 …… 140
第三章 股份化改制 …… 143
第一节 双钱股份上市运营 …… 143
第二节 耀皮玻璃上市运营 …… 146
第三节 上柴股份上市运营 …… 150

第四节　上海汽车股份有限公司上市运营 …… 153
第五节　上汽集团整车业务整体上市 …… 162
第六节　上汽集团汽车零部件业务整体上市 …… 164
第七节　普利特上市运营 …… 166

第三篇　企业·协会 …… 169
第一章　上海汽车工业(集团)总公司 …… 172
第一节　发展沿革 …… 172
第二节　公司架构 …… 178
第三节　经营业绩 …… 191
第二章　上海汽车集团股份有限公司 …… 197
第一节　公司架构 …… 197
第二节　上市公司运作 …… 203
第三节　经营业绩 …… 207
第三章　整车企业 …… 212
第一节　乘用车企业概况 …… 212
第二节　乘用车企业 …… 215
第三节　商用车企业 …… 224
第四节　专用车企业 …… 234
第五节　摩托车企业 …… 245
第六节　并转的整车企业 …… 249
第七节　汽车研发企业或机构 …… 253
第四章　汽车零部件企业·华域汽车 …… 265
第一节　汽车零部件企业概况 …… 265
第二节　华域汽车系统股份有限公司 …… 268
第三节　汽车动力总成企业 …… 270
第四节　汽车电子电器企业 …… 276
第五节　汽车内外饰件企业 …… 286
第六节　汽车功能件企业 …… 296
第七节　汽车金属成型·汽车模具企业 …… 314
第八节　汽车热加工企业 …… 317
第九节　新能源汽车零部件企业 …… 321
第五章　汽车服务贸易企业 …… 326
第一节　上汽汽车服务贸易发展沿革 …… 326
第二节　汽车生产服务型企业 …… 330
第三节　汽车营销服务型企业 …… 349
第四节　汽车消费服务型企业 …… 362
第六章　跨国汽车公司地区总部 …… 368
第一节　整车跨国公司地区总部 …… 368
第二节　汽车零部件跨国公司地区总部 …… 372
第七章　汽车行业协会·学会 …… 383
第一节　上海市汽车行业协会 …… 383
第二节　上海市汽车工程学会 …… 385
第三节　上海市外商投资企业协会汽车分会 …… 387
第四节　上海市交通电子行业协会 …… 390
第五节　上海市汽车销售行业协会 …… 392
第六节　上海汽车配件流通行业协会 …… 394
第七节　上海市摩托车行业协会 …… 396
第八节　上海市二手车交易管理协会 …… 397

第四篇　品牌·产品 …… 401
第一章　乘用车品牌产品 …… 413
第一节　在售乘用车品牌产品 …… 413
第二节　停产乘用车品牌产品 …… 440
第二章　商用车品牌产品 …… 442
第一节　在售商用车品牌产品 …… 442
第二节　停产商用车品牌产品 …… 461
第三章　专用车·摩托车品牌产品 …… 466
第一节　专用车品牌产品 …… 466
第二节　摩托车品牌产品 …… 472
第四章　汽车零部件品牌 …… 482
第一节　上汽零部件自主品牌 …… 482
第二节　上汽零部件许可品牌 …… 488

第三节　其他零部件品牌 …………… 490
第五章　汽车零部件产品 …………… 493
第一节　汽车底盘系统产品 ………… 493
第二节　汽车动力传动总成产品 …… 499
第三节　汽车内外饰产品 …………… 508
第四节　汽车电子电器产品 ………… 515
第五节　汽车功能件·金属成品和模具产品 …………………… 523
第六节　汽车热加工产品 …………… 529

第五篇　合资·合作…………………… 537
第一章　合资合作战略 ……………… 539
第一节　中外合资战略 ……………… 539
第二节　跨地合作战略 ……………… 546
第三节　海外合作战略 ……………… 548
第二章　整车企业合资项目 ………… 549
第一节　上海大众汽车合资 ………… 549
第二节　上海通用汽车·泛亚汽车技术中心合资 ………………… 554
第三节　上海其他整车企业合资 …… 560
第三章　汽车零部件·汽车服务贸易企业合资 …………………… 566
第一节　汽车零部件企业合资 ……… 566
第二节　上汽汽车服务贸易企业合资 ……………………………… 591
第四章　上汽跨地合资合作·海外合作 ……………………………… 600
第一节　跨地合资合作 ……………… 600
第二节　零部件企业跨地合作 ……… 614
第三节　海外经营与合作 …………… 619

第六篇　基建·装备…………………… 631
第一章　整车重要工程建设 ………… 634
第一节　上海大众汽车工程建设 …… 635
第二节　上海通用汽车·泛亚汽车技术中心工程建设 …………… 646
第三节　上汽通用五菱工程建设 …… 656
第四节　上汽乘用车分公司·上汽技术中心工程建设 …………… 663
第五节　上汽其他整车工程建设 …… 670
第六节　上海其他整车工程建设 …… 675
第二章　汽车零部件重要工程建设 …… 679
第一节　汽车动力总成系统工程建设 ……………………………… 687
第二节　汽车电子电器系统工程建设 ……………………………… 696
第三节　汽车饰件系统工程建设 …… 704
第四节　汽车功能件工程建设 ……… 719
第五节　汽车金属成型·模具工程建设 ……………………………… 739
第六节　汽车热加工工程建设 ……… 745
第三章　上汽汽车服务贸易·其他重要工程建设 ………………… 754
第一节　汽车生产服务工程建设 …… 754
第二节　汽车营销服务·汽车消费服务工程建设 ………………… 761
第三节　上汽其他工程建设 ………… 764

第七篇　技术引进 …………………… 767
第一章　整车制造技术引进消化 …… 769
第一节　上海大众汽车整车制造技术引进消化 …………………… 769
第二节　上海通用汽车整车制造技术引进消化 …………………… 776
第三节　其他整车制造技术引进消化 ……………………………… 781
第二章　上海桑塔纳轿车·别克轿车国产化 ……………………… 785
第一节　上海桑塔纳轿车国产化基金 ……………………………… 785
第二节　上海桑塔纳轿车国产化共同体 …………………………… 787
第三节　上海桑塔纳轿车国产化攻坚 ……………………………… 790
第四节　桑塔纳·帕萨特轿车国产化鉴定 ………………………… 794
第五节　别克轿车国产化 …………… 796

第三章　上汽汽车零部件制造技术引进消化 …… 798
第一节　上海大众汽车·上海通用汽车发动机制造技术引进消化 …… 798
第二节　上海汇众轿车前后桥制造技术引进消化 …… 803
第三节　上汽变速器汽车变速箱制造技术引进消化 …… 809
第四节　联合电子汽油发动机管理系统制造技术引进消化 …… 812
第五节　上海纳铁福汽车传动轴制造技术引进消化 …… 815
第六节　上海三电贝洱汽车空调压缩机制造技术引进消化 …… 817
第七节　延锋伟世通汽车饰件·安全气囊制造技术引进消化 …… 819
第八节　上汽其他重要汽车零部件制造技术引进消化 …… 821

第八篇　技术创新 …… 833
第一章　上汽乘用车自主品牌建设 …… 835
第一节　上汽乘用车自主品牌建设战略 …… 835
第二节　上汽乘用车自主研发体系 …… 838
第三节　上汽乘用车自主品牌制造体系 …… 843
第四节　上汽乘用车自主品牌研发成果 …… 846
第二章　其他整车自主研发·本土化开发 …… 851
第一节　上汽合资企业本土化研发 …… 851
第二节　上汽商用车自主研发 …… 862
第三节　上海其他整车自主研发 …… 871
第三章　上汽汽车零部件自主研发 …… 878
第一节　上海离合器·上汽变速器汽车变速器自主研发 …… 878
第二节　上汽乘用车分公司·上柴股份汽车发动机自主研发 …… 881
第三节　上海汇众汽车底盘自主研发 …… 884
第四节　上汽汽车电子电器自主研发 …… 886
第五节　上海三电贝洱汽车空调自主研发 …… 893
第六节　上海小糸汽车灯具自主研发 …… 896
第七节　延锋伟世通汽车饰件系统自主研发 …… 897
第八节　上汽其他汽车零部件自主开发 …… 901
第四章　新能源汽车建设 …… 907
第一节　上汽新能源汽车发展战略 …… 907
第二节　同济·上汽“超越”系列燃料电池车研制 …… 911
第三节　上汽乘用车分公司新能源汽车研制 …… 912
第四节　上汽商用车技术中心·上海申沃新能源汽车研制 …… 914
第五节　上海大众汽车·上海通用汽车新能源汽车研制 …… 920
第六节　其他整车企业新能源汽车研制 …… 923
第七节　新能源汽车运行 …… 925
第五章　产学研合作·技术进步奖项 …… 928
第一节　上海汽车工业科技发展基金会 …… 928
第二节　上海汽车工业教育基金会 …… 932
第三节　上汽与高校院所产学研合作 …… 939
第四节　上汽获得技术进步奖项 …… 950

第九篇　供销·物流 …… 961
第一章　采购 …… 963
第一节　计划统配·集中采购 …… 963
第二节　企业自主采购 …… 964

第二章 营销服务 …… 968
第一节 营销服务沿革 …… 968
第二节 上汽集团服务品牌 …… 971
第三节 整车营销服务品牌 …… 973
第四节 整车营销服务网络 …… 977
第三章 汽车交易市场 …… 991
第一节 新车交易市场 …… 991
第二节 二手车交易市场 …… 994
第三节 汽车配件交易市场 …… 999
第四章 汽车物流仓储 …… 1003
第一节 汽车物流 …… 1003
第二节 汽车仓储 …… 1008
第五章 汽车销量 …… 1010
第一节 上海地区汽车摩托车销量·保有量 …… 1010
第二节 上汽汽车销量 …… 1014
第三节 整车企业汽车摩托车销量 …… 1019
第四节 出口创汇 …… 1026

第十篇 生产管理 …… 1035
第一章 计划·质量管理 …… 1037
第一节 计划管理 …… 1037
第二节 质量管理 …… 1040
第三节 上汽特色质量管理 …… 1048
第二章 财务管理 …… 1053
第一节 机构制度·预算管理 …… 1053
第二节 成本·资金管理 …… 1056
第三节 精益生产·精益管理 …… 1061
第四节 人人成为"经营者"管理模式 …… 1065
第三章 信息化建设管理 …… 1069
第一节 上汽信息化建设管理 …… 1069
第二节 上海通用汽车信息化建设管理 …… 1074
第三节 上海大众汽车信息化建设管理 …… 1078
第四节 上汽乘用车分公司信息化建设管理 …… 1082
第五节 上汽通用五菱信息化建设管理 …… 1087
第六节 上汽其他整车·营销物流企业信息化建设与管理 …… 1090

第十一篇 车城·车展 …… 1097
第一章 上海国际汽车城汽车产业 …… 1099
第一节 汽车产业功能规划 …… 1099
第二节 汽车制造·汽车物流 …… 1100
第三节 汽车研发·新能源汽车建设 …… 1108
第四节 汽车贸易·汽车展示 …… 1112
第二章 国际汽车展 …… 1115
第一节 上海国际汽车展 …… 1115
第二节 上海车企参展北京国际汽车展 …… 1124
第三节 上海车企参展国内其他重要车展 …… 1128

第十二篇 人物 …… 1133
第一章 人物传略 …… 1135
第二章 人物简介 …… 1139
第一节 上海汽车工业主要负责人 …… 1139
第二节 上海汽车工业负责人 …… 1144
第三节 全国党代会代表·全国人大代表·全国政协委员·全国劳动模范 …… 1155
第三章 人物表 …… 1160

附录 …… 1179
索引 …… 1236
编后记 …… 1279

《上海市志·工业分志·船舶业卷(1978—2010)》目录

序 …… 1
《上海市志(1978—2010)》凡例 …… 1
编纂说明 …… 1
概述 …… 1
大事记 …… 13

第一篇　机构与企业 …… 55
　第一章　管理机构和社团 …… 58
　　第一节　上海船舶工业公司 …… 58
　　第二节　上海船舶工业行业协会 …… 61
　　第三节　上海市造船工程学会 …… 62
　第二章　造修船企业 …… 65
　　第一节　上海船舶工业公司系统造修船企业 …… 65
　　第二节　上海地区其他造修船企业 …… 83
　第三章　船舶配套企业 …… 88
　　第一节　上海船舶工业公司系统船舶配套企业 …… 88
　　第二节　上海地区其他船舶配套企业 …… 104
　第四章　船舶科研院所、设计公司 …… 107
　　第一节　上海船舶工业公司系统科研院所 …… 107
　　第二节　中船重工集团在沪科研院所 …… 116
　　第三节　中国海运集团在沪科研院所 …… 121
　　第四节　设计公司 …… 123

第二篇　生产经营 …… 127
　第一章　军用舰艇 …… 131
　　第一节　战斗舰艇 …… 131
　　第二节　军辅船 …… 136
　　第三节　军贸出口 …… 142
　第二章　运输船舶 …… 144
　　第一节　散货船 …… 144
　　第二节　集装箱船 …… 154
　　第三节　油船、化学品船 …… 163
　　第四节　液化气船 …… 170
　　第五节　滚装船、气垫船 …… 174
　　第六节　多用途船 …… 176
　第三章　特种船舶 …… 181
　　第一节　科考调查船 …… 181
　　第二节　火车渡船 …… 183
　　第三节　救助船 …… 185
　　第四节　工程船 …… 187
　　第五节　浮船坞 …… 191
　　第六节　休闲游船 …… 194
　第四章　海洋工程装备 …… 198
　　第一节　海洋石油钻井平台 …… 198
　　第二节　储油船 …… 201
　　第三节　钻井船、物探船 …… 203

第五章　修理改装 …… 207
第一节　军船修理与改装 …… 207
第二节　民船修理与改装 …… 209
第三节　外轮修理与改装 …… 216
第六章　船用设备 …… 226
第一节　仿制改进柴油机 …… 226
第二节　引进制造柴油机 …… 228
第三节　船用辅机和特种装置 …… 238
第四节　船舶自动化设备 …… 244
第七章　非船产品 …… 249
第一节　建筑钢结构 …… 249
第二节　桥梁钢结构 …… 256
第三节　大型机械设备 …… 260
第四节　盾构掘进设备 …… 262
第五节　其他产品 …… 265

第三篇　科研与技术 …… 269
第一章　船舶开发与技术研究 …… 272
第一节　船型研发设计 …… 273
第二节　船舶主机技术研发 …… 279
第三节　船舶技术研究 …… 281
第四节　产学研 …… 286
第五节　重大科技攻关项目（选介） …… 289
第二章　造船工艺 …… 294
第一节　舰船及海洋工程总体建造工艺 …… 294
第二节　船体加工工艺及装备 …… 301
第三节　焊接工艺及自动化装备 …… 304
第四节　舾装工艺 …… 308
第五节　涂装工艺 …… 312
第六节　船舶下水工艺与设备 …… 317
第七节　成果工程化应用 …… 321
第三章　技术研究机构与试验设施 …… 329
第一节　国家级研究中心 …… 329
第二节　国家级实验室 …… 331
第三节　技术试验设施 …… 333
第四章　建设工程设计与勘察 …… 337
第一节　船舶工业建设工程规划与设计 …… 337
第二节　民用建筑设计 …… 342
第三节　工程勘察 …… 348

第四篇　改革与开放 …… 357
第一章　新生产基地建设 …… 359
第一节　新造修船和配套基地建设 …… 359
第二节　企业搬迁 …… 365
第二章　产权制度改革 …… 370
第一节　上市公司 …… 370
第二节　放开搞活小企业 …… 374
第三节　主辅分离 …… 377
第四节　发展民营企业 …… 378
第三章　资产重组 …… 381
第一节　企业联合重组 …… 381
第二节　企业兼并重组 …… 384
第三节　企业改制和政策性破产 …… 386
第四章　对外开放 …… 393
第一节　合资企业 …… 393
第二节　船舶对外贸易 …… 396
第三节　对外交流与合作 …… 404
第四节　引进与消化 …… 408
第五节　中国(上海)国际船艇及其技术设备展览会 …… 412

第五篇　企业管理 …… 415
第一章　生产与计划管理 …… 418
第一节　生产管理 …… 418
第二节　计划管理 …… 422
第二章　技术管理 …… 426
第一节　设计与工艺管理 …… 426
第二节　船舶标准化管理 …… 429
第三节　科技成果管理 …… 433
第四节　技术改造 …… 435
第三章　质量、安全、职业健康和环境保护监管体系 …… 443
第一节　质量管理体系 …… 443

第二节 安全管理体系 …… 450
第三节 职业健康管理体系 …… 457
第四节 环境保护管理体系 …… 460
第四章 财务管理 …… 463
第一节 财务 …… 463
第二节 会计 …… 470
第五章 物资管理 …… 473
第一节 组织机构 …… 473
第二节 采购管理 …… 474
第六章 信息化管理 …… 476
第一节 信息化规划与体系 …… 476
第二节 基础设施 …… 481
第三节 信息资源开发利用 …… 485
第七章 保密、保卫工作 …… 490
第一节 保密工作 …… 490
第二节 保卫工作 …… 496

第六篇 职工 …… 503
第一章 职工和劳务工队伍 …… 505
第一节 职工队伍 …… 505
第二节 劳务工队伍 …… 509
第二章 管理与培训 …… 515
第一节 招聘引进 …… 515
第二节 培训开发 …… 516
第三节 绩效管理 …… 522
第四节 薪酬福利管理 …… 524
第三章 思想文化建设 …… 529
第一节 思想道德建设 …… 529
第二节 文化生活 …… 536
第三节 文化场馆——江南造船博物馆 …… 539

第七篇 人物 …… 541
第一章 人物传略 …… 543
第二章 人物简介 …… 554
第三章 人物名录 …… 564

专记 …… 607
附录 …… 623
索引 …… 628
编后记 …… 643

《上海市志·工业分志·航空业卷（1978—2010）》目录

序 …… 1
《上海市志（1978—2010）》凡例 …… 1
编纂说明 …… 1
概述 …… 1
大事记 …… 17

第一篇　上海航空工业体制及发展 …… 63
第一章　体制机制改革 …… 65
第一节　上海航空工业领导体制 …… 65
第二节　整顿改革 …… 72
第三节　“协保”和主辅分离 …… 75
第四节　三产企业清理 …… 79
第二章　上海民用航空制造产业 …… 88
第一节　沿革 …… 88
第二节　运10飞机自主研制历程 …… 88
第三节　融入国际民机产业链 …… 91
第三章　支线、干线喷气客机的发展 …… 104
第一节　研制支线飞机 …… 104
第二节　成立大型飞机重大专项领导小组 …… 104
第三节　中国商用飞机有限责任公司成立 …… 105
第四节　干线、支线项目持续推进 …… 106
第五节　发展规划 …… 107

第二篇　机构与企业 …… 109
第一章　中国商飞公司及在沪所属企事业单位 …… 111
第一节　中国商飞公司 …… 111
第二节　上海飞机设计研究院 …… 113
第三节　上海飞机制造有限公司 …… 116
第四节　上海飞机客户服务有限公司 …… 122
第五节　民用飞机试飞中心 …… 123
第六节　上海航空工业（集团）有限公司 …… 124
第七节　上海《大飞机》杂志社有限公司 …… 128
第八节　中航商用飞机有限公司 …… 129
第二章　中航工业上海企事业单位 …… 132
第一节　中航商用航空发动机有限责任公司 …… 132
第二节　上海航空发动机制造股份有限公司 …… 134
第三节　中国航空无线电电子研究所 …… 136
第四节　上海航空电器有限公司 …… 138
第五节　上海航空测控技术研究所 …… 141
第六节　航空工业浦东开发中心/上海欣盛航空工业投资发展有限公司 …… 143

第七节　中航国际租赁有限公司 …… 146
第八节　中航国际物流有限公司 …… 148
第九节　中国航空工业供销上海有限公司 …… 150
第十节　中国航空技术上海有限公司 …… 152
第十一节　中航工业上海航空特种车辆有限责任公司 …… 154
第十二节　中航物业管理有限公司上海分公司 …… 156
第十三节　上海航空机械制造厂 …… 157
第十四节　上海航空工业学校 …… 159
第三章　其他单位 …… 162
第一节　中国人民解放军第4724工厂 …… 162
第二节　上海航宇科普中心 …… 163
第三节　中航证券有限公司上海漕溪北路证券营业部 …… 165
第四章　社会团体 …… 167
第一节　上海市航空学会 …… 167
第二节　企业管理协会 …… 176

第三篇　企业管理 …… 179
第一章　战略管理与管理体系 …… 181
第一节　战略管理 …… 181
第二节　管理体系建设 …… 184
第二章　人力资源管理 …… 191
第一节　人力资源发展状况 …… 191
第二节　干部队伍建设 …… 196
第三节　人才队伍建设 …… 201
第四节　绩效、薪酬与员工福利管理 …… 204
第五节　教育与培训 …… 209
第三章　财务管理 …… 219
第一节　管理制度与基础工作 …… 219
第二节　预算与决算执行 …… 221
第三节　内控体系 …… 223
第四节　审计 …… 224
第四章　质量管理 …… 227
第一节　质量管理体系 …… 227
第二节　型号质量管理 …… 232
第三节　质量文化建设 …… 239
第四节　QC小组建设活动 …… 241
第五章　安全管理 …… 243
第一节　安全生产 …… 243
第二节　信息安全 …… 246
第三节　适航安全 …… 247
第四节　安全教育 …… 248

第四篇　基础设施建设与科研设备 …… 251
第一章　基础设施建设 …… 253
第一节　上飞厂基础设施建设 …… 253
第二节　上飞所基础设施建设 …… 255
第三节　上电所基础设施建设 …… 255
第四节　测控所基础设施建设 …… 256
第五节　航空电器厂基础设施建设 …… 257
第六节　航发厂基础设施建设 …… 258
第七节　中国商飞公司基础设施建设 …… 259
第二章　科研设备 …… 263
第一节　上飞所科研设备 …… 263
第二节　上飞公司科研设备 …… 265
第三节　上电所科研设备 …… 265
第四节　航空电器厂科研设备 …… 269
第五节　中国商飞公司科研设备 …… 272

第五篇　科研技术 …… 277
第一章　科研技术管理 …… 279
第一节　技术体系建设 …… 279
第二节　科技创新 …… 280
第三节　知识产权管理 …… 284
第四节　科技成果与奖励 …… 286
第二章　预先研究 …… 304
第一节　沿革 …… 304
第二节　AE-100项目预先研究 …… 305

第三节 支线飞机合作研制前期与可行性论证 …… 307
第四节 干线飞机技术准备和技术攻关 …… 308
第五节 航空电子预研 …… 309
第六节 型号航空科研 …… 313
第七节 其他航空科研 …… 314
第三章 型号外科研技术及衍生 …… 317
第一节 型号外科研技术 …… 317
第二节 科研技术向其他领域的衍生 …… 318

第六篇 民用飞机 …… 323
第一章 运10飞机 …… 325
第一节 立项 …… 325
第二节 组织机构 …… 326
第三节 型号设计 …… 327
第四节 总装制造 …… 331
第五节 协作 …… 335
第六节 质量 …… 342
第七节 试验 …… 343
第八节 试飞 …… 348
第九节 项目成果 …… 354
第二章 MD-82/83合作项目 …… 355
第一节 立项 …… 355
第二节 组织机构 …… 357
第三节 项目准备 …… 358
第四节 生产实施 …… 360
第五节 适航取证 …… 364
第六节 延伸生产10架 …… 366
第七节 项目成果 …… 367
第三章 MD-90干线国产化项目 …… 371
第一节 项目背景与立项 …… 371
第二节 竞标 …… 372
第三节 合作研制二轮改四轮 …… 372
第四节 合作研制MD-90-30飞机 …… 375
第五节 项目成果 …… 377
第四章 ARJ21-700飞机 …… 379
第一节 立项 …… 379
第二节 组织机构 …… 380
第三节 项目管理 …… 381
第四节 型号设计 …… 385
第五节 总装制造 …… 389
第六节 客户服务 …… 393
第七节 试验试飞 …… 395
第八节 适航取证 …… 403
第五章 C919大型客机 …… 408
第一节 立项 …… 408
第二节 组织机构 …… 409
第三节 项目管理 …… 409
第四节 型号设计 …… 413
第五节 总装制造 …… 414
第六节 客户服务 …… 416
第七节 新材料、新工艺、新技术 …… 417
第六章 轻小型飞机与其他航空项目 …… 419
第一节 轻小型飞机 …… 419
第二节 飞机维修改装 …… 422
第三节 飞机部件及工具制造 …… 423

第七篇 航空发动机 …… 427
第一章 涡扇8发动机 …… 429
第一节 产品介绍 …… 429
第二节 设计 …… 430
第三节 制造 …… 432
第四节 协作 …… 436
第五节 试车 …… 440
第六节 主要成果 …… 442
第二章 CJ-1000发动机 …… 443
第一节 研制概况 …… 443
第二节 任务和技术 …… 444
第三节 研制体系能力建设 …… 446
第四节 对外合作 …… 447
第三章 其他产品 …… 449
第一节 船用燃气发生器 …… 449
第二节 RYLAD0.05燃气轮机 …… 449
第三节 南京航空学院发动机

试车台 …………………………… 450
第四节 涡喷6、涡喷13发动机备件 …………………………… 450
第五节 发动机修理 ……………………… 451
第六节 露天标准试车台 ………………… 451

第八篇 航空电子、测控设备与航空电器 …………………………… 453
第一章 航空电子产品 ……………………… 455
第一节 机载电子计算机及多普勒导航系统 ……………………… 455
第二节 机载甚高频全向信标/仪表着陆接收机 …………………… 455
第三节 NDB系列无方向信标发射机 ………………………… 457
第四节 显示控制分系统 ……………… 458
第五节 机载综合数据管理系统 …… 459
第六节 数据传输设备 ………………… 459
第七节 机载核心处理系统 …………… 460
第八节 机载总线与网络系统 ……… 460
第九节 机载电子飞行仪表系统 …… 462
第十节 机载宽带图像传输系统 …… 463
第十一节 无线电数据链传输设备 ………………………… 463
第十二节 军用空管二次雷达应答机 ……………………… 464
第十三节 救生定位用户机 ………… 465
第十四节 机载防撞设备 …………… 465
第二章 航空测控主要产品 ……………… 467
第一节 机载航空电子产品 ………… 467
第二节 地面综合保障测试设备 …… 472
第三节 试验测试设备 ……………… 475
第四节 传感器控制器 ……………… 478
第五节 航空测控民机配套产品 …… 479
第三章 航空测控预研与技术开发 …… 482
第一节 数据采集处理技术研究 …… 482
第二节 航空发动机测试技术研究 ……………………………… 483
第三节 激光应用技术研究 ………… 484
第四节 健康管理技术 ……………… 485
第四章 航空电器主要产品和技术 …… 487
第一节 传统的航空电器、电子产品 ……………………………… 487
第二节 航空机内外照明系统 ……… 491
第三节 控制面板和调光控制系统 ……………………………… 492
第四节 近地告警系统 ……………… 493
第五节 智能(二次)配电系统 ……… 494

第九篇 物资供销与对外贸易 ……… 495
第一章 物资供销 …………………………… 497
第一节 机构沿革 …………………………… 497
第二节 物资调配 …………………………… 498
第三节 新材料试制 ……………………… 499
第四节 物流与仓储业务 ……………… 502
第五节 民品销售 ………………………… 505
第二章 对外贸易 …………………………… 507
第一节 出口业务 ………………………… 507
第二节 进口业务 ………………………… 508
第三节 货运代理与租赁业务 ……… 509
第四节 中国航空技术上海有限公司经营改制历程 ……………… 510
第三章 中航供应链平台建设 ………… 516
第一节 集中采购 ………………………… 516
第二节 特种运输 ………………………… 517
第三节 库存管理 ………………………… 519
第四节 典型项目 ………………………… 520

第十篇 非航空产品……………………… 525
第一章 技术咨询、攻关 ……………… 527
第一节 电子电器产品 ………………… 527
第二节 机械设备 ………………………… 531
第三节 其他产品与设备 ……………… 533
第二章 技术服务和技术成果转让 …… 538
第一节 服务 ……………………………… 538
第二节 其他服务 ………………………… 539

第三节　技术成果转让 …… 540
第三章　民品生产 …… 542
第一节　电子电器产品 …… 542
第二节　汽车配件 …… 550
第三节　机械设备 …… 552
第四节　检测设备 …… 561
第五节　其他产品与设备 …… 563

第十一篇　合作交流 …… 567
第一章　国内合作 …… 569
第一节　与政府机构的合作 …… 569
第二节　与中航工业的合作 …… 569
第三节　与高等院校的合作 …… 570
第四节　与金融机构的合作 …… 572
第二章　国际航空部件合作 …… 573
第一节　补偿贸易 …… 573
第二节　转包生产 …… 575
第三节　质量、管理、效益 …… 578

第十二篇　人物 …… 583
第一章　人物传略 …… 585
第二章　人物简介 …… 591
第三章　人物表 …… 601
第四章　集体荣誉 …… 609

专记 …… 615
附录 …… 643
索引 …… 678
编后记 …… 703

《上海市志·工业分志·航天业卷(1978—2010)》目录

序 …… 1
《上海市志(1978—2010)》凡例 …… 1
编纂说明 …… 1
概述 …… 1
大事记 …… 11

第一篇　机构与单位 …… 49
　第一章　上海航天技术研究院 …… 51
　　第一节　沿革 …… 51
　　第二节　机构设置 …… 54
　　第三节　科学技术委员会 …… 55
　　第四节　职工队伍 …… 56
　第二章　研究所·工厂 …… 58
　　第一节　第八设计部 …… 58
　　第二节　第八〇五研究所 …… 59
　　第三节　第五〇九研究所 …… 61
　　第四节　第八〇〇研究所 …… 62
　　第五节　第八〇二研究所 …… 63
　　第六节　第八〇三研究所 …… 64
　　第七节　第八〇四研究所 …… 67
　　第八节　第八〇六研究所 …… 70
　　第九节　第八〇八研究所 …… 72
　　第十节　第八一一研究所 …… 74
　　第十一节　第八〇一研究所 …… 76
　　第十二节　中国科学院上海技术物理研究所 …… 78
　　第十三节　上海微小卫星工程中心 …… 78
　　第十四节　一四九厂 …… 79
　　第十五节　上海航天电子有限公司 …… 80

第二篇　运载火箭 …… 83
　第一章　风暴一号运载火箭 …… 85
　　第一节　任务 …… 85
　　第二节　研制 …… 85
　　第三节　发射卫星 …… 86
　第二章　长征三号运载火箭 …… 87
　　第一节　任务 …… 87
　　第二节　研制 …… 87
　　第三节　发射卫星 …… 89
　第三章　长征四号A运载火箭 …… 90
　　第一节　任务 …… 90
　　第二节　研制 …… 90
　第四章　长征四号乙运载火箭 …… 92
　　第一节　任务 …… 92
　　第二节　研制 …… 92
　　第三节　地面试验 …… 95
　第五章　长征四号丙运载火箭 …… 96
　　第一节　技术改进 …… 96
　　第二节　地面试验 …… 97
　第六章　长征二号丁运载火箭 …… 99
　　第一节　任务 …… 99
　　第二节　研制 …… 99

第三节 地面试验 …… 101
第四节 发射卫星 …… 101
第七章 长征五号运载火箭 …… 103
第一节 任务 …… 103
第二节 方案设计 …… 103
第三节 研制 …… 104
第八章 新一代小型运载火箭 …… 105
第一节 任务 …… 105
第二节 方案设计 …… 105

第三篇 人造卫星 …… 107
第一章 风云一号气象卫星 …… 109
第一节 研制 …… 109
第二节 飞行试验 …… 111
第二章 风云二号气象卫星 …… 115
第一节 研制 …… 115
第二节 风云二号 02 星 …… 118
第三节 飞行试验 …… 120
第四节 风云二号 F 星 …… 126
第三章 风云三号气象卫星 …… 128
第一节 研制 …… 128
第二节 飞行试验 …… 131
第四章 风云四号气象卫星 …… 133
第一节 任务 …… 133
第二节 研制 …… 133
第五章 萤火一号火星探测器 …… 136
第一节 研制 …… 136
第二节 技术攻关 …… 138
第三节 地面试验 …… 139
第四节 飞行程序 …… 140
第五节 主要成效 …… 141
第六章 创新一号卫星 …… 142
第一节 研制 …… 142
第二节 飞行试验 …… 144
第七章 神舟七号飞船伴随卫星 …… 145
第一节 研制 …… 145
第二节 飞行试验 …… 146
第三节 应用效果与技术成果 …… 146

第四篇 飞船和目标飞行器 …… 149
第一章 神舟一号试验飞船 …… 152
第一节 研制 …… 152
第二节 飞行试验与技术成果 …… 154
第二章 神舟二号至四号无人飞船 …… 155
第一节 研制 …… 155
第二节 飞行试验与技术成果 …… 156
第三章 神舟五号至七号载人飞船 …… 158
第一节 研制 …… 158
第二节 飞行试验与技术成果 …… 159
第四章 神舟八号飞船 …… 161
第一节 研制 …… 161
第二节 发射场合练 …… 163
第五章 天宫一号目标飞行器 …… 164
第一节 研制 …… 164
第二节 发射场合练 …… 165

第五篇 综合管理 …… 167
第一章 计划管理 …… 169
第一节 发展规划 …… 169
第二节 年度计划 …… 171
第三节 综合统计 …… 172
第四节 绩效考核 …… 173
第五节 信息化建设 …… 173
第二章 财务管理 …… 176
第一节 会计核算 …… 176
第二节 会计报表 …… 177
第三节 财务状况 …… 178
第四节 经营成果 …… 179
第五节 清产核资 …… 180
第六节 成本工程 …… 181
第七节 全面预算 …… 181
第八节 决策支持与风险控制 …… 182
第九节 制度建设 …… 182
第三章 固定资产投资管理 …… 183
第一节 管理模式 …… 183
第二节 土地与房屋 …… 184
第三节 军工固定资产投资 …… 184
第四节 设备管理 …… 185
第五节 节能减排 …… 186

第四章　物资管理 …… 189
第一节　管理模式 …… 189
第二节　型号物资管理 …… 190
第三节　供应商管理 …… 190
第五章　人力资源管理 …… 192
第一节　管理机构 …… 192
第二节　人才开发 …… 193
第三节　干部管理 …… 195
第四节　教育培训 …… 197
第五节　薪酬福利 …… 200
第六章　行政管理 …… 202
第一节　文秘工作 …… 202
第二节　机要与公文处理 …… 203
第三节　政策研究 …… 203
第四节　规章制度体系建设 …… 204
第五节　接待工作 …… 204
第六节　对外交流 …… 205

第六篇　科技管理 …… 207
第一章　航天型号管理 …… 209
第一节　管理模式 …… 209
第二节　管理机构 …… 210
第三节　责任令管理 …… 210
第四节　合同管理 …… 211
第五节　技术决策支持 …… 212
第六节　科研成果 …… 214
第二章　预先研究管理 …… 235
第一节　管理机构 …… 235
第二节　管理制度 …… 235
第三节　技术创新体系建设 …… 236
第四节　知识产权管理 …… 240
第三章　技术管理 …… 242
第一节　工艺管理 …… 242
第二节　型号工艺 …… 244
第三节　技术创新 …… 245
第四节　文明生产 …… 246
第四章　质量管理 …… 248
第一节　质量基础管理 …… 248
第二节　型号质量管理 …… 252
第三节　质量技术基础管理 …… 255
第四节　集团公司质量监督 …… 259

第七篇　技术基础与运行保障管理 …… 261
第一章　监督管理 …… 263
第一节　内部监察 …… 263
第二节　监事长管理 …… 264
第三节　法律事务 …… 266
第二章　内部审计 …… 268
第一节　管理机构 …… 268
第二节　制度建设 …… 268
第三节　审计业务 …… 268
第三章　运行保障管理 …… 271
第一节　管理机构 …… 271
第二节　安全生产 …… 271
第三节　保密工作 …… 272
第四节　保卫工作 …… 273
第五节　军工产品铁路运输 …… 274
第四章　情报、档案管理 …… 275
第一节　科技情报 …… 275
第二节　档案管理 …… 277

第八篇　人物 …… 279
第一章　人物传略 …… 281
第二章　人物简介 …… 282
第三章　名录 …… 287
第一节　人物名录 …… 287
第二节　集体名录 …… 292

专记 …… 293
附录 …… 305
索引 …… 318
编后记 …… 328

《上海市志·工业分志·烟草业卷（1978—2010）》目录

《上海市志（1978—2010）》凡例 …… 1
编纂说明 …… 1
概述 …… 1
大事记 …… 11

第一篇　机构、企业与社团 …… 33
第一章　市专卖局、公司 …… 35
第一节　沿革 …… 35
第二节　职能 …… 38
第三节　内设机构 …… 40
第二章　所属企业 …… 45
第一节　上海卷烟厂 …… 45
第二节　北京卷烟厂 …… 48
第三节　天津卷烟厂 …… 50
第四节　上海高扬国际烟草有限公司 …… 52
第五节　上海烟草储运公司 …… 54
第六节　上海烟草包装印刷有限公司 …… 56
第七节　上海烟草机械有限责任公司 …… 61
第八节　上海白玉兰烟草材料有限公司 …… 63
第九节　上海海烟物流发展有限公司 …… 68
第十节　太仓海烟烟草薄片有限公司 …… 70
第十一节　上海牡丹香精香料有限公司 …… 71
第三章　专卖分局、有限公司 …… 74
第一节　浦东分局、一公司 …… 74
第二节　浦东分局、二公司 …… 75
第三节　黄浦分局、有限公司 …… 77
第四节　卢湾分局、有限公司 …… 79
第五节　徐汇分局、有限公司 …… 80
第六节　长宁分局、有限公司 …… 82
第七节　静安分局、有限公司 …… 83
第八节　普陀分局、有限公司 …… 85
第九节　闸北分局、有限公司 …… 86
第十节　虹口分局、有限公司 …… 88
第十一节　杨浦分局、有限公司 …… 90
第十二节　闵行分局、有限公司 …… 92
第十三节　宝山分局、有限公司 …… 94
第十四节　嘉定分局、有限公司 …… 96
第十五节　金山分局、有限公司 …… 98
第十六节　松江分局、有限公司 …… 99
第十七节　青浦分局、有限公司 …… 101
第十八节　奉贤分局、有限公司 …… 102
第十九节　崇明分局、有限公司 …… 104
第二十节　驻上海铁路专卖局、有限公司 …… 105
第二十一节　捷强烟草糖酒有限公司 …… 106

第四章 其他机构与社团 …… 108
第一节 中国烟草上海技术中心 …… 108
第二节 上海烟草贸易中心有限公司 …… 109
第三节 中国烟草上海进出口有限责任公司 …… 110
第四节 上海市烟草质量监督检测站 …… 111
第五节 国家烟草专卖局职业技能鉴定指导中心 …… 112
第六节 上海市局职业技能鉴定站 …… 113
第七节 上海市烟草拍卖行 …… 114
第八节 上海英国莫林斯烟草机械零备件寄售站 …… 115
第九节 上海中国烟草博物馆 …… 116
第十节 上海市烟草学会 …… 119

第二篇 原辅材料 …… 121
第一章 卷烟原料 …… 123
第一节 烟叶基地与采购供应点建设 …… 123
第二节 烟叶初加工 …… 131
第三节 烟叶种类 …… 133
第四节 烟叶采购 …… 135
第五节 烟叶储运 …… 140
第二章 卷烟辅料 …… 145
第一节 品种规格 …… 145
第二节 卷烟辅料采购 …… 153
第三节 卷烟辅料供应 …… 156
第四节 卷烟辅料储运 …… 157

第三篇 产品制造 …… 159
第一章 卷烟产品生产 …… 161
第一节 卷烟产品 …… 161
第二节 卷烟生产工艺 …… 175
第三节 卷烟合作生产 …… 188
第二章 配套企业生产 …… 193
第一节 烟草包装印刷品 …… 193
第二节 烟草工业机械 …… 198
第三节 卷烟滤棒及包装纸箱 …… 207

第四篇 市场贸易 …… 217
第一章 卷烟营销 …… 219
第一节 国内卷烟销售 …… 219
第二节 卷烟营销服务 …… 224
第三节 卷烟品牌培育 …… 230
第二章 进出口贸易 …… 235
第一节 卷烟 …… 235
第二节 烟叶 …… 242
第三节 其他物品 …… 247
第三章 配套企业产品营销 …… 251
第一节 包装印刷品营销 …… 251
第二节 专业机械产品营销 …… 254
第三节 滤棒及包装纸箱营销 …… 259

第五篇 管理 …… 261
第一章 专卖管理 …… 263
第一节 执法监管 …… 263
第二节 内部监管 …… 275
第三节 专卖稽查队伍 …… 277
第二章 生产管理 …… 280
第一节 综合计划 …… 280
第二节 产品质量管理 …… 284
第三节 安保管理 …… 288
第三章 设备能源管理 …… 296
第一节 设备管理与处置 …… 296
第二节 能源管理 …… 302
第三节 环境保护 …… 310
第四章 财务投资审计 …… 315
第一节 财务管理 …… 315
第二节 投资管理 …… 323
第三节 审计管理 …… 326
第五章 管理方法与管理体系 …… 331
第一节 规划与目标管理 …… 331
第二节 企业标准化 …… 349

第三节　管理体系认证 …………………… 356

第六篇　科技 …………………………… 367
第一章　科技活动、项目与成果 ……… 370
第一节　科技活动 ……………………… 370
第二节　科技创新项目 ………………… 386
第三节　科技成果 ……………………… 397
第二章　技术改造 ……………………… 414
第一节　“六五”技术改造 …………… 414
第二节　“七五”技术改造 …………… 416
第三节　“八五”技术改造 …………… 418
第四节　“九五”技术改造 …………… 421
第五节　“十五”技术改造 …………… 423
第六节　“十一五”技术改造 ………… 427
第七节　公用设施改造 ………………… 435
第三章　信息化建设 …………………… 444
第一节　基础设施 ……………………… 444
第二节　业务应用系统 ………………… 449
第三节　信息资源开发利用 …………… 457
第四节　信息化管理 …………………… 460
第五节　信息安全 ……………………… 462

第七篇　精神文明 ……………………… 465
第一章　规划目标与创建特色 ………… 467
第一节　规划目标 ……………………… 467
第二节　创建特色 ……………………… 469
第二章　宣传教育 ……………………… 477
第一节　宣传教育活动 ………………… 477
第二节　宣传载体 ……………………… 486
第三章　文体活动和公益活动 ………… 490
第一节　文体活动 ……………………… 490
第二节　公益活动 ……………………… 496

第八篇　职工 …………………………… 501
第一章　劳动人事 ……………………… 503
第一节　人员状况 ……………………… 503
第二节　人员管理 ……………………… 514
第三节　离退休人员管理 ……………… 527
第二章　劳保福利 ……………………… 533
第一节　劳动防护 ……………………… 533
第二节　医疗卫生 ……………………… 534
第三节　公共福利设施 ………………… 543
第三章　教育培训 ……………………… 548
第一节　组织机构 ……………………… 548
第二节　文化与学历教育 ……………… 551
第三节　专业与技术培训 ……………… 553
第四节　技术比赛(技能竞赛) ………… 561

第九篇　人物 …………………………… 565
第一章　人物传略 ……………………… 567
第二章　人物简介 ……………………… 572
第一节　正局级干部 …………………… 572
第二节　副局级干部 …………………… 576
第三节　全国劳动模范 ………………… 581
第三章　人物表 ………………………… 582

专记 …………………………………… 585
附录 …………………………………… 613
索引 …………………………………… 662
编后记 ………………………………… 677

《上海市志·建筑业分志(1978—2010)》目录

序 …… 1
《上海市志(1978—2010)》凡例 …… 1
编纂说明 …… 1
概述 …… 1
大事记 …… 13

第一篇　管理 …… 37
　第一章　管理机构 …… 40
　　第一节　主管部门 …… 40
　　第二节　事务管理机构 …… 63
　　第三节　行业社团组织 …… 71
　第二章　法律规范 …… 74
　　第一节　政策法规 …… 75
　　第二节　技术标准规范 …… 80
　　第三节　工程造价规范 …… 84
　第三章　市场管理 …… 88
　　第一节　资质资格管理 …… 89
　　第二节　承发包管理 …… 93
　　第三节　招投标管理 …… 97
　第四章　工程管理 …… 102
　　第一节　安全质量管理 …… 102
　　第二节　建筑节能管理 …… 109
　　第三节　文明工地管理 …… 113

第二篇　勘察 …… 117
　第一章　行业发展 …… 119
　　第一节　管理体制 …… 119
　　第二节　队伍 …… 120
　　第三节　勘察技术 …… 122
　第二章　工程地质与岩土工程勘察 …… 128
　　第一节　建筑工程勘察 …… 129
　　第二节　市政和交通工程勘察 …… 135
　　第三节　城镇规划勘察 …… 140
　第三章　水文地质勘察 …… 142
　　第一节　水资源与环境 …… 142
　　第二节　工程降水 …… 143
　第四章　工程测量 …… 145
　　第一节　市政工程测量 …… 146
　　第二节　工业与民用建筑工程测量 …… 149
　　第三节　地下工程测量 …… 150
　第五章　工程物探 …… 153
　　第一节　地质条件探查 …… 153
　　第二节　地下物体探查 …… 154
　　第三节　工程检测 …… 156
　第六章　岩土工程治理与监测 …… 158
　　第一节　基坑围护体系设计 …… 158
　　第二节　岩土工程治理 …… 159
　　第三节　岩土工程监测 …… 161

第三篇　设计 …… 165
　第一章　行业发展 …… 168

第一节　管理体制 …………………… 168
第二节　队伍 ………………………… 169
第三节　设计技术 …………………… 170
第二章　建筑设计 …………………… 173
第一节　居住建筑 …………………… 173
第二节　公共建筑 …………………… 179
第三节　地下工程 …………………… 198
第三章　市政交通工程 ……………… 210
第一节　道路工程 …………………… 210
第二节　桥梁工程 …………………… 222
第三节　隧道工程 …………………… 226
第四节　交通枢纽工程 ……………… 228
第五节　轨道交通工程 ……………… 236
第六节　给水工程 …………………… 239
第七节　排水工程 …………………… 241
第四章　电力工程 …………………… 243
第一节　电力系统与电厂工程 ……… 243
第二节　送电线路工程 ……………… 246
第五章　绿化工程 …………………… 251
第一节　绿地工程 …………………… 251
第二节　林地与湿地工程 …………… 253
第六章　水务工程 …………………… 255
第一节　防汛(防洪)工程 …………… 255
第二节　水利设施 …………………… 259
第三节　围海造地工程 ……………… 264
第四节　河道工程 …………………… 267
第五节　港口工程 …………………… 270

第四篇　施工 ……………………… 275
第一章　施工业务 …………………… 278
第一节　规模与构成 ………………… 278
第二节　重大工程建设 ……………… 288
第三节　商品混凝土与预制构件业务 …………………… 291
第二章　施工装备 …………………… 293
第一节　装备管理 …………………… 293
第二节　主要装备 …………………… 295
第三章　施工队伍 …………………… 306
第一节　职工队伍 …………………… 307
第二节　施工单位 …………………… 312
第三节　企业综合实力评价 ………… 314
第四章　现场管理 …………………… 317
第一节　项目管理 …………………… 317
第二节　文明工地 …………………… 319
第五章　房屋建筑工程施工 ………… 322
第一节　高层与超高层建筑结构工程 ………………… 322
第二节　大跨度建筑结构工程 ……… 333
第三节　既有建筑结构改造 ………… 337
第四节　预制装配式结构工程 ……… 339
第五节　装饰装修工程 ……………… 340
第六章　道路、桥梁与隧道工程施工 ………………… 349
第一节　道路工程 …………………… 349
第二节　桥梁工程 …………………… 355
第三节　隧道工程 …………………… 358
第七章　给、排水与燃气管道工程施工 ………………… 363
第一节　给水与排水管道工程 ……… 363
第二节　燃气管道工程 ……………… 367
第八章　水运工程施工 ……………… 370
第一节　港口工程 …………………… 370
第二节　船坞工程 …………………… 373
第三节　航道工程 …………………… 375
第四节　海洋管线工程 ……………… 377
第九章　机电设备安装工程施工 …… 378
第一节　工业设备安装 ……………… 378
第二节　民用建筑设备安装 ………… 380
第三节　特种设备安装 ……………… 384
第四节　专用设备安装 ……………… 387
第五节　大型与重型设备吊装 ……… 390
第六节　绿色安装施工 ……………… 392
第十章　城市绿化与园林工程施工 … 395
第一节　城市绿化工程 ……………… 395
第二节　园林建筑工程 ……………… 397

第五篇　咨询服务 ………………… 399
第一章　行业发展 …………………… 402

第一节　管理体制 …………………… 402
第二节　队伍 ………………………… 437
第二章　工程监理业务 ………………… 462
第一节　设计监理 …………………… 462
第二节　施工监理 …………………… 464
第三章　造价咨询业务 ………………… 475
第一节　概预算编制与审核 ………… 475
第二节　发承包造价咨询服务 ……… 476
第三节　竣工结算审查 ……………… 479
第四节　全过程造价咨询服务 ……… 480
第五节　可行性研究投资估算 ……… 484
第六节　工程造价鉴证 ……………… 485
第四章　招标代理业务 ………………… 487
第一节　勘察与设计项目招标代理 ………………………… 487
第二节　施工项目招标代理 ………… 489
第三节　工程监理项目招标代理 …… 493
第四节　国际项目招标代理 ………… 495
第五节　其他工程项目招标代理 …… 496
第五章　项目管理服务业务 …………… 498
第一节　项目管理前期咨询 ………… 498
第二节　全过程及若干阶段项目管理服务 ………………………… 500
第三节　项目"代建制"服务 ………… 503
第四节　复杂、群体项目总控 ……… 506

第六篇　建材应用 …………………… 509
第一章　建材应用管理 ………………… 512
第一节　管理体制 …………………… 513
第二节　供应模式 …………………… 514
第三节　应用监管 …………………… 521
第四节　队伍 ………………………… 524
第二章　常用建材供应 ………………… 527
第一节　水泥与水泥制品 …………… 528
第二节　预拌混凝土与预拌砂浆 …… 535
第三节　砖瓦砌块与砂石料 ………… 539
第四节　玻璃与建筑门窗 …………… 546
第五节　建筑钢材与建筑木制品 …… 552
第六节　建筑涂料与建筑防水材料 ………………………… 553
第七节　装饰面材与卫生洁具 ……… 558
第三章　新型建材推广 ………………… 564
第一节　散装水泥 …………………… 565
第二节　化学建材 …………………… 569
第三节　墙体材料 …………………… 573
第四节　节能保温材料 ……………… 578
第五节　建材资源综合利用 ………… 582

第七篇　科研与教育 …………………… 587
第一章　科研机构与团体 ……………… 589
第一节　科研机构 …………………… 589
第二节　学会团体 …………………… 602
第二章　科研管理与成果 ……………… 607
第一节　科研管理 …………………… 607
第二节　建筑科技开发与应用 ……… 624
第三章　建筑文献 ……………………… 659
第一节　书籍 ………………………… 659
第二节　报刊 ………………………… 662
第四章　教育培训 ……………………… 668
第一节　行业学历教育 ……………… 668
第二节　企业岗位培训 ……………… 674

第八篇　建筑选介 ……………………… 685
第一章　居住建筑作品 ………………… 687
第一节　居住区 ……………………… 687
第二节　涉外住宅小区 ……………… 690
第二章　公共建筑作品 ………………… 696
第一节　办公楼宇 …………………… 696
第二节　商旅楼宇 …………………… 705
第三节　文教体卫建筑 ……………… 712
第三章　其他建筑作品 ………………… 728
第一节　专业建筑作品 ……………… 728
第二节　市政交通工程作品 ………… 742
第三节　园林绿化作品 ……………… 761

第九篇　建筑企业 ……………………… 765
第一章　勘察设计类企业 ……………… 767

第一节 勘察类企业 …………………… 767
第二节 建筑设计类企业 …………… 769
第三节 其他设计类企业 …………… 772
第二章 咨询服务类企业 ………………… 778
第一节 建设监理类企业 …………… 778
第二节 工程造价与招标咨询代理类企业 ………………………… 782
第三节 项目管理咨询服务类企业 ………………………… 789
第三章 施工类企业 ……………………… 792
第一节 市属企业 …………………… 792
第二节 中央部属企业 ……………… 812
第三节 合资与合作企业 …………… 819
第四章 建材类企业 ……………………… 823
第一节 市属企业 …………………… 823
第二节 合资与合作企业 …………… 825

第十篇 人物 ………………………… 829
第一章 人物传略 ………………………… 831
第二章 人物简介 ………………………… 842
第三章 人物名录 ………………………… 848

专记 ……………………………………… 853
附录 ……………………………………… 871
索引 ……………………………………… 880
编后记 …………………………………… 895

《上海市志·商业分志·综述卷(1978—2010)》目录

序 …… 1
《上海市志(1978—2010)》凡例 …… 1
编纂说明 …… 1
概述 …… 1
大事记 …… 25

第一篇　规模、效益与结构 …… 101
第一章　规模 …… 105
第一节　流通规模 …… 105
第二节　零售规模 …… 117
第三节　最终消费规模 …… 156
第四节　增加值规模 …… 165
第二章　效益 …… 172
第一节　社会效益 …… 172
第二节　经济效益 …… 183
第三章　行业结构 …… 190
第一节　批发与零售业 …… 190
第二节　储运业 …… 202
第三节　所有制结构 …… 216
第四节　商办工业 …… 222
第四章　业态结构 …… 268
第一节　沿革 …… 268
第二节　超级市场 …… 280
第三节　大型超市(仓储会员店) …… 288
第四节　便利店(折扣店) …… 298
第五节　专业店(专卖店) …… 305
第六节　百货商店 …… 314
第七节　购物中心 …… 329
第八节　奥特莱斯 …… 336
第九节　无店铺销售 …… 340
第十节　电子商务 …… 344

第二篇　规划与布局 …… 349
第一章　规划、投资与建设 …… 351
第一节　总体规划 …… 351
第二节　专项规划 …… 385
第三节　投资建设 …… 390
第二章　布局 …… 412
第一节　总体布局 …… 412
第二节　市区商业布局 …… 417
第三节　郊区商业布局 …… 444
第四节　区域布局 …… 460
第五节　特色商业街 …… 487
第六节　商品交易市场 …… 507
第七节　国内市场拓展 …… 533

第三篇　改革与开放 …… 559
第一章　流通体制改革 …… 561
第一节　主副食品流通体制 …… 561
第二节　日用工业品流通体制 …… 576
第三节　社会商业 …… 580
第二章　国有企业改革 …… 590

第一节 管理机制改革 ······ 590
第二节 产权制度改革 ······ 599
第三章 集团化改革 ······ 612
第一节 集团组建 ······ 612
第二节 集团发展 ······ 619
第三节 规模与成效 ······ 637
第四章 对外开放 ······ 652
第一节 沿革 ······ 652
第二节 投资项目与总额 ······ 662
第三节 投资行业与规模 ······ 671
第四节 投资效益与贡献 ······ 687
第五节 投资管理与服务 ······ 695
第六节 外商投资来源地 ······ 708
第七节 国际贸易中心建设 ······ 726
第八节 国外品牌入沪 ······ 740
第九节 境外投资贸易 ······ 745

第四篇 科技与教育 ······ 751
第一章 商业科技 ······ 753
第一节 日用消费品科技 ······ 753
第二节 主副食品科技 ······ 755
第三节 物资流通科技 ······ 765
第四节 电子信息技术 ······ 770
第二章 商业教育 ······ 781
第一节 高等商业院校教育 ······ 781
第二节 中等商业专业教育 ······ 784
第三节 技工教育和职业教育 ······ 788

第五篇 管理与促进 ······ 797
第一章 管理机构 ······ 799
第一节 主管委办 ······ 799
第二节 市级局(社) ······ 808
第三节 市级公司 ······ 817
第四节 区县机构 ······ 822
第五节 社团组织 ······ 824
第二章 规范管理 ······ 833
第一节 政府管理 ······ 833
第二节 服务规范 ······ 836
第三节 价格管理 ······ 845
第四节 票证应急安全管理 ······ 855
第五节 市场秩序管理 ······ 863
第三章 政府促进 ······ 871
第一节 会展促进 ······ 871
第二节 假日营销 ······ 884
第三节 上海购物节 ······ 891

第六篇 品牌与老字号 ······ 897
第一章 品牌与商标 ······ 899
第一节 品牌 ······ 899
第二节 全国驰名商标 ······ 906
第三节 上海市著名商标 ······ 907
第四节 上海市名牌产品 ······ 920
第二章 老字号 ······ 945
第一节 沿革 ······ 945
第二节 内贸部认定“中华老字号” ······ 948
第三节 商务部认定“中华老字号” ······ 951
第四节 店牌与品牌 ······ 954

第七篇 人物 ······ 985
第一章 人物传略 ······ 987
第二章 人物简介 ······ 990
第三章 人物表 ······ 1000

专记 ······ 1021
附录 ······ 1071
索引 ······ 1132
编后记 ······ 1151

《上海市志·商业分志·粮油盐业卷（1978—2010）》目录

序 …… 1
《上海市志（1978—2010）》凡例 …… 1
编纂说明 …… 1
概述 …… 1
大事记 …… 13

第一篇　体制与企业改革 …… 63
第一章　粮食流通体制 …… 66
第一节　粮食购销“双轨制” …… 66
第二节　粮食购销价格调整 …… 66
第三节　粮食购销政策调整 …… 67
第四节　政策与经营性“两条线”运行 …… 67
第五节　“四分开一完善” …… 69
第六节　粮食购销市场化 …… 71
第二章　粮食行政管理体制 …… 73
第一节　市粮食行政管理体制 …… 73
第二节　区、县粮食行政管理体制 …… 74
第三章　粮食财务管理体制 …… 78
第一节　“分灶吃饭”与“财务包干” …… 78
第二节　利改税与政策性亏损 …… 78
第三节　税利分流与粮食风险基金 …… 80
第四节　粮食行业财务管理改革 …… 80
第四章　国有粮食企业改革 …… 82
第一节　市国有粮食企业改革 …… 82
第二节　区、县国有粮食企业改革 …… 89
第三节　中央在沪粮食企业改革 …… 94
第五章　盐业企业改革与发展 …… 96
第一节　企业整顿与管理制度改革 …… 96
第二节　企业人事制度改革 …… 96
第三节　企业经营模式改革 …… 97

第二篇　机构与企业 …… 99
第一章　上海市粮食局 …… 103
第一节　机构沿革 …… 103
第二节　主要职能 …… 106
第三节　主要业务 …… 108
第二章　上海良友（集团）有限公司 …… 109
第一节　概况 …… 109
第二节　机构设置 …… 109
第三节　主要业务 …… 110
第四节　企业文化建设 …… 110
第五节　所获荣誉 …… 111
第三章　中国储备粮管理总公司上海分公司 …… 112
第一节　概况 …… 112
第二节　机构设置 …… 113
第三节　主要业务 …… 113
第四节　所获荣誉 …… 113
第四章　中盐上海市盐业公司 …… 115
第一节　企业概况 …… 115
第二节　机构设置 …… 115
第三节　主要业务 …… 115
第四节　企业文化 …… 116

第五节 所获荣誉 …… 116
第五章 区县粮食行政机构与粮食事业单位 …… 117
第一节 区县粮食局沿革 …… 117
第二节 粮食事业单位沿革 …… 123
第三节 浦东新区粮食署 …… 124
第四节 上海松江粮食流通管理所 …… 125
第六章 社团组织 …… 126
第一节 上海粮油行业协会 …… 126
第二节 上海市粮油学会 …… 128
第三节 上海市粮食经济研究会 …… 130
第四节 松江县(区)粮食经济研究会 …… 133
第七章 国有粮油企业 …… 135
第一节 市国有粮油专业公司沿革 …… 135
第二节 区县国有粮油专业公司沿革 …… 141
第三节 企业选介 …… 144
第八章 民营与联营粮油企业 …… 156
第一节 沿革 …… 156
第二节 企业选介 …… 157
第九章 港资、台资、合资(合作)与外资粮油企业 …… 161
第一节 沿革 …… 161
第二节 企业选介 …… 163

第三篇 粮食宏观调控 …… 167
第一章 粮油供需平衡 …… 170
第一节 粮食供需平衡 …… 170
第二节 油脂供需平衡 …… 172
第二章 储备粮(油)管理 …… 174
第一节 地方储备粮(油)管理 …… 174
第二节 中央在沪储备粮(油)管理 …… 177
第三章 储备粮(油)轮换 …… 182
第一节 地方储备粮(油)轮换 …… 182
第二节 中央在沪储备粮(油)轮换 …… 184
第四章 粮食产销合作与协作 …… 188
第一节 产销合作 …… 188
第二节 产销协作 …… 190
第五章 粮油市场监测 …… 192
第一节 监测网络建设 …… 192
第二节 监测制度实施 …… 193
第六章 粮食应急管理 …… 195
第一节 应急预案(方案) …… 195
第二节 应急工作机构 …… 195
第三节 应急供应保障系统 …… 196
第四节 应急处置 …… 198

第四篇 粮食(油菜籽)收购 …… 201
第一章 粮食收购 …… 203
第一节 粮食征购(征收和统购) …… 203
第二节 粮食合同定购与国家定购 …… 204
第三节 粮食指导性计划收购 …… 206
第四节 粮食市计划收购 …… 207
第五节 粮食议价收购 …… 208
第六节 粮食市场收购 …… 209
第七节 粮食订单收购 …… 211
第八节 粮食收购方法 …… 213
第九节 为售粮农民服务 …… 214
第十节 粮食收购价格 …… 214
第十一节 粮食收购价外补贴与奖售(奖励) …… 219
第二章 油菜籽收购 …… 221
第一节 油菜籽统购 …… 221
第二节 油菜籽合同定购与国家定购 …… 222
第三节 油菜籽指导性计划收购 …… 222
第四节 油菜籽市计划收购 …… 223
第五节 油菜籽议价收购 …… 223
第六节 油菜籽市场收购 …… 224
第七节 油菜籽收购价格 …… 226

第五篇 粮油调入、采购与进口 …… 231
第一章 粮食调入与采购 …… 233
第一节 外地平价粮食调入 …… 233

第二节　市外议价采购粮食 …………… 235
第三节　市外市场采购粮食 …………… 237
第二章　油脂调入与采购 …………… 239
第一节　外地平价油脂调入 …………… 239
第二节　市外议价采购油脂 …………… 240
第三节　市外市场采购油脂 …………… 241
第三章　粮油进口 …………… 243
第一节　粮食进口 …………… 243
第二节　油脂进口 …………… 245

第六篇　粮油供应（销售）与调（销）往外地 …………… 249
第一章　粮食供应（销售） …………… 252
第一节　粮食计划供应 …………… 252
第二节　农村粮食统销 …………… 260
第三节　农村专项用粮 …………… 262
第四节　农场专项用粮 …………… 263
第五节　特种供应 …………… 264
第六节　粮食议价销售 …………… 268
第七节　粮食市场销售 …………… 270
第八节　粮食销售价格 …………… 272
第九节　爱粮节粮 …………… 278
第二章　粮食调（销）往外地与出口 …… 281
第一节　粮食调（销）往外地 …………… 281
第二节　粮食中转外地 …………… 283
第三节　粮食出口 …………… 284
第三章　油脂供应（销售） …………… 285
第一节　油脂计划供应 …………… 285
第二节　油脂议价销售 …………… 290
第三节　油脂市场销售 …………… 292
第四节　油脂销售价格 …………… 294
第四章　油脂调（销）往与中转外地 …… 301
第一节　油脂调（销）往外地 …………… 301
第二节　油脂中转外地 …………… 303

第七篇　粮油市场 …………… 305
第一章　粮油批发市场 …………… 307
第一节　沿革 …………… 307
第二节　重点粮食批发市场选介 …… 311
第二章　粮油零售市场 …………… 317
第一节　沿革 …………… 317
第二节　传统粮油商店 …………… 318
第三节　良友便利店 …………… 320

第八篇　粮油仓储 …………… 323
第一章　粮油仓库基本建设 …………… 326
第一节　市属国有粮库（站） …………… 326
第二节　区（县）国有粮库 …………… 328
第三节　中央在沪直属粮库 …………… 329
第四节　非国有粮库 …………… 333
第五节　地方国有油脂库（站） ……… 333
第六节　市国有粮库建设项目选介 …………… 336
第二章　粮油仓库与供应站 …………… 343
第一节　市属国有粮油仓库与供应站 …………… 343
第二节　市属国有粮油仓库选介 …… 348
第三节　中央储备粮上海直属库 …… 351
第三章　粮仓 …………… 354
第一节　平房仓 …………… 354
第二节　楼房仓 …………… 357
第三节　立筒仓 …………… 358
第四节　地下仓 …………… 359
第五节　简易仓 …………… 359
第四章　粮食储藏管理 …………… 360
第一节　粮食堆桩形式 …………… 360
第二节　“四无”粮仓与“四无”油库 …………… 361
第三节　粮油保管技术 …………… 370
第四节　粮油检验 …………… 377
第五节　粮情检查 …………… 384
第六节　防台防汛 …………… 387
第七节　防火与安全管理 …………… 391
第八节　机械设备 …………… 395
第五章　粮油运输 …………… 399
第一节　运量与能力 …………… 399
第二节　运输管理 …………… 401

第九篇　粮油工业 …………… 405
第一章　大米工业 …………… 407

第一节　沿革 …… 407
第二节　大米加工 …… 411
第二章　面粉工业 …… 421
第一节　沿革 …… 421
第二节　面粉加工 …… 423
第三章　面制品工业 …… 430
第一节　沿革 …… 430
第二节　面制品加工 …… 431
第四章　油脂工业 …… 435
第一节　沿革 …… 435
第二节　油脂加工 …… 440
第五章　酿造工业 …… 455
第一节　沿革 …… 455
第二节　酿造加工 …… 457
第六章　粮油产品商标与品牌 …… 463
第一节　沿革 …… 463
第二节　选介 …… 464
第七章　粮油食品工业与机械制造业 …… 469
第一节　粮油食品工业 …… 469
第二节　粮油机械制造业 …… 472

第十篇　粮油管理 …… 475
第一章　粮食收购与收购价格管理 …… 479
第一节　粮食收购管理 …… 479
第二节　粮食收购价格管理 …… 480
第二章　农村集体粮油管理 …… 482
第一节　农村粮食管理组织 …… 482
第二节　农村集体专项用粮 …… 482
第三章　粮油供应管理 …… 484
第一节　粮油计划供应管理 …… 484
第二节　粮油票证管理 …… 484
第四章　粮油批发与零售市场管理 …… 488
第一节　批发市场管理 …… 488
第二节　零售市场管理 …… 488
第五章　帮困惠民(政策性业务) …… 490
第一节　帮困粮油供应 …… 490
第二节　副食品价格补贴发放 …… 495
第六章　粮油流通统计制度建设 …… 501
第一节　地方粮油流通统计制度建设 …… 501
第二节　中央在沪粮食企业统计管理 …… 504
第七章　地方粮食财会与国有资产管理 …… 507
第一节　财务管理 …… 507
第二节　会计管理 …… 524
第三节　国有资产管理 …… 530
第八章　中央在沪粮食企业财会与资产管理 …… 534
第一节　财务管理体制 …… 534
第二节　财务管理 …… 534
第三节　会计管理 …… 539
第四节　国有资产管理 …… 544
第九章　粮食法制建设与依法行政 …… 547
第一节　粮食法制建设 …… 547
第二节　粮食流通监督检查 …… 551
第三节　粮食库存检查 …… 552
第四节　粮食质量监管 …… 556
第五节　粮食行政审批事项 …… 558

第十一篇　盐业生产流通与管理 …… 563
第一章　盐业生产与加工 …… 566
第一节　生产 …… 566
第二节　加工 …… 566
第二章　盐业流通 …… 568
第一节　外地调入 …… 568
第二节　中转外地 …… 570
第三节　市场销售 …… 571
第四节　仓储 …… 574
第三章　盐政管理 …… 576
第一节　机构与队伍 …… 576
第二节　法制建设 …… 576
第三节　市场稽查 …… 577
第四节　质量监督 …… 577

第十二篇　科技与教育 …… 579
第一章　粮食科技体制 …… 582
第一节　科研机构改革 …… 582
第二节　科研费用制度改革 …… 582

第二章　粮油科技与质量检验机构 …… 584
第一节　粮食科研机构 …… 584
第二节　粮油质量检验机构 …… 586
第三章　粮油科技 …… 589
第一节　粮油储藏科技 …… 589
第二节　粮油加工科技 …… 593
第三节　粮油检测科技 …… 604
第四节　酿造与调味品科技 …… 606
第五节　获奖科技成果及专利 …… 611
第四章　设备与技术引进 …… 623
第一节　粮食工业设备与技术引进 …… 623
第二节　油脂工业设备与技术引进 …… 624
第三节　粮食储藏、酿造工业设备与技术引进 …… 625
第五章　信息化建设与应用 …… 626
第一节　沿革 …… 626
第二节　信息基础设施 …… 633
第三节　网站 …… 635
第四节　信息系统 …… 639
第五节　信息化管理 …… 647
第六节　上海市粮食局政府信息公开 …… 649
第六章　教育与培训 …… 651
第一节　学校教育 …… 651
第二节　职工教育 …… 670
第三节　职工培训 …… 677
第四节　专业技术职称评审 …… 684

第十三篇　队伍与人员 …… 687
第一章　职工队伍 …… 689
第一节　上海市粮食系统职工状况与结构 …… 689
第二节　中央在沪粮食企业职工状况与结构 …… 689
第三节　中盐上海市盐业公司职工状况与结构 …… 691
第二章　职工管理制度 …… 692
第一节　上海市粮食局干部(公务员)管理制度 …… 692
第二节　上海良友(集团)有限公司职工管理制度 …… 694
第三节　中央在沪粮食企业职工管理制度 …… 696
第三章　离休与退休人员 …… 699
第一节　上海市粮食局离休与退休人员 …… 699
第二节　上海良友(集团)有限公司离休与退休人员 …… 704
第三节　中国储备粮管理总公司上海分公司离休与退休人员 …… 709

第十四篇　人物 …… 711
第一章　人物传略 …… 713
第二章　人物简介 …… 717
第一节　领导简介 …… 717
第二节　先进人物简介 …… 722
第三节　专家、学者与知名人士简介 …… 729
第三章　先进集体与先进个人名录 …… 733

专记 …… 747
附录 …… 759
索引 …… 781
编后记 …… 802

《上海市志·商业分志·食品业卷（1978—2010）》目录

序 …… 1
《上海市志（1978—2010）》凡例 …… 1
编纂说明 …… 1
概述 …… 1
大事记 …… 23

第一篇　规模结构与布局 …… 83
第一章　规模 …… 86
第一节　农副食品生产规模 …… 87
第二节　食品工业生产规模 …… 91
第三节　食品流通规模 …… 109
第四节　食品零售量规模 …… 119
第五节　外商投资规模 …… 139
第二章　结构 …… 156
第一节　行业结构 …… 156
第二节　食品结构 …… 162
第三节　批发网点人员构成 …… 170
第四节　零售网点人员构成 …… 173
第五节　连锁网点人员构成 …… 178
第三章　规划布局 …… 182
第一节　专项规划 …… 182
第二节　网点规划 …… 184
第三节　设施建设 …… 188
第四节　农副产品交易市场 …… 200
第五节　菜市场 …… 213

第二篇　食品流通 …… 231
第一章　粮油盐流通 …… 234
第一节　粮食 …… 235
第二节　食用油 …… 260
第三节　食盐 …… 274
第二章　副食品流通 …… 277
第一节　肉食品 …… 279
第二节　禽类蛋品 …… 302
第三节　蔬菜 …… 316
第四节　豆制品 …… 336
第五节　水产品 …… 341
第六节　牛奶及制品 …… 353
第三章　烟酒糖茶及食杂流通 …… 365
第一节　卷烟 …… 366
第二节　酒类 …… 371
第三节　食糖 …… 376
第四节　茶叶 …… 380
第五节　糖果糕点 …… 384
第六节　饮料饮品 …… 391
第七节　南北货 …… 392
第八节　果品 …… 395

第三篇　食品加工制造 …… 401
第一章　粮油盐 …… 403
第一节　粮食 …… 403
第二节　食油 …… 411
第三节　食盐 …… 414
第四节　酿造 …… 416
第二章　生鲜食品 …… 422
第一节　肉类加工 …… 422

第二节　禽蛋加工 …………………… 429
第三节　水产品加工 ………………… 435
第四节　蔬果加工 …………………… 438
第五节　豆制品加工 ………………… 447
第三章　糖烟茶 ……………………… 457
第一节　食糖加工 …………………… 457
第二节　卷烟生产 …………………… 461
第三节　茶叶加工 …………………… 468
第四章　食用杂品 …………………… 473
第一节　糖果糕点 …………………… 473
第二节　南北货 ……………………… 481
第三节　冷冻食品 …………………… 487
第四节　饮料饮品 …………………… 491
第五节　罐藏食品 …………………… 504
第六节　调味品 ……………………… 506
第七节　食品添加剂 ………………… 511
第五章　食品机械制造 ……………… 516
第一节　粮油机械制造 ……………… 516
第二节　食品加工机械 ……………… 519
第三节　烟草机械 …………………… 523
第四节　食品包装机械 ……………… 525

第四篇　管理与促进…………………… 531
第一章　机构与团体 ………………… 534
第一节　行政管理机构 ……………… 535
第二节　社会团体 …………………… 547
第二章　管理与经营 ………………… 569
第一节　行政管理体制 ……………… 570
第二节　企业经营机制 ……………… 576
第三章　行业管理 …………………… 590
第一节　计划管理 …………………… 590
第二节　综合管理 …………………… 597
第四章　市场管理 …………………… 608
第一节　交易市场监管 ……………… 608
第二节　市场秩序监管 ……………… 614
第三节　市场主体监管 ……………… 618
第四节　经济合同监管 ……………… 620
第五章　商品管理 …………………… 626
第一节　储运管理 …………………… 626
第二节　价格管理 …………………… 633
第三节　卫生监管 …………………… 642
第四节　商标管理 …………………… 649
第五节　广告监管 …………………… 653
第六章　食品业促进 ………………… 660
第一节　会展 ………………………… 661
第二节　节庆 ………………………… 667
第三节　吸引外资 …………………… 675
第四节　投资建设 …………………… 675
第七章　科技与教育 ………………… 684
第一节　科技 ………………………… 684
第二节　教育 ………………………… 697

第五篇　企业与品牌…………………… 709
第一章　食品企业 …………………… 712
第一节　“中华老字号”企业 ………… 712
第二节　国有(国有控股)企业 ……… 728
第三节　民营企业 …………………… 750
第四节　外商投资企业 ……………… 778
第五节　行业领先企业 ……………… 804
第二章　商标与品牌 ………………… 816
第一节　著名商标 …………………… 816
第二节　名优品牌 …………………… 834

第六篇　人物 ………………………… 873
第一章　人物传略 …………………… 875
第二章　人物简介 …………………… 878
第一节　委办局负责人 ……………… 878
第二节　全国劳动模范 ……………… 883
第三章　人物表 ……………………… 885

专记 ………………………………………………………… 927
附录 ………………………………………………………… 957
索引 ………………………………………………………… 989
编后记 ……………………………………………………… 1008

《上海市志・商业分志・日用消费品商业卷(1978—2010)》目录

序 …… 1
《上海市志(1978—2010)》凡例 …… 1
编纂说明 …… 1
概述 …… 1
大事记 …… 21

第一篇　零售业 …… 49
第一章　百货商店 …… 52
第一节　沿革 …… 52
第二节　经营结构与服务功能 …… 70
第三节　购物环境和服务设施 …… 79
第二章　超级市场 …… 83
第一节　标准超市 …… 83
第二节　大型综合超市 …… 91
第三节　便利店 …… 99
第三章　购物中心和奥特莱斯 …… 107
第一节　购物中心 …… 107
第二节　奥特莱斯 …… 125
第四章　专业专卖店 …… 129
第一节　医药商店 …… 129
第二节　钟表零售业 …… 138
第三节　眼镜零售业 …… 141
第四节　黄金珠宝业 …… 143
第五节　装潢建材及家居专业店 …… 146
第六节　家电专业专卖店 …… 153
第七节　服饰专业专卖店 …… 158
第五章　无店铺销售 …… 164
第一节　邮购、电话及电视购物 …… 164
第二节　网络零售 …… 165
第三节　直销业 …… 169

第二篇　批发业及延伸业态 …… 171
第一章　批发贸易业与商品市场 …… 174
第一节　批发贸易业 …… 174
第二节　商品市场 …… 184
第二章　仓储物流业 …… 191
第一节　沿革 …… 191
第二节　运营模式 …… 196
第三章　物业管理、商业广告与商办工业 …… 200
第一节　物业管理 …… 200
第二节　商业广告公司 …… 202
第三节　商办工业 …… 204

第三篇　流通体制 …… 207
第一章　流通管理体制 …… 210
第一节　站司合并 …… 210
第二节　分权明责 …… 212
第三节　压缩层级 …… 215
第二章　流通体系 …… 217
第一节　多渠道批发 …… 217
第二节　多种经济成分 …… 225

第三节　零售商业布局 …… 233
第三章　集团化改革 …… 245
第一节　商业集团组建 …… 245
第二节　商业集团重组 …… 248
第四章　市外拓展与对外开放 …… 250
第一节　市外拓展 …… 250
第二节　引进外资、港澳台资与海外发展 …… 255

第四篇　经营机制 …… 265
第一章　企业自主权 …… 268
第一节　经营承包 …… 268
第二节　租赁制 …… 273
第二章　产权制度改革 …… 276
第一节　股份制改革 …… 276
第二节　股份合作制改革 …… 283
第三章　现代企业制度 …… 285
第一节　试点和推广 …… 285
第二节　深化改革 …… 288
第四章　业务模式 …… 290
第一节　连锁经营 …… 290
第二节　供应链建设 …… 296
第三节　物流配送 …… 304

第五篇　科技与教育 …… 307
第一章　科技应用 …… 310
第一节　信息化建设 …… 310
第二节　安全追溯技术 …… 318
第三节　服务标准化 …… 320
第四节　商品条形码 …… 323
第五节　商业预付卡 …… 324
第六节　仓储、物流技术 …… 326
第七节　节能降耗 …… 329
第二章　教育培训 …… 332
第一节　职工文化教育 …… 332
第二节　职业技术培训 …… 335

第六篇　管理体制 …… 345
第一章　机构与组织 …… 347
第一节　行政机构 …… 347
第二节　行业协会 …… 351
第二章　行业规划与政策 …… 360
第一节　行业规划 …… 360
第二节　行业规范 …… 364
第三节　市场调控 …… 375

第七篇　企业与员工 …… 387
第一章　企业 …… 390
第一节　市属企业 …… 390
第二节　上市公司 …… 400
第三节　区属企业 …… 416
第四节　外资及港澳台企业 …… 422
第五节　民营企业 …… 430
第二章　员工 …… 433
第一节　规模与结构 …… 433
第二节　薪酬与福利 …… 443

第八篇　老字号与品牌 …… 453
第一章　老字号 …… 455
第一节　沿革 …… 455
第二节　老字号选介 …… 465
第二章　品牌与商标 …… 484
第一节　沿革 …… 484
第二节　商标保护与维权 …… 498

第九篇　人物 …… 501
第一章　人物简介 …… 503
第二章　人物表 …… 509

专记 …… 521
附录 …… 539
索引 …… 605
编后记 …… 615

《上海市志·商业分志·药品医疗器械业卷(1978—2010)》目录

序 …… 1
《上海市志(1978—2010)》凡例 …… 1
编纂说明 …… 1
概述 …… 1
大事记 …… 15

第一篇　机构团体 …… 45
第一章　行政机构 …… 47
第一节　上海市医药管理局(1979) …… 47
第二节　上海市医药管理局(1996) …… 48
第三节　上海市药品监督管理局 …… 50
第四节　上海市食品药品监督管理局 …… 50
第五节　上海市卫生局 …… 54
第六节　行政性专业公司 …… 55
第七节　市属区、县药品监督管理局 …… 58
第二章　直属机构 …… 60
第一节　直属综合机构 …… 60
第二节　直属药品机构 …… 64
第三节　直属医疗器械机构 …… 69
第三章　行业协会与学会 …… 72
第一节　药品行业协会与学会 …… 72
第二节　医疗器械行业协会与学会 …… 79

第二篇　管理 …… 85
第一章　行政管理 …… 87
第一节　行业管理 …… 87
第二节　行业规划 …… 98
第三节　劳资财务 …… 101
第二章　医药企业质量管理 …… 113
第一节　产品质量 …… 113
第二节　质量体系 …… 127
第三章　医药价格管理 …… 129
第一节　价格变动 …… 129
第二节　价格管理 …… 131

第三篇　药品生产 …… 137
第一章　化学药品 …… 139
第一节　化学原料药 …… 139
第二节　化学制剂 …… 161
第二章　中药 …… 173
第一节　中药材 …… 173
第二节　中药饮片 …… 182
第三节　中成药 …… 184
第三章　生物制品 …… 201
第一节　生化药品 …… 201
第二节　生物制剂 …… 207

第四篇　药品流通 …… 217
第一章　进货收购 …… 219
第一节　西药进货 …… 219

第二节 中药进货 …… 223
第二章 药品销售 …… 226
第一节 沿革 …… 226
第二节 西药销售 …… 229
第三节 中药销售 …… 233
第四节 物流与储备 …… 237
第三章 商业网点 …… 240
第一节 计划经济体制下商业网点 …… 240
第二节 市场经济体制下商业网点 …… 241
第四章 进口出口 …… 245
第一节 沿革 …… 245
第二节 进口 …… 247
第三节 出口 …… 249

第五篇 医疗器械生产 …… 253
第一章 医用电子、超声仪器与医用放射性器械 …… 255
第一节 医用电子与超声仪器 …… 255
第二节 医用放射性设备与部件 …… 262
第二章 手术室、病房护理、医院供氧和消毒设备与器具 …… 268
第一节 手术室、病房护理设备与器具 …… 268
第二节 恒温设备培养箱与供氧、消毒灭菌设备 …… 273
第三章 植入物、人工器官、医用材料与敷料 …… 279
第一节 植入物、人工器官与医用高分子材料 …… 279
第二节 医用卫生材料与敷料 …… 285
第四章 手术器械、注射与穿刺器械 …… 290
第一节 手术器械与缝合材料 …… 290
第二节 注射器、注射针与穿刺器械 …… 294
第五章 医用光学仪器与激光设备 …… 300
第一节 医用光学仪器 …… 300
第二节 激光仪器与植入性眼科光学器具 …… 305
第六章 分析检验设备、诊断试剂、口腔材料与设备 …… 310
第一节 分析检验设备与诊断试剂 …… 310
第二节 齿科材料与设备 …… 314

第六篇 医疗器械流通 …… 319
第一章 进货销售 …… 321
第一节 进货 …… 321
第二节 销售 …… 326
第二章 仓储配送 …… 334
第一节 仓库建设 …… 334
第二节 运输配送 …… 337
第三章 进出口与涉外经济 …… 339
第一节 进口 …… 339
第二节 出口 …… 341
第三节 涉外经济 …… 346
第四章 促销展会 …… 351
第一节 参展工业博览会 …… 351
第二节 上海医疗器械行业协会组织参展 …… 351
第三节 在沪举办的医疗器械展会 …… 353

第七篇 科技 …… 355
第一章 药品科技 …… 357
第一节 科技机构 …… 357
第二节 科技项目与成果 …… 366
第三节 重大项目 …… 409
第四节 药品期刊 …… 420
第二章 医疗器械科技 …… 432
第一节 科研机构 …… 432
第二节 科技项目与成果 …… 446
第三节 医疗器械著作刊物 …… 507

第八篇　教育 …… 521
第一章　药品行业教育 …… 523
第一节　高等教育 …… 523
第二节　药学职业教育 …… 527
第三节　继续教育 …… 536
第二章　医疗器械行业教育 …… 544
第一节　高等教育 …… 544
第二节　中等教育 …… 560
第三节　继续教育 …… 563

第九篇　企业 …… 575
第一章　药品企业 …… 577
第一节　生产企业 …… 577
第二节　流通企业 …… 588
第二章　医疗器械企业 …… 610
第一节　生产企业 …… 610
第二节　流通企业 …… 620

第十篇　人物 …… 657
第一章　人物传略 …… 659
第一节　药品行业人物 …… 659
第二节　医疗器械行业人物 …… 667
第二章　人物简介 …… 678
第一节　药品行业人物 …… 678
第二节　医疗器械行业人物 …… 687
第三章　人物表 …… 700
第一节　劳动模范 …… 700
第二节　先进称号 …… 705
第三节　其他奖励(荣誉) …… 708

专记 …… 715
附录 …… 723
索引 …… 750
编后记 …… 783

《上海市志·商业分志·生产资料业卷（1978—2010）》目录

序 …… 1
《上海市志（1978—2010）》凡例 …… 1
编纂说明 …… 1
概述 …… 1
大事记 …… 15

第一篇　流通规模与效益 …… 71
　第一章　流通规模 …… 73
　　第一节　价值量流通规模 …… 73
　　第二节　实物量流通规模 …… 79
　　第三节　企业与从业人员规模 …… 93
　第二章　流通效益 …… 98
　　第一节　物资流通系统效益指标 …… 98
　　第二节　批发贸易业主要财务指标 …… 101

第二篇　流通行业 …… 109
　第一章　金属材料 …… 111
　　第一节　资源组织与销售 …… 111
　　第二节　市场经营 …… 119
　　第三节　安全管理与风险防范 …… 123
　　第四节　服务与生产加工 …… 129
　第二章　燃料物资 …… 133
　　第一节　资源组织与销售 …… 133
　　第二节　市场经营 …… 136
　　第三节　生产与节约 …… 140
　第三章　机电设备 …… 146
　　第一节　资源组织与销售 …… 146
　　第二节　市场经营 …… 151
　　第三节　加工贸易 …… 158
　第四章　汽车与配件 …… 160
　　第一节　资源组织与销售 …… 160
　　第二节　市场经营 …… 165
　第五章　化工轻工 …… 170
　　第一节　资源组织与销售管理 …… 170
　　第二节　市场经营 …… 174
　　第三节　经营改革与安全管理 …… 178
　第六章　木材 …… 183
　　第一节　资源组织与销售 …… 183
　　第二节　市场经营 …… 188
　　第三节　安全管理与质量管理 …… 190
　第七章　农业机械 …… 193
　　第一节　资源组织与销售 …… 194
　　第二节　市场经营 …… 199
　　第三节　质量与服务 …… 203
　　第四节　生产加工 …… 207

第三篇　交易市场 …… 209
　第一章　综合市场 …… 211
　　第一节　上海市生产资料服务公司 …… 211
　　第二节　上海物资贸易中心 …… 214

第三节　拍卖市场 …………………… 218
第四节　租赁市场 …………………… 221
第五节　生产资料保税市场 ………… 221
第二章　现货交易市场 ……………… 224
第一节　金属材料市场 ……………… 224
第二节　旧机动车交易市场 ………… 230
第三节　建材、木材市场 …………… 237
第四节　机电市场 …………………… 242
第五节　化工市场 …………………… 244
第三章　期货交易市场 ……………… 246
第一节　上海金属交易所 …………… 246
第二节　上海期货交易所 …………… 248
第三节　上海石油交易所 …………… 250
第四节　上海农业生产资料交易所 …………………… 251
第四章　大宗商品交易平台 ………… 252
第一节　上海有色金属交易中心 …… 252
第二节　上海木材交易中心 ………… 253
第三节　石油化工交易中心 ………… 254

第四篇　物流体系 ………………… 255
第一章　仓储管理 …………………… 257
第一节　金属材料 …………………… 257
第二节　燃料物资 …………………… 261
第三节　机电 ………………………… 264
第四节　汽车配件 …………………… 266
第五节　化工轻工 …………………… 269
第六节　木材 ………………………… 276
第七节　农业机械 …………………… 279
第二章　物流转型 …………………… 281
第一节　设计与推进 ………………… 281
第二节　行业转型 …………………… 287
第三章　现代物流体系 ……………… 295
第一节　物流园区与专业物流基地 …………………… 295
第二节　物流设施与设备 …………… 304

第五篇　管理机构与行业改革 …… 309
第一章　管理机构与协会 …………… 311
第一节　行政管理机构 ……………… 311
第二节　行业管理协会 ……………… 315
第二章　企业制度改革 ……………… 322
第一节　经营责任制与承包经营 …… 322
第二节　集体所有制企业改革 ……… 325
第三节　现代企业制度试点 ………… 330
第三章　企业经营机制改革 ………… 337
第一节　经营机制转换 ……………… 337
第二节　价格机制改革 ……………… 346
第三节　企业经营模式转型 ………… 362
第四章　内部管理制度改革 ………… 369
第一节　企业整顿与规范管理 ……… 369
第二节　企业用工与分配制度 ……… 374
第三节　干部聘用与考核制度 ……… 383
第四节　企业财务管理制度 ………… 389
第五章　开放与开发 ………………… 395
第一节　浦东开发 …………………… 395
第二节　服务三资企业 ……………… 396

第六篇　教育科技 ………………… 401
第一章　学校教育 …………………… 403
第一节　职业教育体系 ……………… 403
第二节　学校 ………………………… 407
第二章　培训与学习 ………………… 413
第一节　技术培训 …………………… 413
第二节　干部培训 …………………… 422
第三节　普法与安全教育 …………… 428
第四节　政治学习 …………………… 433
第三章　科技 ………………………… 439
第一节　科技管理 …………………… 439
第二节　科研机构与刊物 …………… 442
第三节　科技成果与咨询服务 ……… 448
第四章　现代化流通科技运用 ……… 456
第一节　信息化管理 ………………… 456
第二节　大宗商品网上平台 ………… 466

第三节　物流信息技术与智慧物流 …… 475

第七篇　企业 …… 483
第一章　上市公司 …… 485
第一节　上海市公司 …… 485
第二节　央企公司 …… 486
第三节　外省市公司 …… 490
第二章　国有企业 …… 492
第一节　金属材料 …… 492
第二节　燃料物资 …… 497
第三节　机电设备 …… 499
第四节　汽车及配件 …… 501
第五节　化工轻工 …… 505
第六节　木材 …… 507
第七节　农业机械 …… 509
第八节　区县物资企业 …… 511
第三章　民营企业 …… 520
第一节　金属材料 …… 520
第二节　燃料物资 …… 520
第三节　机电设备 …… 521
第四节　汽车与配件 …… 522
第五节　化工轻工 …… 522
第六节　木材 …… 523
第七节　农业机械 …… 523
第四章　外商独资与合资企业 …… 525
第一节　外商独资企业 …… 525
第二节　中外合资企业 …… 526
第三节　港澳台资企业 …… 529
第五章　服务型企业 …… 532
第一节　物流企业 …… 532
第二节　电商平台企业 …… 537
第三节　其他企业 …… 538

第八篇　人物 …… 541
第一章　人物传略 …… 543
第二章　人物简介 …… 549
第三章　人物表 …… 552

专记 …… 561
附录 …… 601
索引 …… 628
编后记 …… 647

《上海市志·服务业分志·综述卷（1978—2010）》目录

序 …… 1
《上海市志（1978—2010）》凡例 …… 1
编纂说明 …… 1
概述 …… 1
大事记 …… 17

第一篇 行业概览 …… 57
第一章 规模、结构与效益 …… 60
第一节 行业规模 …… 60
第二节 连锁经营规模 …… 71
第三节 行业结构 …… 78
第四节 行业效益 …… 104
第二章 规划布局 …… 119
第一节 总体规划 …… 119
第二节 社区服务业分布 …… 128
第三节 服务业分类布局 …… 143
第四节 现代服务业集聚区布局 …… 154
第三章 子行业 …… 169
第一节 餐饮业 …… 169
第二节 住宿业 …… 179
第三节 沐浴业 …… 196
第四节 理发业 …… 198
第五节 洗染织补业 …… 201
第六节 照相业 …… 203
第七节 誊印业 …… 207
第八节 消费品修理业 …… 209
第九节 拍卖业 …… 210
第十节 典当业 …… 218
第十一节 租赁业 …… 221
第十二节 物流业 …… 226
第十三节 会展业 …… 239
第十四节 广告业 …… 253

第二篇 管理 …… 261
第一章 机构与团体 …… 263
第一节 市级机构 …… 263
第二节 区级机构 …… 276
第三节 行业协会 …… 279
第二章 行业监管 …… 286
第一节 服务项目与价格管理 …… 286
第二节 特殊行业管理 …… 294
第三节 法制建设 …… 301
第三章 标准化、信息化、专业化建设 …… 308
第一节 沿革 …… 308
第二节 标准化建设 …… 310
第三节 信息化建设 …… 326
第四节 专业化建设 …… 339

第三篇 企业改革与发展 …… 359
第一章 国有企业与集体企业 …… 362
第一节 国企领导体制 …… 362

第二节　国企经营机制 …………………… 363
第三节　集体企业 ……………………… 369
第四节　民营企业 ……………………… 371
第五节　其他企业 ……………………… 379
第二章　集团化改革 ……………………… 383
第一节　大企业大集团战略 ………… 383
第二节　市级集团 ……………………… 387
第三节　区级集团 ……………………… 394
第四节　集团发展成效 ……………… 398

第四篇　内外开放与投资 …………… 413
第一章　对外开放与投资 ……………… 415
第一节　沿革 …………………………… 415
第二节　规模与结构 ………………… 424
第三节　外资管理 …………………… 436
第四节　外商投资来源地 ………… 443
第五节　国际商务代表机构 ……… 468
第二章　对内开放与投资 ……………… 473
第一节　沿革 …………………………… 473
第二节　大企业投资 ………………… 477
第三节　民企投资 …………………… 482
第四节　市外投资 …………………… 488
第三章　服务贸易 ……………………… 492
第一节　沿革 …………………………… 492
第二节　规模与结构 ………………… 495
第三节　商业存在与自然人移动 …… 499
第四节　发展成效 …………………… 501
第四章　服务外包 ……………………… 506
第一节　沿革 …………………………… 506
第二节　外包领域 …………………… 508
第三节　政策扶持 …………………… 510

第五篇　品牌与老字号 ……………… 513
第一章　品牌 ……………………………… 515
第一节　沿革 …………………………… 515
第二节　驰名商标 …………………… 523
第三节　上海市著名商标 ………… 523
第四节　上海名牌产品 …………… 528
第二章　老字号企业 …………………… 532
第一节　沿革 …………………………… 532
第二节　国内贸易部认定的中华老字号 …………………………………………… 535
第三节　商务部认定的中华老字号 …… …………………………………………… 535

第六篇　职业教育与行业文化 ……… 539
第一章　职业教育 ……………………… 541
第一节　沿革 …………………………… 541
第二节　专业院校教育体系 ……… 544
第三节　职业培训与考核 ………… 555
第二章　行业文化 ……………………… 570
第一节　爱岗敬业建设 …………… 570
第二节　优质服务建设 …………… 573
第三节　诚信服务与品牌服务建设 …… …………………………………………… 574

第七篇　人物 …………………………… 587
第一章　人物传略 ……………………… 589
第二章　人物简介 ……………………… 591
第三章　人物表 ………………………… 597

专记 ……………………………………………………………… 609
附录 ……………………………………………………………… 637
索引 ……………………………………………………………… 671
编后记 …………………………………………………………… 689

《上海市志·服务业分志·餐饮业卷（1978—2010）》目录

序 …… 1
《上海市志（1978—2010）》凡例 …… 1
编纂说明 …… 1
概述 …… 1
大事记 …… 11

第一篇　规模、结构与效益 …… 41
第一章　规模与结构 …… 43
第一节　规模及变动 …… 43
第二节　网点与从业人员规模结构 …… 52
第二章　效益 …… 66
第一节　经济效益 …… 66
第二节　社会效益 …… 74

第二篇　网点布局 …… 79
第一章　传统名店 …… 81
第一节　黄浦区及南京东路 …… 81
第二节　静安区及南京西路 …… 83
第三节　卢湾区及淮海路 …… 84
第四节　虹口区及四川北路 …… 86
第五节　南市区及豫园商场 …… 87
第二章　美食街区 …… 89
第一节　乍浦路美食街 …… 89
第二节　黄河路美食街 …… 91
第三节　云南南路美食街 …… 92
第四节　衡山路休闲街 …… 93
第五节　吴江路休闲街 …… 95
第六节　铜仁路咖吧街 …… 97
第七节　梅川路欧亚休闲街 …… 98
第八节　天钥桥路美食街 …… 99
第九节　昌里路美食街 …… 101
第十节　十尚坊休闲餐饮街 …… 102
第十一节　滨江大道休闲餐饮街 …… 103
第十二节　朱家角镇北大街 …… 104
第十三节　七宝老街 …… 106
第十四节　老外街 …… 107
第三章　市级都市商圈餐饮布局 …… 109
第一节　南京东路商圈 …… 109
第二节　南京西路商圈 …… 111
第三节　淮海中路商圈 …… 112
第四节　四川北路商圈 …… 114
第五节　徐家汇商城 …… 116
第六节　豫园商城 …… 118
第七节　浦东新上海商城 …… 120
第八节　新客站不夜城 …… 121
第九节　中山公园商圈 …… 123
第十节　江湾五角场商圈 …… 125
第四章　区级都市商圈餐饮布局 …… 128
第一节　老西门区域商业中心 …… 128
第二节　新天地商业中心 …… 129
第三节　打浦桥商业中心 …… 131
第四节　北外滩商业中心 …… 132
第五节　曹家渡商业中心 …… 133
第六节　长风商业中心 …… 134

第七节　大宁商业文化集聚区 ········ 135
第八节　长寿路商业中心 ············ 137
第九节　控江路商业中心 ············ 138
第十节　南方商城商业中心 ·········· 140
第十一节　御桥商业中心 ············ 141
第十二节　浦东川沙新镇商业中心 ··· 142
第十三节　牡丹江路商业中心 ········ 143
第五章　购物中心餐饮布局 ·········· 145
第一节　市区购物中心 ·············· 145
第二节　社区购物中心 ·············· 147
第三节　特色购物中心 ·············· 148
第六章　交通旅游商业餐饮布局 ······ 151
第一节　机场商业 ·················· 151
第二节　铁路站点商业 ·············· 152
第三节　轨道交通站点商业 ·········· 152
第七章　社区商业餐饮布局 ·········· 156
第一节　大众化早点 ················ 156
第二节　社区餐饮网点 ·············· 159
第三节　白领午餐 ·················· 160
第四节　社区老年食堂 ·············· 163
第五节　园区餐饮 ·················· 167

第三篇　业态业种 ················ 173
第一章　主流菜系中餐 ·············· 175
第一节　本帮菜 ···················· 175
第二节　海派创新菜 ················ 179
第三节　淮扬菜 ···················· 183
第四节　粤菜 ······················ 186
第五节　浙江菜 ···················· 189
第六节　川菜 ······················ 193
第七节　京菜 ······················ 197
第八节　宾馆菜 ···················· 199
第二章　地方风味中餐 ·············· 204
第一节　徽菜 ······················ 204
第二节　湘菜 ······················ 207
第三节　福建、台湾菜 ·············· 210
第四节　云南菜 ···················· 214
第五节　西北菜 ···················· 217
第六节　东北菜 ···················· 221
第七节　江西菜 ···················· 224
第八节　农家菜 ···················· 226
第九节　素菜 ······················ 230
第三章　西餐与亚洲菜系 ············ 235
第一节　牛排料理 ·················· 235
第二节　法国料理 ·················· 239
第三节　意大利菜 ·················· 243
第四节　德国菜 ···················· 248
第五节　西班牙、葡萄牙菜 ·········· 251
第六节　日本料理 ·················· 255
第七节　韩国料理 ·················· 259
第八节　东南亚菜 ·················· 263
第九节　自助餐 ···················· 267
第四章　快餐小吃 ·················· 271
第一节　西式快餐 ·················· 271
第二节　中式快餐 ·················· 274
第三节　面馆 ······················ 279
第四节　糕团 ······················ 282
第五节　西式糕点 ·················· 283
第六节　特色小吃 ·················· 285
第七节　小龙虾 ···················· 289
第八节　烧烤 ······················ 291
第九节　干锅、鸡公煲 ·············· 294
第五章　休闲餐饮 ·················· 297
第一节　咖啡馆 ···················· 297
第二节　茶餐厅 ···················· 301
第三节　饮品、甜品店 ·············· 304
第四节　酒吧 ······················ 307
第五节　茶室 ······················ 310
第六节　排档 ······················ 313
第七节　浴场餐饮 ·················· 317
第六章　火锅 ······················ 320
第一节　四川火锅 ·················· 320
第二节　老北京火锅 ················ 324
第三节　创新火锅 ·················· 326
第四节　云南火锅 ·················· 329
第五节　潮汕火锅 ·················· 331
第六节　日式火锅 ·················· 334
第七节　东南亚火锅 ················ 336

第四篇　改革转型与行业管理 ……… 339
第一章　管理机构 …… 341
第一节　行政管理机构 …… 341
第二节　行业管理机构 …… 345
第二章　企业经营机制改革 …… 350
第一节　劳动分配 …… 350
第二节　价格管理 …… 355
第三节　连锁经营 …… 359
第四节　第三方服务与团餐 …… 363
第三章　企业体制改革 …… 366
第一节　新亚集团改制 …… 366
第二节　区属餐饮企业改制 …… 372
第三节　上市公司组建 …… 377
第四章　行业管理 …… 383
第一节　政策法规 …… 383
第二节　规划计划 …… 387
第三节　卫生监管 …… 389
第五章　拓展交流 …… 392
第一节　餐饮企业海内外拓展 …… 392
第二节　国内餐饮文化交流 …… 394
第三节　海外交流 …… 397

第五篇　企业 …… 403
第一章　上市公司选介 …… 405
第一节　沪深A股上市公司 …… 405
第二节　香港上市公司 …… 408
第三节　美国及东南亚上市公司 …… 410
第二章　国有改制企业选介 …… 413
第一节　中心城区企业 …… 413
第二节　其他城区企业 …… 419
第三章　民营品牌企业选介 …… 420
第一节　大型民营品牌企业 …… 420
第二节　中小型民营品牌企业 …… 423
第四章　外资及中国港澳台资企业选介 …… 427
第一节　外资企业 …… 427
第二节　中国港澳台地区投资企业 …… 432

第六篇　教育与科技 …… 435
第一章　职业教育 …… 437
第一节　职业教育体系 …… 437
第二节　系统内专业学校教育 …… 442
第三节　社会办全日制学校教育 …… 444
第二章　技术培训与考核 …… 450
第一节　师徒传承与名师展艺 …… 450
第二节　技术培训 …… 454
第三节　餐饮技能比赛 …… 460
第四节　考核定级 …… 465
第三章　科技、信息化与互联网餐饮 … 475
第一节　餐饮标准化、工业化 …… 475
第二节　信息化应用 …… 479
第三节　互联网餐饮 …… 484
第四章　餐饮研究 …… 487
第一节　菜品菜谱研究 …… 487
第二节　餐饮指南 …… 494
第三节　管理研究 …… 495
第四节　“六T”管理体系 …… 504

第七篇　人物 …… 511
第一章　人物传略 …… 513
第一节　业界领导 …… 513
第二节　餐饮大师 …… 513
第二章　人物简介 …… 520
第一节　业界领导 …… 520
第二节　企业负责人 …… 521
第三节　餐饮大师 …… 523
第三章　人物表 …… 534
第一节　中国烹饪大师名师 …… 534
第二节　上海市餐饮系统劳模 …… 536

专记 …… 537
附录 …… 563
索引 …… 574
编后记 …… 597

《上海市志·服务业分志·住宿业卷(1978—2010)》目录

序 …… 1
《上海市志(1978—2010)》凡例 …… 1
编纂说明 …… 1
概述 …… 1
大事记 …… 17

第一篇　规模结构与效益 …… 43
　第一章　行业规模与结构 …… 45
　　第一节　行业规模 …… 45
　　第二节　行业分布 …… 48
　　第三节　行业结构 …… 51
　第二章　行业效益 …… 54
　　第一节　经济效益 …… 54
　　第二节　社会效益 …… 68

第二篇　住宿业态 …… 73
　第一章　住宿企业与品牌 …… 75
　　第一节　沿革 …… 75
　　第二节　外资住宿企业与品牌 …… 76
　　第三节　内资住宿企业与品牌 …… 87
　第二章　星级宾馆与旅游饭店 …… 98
　　第一节　沿革 …… 98
　　第二节　选介 …… 106
　第三章　度假村与避暑农庄 …… 130
　　第一节　沿革 …… 130
　　第二节　选介 …… 131
　第四章　家庭旅馆与公寓式酒店 …… 134
　　第一节　家庭旅馆 …… 134
　　第二节　公寓式酒店 …… 135
　第五章　经济型酒店与其他饭店 …… 140
　　第一节　经济型连锁酒店 …… 141
　　第二节　精品酒店 …… 142
　　第三节　青年旅馆 …… 143
　　第四节　招待所 …… 145

第三篇　住宿服务 …… 149
　第一章　预订服务 …… 151
　　第一节　沿革 …… 151
　　第二节　市场预订 …… 152
　第二章　客房服务 …… 154
　　第一节　组织管理结构 …… 154
　　第二节　客房结构与配置服务 …… 158
　　第三节　常规服务与特色服务 …… 162
　第三章　餐饮服务 …… 166
　　第一节　餐厅服务 …… 166
　　第二节　厨房膳食服务 …… 170
　第四章　健身与娱乐休闲服务 …… 172
　　第一节　中高档酒店服务 …… 172
　　第二节　中低档酒店服务 …… 173

第四篇　行业管理与企业经营 …… 175
　第一章　机构团体 …… 177

第一节 管理机构 …… 177
第二节 行业协会 …… 180
第二章 政策法规、规划与行政管理 …… 184
第一节 政策法规 …… 184
第二节 规划计划 …… 194
第三节 行政管理与计划管理 …… 198
第四节 行业调整与企业转型 …… 206
第三章 行业监管 …… 251
第一节 企业注册 …… 251
第二节 住宿企业财税监管 …… 252
第三节 人力资源与服务监管 …… 255
第四节 节能减排监管 …… 257
第四章 境外资本引进 …… 263
第一节 境外资本利用与管理 …… 263
第二节 内资企业对外投资管理 …… 267
第三节 与外国及中国港澳台企业合作 …… 268
第五章 内部经营管理 …… 270
第一节 人力资源管理 …… 270
第二节 财务投资管理 …… 275
第三节 管理体制与管理专业化 …… 282
第四节 服务质量管理 …… 288

第五篇 科研信息化与教育 …… 299
第一章 科研 …… 301
第一节 科技发展 …… 301
第二节 理论研究 …… 304
第二章 信息化管理 …… 311
第一节 沿革 …… 311
第二节 信息化建设 …… 312
第三节 信息化应用 …… 314
第三章 教育 …… 318
第一节 高等教育与职业教育 …… 318
第二节 培训 …… 321

第六篇 人物 …… 329
第一章 人物传略 …… 331
第二章 人物简介 …… 333
第三章 人物表 …… 346

专记 …… 357
附录 …… 367
索引 …… 399
编后记 …… 412

《上海市志·服务业分志·会展业卷(1978—2010)》目录

序 …… 1
《上海市志(1978—2010)》凡例 …… 1
编纂说明 …… 1
概述 …… 1
大事记 …… 15

第一篇　规模与设施环境 …… 51
第一章　规模与结构 …… 54
第一节　规模 …… 54
第二节　区域分布 …… 82
第三节　效益与社会贡献 …… 86
第四节　对外开放 …… 100
第二章　会展设施 …… 121
第一节　总体布局 …… 121
第二节　设施建设 …… 124
第三节　环境建设 …… 152

第二篇　展览 …… 159
第一章　国际展览 …… 162
第一节　自主办展 …… 163
第二节　境外来展 …… 235
第三节　国内单位到沪办展 …… 275
第四节　出境展览 …… 281
第二章　国内展览 …… 311
第一节　商业展 …… 311
第二节　工业与科技展览 …… 335
第三节　文化艺术展 …… 346
第四节　旅游、休闲、房地产展 …… 389
第三章　中国2010年上海世界博览会 …… 397
第一节　申办 …… 397
第二节　筹办 …… 407
第三节　举办 …… 421

第三篇　会议 …… 427
第一章　重要会议 …… 430
第一节　峰会 …… 430
第二节　专题会议 …… 442
第二章　经贸会议 …… 468
第一节　洽谈会 …… 468
第二节　研讨会 …… 479
第三节　经贸论坛 …… 497
第四节　经贸介绍会 …… 505
第三章　综合性会议 …… 509
第一节　学术会议 …… 509
第二节　综合研讨会 …… 521
第三节　综合论坛 …… 535

第四篇　节事 …… 543
第一章　节庆 …… 546
第一节　商贸节庆 …… 546
第二节　文艺节庆 …… 557

第三节　综合节庆 …… 597
第四节　民俗节庆 …… 620
第五节　自然景观节庆 …… 625
第六节　农事节庆 …… 632
第七节　嘉年华 …… 637
第二章　赛事 …… 644
第一节　文艺赛事 …… 644
第二节　体育赛事 …… 648
第三节　科学知识技能赛事 …… 656

第五篇　管理与促进 …… 661
第一章　机构与团体 …… 663
第一节　行政管理机构 …… 663
第二节　市贸促会 …… 666
第三节　行业协会 …… 668
第四节　促进机构 …… 671
第二章　行业管理 …… 679
第一节　展览业管理 …… 679
第二节　国际会议业管理 …… 707
第三节　行业资质管理 …… 714
第四节　行业自律 …… 719
第三章　会展促进与合作交流 …… 723
第一节　人才队伍 …… 723
第二节　电子商务会展 …… 734
第三节　交流与合作 …… 737
第四节　诚信创建 …… 744

第六篇　企业 …… 747
第一章　内资会展企业 …… 749
第一节　主(承)办企业(单位) …… 749
第二节　展示工程企业 …… 765
第三节　会展配套服务企业 …… 782
第二章　外资(合资)会展企业 …… 798
第一节　沿革 …… 798
第二节　选介 …… 800

第七篇　人物 …… 811
第一章　人物传略 …… 813
第二章　人物简介 …… 817

专记 …… 823
附录 …… 831
索引 …… 838
编后记 …… 872

《上海市志·服务业分志·商务和居民服务业卷(1978—2010)》目录

序 …… 1
《上海市志(1978—2010)》凡例 …… 1
编纂说明 …… 1
概述 …… 1
大事记 …… 19

第一篇　行业概览 …… 105
第一章　商务服务业 …… 107
第一节　广告业 …… 107
第二节　职业中介业 …… 115
第三节　租赁业 …… 118
第四节　法律服务业 …… 120
第五节　咨询服务业 …… 126
第六节　旅游服务业 …… 132
第七节　会展业 …… 144
第八节　快递服务业 …… 153
第九节　典当业 …… 160
第十节　拍卖业 …… 165
第二章　居民服务业 …… 171
第一节　餐饮业 …… 171
第二节　住宿业 …… 191
第三节　家庭服务业 …… 199
第四节　沐浴业 …… 202
第五节　婚庆服务业 …… 205
第六节　摄影扩印服务业 …… 210
第七节　誊印业 …… 217
第八节　消费品修理业 …… 220

第二篇　管理 …… 229
第一章　政策法规 …… 231
第一节　全国性政策法规 …… 231
第二节　地方性政策法规 …… 238
第二章　行业管理 …… 256
第一节　行政管理 …… 256
第二节　规范管理 …… 273
第三节　社会化管理 …… 286

第三篇　教育与科技 …… 301
第一章　高等教育 …… 303
第一节　广告业 …… 303
第二节　旅游服务业 …… 305
第三节　会展业 …… 308
第四节　法律服务业 …… 310
第五节　住宿业 …… 312
第二章　职业培训 …… 316
第一节　旅游服务业 …… 316
第二节　会展业 …… 317
第三节　餐饮业 …… 318
第四节　婚庆服务业 …… 319
第五节　摄影扩印服务业 …… 320

第六节　沐浴业 …… 321
第七节　家庭服务业 …… 322
第八节　拍卖业 …… 323
第三章　科技应用 …… 324
第一节　旅游服务业 …… 324
第二节　餐饮业 …… 325
第三节　快递服务业 …… 327
第四节　拍卖业 …… 327

第四篇　企业与品牌 …… 329
第一章　商务服务业 …… 331
第一节　广告业 …… 331
第二节　租赁业 …… 332
第三节　咨询服务业 …… 333
第四节　旅游服务业 …… 337
第五节　会展业 …… 340
第六节　法律服务业 …… 342
第七节　快递服务业 …… 346
第八节　典当业与拍卖业 …… 352
第二章　居民服务业 …… 358
第一节　住宿业 …… 358
第二节　餐饮业 …… 364
第三节　家庭服务业 …… 375
第四节　沐浴业 …… 377
第五节　婚庆服务业 …… 380
第六节　摄影扩印服务业 …… 384
第七节　消费品修理业 …… 388

第五篇　人物 …… 391
第一章　人物传略 …… 393
第二章　人物简介 …… 398
第三章　人物表 …… 405

专记 …… 413
附录 …… 427
索引 …… 457
编后记 …… 478

《上海市志·旅游业分志（1978—2010）》目录

序 …… 1
《上海市志（1978—2010）》凡例 …… 1
编纂说明 …… 1
概述 …… 1
大事记 …… 11

第一篇　资源 …… 81
　第一章　资源普查与保护 …… 83
　　第一节　资源普查 …… 83
　　第二节　资源保护与开发 …… 84
　　第三节　旅游景点保护和提升 …… 84
　第二章　自然旅游资源 …… 87
　　第一节　地文景观资源 …… 87
　　第二节　水文景观资源 …… 90
　　第三节　生物景观资源 …… 92
　第三章　人文旅游资源 …… 99
　　第一节　红色旅游资源 …… 99
　　第二节　都市标志性景观 …… 110
　　第三节　历史胜迹与名人故居 …… 114
　　第四节　休闲场所 …… 122
　　第五节　宗教与祭祀活动场所 …… 128
　　第六节　旅游节庆·体育赛事·民俗活动 …… 132
　　第七节　时尚旅游园区 …… 137
　　第八节　历史建筑与民居 …… 139
　　第九节　历史文化古镇 …… 144
　　第十节　博物馆·展示馆·陈列馆及民间藏馆 …… 148

第二篇　规划与建设 …… 169
　第一章　规划 …… 171
　　第一节　综合规划 …… 171
　　第二节　专项规划 …… 179
　第二章　旅游设施与景区(点)建设 …… 190
　　第一节　旅游设施建设投资项目 …… 190
　　第二节　旅游景区(点)建设 …… 194

第三篇　旅行社 …… 197
　第一章　国际旅行社 …… 200
　　第一节　体制改革 …… 200
　　第二节　经营发展 …… 201
　　第三节　国际旅行社选介 …… 210
　第二章　国内旅行社 …… 225
　　第一节　行业发展 …… 225
　　第二节　业务经营 …… 226
　　第三节　国内旅行社选介 …… 233
　第三章　在线服务旅行社与外资旅行社 …… 241
　　第一节　在线服务旅行社 …… 241
　　第二节　外资旅行社 …… 242

第四篇　设施及服务 …… 249
第一章　旅游饭店 …… 252
第一节　老饭店 …… 252
第二节　旅游饭店与星级饭店 …… 259
第三节　经济型酒店 …… 265
第二章　旅游餐饮 …… 268
第一节　餐馆与风味 …… 269
第二节　上海小吃 …… 273
第三节　美食街 …… 275
第三章　旅游购物 …… 279
第一节　购物商场与老字号 …… 279
第二节　特色街市 …… 289
第三节　旅游商品 …… 293
第四章　旅游交通 …… 295
第一节　航空 …… 295
第二节　铁路 …… 298
第三节　公路 …… 301
第四节　水运 …… 302
第五节　市内旅游交通 …… 305
第六节　交通工具租赁服务 …… 312
第五章　旅游公共服务 …… 314
第一节　旅游网络服务 …… 314
第二节　旅游咨询服务中心 …… 315
第三节　旅游集散中心与旅游交通专线 …… 317
第四节　旅游公厕 …… 320
第五节　旅游景区(点)道路交通指引标志 …… 321
第六节　其他服务设施 …… 321

第五篇　产品 …… 323
第一章　观光产品 …… 325
第一节　都市景观游 …… 325
第二节　历史胜迹与名人故居游 …… 328
第三节　民俗文化游 …… 329
第四节　历史建筑游 …… 329
第五节　文化古镇游 …… 330
第六节　博物馆之旅 …… 330
第二章　休闲度假产品 …… 331
第一节　市区休闲度假游 …… 331
第二节　郊区休闲度假游 …… 333
第三节　邮轮旅游 …… 334
第三章　专项与特色产品 …… 337
第一节　做一天上海人 …… 337
第二节　古玩收藏之旅 …… 338
第三节　日本女青年上海之旅 …… 338
第四节　犹太人上海寻踪之旅 …… 339
第五节　修学旅行 …… 340
第六节　银发旅游 …… 340
第七节　水上旅游 …… 341
第八节　红色之旅 …… 342
第九节　工业旅游 …… 345
第十节　乡村旅游 …… 348
第十一节　科普旅游 …… 353
第十二节　节事之旅 …… 355

第六篇　市场与推广 …… 359
第一章　旅游市场 …… 361
第一节　入境旅游市场 …… 361
第二节　出境旅游市场 …… 368
第三节　国内旅游市场 …… 374
第二章　旅游宣传促销 …… 379
第一节　境内旅游宣传促销 …… 379
第二节　境外旅游宣传促销 …… 391
第三节　“彩虹”行动 …… 414
第四节　旅游宣传品 …… 415
第五节　旅游形象宣传标识与口号 …… 419
第六节　旅游形象大使与市场顾问 …… 420
第三章　会奖旅游推广 …… 422
第一节　会奖旅游推广与品牌化 …… 422
第二节　会议大使制度 …… 427
第四章　旅游协作 …… 430
第一节　境内区域旅游协作 …… 430
第二节　与港澳台旅游协作 …… 437
第三节　国外旅游协作 …… 439

第七篇　机构团体与企业 …… 445
第一章　管理机构 …… 447

第一节　旅游工作领导机构 …… 447
第二节　市级旅游管理机构 …… 449
第三节　区县旅游管理机构 …… 457
第二章　旅游行业协会 …… 461
第一节　上海市旅游行业协会 …… 461
第二节　上海市旅游行业协会下辖分会 …… 464
第三章　集团公司 …… 474
第一节　锦江国际集团 …… 474
第二节　上海市东湖(集团)公司 …… 477
第三节　上海市衡山(集团)公司 …… 479
第四节　携程旅游集团 …… 481
第五节　春秋国际旅行社(集团)有限公司 …… 483

第八篇　管理 …… 487
第一章　行政管理 …… 490
第一节　旅游法规建设 …… 490
第二节　旅游标准化建设 …… 493
第三节　旅游政风行风建设 …… 499
第二章　行业管理 …… 502
第一节　旅行社管理 …… 502
第二节　饭店管理 …… 508
第三节　旅游景区(点)管理 …… 511
第四节　导游员管理 …… 514
第三章　市场管理 …… 524
第一节　旅游安全管理 …… 524
第二节　旅游价格管理 …… 530
第三节　旅游统计与信息管理 …… 532
第四节　旅游质量管理 …… 534

第九篇　教育与研究 …… 539
第一章　旅游教育 …… 541
第一节　旅游高等教育 …… 541
第二节　中等旅游教育 …… 548
第三节　社会力量举办旅游教育 …… 552
第二章　旅游职业培训 …… 554
第一节　中高层管理人员培训 …… 554
第二节　员工培训 …… 564
第三节　导游人员培训及考试 …… 566
第三章　旅游研究与旅游报刊 …… 570
第一节　沿革 …… 570
第二节　重点旅游课题 …… 572
第三节　旅游论著 …… 583
第四节　旅游报刊 …… 587

第十篇　世博旅游 …… 589
第一章　旅游备博 …… 592
第一节　组织领导 …… 592
第二节　旅游宣传推介 …… 594
第三节　旅游产品研发 …… 597
第四节　迎世博600天行动计划 …… 600
第五节　旅游企业备博 …… 606
第二章　旅游办博 …… 609
第一节　协调管控 …… 609
第二节　文明观博 …… 612
第三节　平安世博 …… 613
第四节　交通保畅 …… 617
第五节　住宿保障 …… 618
第六节　团队组织 …… 622

第十一篇　人物 …… 627
第一章　人物传略 …… 629
第二章　人物简介 …… 632
第三章　人物表 …… 634

专记 …… 653
附录 …… 673
索引 …… 700
编后记 …… 735

《上海市志·对外经济贸易分志(1978—2010)》目录

序 …… 1
《上海市志(1978—2010)》凡例 …… 1
编纂说明 …… 1
概述 …… 1
大事记 …… 29

第一篇　货物出口贸易 …… 83
第一章　农副产品 …… 86
第一节　茶叶 …… 86
第二节　畜产品 …… 87
第三节　土产品 …… 93
第四节　粮油 …… 102
第五节　食品 …… 109
第二章　纺织服装 …… 119
第一节　纺织品 …… 120
第二节　家用纺织品 …… 125
第三节　针织品 …… 127
第四节　抽纱品 …… 132
第五节　丝绸 …… 137
第六节　服装 …… 141
第三章　轻工业品 …… 146
第一节　轻工商品 …… 146
第二节　文教体育用品 …… 161
第三节　工艺品 …… 168
第四章　石油化工品与医药保健品 …… 180
第一节　石油化工品 …… 180
第二节　医药保健品 …… 197
第五章　矿产金属 …… 202
第一节　矿产及制品 …… 203
第二节　金属 …… 211
第六章　机电产品 …… 222
第一节　机械设备 …… 224
第二节　电机设备 …… 240
第三节　运输工具 …… 246
第四节　电子电信设备 …… 254

第二篇　货物进口贸易 …… 265
第一章　生活资料 …… 269
第一节　粮油 …… 270
第二节　畜产与水海产品 …… 272
第三节　土产品 …… 273
第四节　日用品 …… 274
第五节　医药保健品 …… 276
第二章　生产资料 …… 278
第一节　纺织原料 …… 279
第二节　金属矿产 …… 282
第三节　石油化工 …… 288
第四节　机械与设备 …… 290
第五节　运载设备 …… 293
第六节　其他生产资料 …… 295
第三章　初级产品 …… 299
第一节　食品与活动物 …… 299
第二节　饮料与烟类 …… 313
第三节　非食用原料 …… 316

第四节　矿物燃料、润滑油及有关原料 …… 328
第五节　动植物油、脂 …… 333
第四章　工业制成品 …… 336
第一节　化学品及有关产品 …… 336
第二节　按原料分类的制成品 …… 351
第三节　机械与运输设备 …… 370
第四节　杂项制品 …… 400

第三篇　国际技术贸易 …… 415
第一章　技术进口 …… 418
第一节　沿革 …… 419
第二节　引进规模 …… 421
第三节　来源地构成 …… 423
第四节　行业分布 …… 426
第五节　重要项目 …… 433
第六节　引进主体 …… 438
第二章　技术出口 …… 440
第一节　沿革 …… 440
第二节　出口规模 …… 444
第三节　重要项目 …… 448
第四节　出口行业 …… 454
第五节　输往地构成 …… 457
第六节　主体构成 …… 461

第四篇　国际服务贸易 …… 465
第一章　传统服务贸易 …… 469
第一节　运输服务贸易 …… 470
第二节　金融服务贸易 …… 481
第三节　旅游服务贸易 …… 495
第四节　广告服务贸易 …… 504
第五节　建筑服务贸易 …… 510
第二章　现代服务贸易 …… 517
第一节　通信服务贸易 …… 518
第二节　计算机和信息服务贸易 …… 521
第三节　专利特许权贸易 …… 524
第四节　咨询服务贸易 …… 530
第五节　电影音像服务贸易 …… 540
第六节　其他商业服务 …… 543
第三章　服务贸易布局 …… 550
第一节　核心区 …… 550
第二节　增长带 …… 551
第四章　服务外包 …… 556
第一节　重点业务 …… 557
第二节　空间布局 …… 561

第五篇　对外经济合作 …… 565
第一章　国际工程承包 …… 569
第一节　工程业务 …… 569
第二节　重点项目 …… 576
第三节　国际招投标 …… 585
第二章　对外投资 …… 590
第一节　沿革 …… 590
第二节　重要项目 …… 600
第三章　外派劳务 …… 609
第一节　沿革 …… 609
第二节　重要项目 …… 616
第四章　国际经济技术援助 …… 619
第一节　对外援助 …… 619
第二节　接受多双边援助 …… 623

第六篇　经贸国际市场 …… 629
第一章　亚洲市场 …… 632
第一节　中国港澳台地区市场 …… 632
第二节　东北亚市场 …… 642
第三节　东盟市场 …… 650
第四节　南亚市场 …… 660
第五节　中东市场 …… 668
第六节　亚洲其他国家和地区 …… 679
第二章　非洲市场 …… 680
第一节　非洲重点市场 …… 682
第二节　非洲其他市场 …… 687
第三章　欧洲市场 …… 690
第一节　西欧(欧盟)市场 …… 691
第二节　东欧市场 …… 719
第四章　美洲市场 …… 730
第一节　北美市场 …… 731
第二节　拉丁美洲市场 …… 741
第五章　大洋洲市场 …… 749

第七篇　外经贸企业 …… 759
第一章　货物贸易企业 …… 763
第一节　国有(国有控股)外贸企业 …… 763
第二节　民营进出口企业 …… 787
第三节　外资进出口企业 …… 790
第二章　技术贸易企业 …… 809
第一节　国有(国有控股)技贸企业 …… 809
第二节　民营技术贸易企业 …… 814
第三节　外资技术贸易企业 …… 816
第三章　服务贸易企业 …… 825
第一节　综合性企业 …… 826
第二节　专业性企业 …… 830
第三节　服务外包企业 …… 857
第四章　外经企业 …… 866
第一节　对外承包工程企业 …… 867
第二节　对外投资企业 …… 869
第三节　对外劳务合作企业 …… 870

第八篇　外经贸体制改革 …… 875
第一章　行政体制改革 …… 877
第一节　机构改革 …… 877
第二节　职能转变 …… 880
第二章　经营管理体制改革 …… 892
第一节　企业管理体制改革 …… 892
第二节　计划体制改革 …… 905
第三节　财务管理体制改革 …… 910
第四节　劳动人事制度改革 …… 916

第九篇　管理与促进 …… 923
第一章　管理机构 …… 925
第一节　党群机构 …… 925
第二节　行政机构 …… 931
第二章　促进机构 …… 940
第一节　半官方商务促进机构 …… 940
第二节　行业协会 …… 941
第三节　其他促进机构 …… 949
第四节　国际性驻沪经贸促进机构 …… 956
第三章　行业管理 …… 962
第一节　宏观管理 …… 963
第二节　货物进出口管理 …… 972
第三节　国际技术贸易管理 …… 987
第四节　国际服务贸易管理 …… 990
第五节　对外经济合作管理 …… 1006
第四章　商务促进 …… 1011
第一节　大通关 …… 1011
第二节　会展促进 …… 1014
第三节　信息化促进 …… 1020
第四节　外资促进 …… 1023

第十篇　人物 …… 1025
第一章　人物传略 …… 1027
第一节　外经贸界著名人士 …… 1027
第二节　外经贸系统领导 …… 1030
第三节　革命烈士 …… 1031
第二章　人物简介 …… 1033
第一节　全国劳动模范 …… 1033
第二节　市外经贸工作党委书记 …… 1034
第三节　市外经贸委主任、商务委主任 …… 1035
第三章　人物表 …… 1040
第一节　先进人物 …… 1040
第二节　党代表、人大代表、政协委员 …… 1055

专记 …… 1059
附录 …… 1081
索引 …… 1099
编后记 …… 1138

《上海市志·城乡建设分志·综述卷(1978—2010)》目录

序 …… 1
《上海市志(1978—2010)》凡例 …… 1
编纂说明 …… 1
概述 …… 1
大事记 …… 15

第一篇　规划布局与区域建设 …… 41
第一章　城乡规划 …… 44
第一节　总体规划 …… 44
第二节　近期建设规划 …… 48
第三节　规划实施 …… 50
第二章　区域建设 …… 53
第一节　中心城建设 …… 53
第二节　郊区建设 …… 66
第三节　开发区建设 …… 79
第三章　浦东新区规划建设 …… 91
第一节　新区规划 …… 91
第二节　功能区规划建设 …… 93

第二篇　城乡建设方式 …… 101
第一章　土地使用和管理 …… 103
第一节　国有土地有偿使用 …… 103
第二节　集体土地租赁 …… 105
第三节　土地使用管理 …… 106
第二章　住房建设与旧区改造 …… 109
第一节　城市住房建设 …… 109
第二节　村镇住房建设 …… 117
第三节　旧区改造 …… 118
第四节　优秀历史建筑和风貌街区保护 …… 122
第三章　重大工程建设 …… 125
第一节　组织管理 …… 125
第二节　投资与项目结构 …… 128
第三节　立功竞赛 …… 131
第四章　市场构建 …… 136
第一节　建筑市场 …… 136
第二节　建材市场 …… 140
第三节　房产市场 …… 143

第三篇　基础设施体系建设 …… 149
第一章　城市交通 …… 151
第一节　轨道交通 …… 151
第二节　城市道路(含快速路) …… 156
第三节　跨黄浦江、苏州河隧桥 …… 158
第四节　公交出租场站 …… 161
第二章　对外交通 …… 164
第一节　公路 …… 164
第二节　铁路 …… 166
第三节　港口 …… 169
第四节　航空 …… 172
第五节　虹桥综合交通枢纽 …… 174
第三章　市政公用 …… 176

第一节　供水 …… 176
第二节　燃气 …… 180
第三节　电力 …… 186
第四节　排水(防汛) …… 189
第五节　信息通信 …… 192
第六节　其他设施 …… 195
第四章　市容环境 …… 198
第一节　绿化 …… 198
第二节　环卫 …… 204
第三节　水环境治理(污水处理) …… 208
第四节　迎世博市容市貌 …… 214
第五章　公共和商业设施 …… 218
第一节　教科文体卫 …… 218
第二节　商业办公 …… 220

第四篇　投融资 …… 223
第一章　投融资体制、方式、规模 …… 225
第一节　投融资体制 …… 225
第二节　投融资方式 …… 229
第三节　投资规模 …… 234
第二章　项目管理和投资管理 …… 242
第一节　项目管理 …… 242
第二节　投资管理 …… 249
第三章　投融资主体和项目选介 …… 257
第一节　投融资主体 …… 257
第二节　项目选介 …… 261

第五篇　建设管理体制 …… 271
第一章　行政管理机构 …… 273
第一节　上海市城乡建设行政主管部门 …… 273
第二节　行业管理局 …… 286
第三节　临时机构 …… 292
第四节　区县机构 …… 296
第二章　事务机构和社团组织 …… 305
第一节　事务机构 …… 305
第二节　社团组织 …… 314
第三章　运行机制 …… 317
第一节　市区分工 …… 317
第二节　管办分离 …… 323
第三节　管养分开 …… 327
第四节　网格化管理 …… 328
第四章　法治建设 …… 331
第一节　法规建设 …… 331
第二节　标准定额 …… 337

第六篇　人物 …… 341

附录 …… 347
索引 …… 396
编后记 …… 409

《上海市志·城乡建设分志·城乡规划卷(1978—2010)》目录

序 …… 1
《上海市志(1978—2010)》凡例 …… 1
编纂说明 …… 1
概述 …… 1
大事记 …… 25

第一篇　城市总体规划 …… 65
第一章　上海市城市总体规划方案 …… 68
第一节　城市总体规划方案纲要 …… 68
第二节　城市总体规划方案 …… 70
第三节　上海市浦东新区总体规划方案 …… 74
第二章　上海市城市总体规划(1999年至2020年) …… 78
第一节　城市总体规划方案修订纲要 …… 78
第二节　城市总体规划编制与主要内容 …… 82
第三节　城市总体规划实施与评估 …… 99
第四节　浦东新区总体规划 …… 113
第三章　上海市城市近期建设规划 …… 118
第一节　城市近期建设规划(1984—1990) …… 118
第二节　城市近期建设规划(1998—2005) …… 119
第三节　城市近期建设规划(2003—2007) …… 122
第四节　城市近期建设规划(2006—2010) …… 125
第四章　上海市土地利用总体规划(2006—2020年) …… 130
第一节　城市总体规划与土地利用总体规划协调衔接 …… 130
第二节　土地利用总体规划编制与主要内容 …… 134

第二篇　中心城规划 …… 141
第一章　中心城分区规划 …… 144
第一节　1986年中心城规划结构 …… 144
第二节　分区规划 …… 144
第二章　中心城各层级规划 …… 151
第一节　2001年中心城规划结构 …… 151
第二节　分区及次分区规划 …… 151
第三节　控制性编制单元规划 …… 167
第四节　控制性详细规划 …… 171

第三篇　郊区规划 …… 179
第一章　卫星城与郊县城镇 …… 182
第一节　卫星城 …… 182
第二节　郊县城镇 …… 184
第二章　郊区规划纲要 …… 186
第一节　纲要编制 …… 186

第二节　纲要内容 …………………… 187
第三章　区域与新城总体规划 ………… 189
第一节　闵行区 ……………………… 190
第二节　宝山区 ……………………… 195
第三节　嘉定区 ……………………… 200
第四节　南汇县(区) ………………… 204
第五节　奉贤县(区) ………………… 209
第六节　松江县(区) ………………… 214
第七节　金山区 ……………………… 220
第八节　青浦县(区) ………………… 225
第九节　崇明县 ……………………… 230
第四章　城镇规划 …………………… 237
第一节　城镇体系 …………………… 237
第二节　一城九镇试点 ……………… 238
第三节　新市镇规划 ………………… 252
第五章　乡村规划 …………………… 255
第一节　农村宅基地置换试点 ……… 255
第二节　中心村规划 ………………… 257
第三节　新郊区新农村先行区试点 …………………… 258

第四篇　历史文化名城保护规划 …… 263
第一章　历史文化名城保护 ………… 265
第一节　1991 年上海历史文化名城保护规划 ………………… 265
第二节　1999 年上海市历史文化名城保护规划 ………………… 269
第二章　上海市中心城历史文化风貌区 ……………………… 273
第一节　中心城历史文化风貌区保护 ……………………… 273
第二节　风貌保护道路规划 ………… 291
第三章　郊区和浦东新区历史文化风貌区 ……………………… 296
第一节　郊区历史文化风貌区保护规划 ……………………… 296
第二节　历史文化名镇保护规划 …… 299
第四章　历史建筑保护 ……………… 306
第一节　文物保护 …………………… 306
第二节　优秀历史建筑 ……………… 307

第五篇　产业布局规划 ………………… 331
第一章　产业总体规划 ……………… 334
第一节　产业总体布局 ……………… 334
第二节　全市开发区规划 …………… 338
第二章　第三产业 …………………… 340
第一节　商业布局规划 ……………… 340
第二节　金融贸易(现代服务业)规划 ………………………… 341
第三章　第二产业 …………………… 350
第一节　工业用地布局规划 ………… 350
第二节　工业区及开发区规划 ……… 351
第四章　第一产业 …………………… 388
第一节　农业布局规划 ……………… 388
第二节　现代农业园区规划 ………… 389

第六篇　住房规划 ……………………… 395
第一章　居住区 ……………………… 397
第一节　扩建和新辟居住区规划 …… 397
第二节　示范居住区规划 …………… 402
第三节　市重大工程配套商品房基地规划 ………………………… 409
第四节　大型居住社区规划 ………… 411
第五节　保障性住房规划 …………… 440
第六节　经济适用房规划 …………… 441
第二章　中心城旧区和旧住房改建 …… 444
第一节　危房棚户简屋改建规划 …… 444
第二节　重点地区改建规划 ………… 448

第七篇　科教与社会事业发展规划 ……………………………… 457
第一章　科研与教育设施 …………… 460
第一节　教育设施总体规划 ………… 460
第二节　科研教育设施规划选介 …… 462
第二章　文化设施 …………………… 465
第一节　文化设施总体规划 ………… 465
第二节　文化设施项目规划 ………… 468

第三章 体育设施 …… 470
第一节 体育设施总体规划 …… 470
第二节 体育设施项目规划 …… 473
第四章 医疗卫生设施 …… 476
第一节 医疗卫生设施总体规划 …… 476
第二节 医疗卫生设施项目规划 …… 478
第五章 其他公共服务设施 …… 480
第一节 养老等社会福利设施规划 …… 480
第二节 菜市场、集贸市场 …… 480
第三节 公共厕所规划 …… 488
第四节 殡葬服务设施 …… 488
第六章 公共服务设施设置标准 …… 491
第一节 城市居住区公共服务设施设置标准 …… 491
第二节 郊区新市镇与中心村公共服务设施标准 …… 494
第三节 控制性详细规划公共服务设施标准 …… 496

第八篇 重要地区规划 …… 499
第一章 城市公共活动中心 …… 502
第一节 市级中心 …… 503
第二节 市级副中心 …… 512
第三节 分区中心与地区中心 …… 520
第二章 重要地区 …… 525
第一节 中央商务区 …… 525
第二节 黄浦江两岸地区 …… 535
第三节 苏州河两岸地区 …… 544
第四节 临港新城 …… 552
第五节 中国2010上海世博会地区 …… 560
第六节 虹桥商务区 …… 567
第七节 国际旅游度假区(迪士尼) …… 574

第九篇 城市综合交通规划 …… 581
第一章 城市交通 …… 584
第一节 综合交通 …… 584
第二节 城市交通白皮书 …… 588
第三节 信息与技术运用 …… 589
第二章 港口 …… 593
第一节 海港 …… 593
第二节 河港 …… 598
第三章 航空港 …… 604
第一节 民用航空 …… 604
第二节 虹桥国际机场 …… 605
第三节 浦东国际机场 …… 607
第四节 通用航空 …… 609
第四章 铁路 …… 610
第一节 铁路枢纽 …… 610
第二节 主要铁路线路 …… 614
第三节 主要铁路客站 …… 616
第五章 对外公路 …… 618
第一节 公路网 …… 618
第二节 主要高速公路 …… 623
第三节 客货运站场 …… 624
第六章 城市道路 …… 627
第一节 道路 …… 627
第二节 道路红线规划 …… 632
第三节 主要快速路 …… 633
第四节 越江(河)通道 …… 634
第五节 静态交通 …… 637
第六节 慢行交通 …… 638
第七章 公共交通 …… 641
第一节 轨道交通 …… 641
第二节 常规公交 …… 654
第三节 客运交通枢纽 …… 657
第四节 轮渡 …… 660

第十篇 市政公用基础设施规划 …… 663
第一章 城市供水系统 …… 666
第一节 供水系统 …… 666
第二节 原水工程与水厂 …… 669
第二章 城市排水系统 …… 674
第一节 雨水系统 …… 674
第二节 污水治理系统 …… 676

第三节　污水治理工程 …………………… 681
第三章　城市电力系统 …………………… 686
第一节　电力系统 ………………………… 686
第二节　电力专项 ………………………… 687
第三节　电厂与变电站 …………………… 692
第四章　城市燃气系统 …………………… 695
第一节　燃气系统 ………………………… 695
第二节　加油(气)站 ……………………… 700
第三节　煤气厂与天然气工程 ………… 702
第五章　城市邮政通信 …………………… 704
第一节　邮政局所 ………………………… 704
第二节　城市通信 ………………………… 706
第三节　邮件处理中心与光缆 ………… 712
第六章　城市河道水系 …………………… 713
第一节　河道水系 ………………………… 713
第二节　水系系统 ………………………… 713

第十一篇　生态环境规划 ……………… 717
第一章　绿化 ……………………………… 720
第一节　绿地系统 ………………………… 720
第二节　中心城公共绿地 ……………… 726
第三节　环城绿带与楔形绿地 ………… 730
第四节　公园及湿地 …………………… 735
第二章　风景区和自然保护区 ………… 738
第一节　佘山风景区 …………………… 738
第二节　淀山湖风景区 ………………… 739
第三节　金山三岛自然保护区 ………… 739
第三章　雕塑与景观 ……………………… 741
第一节　城市雕塑 ………………………… 741
第二节　城市户外广告 ………………… 745
第三节　城市景观水系 ………………… 750
第四节　城市景观道路规划 …………… 752
第四章　环境保护与整治 ……………… 753
第一节　环境保护 ………………………… 753
第二节　地区环境整治 ………………… 755
第三节　水环境治理 …………………… 758
第四节　固废运输处置设施 …………… 759

第十二篇　城市防灾和地下空间规划 ……………………………… 761
第一章　城市综合防灾 ………………… 764
第一节　上海市城市安全战略规划研究 ……………………………… 764
第二节　应急避难场所 ………………… 765
第三节　防汛与消防 …………………… 766
第二章　城市地下空间 ………………… 771
第一节　2001 年地下空间开发规划 …………………………………… 771
第二节　上海市地下空间概念规划 …………………………………… 772
第三节　上海市地下空间近期建设规划(2007—2012) ……………… 773

第十三篇　机构团体与体制机制改革 ……………………………… 775
第一章　市规划管理机构 ……………… 777
第一节　市规划委员会 ………………… 777
第二节　上海市城市规划建筑管理局 ………………………………… 779
第三节　上海市城市规划管理局 …… 780
第四节　上海市规划和国土资源管理局 ……………………………… 782
第二章　事业单位 ……………………… 784
第一节　沿革 …………………………… 784
第二节　选介 …………………………… 785
第三章　区、县规划管理机构 ………… 788
第一节　区规划管理机构 ……………… 788
第二节　郊区(县)规划管理机构 …… 789
第四章　团体 …………………………… 791
第一节　上海市城市规划行业协会 ……………………………………… 791
第二节　上海城市规划学会 ………… 792
第五章　体制机制改革 ………………… 794
第一节　分级管理 ……………………… 794
第二节　简政放权 ……………………… 795
第三节　政务公开与信息公开 ……… 797

第四节　行政审批制度改革 ………… 801
第五节　浦东新区规划管理综合改革 ………… 802

第十四篇　规划管理 ………… 807
第一章　城乡规划编制管理 ………… 810
第一节　总体(分区)规划编制与审批 ………… 810
第二节　控制性编制单元规划编制与审批 ………… 812
第三节　控制性详细规划编制与审批 ………… 812
第二章　建设项目规划管理 ………… 816
第一节　建设项目规划选址 ………… 816
第二节　建设用地规划管理 ………… 818
第三节　建设工程规划管理 ………… 820
第三章　历史文化风貌保护与城市景观规划管理 ………… 830
第一节　历史文化风貌与优秀历史建筑保护 ………… 830
第二节　城市雕塑 ………… 833
第三节　户外广告 ………… 835
第四章　城乡规划实施的监督检查 ………… 838
第一节　监督检查机构与职责 ………… 838
第二节　规划管理监督检查 ………… 839
第三节　重要专项工作 ………… 847
第五章　城乡规划编制单位资质管理 ………… 854
第一节　规划设计单位资质管理 ………… 854
第二节　规划设计单位年检 ………… 855
第三节　规划设计项目评选 ………… 857
第六章　城建档案管理 ………… 865
第一节　城建档案收集与管理 ………… 865
第二节　城建档案利用与开发 ………… 866

第十五篇　法制建设 ………… 867
第一章　法规与政策 ………… 870
第一节　地方性法规与政府规章 ………… 870
第二节　规范性文件与标准 ………… 879
第三节　法规文件清理与废止 ………… 894
第二章　宣传监督与复议诉讼 ………… 898
第一节　法制宣传与教育 ………… 898
第二节　监督 ………… 900
第三节　行政复议与行政诉讼 ………… 903

第十六篇　科教宣传与信息化建设 ………… 907
第一章　学术交流与科学研究 ………… 909
第一节　学术交流 ………… 909
第二节　科学研究 ………… 910
第二章　教育宣传 ………… 917
第一节　城市规划中专班 ………… 917
第二节　专业培训 ………… 917
第三节　国(境)外培训 ………… 918
第四节　规划展示与规划期刊 ………… 919
第三章　信息化建设 ………… 923
第一节　平台 ………… 923
第二节　数据库 ………… 924
第三节　网站 ………… 925

第十七篇　人物 ………… 927
第一章　人物传略 ………… 929
第二章　人物简介 ………… 933
第三章　人物表 ………… 936
第四章　先进集体 ………… 942

专记 ………… 945
附录 ………… 957
索引 ………… 1004
编后记 ………… 1039

《上海市志·城乡建设分志·城乡道路卷（1978—2010）》目录

序 …… 1
《上海市志（1978—2010）》凡例 …… 1
编纂说明 …… 1
概述 …… 1
大事记 …… 13

第一篇　规划 …… 47
第一章　城市道路规划 …… 50
第一节　中心城干道网专项规划 …… 50
第二节　骨干道路网深化规划 …… 53
第三节　慢行交通与无障碍设施规划 …… 56
第二章　公路规划 …… 58
第一节　公路网规划 …… 58
第二节　高速公路网规划 …… 61
第三节　干线公路网规划 …… 63
第四节　农村公路规划 …… 66
第三章　越江工程及区域性专项规划 …… 68
第一节　越江工程规划 …… 68
第二节　"井"字形通道规划 …… 70
第三节　区区对接道路规划 …… 72
第四节　世博会道路系统规划 …… 73
第五节　虹桥枢纽外围配套道路规划 …… 75
第四章　发展计划（规划） …… 77
第一节　"九五"建设计划 …… 77
第二节　"十五"建设计划 …… 78
第三节　"十一五"建设计划 …… 79
第四节　近期建设计划 …… 81

第二篇　城市道路建设 …… 83
第一章　快速路 …… 85
第一节　内环高架路 …… 85
第二节　南北高架路 …… 87
第三节　延安高架路 …… 88
第四节　沪闵高架路 …… 89
第五节　逸仙高架路 …… 90
第六节　五洲大道 …… 90
第七节　中环路 …… 90
第八节　华夏高架路 …… 92
第九节　虹桥综合交通枢纽配套和集散系统快速路 …… 92
第二章　主干路 …… 94
第一节　三纵三横主干路 …… 94
第二节　东西向主干路 …… 102
第三节　南北向主干路 …… 104
第四节　浦东地区主干路 …… 108
第三章　次干路 …… 111
第一节　浦西内环内次干路 …… 111
第二节　浦西内外环间次干路 …… 114
第三节　浦东新区次干路 …… 124

第四章　支路 …… 127
第一节　黄浦区支路 …… 127
第二节　徐汇区支路 …… 137
第三节　卢湾区支路 …… 144
第四节　长宁区支路 …… 146
第五节　普陀区支路 …… 150
第六节　闸北区支路 …… 155
第七节　虹口区支路 …… 159
第八节　杨浦区支路 …… 166
第九节　静安区支路 …… 171
第十节　浦东新区支路 …… 174
第五章　城镇道路 …… 188
第一节　闵行区城镇道路 …… 188
第二节　宝山区城镇道路 …… 189
第三节　嘉定区城镇道路 …… 189
第四节　青浦区城镇道路 …… 190
第五节　松江区城镇道路 …… 191
第六节　金山区城镇道路 …… 192
第七节　奉贤区城镇道路 …… 193
第八节　崇明县城镇道路 …… 193
第六章　人行道和相关附属设施 …… 195
第一节　人行道设施 …… 195
第二节　无障碍设施 …… 197
第三节　路名牌 …… 199

第三篇　公路建设 …… 203
第一章　高速公路 …… 206
第一节　国道高速公路 …… 206
第二节　省(市)道高速公路 …… 217
第二章　干线公路 …… 227
第一节　国道干线公路 …… 227
第二节　连接外省(市)干线公路 …… 231
第三节　市域干线公路 …… 233
第三章　县乡公路 …… 247
第一节　县道 …… 247
第二节　乡村公路 …… 258
第四章　公路绿化 …… 262
第一节　绿化建设 …… 262
第二节　绿化管理 …… 268

第四篇　桥梁与隧道建设 …… 271
第一章　桥梁 …… 273
第一节　东海大桥 …… 273
第二节　长江隧桥 …… 274
第三节　黄浦江桥梁 …… 276
第四节　苏州河桥梁 …… 283
第五节　其他河流桥梁 …… 289
第二章　隧道 …… 294
第一节　黄浦江越江隧道 …… 294
第二节　外环线越江隧道 …… 299
第三节　外滩地下通道 …… 300
第三章　立交 …… 301
第一节　车行立交 …… 301
第二节　人行立交 …… 314

第五篇　运行与养护管理 …… 323
第一章　运行管理 …… 325
第一节　高架道路运行管理 …… 325
第二节　越江大桥运行管理 …… 326
第三节　越江隧道运行管理 …… 328
第四节　高速公路运行管理 …… 331
第五节　其他城市道路和公路运行管理 …… 334
第二章　养护管理 …… 336
第一节　高架道路养护管理 …… 336
第二节　越江大桥养护管理 …… 337
第三节　越江隧道养护管理 …… 341
第四节　高速公路养护管理 …… 347
第五节　其他城市道路和公路养护管理 …… 348
第三章　综合管理 …… 355
第一节　管养区域和项目管理 …… 355
第二节　事权下放管理 …… 356
第三节　管养分开改革 …… 357
第四节　迎世博600天与世博保障行动 …… 359
第五节　精细化管理模式 …… 362
第六节　迎接“国检”工作 …… 366

第六篇　技术发展与科研管理 ……… 367
第一章　道路技术 ……………………… 369
第一节　面层技术 …………………… 369
第二节　基层技术 …………………… 372
第三节　环保道路技术 ……………… 377
第二章　桥梁技术 ……………………… 380
第一节　斜拉桥技术 ………………… 380
第二节　拱桥技术 …………………… 384
第三节　跨海大桥技术 ……………… 385
第四节　隧桥一体工程技术 ………… 388
第三章　隧道技术 ……………………… 395
第一节　盾构法隧道技术 …………… 395
第二节　沉管法隧道技术 …………… 398
第三节　管幕—箱涵隧道技术 ……… 399
第四节　自主知识产权 ……………… 400
第四章　信息化技术 …………………… 404
第一节　管理信息化 ………………… 404
第二节　道路运行管理系统 ………… 410
第三节　不停车收费系统(ETC) …… 413
第五章　科研管理与科研成果 ………… 417
第一节　科研管理 …………………… 417
第二节　科研成果 …………………… 421

第七篇　装备与材料……………………… 455
第一章　机械装备 ……………………… 457
第一节　道路施工机械 ……………… 457
第二节　桥梁施工机械 ……………… 465
第三节　隧道施工机械 ……………… 471
第四节　设施养护机械 ……………… 475
第二章　材料 …………………………… 484
第一节　道路材料 …………………… 484
第二节　桥梁构件 …………………… 498
第三节　隧道构件与材料 …………… 505

第八篇　机构设置与行业管理 ……… 511
第一章　市政工程管理机构 …………… 514
第一节　市级机构 …………………… 514
第二节　区县机构 …………………… 527
第二章　行业发展 ……………………… 531
第一节　队伍建设 …………………… 532
第二节　建设和养护资金 …………… 544
第三节　管理体制 …………………… 548
第四节　政府监管 …………………… 552
第三章　法制建设 ……………………… 560
第一节　地方法规 …………………… 560
第二节　政府规章 …………………… 562
第三节　规范性文件 ………………… 563
第四节　标准、定额 ………………… 568
第四章　规费征收 ……………………… 574
第一节　公路规费 …………………… 574
第二节　越江收费 …………………… 577
第三节　其他通行收费 ……………… 579

第九篇　人物 ……………………………… 581
第一章　人物传略 ……………………… 583
第二章　人物简介 ……………………… 591
第一节　院士 ………………………… 591
第二节　大师 ………………………… 591
第三章　人物名录 ……………………… 594
第一节　党代表 ……………………… 594
第二节　人大代表 …………………… 594
第三节　政协委员 …………………… 595
第四节　先进人物 …………………… 595
第五节　建设功臣 …………………… 596

专记 ……………………………………… 599
附录 ……………………………………… 605
索引 ……………………………………… 627
编后记 …………………………………… 638

《上海市志·城乡建设分志·房地产业卷（1978—2010）》目录

序 …… 1
《上海市志（1978—2010）》凡例 …… 1
编纂说明 …… 1
概述 …… 1
大事记 …… 13

第一篇　土地与房屋状况 …… 55
　第一章　土地状况 …… 57
　　第一节　土地利用 …… 57
　　第二节　滩涂后备土地资源 …… 60
　第二章　房屋状况 …… 62
　　第一节　房屋类型 …… 62
　　第二节　房屋普查 …… 67

第二篇　住房制度改革和房屋管理 …… 95
　第一章　住房制度改革 …… 98
　　第一节　探索起步 …… 98
　　第二节　全面推行 …… 101
　　第三节　综合深化 …… 108
　第二章　住房保障 …… 112
　　第一节　住房解困 …… 112
　　第二节　住房保障体系 …… 116
　第三章　房屋管理 …… 123
　　第一节　产权产籍管理 …… 123
　　第二节　公房管理 …… 126
　　第三节　私房管理 …… 139
　第四章　物业管理 …… 146
　　第一节　沿革 …… 146
　　第二节　业主委员会 …… 149
　　第三节　物业服务 …… 150
　　第四节　物业管理监管 …… 152
　　第五节　住宅专项维修资金 …… 157
　　第六节　房屋质量检测 …… 159
　第五章　综合管理 …… 161
　　第一节　房地产执法监督 …… 161
　　第二节　行政审批制度 …… 163
　　第三节　信访与信息公开 …… 165

第三篇　土地使用制度改革和土地管理 …… 169
　第一章　土地使用制度改革 …… 171
　　第一节　国有土地使用制度改革 …… 171
　　第二节　集体土地使用制度改革 …… 178
　第二章　地籍管理 …… 182
　　第一节　土地调查 …… 182
　　第二节　土地登记 …… 186
　　第三节　制度和规范 …… 194
　第三章　土地规划计划管理 …… 202
　　第一节　土地利用总体规划 …… 202
　　第二节　土地利用计划 …… 205
　第四章　建设用地供应和管理 …… 208

第一节　建设用地供应 …… 208
第二节　建设用地管理 …… 214
第五章　耕地保护和基本农田建设 …… 226
第一节　耕地保护 …… 226
第二节　基本农田建设 …… 232
第六章　土地综合管理 …… 235
第一节　土地节约集约利用 …… 235
第二节　土地储备 …… 238
第三节　土地执法 …… 241

第四篇　住宅建设和旧区改造 …… 245
第一章　住宅建设 …… 247
第一节　建设投资 …… 247
第二节　居住区建设 …… 249
第三节　完整街坊建设 …… 259
第四节　"四高"小区建设 …… 261
第五节　住宅产业化与康居工程 …… 265
第六节　村镇住宅建设 …… 268
第七节　保障性住房建设 …… 271
第八节　住宅建设质量管理 …… 277
第二章　配套管理与住宅基地 …… 282
第一节　配套管理 …… 282
第二节　住宅基地管理 …… 288
第三章　旧房修缮和改造 …… 294
第一节　旧房修缮 …… 294
第二节　旧房改造 …… 297
第四章　旧区改造 …… 305
第一节　成片改造 …… 305
第二节　"365"危棚简屋改造 …… 307
第三节　二十一世纪初旧区改造 …… 313
第四节　旧改管理 …… 318
第五章　优秀历史建筑和风貌街区保护 …… 323
第一节　沿革 …… 323
第二节　优秀历史建筑保护 …… 349
第三节　历史文化风貌区保护 …… 362
第四节　保护机制 …… 366

第五篇　房地产市场 …… 369
第一章　土地市场 …… 371
第一节　土地市场培育 …… 371
第二节　土地市场管理 …… 376
第三节　土地价格 …… 380
第二章　住宅市场 …… 392
第一节　新建商品住宅市场 …… 392
第二节　存量房市场 …… 404
第三节　房屋租赁 …… 409
第四节　房屋拍卖 …… 413
第三章　非住宅市场 …… 416
第一节　办公楼市场 …… 416
第二节　商业营业用房市场 …… 419
第四章　房地产市场管理 …… 423
第一节　市场发展初期的房地产价格管理 …… 423
第二节　商品房预销售管理 …… 425
第三节　内销房种类归并和内外销房并轨 …… 427
第四节　统一合同管理 …… 428
第五节　网上备案 …… 429
第六节　税费 …… 431
第七节　市场监测和市场调控 …… 436
第五章　房地产开发经营 …… 439
第一节　开发行业经营发展 …… 439
第二节　开发企业资质管理 …… 444
第三节　房地产开发企业50强 …… 449
第六章　房地产中介 …… 453
第一节　房地产交易有形市场 …… 453
第二节　房地产经纪 …… 455
第三节　房地产评估 …… 462
第七章　住房公积金和住房商业贷款 …… 473
第一节　住房公积金 …… 473
第二节　住房商业贷款 …… 476

第六篇　机构、团体 …… 483
第一章　管理机构 …… 485

第一节　市级管理机构 …………………… 485
第二节　区、县管理机构 …………………… 505
第二章　专项机构 …………………… 507
第一节　领导决策机构 …………………… 507
第二节　联席会议和仲裁委员会 …… 509
第三章　房地产行业团体 …………………… 511
第一节　房地产开发与物业管理类协会 …………………… 511
第二节　房地产经纪与估价师协会 …………………… 513
第三节　学术团体 …………………… 516
第二节　教育成果 …………………… 530
第二章　科技 …………………… 541
第一节　科研设计单位 …………………… 541
第二节　科技活动 …………………… 543
第三节　科技成果 …………………… 546
第三章　信息化 …………………… 566
第一节　信息系统建设 …………………… 566
第二节　网站建设 …………………… 571
第四章　报刊 …………………… 574
第一节　公开性报刊 …………………… 574
第二节　内部刊物 …………………… 576

第七篇　教育、科技与信息化 …………………… 525
第一章　教育 …………………… 527
第一节　学校 …………………… 527

第八篇　人物 …………………… 579
第一章　人物传略 …………………… 581
第二章　人物表 …………………… 589

专记 …………………… 599
附录 …………………… 635
索引 …………………… 705
编后记 …………………… 737

《上海市志·城乡建设分志·环境保护卷（1978—2010）》目录

序 …… 1
《上海市志（1978—2010）》凡例 …… 1
编纂说明 …… 1
概述 …… 1
大事记 …… 19

第一篇　环境质量 …… 67
第一章　水环境 …… 70
第一节　地表水 …… 71
第二节　地下水 …… 130
第三节　近岸海域与海洋环境 …… 133
第二章　大气环境 …… 137
第一节　颗粒物 …… 138
第二节　气态污染物 …… 143
第三节　降水与酸雨 …… 151
第四节　其他污染因子 …… 155
第三章　土壤环境 …… 161
第一节　土壤背景状况 …… 161
第二节　土壤环境质量 …… 162
第三节　特定污染地区土壤质量 …… 163
第四章　声环境 …… 165
第一节　区域环境噪声 …… 165
第二节　交通噪声 …… 167
第三节　功能区噪声 …… 172
第五章　辐射环境 …… 177
第一节　辐射环境质量 …… 177
第二节　核技术利用设施周围辐射环境质量 …… 181
第三节　伴有电磁辐射设施周围电磁辐射环境 …… 183
第六章　生态环境 …… 186
第一节　城市生态 …… 186
第二节　水生生态 …… 187
第三节　湿地生态 …… 191
第四节　海洋生态 …… 193

第二篇　环境管理 …… 195
第一章　管理机构 …… 198
第一节　上海市环境保护局 …… 198
第二节　局属行政单位 …… 202
第三节　区县行政主管部门 …… 204
第四节　其他管理部门 …… 206
第二章　环境保护规划 …… 208
第一节　综合性规划 …… 208
第二节　区域性规划 …… 213
第三章　环境保护法制 …… 218
第一节　环境立法 …… 218
第二节　环境标准 …… 225
第三节　环境执法 …… 227
第四章　环境影响评价 …… 240
第一节　环境影响评价实施 …… 240
第二节　建设项目环评公众参与和

信息公开 …………………… 243
第三节 规划环境影响评价 ………… 244
第五章 环境监察与安全监管 ………… 245
第一节 重点排污企业监管 ………… 245
第二节 排污收费 …………………… 250
第三节 环境污染源监督管理 ……… 255
第四节 污染事故处理及环境应急管理 ………………………… 259
第五节 环境违法行为查处 ………… 266
第六章 环境信息 …………………… 284
第一节 环境信息化建设 …………… 284
第二节 环境信息公开 ……………… 287
第七章 环境提案、议案、信访、统计、档案 ……………………… 289
第一节 书面意见、提案、议案处理 ………………………… 289
第二节 信访、投诉与厂群矛盾处理 ………………………… 293
第三节 环境统计 …………………… 297
第四节 环境档案 …………………… 301

第三篇 环境综合整治 ……………… 305
第一章 城市环境综合整治 ………… 308
第一节 城市环境综合整治定量考核 ………………………… 308
第二节 重点污染地区环境综合整治 ………………………… 312
第三节 餐饮污染控制 ……………… 315
第二章 环境保护和建设三年行动计划 ……………………… 317
第一节 编制背景和推进机制 ……… 317
第二节 目标与任务 ………………… 319
第三节 主要成效 …………………… 322
第三章 污染减排 …………………… 327
第一节 "一控双达标"实施 ………… 328
第二节 主要污染物排放总量控制 ………………………… 328
第四章 推行低碳经济 ……………… 335
第一节 法规规章文件 ……………… 335
第二节 低碳世博 …………………… 336
第三节 其他低碳实践 ……………… 337
第五章 创建工作 …………………… 341
第一节 环保模范城区创建 ………… 341
第二节 生态城区创建 ……………… 342

第四篇 水环境保护与治理 ………… 345
第一章 功能区划与管理目标 ……… 347
第一节 水环境功能区划制定 ……… 347
第二节 水环境功能区划 …………… 347
第二章 饮用水水源保护 …………… 353
第一节 饮用水水源保护法律法规 ………………………… 353
第二节 水源保护区划分 …………… 354
第三节 水源地环境整治 …………… 357
第四节 生态补偿制度 ……………… 359
第三章 河流及流域污染治理 ……… 360
第一节 黄浦江治理 ………………… 360
第二节 苏州河治理 ………………… 362
第三节 中小河道治理 ……………… 365
第四节 太湖流域水环境治理 ……… 367
第四章 生活和其他污水治理 ……… 370
第一节 城镇污水处理 ……………… 370
第二节 农村地区污水处理 ………… 371
第三节 工业区污水收集处理 ……… 372
第四节 医院污水处理 ……………… 374
第五节 船舶污水处理 ……………… 375
第五章 近海海域水污染防治 ……… 378
第一节 环境功能区划 ……………… 378
第二节 水污染治理 ………………… 379

第五篇 大气环境保护与治理 ……… 381
第一章 功能区划与管理目标 ……… 383
第一节 功能区划 …………………… 383
第二节 管理目标 …………………… 384
第二章 烟尘与扬尘污染控制 ……… 385
第一节 烟尘控制区 ………………… 385
第二节 无燃煤区建设 ……………… 387

第三节　扬尘污染控制 …… 389
第三章　燃煤电厂污染治理 …… 392
第一节　燃煤电厂脱硫脱硝治理改造工程 …… 392
第二节　燃煤电厂"上大压小"计划 …… 394
第四章　机动车污染控制 …… 396
第一节　绿色倡导 …… 396
第二节　机动车排放标准 …… 398
第三节　机动车废气治理 …… 399
第四节　汽柴油生产 …… 405
第五节　加油站油气回收治理 …… 405
第五章　持久性有机污染物防治 …… 407
第一节　持久性有机污染物调查与防治 …… 407
第二节　上海履行斯德哥尔摩公约能力建设项目 …… 408
第六章　臭氧层保护 …… 409
第一节　淘汰消耗臭氧层物质 …… 409
第二节　保护臭氧层与应对气候变化 …… 410

第六篇　声环境保护与治理 …… 413
第一章　功能区划与管理目标 …… 415
第一节　功能区划 …… 415
第二节　管理目标 …… 416
第二章　交通噪声治理 …… 417
第一节　道路交通噪声治理 …… 417
第二节　航运噪声治理 …… 421
第三节　铁路和轨道交通噪声治理 …… 422
第四节　航空噪声治理 …… 424
第三章　建筑施工与社会生活噪声管理 …… 426
第一节　建筑施工噪声管理 …… 426
第二节　社会生活噪声管理 …… 428
第四章　噪声达标区建设 …… 430
第一节　固定源低噪声控制区创建 …… 430
第二节　环境噪声达标区创建 …… 431

第七篇　固体废物处置与利用 …… 435
第一章　危险废物处置 …… 437
第一节　危险废物处理处置 …… 437
第二节　医疗废物处理处置 …… 440
第三节　废弃化学品处理处置 …… 442
第四节　电子废物处理处置 …… 443
第二章　可再生资源回收利用 …… 445
第一节　一次性饭盒污染治理 …… 445
第二节　可再生资源回收利用网络建设 …… 447
第三章　生活垃圾收集处置 …… 450
第一节　大型生活垃圾处置设施建设 …… 450
第二节　生活垃圾收集处理 …… 452
第四章　一般固体废物处置 …… 458
第一节　工业固体废物处置 …… 458
第二节　建筑垃圾处置 …… 460

第八篇　辐射环境污染治理 …… 463
第一章　放射性污染防治 …… 465
第一节　固体废物 …… 465
第二节　废水、废气与漏射线 …… 465
第二章　辐射环境监管、监测与污染事故处置 …… 468
第一节　监督管理 …… 468
第二节　污染源监测 …… 474
第三节　辐射污染事故处理 …… 475
第三章　重点放射性污染治理 …… 476
第一节　重点治理单位 …… 476
第二节　其他 …… 477
第四章　电磁辐射污染防治 …… 478
第一节　工频强电磁设备(设施) …… 478
第二节　广播、电视、通信设施 …… 480

第九篇　工业污染防治 …… 483
第一章　产业结构调整 …… 486

第一节　落后产能淘汰 …………………… 486
第二节　布局调整 ………………………… 489
第二章　清洁生产与循环经济试点 …… 492
第一节　清洁生产政策与指南 ……… 492
第二节　企业清洁生产审核、评估与验收 ……………………………… 493
第三节　ISO14001 环境管理体系 ……………………………… 495
第四节　循环经济试点 ……………… 496
第五节　生态工业园区建设 ………… 499
第三章　污染治理 ………………………… 502
第一节　工业废水治理 ……………… 502
第二节　锅炉、炉灶治理与清洁能源替代 ……………………………… 506
第三节　粉尘与废气治理 …………… 509
第四节　工业噪声治理 ……………… 511
第四章　环境保护产业 ………………… 514
第一节　环保产业发展状况 ………… 514
第二节　环保产业管理 ……………… 518

第十篇　农村环境保护与农业污染治理 ……………………………… 523
第一章　农村环境保护政策 …………… 526
第一节　中央农村环保专项资金 …… 526
第二节　市级农村环境综合整治 …… 526
第三节　秸秆综合利用政策 ………… 528
第二章　农村环境保护和污染防治 …… 529
第一节　农村生活污染防治 ………… 529
第二节　畜禽养殖污染防治 ………… 533
第三节　化肥和农药控制 …………… 536
第四节　乡镇企业重点污染行业整治 ……………………………… 538
第五节　秸秆禁烧 …………………… 540
第三章　农村生态示范建设 …………… 542
第一节　国家级生态乡镇 …………… 542
第二节　市级生态乡镇和生态村 ……………………………… 543

第十一篇　海洋环境与自然生态保护 ……………………………… 545
第一章　海洋环境污染 ………………… 548
第一节　陆源污染 …………………… 549
第二节　海洋环境突发事件 ………… 550
第二章　海洋环境保护 ………………… 553
第一节　海洋环境功能区划分 ……… 553
第二节　海洋倾废管理 ……………… 554
第三节　船舶污染管理 ……………… 555
第四节　海洋环境执法检查 ………… 557
第三章　自然保护 ……………………… 560
第一节　金山三岛海洋生态自然保护区 ……………………………… 560
第二节　崇明岛东滩鸟类自然保护区 ……………………………… 561
第三节　长江口中华鲟自然保护区 ……………………………… 562
第四节　九段沙湿地自然保护区 …… 563
第五节　国家森林公园 ……………… 563
第六节　湿地滩涂生态系统保护 …… 565
第七节　生物多样性保护与外来物种防治 ……………………………… 567
第四章　城乡绿化建设 ………………… 571
第一节　绿化建设与发展 …………… 571
第二节　城区绿地建设 ……………… 573
第三节　国家园林城市创建 ………… 575
第五章　崇明生态岛建设 ……………… 577
第一节　崇明生态岛建设目标与规划 ……………………………… 577
第二节　崇明“国家生态县”建设 …… 578
第三节　崇明生态岛建设历程 ……… 580

第十二篇　环境监测 ……………………… 583
第一章　监测机构 ……………………… 586
第一节　地区、市环保系统监测机构 ……………………………… 586
第二节　区县环保系统监测机构 …… 589
第三节　其他行业及社会性环境监测

机构 …… 592
第二章　监测技术 …… 597
第一节　环境质量监测 …… 597
第二节　污染源监测 …… 606
第三节　监测网络及预警体系 …… 616
第四节　监测项目 …… 625
第五节　监测分析方法 …… 629
第六节　技术创新与运用 …… 637
第三章　质量管理 …… 645
第一节　环境监测人员持证上岗考核 …… 645
第二节　计量器具检定 …… 646
第三节　计量认证 …… 647
第四节　其他质量活动 …… 649

第十三篇　环境科技 …… 653
第一章　科研机构与团体 …… 655
第一节　环境保护科研机构 …… 655
第二节　大专院校环保科研组织 …… 657
第三节　上海市环境科学学会 …… 660
第四节　社会性的环保科研团体 …… 661
第二章　主要成果 …… 664
第一节　重大环保科研项目 …… 664
第二节　环境科研 …… 670
第三节　污染治理技术开发 …… 683
第三章　重大环保科研获奖成果 …… 689
第一节　水环境保护获奖成果 …… 689
第二节　大气环境保护获奖成果 …… 691
第三节　固体废弃物污染防治获奖成果 …… 692
第四节　其他 …… 693
第四章　重大环保科研成果的转化及运用 …… 695
第一节　水污染科研成果转化 …… 695
第二节　大气污染科研成果转化 …… 697
第三节　固废与土壤污染科研成果转化 …… 698

第十四篇　合作与交流 …… 701
第一章　国际合作与交流 …… 703
第一节　合作项目 …… 703
第二节　国际交流 …… 711
第二章　国内合作与交流 …… 720
第一节　合作项目 …… 720
第二节　对口支援 …… 724
第三章　履行国际公约 …… 726
第一节　消耗臭氧层物质履约 …… 726
第二节　持久性有机污染物履约 …… 726

第十五篇　宣传教育 …… 729
第一章　组织机构 …… 732
第一节　上海市环境保护宣传教育中心 …… 732
第二节　《中国环境报》上海记者站 …… 732
第三节　中小学环境教育组织 …… 733
第四节　上海“中华环保世纪行”组委会 …… 734
第五节　环境保护公益性社团 …… 736
第二章　宣传教育活动 …… 737
第一节　主题宣传活动 …… 737
第二节　世界环境日 …… 740
第三节　其他宣传日 …… 744
第四节　专题文艺宣传活动 …… 746
第三章　宣传媒体 …… 748
第一节　专业媒体 …… 748
第二节　大众传媒 …… 749
第三节　网络 …… 752
第四节　其他媒体 …… 754
第四章　教育培训 …… 757
第一节　领导干部培训 …… 757
第二节　在职人员培训 …… 758
第三节　公众教育 …… 760

第四节 国际合作培训 …… 761
第五章 学校环境教育 …… 764
第一节 大、中专院校的环境教育 …… 764
第二节 中小学及幼儿园环境教育 …… 767
第六章 绿色创建 …… 771
第一节 绿色学校创建 …… 771
第二节 绿色社区创建 …… 778

第十六篇 人物 …… 781
第一章 人物传略 …… 783
第二章 人物名录 …… 792

专记 …… 799
附录 …… 815
索引 …… 836
编后记 …… 853

《上海市志·绿化市容分志(1978—2010)》目录

序 ········· 1
《上海市志(1978—2010)》凡例 ········· 1
编纂说明 ········· 1
概述 ········· 1
大事记 ········· 17

第一篇　组织·机构 ········· 57
第一章　体制 ········· 59
第一节　园林绿化 ········· 59
第二节　林业 ········· 62
第三节　市容环卫 ········· 64
第四节　城管执法 ········· 67
第五节　行政审批制度改革 ········· 73
第二章　行政管理机构 ········· 80
第一节　市属机构 ········· 80
第二节　区县机构 ········· 90
第三节　国家部委驻沪机构 ········· 94
第三章　事业单位 ········· 96
第一节　园林绿化单位 ········· 96
第二节　林业单位 ········· 101
第三节　市容环卫单位 ········· 103
第四节　城管执法单位(上海市城市管理执法总队) ········· 105
第五节　综合保障类事业单位 ········· 106

第二篇　单位·团体·队伍 ········· 111
第一章　企业 ········· 113
第一节　绿化林业企业 ········· 113
第二节　市容环卫企业 ········· 115
第二章　学会与协会 ········· 119
第一节　学会 ········· 119
第二节　行业协会 ········· 120
第三节　专业协会 ········· 122
第四节　中国建设职工思想政治工作研究会市容环卫行业分会 ········· 125
第三章　队伍 ········· 126
第一节　园林绿化 ········· 126
第二节　林业 ········· 127
第三节　市容环卫 ········· 129
第四节　城管执法 ········· 133

第三篇　园林绿化 ········· 137
第一章　规划 ········· 142
第一节　综合规划 ········· 144
第二节　系统规划 ········· 149
第三节　专项计划 ········· 154
第二章　公园绿地建设 ········· 160
第一节　综合公园 ········· 160
第二节　特色公园 ········· 182
第三节　上海野生动物园 ········· 186
第四节　公共绿地 ········· 187
第五节　“春景秋色”示范工程 ········· 196

第六节　道路绿化 …… 197
第七节　立体绿化 …… 204
第八节　园林设计 …… 205
第三章　公园绿地管理 …… 211
第一节　法规规章 …… 211
第二节　公园管理 …… 213
第三节　绿地管理 …… 222
第四节　设施设备管理 …… 232
第四章　老公园改造 …… 235
第一节　综合公园 …… 235
第二节　历史名园 …… 249
第三节　植物园、动物园与森林公园 …… 252
第五章　园林专业管理 …… 256
第一节　行道树 …… 256
第二节　古树名木 …… 260
第三节　园林植保 …… 265
第四节　园林绿化工程 …… 268
第五节　标准与定额 …… 270
第六章　群众绿化 …… 273
第一节　义务植树 …… 273
第二节　社会绿化 …… 277
第三节　专项评比 …… 281
第七章　园林活动 …… 287
第一节　展览活动 …… 287
第二节　公园活动 …… 291

第四篇　林业 …… 301
第一章　规划 …… 305
第一节　综合规划 …… 305
第二节　专项规划 …… 309
第二章　林业建设 …… 318
第一节　造林绿化 …… 318
第二节　林木种苗 …… 342
第三节　国营林场 …… 349
第三章　森林资源管理与保护 …… 356
第一节　森林资源调查与监测 …… 357
第二节　森林资源管理 …… 363
第三节　森林资源保护 …… 370
第四章　野生动植物保护管理 …… 392
第一节　资源与设施 …… 393
第二节　野生动植物资源保护管理 …… 397
第三节　陆生野生动物疫源疫病防控 …… 422
第四节　野生动植物资源利用 …… 431
第五章　湿地保护管理 …… 436
第一节　湿地资源 …… 437
第二节　湿地资源保护 …… 441
第三节　湿地公园管理 …… 445
第四节　湿地资源利用 …… 447
第六章　林果花卉与森林旅游 …… 450
第一节　林果资源 …… 450
第二节　花卉园艺 …… 461
第三节　森林旅游 …… 473
第七章　林业执法 …… 485
第一节　法规规章 …… 486
第二节　林政执法 …… 491
第三节　野生动植物保护执法 …… 493
第四节　植物检疫执法 …… 497

第五篇　市容环卫 …… 505
第一章　规划 …… 509
第一节　综合规划 …… 509
第二节　专项规划 …… 516
第二章　法规规章 …… 522
第一节　地方性法规 …… 522
第二节　市政府规章 …… 523
第三章　市容环境管理 …… 530
第一节　市容环卫责任区制度 …… 530
第二节　达标创建 …… 532
第三节　专项治理 …… 540
第四节　市容环境质量监测 …… 547
第五节　社会监督 …… 552
第六节　重大活动市容环境保障 …… 557
第四章　景观管理 …… 568
第一节　户外广告 …… 568
第二节　景观灯光 …… 575

第三节　景观灯光带 …… 582
第五章　生活垃圾管理 …… 585
第一节　垃圾收集与清除 …… 585
第二节　垃圾运输 …… 588
第三节　垃圾处置 …… 589
第四节　垃圾分类 …… 594
第五节　行业标准 …… 599
第六章　其他废弃物管理 …… 601
第一节　餐厨垃圾管理 …… 601
第二节　渣土管理 …… 607
第三节　一次性塑料饭盒管理 …… 616
第四节　粪便处理 …… 622
第七章　清扫与保洁 …… 627
第一节　道路(广场)清扫 …… 627
第二节　机动车清洗保洁 …… 636
第三节　建(构)筑物清洗保洁 …… 641
第四节　公共厕所保洁与服务 …… 646
第五节　劳动定额 …… 655
第八章　水域环境卫生 …… 660
第一节　水域保洁 …… 660
第二节　水域监管 …… 666
第三节　水面污染治理 …… 668
第九章　环卫设施装备 …… 671
第一节　配套设施 …… 671
第二节　工程设施 …… 683
第三节　装备 …… 691
第十章　农村环境卫生管理 …… 695
第一节　管理网络 …… 695
第二节　村容村貌管理 …… 698

第六篇　城管执法 …… 705
第一章　执法管理 …… 708
第一节　“十一五”规划 …… 708
第二节　执法规范 …… 709
第三节　执法监督 …… 717
第四节　考评与创优 …… 723
第二章　执法勤务 …… 729
第一节　勤务指挥与管理 …… 729
第二节　勤务布局 …… 732
第三节　勤务模式 …… 733
第四节　执法协作 …… 738
第五节　执法装备 …… 742
第三章　执法实务 …… 748
第一节　市容环卫执法 …… 749
第二节　园林绿化执法 …… 763
第三节　环保相关执法 …… 766
第四节　乱设摊整治 …… 770
第五节　违法建筑拆除 …… 775
第六节　水域执法 …… 778
第七节　无障碍设施与招牌用字监督 …… 785
第四章　参与社会管理 …… 791
第一节　学校周边环境整治 …… 792
第二节　区际结合部环境整治 …… 795
第三节　协同执法 …… 799

第七篇　科技·信息化 …… 807
第一章　科技 …… 810
第一节　沿革 …… 810
第二节　科研单位 …… 812
第三节　制度和管理 …… 818
第四节　科研活动 …… 823
第五节　科研成果 …… 832
第六节　推广应用 …… 840
第七节　科普 …… 848
第八节　合作交流 …… 853
第二章　信息化 …… 858
第一节　沿革 …… 858
第二节　信息化建设 …… 860
第三节　信息化管理 …… 861
第四节　信息化应用 …… 864

第八篇　宣传·教育·文明创建 …… 873
第一章　宣传活动 …… 876
第一节　新闻宣传 …… 876
第二节　社会活动 …… 886

第三节　行业报刊 …………………… 901
第二章　教育 ………………………… 907
第一节　园林绿化专业教育 ………… 907
第二节　林业专业教育 ……………… 913
第三节　市容环卫专业教育 ………… 916
第四节　城管执法专业培训 ………… 928
第五节　干部培训 …………………… 931
第三章　文明创建 …………………… 934
第一节　文明行业创建 ……………… 934
第二节　单项创建 …………………… 935
第三节　专项创建 …………………… 939
第四节　行业志愿者 ………………… 940

第九篇　人物 ……………………… 945
第一章　人物传略 …………………… 947
第二章　人物简介 …………………… 952
第三章　人物表 ……………………… 964
第四章　先进集体 …………………… 980
第一节　先进集体简介 ……………… 980
第二节　先进集体名录 ……………… 981

专记 ………………………………… 983
附录 ………………………………… 1031
索引 ………………………………… 1071
编后记 ……………………………… 1087

《上海市志·交通运输分志·公路运输卷(1978—2010)》目录

序 …… 1
《上海市志(1978—2010)》凡例 …… 1
编纂说明 …… 1
概述 …… 1
大事记 …… 13

第一篇　设施 …… 37
　第一章　公路运输通道 …… 39
　　第一节　沿革 …… 39
　　第二节　主要公路 …… 40
　　第三节　主要公路桥梁和隧道 …… 48
　第二章　公路客运站 …… 53
　　第一节　沿革 …… 53
　　第二节　一级和二级客运站 …… 58
　　第三节　三级和四级客运站 …… 63
　　第四节　其他客运站 …… 68
　第三章　公路货运站 …… 74
　　第一节　沿革 …… 74
　　第二节　综合货运站 …… 76
　　第三节　集装箱货运站(堆场) …… 77
　第四章　汽车驾驶员培训教练场 …… 81
　　第一节　沿革 …… 81
　　第二节　自用型教练场 …… 82
　　第三节　公用型教练场 …… 84
　第五章　停车场 …… 90
　　第一节　沿革 …… 90
　　第二节　公共停车场(库) …… 92
　　第三节　其他停车场 …… 102

第二篇　运输装卸工具 …… 111
　第一章　车辆 …… 114
　　第一节　客车 …… 114
　　第二节　货车 …… 120
　第二章　装卸机械 …… 141
　　第一节　汽车起重机 …… 141
　　第二节　普通货物装卸机械 …… 142
　　第三节　集装箱堆装机械 …… 145

第三篇　经营户 …… 151
　第一章　公路客运企业 …… 154
　　第一节　沿革 …… 154
　　第二节　班车客运企业 …… 161
　　第三节　包车客运企业 …… 168
　第二章　公路货运企业和个体户 …… 174
　　第一节　沿革 …… 174
　　第二节　普通货运企业 …… 176
　　第三节　专用运输企业 …… 181
　　第四节　大型物件和危险货物运输企业 …… 184
　　第五节　大型综合性货运企业 …… 188
　　第六节　货运个体户(联户) …… 195
　　第七节　货运服务企业(个体户) …… 200

第三章 公路客货运站经营企业 ……… 204
第一节 沿革 …………………………… 204
第二节 公路客运站经营企业 ……… 205
第三节 货运站经营企业 …………… 213
第四章 汽车维修和综合性能检测企业(个体户) ……………………… 219
第一节 沿革 …………………………… 219
第二节 一类汽车维修企业 ………… 224
第三节 二类汽车维修企业 ………… 235
第四节 三类汽车维修企业(个体户) ……………………… 242
第五节 汽车综合性能检测企业 …… 245
第五章 汽车驾驶员培训和公用型教练场经营企业 ……………… 253
第一节 沿革 …………………………… 253
第二节 自有教练场培训企业 ……… 255
第三节 租赁教练场培训企业 ……… 257
第四节 公用型教练场经营企业 …………………………… 266
第六章 停车服务企业和协管单位 …… 271
第一节 沿革 …………………………… 271
第二节 公共停车场(库)经营企业和协管单位 …………………… 272
第三节 上海世博会临时停车场经营企业 …………………………… 281

第四篇 旅客运输 ……………………… 285
第一章 班车客运 ……………………… 288
第一节 沿革 …………………………… 288
第二节 沪苏班车客运 ……………… 292
第三节 沪浙班车客运 ……………… 316
第四节 沪皖班车客运 ……………… 329
第五节 上海至其他省市班车客运 ……………………………… 344
第二章 包车客运 ……………………… 378
第一节 沿革 …………………………… 378
第二节 省(市)际包车客运 ………… 388
第三节 市域包车客运 ……………… 390

第五篇 货物运输和交易市场 ……… 397
第一章 货物运输 ……………………… 400
第一节 沿革 …………………………… 400
第二节 国际集装箱运输 …………… 404
第三节 大型物件运输 ……………… 408
第四节 货运出租汽车运输 ………… 421
第五节 搬场运输 …………………… 423
第六节 冷藏保鲜货物运输 ………… 428
第七节 危险货物运输 ……………… 431
第八节 其他货物运输 ……………… 438
第二章 货物运输交易市场 ………… 454
第一节 沿革 …………………………… 454
第二节 实体交易市场 ……………… 455
第三节 网上交易市场 ……………… 459

第六篇 公路运输辅助服务 ………… 463
第一章 汽车维修和综合性能检测 …… 466
第一节 汽车修理 …………………… 466
第二节 汽车维护 …………………… 474
第三节 汽车特约维修 ……………… 476
第四节 汽车综合性能检测 ………… 482
第二章 汽车驾驶员培训和停车服务 ……………………………… 487
第一节 汽车驾驶员培训 …………… 487
第二节 停车服务 …………………… 496

第七篇 教育和科技 …………………… 505
第一章 教育 …………………………… 507
第一节 重点学校 …………………… 507
第二节 学校教育 …………………… 515
第三节 主要岗位从业人员培训 …… 527
第二章 科技 …………………………… 531
第一节 科研机构 …………………… 531
第二节 科技成果 …………………… 533
第三章 信息化系统 …………………… 547
第一节 上海市交通运输和港口管理局指挥中心信息系统 ………… 547
第二节 上海交通网 ………………… 548

第三节 公路客运业信息系统 …… 549
第四节 公路货运业信息系统 …… 551
第五节 停车服务业信息系统 …… 554

第八篇 行业管理 …… 559
第一章 体制改革 …… 562
第一节 行政主管机构体制改革 …… 562
第二节 专管机构体制改革 …… 563
第二章 机构和团体 …… 563
第一节 行政主管机构 …… 563
第二节 行业专管机构 …… 575
第三节 行业团体 …… 588
第三章 运输市场管理 …… 593
第一节 行政许可 …… 593
第二节 行政稽查 …… 597
第三节 证照牌和单据 …… 605
第四节 营运标志标识 …… 609
第五节 管理费 …… 612
第六节 价格 …… 615
第七节 发票 …… 626
第八节 其他管理 …… 628

第九篇 人物 …… 633
第一章 人物传略 …… 634
第二章 人物表 …… 637
第一节 先进集体 …… 637
第二节 先进个人 …… 640

专记 …… 649
附录 …… 661
索引 …… 707
编后记 …… 740

《上海市志·交通运输分志·铁路运输卷(1978—2010)》目录

序一 …… 1
序二 …… 1
《上海市志(1978—2010)》凡例 …… 1
编纂说明 …… 1
概述 …… 1
大事记 …… 15

第一篇　机构·企业 …… 53
　第一章　上海铁路局 …… 56
　　第一节　管辖范围 …… 56
　　第二节　局属单位设置 …… 61
　　第三节　路局机关和直属机构 …… 66
　　第四节　学(协)会 …… 70
　第二章　在沪局属机构 …… 77
　　第一节　上海铁路分局(上海铁路办事处) …… 77
　　第二节　上海地区合资铁路公司 …… 83
　　第三节　建设、设计和工业单位 …… 84
　第三章　公检法机构·部属运输企业 …… 87
　　第一节　公安司法 …… 87
　　第二节　部属运输企业 …… 89
　第四章　基层单位 …… 91
　　第一节　运输站段 …… 91
　　第二节　运输辅助单位 …… 102
　　第三节　多元经营企业 …… 105

第二篇　路网建设 …… 113
　第一章　枢纽建设 …… 116
　　第一节　位置、范围与自然概貌 …… 116
　　第二节　枢纽改扩建 …… 118
　　第三节　枢纽运输作业分工 …… 124
　第二章　线路 …… 128
　　第一节　线路建设 …… 128
　　第二节　线路改扩建 …… 149
　　第三节　铁路专用线 …… 168
　第三章　车站 …… 173
　　第一节　车站建设 …… 173
　　第二节　车站改扩建 …… 197

第三篇　运输经营 …… 211
　第一章　运输组织 …… 214
　　第一节　运输计划 …… 214
　　第二节　列车运行图 …… 218
　　第三节　运输调度 …… 259
　　第四节　站车运输组织 …… 276
　第二章　旅客运输 …… 287
　　第一节　客运站 …… 287
　　第二节　旅客列车 …… 298
　　第三节　客运组织 …… 341
　　第四节　重点运输 …… 358

第五节　行包运输 …… 400
第六节　客运服务 …… 404
第七节　客运运价 …… 418
第八节　旅客运量 …… 435
第三章　货物运输 …… 440
第一节　货运设施设备 …… 440
第二节　货运组织 …… 446
第三节　货运方式 …… 464
第四节　货物装卸 …… 486
第五节　货运管理 …… 497
第六节　货运量及品类 …… 505
第四章　多元经营 …… 519
第一节　铁路运输延伸服务业 …… 519
第二节　铁路旅游业 …… 524
第三节　铁路运输装备制造业 …… 528
第四节　铁路工程建筑业 …… 538

第四篇　运输装备 …… 543
第一章　机务 …… 546
第一节　机车配属 …… 546
第二节　机车运用 …… 559
第三节　机车检修 …… 570
第四节　机车整备 …… 588
第五节　供电和给水 …… 595
第二章　车辆 …… 610
第一节　车辆配属和使用 …… 610
第二节　车辆运用与维修 …… 620
第三节　车辆修程和检修能力 …… 628
第四节　车辆检修管理 …… 639
第五节　机械保温车 …… 644
第六节　车辆运行安全监控与信息化建设 …… 648
第三章　工务 …… 654
第一节　基础设备 …… 654
第二节　线桥检测 …… 671
第三节　线桥维修 …… 676
第四节　线桥大修 …… 681
第五节　道口管理 …… 689
第六节　防灾安全监测系统 …… 702
第四章　电务 …… 705
第一节　信号设备 …… 705
第二节　信号设备检修 …… 720
第三节　通信设备 …… 728
第四节　通信设备检修 …… 740

第五篇　运输安全 …… 747
第一章　安全管理机制 …… 750
第一节　安全规章制度建设 …… 750
第二节　安全教育培训 …… 753
第三节　安全检查监督 …… 764
第四节　安全激励约束 …… 770
第二章　行车安全 …… 775
第一节　行车安全设备设施 …… 775
第二节　行车安全关键控制 …… 782
第三节　应急救援 …… 786
第三章　劳动安全 …… 793
第一节　管理机制 …… 793
第二节　劳动保护 …… 796
第三节　职工伤亡事故及处理 …… 804
第四章　路外安全 …… 811
第一节　路外安全联防联控 …… 811
第二节　路外伤亡事故及处理 …… 814
第五章　客运安全 …… 818
第一节　旅客乘降安全 …… 818
第二节　“三品”查堵 …… 819
第三节　客运列车消防安全 …… 822
第四节　行包运输安全 …… 824
第六章　货运安全 …… 826
第一节　货物装载安全管理 …… 826
第二节　货运安全关键预防 …… 829
第三节　货物保价运输 …… 835
第七章　特种设备安全 …… 838
第一节　特种设备安全管理 …… 838
第二节　特种设备检验检测 …… 839
第三节　特种设备事故及处理 …… 842

第六篇　科研·教育 …… 847
第一章　科学技术 …… 850
第一节　综合技术研究 …… 850
第二节　科学技术管理 …… 858
第三节　科学技术研究 …… 861
第四节　科技情报和技术监督 …… 877
第二章　信息技术 …… 882
第一节　信息技术装备 …… 882
第二节　信息网络建设 …… 883
第三节　信息系统开发建设 …… 885
第三章　职工教育 …… 894
第一节　职工技术文化教育 …… 894
第二节　职业技术教育 …… 909

第七篇　综合管理 …… 913
第一章　体制改革与管理创新 …… 916
第一节　经营体制改革 …… 916
第二节　行政体制改革 …… 923
第三节　管理研究与创新 …… 935
第二章　人力资源管理 …… 950
第一节　职工 …… 950
第二节　人事管理 …… 960
第三节　劳动组织和社会保险管理 …… 973
第三章　运输收入与财务、审计 …… 1007
第一节　运输收入 …… 1007
第二节　财务管理 …… 1014
第三节　审计 …… 1030
第四章　计划统计与建设、物资管理 …… 1040
第一节　计划管理 …… 1040
第二节　统计管理 …… 1050
第三节　建设管理 …… 1056
第四节　物资管理 …… 1069
第五章　土地建筑与环保卫生 …… 1084
第一节　土地建筑 …… 1084
第二节　环保卫生 …… 1092

第八篇　组织保障 …… 1115
第一章　政治工作 …… 1118
第一节　党建工作 …… 1118
第二节　纪检监察工作 …… 1127
第三节　宣传思想工作 …… 1145
第二章　群团工作 …… 1166
第一节　工会工作 …… 1166
第二节　共青团工作 …… 1173
第三章　公检法·武装战备 …… 1182
第一节　公安 …… 1182
第二节　检察 …… 1189
第三节　法院 …… 1197
第四节　武装战备 …… 1202

第九篇　人物·先进集体 …… 1207
第一章　人物传略 …… 1209
第二章　人物简介 …… 1215
第三章　人物表录 …… 1218
第一节　全国先进个人 …… 1218
第二节　铁道部先进个人 …… 1221
第三节　上海市先进个人 …… 1238
第四节　其他人物表 …… 1250
第五节　人物名录 …… 1251
第四章　先进集体 …… 1257
第一节　先进集体简介 …… 1257
第二节　先进集体表录 …… 1259

专记 …… 1287
附录 …… 1319
索引 …… 1379
编后记 …… 1414

《上海市志·交通运输分志·城市公共交通卷（1978—2010）》目录

序 …… 1
《上海市志（1978—2010）》凡例 …… 1
编纂说明 …… 1
概述 …… 1
大事记 …… 9

第一篇　经营者·团体 …… 31
第一章　公共汽电车经营企业 …… 33
第一节　概况 …… 33
第二节　上海市公共交通公司 …… 35
第三节　上海市公共交通总公司 …… 37
第四节　上海市公交控股有限公司 …… 38
第五节　上海交通投资（集团）有限公司 …… 40
第六节　上海巴士公交（集团）有限公司 …… 41
第七节　上海大众公共交通有限公司 …… 54
第八节　上海市浦东新区公共交通投资发展有限公司 …… 55
第九节　上海浦东新区公共交通有限公司 …… 56
第十节　其他主要中小企业 …… 59
第二章　轨道交通经营企业 …… 68
第一节　概况 …… 68
第二节　上海市地铁公司 …… 69
第三节　上海市地铁运营公司 …… 69
第四节　上海市地铁总公司 …… 70
第五节　上海地铁运营有限公司 …… 70
第六节　上海现代轨道交通股份有限公司 …… 72
第七节　上海申通地铁集团有限公司 …… 73
第八节　上海磁浮交通发展有限公司 …… 78
第三章　出租汽车经营者 …… 79
第一节　概况 …… 79
第二节　上海市出租汽车公司 …… 81
第三节　上海强生集团有限公司 …… 82
第四节　上海市大众出租汽车公司 …… 83
第五节　大众交通（集团）股份有限公司 …… 85
第六节　上海海博出租汽车有限公司 …… 87
第七节　上海锦江汽车服务有限公司 …… 89
第八节　上海巴士出租汽车有限公司 …… 91
第九节　其他主要中小企业 …… 92
第十节　主要区域性出租汽车企业 …… 97

第十一节　出租汽车个体工商户 …… 100
第四章　汽车租赁经营企业 …… 104
第一节　概况 …… 104
第二节　主要汽车租赁企业 …… 107
第五章　学会与协会 …… 114
第一节　中国土木工程学会城市公共交通学会 …… 114
第二节　上海市公共交通行业协会 …… 115
第三节　上海市出租汽车暨汽车租赁行业协会 …… 115
第四节　上海市交通工程学会 …… 116
第五节　上海市交通运输行业协会轨道交通专业委员会 …… 117

第二篇　场站设施 …… 119
第一章　公共汽电车场站 …… 121
第一节　停车保养场 …… 121
第二节　郊区汽车站 …… 135
第三节　站点 …… 141
第四节　电车供电设施 …… 144
第二章　轨道交通场站与控制中心 …… 145
第一节　车辆基地 …… 145
第二节　车站 …… 152
第三节　控制中心与应急指挥中心 …… 169
第四节　主要基础设施 …… 171
第五节　主要机电设备 …… 173
第三章　磁浮交通场站与控制中心 …… 179
第一节　车辆基地 …… 179
第二节　车站 …… 179
第三节　控制中心 …… 180
第四节　机电设备 …… 180
第五节　制梁基地 …… 182
第四章　出租汽车站点与汽车租赁网点 …… 182
第一节　出租汽车营业站 …… 182
第二节　出租汽车候客站 …… 184
第三节　汽车租赁营业网店 …… 185
第五章　客运交通枢纽 …… 187
第一节　枢纽类型及规模 …… 187
第二节　大型市内外综合交通换乘枢纽 …… 187
第三节　公共交通之间换乘枢纽 …… 191
第四节　公共交通与停车场换乘枢纽 …… 201
第五节　公共汽电车之间换乘枢纽 …… 206

第三篇　车辆 …… 213
第一章　公共汽电车 …… 215
第一节　车辆规模 …… 215
第二节　车辆类型 …… 223
第三节　新能源(替代能源)车 …… 227
第四节　车辆服务设备 …… 231
第二章　轨道交通列车 …… 234
第一节　列车规模 …… 234
第二节　列车技术 …… 235
第三节　列车车型 …… 236
第四节　列车服务装备 …… 247
第三章　磁浮交通列车 …… 254
第一节　列车车型 …… 254
第二节　列车服务装备 …… 255
第四章　出租汽车与租赁汽车 …… 257
第一节　出租汽车规模 …… 257
第二节　出租汽车主要车型 …… 260
第三节　出租汽车其他车型 …… 262
第四节　出租汽车技术要求 …… 265
第五节　出租汽车运营设备 …… 267
第六节　租赁汽车 …… 270

第四篇　运营 …… 273
第一章　公共汽电车运营 …… 275
第一节　运营线网 …… 275
第二节　运营调度 …… 328
第三节　客运量 …… 333

第二章 轨道交通运营 …………………… 335
第一节 运营网络 …………………… 335
第二节 运营线路 …………………… 336
第三节 运营调度 …………………… 342
第四节 客运量 …………………… 343
第三章 磁浮交通运营 …………………… 347
第一节 运营线路 …………………… 347
第二节 运营调度 …………………… 349
第四章 出租汽车与汽车租赁运营 …… 349
第一节 出租汽车经营方式 ………… 349
第二节 出租汽车运营模式 ………… 354
第三节 出租汽车运营状况 ………… 360
第四节 汽车租赁经营 ………………… 362

第五篇 票价票制票证 ……………… 365
第一章 票价 …………………………… 367
第一节 公共汽电车票价 …………… 367
第二节 轨道交通票价 ……………… 370
第三节 磁浮交通票价 ……………… 373
第四节 出租汽车运价 ……………… 374
第五节 补贴政策 …………………… 383
第二章 票制票证(卡) ……………… 387
第一节 公共汽电车票制票证(卡) ………………………… 387
第二节 轨道交通票制票证(卡) …… 391
第三节 磁浮交通票证(卡) ………… 394
第四节 出租汽车票证(卡) ………… 396
第五节 公共交通卡 ………………… 401

第六篇 科学技术 …………………… 411
第一章 科研机构 …………………… 413
第一节 事业科研机构 ……………… 413
第二节 企业科研机构 ……………… 419
第二章 科研成果 …………………… 425
第一节 综合性科研成果 …………… 425
第二节 公共汽电车科研成果 ……… 428
第三节 轨道交通科研成果 ………… 432
第四节 磁浮交通科研成果 ………… 443
第五节 出租汽车科研成果 ………… 448
第三章 标准(规范) ………………… 457
第一节 标准(规范)建设 ………… 457
第二节 标准(规范)成果 ………… 457

第七篇 行业监管 …………………… 461
第一章 管理体制 …………………… 463
第一节 市一级管理 ………………… 463
第二节 市、区(县)两级管理 ……… 463
第二章 行政主管机构 ……………… 464
第一节 市级行政主管机构 ………… 464
第二节 区县行政主管机构 ………… 470
第三章 专业管理机构 ……………… 477
第一节 市级专业管理(执法)机构 ………………………… 477
第二节 区县专业管理机构 ………… 482
第三节 区县专业执法机构 ………… 486
第四章 行业管理 …………………… 493
第一节 公共汽电车管理 …………… 493
第二节 轨道交通管理 ……………… 503
第三节 出租汽车管理 ……………… 512
第五章 执法检查 …………………… 528
第一节 综合性执法检查 …………… 528
第二节 公共汽电车执法检查 ……… 530
第三节 轨道交通执法检查 ………… 532
第四节 出租汽车执法检查 ………… 534

第八篇 职工·教育 ………………… 537
第一章 职工 ………………………… 539
第一节 职工规模 …………………… 539
第二节 用工及分配制度 …………… 542
第二章 教育培训考试 ……………… 546
第一节 教育机构 …………………… 546
第二节 培训考试 …………………… 553
第三节 从业人员资格考试 ………… 564

第九篇 人物·先进 ………………… 569
第一章 人物 ………………………… 570

第一节　人物传略 …… 570
第二节　人物简介 …… 575
第二章　先进 …… 580
第一节　先进个人 …… 580
第二节　先进集体 …… 594

专记 …… 599
附录 …… 619
索引 …… 667
编后记 …… 681

《上海市志·交通运输分志·江河运输卷（1978—2010）》目录

序 …… 1
《上海市志（1978—2010）》凡例 …… 1
编纂说明 …… 1
概述 …… 1
大事记 …… 11

第一篇　企业 …… 37
第一章　运输企业 …… 40
第一节　江河运输企业沿革 …… 40
第二节　长江运输企业 …… 55
第三节　陆岛运输企业 …… 69
第四节　内河运输企业 …… 75
第二章　服务企业 …… 94
第一节　水运服务企业规模 …… 94
第二节　水运服务企业 …… 97
第三章　经营方式 …… 106
第一节　计划性经营 …… 106
第二节　市场化经营 …… 107
第三节　委托经营 …… 108
第四节　租船经营 …… 109

第二篇　船舶 …… 113
第一章　长江船舶 …… 115
第一节　船舶规模 …… 115
第二节　货船类型 …… 116
第三节　客轮类型 …… 130
第二章　内河船舶 …… 135
第一节　船舶规模 …… 135
第二节　货船类型 …… 135
第三节　客轮类型 …… 143
第三章　辅助船类型 …… 148
第一节　公务船 …… 148
第二节　供应船 …… 152
第三节　趸船 …… 154
第四节　救捞船 …… 156
第五节　其他辅助船舶 …… 157

第三篇　客运 …… 161
第一章　长江客运 …… 164
第一节　航线 …… 164
第二节　运量 …… 172
第三节　票价 …… 172
第二章　三岛客运 …… 176
第一节　航线 …… 176
第二节　运量 …… 178
第三节　票价 …… 179
第四节　特种运输 …… 184
第三章　渡运 …… 185
第一节　航线 …… 185
第二节　运量 …… 207
第三节　票价 …… 208

第四篇 水上旅游 …… 215
第一章 船舶 …… 218
第一节 长江旅游船 …… 218
第二节 黄浦江游览船 …… 220
第三节 苏州河及乡镇游览船 …… 238
第二章 游览 …… 242
第一节 长江游览 …… 242
第二节 黄浦江游览 …… 245
第三节 苏州河游览和乡镇水上游 …… 247

第五篇 货运 …… 251
第一章 长江货运 …… 255
第一节 散货运输 …… 255
第二节 集装箱运输 …… 260
第三节 滚装船运输 …… 267
第二章 上海市内河货运 …… 270
第一节 内河货运量 …… 270
第二节 建筑材料运输 …… 274
第三节 废弃物运输 …… 277
第四节 危险货物运输 …… 279
第五节 集装箱运输 …… 299
第六节 车辆运输 …… 300
第七节 农杂百货运输 …… 305

第六篇 服务 …… 307
第一章 货运服务 …… 310
第一节 代理服务 …… 310
第二节 社会船舶和长江分节驳管理 …… 316
第二章 客运服务 …… 318
第一节 长江客运服务 …… 318
第二节 陆岛客运服务 …… 321
第三节 浦江游览服务 …… 324
第三章 船舶服务 …… 326
第一节 船舶物资供应 …… 326
第二节 水域污染处置 …… 330
第三节 打捞 …… 333
第四节 船舶维修 …… 336

第七篇 管理 …… 343
第一章 体制·机构·团体 …… 346
第一节 管理体制 …… 346
第二节 市行政主管部门 …… 347
第三节 市、区(县)级专管机构 …… 355
第四节 团体 …… 362
第二章 水路运输管理 …… 365
第一节 运政管理 …… 365
第二节 行政检查 …… 372
第三节 水路运输量调查 …… 376
第三章 地方海事 …… 377
第一节 通航管理 …… 377
第二节 船舶管理 …… 399
第三节 船员管理 …… 414
第四节 船舶检验及相关管理 …… 424
第五节 事故处置 …… 428
第四章 费收管理 …… 434
第一节 航道养护费与水路运输管理费 …… 434
第二节 乡镇船舶管理费与海事处理(调解)费 …… 435
第三节 其他费种 …… 437
第五章 联动管理与对口合作 …… 443
第一节 联动管理 …… 443
第二节 对口合作 …… 447

第八篇 科技 …… 449
第一章 通信导航系统 …… 452
第一节 通信系统 …… 452
第二节 导航系统 …… 457
第三节 公共信息服务设施 …… 459
第二章 信息化系统 …… 461
第一节 管理软件的开发与运用 …… 461
第二节 实时监控系统 …… 466
第三节 其他信息系统的开发运用 …… 471

第三章　优秀成果 …… 472
第一节　船舶装置类 …… 472
第二节　轮渡检票类 …… 476
第三节　新型动力类 …… 477
第四节　信息技术类 …… 478
第五节　其他 …… 479

第九篇　职工 …… 481
第一章　职工来源及用工制度 …… 483
第一节　职工来源 …… 483
第二节　用工制度 …… 485
第二章　船员 …… 487
第一节　技术等级与收入分配 …… 487
第二节　船员调查 …… 489
第三章　职工教育和培训 …… 490
第一节　教育培训机构 …… 490
第二节　学历教育 …… 496
第三节　技能培训 …… 499
第四节　执法人员培训 …… 504

第十篇　人物 …… 509
第一章　人物传略 …… 510
第二章　人物简介 …… 511
第三章　人物表 …… 515

专记 …… 529
附录 …… 541
索引 …… 589
编后记 …… 631

《上海市志·交通运输分志·海洋运输卷(1978—2010)》目录

序 …… 1
《上海市志(1978—2010)》凡例 …… 1
编纂说明 …… 1
概述 …… 1
大事记 …… 9

第一篇　企业·机构·社团 …… 23
第一章　航运企业 …… 25
第一节　上海海运局 …… 26
第二节　上海远洋运输公司 …… 29
第三节　中国海运(集团)总公司 …… 32
第四节　中海发展股份有限公司 …… 35
第五节　中海集装箱运输股份有限公司 …… 40
第六节　中远集装箱运输有限公司 …… 44
第七节　中外运集装箱运输有限公司 …… 48
第八节　上海长江轮船公司 …… 50
第九节　上海市锦江航运有限公司 …… 52
第十节　中波轮船股份公司 …… 55
第十一节　其他航运企业 …… 58
第二章　辅助企业 …… 90
第一节　物流和供应企业 …… 91
第二节　修船·信息·通导企业 …… 104
第三节　船舶管理及其他辅助企业 …… 110
第三章　机构·社团 …… 116
第一节　行政机构 …… 116
第二节　专业机构 …… 117
第三节　社团 …… 121

第二篇　运输船舶 …… 129
第一章　集装箱船 …… 131
第一节　规模结构 …… 131
第二节　主要船型 …… 134
第二章　油轮·液体化学品专用船 …… 145
第一节　规模结构 …… 146
第二节　主要船型 …… 148
第三章　散杂货船 …… 157
第一节　规模结构 …… 157
第二节　主要船型 …… 158
第四章　客货轮 …… 173
第一节　规模结构 …… 174
第二节　主要船型 …… 174

第三篇　沿海运输 …… 181
第一章　集装箱运输 …… 183
第一节　内贸运输 …… 183
第二节　内支线运输 …… 195
第三节　多式联运 …… 198
第二章　散杂货运输 …… 201

第一节　煤炭运输 …… 202
第二节　石油运输 …… 209
第三节　其他散杂货运输 …… 220
第三章　客运 …… 231
第一节　客运航班 …… 231
第二节　客运服务 …… 240
第四章　沪港台间运输 …… 244
第一节　集装箱运输 …… 244
第二节　散杂货运输 …… 250
第三节　客运 …… 251

第四篇　远洋运输 …… 255
第一章　集装箱运输 …… 257
第一节　运输网络 …… 257
第二节　亚太地区运输 …… 276
第三节　美洲地区运输 …… 292
第四节　欧洲·地中海地区运输 …… 302
第五节　其他地区运输 …… 312
第六节　多式联运 …… 318
第二章　散杂货运输 …… 321
第一节　金属矿石运输 …… 321
第二节　石油运输 …… 325
第三节　大件设备运输 …… 330
第四节　其他散杂货运输 …… 336
第三章　国际客运 …… 348
第一节　中日航线客运 …… 348
第二节　中韩航线客运 …… 351
第三节　国际邮轮 …… 353

第五篇　运输管理 …… 359
第一章　市场管理 …… 361
第一节　市场监管 …… 361
第二节　运价管理 …… 365
第二章　生产经营管理 …… 374
第一节　调度管理 …… 374
第二节　营销管理 …… 377
第三节　成本和风险管理 …… 385
第四节　船队管理 …… 397
第三章　安全管理 …… 407
第一节　管理机构 …… 407
第二节　安全管理体系 …… 410
第三节　法规·制度 …… 414
第四节　设施设备 …… 423
第五节　安全活动 …… 430
第六节　事故 …… 436

第六篇　航运服务 …… 441
第一章　航运物流 …… 443
第一节　规模结构 …… 443
第二节　设施设备 …… 447
第三节　服务项目 …… 456
第二章　航运金融·交易 …… 467
第一节　航运金融 …… 468
第二节　航运交易 …… 473
第三节　航运经纪 …… 476
第三章　其他航运服务 …… 477
第一节　海事司法 …… 477
第二节　航运信息·咨询 …… 485
第三节　报关·电子口岸·第三方船舶管理 …… 487

第七篇　陆岸保障 …… 493
第一章　船舶修理 …… 494
第一节　设施设备 …… 495
第二节　维修 …… 499
第三节　改装 …… 503
第二章　船舶供应 …… 505
第一节　设施设备 …… 505
第二节　燃料·淡水供应 …… 510
第三节　物料·食品供应 …… 514
第三章　通信导航 …… 518
第一节　设施设备 …… 518
第二节　管理和服务 …… 526

第八篇　科技·文化·教育 …… 529
第一章　航运科技 …… 530

第一节　科研机构 …………………… 531
第二节　科技成果 …………………… 538
第二章　航运文化 …………………… 554
第一节　城市航运文化 ……………… 554
第二节　企业航运文化 ……………… 558
第三章　教育培训 …………………… 563
第一节　院校教育 …………………… 563
第二节　职工培训 …………………… 575

第九篇　船员 …………………… 593
第一章　船员队伍 …………………… 594
第一节　船员来源 …………………… 595
第二节　船员结构 …………………… 598
第三节　外派船员 …………………… 604
第二章　船员管理 …………………… 608
第一节　管理机构 …………………… 608
第二节　管理模式 …………………… 609
第三节　船员调配 …………………… 612
第三章　船员生活 …………………… 615
第一节　物质待遇 …………………… 615
第二节　业余生活 …………………… 633

第十篇　人物 …………………… 639
第一章　人物传略 …………………… 640
第二章　人物简介 …………………… 648
第三章　人物名录 …………………… 653

专记 …………………… 659
附录 …………………… 677
索引 …………………… 697
编后记 …………………… 719

《上海市志·交通运输分志·港口卷(1978—2010)》目录

序 …… 1
《上海市志(1978—2010)》凡例 …… 1
编纂说明 …… 1
概述 …… 1
大事记 …… 11

第一篇 港口概貌 …… 45
第一章 港口条件 …… 47
第一节 地理位置 …… 47
第二节 气象·水文 …… 47
第三节 经济腹地 …… 49
第四节 集疏运条件 …… 51
第二章 航道·岸线 …… 54
第一节 航道 …… 54
第二节 岸线 …… 65
第三章 港区 …… 68
第一节 海港港区 …… 68
第二节 内河港区 …… 80

第二篇 企业 …… 87
第一章 码头企业 …… 90
第一节 海港公用码头企业 …… 90
第二节 海港单位专用码头企业 …… 114
第三节 内河码头企业 …… 122
第二章 工程和科研设计企业 …… 195
第一节 工程企业 …… 195
第二节 科研设计单位 …… 212
第三章 辅助生产及物流企业 …… 216
第一节 辅助生产企业 …… 216
第二节 物流企业 …… 218

第三篇 设施·设备 …… 223
第一章 码头泊位 …… 226
第一节 海港码头 …… 226
第二节 内河码头 …… 247
第二章 装卸生产辅助设施 …… 255
第一节 仓库·堆场 …… 255
第二节 其他生产设施 …… 261
第三章 机械·船舶·设备 …… 267
第一节 机械 …… 267
第二节 船舶 …… 276
第三节 船舶检验设备 …… 282

第四篇 工程建设 …… 285
第一章 海港航道工程 …… 288
第一节 长江口航道工程 …… 288
第二节 黄浦江航道工程 …… 302
第三节 杭州湾和洋山航道工程 …… 303
第二章 海港码头建设 …… 307
第一节 公用码头建设 …… 307
第二节 单位专用码头建设 …… 329
第三章 内河港航建设 …… 343

第一节 内河航道工程 …… 343
第二节 内河码头建设 …… 351
第四章 市外承接工程 …… 357
第一节 国内工程 …… 357
第二节 境外工程 …… 367

第五篇 港口生产 …… 371
第一章 货物装卸 …… 374
第一节 海港货物装卸 …… 374
第二节 内河港口货物装卸 …… 426
第二章 集装箱装卸 …… 436
第一节 集装箱吞吐量与行业地位 …… 436
第二节 集装箱业务结构 …… 443
第三节 分企业集装箱业务 …… 453
第四节 集装箱多式联运 …… 475
第三章 港口客运 …… 484
第一节 国内客运 …… 484
第二节 国际客运 …… 490
第四章 港口辅助作业 …… 493
第一节 引航 …… 493
第二节 理货 …… 496
第三节 船舶拖带和驳运 …… 499
第四节 港口物流 …… 502
第五章 装卸费率 …… 507
第一节 货物装卸费率 …… 507
第二节 集装箱装卸费率 …… 524

第六篇 船舶检验 …… 533
第一章 船检体制和机构 …… 535
第一节 船舶检验体制 …… 535
第二节 海港船舶检验机构 …… 536
第二章 检验 …… 540
第一节 船级检验 …… 540
第二节 法定检验 …… 541
第三节 船舶建造检验 …… 546
第四节 营运检验 …… 551
第五节 重大改装检验 …… 554
第六节 其他检验 …… 557
第三章 审图和审核 …… 565
第一节 审图 …… 565
第二节 审核 …… 569

第七篇 港口科技 …… 575
第一章 港务科技 …… 577
第一节 港务科技推进工作 …… 577
第二节 工艺进步和技术革新 …… 579
第三节 信息化和智能技术 …… 585
第四节 装卸科技成果 …… 593
第五节 软课题研究 …… 607
第二章 工程科技 …… 609
第一节 工程科技推进工作 …… 609
第二节 工程科技成果 …… 614
第三章 船检规范科研 …… 636
第一节 海船技术支持体系 …… 636
第二节 海船规范科研技术成果 …… 638

第八篇 港口行政管理 …… 649
第一章 管理体制 …… 652
第一节 港口管理体制 …… 652
第二节 航道管理体制 …… 658
第二章 管理和协调机构 …… 659
第一节 市级管理机构 …… 659
第二节 区县管理机构 …… 668
第三节 在沪部属管理机构 …… 674
第四节 公安和消防机构 …… 676
第五节 协调机构 …… 678
附：协会 …… 683
第三章 海港管理 …… 685
第一节 规划与法规 …… 685
第二节 设施管理 …… 691
第三节 经营管理 …… 697
第四节 安全管理和设施保安 …… 703
第五节 环保和卫生管理 …… 718
第四章 内河港口管理 …… 723
第一节 规划与法规 …… 723

第二节 设施管理 …… 733
第三节 经营与安全监管 …… 736

第九篇 职工 …… 745
第一章 职工规模 …… 748
第一节 港务系统职工规模 …… 748
第二节 工程系统职工规模 …… 751
第三节 其他职工规模 …… 752
第二章 职工结构 …… 755
第一节 工作岗位 …… 755
第二节 文化程度 …… 759
第三节 技术等级 …… 764
第三章 海港装卸用工与分配 …… 768
第一节 装卸用工制度 …… 768
第二节 下岗职工再就业 …… 773
第三节 分配制度 …… 775
第四章 职工教育与培训 …… 777
第一节 教育培训机构 …… 777
第二节 教学内容与成效 …… 782

第十篇 人物·先进集体 …… 789
第一章 人物 …… 790
第一节 人物传略 …… 790
第二节 人物简介 …… 795
第三节 人物表 …… 797
第四节 人物名录 …… 800
第二章 先进集体 …… 809
第一节 全国"五一"劳动奖状获得单位简介 …… 809
第二节 省部级先进集体名录 …… 811

专记 …… 817
附录 …… 839
索引 …… 896
编后记 …… 930

《上海市志·交通运输分志·海事·救助·打捞卷(1978—2010)》目录

序一 …… 1
序二 …… 1
《上海市志(1978—2010)》凡例 …… 1
编纂说明 …… 1
概述 …… 1
大事记 …… 11

第一篇　体制与机构 …… 35
　第一章　体制 …… 38
　　第一节　海事体制 …… 38
　　第二节　救助打捞体制 …… 39
　第二章　海事机构 …… 41
　　第一节　上海港务监督 …… 41
　　第二节　交通部上海海监局 …… 43
　　第三节　交通(交通运输)部上海海事局 …… 48
　第三章　救助机构 …… 57
　　第一节　交通部上海救捞局 …… 57
　　第二节　交通(交通运输)部东海救助局 …… 60
　第四章　打捞机构 …… 65
　　第一节　交通(交通运输)部上海打捞局 …… 65
　　第二节　其他单位 …… 69
　第五章　搜救机制 …… 79
　　第一节　上海海上搜救中心 …… 79
　　第二节　海(水)上救助机制 …… 80

第二篇　水上交通管理 …… 83
　第一章　通航安全 …… 85
　　第一节　通航环境 …… 85
　　第二节　通航秩序 …… 95
　　第三节　通航现场监管 …… 101
　　第四节　水上交通事故处理 …… 113
　第二章　水上安全通信 …… 118
　　第一节　通信管理 …… 118
　　第二节　通信业务 …… 120
　　第三节　重大安全通信事件处置 …… 121
　　第四节　海上航行警告和航行通告 …… 121
　　第五节　通信系统建设 …… 122
　第三章　船舶管理 …… 124
　　第一节　船舶监督 …… 124
　　第二节　船舶登记 …… 133
　　第三节　船舶签证 …… 135
　　第四节　船舶进出口岸 …… 138
　第四章　安全管理体系 …… 141
　　第一节　安全管理体系审核 …… 141
　　第二节　安全管理规则 …… 145

第五章　危险货物管理和船舶防污染管理 …… 147
第一节　船舶载运危险货物监督 …… 147
第二节　防止船舶污染与监督 …… 154
第三节　船舶污染事故应急反应 …… 167
第六章　船员管理 …… 172
第一节　海员出入境证件 …… 172
第二节　船员培训 …… 174
第三节　船员考试发证 …… 176
第七章　水上交通执法管理 …… 181
第一节　海事职衔标识 …… 181
第二节　海事执法证 …… 183
第三节　海事制服 …… 184
第四节　海事政务公开 …… 189
第五节　海事规费征收 …… 191
第六节　海事行政复议、行政诉讼 …… 194

第三篇　救助与搜救 …… 199
第一章　救助管理 …… 201
第一节　救助船舶管理 …… 201
第二节　救助航空器管理 …… 207
第二章　救助行动 …… 208
第一节　海上人命救助 …… 208
第二节　环境和财产救助 …… 219
第三节　应急救助 …… 228
第三章　搜救管理 …… 235
第一节　应急制度 …… 235
第二节　应急处置 …… 238
第三节　搜救演习 …… 245

第四篇　打捞与经营 …… 249
第一章　打捞 …… 251
第一节　打捞潜水管理 …… 251
第二节　内河打捞 …… 253
第三节　长江口打捞 …… 255
第四节　海上打捞 …… 258
第五节　特殊任务 …… 261
第二章　海上经营业务 …… 263
第一节　拖航运输 …… 263
第二节　海洋石油工程 …… 272
第三章　其他业务 …… 278
第一节　水运建设(水工) …… 278
第二节　潜水装备 …… 280

第五篇　海区港口航道测绘与航标 …… 287
第一章　海区港口航道测绘 …… 289
第一节　港口航道测量 …… 289
第二节　应急测量 …… 320
第三节　航海图书资料 …… 324
第四节　水文 …… 340
第二章　海区航标管理 …… 350
第一节　航标管理体制 …… 350
第二节　航标配布 …… 354
第三节　航标系统运行 …… 377
第四节　航标效能管理 …… 385

第六篇　基础设施与装备 …… 389
第一章　基础设施 …… 391
第一节　海事基本建设 …… 391
第二节　救助基础设施 …… 396
第三节　打捞基础设施 …… 400
第二章　装备 …… 404
第一节　船舶 …… 404
第二节　海事车辆、测量与航标管理装备 …… 426
第三节　救助专用装备 …… 428

第七篇　科学技术与对外交流合作 …… 439
第一章　测绘、航标、救助科技 …… 442
第一节　测绘技术 …… 442
第二节　航标技术 …… 448
第三节　救捞科技 …… 458
第二章　信息化建设 …… 468
第一节　海事信息化建设 …… 468

第二节 海事管理信息系统 …………… 478
第三节 救助信息系统 …………… 486
第四节 打捞信息系统 …………… 488
第三章 对外交流合作 …………… 490
第一节 国际交流合作 …………… 490
第二节 港澳台交流合作 …………… 505

第八篇 职工 …………… 509
第一章 职工队伍 …………… 511
第一节 职工来源 …………… 511
第二节 队伍结构 …………… 512
第二章 人才培养 …………… 519
第一节 专业人才培养 …………… 519
第二节 专业队伍培养 …………… 525
第三章 职工教育 …………… 529
第一节 教育培训 …………… 529
第二节 教育培训项目 …………… 531

第九篇 人物·先进集体 …………… 537
第一章 人物 …………… 538
第一节 人物传略 …………… 538
第二节 人物简介 …………… 541
第三节 人物名录 …………… 550
第二章 先进集体 …………… 557
第一节 先进集体简介 …………… 557
第二节 先进集体名录 …………… 562

专记 …………… 569
附录 …………… 593
索引 …………… 628
编后记 …………… 653

《上海市志·交通运输分志·航空运输卷(1978—2010)》目录

序一 …… 1
序二 …… 1
《上海市志(1978—2010)》凡例 …… 1
编纂说明 …… 1
概述 …… 1
大事记 …… 11

第一篇　体制·机构·企业 …… 35
第一章　行业体制与管理机构 …… 37
第一节　行业管理体制 …… 37
第二节　中国民用航空上海管理局 …… 39
第三节　中国民用航空华东管理局 …… 42
第四节　中国民用航空华东地区管理局 …… 45
第二章　监管与审定机构 …… 48
第一节　中国民用航空上海安全监督管理局 …… 48
第二节　中国民用航空上海航空器适航审定中心 …… 49
第三章　空中交通管理机构 …… 50
第一节　民航华东管理局航务管理中心 …… 50
第二节　中国民用航空华东管理局空中交通管理局 …… 52
第三节　中国民用航空华东地区空中交通管理局 …… 53
第四章　空港地区管理和协调机构 …… 55
第一节　上海市空港管理委员会办公室 …… 55
第二节　上海机场集团空港地区管理办公室 …… 58
第三节　上海市交通港口局空港地区管理处 …… 58
第五章　运输航空企业 …… 59
第一节　东方航空集团 …… 59
第二节　中国东方航空股份有限公司 …… 65
第三节　上海航空股份有限公司 …… 68
第四节　中国货运航空有限公司 …… 73
第五节　扬子江快运航空有限公司 …… 76
第六节　春秋航空股份有限公司 …… 77
第七节　上海吉祥航空有限公司 …… 79
第八节　上海国际货运航空有限公司 …… 80
第九节　长城航空有限公司 …… 82
第六章　通用航空企业 …… 84
第一节　上海东方通用航空有限公司 …… 84
第二节　上海和利通用航空有限公司 …… 85
第三节　上海金汇通用航空有限责任

公司 …… 86
第四节 上海中瑞通用航空有限公司 …… 87
第五节 上海豪海通用航空有限公司 …… 88
第六节 上海中意通用航空有限公司 …… 89
第七节 上海金鹿公务航空有限公司 …… 90
第八节 东方公务航空服务有限公司 …… 91
第七章 机场企业 …… 92
第一节 上海虹桥国际机场 …… 92
第二节 上海机场(集团)有限公司 …… 94
第三节 上海国际机场股份有限公司 …… 96
第四节 上海机场(集团)有限公司虹桥国际机场公司 …… 99
第五节 上海民航龙华机场 …… 101
第八章 航空油料企业 …… 104
第一节 中国航空油料有限责任公司华东公司 …… 104
第二节 上海浦东国际机场航空油料有限责任公司 …… 107

第二篇 机场 …… 111
第一章 上海虹桥国际机场 …… 113
第一节 设施设备 …… 113
第二节 航站楼改扩建工程 …… 115
第三节 飞行区场道工程 …… 117
第四节 虹桥机场扩建工程 …… 119
第五节 虹桥综合交通枢纽建设工程 …… 126
第二章 上海浦东国际机场 …… 128
第一节 设施设备 …… 128
第二节 机场一期工程 …… 129
第三节 机场二期飞行区及配套设施工程 …… 133
第四节 浦东机场扩建工程 …… 135
第五节 航站楼改造工程 …… 142
第六节 货运枢纽工程 …… 142
第三章 上海地区通用机场 …… 146
第一节 上海龙华机场 …… 146
第二节 上海高东海上救助机场 …… 148
第三节 上海国际赛车场直升机场 …… 149
第四节 上海华山医院高架直升机场 …… 150
第五节 上海瑞金医院高架直升机场 …… 150

第三篇 航空器 …… 153
第一章 航空器数量与机型 …… 155
第一节 数量 …… 155
第二节 机型 …… 157
第二章 航空器引进和退出 …… 172
第一节 航空器引进 …… 172
第二节 航空器退出 …… 178

第四篇 航空运输与服务 …… 181
第一章 航线航班 …… 183
第一节 国内客运航线 …… 183
第二节 港澳台地区客运航线 …… 202
第三节 国际客运航线 …… 205
第四节 货运航线 …… 214
第二章 客货运输 …… 219
第一节 旅客运输 …… 219
第二节 货邮运输 …… 229
第三节 专包机运输 …… 239
第三章 运输服务 …… 246
第一节 售票服务 …… 246
第二节 候机服务 …… 258
第三节 客舱服务 …… 270
第四节 货运服务 …… 276
第四章 运价 …… 283
第一节 国内运价 …… 283
第二节 国际运价 …… 296

第五篇 通用航空 …… 301
第一章 农林作业飞行 …… 303
第一节 农业作业飞行 …… 303
第二节 林业作业飞行 …… 306
第二章 工业作业飞行 …… 308
第一节 海洋石油开采后援服务飞行 …… 308
第二节 高压电网高空巡检作业飞行 …… 310
第三节 航空探矿作业飞行 …… 311
第三章 抢险救灾飞行 …… 313
第一节 抗洪救灾 …… 313
第二节 抗震救灾 …… 314
第四章 科研、航摄及其他作业飞行 …… 320
第一节 科研作业飞行 …… 320
第二节 航空摄影飞行 …… 323
第三节 其他通用航空业务 …… 330

第六篇 航空机务 …… 335
第一章 机务维修单位与管理 …… 337
第一节 维修单位 …… 337
第二节 维修管理 …… 343
第二章 维修设施设备 …… 353
第一节 设施 …… 353
第二节 设备 …… 358
第三章 航空器维修 …… 360
第一节 航线维修 …… 360
第二节 定期检修 …… 365
第三节 部附件维修 …… 374
第四节 飞机加改装 …… 378
第四章 航空器材 …… 382
第一节 供应 …… 382
第二节 管理 …… 387
第三节 送修与索赔 …… 396

第七篇 空中交通管理 …… 407
第一章 空中交通管制 …… 409
第一节 飞行指挥(管制)区域 …… 409
第二节 飞行指挥(管制)业务 …… 417
第三节 空管设施 …… 425
第二章 通信·导航·监视 …… 431
第一节 通信 …… 431
第二节 导航 …… 445
第三节 监视 …… 450
第三章 航空气象 …… 453
第一节 设施设备 …… 453
第二节 航空气象保障 …… 456
第四章 航行情报 …… 459
第一节 上海飞行情报区范围 …… 459
第二节 航行情报业务 …… 460
第三节 航行情报自动化处理系统 …… 465
第四节 飞行程序设计 …… 466

第八篇 航空油料 …… 469
第一章 油料供储设施 …… 471
第一节 龙华机场供储设施 …… 471
第二节 虹桥机场供储设施 …… 473
第三节 浦东机场供储设施 …… 476
第二章 油料供应保障 …… 478
第一节 油料采购 …… 478
第二节 油料运输 …… 483
第三节 飞机加油 …… 488
第三章 油料管理 …… 495
第一节 管理和化验部门 …… 495
第二节 安全管理 …… 496
第三节 质量管理 …… 500
第四节 计量管理 …… 503

第九篇 航空运行安全 …… 507
第一章 飞行安全 …… 509
第一节 组织体系与规章制度 …… 509
第二节 安全检查整顿 …… 511
第三节 安全责任奖惩 …… 514
第四节 安全文化和安全技术 …… 516
第二章 空防安全 …… 519
第一节 空防安全管理 …… 519
第二节 客货安全检查 …… 521
第三节 机场控制区安全 …… 525
第四节 空中安全防范 …… 528

第三章　航空地面安全 …………………… 530
第一节　机场运行安全 ………………… 530
第二节　机场净空保护 ………………… 533
第三节　机场消防管理 ………………… 536
第四节　机场应急救援 ………………… 540

第十篇　空勤队伍 …………………… 543
第一章　空勤人员规模与结构 ………… 545
第一节　飞行人员规模与结构 ……… 545
第二节　乘务人员规模与结构 ……… 554
第三节　安全员、空中警察规模与结构 ……………………… 559
第二章　空勤人员训练 ………………… 562
第一节　飞行人员训练 ……………… 562
第二节　乘务人员训练 ……………… 575
第三节　安全员、空中警察训练 …… 581
第三章　空勤队伍管理 ………………… 584
第一节　技术管理 …………………… 584
第二节　健康管理 …………………… 596

第十一篇　科技教育 …………………… 603
第一章　科技 ………………………… 605
第一节　科研开发和技术革新 ……… 605
第二节　科技获奖项目与专利 ……… 608
第三节　航空运输信息化 …………… 618
第二章　教育 ………………………… 628
第一节　职业教育与培训机构 ……… 628
第二节　职业教育培训内容与成效 ……………………… 636

第十二篇　行业管理 …………………… 645
第一章　飞行标准管理 ………………… 648
第一节　飞行运行管理 ……………… 648
第二节　飞行技术管理 ……………… 653
第三节　飞行人员执照管理 ………… 657
第二章　航空卫生管理 ………………… 659
第一节　航空人员体检管理 ………… 659
第二节　航空卫生保障监督管理 …… 664
第三节　航空人员医学停飞管理 …… 665
第四节　机场应急救护管理 ………… 667
第五节　突发公共卫生事件管理 …… 669
第三章　航空器适航管理 ……………… 670
第一节　初始适航管理 ……………… 670
第二节　持续适航管理 ……………… 679
第四章　民用机场管理 ………………… 685
第一节　机场使用许可证管理 ……… 685
第二节　机场运行管理 ……………… 687
第三节　机场建设管理 ……………… 690
第五章　航空安全监督管理 …………… 694
第一节　安全监管体系 ……………… 694
第二节　安全综合监管 ……………… 695
第三节　航空安保管理 ……………… 702
第六章　航务管理 …………………… 711
第一节　运行和签派管理 …………… 711
第二节　飞行程序和机场最低运行标准管理 ……………………… 713
第三节　飞机性能管理 ……………… 716
第七章　航空运输管理 ………………… 717
第一节　航空企业经营管理 ………… 717
第二节　销售代理人管理 …………… 719
第三节　航空运输服务管理 ………… 721

第十三篇　人物·先进集体 ………… 727
第一章　人物 ………………………… 728
第一节　人物传略 …………………… 728
第二节　人物简介 …………………… 733
第三节　人物名录 …………………… 738
第二章　先进集体 …………………… 743
第一节　全国“五一”劳动奖状获得单位简介 ……………………… 743
第二节　全国先进集体名录 ………… 744
第三节　省部级先进集体名录 ……… 745

附录 …………………………………… 749
索引 …………………………………… 777
编后记 ………………………………… 812

《上海市志·邮政·电信分志·邮政业卷（1978—2010）》目录

序 …… 1
《上海市志（1978—2010）》凡例 …… 1
编纂说明 …… 1
概述 …… 1
大事记 …… 15

第一篇　邮政业务 …… 37
第一章　函件 …… 40
第一节　国内函件 …… 40
第二节　国际函件 …… 48
第三节　电子函件 …… 50
第四节　业务量 …… 51
第二章　包裹 …… 53
第一节　国内包裹 …… 53
第二节　国际包裹 …… 55
第三节　业务量 …… 58
第三章　汇兑 …… 61
第一节　国内汇兑 …… 61
第二节　国际汇兑 …… 65
第四章　报刊发行 …… 69
第一节　经营 …… 69
第二节　发行方式 …… 74
第五章　集邮 …… 79
第一节　集邮业务经营 …… 79
第二节　集邮品销售方式 …… 81
第六章　储蓄 …… 83
第一节　储蓄业务发展与管理 …… 83
第二节　储蓄种类 …… 87
第三节　代理业务 …… 91
第七章　速递物流 …… 99
第一节　特快专递 …… 99
第二节　邮政快件 …… 107
第三节　物流 …… 108
第八章　营销 …… 111
第一节　营销体系 …… 111
第二节　营销方式 …… 112
第九章　其他业务 …… 118
第一节　电子商务类业务 …… 118
第二节　专用信箱 …… 123
第十章　资费 …… 124
第一节　函件资费 …… 124
第二节　包裹资费 …… 131
第三节　汇兑资费 …… 132
第四节　特快专递和邮政快件资费 …… 134

第二篇　邮政通信网 …… 141
第一章　邮政通信枢纽 …… 144
第一节　邮件处理中心 …… 144
第二节　营业局所和代办所 …… 149
第二章　邮件分发 …… 180
第一节　国内邮件分发 …… 180

第二节 国际邮件分发 …… 193
第三章 邮件运输 …… 196
第一节 邮运组织 …… 196
第二节 国内邮路 …… 205
第三节 国际邮路 …… 215
第四章 邮件投递 …… 218
第一节 城镇投递 …… 218
第二节 乡村投递 …… 226
第三节 特殊邮件投递 …… 228

第三篇 邮政信息网 …… 231
第一章 金融网 …… 234
第一节 “绿卡工程”建设 …… 234
第二节 金融计算机网 …… 236
第二章 综合计算机网 …… 241
第一节 电子化支局系统 …… 241
第二节 综合网建设与管理 …… 243
第三章 综合业务系统 …… 245
第一节 业务系统 …… 245
第二节 客服、投递系统 …… 249
第三节 内部作业系统 …… 252
第四节 管理系统 …… 256

第四篇 邮政设备 …… 259
第一章 营业、投递设备 …… 262
第一节 营业设备 …… 262
第二节 投递设备 …… 267
第三节 报刊专用设备 …… 270
第二章 分拣制作设备 …… 272
第一节 包状邮件分拣设备 …… 272
第二节 信函分拣设备 …… 274
第三节 扁平状邮件分拣设备 …… 277
第三章 运输设备 …… 280
第一节 邮运车辆 …… 280
第二节 邮运调度和车辆检测设备 …… 284
第四章 邮件容器 …… 286
第一节 邮袋 …… 286
第二节 信盒、集装箱 …… 290

第五篇 科研、建设 …… 295
第一章 科研 …… 298
第一节 科研机构 …… 298
第二节 科技研发与应用 …… 302
第三节 邮政软科学 …… 311
第二章 建设 …… 322
第一节 枢纽建设工程 …… 322
第二节 其他建设工程 …… 327

第六篇 综合管理 …… 331
第一章 机构 …… 334
第一节 上海市邮政局 …… 334
第二节 上海市邮政管理局 …… 338
第三节 上海市邮政局直属单位 …… 339
第四节 行业监管机构 …… 343
第五节 社团 …… 344
第二章 行业监管 …… 359
第一节 邮政市场监管 …… 359
第二节 邮政普遍服务监管 …… 372
第三节 政策法规规划 …… 379
第三章 邮政业务管理 …… 383
第一节 业务规则和管理办法 …… 383
第二节 监督检查 …… 385
第三节 现场管理 …… 389
第四节 改进服务 …… 392
第五节 安全管理 …… 397
第四章 通信质量管理 …… 401
第一节 质量指标 …… 401
第二节 业务档案和查验管理 …… 403
第三节 全面质量管理 …… 406
第五章 邮用工具管理 …… 410
第一节 专用工具管理 …… 410
第二节 车辆运行管理 …… 414
第三节 设备管理 …… 417
第六章 经济管理 …… 421
第一节 计划和财务管理 …… 421

第二节　固定资产管理 …… 425
第三节　资金管理 …… 428
第四节　审计管理 …… 433
第五节　劳动用工管理 …… 437
第六节　物资供应管理 …… 445
第七节　统计管理 …… 446
第七章　对外交流和合作 …… 449
第一节　对外服务与合作 …… 449
第二节　文化交流 …… 451

第七篇　企业 …… 455
第一章　国有企业 …… 458
第一节　上海市浦东新区邮政局 …… 458
第二节　上海市邮政公司 …… 460
第三节　中国邮政储蓄银行上海分行 …… 471
第四节　上海市邮政速递物流有限公司 …… 471
第五节　上海邮政工业(实业)企业 …… 472
第二章　外资快递企业 …… 477
第一节　联邦快递(中国)有限公司 …… 477
第二节　中外运·敦豪国际航空快件有限公司 …… 478
第三节　美国联合包裹运输服务公司 …… 480
第四节　荷兰天地集团快递公司 …… 481
第三章　民营快递公司 …… 483
第一节　申通快递有限公司 …… 483
第二节　顺丰速运集团股份有限公司 …… 486
第三节　宅急送快运股份有限公司 …… 488
第四节　上海韵达货运有限公司 …… 490
第五节　圆通速递有限公司 …… 492
第六节　中通快递股份有限公司 …… 495
第七节　百世网络科技有限公司 …… 498

第八篇　职工与行业文化 …… 501
第一章　职工队伍 …… 504
第一节　人员 …… 504
第二节　用工制度 …… 505
第二章　职工教育培训 …… 509
第一节　学校教育 …… 509
第二节　职工培训 …… 512
第三章　行业文化 …… 518
第一节　文艺 …… 518
第二节　体育 …… 521
第三节　好事评选和读书活动 …… 524
第四节　《上海邮政》报 …… 527
第五节　上海邮政博物馆 …… 528

第九篇　人物 …… 533
第一章　人物传略 …… 535
第二章　人物简介 …… 536
第二章　人物表 …… 539
第一节　劳动模范 …… 539
第二节　劳模集体 …… 541
第三节　人大代表、政协委员 …… 543

专记 …… 545
附录 …… 555
索引 …… 586
编后记 …… 603

《上海市志·邮政·电信分志·电信业卷(1978—2010)》目录

序 …… 1
《上海市志(1978—2010)》凡例 …… 1
编纂说明 …… 1
概述 …… 1
大事记 …… 13

第一篇 机构团体与企业 …… 35
第一章 上海市邮电管理局与所属主要通信单位 …… 37
第一节 上海市邮电管理局 …… 37
第二节 上海市长途电信局 …… 40
第三节 上海市电话局 …… 41
第四节 上海市郊区邮电局 …… 42
第二章 上海市通信管理局与所属单位 …… 44
第一节 上海市通信管理局 …… 44
第二节 事业单位 …… 48
第三章 社团组织与其他单位 …… 51
第一节 上海市通信学会 …… 51
第二节 上海邮电经济研究会 …… 52
第三节 上海市呼叫中心与无线寻呼协会 …… 52
第四节 上海市通信行业协会 …… 53
第五节 上海市互联网协会 …… 53
第六节 其他单位 …… 54
第四章 基础电信运营企业 …… 56
第一节 中国电信股份有限公司上海分公司 …… 56
第二节 中国移动通信集团上海有限公司 …… 59
第三节 中国联合网络通信集团有限公司上海市分公司 …… 62
第四节 中国网络通信有限公司上海市分公司 …… 68
第五节 中国铁通集团有限公司上海分公司 …… 70

第二篇 行业管理 …… 75
第一章 网络管理 …… 77
第一节 网络规划 …… 77
第二节 网间互联互通 …… 79
第三节 码号资源管理 …… 81
第四节 网络质量管理 …… 83
第五节 重大活动通信保障 …… 91
第六节 战备应急通信 …… 95
第七节 海底光缆保护 …… 96
第八节 重大网络故障处置与报告制度 …… 98
第二章 业务市场管理 …… 100
第一节 电信业务分类 …… 100
第二节 经营许可和年检 …… 101
第三节 外商投资电信企业 …… 104

第四节　电信资费管理 …… 107
第五节　电信设备进网管理 …… 113
第六节　服务质量监督 …… 120
第七节　行风建设 …… 122
第八节　整顿电信业务市场秩序 …… 124
第三章　互联网与信息安全管理 …… 129
第一节　管理机制 …… 129
第二节　网络安全管理 …… 130
第三节　信息安全管理 …… 132
第四节　重要网络安全保障和突发事件处置 …… 137
第四章　建设市场管理 …… 138
第一节　住宅通信配套管理 …… 138
第二节　电信基础设施共建共享管理 …… 140
第三节　资质管理 …… 142
第四节　工程质量监督 …… 143
第五节　招投标管理 …… 145
第五章　发挥行业组织作用 …… 147
第一节　学术与调研 …… 147
第二节　质量测评认证与技术培训 …… 148
第三节　社团刊物 …… 148
第四节　法律咨询等工作 …… 148

第三篇　网络 …… 151
第一章　通信局所(站点) …… 154
第一节　长途通信用房 …… 154
第二节　市话通信用房 …… 154
第三节　市郊通信用房 …… 163
第四节　移动通信用房 …… 164
第五节　重要通信枢纽与综合(办公)用房 …… 165
第二章　电报与传真网 …… 168
第一节　电报电路 …… 168
第二节　电报设备 …… 171
第三节　传真电路 …… 173
第四节　传真设备 …… 175
第三章　长途通信网 …… 177
第一节　电路 …… 177
第二节　交换设备 …… 183
第四章　固定本地网 …… 187
第一节　电话号码制 …… 187
第二节　本地网交换设备 …… 187
第三节　市郊电话网络设备 …… 192
第四节　七号信令与软交换设备 …… 194
第五节　用户设备 …… 195
第六节　特种服务设备 …… 197
第五章　移动通信网 …… 200
第一节　网络制式 …… 200
第二节　移动电话网号 …… 203
第三节　网络设备 …… 204
第四节　移动分组域核心网 …… 209
第六章　数据通信网 …… 210
第一节　分组交换网 …… 210
第二节　数字数据网(DDN) …… 212
第三节　ATM/帧中继网 …… 214
第四节　IP骨干网 …… 217
第五节　IP城域网 …… 218
第七章　传输网 …… 221
第一节　长途传输网 …… 221
第二节　本地传输网 …… 234
第八章　网络运行维护 …… 242
第一节　运维体系 …… 242
第二节　运维制度 …… 245
第三节　网络维护与质量指标 …… 249
第四节　集中监控与网管系统 …… 257

第四篇　业务 …… 261
第一章　电报与传真业务 …… 263
第一节　电报业务 …… 263
第二节　传真业务 …… 271
第二章　固定电话用户与资费 …… 278
第一节　用户规模 …… 278
第二节　用户类别 …… 279
第三节　业务资费 …… 288
第三章　固话长途业务 …… 298
第一节　国内长途 …… 298

第二节 国际及港澳台长话业务 …… 304
第三节 IP电话业务 …… 309
第四节 业务量 …… 313
第四章 其他固话业务 …… 315
第一节 电话查询业务 …… 315
第二节 电话号簿业务 …… 316
第三节 用户交换机业务 …… 317
第四节 电话声讯业务 …… 322
第五节 程控电话业务 …… 324
第六节 综合业务数字网(ISDN)业务 …… 325
第七节 电话卡业务 …… 327
第八节 无线市话 …… 329
第五章 固话增值业务 …… 331
第一节 基础类增值业务 …… 331
第二节 智能类增值业务 …… 335
第三节 其他增值业务 …… 341
第六章 移动基本业务 …… 342
第一节 用户发展与规模 …… 342
第二节 语音和短信业务 …… 343
第三节 漫游与长途业务 …… 347
第四节 手机SIM卡 …… 374
第五节 移动充值卡 …… 375
第七章 移动增值业务 …… 376
第一节 语音增值类 …… 376
第二节 短信增值类 …… 377
第三节 内容服务类业务 …… 378
第四节 综合应用类 …… 380
第五节 上海世博会定制业务 …… 386
第八章 无线通信业务 …… 388
第一节 无线寻呼业务 …… 388
第二节 无线集群业务 …… 389
第三节 卫星通信业务 …… 392
第九章 互联网与数据业务 …… 396
第一节 互联网接入服务 …… 396
第二节 互联网应用服务 …… 401
第三节 互联网数据中心(IDC)业务 …… 408
第四节 数据通信业务 …… 409
第十章 视讯与呼叫中心业务 …… 415
第一节 交互式网络电视(IPTV) …… 415
第二节 电视传送业务 …… 416
第三节 手机视频业务 …… 416
第四节 远程视频监控业务 …… 417
第五节 电视电话会议 …… 418
第六节 呼叫中心业务 …… 419
第十一章 业务规模 …… 422
第一节 业务总量 …… 422
第二节 业务收入 …… 422
第三节 经营利润 …… 424
第十二章 业务资费套餐 …… 426
第一节 上海移动部分业务资费套餐 …… 426
第二节 上海联通部分业务资费套餐 …… 433
第三节 上海电信部分业务资费套餐 …… 441

第五篇 用户服务 …… 453
第一章 服务管理 …… 455
第一节 全面质量管理 …… 455
第二节 管理制度 …… 455
第三节 行风建设 …… 457
第四节 企业自律 …… 459
第五节 监督与测评 …… 463
第六节 投诉处理 …… 466
第二章 服务窗口 …… 471
第一节 营业网点 …… 471
第二节 语音服务窗口 …… 475
第三节 电子服务窗口 …… 480
第四节 服务热线 …… 482
第三章 服务举措 …… 489
第一节 服务理念与体系 …… 489
第二节 服务工程 …… 490
第三节 账务服务 …… 498
第四节 差异化服务 …… 502

第六篇 建设 …… 511
第一章 建设规划 …… 513
第一节 编制方法 …… 513
第二节 行业规划 …… 513
第三节 企业滚动规划 …… 513
第四节 专项规划 …… 516
第二章 局房建设 …… 519
第一节 通信枢纽大楼 …… 519
第二节 一般局房 …… 524
第三节 电信信息园区 …… 525
第三章 重大通信网络建设工程 …… 527
第一节 卫星通信地球站改扩建工程 …… 527
第二节 本地电话网改扩建工程 …… 528
第三节 长途电话网改扩建工程 …… 533
第四节 移动电话网建设工程 …… 536
第五节 电话号码升位工程 …… 544
第六节 郊县电话网改造升级工程 …… 545
第七节 信息港建设工程 …… 545
第四章 重大市政项目通信配套工程 …… 547
第一节 交通枢纽配套工程 …… 547
第二节 道路设施配套工程 …… 552
第三节 重大活动配套工程 …… 556

第七篇 人物·先进集体 …… 561
第一章 人物传略 …… 563
第一节 行业重要人物 …… 563
第二节 其他重要人物 …… 567
第二章 人物与先进集体简介 …… 574
第一节 人物简介 …… 574
第二节 先进集体简介 …… 590
第三章 人物与先进集体表 …… 593
第一节 人物表 …… 593
第二节 先进集体表 …… 602

专记 …… 611
附录 …… 633
索引 …… 697
编后记 …… 717

《上海市志·信息化分志(1978—2010)》目录

序 …… 1
《上海市志(1978—2010)》凡例 …… 1
编纂说明 …… 1
概述 …… 1
大事记 …… 15

第一篇　组织机构 …… 35
第一章　协调机构 …… 38
第一节　综合机构 …… 38
第二节　专项机构 …… 39
第二章　管理机构 …… 44
第一节　市级机构 …… 44
第二节　区级机构 …… 49
第三章　服务机构、社团 …… 53
第一节　功能性服务机构 …… 53
第二节　研究与咨询机构 …… 67
第三节　行业协会 …… 72
第四节　产业投资机构 …… 85

第二篇　规划、法规和标准 …… 89
第一章　发展规划 …… 92
第一节　综合规划 …… 92
第二节　专项规划 …… 93
第三节　行动计划 …… 96
第二章　法规与标准 …… 102
第一节　政策法规 …… 102
第二节　标准 …… 107

第三篇　信息基础设施 …… 111
第一章　通信网络 …… 114
第一节　基础通信网 …… 114
第二节　数据通信网 …… 121
第三节　通信传输网 …… 125
第二章　工程与配套项目 …… 130
第一节　上海国际信息港建设 …… 130
第二节　重要市政项目信息通信配套 …… 133
第三章　管理 …… 137
第一节　基础通信网络管理 …… 137
第二节　信息管线集约化建设 …… 141
第三节　无线电管理 …… 143
第四节　海光缆保护 …… 148
第五节　应急通信 …… 149

第四篇　信息产业 …… 151
第一章　产业环境 …… 156
第一节　产业园区 …… 156
第二节　公共服务平台 …… 161
第二章　电子信息制造业 …… 163
第一节　计算机产业 …… 163
第二节　集成电路产业 …… 167
第三节　通信设备制造业 …… 178
第四节　新型显示产业 …… 186
第三章　软件与信息服务业 …… 187

第一节　通信服务业 …………………… 187
第二节　软件和系统集成产业 ……… 190
第三节　互联网服务业 ………………… 195

第五篇　政务信息化 ………………… 203
第一章　市级政务信息化 ……………… 205
第一节　政务外网 ……………………… 205
第二节　政务内网 ……………………… 206
第三节　政府信息公开 ………………… 207
第四节　政府门户网站 ………………… 208
第五节　信息共享 ……………………… 216
第二章　区县政务信息化 ……………… 221
第一节　区县信息化建设 ……………… 221
第二节　区县信息化项目和应用 …… 223
第三章　市政府实事项目 ……………… 232
第一节　社会保障卡工程 ……………… 232
第二节　市民信箱 ……………………… 236
第三节　百万家庭网上行 ……………… 239
第四节　付费通 ………………………… 239
第五节　“千村万户”农村信息化培训普及工程 ……………………… 241
第六节　家校互动 ……………………… 243
第七节　“校校通”工程 ……………… 244
第八节　为残障人士提供信息沟通服务 ……………………………… 245

第六篇　社会信息化 ………………… 247
第一章　公共服务领域 ………………… 251
第一节　教育信息化 …………………… 251
第二节　文化信息化 …………………… 254
第三节　卫生信息化 …………………… 264
第四节　社区信息化 …………………… 270
第二章　城市建设管理领域 …………… 277
第一节　水务信息化 …………………… 277
第二节　环境保护信息化 ……………… 279
第三节　规划、土地、房屋信息化 …… 280
第四节　建设交通信息化 ……………… 283
第五节　市容环卫绿化信息化 ……… 288
第六节　民防信息化 …………………… 290
第七节　邮政信息化 …………………… 292

第七篇　经济信息化 ………………… 297
第一章　工农业信息化 ………………… 299
第一节　工业信息化 …………………… 299
第二节　农业信息化 …………………… 308
第二章　服务业信息化 ………………… 315
第一节　金融信息化 …………………… 315
第二节　旅游信息化 …………………… 323
第三章　电子商务 ……………………… 327
第一节　发展概况 ……………………… 327
第二节　推进措施 ……………………… 329
第三节　应用实例 ……………………… 331

第八篇　信息安全 …………………… 335
第一章　信息安全管理 ………………… 338
第一节　管理机制 ……………………… 338
第二节　管理制度 ……………………… 339
第三节　监督管理 ……………………… 342
第二章　信息安全服务 ………………… 345
第一节　安全防范 ……………………… 345
第二节　安全测评 ……………………… 346
第三节　数字证书应用推广 ………… 348
第三章　信息安全技术研发及产业化 ………………………………… 351
第一节　国家信息安全产业化(东部)基地 ……………………………… 351
第二节　国家信息安全应用示范工程 ……………………………… 353
第四章　信息安全保障 ………………… 357
第一节　重点单位信息系统安全保障 ……………………………… 357
第二节　重大活动信息安全保障 …… 364

第九篇　信息化环境 ………………… 369
第一章　信息化人才 …………………… 372
第一节　人才制度 ……………………… 372

第二节 人才培养 …… 373
第三节 人才评选 …… 383
第二章 宣传与会展 …… 386
第一节 宣传 …… 386
第二节 上海国际信息化博览会 …… 387
第三节 城市信息化论坛 …… 390
第三章 知识产权保护 …… 395
第一节 知识产权保护制度 …… 395
第二节 知识产权保护措施 …… 398

第十篇 人物 …… 401
第一章 人物简介 …… 403
第二章 人物表 …… 407

专记 …… 429
附录 …… 483
索引 …… 549
编后记 …… 577

《上海市志·金融分志·金融综述卷(1978—2010)》目录

序 …… 1
《上海市志(1978—2010)》凡例 …… 1
编纂说明 …… 1
概述 …… 1
大事记 …… 17

第一篇　金融中心建设 …… 57
第一章　金融业规模 …… 59
第一节　金融业总体情况 …… 59
第二节　银行业 …… 61
第三节　证券期货业 …… 70
第四节　保险业 …… 77
第二章　金融规划 …… 81
第一节　金融中心规划 …… 81
第二节　金融中心布局 …… 87
第三章　金融对外开放 …… 93
第一节　银行业对外开放 …… 94
第二节　证券期货业对外开放 …… 96
第三节　保险业对外开放 …… 103
第四节　金融市场对外开放 …… 104
第五节　人民币跨境使用 …… 106
第四章　金融基础设施 …… 108
第一节　交易设施和登记结算 …… 108
第二节　数据中心 …… 113
第三节　业务系统 …… 115
第五章　金融发展环境 …… 126
第一节　金融法治环境 …… 126
第二节　金融税收环境 …… 128
第三节　金融人才环境 …… 132
第四节　金融风险防范 …… 136

第二篇　金融市场 …… 141
第一章　货币市场 …… 143
第一节　同业拆借市场 …… 143
第二节　债券回购市场 …… 145
第三节　票据市场 …… 148
第二章　债券市场 …… 151
第一节　银行间债券市场 …… 152
第二节　交易所债券市场 …… 154
第三章　股票市场 …… 160
第一节　股票发行 …… 161
第二节　股票交易 …… 165
第三节　基金市场 …… 167
第四章　外汇市场 …… 170
第一节　外汇调剂市场 …… 171
第二节　银行间外汇市场 …… 171
第五章　黄金市场 …… 175
第一节　黄金交易 …… 175
第二节　制度建设 …… 177
第六章　衍生品市场 …… 179
第一节　商品期货市场 …… 179
第二节　金融期货市场 …… 187

第三节　人民币利率衍生品市场 …… 189
第四节　外汇衍生品市场 …… 190
第五节　权证市场 …… 191

第三篇　金融机构 …… 193
第一章　金融市场服务机构 …… 195
第一节　中国外汇交易中心暨全国银行间同业拆借中心 …… 195
第二节　上海证券交易所 …… 199
第三节　上海期货交易所 …… 200
第四节　上海黄金交易所 …… 202
第五节　中国金融期货交易所 …… 204
第六节　银行间市场清算所股份有限公司 …… 205
第七节　中国银联股份有限公司 …… 206
第八节　中国证券登记结算有限责任公司上海分公司 …… 212
第二章　银行业金融机构 …… 214
第一节　中资法人银行 …… 214
第二节　政策性银行上海分行 …… 230
第三节　大型银行上海市分行 …… 236
第四节　股份制银行、城市商业银行上海分行 …… 254
第五节　外资银行 …… 256
第六节　在沪持牌专营机构 …… 258
第七节　非银行金融机构 …… 262
第三章　证券期货业金融机构 …… 272
第一节　证券公司 …… 272
第二节　基金管理公司 …… 291
第三节　期货公司 …… 292
第四章　保险业金融机构 …… 294
第一节　保险公司 …… 294
第二节　保险资产管理公司 …… 311
第三节　保险中介公司 …… 312
第五章　准金融机构 …… 314
第一节　小额贷款公司 …… 314
第二节　融资担保公司 …… 315
第三节　股权投资企业 …… 316
第四节　典当行 …… 316

第四篇　金融管理 …… 319
第一章　金融管理机构与行业自律组织 …… 321
第一节　金融管理机构 …… 321
第二节　行业自律组织 …… 338
第二章　中央银行管理 …… 344
第一节　货币总量管理 …… 344
第二节　利率管理 …… 357
第三节　金融市场管理 …… 362
第四节　金融稳定管理 …… 368
第三章　银行业监管 …… 370
第一节　中资银行监管 …… 371
第二节　外资银行监管 …… 376
第三节　非银行金融机构监管 …… 377
第四节　专营机构监管 …… 381
第四章　证券期货业监管 …… 383
第一节　上市公司监管 …… 383
第二节　证券公司监管 …… 390
第三节　基金公司监管 …… 392
第四节　期货公司监管 …… 393
第五章　保险业监管 …… 396
第一节　财产保险监管 …… 396
第二节　人身保险监管 …… 398
第三节　保险中介监管 …… 399
第六章　外汇管理 …… 401
第一节　经常项目外汇管理 …… 401
第二节　资本项目外汇管理 …… 412
第三节　国际收支与监测 …… 418
第四节　外汇检查 …… 422
第七章　地方金融管理 …… 424
第一节　地方金融管理体制 …… 424
第二节　地方金融支持 …… 427

第五篇　金融服务 …… 437
第一章　金融统计服务 …… 439
第一节　金融统计 …… 439
第二节　经济调查 …… 442
第二章　支付体系 …… 447

第一节 支付清算基础设施 447
第二节 支付体系监督管理 449
第三节 支付结算环境建设 452
第三章 货币发行与管理 454
第一节 发行库管理与建设 454
第二节 现金服务与管理 457
第四章 国库服务 460
第一节 组织机构 460
第二节 国库业务 460
第五章 征信体系 462
第一节 征信系统建设 462
第二节 评级市场培育与管理 464
第六章 反洗钱 469
第一节 反洗钱监管 469
第二节 反洗钱合作 471
第七章 金融信息化 474
第一节 金融网络建设 474
第二节 应用系统开发和信息安全 476

第六篇 教育研究 479
第一章 金融教育 481
第一节 复旦大学金融研究院 482
第二节 上海交通大学上海高级金融学院 483
第三节 上海交通大学安泰经济与管理学院 484
第四节 上海财经大学金融学院 485
第五节 上海金融学院 486
第二章 研究机构与学术成果 488
第一节 研究机构 488
第二节 学术交流 489
第三节 研究成果 495
第三章 学术团体与报纸期刊 506
第一节 学术团体 506
第二节 报纸期刊 509
第四章 博物馆·建筑 513
第一节 金融博物馆 513
第二节 金融建筑 516

第七篇 人物 527
第一章 人物传 529
第二章 人物简介 531
第三章 人物表 537
第一节 全国先进人物 537
第二节 全国先进集体 541

专记 545
附录 563
索引 661
编后记 681

《上海市志·金融分志·银行业卷（1978—2010）》目录

序 …… 1
《上海市志（1978—2010）》凡例 …… 1
编纂说明 …… 1
概述 …… 1
大事记 …… 11

第一篇　负债业务 …… 33
第一章　储蓄存款 …… 35
第一节　业务发展 …… 35
第二节　管理与服务 …… 37
第三节　主要产品 …… 43
第二章　对公存款 …… 56
第一节　业务发展 …… 56
第二节　管理与服务 …… 58
第三节　主要产品 …… 61
第四节　同业存款主要产品 …… 71
第三章　其他负债业务 …… 76
第一节　业务发展 …… 76
第二节　主要产品 …… 77

第二篇　资产业务 …… 83
第一章　公司贷款 …… 85
第一节　流动资金贷款 …… 85
第二节　项目贷款 …… 96
第三节　房地产开发贷款 …… 110
第四节　贸易融资贷款 …… 114
第五节　并购贷款 …… 117
第二章　个人贷款 …… 120
第一节　个人住房类贷款 …… 120
第二节　个人消费贷款 …… 122
第三节　其他个人贷款 …… 122
第三章　票据业务 …… 125
第一节　承兑与贴现 …… 125
第二节　再贴现与转贴现 …… 127
第三节　其他票据业务 …… 128
第四章　同业业务 …… 129
第一节　同业拆借 …… 129
第二节　存款准备金 …… 131
第五章　债券投资与抵债资产业务 …… 134
第一节　央行票据 …… 134
第二节　国债 …… 135
第三节　政策性金融债 …… 136
第四节　次级债 …… 136
第五节　境外债券 …… 137
第六节　抵债资产业务 …… 137

第三篇　中间业务 …… 139
第一章　支付结算业务 …… 141
第一节　发展概况 …… 141
第二节　主要产品 …… 142
第二章　银行卡业务 …… 153
第一节　发展概况和分类 …… 153

第二节　主要银行卡品牌和特色主题卡 …… 157
第三章　担保业务 …… 167
第一节　国内担保 …… 167
第二节　涉外担保 …… 169
第四章　外汇业务 …… 171
第一节　个人外汇业务 …… 171
第二节　对公结售汇和对公外汇买卖 …… 175
第三节　对公外汇衍生产品 …… 177
第五章　代理业务 …… 180
第一节　保险代理 …… 180
第二节　基金代理 …… 181
第三节　委托贷款 …… 183
第四节　贵金属代理 …… 184
第六章　托管业务 …… 187
第一节　发展概况 …… 187
第二节　基金和证券类产品托管 …… 188
第三节　保险资产和产品类托管 …… 189
第四节　信托资产托管 …… 190
第五节　养老金类托管 …… 191
第六节　其他产品类托管 …… 192
第七章　理财业务 …… 194
第一节　个人理财业务 …… 194
第二节　对公理财业务 …… 196
第八章　投资银行业务 …… 199
第一节　发展概况 …… 199
第二节　主要产品 …… 200

第四篇　邮政储蓄和政策性银行业务 …… 207
第一章　邮政储蓄银行业务 …… 210
第一节　储蓄业务 …… 210
第二节　国内汇兑业务 …… 214
第三节　个人外汇业务 …… 216
第二章　政策性银行业务 …… 219
第一节　开发性金融业务 …… 219
第二节　进出口金融业务 …… 228
第三节　农业政策性银行业务 …… 231

第五篇　非银行金融机构业务 …… 237
第一章　信托公司业务 …… 240
第一节　发展概况 …… 240
第二节　自营业务 …… 244
第三节　信托业务 …… 246
第二章　资产管理公司业务 …… 250
第一节　发展概况 …… 250
第二节　政策性不良资产处置 …… 252
第三节　商业化转型 …… 258
第三章　企业集团财务公司业务 …… 260
第一节　发展概况 …… 260
第二节　资产业务 …… 262
第三节　负债业务 …… 267
第四节　中间业务 …… 268
第四章　金融租赁业务 …… 272
第一节　发展概况 …… 272
第二节　租赁业务 …… 273
第三节　负债业务 …… 275
第五章　汽车金融业务 …… 276
第一节　发展概况 …… 276
第二节　资产业务 …… 277
第三节　负债业务 …… 279
第六章　货币经纪业务 …… 281
第一节　发展概况 …… 281
第二节　人民币经纪业务 …… 281
第三节　外汇经纪业务 …… 282

第六篇　机构 …… 285
第一章　中资法人银行 …… 288
第一节　交通银行 …… 288
第二节　上海浦东发展银行 …… 292
第三节　上海银行 …… 295
第四节　上海农村商业银行 …… 301
第五节　中资法人村镇银行 …… 304
第二章　中资政策性银行分行 …… 308
第一节　国家开发银行上海市

分行 …………………………… 308
第二节 中国进出口银行上海分行 …………………………… 310
第三节 中国农业发展银行上海市分行 …………………………… 312
第三章 中资大型银行及邮储银行分行 …………………………… 315
第一节 中国工商银行上海市分行 …………………………… 315
第二节 中国农业银行上海市分行 …………………………… 324
第三节 中国银行上海市分行 ……… 328
第四节 中国建设银行上海市分行 …………………………… 331
第五节 交通银行上海市分行 ……… 336
第六节 中国邮政储蓄银行上海分行 …………………………… 342
第四章 中资股份制银行分行 ………… 346
第一节 上海浦东发展银行上海分行 …………………………… 346
第二节 中信银行上海分行 ………… 348
第三节 中国光大银行上海分行 …… 350
第四节 华夏银行上海分行 ………… 353
第五节 中国民生银行上海分行 …… 355
第六节 招商银行上海分行 ………… 357
第七节 兴业银行上海分行 ………… 361
第八节 广东发展银行上海分行 …… 363
第九节 深圳发展银行上海分行 …… 366
第十节 浙商银行上海分行 ………… 368
第十一节 渤海银行上海分行 ……… 369
第十二节 中国投资银行上海分行 ………………………… 371
第五章 中资城市商业银行分行 ……… 372
第一节 北京银行上海分行 ………… 372
第二节 江苏银行上海分行 ………… 375
第三节 南京银行上海分行 ………… 377
第四节 宁波银行上海分行 ………… 378
第五节 平安银行上海分行 ………… 379
第六节 天津银行上海分行 ………… 380
第七节 杭州银行上海分行 ………… 381
第八节 浙江泰隆商业银行上海分行 …………………………… 383
第九节 大连银行上海分行 ………… 384
第十节 浙江民泰商业银行上海分行 …………………………… 385
第十一节 温州银行上海分行 ……… 386
第六章 持牌营运中心 ……………… 387
第一节 持牌信用卡中心 …………… 387
第二节 持牌票据营业部 …………… 396
第三节 持牌私人银行部 …………… 399
第四节 持牌中小企业部 …………… 401
第五节 持牌其他营运中心 ………… 403
第七章 外资及港澳台地区银行 ……… 406
第一节 外资、港澳台地区法人银行及财务公司 …………… 406
第二节 外资及港澳台地区银行分行 …………………………… 429
第八章 非银行金融机构 …………… 466
第一节 信托公司 ………………… 466
第二节 资产管理公司 …………… 480
第三节 企业集团财务公司 ………… 490
第四节 金融租赁公司 …………… 503
第五节 汽车金融公司 …………… 506
第六节 货币经纪公司 …………… 508
第七节 中银消费金融有限公司 …… 510

第七篇 行业管理与监督 …………… 513
第一章 人民银行综合管理 ………… 516
第一节 管理机构概况 …………… 516
第二节 主要职责 ………………… 518
第三节 监管方式与行为 ………… 521
第四节 货币管理 ………………… 525
第五节 外汇管理 ………………… 528
第六节 信贷和利率管理 ………… 532
第七节 其他管理 ………………… 536
第八节 规制建设 ………………… 543
第二章 银监局监管体制 …………… 551
第一节 机构概况 ………………… 551

第二节　监管体系建设 …… 554
第三节　监管制度 …… 558
第四节　监管方式与行为 …… 562
第五节　监管队伍 …… 572
第三章　银监局机构监管 …… 581
第一节　中资法人银行监管 …… 581
第二节　中资大型银行分行监管 …… 586
第三节　中资中小型银行分行监管 …… 589
第四节　外资法人银行监管 …… 591
第五节　外资银行分行监管 …… 594
第六节　非银行金融机构监管 …… 596
第七节　政策性银行分行监管 …… 604
第八节　中国邮政储蓄银行上海分行(邮政储汇业务)监管 …… 606
第九节　专营机构监管 …… 608
第四章　银监局功能监管 …… 610
第一节　创新业务监管 …… 610
第二节　信息科技监管 …… 611
第三节　行业监测与统计分析 …… 612
第四节　案件防控 …… 614
第五节　信访处理 …… 617
第六节　行业自律组织指导 …… 618

第八篇　信息化建设 …… 621
第一章　基础设施建设 …… 623
第一节　数据中心 …… 623
第二节　机房和网络 …… 631
第二章　应用系统建设 …… 638
第一节　核心系统 …… 638
第二节　外围系统 …… 642
第三节　系统架构和功能 …… 645
第四节　系统开发 …… 649
第三章　电子银行 …… 652
第一节　电话银行 …… 652
第二节　网上银行 …… 654
第三节　手机银行 …… 656
第四节　自助设备 …… 657
第四章　信息安全 …… 661
第一节　信息安全体系建设 …… 661
第二节　信息系统安全建设 …… 663
第三节　灾备系统建设 …… 666

第九篇　从业人员 …… 669
第一章　员工概况 …… 671
第一节　中资银行 …… 671
第二节　外资银行 …… 682
第三节　非银行金融机构 …… 691
第二章　员工来源 …… 697
第一节　高校毕业生等录用 …… 697
第二节　社会招聘 …… 698
第三节　吸收军队转业复退人员 …… 701
第三章　岗位设置和管理 …… 702
第一节　岗位设置 …… 702
第二节　岗位管理 …… 707
第四章　教育培训 …… 718
第一节　教育培训模式 …… 718
第二节　培训体系 …… 726
第三节　培训效果 …… 731

第十篇　人物 …… 735
第一章　人物传 …… 737
第二章　人物简介 …… 741
第三章　人物表 …… 763

专记 …… 775
附录 …… 813
索引 …… 836
编后记 …… 855

《上海市志·金融分志·证券业·期货业卷（1978—2010）》目录

《上海市志(1978—2010)》凡例 …… 1
编纂说明 …… 1
概述 …… 1
大事记 …… 9

第一篇 行业管理机构 …… 59
第一章 行政管理机构 …… 61
第一节 中国人民银行上海市分行 …… 61
第二节 上海市证券管理委员会 …… 64
第三节 中国证监会上海证券监管办公室 …… 67
第四节 中国证券监督管理委员会上海监管局 …… 68
第五节 中国证监会上海证券监管专员办事处 …… 70
第二章 交易所 …… 73
第一节 上海证券交易所 …… 73
第二节 上海期货交易所 …… 79
第三节 中国金融期货交易所 …… 87
第三章 行业自律机构 …… 90
第一节 上海市证券同业公会 …… 90
第二节 上海上市公司董事会秘书协会 …… 94
第三节 上海市期货同业公会 …… 96
第四节 上海市基金同业公会 …… 100

第二篇 证券市场 …… 103
第一章 股票 …… 105
第一节 股票品种 …… 105
第二节 股票发行 …… 111
第三节 股票交易 …… 135
第四节 股票指数 …… 141
第二章 债券 …… 145
第一节 债券品种 …… 145
第二节 债券发行与交易 …… 152
第三节 交易所债券指数 …… 156
第三章 证券投资基金 …… 161
第一节 基金发展情况 …… 161
第二节 基金类型 …… 164
第三节 基金募集与交易 …… 169
第四章 权证·回购 …… 173
第一节 权证 …… 173
第二节 回购 …… 179
第五章 基础设施 …… 182
第一节 交易设施 …… 182
第二节 登记结算 …… 186

第三篇 期货市场 …… 189
第一章 期货品种与交易 …… 192
第一节 商品期货 …… 192
第二节 金融期货 …… 223
第三节 事件与教训 …… 235
第二章 基础设施 …… 238

第一节　商品期货交易所的基础设施 …… 238
第二节　中国金融期货交易所的基础设施 …… 243

第四篇　上市公司 …… 245
第一章　上海上市公司概况 …… 247
第一节　基本情况 …… 247
第二节　经营情况 …… 253
第二章　证券融资 …… 268
第一节　融资概况 …… 268
第二节　首发融资 …… 276
第三节　配股 …… 289
第四节　增发 …… 297
第五节　债券融资 …… 301
第三章　并购重组 …… 303
第一节　政策导向 …… 303
第二节　市场实践 …… 305

第五篇　投资者 …… 311
第一章　一般投资者 …… 313
第一节　股票投资者 …… 313
第二节　债券投资者 …… 332
第三节　基金投资者 …… 333
第四节　期货投资者 …… 335
第二章　特殊投资者 …… 342
第一节　股指期货 …… 342
第二节　合格境内机构投资者 …… 345
第三节　合格境外机构投资者 …… 348
第四节　融资融券 …… 354
第三章　投资者教育与保护 …… 356
第一节　制度建设 …… 356
第二节　载体与活动 …… 362

第六篇　经营机构 …… 375
第一章　证券公司 …… 377
第一节　申银万国证券股份有限公司 …… 381
第二节　海通证券股份有限公司 …… 387
第三节　国泰君安证券股份有限公司 …… 391
第四节　光大证券股份有限公司 …… 396
第五节　东方证券股份有限公司 …… 400
第六节　上海证券有限责任公司 …… 403
第二章　基金管理公司 …… 407
第一节　国泰基金管理有限公司 …… 413
第二节　华安基金管理有限公司 …… 417
第三节　富国基金管理有限公司 …… 419
第四节　海富通基金管理有限公司 …… 420
第五节　上投摩根基金管理有限公司 …… 423
第三章　期货公司 …… 426
第一节　上海金源期货经纪有限责任公司 …… 428
第二节　上海中期期货经纪有限公司 …… 430
第三节　上海良茂期货经纪有限公司 …… 433
第四节　海通期货有限公司 …… 437
第五节　光大期货有限公司 …… 440
第六节　上海大陆期货有限公司 …… 441
第七节　国泰君安期货有限公司 …… 443

第七篇　证券期货业务与对外开放 …… 447
第一章　证券期货行业经营情况 …… 449
第一节　证券公司 …… 449
第二节　基金公司 …… 452
第三节　期货公司 …… 455
第四节　证券投资咨询公司 …… 457
第二章　证券期货产品与服务 …… 459
第一节　证券公司产品与服务 …… 459
第二节　基金公司产品与服务 …… 500
第三节　期货公司产品与服务 …… 510
第四节　证券投资咨询公司产品与

服务 …………………………… 516
第三章 对外开放 ……………………… 518
第一节 行业开放 ……………………… 518
第二节 国际业务 ……………………… 524

第八篇 证券期货监管 ……………… 531
第一章 上市公司监管 ………………… 533
第一节 发行监管 ……………………… 533
第二节 信息披露监管 ………………… 535
第三节 公司治理监管 ………………… 537
第四节 并购重组监管 ………………… 539
第五节 退市风险防范 ………………… 540
第六节 监管措施及行政处罚 ……… 541
第二章 证券公司及其分支机构监管 …………………………… 544
第一节 机构监管 ……………………… 544
第二节 业务监管 ……………………… 550
第三节 监管措施及行政处罚 ……… 552
第三章 基金公司监管 ………………… 554
第一节 机构监管 ……………………… 554
第二节 公司治理监管 ………………… 555
第三节 信息披露监管 ………………… 556
第四节 销售监管 ……………………… 556
第五节 从业人员监管 ………………… 557
第六节 监管措施及行政处罚 ……… 557
第四章 期货公司及其分支机构监管 …………………………… 559
第一节 机构监管 ……………………… 559
第二节 业务监管 ……………………… 563
第三节 监管措施及行政处罚 ……… 564
第五章 中介服务机构及外资代表处监管 …………………………… 568
第一节 证券投资咨询公司监管 …… 568
第二节 资信评级机构监管 ………… 570
第三节 会计和审计业务监管 ……… 570
第四节 律师事务所证券法律业务监管 ………………………… 572
第五节 外资代表处监管 …………… 573
第六章 稽查执法 ……………………… 576
第一节 工作框架与职责分工 ……… 576
第二节 历年稽查执法情况 ………… 577
第七章 法制宣传与诚信建设 ………… 580
第一节 法制宣传 ……………………… 580
第二节 诚信建设 ……………………… 581
第八章 交易所监管 …………………… 583
第一节 上海证券交易所自律监管 ………………………… 583
第二节 上海期货交易所自律监管 ………………………… 590
第三节 中国金融期货交易所自律监管 ………………………… 595
第四节 中国证监会上海证券监管专员办事处监管 ………… 598
第九章 行业自律管理 ………………… 599
第一节 上海市证券同业公会自律管理 ………………………… 599
第二节 上海市期货同业公会自律管理 ………………………… 603
第三节 上海上市公司董事会秘书协会自律管理 …………… 604

第九篇 人物·先进集体 ……………… 611
第一章 人物传略 ……………………… 613
第二章 人物简介 ……………………… 614
第三章 人物表 ………………………… 621
第四章 先进集体 ……………………… 626

专记 …………………………………… 631
附录 …………………………………… 659
索引 …………………………………… 723
编后记 ………………………………… 730

《上海市志·金融分志·保险业卷(1978—2010)》目录

序 …… 1
《上海市志(1978—2010)》凡例 …… 1
编纂说明 …… 1
概述 …… 1
大事记 …… 13

第一篇　企业 …… 35
第一章　中资法人保险公司 …… 38
第一节　中国太平洋保险(集团)股份有限公司 …… 38
第二节　天安财产保险股份有限公司 …… 43
第三节　大众保险股份有限公司 …… 49
第四节　中国太平洋财产保险股份有限公司 …… 54
第五节　中国大地财产保险股份有限公司 …… 57
第六节　安信农业保险股份有限公司 …… 60
第七节　太平人寿保险有限公司 …… 62
第八节　中国太平洋人寿保险股份有限公司 …… 68
第九节　长江养老保险股份有限公司 …… 71
第十节　中融人寿保险股份有限公司 …… 72
第二章　中资财产保险公司上海分公司 …… 74
第一节　中国人民财产保险股份有限公司上海市分公司 …… 74
第二节　中国太平洋财产保险股份有限公司上海分公司 …… 97
第三节　中国平安财产保险股份有限公司上海分公司 …… 102
第四节　其他中资财产保险公司上海分公司 …… 106
第三章　中资人身保险公司上海分公司 …… 115
第一节　中国人寿保险股份有限公司上海市分公司 …… 116
第二节　中国太平洋人寿保险股份有限公司上海分公司 …… 122
第三节　中国平安人寿保险股份有限公司上海分公司 …… 124
第四节　其他中资人身保险公司上海分公司 …… 130
第四章　外资和港澳台地区保险公司 …… 142
第一节　法人保险公司 …… 143
第二节　法人保险公司上海分公司 …… 156
第五章　保险资产管理公司 …… 168

第一节　中国人保资产管理有限公司 …… 168
第二节　华泰资产管理有限公司 …… 170
第三节　平安资产管理有限责任公司 …… 173
第四节　太平洋资产管理有限责任公司 …… 174
第五节　太平资产管理有限公司 …… 175
第六章　保险中介公司 …… 179
第一节　保险代理公司 …… 179
第二节　保险经纪公司 …… 184
第三节　保险公估公司 …… 192

第二篇　产品市场 …… 197
第一章　财产保险 …… 200
第一节　概况 …… 200
第二节　企业财产保险 …… 209
第三节　家庭财产保险 …… 216
第四节　建筑工程保险 …… 220
第五节　机动车辆保险 …… 225
第六节　水险 …… 229
第七节　责任保险 …… 234
第八节　信用保证保险 …… 239
第九节　农业保险 …… 241
第十节　特殊风险保险 …… 245
第二章　人身保险 …… 249
第一节　概况 …… 249
第二节　人寿保险 …… 257
第三节　人身意外伤害保险 …… 269
第四节　健康保险 …… 277
第五节　年金保险 …… 283

第三篇　运营服务 …… 287
第一章　展业承保 …… 290
第一节　渠道业务 …… 290
第二节　承保 …… 316
第二章　理赔风控 …… 333
第一节　理赔管理 …… 333
第二节　合规风控 …… 343
第三章　再保险安排 …… 347
第一节　市场沿革 …… 347
第二节　业务经营 …… 349
第四章　客户服务 …… 356
第一节　客户接待体系 …… 356
第二节　保单后续服务 …… 362
第三节　附加值服务 …… 365
第四节　回馈客户服务 …… 368
第五章　社会责任 …… 370
第一节　灾害救援 …… 370
第二节　社会公益 …… 377

第四篇　保险监督管理 …… 381
第一章　监管机构 …… 384
第一节　中国人民银行上海市分行 …… 384
第二节　中国保险监督管理委员会上海监管局 …… 389
第二章　保险机构准入管理 …… 403
第一节　中资财产保险公司准入管理 …… 403
第二节　中资人身保险公司准入管理 …… 404
第三节　外资保险机构准入管理 …… 406
第四节　保险中介机构管理 …… 408
第五节　业务监管费征收 …… 413
第三章　从业人员执业管理 …… 416
第一节　保险公司高级管理人员监管 …… 416
第二节　保险从业人员管理 …… 424
第四章　市场行为管理 …… 445
第一节　现场检查 …… 445
第二节　非现场监管 …… 449
第三节　处罚与诉讼 …… 455
第四节　专项工作 …… 456
第五章　地方政府保险管理 …… 468
第一节　发展环境建设 …… 468
第二节　保险创新管理 …… 473

第五篇　行业自律 …………………………… 481
第一章　上海市保险同业公会 ………… 484
第一节　组织架构 …………………… 485
第二节　自律机制 …………………… 490
第二章　行业诚信体系 ………………… 500
第一节　诚信管理系统 ……………… 500
第二节　保险公司诚信体系 ………… 501

第六篇　保险教育研究 …………………… 507
第一章　保险高等教育与研究 ………… 510
第一节　上海财经大学 ……………… 510
第二节　复旦大学 …………………… 513
第三节　华东师范大学 ……………… 517
第四节　上海金融学院 ……………… 518
第五节　同济大学 …………………… 519
第六节　华东理工大学 ……………… 520
第七节　上海对外经贸大学 ………… 521
第八节　上海师范大学 ……………… 521
第二章　职业教育 ……………………… 523
第一节　公司自我培训 ……………… 523
第二节　对外合作培训 ……………… 527
第三章　学术研究社会机构 …………… 529
第一节　上海市保险发展规划项目研究室 …………………………… 529
第二节　上海市保险学会 …………… 531
第四章　研究成果 ……………………… 540

第七篇　人物 ……………………………… 545
第一章　人物简介 ……………………… 547
第二章　人物表 ………………………… 556
第一节　集体 ………………………… 556
第二节　个人 ………………………… 557

专记 …………………………………………………………………… 559
附录 …………………………………………………………………… 581
索引 …………………………………………………………………… 612
编后记 ………………………………………………………………… 629

《上海市志·财政·税务分志·财政卷(1978—2010)》目录

序 …… 1
《上海市志(1978—2010)》凡例 …… 1
编纂说明 …… 1
概述 …… 1
大事记 …… 13

第一篇　管理体制 …… 45
第一章　中央对上海市体制 …… 47
第一节　比例分成与总额分成 …… 47
第二节　基数包干上缴 …… 48
第三节　分税制 …… 50
第四节　所得税分享改革 …… 51
第五节　出口退税分担机制改革 …… 52
第二章　市对区县及乡镇体制 …… 53
第一节　留成分成与财政包干 …… 53
第二节　基数包干上缴 …… 56
第三节　1994年市与区县分税制财政管理体制改革 …… 57
第四节　2004—2010年市与区县财税管理体制改革 …… 59
第五节　乡镇财政管理体制 …… 62
第六节　市与区县财力调整 …… 70
第七节　财政转移支付 …… 75
第八节　开发区财政政策与管理 …… 82
第三章　地方财政平衡 …… 88
第一节　分税制前地方财政平衡 …… 88
第二节　分税制后地方财政平衡 …… 91

第二篇　财政收入 …… 97
第一章　税收收入 …… 99
第一节　流转税类收入 …… 99
第二节　所得税类收入 …… 106
第三节　财产行为税类收入 …… 111
第四节　特定目的税类收入 …… 114
第五节　农业税类收入 …… 117
第二章　非税收入 …… 119
第一节　行政事业性收费收入与罚没收入 …… 119
第二节　专款、专项与其他收入 …… 122
第三节　国有企业收入 …… 133
第四节　基金预算收入 …… 136

第三篇　财政支出 …… 141
第一章　经济建设支出 …… 144
第一节　基本建设支出 …… 144
第二节　工交商事业支出 …… 148
第三节　农业事业支出 …… 149
第四节　企业挖潜改造支出 …… 158
第二章　城市维护支出 …… 160
第一节　市政设施维护支出 …… 160

第二节　环卫设施维护支出 …………… 162
第三节　园林绿化设施维护支出 …… 164
第四节　消防交通设施维护支出 …… 165
第三章　教科文支出 ……………………… 167
第一节　教育支出 ……………………… 167
第二节　科学技术支出 ………………… 178
第三节　文体广播支出 ………………… 180
第四章　社会保障与医疗卫生支出 …… 192
第一节　社会救济与福利支出 ……… 192
第二节　抚恤与安置支出 …………… 196
第三节　社会保障补助支出 ………… 199
第四节　医疗卫生支出 ……………… 200
第五节　计划生育支出 ……………… 205
第五章　行政管理支出 ………………… 208
第一节　行政管理费支出 …………… 208
第二节　公检法司经费支出 ………… 211
第六章　其他支出 ……………………… 214
第一节　财政补贴支出 ……………… 214
第二节　基金预算支出 ……………… 217

第四篇　预算管理 ……………………… 219
第一章　预算编制 ……………………… 221
第一节　预算编制概况 ……………… 222
第二节　单式与复式预算 …………… 227
第三节　零基预算 …………………… 228
第四节　部门预算 …………………… 229
第五节　预算审批 …………………… 234
第六节　预算执行与监督 …………… 236
第七节　决算编审 …………………… 248
第八节　预算信用等级分类管理与预算信息公开 …………… 258
第二章　政府非税收入管理 ………… 262
第一节　预算外资金收支 …………… 263
第二节　专户储存与融通周转 ……… 267
第三节　清理规范收费 ……………… 268
第四节　"收支两条线"管理 ………… 271
第五节　票据管理 …………………… 273
第三章　政府性基金预算 …………… 275
第一节　预算制度 …………………… 275
第二节　预算管理 …………………… 276
第三节　预算收入 …………………… 278
第四节　预算支出 …………………… 280
第四章　国有资本经营预算与社会保险基金预算 ……………………… 282
第一节　国有资本经营预算 ………… 282
第二节　社会保险基金预算 ………… 284
第五章　其他财政管理 ……………… 286
第一节　彩票发行管理 ……………… 286
第二节　控制社会集团购买力 ……… 295
第三节　结转结余资金管理 ………… 299
第四节　地方政府性债务管理 ……… 299

第五篇　国库管理 ……………………… 301
第一章　国库管理改革 ……………… 303
第一节　国库管理机制 ……………… 303
第二节　收缴分离 …………………… 307
第三节　公务卡制度改革 …………… 309
第四节　国库集中支付制度 ………… 309
第二章　政府采购 …………………… 313
第一节　运作模式 …………………… 313
第二节　范围与规模 ………………… 314
第三节　管理机制 …………………… 315
第三章　国债与贷款管理 …………… 320
第一节　国债管理 …………………… 320
第二节　贷款担保管理 ……………… 327
第四章　周转金与专项资金管理 …… 332
第一节　周转金管理 ………………… 332
第二节　专项资金管理 ……………… 336

第六篇　行政与企事业单位财政财务管理 ……………………… 339
第一章　工业企业财政财务管理 …… 342
第一节　贷款贴息 …………………… 342
第二节　工业企业财务管理 ………… 348
第三节　公交与公用事业补贴 ……… 353
第四节　企业其他财政财务管理 …… 356
第二章　商业金融业财政财务管理 …… 360

第一节 主副食品与市级商品储备政策性补贴 …… 360
第二节 城镇居民价格补贴 …… 364
第三节 专项基金管理 …… 367
第四节 商业金融等企业财务管理 …… 369
第三章 城市建设维护财政财务管理 …… 376
第一节 基本建设财政财务管理 …… 376
第二节 城市维护财政财务管理 …… 384
第三节 城市建设专项资金管理 …… 388
第四章 行政政法财政财务管理 …… 398
第一节 机关与团体财政财务管理 …… 398
第二节 监狱劳教单位财政财务管理 …… 406
第三节 行政事业单位财务管理制度 …… 408
第五章 教科文事业财政财务管理 …… 414
第一节 教育事业财政财务管理 …… 414
第二节 科技事业财政财务管理 …… 425
第三节 文化事业财政财务管理 …… 431
第四节 体育事业财政财务管理 …… 437
第六章 卫生医疗与社会保障事业财政财务管理 …… 441
第一节 卫生医疗事业财政财务管理 …… 442
第二节 社会保障事业财政财务管理 …… 457
第三节 计划生育经费财政财务管理 …… 470
第七章 农业财政财务管理 …… 472
第一节 农业综合开发财政财务管理 …… 473
第二节 农业专项资金管理 …… 478
第三节 水务财政财务管理 …… 484
第四节 国营农场与农业企业财务管理 …… 487
第五节 农村税费改革 …… 492
第六节 财政支农有关政策 …… 493
第七篇 涉外财政管理 …… 499
第一章 外商投资企业财务管理 …… 501
第一节 财务制度与资本资产管理 …… 501
第二节 基础工作管理 …… 507
第二章 国际金融组织与外国政府贷款管理 …… 509
第一节 国际金融组织贷款管理 …… 510
第二节 外国政府贷款管理 …… 513
第三章 财政对外交流 …… 519
第一节 国际交流 …… 519
第二节 协办国际性会议 …… 520
第四章 非贸易外汇管理 …… 522
第一节 临时出国用汇额度管理 …… 522
第二节 购汇限额预算管理 …… 523
第八篇 综合性财税政策 …… 525
第一章 浦东开发开放财税政策 …… 527
第一节 建立浦东发展基金 …… 527
第二节 支持重大建设项目财税政策 …… 528
第二章 工商企业改革财税政策 …… 532
第一节 国有工商企业经营机制改革 …… 532
第二节 支持企业发展外向型经济 …… 536
第三节 股份制企业试点 …… 540
第四节 建立现代企业制度 …… 542
第五节 中小企业贷款信用担保 …… 546
第三章 发展商业金融业等财税政策 …… 549
第一节 商业企业改制改革 …… 549
第二节 库存商品结构调整 …… 550
第三节 商业网点与设施建设 …… 550
第四节 马路菜场与集贸市场

改造 …………………………… 551
第五节　支持饮食服务行业发展 …… 552
第六节　扶持超市发展政策 ………… 553
第七节　支持开拓国内外市场 ……… 553
第八节　支持现代服务业发展 ……… 554
第九节　支持金融业发展 …………… 554
第四章　支持高新技术与产业结构调整发展财税政策 ………………… 557
第一节　支持高新技术发展 ………… 557
第二节　加大技术开发费投入 ……… 560
第三节　支持高新技术成果转化 …… 562
第四节　支持信息产业发展 ………… 566
第五节　支持产业结构调整和地方特色产业发展 ………………… 569
第五章　房地产市场发展财税政策 …… 571
第一节　住房制度改革 ……………… 571
第二节　发展房地产市场财税政策 …………………………… 572
第六章　环境综合治理财税政策 ……… 578
第一节　"三废"污染企业迁建治理 …………………………… 578
第二节　苏州河与其他水环境综合治理 …………………………… 578
第三节　吴淞工业区环境综合治理 …………………………… 579
第七章　就业与再就业财税政策 ……… 581
第一节　待业人员就业 ……………… 581
第二节　下岗失业人员再就业 ……… 582
第三节　残疾人员再就业 …………… 584
第四节　军转干部、退役士兵与随军家属就业 ………………… 585
第八章　教育、科技与文化事业发展财税政策 ………………………… 587
第一节　教育事业发展财税政策 …… 587
第二节　科技事业发展财税政策 …… 589
第三节　文化事业发展财税政策 …… 591
第九章　重大专项财税政策 ………… 594
第一节　筹办世博会财税政策 ……… 594
第二节　保障性住房财税政策 ……… 595
第三节　"94 专项"财税政策………… 598
第四节　应对突发事件财税政策 …… 600

第九篇　会计管理 ……………………… 605
第一章　企业会计核算管理 ………… 607
第一节　企业会计具体准则 ………… 607
第二节　企业会计制度 ……………… 608
第二章　个体与非营利组织会计核算管理 ………………………………… 620
第一节　个体工商户会计制度 ……… 620
第二节　民间非营利组织会计制度 ………………………… 620
第三章　社会经济体制改革相关业务会计核算 ………………………… 622
第一节　涉税改革相关会计核算 …… 623
第二节　金融改革与证券、期货相关会计核算 ………………… 624
第三节　土地使用权有偿转让与企业改制会计核算 ……………… 625
第四节　住房基金、社会保险与农业综合开发会计核算 ………… 626
第四章　预算会计管理 ……………… 630
第一节　财政总预算会计 …………… 630
第二节　机关、事业单位预算会计 ………………………… 632
第五章　会计监督管理 ……………… 635
第一节　会计检查 …………………… 636
第二节　会计报表审计 ……………… 638
第三节　会计基础工作规范化管理 ………………………… 639
第四节　内部会计控制 ……………… 642
第五节　会计人员委派与总会计师制度 ………………………… 643
第六节　代理记账机构管理 ………… 647
第六章　会计从业管理 ……………… 649
第一节　会计证与会计从业资格管理 ………………………… 649
第二节　会计专业技术资格管理 …… 652
第三节　会计人员继续教育 ………… 657

第四节 先进表彰 …… 660

第七章 会计电算化管理 …… 663

第一节 软件评审 …… 663

第二节 应用验收 …… 665

第三节 培训与考试 …… 667

第八章 注册会计师行业管理 …… 669

第一节 会计师事务所管理 …… 669

第二节 注册会计师管理 …… 675

第十篇 信息公开 …… 687

第一章 信息公开体系 …… 689

第一节 公开内容与方式 …… 689

第二节 制度与保障 …… 691

第二章 “上海财税”网站 …… 694

第一节 网站建设 …… 694

第二节 网站系统 …… 696

第三节 网站频道与栏目设置 …… 698

第四节 网站功能 …… 699

第五节 网站运行维护机制 …… 702

第三章 “12366”财税咨询服务平台 …… 707

第一节 平台功能 …… 707

第二节 平台运行 …… 707

第十一篇 信息化建设 …… 709

第一章 规划与设备配备 …… 711

第一节 规划策划 …… 711

第二节 设备配备 …… 720

第二章 局域网专网政务网建设 …… 722

第一节 局域网 …… 722

第二节 城域网 …… 724

第三节 “电子财政(电子财税)”政务网 …… 724

第三章 财政信息化 …… 726

第一节 会计统计信息化 …… 726

第二节 预算信息化 …… 727

第三节 “金财工程” …… 732

第四章 行政管理信息化 …… 736

第一节 公文办理系统 …… 736

第二节 财税法规信息库 …… 737

第三节 办公自动化 …… 738

第五章 信息化管理制度与信息安全保障 …… 740

第一节 信息化管理制度 …… 740

第二节 信息安全保障 …… 740

第十二篇 财政法制 …… 745

第一章 政策法规 …… 748

第一节 规范性文件制定 …… 748

第二节 规范性文件清理 …… 752

第二章 行政审批制度改革 …… 755

第一节 行政审批事项清理 …… 755

第二节 财政行政许可规定与检查 …… 759

第三章 行政执法监督检查 …… 762

第一节 行政执法依据梳理与公告 …… 762

第二节 日常检查 …… 763

第三节 会计信息质量检查与会计师事务所执业质量检查 …… 764

第四章 行政复议、诉讼与听证 …… 766

第一节 行政复议 …… 766

第二节 行政诉讼 …… 771

第三节 行政处罚与行政许可听证 …… 772

第五章 法制宣传教育 …… 776

第一节 “二五”至“四五”普法 …… 776

第二节 “五五”普法 …… 777

第十三篇 规划与科研 …… 783

第一章 规划 …… 785

第一节 中长期规划(计划) …… 785

第二节 调研、预测分析与课题管理 …… 790

第三节 重点课题研究 …… 796

第二章 科研与宣传 …… 804

第一节　财税研究 …… 804
第二节　专著、报刊与宣传 …… 819

第十四篇　机构团体与队伍 …… 827
第一章　管理机构 …… 830
第一节　市财税局 …… 830
第二节　市财税分局与监督局 …… 842
第三节　市财税局直属事业单位 …… 867
第四节　市财税局代管机构 …… 891
第五节　市财税局所属机构 …… 894
第六节　区(县)财政局 …… 895
第二章　学术团体 …… 967
第一节　上海市财政学会 …… 967
第二节　上海市会计学会 …… 970
第三节　上海市预算会计研究会 …… 972
第四节　上海市总会计师工作研究会 …… 972
第五节　上海市注册会计师协会 …… 974
第三章　队伍建设 …… 979
第一节　人员结构 …… 980
第二节　组织建设 …… 981

第十五篇　人物 …… 985
第一章　人物传略 …… 987
第二章　人物简介 …… 989
第三章　人物表 …… 992

专记 …… 999
附录 …… 1011
索引 …… 1041
编后记 …… 1074

《上海市志·财政·税务分志·税务卷(1978—2010)》目录

序 …… 1
《上海市志(1978—2010)》凡例 …… 1
编纂说明 …… 1
概述 …… 1
大事记 …… 19

第一篇　税制税种 …… 59
第一章　税制税种体系 …… 62
第一节　复合税制重构(1978—1993年) …… 62
第二节　新税制(1994—2010年) …… 65
第二章　货物与劳务税类 …… 70
第一节　工商税 …… 70
第二节　产品税 …… 82
第三节　增值税 …… 88
第四节　营业税 …… 107
第五节　消费税 …… 138
第六节　车辆购置税 …… 145
第三章　所得税类 …… 152
第一节　工商所得税 …… 153
第二节　国营企业所得税 …… 156
第三节　国营企业调节税 …… 163
第四节　集体企业所得税 …… 165
第五节　私营企业所得税 …… 169
第六节　企业所得税 …… 175
第七节　个人所得税 …… 216
第八节　城乡个体工商业户所得税 …… 242
第九节　个人收入调节税 …… 253
第四章　财产行为税类 …… 257
第一节　印花税 …… 257
第二节　城镇土地使用税 …… 264
第三节　房产税 …… 268
第四节　车船使用税 …… 272
第五节　车船税 …… 278
第六节　屠宰税 …… 287
第七节　牲畜交易税 …… 289
第八节　契税 …… 290
第五章　特定目的税类 …… 297
第一节　城市维护建设税 …… 297
第二节　土地增值税 …… 300
第三节　固定资产投资方向调节税 …… 303
第四节　特别消费税 …… 306
第五节　烧油特别税 …… 309
第六节　奖金税 …… 310
第七节　国营企业工资调节税 …… 315
第八节　盐税 …… 316
第九节　建筑税 …… 318
第六章　农业税类 …… 320
第一节　农业税 …… 320
第二节　农业(农林)特产税 …… 324

第三节 耕地占用税 …… 327
第七章 出口货物退(免)税 …… 330
第一节 出口退税管理模式 …… 330
第二节 出口退(免)税范围 …… 331
第三节 出口退税率 …… 337
第四节 退税计算与方法 …… 340
第五节 出口退税认定 …… 344
第六节 申报审核管理 …… 346
第七节 出口退税年度清算 …… 352
第八节 出口退税稽核与检查 …… 358
第九节 出口退税信息化管理 …… 364
第十节 出口退税办税员培训和企业分类管理 …… 367

第二篇 税收收入 …… 371
第一章 税务部门征收的税收收入 …… 373
第一节 商品与劳务税类收入 …… 374
第二节 所得税类收入 …… 384
第三节 财产行为税收入 …… 391
第四节 特定目的税类收入 …… 396
第五节 农业税类收入 …… 398
第二章 税务部门征收的非税收入 …… 401
第一节 教育费附加收入 …… 401
第二节 能源交通重点建设基金与预算调节基金 …… 401
第三节 文化事业建设费收入 …… 402
第四节 其他收入 …… 403
第三章 税收收入结构 …… 405
第一节 主体税种 …… 405
第二节 收入级次 …… 406
第三节 产业比重 …… 409
第四节 重点行业 …… 410
第五节 企业类型税收比重 …… 414
第六节 区域税收比重 …… 417
第四章 税收收入分析 …… 420
第一节 重点税源分析 …… 420
第二节 清理欠税 …… 422

第三篇 综合税收政策 …… 429
第一章 国家级开发区税收优惠政策 …… 433
第一节 虹桥、漕河泾、闵行开发区税收优惠政策 …… 435
第二节 浦东新区税收优惠政策 …… 440
第三节 其他国家级开发区税收优惠政策 …… 453
第二章 上海市市级开发区税收优惠政策 …… 455
第一节 上海化学工业区税收政策 …… 455
第二节 市级其他园区税收政策 …… 455
第三章 产业结构调整税收优惠政策 …… 458
第一节 国有工商企业改革财税政策 …… 458
第二节 上海重点(支柱)产业税收政策 …… 469
第三节 发展第三产业和现代服务业税收政策 …… 492
第四节 建设“两个中心”税收政策 …… 495
第四章 高新技术产业发展税收优惠政策 …… 503
第一节 发展高新技术税收政策 …… 503
第二节 技术开发费政策 …… 505
第三节 高新技术成果转化财税政策 …… 507
第四节 发展软件产业和集成电路产业税收政策 …… 509
第五章 就业与再就业税收优惠政策 …… 515
第一节 待业人员就业财税政策 …… 515
第二节 下岗失业人员再就业财税政策 …… 516
第三节 残疾人员再就业财税

政策 …………………………… 522
第四节　军转干部、退役士兵、随军家属就业财税政策 ………… 524
第五节　大学生就业、科研人员创业税收政策 …………………… 525
第六章　环境综合治理与节能减排税收优惠政策 ………………… 528
第一节　"三废"污染企业迁建治理税收政策 …………………… 528
第二节　苏州河及其他水环境综合治理税收政策 ……………… 529
第三节　吴淞工业区环境综合治理财税政策 …………………… 529
第四节　资源综合利用税收政策 …… 530
第七章　城市建设税收优惠政策 ……… 533
第一节　土地批租税收政策 ……… 533
第二节　城市轨道交通建设税收政策 ………………………… 535
第三节　旧区改造税收政策 ……… 538
第四节　城市基础设施建设税收政策 ………………………… 540
第八章　房地产市场税收政策 ………… 543
第一节　住房制度改革税收政策 …… 543
第二节　危棚简屋改造财税政策 …… 545
第三节　房地产市场宏观调控税收政策 ………………………… 545
第九章　社会公共事业改革发展税收政策 …………………………… 558
第一节　教育改革发展税收政策 …… 558
第二节　科普事业发展税收政策 …… 563
第三节　宣传文化改革发展税收政策 ………………………… 565
第四节　医疗卫生计划生育税收政策 ………………………… 582
第五节　行政事业单位改革发展税收政策 …………………… 584
第六节　慈善救灾公益捐赠税收政策 ………………………… 589
第七节　社会福利税收政策 ………… 597
第十章　重大专项税收政策 ………… 604
第一节　"94 专项"税收政策………… 604
第二节　上海世博会税收优惠政策 ………………………… 605
第三节　会展活动税收政策 ………… 617
第四节　应对突发事件税收政策 ………………………… 619

第四篇　涉外税收 ………………………… 625
第一章　涉外税制 ………………………… 628
第一节　工商统一税 ………………… 629
第二节　涉外企业货物与劳务税 …… 633
第三节　中外合资经营企业所得税 ………………………… 634
第四节　外国企业所得税 …………… 635
第五节　外商投资企业和外国企业所得税 ………………………… 646
第六节　个人所得税 ………………… 656
第七节　城市房地产税 ……………… 666
第八节　车船使用牌照税 …………… 668
第九节　涉外财产行为税和其他税种 ………………………… 674
第二章　涉外税收征管 ………………… 676
第一节　沿革 ………………………… 676
第二节　涉外征管对象与范围 ……… 677
第三节　涉外发票管理 ……………… 679
第四节　审核评税与税务审计 ……… 681
第五节　涉外税务检查 ……………… 686
第三章　国际税收管理 ………………… 689
第一节　反避税工作 ………………… 689
第二节　信息交换 …………………… 699
第三节　非居民税收管理与税收协定 ………………………… 701
第四节　双边预约定价谈签 ………… 709

第五篇　税收管理 ………………………… 711
第一章　税收管理体制和征管模式 …… 714
第一节　税收管理体制 ……………… 715

第二节　税收征管模式 …… 735
第二章　税务登记 …… 747
第一节　沿革 …… 748
第二节　税收户管 …… 754
第三章　发票管理 …… 759
第一节　发票种类和适用范围 …… 761
第二节　发票防伪和印制 …… 763
第三节　发票的设置和使用 …… 769
第四节　发票填开和代开 …… 780
第五节　发票领购和保管 …… 786
第六节　发票鉴别和鉴定 …… 792
第四章　税款征收 …… 795
第一节　征收管理 …… 795
第二节　税款征收方式 …… 816
第五章　纳税信用管理与纳税评估 …… 830
第一节　纳税信用等级分类管理 …… 830
第二节　纳税评估和税务约谈 …… 832
第六章　纳税服务 …… 835
第一节　办税服务厅 …… 836
第二节　上海税务网站 …… 840
第三节　12366 咨询热线 …… 844
第四节　纳税人呼声处理 …… 847
第五节　税收宣传 …… 849
第六节　纳税人权益维护 …… 862
第七章　税收法治 …… 865
第一节　税收规范性文件制定和清理 …… 866
第二节　税务行政审批制度改革 …… 873
第三节　税务行政复议、诉讼和听证 …… 883
第四节　税收优惠政策贯彻落实督查 …… 888
第五节　反补贴调查 …… 892

第六篇　税务检查(稽查) …… 893
第一章　稽查制度和职能 …… 896
第一节　稽查制度 …… 896
第二节　稽查职能 …… 906
第二章　检查(稽查)收入与方式方法 …… 912
第一节　检查(稽查)方式方法 …… 912
第二节　税务检查(稽查)收入 …… 921
第三章　税收、财务、物价大检查 …… 924
第一节　大检查领导机构 …… 924
第二节　大检查内容范围 …… 925
第三节　大检查政策 …… 930
第四节　大检查实施 …… 931
第四章　日常检查和专项检查 …… 935
第一节　日常检查 …… 935
第二节　专项检查 …… 939
第三节　专项整治 …… 951
第五章　案件查处与举报管理 …… 961
第一节　案件查处 …… 962
第二节　举报管理 …… 975
第六章　税务检察和税警协作 …… 984
第一节　税务检察 …… 984
第二节　税警合作 …… 986

第七篇　科研教育与信息化 …… 997
第一章　科研 …… 1000
第一节　税收科学研究 …… 1000
第二节　学术团体 …… 1035
第二章　教育培训 …… 1045
第一节　学历和专业教育 …… 1045
第二节　公务员培训 …… 1046
第三节　业务培训 …… 1048
第三章　征管信息化 …… 1053
第一节　税收信息化基础设施建设 …… 1053
第二节　税收业务应用系统 …… 1059
第三节　信息安全保障 …… 1072

第八篇　机构队伍 …… 1077
第一章　税务管理机构 …… 1080
第一节　上海市税务局 …… 1080
第二节　直属分局机构(含内设机构) …… 1102

第三节 区县税务机构(含内设机构) …… 1130
第四节 直属事业单位和代管机构 …… 1191
第五节 纪检监察巡视 …… 1202
第二章 队伍建设 …… 1212
第一节 职工队伍管理 …… 1212
第二节 离退休人员 …… 1224

第九篇 人物·先进 …… 1227
第一章 人物 …… 1229
第一节 人物传略 …… 1229
第二节 人物简介 …… 1237
第三节 人物表 …… 1241
第二章 先进 …… 1266
第一节 先进集体 …… 1266
第二节 先进个人 …… 1274

专记 …… 1281
附录 …… 1301
索引 …… 1475
编后记 …… 1503

《上海市志·综合经济管理分志·工商行政管理卷(1978—2010)》目录

序 …… 1
《上海市志(1978—2010)》凡例 …… 1
编纂说明 …… 1
概述 …… 1
大事记 …… 25

第一篇　市场主体登记 …… 89
　第一章　内资市场主体登记与服务 …… 92
　　第一节　登记概况 …… 92
　　第二节　各类市场主体登记 …… 102
　　第三节　登记服务 …… 128
　第二章　外资企业市场主体登记 …… 141
　　第一节　概况 …… 141
　　第二节　登记管理 …… 153

第二篇　市场主体监督与管理 …… 165
　第一章　市场主体年检与验照制度 …… 168
　　第一节　企业年检 …… 168
　　第二节　个体工商户验照 …… 172
　第二章　市场主体监管方式 …… 175
　　第一节　监督检查与专项治理 …… 175
　　第二节　市场主体信用分类监管 …… 189
　　第三节　工商所综合监管与执法评价体系 …… 197
　　第四节　个体私营经济服务 …… 204

第三篇　商品交易市场监督管理 …… 211
　第一章　商品交易市场发展与监管 …… 214
　　第一节　商品交易市场发展 …… 214
　　第二节　商品交易市场行政管理 …… 218
　第二章　主要商品市场监督管理 …… 226
　　第一节　粮食市场管理 …… 226
　　第二节　汽车市场管理 …… 228
　　第三节　钢材市场管理 …… 230
　　第四节　农资市场管理 …… 231
　第三章　上海特色市场 …… 235
　　第一节　沿革 …… 235
　　第二节　生产要素与期货市场 …… 236
　　第三节　生产资料市场 …… 238
　　第四节　消费品市场 …… 240
　第四章　经纪人发展与监管 …… 246
　　第一节　经纪人发展 …… 246
　　第二节　经纪人管理办法 …… 248
　　第三节　经纪人规范措施 …… 249
　第五章　网络商品交易与服务监督管理 …… 252
　　第一节　网络经营行为监管 …… 252
　　第二节　网络经营主体管理 …… 253
　　第三节　网络交易监管 …… 253
　　第四节　网络市场规范 …… 254

第四篇　公平交易执法 …………………… 257
第一章　经济检查制度 …………………… 259
第一节　政策 …………………………… 259
第二节　案件办理制度 ………………… 265
第三节　专项整治 ……………………… 269
第二章　案件办理 ……………………… 272
第一节　反不正当竞争 ………………… 272
第二节　反垄断 ………………………… 276
第三节　无照经营查处 ………………… 277
第四节　投机倒把与走私贩私打击 …………………………… 280
第五节　十佳案件评选 ………………… 287

第五篇　消费者权益保护 ……………… 291
第一章　消费维权 ……………………… 294
第一节　消费者申(投)诉举报 ……… 294
第二节　消费者权益保护联络点 …… 302
第二章　维权合作与消费引导 ………… 307
第一节　消费维权保护合作 ………… 307
第二节　消费引导与管理创新 ……… 311
第三章　流通领域商品质量监管 ……… 315
第一节　商品质量监测 ……………… 315
第二节　专项执法行动 ……………… 319

第六篇　流通环节食品安全监督管理 ………………………………… 323
第一章　食品经营主体行政许可 ……… 326
第一节　食品流通许可证 …………… 326
第二节　食品流通许可制度建设 …… 327
第二章　食品安全监管 ………………… 329
第一节　食品安全监督工作机制 …… 330
第二节　日常监管与治理整顿 ……… 332
第三节　食品质量抽样检验与快速检测 ………………………………… 343
第三章　食品安全突发事件与舆情应对管理 ……………………………… 345
第一节　管理机制 …………………… 346
第二节　案例选介 …………………… 346

第七篇　商标监督管理 ………………… 351
第一章　商标注册 ……………………… 354
第一节　注册制度 …………………… 354
第二节　注册申请 …………………… 355
第二章　商标管理 ……………………… 362
第一节　使用管理 …………………… 362
第二节　商标印制管理 ……………… 370
第三节　商标代理机构 ……………… 371
第四节　驰名与著名商标认定管理 ……………………………… 372
第三章　商标行政执法 ………………… 378
第一节　商标违法行为查处 ………… 378
第二节　商标保护专项行动 ………… 381
第三节　特殊标志与官方标志保护 …………………………… 384
第四章　商标战略 ……………………… 386
第一节　规划纲要和政策制定 ……… 386
第二节　《商标法》宣传教育 ……… 388

第八篇　广告业发展与广告监督管理 ………………………………… 395
第一章　广告行业发展 ………………… 398
第一节　发展概况 …………………… 398
第二节　广告业执业资格制度 ……… 405
第三节　公益广告活动 ……………… 407
第二章　广告活动监督管理 …………… 412
第一节　广告监测 …………………… 412
第二节　日常监管 …………………… 414
第三节　案件办理 …………………… 420
第四节　专项整治行动 ……………… 423
第三章　广告活动行政许可 …………… 429
第一节　广告经营资格许可 ………… 429
第二节　外商投资广告企业设立与变更项目审批 ……………………… 432
第三节　户外广告登记 ……………… 433
第四节　烟草广告发布审批 ………… 436
第五节　固定形式印刷品广告登记 ……………………………… 436

第九篇　合同监督管理 …………………… 439
第一章　合同行政监管 …………………… 442
第一节　合同格式条款监督 ………… 442
第二节　合同违法行为监督处理 …… 445
第三节　合同鉴证 …………………… 447
第四节　合同仲裁 …………………… 448
第五节　无效经济合同确认 ………… 450
第六节　拍卖监管 …………………… 451
第二章　合同行政指导 …………………… 454
第一节　法人委托书制度 ………… 454
第二节　合同示范文本 …………… 454
第三节　合同争议行政调解 ………… 461
第四节　重合同守信用活动 ………… 462
第五节　动产抵押登记 …………… 465

第十篇　直销监督管理与打击传销 …………………………… 469
第一章　直销与传销发展 ………………… 471
第一节　传销发展与规范 ………… 471
第二节　法制规范期的直销与传销 ………………………… 476
第二章　直销监管 ……………………… 479
第一节　企业设立与监管 ………… 479
第二节　直销市场专项整治 ………… 480
第三章　打击传销 ……………………… 483
第一节　工作机制 …………………… 483
第二节　专项整治与案件查处 ……… 485

第十一篇　法制建设……………………… 491
第一章　法治工商 ……………………… 493
第一节　依法行政 …………………… 493
第二节　参与立法 …………………… 498
第三节　规范性文件的制定备案清理 ………………………… 504
第四节　行政指导 …………………… 506
第二章　执法监督 ……………………… 508
第一节　行政复议 …………………… 508
第二节　行政诉讼 …………………… 512
第三节　执法检查 …………………… 516
第三章　法制宣传教育 …………………… 521
第一节　工作机制 …………………… 521
第二节　执法能力水平 ……………… 522
第三节　普法宣传 …………………… 527

第十二篇　信息化建设与综合保障 …………………………… 533
第一章　信息化建设与应用 ……………… 535
第一节　系统建设 …………………… 535
第二节　业务应用 …………………… 539
第三节　基础支撑 …………………… 544
第二章　信息化保障与服务 ……………… 548
第一节　网络安全 …………………… 548
第二节　信息共享 …………………… 551
第三节　业务协同 …………………… 553
第四节　建设管理 …………………… 554
第三章　财务管理 ……………………… 561
第一节　财务管理体制与经费保障 ………………………… 561
第二节　预算管理 …………………… 563
第三节　收费与票据管理 ………… 565
第四节　国有资产管理 ……………… 580
第五节　内部审计监督 ……………… 580
第四章　档案管理 ……………………… 583
第一节　档案资源 …………………… 583
第二节　档案工作 …………………… 587

第十三篇　机构与团体 …………………… 593
第一章　上海市工商行政管理局 ……… 595
第一节　职能 ………………………… 595
第二节　机构 ………………………… 596
第二章　直属单位 ……………………… 605
第一节　上海市工商行政管理局检查总队 ………………………… 605
第二节　上海市工商行政管理局机场分局 ………………………… 607
第三节　上海市工商行政管理局干部

学校 …………………………… 609
第四节　上海市消费者申(投)诉举报中心 …………………………… 611
第五节　上海市广告监测中心 ……… 612
第六节　上海市工商行政管理局档案室 …………………………… 613
第七节　上海市工商行政管理局信息中心 …………………………… 614
第八节　上海长安信息技术咨询开发中心 …………………………… 615
第三章　区县机构 …………………………… 617
第一节　区县分局 …………………… 617
第二节　工商行政管理所 …………… 618
第三节　检查支(大)队 …………… 627
第四节　检查站(所) ………………… 629
第四章　社会团体 …………………………… 631
第一节　上海市个体劳动者协会 …… 631
第二节　上海市私营企业协会 ……… 635
第三节　上海市商标协会 …………… 641
第四节　上海市广告协会 …………… 645
第五节　上海市合同信用促进会 …… 650
第六节　上海市执业经纪人协会 …… 654
第七节　上海市工商行政管理学会 …………………………… 663
第十四篇　队伍建设 …………………… 673
第一章　干部队伍管理 ………………… 675
第一节　规模与结构 ………………… 675
第二节　行政执法类公务员管理改革 …………………………… 680
第三节　干部教育培训 ……………… 682
第四节　评比考核 …………………… 685
第五节　离退休干部工作 …………… 689
第二章　党风廉政与政风行风建设 …… 691
第一节　党风廉政建设 ……………… 691
第二节　政风行风建设 ……………… 702
第三章　精神文明与基层建设 ………… 713
第一节　精神文明建设 ……………… 713
第二节　基层建设 …………………… 716
第十五篇　人物 ………………………… 733
第一章　人物传略 ……………………… 735
第二章　人物简介 ……………………… 736
第三章　人物表 ………………………… 739

专记 …………………………………………………………………… 751
附录 …………………………………………………………………… 757
索引 …………………………………………………………………… 793
编后记 ………………………………………………………………… 836

《上海市志·综合经济管理分志·食品药品监督管理卷(1978—2010)》目录

序 …… 1
《上海市志(1978—2010)》凡例 …… 1
编纂说明 …… 1
概述 …… 1
大事记 …… 13

第一篇　机构与团体 …… 47
第一章　行政管理机构 …… 49
第一节　市级机构 …… 49
第二节　区(县)机构 …… 67
第二章　行政事务执行机构 …… 71
第一节　监督稽查与认证审评机构 …… 71
第二节　检验机构 …… 78
第三节　技术支持机构 …… 88
第三章　协会与学会 …… 100
第一节　药品与医疗器械行业 …… 100
第二节　食品行业 …… 113

第二篇　食品安全监管 …… 121
第一章　食品许可管理 …… 124
第一节　食品卫生许可 …… 124
第二节　食品生产许可 …… 127
第三节　食品经营许可 …… 131
第二章　食品安全监督管理 …… 134
第一节　日常检查 …… 134
第二节　监督性抽查 …… 139
第三章　食品安全专项管理 …… 144
第一节　专项整治与专项检查 …… 144
第二节　食品安全专项行动 …… 156
第三节　食品安全重大保障活动 …… 162
第四章　食品安全风险监测 …… 169
第一节　风险监测制度 …… 169
第二节　风险监测活动 …… 170
第五章　安全事件处置与应对 …… 175
第一节　应急管理体系 …… 175
第二节　应急处置 …… 178
第六章　保健食品监督管理 …… 185
第一节　保健药品监管 …… 186
第二节　保健食品注册 …… 186
第三节　保健食品认证 …… 187
第四节　质量管理与监督检查 …… 188
第五节　专项整顿与召回 …… 193

第三篇　药品安全监管 …… 199
第一章　行政许可 …… 201
第一节　产品注册 …… 201
第二节　生产(经营)许可 …… 210
第二章　生产经营管理 …… 214
第一节　生产管理 …… 214
第二节　经营管理 …… 217
第三章　上市后监管 …… 227
第一节　日常检查与案件查处 …… 227

第二节 不良反应监测 …………………… 238
第三节 药品安全突发事件应急处理案例选介 …………………… 242
第四章 医疗机构制剂管理与特殊药品管理 …………………… 244
第一节 医疗机构制剂管理 …………… 244
第二节 特殊药品管理 ……………… 245
第五章 化妆品安全监管 ……………… 249
第一节 化妆品许可 ………………… 249
第二节 质量管理与监督检查 ………… 254
第三节 不良反应监测与专项整顿 …………………… 262

第四篇 医疗器械安全监管 ………… 267
第一章 产品注册管理 ………………… 269
第一节 管理制度 ……………………… 269
第二节 注册许可 ……………………… 272
第二章 生产监督管理 ………………… 275
第一节 生产管理制度与生产许可 ……………………… 275
第二节 质量管理体系 ……………… 279
第三节 证后监管 ……………………… 280
第三章 流通监督管理 ………………… 285
第一节 经营管理制度与经营许可 ……………………… 285
第二节 采购与供应管理 ……………… 288
第三节 广告审批与监管 ……………… 290
第四节 使用监管 ……………………… 292
第四章 质量监督与检验 ……………… 296
第一节 技术支撑 ……………………… 296
第二节 质量检验与专项检查 ………… 305
第五章 不良事件监测与报告 ………… 312
第一节 不良事件监测制度 …………… 312
第二节 不良事件监测报告 …………… 313

第五篇 科研与标准……………………… 317
第一章 科研与信息化 ………………… 319
第一节 科技激励政策 ………………… 319
第二节 科研成果与应用 ……………… 323
第三节 科技情报研究 ………………… 331
第四节 信息化建设与统计工作 …… 336
第五节 出版物 ………………………… 342
第六节 科普宣传 ……………………… 346
第二章 技术标准与规范 ……………… 356
第一节 药品技术标准与规范 ……… 356
第二节 医疗器械技术标准与规范 ……………………… 362
第三节 食品技术标准与规范 ……… 365

第六篇 教育培训与合作交流 ……… 371
第一章 教育培训 ……………………… 374
第一节 学校教育 ……………………… 374
第二节 企业员工培训 ………………… 378
第三节 监督管理人员培训 ………… 393
第二章 合作交流 ……………………… 399
第一节 国内交流 ……………………… 399
第二节 国际及中国港澳台地区交流 ……………………… 404

第七篇 人物 ………………………… 415
第一章 人物传略 ……………………… 417
第二章 人物简介 ……………………… 423
第三章 人物表 ………………………… 439

附录 ……………………………………………… 453
索引 ……………………………………………… 520
编后记 …………………………………………… 542

《上海市志·综合经济管理分志·质量技术监督卷(1978—2010)》目录

序 …… 1
《上海市志(1978—2010)》凡例 …… 1
编纂说明 …… 1
概述 …… 1
大事记 …… 15

第一篇　机构、团体、人员 …… 49
第一章　管理机构 …… 51
第一节　上海市质量技术监督局 …… 51
第二节　区县行政管理机构 …… 60
第三节　指挥协调机构 …… 63
第二章　技术保障机构 …… 68
第一节　计量技术机构 …… 69
第二节　质检机构 …… 88
第三节　特种设备检验检测机构 …… 123
第四节　标准化机构和其他机构 …… 137
第三章　协会 …… 166
第一节　上海市特种设备管理协会 …… 166
第二节　上海市工程设备监理行业协会 …… 169
第三节　上海市认证协会 …… 170
第四节　上海市食品化妆品质量安全管理协会 …… 171
第四章　人员 …… 173
第一节　行政管理人员 …… 173
第二节　事业单位人员 …… 176
第三节　专业工程师、检验师 …… 179
第四节　计量人员 …… 185
第五节　特种设备安全监察员和检验检测人员 …… 190
第六节　职称评聘 …… 204

第二篇　计量管理 …… 207
第一章　法定计量单位和计量标准 …… 209
第一节　法定计量单位 …… 209
第二节　计量基准与标准及标准物质管理 …… 211
第三节　计量器具管理 …… 220
第二章　计量监督 …… 230
第一节　市场计量器具管理和强制检定 …… 231
第二节　商品量监督 …… 246
第三节　计量认证和证后监管 …… 249
第三章　企业计量管理 …… 282
第一节　工业计量协作网和计量定级升级 …… 282
第二节　企业能源计量管理 …… 286
第三节　定量包装商品生产企业计量管理 …… 288
第四节　企业计量体系确认 …… 290
第四章　计量检定规程制订和计量服务 …… 292
第一节　计量检定规程制订和

修订 …………………………… 292
第二节　计量服务 ……………………… 293

第三篇　标准化管理 ……………………… 297
第一章　标准化宏观管理体系 ………… 300
第一节　工作机制 ……………………… 300
第二节　标准化战略 …………………… 304
第三节　标准化宣传活动 ……………… 306
第二章　地方标准制定 ………………… 311
第一节　地方标准管理 ………………… 311
第二节　农业标准 ……………………… 327
第三节　服务业标准 …………………… 332
第四节　信息技术标准 ………………… 336
第五节　节能环保标准 ………………… 338
第六节　公共管理标准 ………………… 341
第三章　标准实施 ……………………… 344
第一节　农业标准化 …………………… 344
第二节　服务业标准化 ………………… 347
第三节　信息与高新技术标准化 …… 352
第四节　节能环保标准化 ……………… 358
第五节　公共管理标准化 ……………… 361
第四章　企业标准化管理 ……………… 366
第一节　企业产品标准备案 ………… 366
第二节　企业标准体系建设 ………… 369
第三节　国际标准采用管理 ………… 373
第五章　标准实施监督 ………………… 378
第一节　重要标准实施监督 ………… 378
第二节　公共信息图形符号标准化监督 ………………………… 382
第六章　WTO/TBT 应对管理 ……… 384
第一节　应对机制 ……………………… 384
第二节　应对工作 ……………………… 386
第七章　标准化成果管理 ……………… 395
第一节　市标准化技术成果和学术成果 ………………………… 395
第二节　中国标准创新贡献奖 ……… 397

第四篇　宏观质量管理 ………………… 403
第一章　宏观质量管理体系 …………… 406
第一节　宏观质量管理机制 ………… 406
第二节　重大质量活动 ……………… 411
第三节　质量攻关与质量振兴计划 ………………………… 417
第四节　产品质量考核与质量分析 ………………………… 421
第五节　企业质量档案和诚信体系建设 ………………………… 426
第二章　名牌战略与政府质量奖励 …… 430
第一节　产品质量创优 ……………… 430
第二节　名牌战略 …………………… 432
第三节　政府质量奖励 ……………… 438
第三章　召回与监理 ………………… 451
第一节　质量保险和缺陷产品召回 ………………………… 451
第二节　工程设备监理 ……………… 454
第四章　认证监督管理和生产许可证 ………………………… 461
第一节　认证机构监督管理 ………… 461
第二节　管理体系和产品认证监督管理 ………………………… 466
第三节　生产许可证与准产证管理 ………………………… 480

第五篇　质量监督 ……………………… 489
第一章　产品质量监督检查 ………… 491
第一节　国家监督检查 ……………… 491
第二节　上海市监督检查 …………… 503
第三节　监督检查后处理 …………… 520
第二章　打假治劣 …………………… 524
第一节　打假行动 …………………… 524
第二节　重点产品打假和“打假保名牌”行动 ………………………… 532
第三章　质检机构监督管理和受检产品 ………………………… 537
第一节　质检机构监督管理 ………… 537
第二节　受检产品 …………………… 538
第四章　产品质量投诉、仲裁检验及质量鉴定 ………………………… 543
第一节　质量投诉 …………………… 543
第二节　仲裁检验与产品质量

鉴定 …… 547

第六篇 特种设备安全监察 …… 551
第一章 特种设备行政许可制度 …… 553
第一节 锅炉 …… 553
第二节 压力容器 …… 566
第三节 压力管道 …… 578
第四节 电梯 …… 584
第五节 起重机械 …… 588
第六节 客运索道 …… 590
第七节 大型游乐设施 …… 590
第八节 场(厂)内专用机动车辆 …… 593
第二章 特种设备普查整治与事故处理 …… 595
第一节 特种设备普查 …… 595
第二节 特种设备安全检查与专项整治 …… 597
第三节 特种设备事故处理 …… 604
第三章 特种设备检验检测 …… 611
第一节 监督检验 …… 611
第二节 定期检验 …… 619

第七篇 食品(化妆品)生产监督管理 …… 627
第一章 行政许可 …… 630
第一节 食品生产许可 …… 630
第二节 食品卫生许可 …… 635
第三节 食品添加剂与食品相关产品生产许可 …… 638
第四节 化妆品(牙膏产品)生产许可 …… 640
第二章 常规监督管理 …… 642
第一节 日常监督检查 …… 642
第二节 质量监督抽查 …… 652
第三节 风险监测 …… 656
第三章 专项工作 …… 660
第一节 专项检查和专项整治 …… 660
第二节 食品安全突发事件应急处置 …… 666
第三节 重大活动(事项)食品安全保障 …… 671

第八篇 科研、信息化 …… 675
第一章 科研 …… 677
第一节 科技管理 …… 677
第二节 科研成果 …… 679
第三节 成果应用 …… 692
第二章 “金质工程” …… 695
第一节 “金质工程”建设 …… 695
第二节 “金质工程”应用 …… 698

第九篇 人物 …… 701
第一章 人物简介 …… 703
第一节 全国先进工作者和全国五一劳动奖章获得者 …… 703
第二节 上海市劳动模范和先进工作者 …… 704
第三节 全国技术监督(质检)系统先进工作者 …… 709
第二章 人物表、人物名录 …… 712
第一节 获奖科研项目的主要科技人员情况表 …… 712
第二节 享受政府特殊津贴人员名录 …… 716
第三节 先进个人名录 …… 717

附录 …… 723
索引 …… 805
编后记 …… 855

《上海市志·综合经济管理分志·物价管理卷(1978—2010)》目录

《上海市志(1978—2010)》凡例 …… 1
编纂说明 …… 1
概述 …… 1
大事记 …… 15

第一篇　组织机构 …… 61
第一章　市物价局 …… 63
第一节　机构沿革 …… 63
第二节　管理职能 …… 66
第二章　区、县物价机构 …… 69
第一节　机构沿革 …… 69
第二节　管理职能 …… 71
第三章　行业价格机构 …… 77
第一节　专业局、公司价格机构 …… 77
第二节　行业协会价格机构 …… 79
第四章　市属专职机构 …… 82
第一节　上海市物价检查所 …… 82
第二节　上海市价格监测与成本调查队 …… 85
第三节　上海市价格认证中心 …… 87
第四节　上海市物价研究所 …… 90
第五节　上海市价格学(协)会 …… 92
第六节　《华东物价报》报社 …… 94
第七节　中国物价自学函授学院上海市分院(物价干部教育培训中心) …… 96

第二篇　价格总水平和价格调控 …… 97
第一章　价格总水平 …… 100
第一节　小幅上涨 …… 100
第二节　三次大幅上涨 …… 103
第三节　低幅平稳运行 …… 110
第四节　结构性上涨 …… 113
第二章　价格调控政策 …… 118
第一节　稳定物价政策 …… 118
第二节　价格优惠和补贴政策 …… 121
第三节　价格引导政策 …… 127
第四节　价格监督政策 …… 131
第三章　价格调控措施 …… 134
第一节　应急干预措施 …… 134
第二节　控制物价责任制 …… 141
第三节　价格调节基金 …… 143
第四节　重要商品储备 …… 145
第五节　价格预警机制 …… 146

第三篇　价格改革和价格补贴 …… 149
第一章　价格形成机制改革 …… 151
第一节　价格结构性调整 …… 151
第二节　逐步放开价格 …… 171
第三节　治理整顿市场价格 …… 178
第四节　推进形成市场价格机制 …… 183
第五节　深化价格形成机制改革 …… 187
第二章　价格补贴措施 …… 200

第一节　对居民价格补贴 …………… 200
第二节　对企业政策性补贴 ………… 202

第四篇　法制、管理和服务 ………… 209
第一章　法制建设 ………………… 211
第一节　法律法规 ………………… 211
第二节　规章和规范性文件 ………… 213
第三节　行政规范 ………………… 217
第四节　清理法规、文件 …………… 224
第二章　价格检查 ………………… 229
第一节　群众监督和职工监督 ……… 229
第二节　物价大检查 ……………… 231
第三节　行业专项价格检查 ………… 232
第四节　市场价格检查 …………… 240
第五节　"12358"价格热线 ………… 243
第六节　世博会价格监管 ………… 245
第三章　价格制定 ………………… 247
第一节　政府定价管理 …………… 247
第二节　政府审价制度 …………… 253
第三节　听证制度 ………………… 254
第四节　成本监审 ………………… 259
第四章　价格监管 ………………… 267
第一节　监管生产资料交易市场 …… 267
第二节　行业价格管理 …………… 268
第三节　规范市场价格行为 ………… 269
第四节　价格监测调查 …………… 278
第五章　价格服务 ………………… 284
第一节　价格信息 ………………… 284
第二节　价格鉴证 ………………… 289

第五篇　主要农产品价格 ………… 297
第一章　粮油价格 ………………… 300
第一节　粮食价格 ………………… 301
第二节　食油价格 ………………… 318
第二章　副食品价格 ……………… 324
第一节　肉食品价格 ……………… 325
第二节　禽蛋价格 ………………… 333
第三节　水产品价格 ……………… 336
第四节　蔬菜类价格 ……………… 342
第三章　牛奶价格 ………………… 353
第一节　牛奶收购价格 …………… 354
第二节　牛奶销售价格 …………… 362

第六篇　主要工业品价格 ………… 369
第一章　石油价格 ………………… 373
第一节　价格形成机制改革 ………… 373
第二节　价格管理 ………………… 375
第二章　钢材价格 ………………… 384
第一节　流通体制与价格改革 ……… 384
第二节　价格管理 ………………… 388
第三章　化肥、农药价格 …………… 397
第一节　农业生产资料价格改革 …… 397
第二节　化肥价格 ………………… 400
第三节　农药和农膜价格 ………… 407
第四章　药品价格 ………………… 411
第一节　价格体制改革 …………… 411
第二节　价格管理 ………………… 414

第七篇　房地产价格 ……………… 431
第一章　土地交易价格 …………… 434
第一节　土地使用权价格 ………… 435
第二节　土地使用费 ……………… 438
第三节　土地征用补偿、安置费 …… 438
第二章　房屋租金 ………………… 443
第一节　公有房屋租金 …………… 443
第二节　廉租住房、公共租赁住房租金 ……………… 448
第三节　私有房屋租金 …………… 450
第三章　房屋价格 ………………… 452
第一节　商品房价格 ……………… 452
第二节　公有住房出售价格 ………… 458
第三节　动迁安置住房价格 ………… 461
第四节　政策性住房价格 ………… 466
第四章　物业管理服务收费 ……… 472
第一节　商品住宅物业管理服务收费 ……………… 472

第二节 售后公房物业管理服务收费 …… 477
第五章 房地产服务收费 …… 479
第一节 房地产中介服务收费 …… 479
第二节 房地产开发管理收费 …… 482

第八篇 公用事业价格 …… 489
第一章 电力价格 …… 493
第一节 电价改革 …… 493
第二节 电价管理 …… 498
第二章 自来水价格 …… 520
第一节 水价改革 …… 520
第二节 水价管理 …… 522
第三节 排水设施使用费 …… 527
第三章 燃气价格 …… 531
第一节 管道煤气 …… 531
第二节 天然气 …… 540
第三节 液化气 …… 546
第四章 交通运输价格 …… 552
第一节 市内公共交通 …… 552
第二节 水陆运价和道路通行费 …… 564
第五章 邮政资费 …… 576
第一节 资费改革 …… 576
第二节 资费管理 …… 577
第六章 电信资费 …… 582
第一节 资费改革 …… 582
第二节 资费管理 …… 585

第九篇 主要服务行业及行政事业性收费 …… 591
第一章 教育收费 …… 595
第一节 学前教育 …… 595
第二节 小学和初中教育 …… 598
第三节 高中阶段教育 …… 600
第四节 高等教育 …… 605
第五节 成人教育 …… 607
第六节 社会力量办学 …… 608
第二章 医疗服务价格 …… 611
第一节 价格体制改革 …… 611
第二节 价格管理 …… 614
第三章 中介服务收费 …… 619
第一节 中介机构收费 …… 619
第二节 律师收费 …… 621
第三节 公证收费 …… 625
第四节 会计和审计收费 …… 630
第四章 行政事业性收费管理 …… 634
第一节 收费管理系统 …… 634
第二节 收费许可证和年审 …… 639

第十篇 人物·先进集体 …… 643
第一章 人物 …… 645
第一节 人物简介 …… 645
第二节 人物名录 …… 648
第二章 先进集体 …… 652
第一节 全国物价系统先进集体 …… 652
第二节 上海市物价系统先进集体 …… 652

附录 …… 655
索引 …… 719
编后记 …… 732

《上海市志·综合经济管理分志·审计卷（1978—2010）》目录

序 …… 1
《上海市志（1978—2010）》凡例 …… 1
编纂说明 …… 1
概述 …… 1
大事记 …… 15

第一篇　政府审计业务（上） …… 39
第一章　财政审计 …… 43
第一节　下级政府财政收支审计 …… 43
第二节　同级财政审计 …… 51
第三节　其他财政收支审计 …… 67
第二章　金融审计 …… 77
第一节　银行审计 …… 78
第二节　保险与证券审计 …… 84
第三节　其他金融机构审计 …… 90
第三章　企业审计 …… 96
第一节　财经法纪审计 …… 97
第二节　资产、负债、损益审计 …… 99
第三节　企业效益审计 …… 105
第四节　不实资产鉴证审计 …… 111
第四章　经济责任审计 …… 114
第一节　党政领导干部经济责任审计 …… 115
第二节　市管企业负责人经济责任审计 …… 118
第三节　区县审计机关负责人经济责任审计 …… 121

第二篇　政府审计业务（下） …… 123
第一章　行政事业审计 …… 125
第一节　行政事业单位财务收支审计 …… 126
第二节　行业专项审计 …… 148
第二章　固定资产投资审计 …… 166
第一节　投资规模审计 …… 167
第二节　重点建设项目与城市基础设施建设项目审计 …… 169
第三节　行业专项审计 …… 186
第四节　汶川地震抗震救灾与恢复重建项目跟踪审计 …… 191
第三章　社会保障审计 …… 197
第一节　社会保险基金审计 …… 200
第二节　社会救助资金审计 …… 210
第三节　社会福利资金审计 …… 213
第四节　社团组织管理的公共资金审计 …… 217
第五节　其他社保专项资金审计 …… 221
第四章　农业与资源环保审计 …… 228
第一节　资源审计 …… 228
第二节　生态环境保护审计 …… 238

第三节　农业林业基础审计 …………… 248
第五章　外资运用审计 …………………… 251
第一节　国际贷援款项目审计 ……… 251
第二节　外国政府贷款项目审计 …… 256
第三节　中外合营企业审计 ………… 258
第四节　政府外债审计调查 ………… 261

第三篇　内部审计业务与监管 ……… 265
第一章　经济效益审计 …………………… 272
第一节　财务收支审计 ……………… 273
第二节　合同审计 …………………… 277
第三节　基建审计 …………………… 280
第二章　财经法纪审计 …………………… 283
第一节　企业厂长经理承包与经营责任审计 …………………… 283
第二节　经济责任审计 ……………… 287
第三节　内部控制制度审计 ………… 289
第三章　业务指导与监督 ………………… 293
第一节　规范化建设 ………………… 294
第二节　业务培训 …………………… 301
第三节　评比表彰 …………………… 304

第四篇　社会审计业务与监管 ……… 307
第一章　鉴证审计 ………………………… 312
第一节　经济案件鉴证 ……………… 314
第二节　工程造价审计 ……………… 315
第三节　资产查证 …………………… 317
第二章　验证与评价 ……………………… 320
第一节　验证 ………………………… 320
第二节　评估与咨询 ………………… 321
第三章　指导与管理 ……………………… 324
第一节　执业管理 …………………… 324
第二节　质量监督与清理整顿 ……… 326

第五篇　机构与协会…………………… 329
第一章　政府审计机构 …………………… 332
第一节　上海市审计局 ……………… 333
第二节　区、县审计局 ……………… 343
第三节　审计署驻上海特派员办事处 ………………………… 354
第二章　内部审计机构与社会审计机构 ………………………………… 357
第一节　内部审计机构 ……………… 357
第二节　审计事务所 ………………… 361
第三节　上海市审计中心 …………… 366
第三章　行业协会 ………………………… 368
第一节　上海市内部审计师协会 …… 368
第二节　上海市社会审计协会 ……… 373
第三节　上海市注册会计师协会 …… 374

第六篇　管理 ………………………… 377
第一章　法治建设 ………………………… 380
第一节　政策法规 …………………… 380
第二节　审计质量监督控制 ………… 381
第三节　审计普法 …………………… 394
第四节　法律事务 …………………… 396
第五节　审计公开 …………………… 397
第二章　业务管理 ………………………… 400
第一节　计划管理 …………………… 400
第二节　统计管理 …………………… 402
第三节　信息管理 …………………… 405
第四节　档案管理 …………………… 406
第三章　人员管理 ………………………… 408
第一节　职业资格 …………………… 408
第二节　特约审计员 ………………… 410
第三节　职业道德与廉政建设 ……… 421

第七篇　信息化、科研与交流合作 …… 439
第一章　信息化 …………………………… 441
第一节　审计管理系统 ……………… 441
第二节　计算机审计 ………………… 442
第三节　信息安全保障 ……………… 450
第二章　科研 ……………………………… 451
第一节　理论研究 …………………… 451
第二节　《上海审计》杂志 …………… 454
第三节　审计学会与研究会 ………… 455

第三章　交流合作 …… 462
第一节　与省、市、自治区审计机关交流 …… 462
第二节　对外交流 …… 464

第八篇　人物 …… 469
第一章　人物简介 …… 471
第二章　人物表 …… 473

专记 …… 477
附录 …… 501
索引 …… 523
编后记 …… 532

《上海市志·口岸分志·口岸综述卷(1978—2010)》目录

序 …… 1

《上海市志(1978—2010)》凡例 …… 1

编纂说明 …… 1

概述 …… 1

大事记 …… 19

第一篇　体制机构和组织 …… 81

第一章　口岸管理体制 …… 83

第一节　地方政府领导和管理 …… 83

第二节　口岸查验监管体制 …… 86

第二章　口岸议事协调和管理机构 …… 88

第一节　口岸议事协调组织 …… 88

第二节　口岸综合管理部门 …… 99

第三节　口岸办 …… 102

第四节　口岸工作相关部门 …… 108

第五节　区域管理机构 …… 111

第三章　口岸查验监管机构 …… 117

第一节　海关机构 …… 117

第二节　检验检疫机构 …… 126

第三节　海事机构 …… 138

第四节　边检机构 …… 143

第四章　口岸运营、运输和服务单位 …… 151

第一节　水运口岸运营单位和水上运输单位 …… 151

第二节　空运口岸运营单位和运输单位 …… 159

第三节　铁路口岸运营管理单位 …… 169

第四节　口岸运行服务相关单位 …… 170

第五章　社团组织 …… 174

第一节　上海口岸联合会 …… 174

第二节　口岸相关协会、学会 …… 181

第二篇　口岸规模和效益 …… 187

第一章　口岸规模 …… 189

第一节　口岸分布 …… 189

第二节　口岸查验监管机构管辖范围 …… 200

第二章　口岸功能 …… 212

第一节　口岸贸易 …… 212

第二节　口岸物流 …… 222

第三节　口岸辐射 …… 229

第三章　口岸效益 …… 235

第一节　口岸进出口货物 …… 235

第二节　口岸出入境人员 …… 242

第三节　口岸出入境运输工具 …… 248

第三篇　口岸建设 …… 255

第一章　口岸基础设施 …… 258

第一节　港口建设 …… 258

第二节　机场建设 …… 262

第二章　口岸监管配套设施建设 …… 267

第一节　口岸现场查验配套设施 …… 267

第二节　口岸综合服务设施 …… 277
第三节　口岸监管装备 …… 280

第四篇　水运口岸 …… 295
第一章　黄浦江沿岸 …… 297
第一节　黄浦江下段对外开放码头 …… 297
第二节　黄浦江上段对外开放码头 …… 302
第二章　长江上海段 …… 305
第一节　外高桥口岸区域 …… 307
第二节　罗泾和宝山地区口岸区域 …… 312
第三节　崇明、长兴岛口岸区域 …… 315
第三章　杭州湾北岸 …… 318
第一节　上海石油化工公司对外开放码头 …… 318
第二节　上海化学工业区码头 …… 319
第四章　洋山深水港 …… 321
第一节　洋山深水港集装箱港区 …… 321
第二节　洋山能源港区和临港产业区码头 …… 323
第五章　水运口岸运行 …… 325
第一节　国际及地区航线、班轮 …… 325
第二节　进出境国际航行船舶 …… 335
第三节　海运进出口货物 …… 341
第四节　进出口集装箱 …… 351
第五节　国际及地区客运和邮(游)轮 …… 359

第五篇　空运口岸 …… 365
第一章　虹桥国际机场 …… 367
第一节　航站楼(国际部分) …… 367
第二节　货运区(国际部分) …… 368
第三节　公务机基地 …… 369
第二章　浦东国际机场 …… 371
第一节　航站楼(国际部分) …… 371
第二节　货运区 …… 374
第三章　航空口岸运行 …… 379
第一节　通航国家及地区 …… 379
第二节　出入境飞机 …… 399
第三节　国际及地区客运 …… 402
第四节　国际货邮 …… 412

第六篇　陆运口岸和国际邮运 …… 417
第一章　铁路口岸 …… 420
第一节　铁路上海站口岸 …… 420
第二节　铁路外贸货运 …… 423
第三节　芦潮港铁路国际集装箱联运 …… 425
第二章　公路外贸货运 …… 429
第一节　国际集装箱公路运输 …… 429
第二节　零担外贸货物公路运输 …… 429
第三章　国际及地区邮运(快递) …… 431
第一节　邮递物品监管场所 …… 431
第二节　国际及地区邮递物品 …… 432

第七篇　特殊监管区 …… 437
第一章　特殊监管区设立 …… 440
第一节　外高桥保税区 …… 440
第二节　外高桥保税物流园区 …… 443
第三节　洋山保税港区 …… 445
第四节　出口加工区 …… 446
第五节　浦东机场综合保税区 …… 453
第六节　上海综合保税区 …… 455
第二章　特殊监管区政策措施 …… 457
第一节　外高桥保税区与保税物流园区 …… 457
第二节　洋山保税港区 …… 463
第三节　各出口加工区 …… 471
第四节　浦东机场综合保税区 …… 475
第五节　上海综合保税区 …… 476
第三章　特殊监管区运行 …… 478
第一节　整体成效 …… 478
第二节　协调机制与范例 …… 482
第三节　各特殊监管区成效 …… 485

第八篇　口岸管理 …… 505
第一章　综合管理 …… 507
第一节　口岸立法 …… 507
第二节　口岸开放 …… 508
第三节　口岸统筹 …… 516
第四节　安全管理和应急处置 …… 523
第五节　协调服务 …… 530
第二章　进出口货物(行邮)管理 …… 535
第一节　税收征管 …… 535
第二节　打击犯罪 …… 538
第三节　知识产权海关保护 …… 542
第四节　行邮物品监管 …… 546
第三章　检验检疫管理 …… 550
第一节　口岸商品检验监管 …… 550
第二节　动植物检疫 …… 559
第三节　卫生检疫 …… 582
第四章　国际航行船舶和水上运输安全管理 …… 590
第一节　国际航行船舶管理 …… 590
第二节　船载危险货物安全管理 …… 601
第五章　出入境人员和交通运输工具管理 …… 605
第一节　出入境交通运输工具检查监护 …… 605
第二节　打击非法出入境活动 …… 622
第三节　口岸查控查堵 …… 625
第四节　口岸现场签证管理 …… 627

第九篇　口岸通关 …… 631
第一章　通关制度 …… 635
第一节　联检制度 …… 636
第二节　大通关建设 …… 640
第三节　口岸查验单位通关制度 …… 655
第四节　口岸运营单位参与配合通关制度 …… 664
第二章　通关模式 …… 666
第一节　货物通关模式 …… 666
第二节　人员通关模式 …… 683
第三节　运输工具通关模式 …… 694
第三章　通关信息化 …… 704
第一节　口岸综合信息化平台 …… 705
第二节　查验机构信息化建设 …… 711
第三节　口岸信息化项目 …… 725
第四章　通关服务中心 …… 736
第一节　北外滩通关服务中心 …… 737
第二节　外高桥通关服务中心 …… 741
第三节　洋山口岸通关服务中心 …… 743
第四节　浦东机场口岸通关服务中心 …… 744
第五章　区域通关合作 …… 747
第一节　长三角大通关协作 …… 747
第二节　上海与中部六省口岸合作 …… 753
第三节　上海与四川、重庆大通关合作 …… 758
第六章　通关服务保障 …… 761
第一节　重要国事活动和重大国际会议服务保障 …… 761
第二节　重要展会和经贸、文体交流服务保障 …… 763

第十篇　口岸环境 …… 769
第一章　口岸综合服务 …… 772
第一节　政务信息服务 …… 772
第二节　口岸物流服务 …… 777
第三节　口岸金融服务 …… 782
第四节　口岸中介代理 …… 785
第二章　文明口岸建设 …… 797
第一节　同创共建活动 …… 797
第二节　口岸交通与卫生建设 …… 811
第三节　社会评议与监督 …… 821
第三章　诚信建设 …… 826
第一节　各查验单位诚信建设 …… 827
第二节　企业协会诚信建设 …… 850
第四章　口岸规费 …… 852
第一节　地方政府部门口岸管理费 …… 852

第二节　口岸查验规费和服务费…… 853
第三节　集装箱收费 …………………… 861

第十一篇　人物 ………………………… 865
第一章　人物简介 ………………………… 867
第一节　上海口岸委办公室和上海口岸办 ………………………… 867
第二节　劳模人物 ……………………… 871
第二章　人物表 …………………………… 873
第一节　先进人物 ……………………… 873
第二节　先进集体 ……………………… 880

专记 ………………………………………………………… 899
附录 ………………………………………………………… 915
索引 ………………………………………………………… 967
编后记 ……………………………………………………… 1006

《上海市志·口岸分志·海关卷（1978—2010）》目录

序 …… 1
《上海市志（1978—2010）》凡例 …… 1
编纂说明 …… 1
概述 …… 1
大事记 …… 15

第一篇　机构和社团 …… 53
第一章　上海海关 …… 55
第一节　机构沿革 …… 55
第二节　内设机构 …… 56
第三节　派驻机构 …… 56
第四节　隶属机构 …… 59
第五节　其他机构 …… 64
第二章　社团 …… 67
第一节　上海海关学会 …… 67
第二节　上海报关协会 …… 68
第三节　中国海关学会上海分会 …… 68

第二篇　货运监管 …… 71
第一章　监管区域 …… 73
第一节　口岸货运监管区 …… 73
第二节　监管场所 …… 75
第二章　运输工具监管 …… 77
第一节　国际航行船舶监管 …… 77
第二节　国际民航飞机监管 …… 78
第三节　陆运车辆监管 …… 79
第三章　货物监管 …… 83
第一节　口岸清关货物监管 …… 83
第二节　转关货物监管 …… 87
第四章　贸易管制 …… 92
第一节　禁止进出口管理 …… 92
第二节　进出口许可证管理 …… 93
第五章　国际合作 …… 96
第一节　中美海关集装箱安全倡议 …… 96
第二节　中美核辐射探测合作 …… 97
第三节　中欧安全智能贸易航线计划 …… 98

第三篇　物品监管 …… 99
第一章　旅客行李物品监管 …… 101
第一节　旅客通关监管 …… 101
第二节　中国籍旅客行李物品监管 …… 104
第三节　外国籍旅客行李物品监管 …… 110
第二章　邮递及快递物品监管 …… 114
第一节　邮递物品监管 …… 114
第二节　快递物品监管 …… 118
第三章　其他物品监管 …… 120
第一节　驻华使领馆及人员物品监管 …… 120
第二节　外国常驻机构及人员物品

监管 …… 122
第三节 免税商品监管 …… 123
第四节 印刷品、音像制品和文物监管 …… 127

第四篇 保税监管 …… 133
第一章 保税加工监管 …… 135
第一节 加工贸易 …… 135
第二节 补偿贸易 …… 140
第三节 出料加工 …… 141
第四节 保税工厂(集团) …… 141
第五节 保税核查 …… 143
第二章 保税监管场所监管 …… 145
第一节 保税仓库 …… 145
第二节 出口监管仓库 …… 148
第三节 保税物流中心 …… 148
第三章 海关特殊监管区域监管 …… 150
第一节 保税区 …… 150
第二节 出口加工区 …… 154
第三节 保税物流园区 …… 157
第四节 保税港区 …… 158
第五节 综合保税区 …… 159
第六节 上海钻石交易所 …… 160

第五篇 税收征管 …… 163
第一章 税种 …… 165
第一节 关税 …… 165
第二节 进口环节代征税 …… 169
第二章 计征 …… 172
第一节 税率适用 …… 172
第二节 税率确定 …… 175
第三节 完税价格审定 …… 182
第三章 缴纳退补 …… 185
第一节 税款缴纳 …… 185
第二节 退补税 …… 187
第四章 减免税 …… 192
第一节 法定减免 …… 192
第二节 特定减免 …… 196
第三节 临时减免 …… 207

第六篇 查处走私 …… 209
第一章 走私渠道 …… 211
第一节 货运渠道 …… 211
第二节 行邮渠道 …… 213
第三节 其他渠道 …… 215
第二章 查缉 …… 216
第一节 监管区内查缉 …… 216
第二节 监管区外查缉 …… 219
第三章 案件处理 …… 221
第一节 走私犯罪案件处理 …… 221
第二节 走私行为与违规案件处理 …… 224
第四章 相关工作 …… 228
第一节 缉私合作 …… 228
第二节 反走私宣传 …… 230
第三节 反走私综合治理 …… 232

第七篇 海关统计 …… 235
第一章 贸易统计 …… 237
第一节 统计范围与统计项目 …… 237
第二节 工作方法 …… 239
第三节 成果应用 …… 241
第二章 业务统计 …… 242
第一节 统计范围 …… 242
第二节 工作方法 …… 242
第三节 成果应用 …… 243
第三章 监测预警 …… 245
第一节 沿革 …… 245
第二节 成果 …… 246
第四章 执法评估 …… 248
第一节 执法评估系统 …… 248
第二节 系统应用 …… 249
第五章 数据管理 …… 251
第一节 报关单数据质量管理 …… 251
第二节 报关单数据使用安全管理 …… 252

第三节　报关单证档案管理 …………… 253

第八篇　综合管理 …………………………… 255
第一章　报关企业管理 ……………………… 257
第一节　资格管理 ……………………… 257
第二节　资信管理 ……………………… 261
第二章　风险管理 …………………………… 266
第一节　沿革 …………………………… 266
第二节　风险信息 ……………………… 267
第三节　风险分析 ……………………… 268
第四节　风险处置 ……………………… 269
第五节　系统开发 ……………………… 271
第三章　海关稽查 …………………………… 273
第一节　沿革 …………………………… 273
第二节　常规稽查 ……………………… 275
第三节　专项稽查 ……………………… 276
第四节　验证稽查 ……………………… 278
第四章　督察审计 …………………………… 280
第一节　沿革 …………………………… 280
第二节　海关督察 ……………………… 281
第三节　海关审计 ……………………… 283
第四节　内控机制建设 ………………… 286
第五章　法制工作 …………………………… 287
第一节　直属海关公告立法管理 …… 287
第二节　行政复议 ……………………… 288
第三节　行政诉讼 ……………………… 289
第四节　行政赔偿 ……………………… 290
第五节　知识产权海关保护 ………… 290
第六节　普法工作 ……………………… 292
第七节　标准化管理 …………………… 292

第九篇　科技应用 …………………………… 295
第一章　检查监控技术应用 ……………… 297
第一节　货物、物品检查 ……………… 297
第二节　单证检验 ……………………… 299
第三节　物流监控 ……………………… 301
第二章　信息化基础工程建设 …………… 304
第一节　计算机网络与通信系统
工程 …………………………… 304
第二节　计算机系统工程 …………… 307
第三节　信息系统安全运行工程 …… 308
第三章　信息化应用系统建设 …………… 310
第一节　作业类应用系统 …………… 310
第二节　业务管理与决策分析类应用
系统 …………………………… 314
第三节　办公类应用系统 …………… 318
第四章　电子口岸建设 ……………………… 321
第一节　概况 …………………………… 321
第二节　电子口岸系统 ……………… 321
第三节　对外服务 ……………………… 323

第十篇　后勤保障 …………………………… 325
第一章　财务管理 …………………………… 327
第一节　沿革 …………………………… 327
第二节　经费管理与税费管理 ……… 329
第三节　监督检查 ……………………… 331
第二章　关务保障(后勤管理) …………… 333
第一节　关产管理 ……………………… 333
第二节　关产概况 ……………………… 334

第十一篇　人员管理 ………………………… 337
第一章　管理体制与人员状况 …………… 339
第一节　管理体制 ……………………… 339
第二节　人员状况 ……………………… 341
第二章　人事管理 …………………………… 343
第一节　人员招录 ……………………… 343
第二节　任免交流 ……………………… 343
第三节　考核奖惩 ……………………… 345
第四节　工资福利 ……………………… 347
第五节　离职退休 ……………………… 348
第三章　教育培训 …………………………… 351
第一节　入职培训 ……………………… 351
第二节　在职培训 ……………………… 352
第三节　晋升培训 ……………………… 354
第四节　其他培训 ……………………… 356
第四章　队伍建设 …………………………… 357

第一节　思想文化建设 …… 357
第二节　准军事化队伍建设 …… 365
第三节　廉政建设 …… 367

第十二篇　人物 …… 383
第一章　人物传略 …… 385
第二章　人物简介 …… 386
第三章　人物表 …… 388

专记 …… 391
附录 …… 411
索引 …… 417
编后记 …… 426

《上海市志·口岸分志·出入境检验检疫卷(1978—2010)》目录

序 …… 1
《上海市志(1978—2010)》凡例 …… 1
编纂说明 …… 1
概述 …… 1
大事记 …… 15

第一篇　机构 …… 39
第一章　“三检”机构 …… 41
第一节　商品检验机构 …… 41
第二节　动植物检疫机构 …… 43
第三节　卫生检疫机构 …… 46
第二章　上海出入境检验检疫局 …… 50
第一节　机构改革 …… 50
第二节　职能 …… 51
第三节　内设机构 …… 52
第四节　下属分支局·办事处 …… 53
第五节　直属单位 …… 56

第二篇　商品检验 …… 57
第一章　出口商品检验 …… 59
第一节　食品、农产品 …… 59
第二节　畜禽产品 …… 92
第三节　化工品 …… 100
第四节　矿产品 …… 103
第五节　金属材料 …… 107
第六节　纺织原料与纺织品 …… 109
第七节　轻工业品 …… 116
第八节　机电仪产品 …… 120
第二章　进口商品检验 …… 126
第一节　食品、农林产品 …… 126
第二节　牲畜、畜产品 …… 148
第三节　化工品 …… 154
第四节　矿产品 …… 162
第五节　金属材料 …… 168
第六节　纺织原料 …… 172
第七节　轻工业品 …… 178
第八节　机电仪产品 …… 180
第九节　进口可再生利用的废物原料 …… 191

第三篇　动植物检疫 …… 197
第一章　动物及动物产品检疫 …… 199
第一节　进境动物检疫 …… 199
第二节　进境动物产品检疫 …… 206
第三节　出境动物检疫 …… 210
第四节　出境动物产品检疫 …… 212
第五节　供港动物检疫 …… 213
第二章　植物及植物产品检疫 …… 217
第一节　进境植物检疫 …… 217
第二节　进境植物产品检疫 …… 228
第三节　出境植物检疫 …… 238
第四节　出境植物产品检疫 …… 239

第三章　携带物、邮寄物检疫 …………… 242
第一节　携带物检疫 ………………………… 242
第二节　邮寄物(快件)检疫 …………… 249
第四章　运输工具、包装物、废旧物品检疫 ……………………………… 251
第一节　运输工具检疫 …………………… 251
第二节　集装箱检疫 ……………………… 255
第三节　包装物检疫 ……………………… 257
第四节　废旧物品检疫 …………………… 262

第四篇　卫生检疫 ……………………………… 267
第一章　出入境人员检疫 ………………… 269
第一节　检疫查验 ………………………… 269
第二节　检疫传染病 ……………………… 271
第三节　监测传染病 ……………………… 273
第四节　禁止外国人入境疾病 ………… 274
第二章　交通工具卫生检疫 ……………… 279
第一节　船舶卫生检疫与卫生监督 ………………………………… 279
第二节　航空器卫生检疫与卫生监督 ………………………………… 286
第三节　列车卫生检疫与卫生监督 ………………………………… 289
第三章　入出境集装箱、货物检疫 …… 294
第一节　集装箱、一般货物检疫与卫生处理 ……………………… 294
第二节　废旧物品 ………………………… 296
第三节　废旧交通工具 …………………… 297
第四节　卫生处理培训与制度建设 ………………………………… 298
第四章　其他入出境货物卫生检疫 …… 300
第一节　行李、邮包、快件 …………… 300
第二节　尸体、棺柩、骸骨 …………… 301
第三节　进口特殊物品 ………………… 302
第五章　突发事件处置与生物恐怖事件防控 ……………………………… 303
第一节　突发事件处置 ………………… 303
第二节　生物恐怖事件防控 …………… 305
第六章　国际旅行卫生保健 ……………… 308
第一节　旅行健康咨询、体检 ……… 308
第二节　预防接种和预防性投药 …… 309
第三节　国际旅行门诊 ………………… 310
第七章　进口食品、化妆品监督与检验 ……………………………… 314
第一节　进口食品检验与监督 ……… 314
第二节　食品安全突发事件的处置 ………………………………… 321
第三节　奥运、世博食品保障 ……… 322
第四节　食品相关产品 ………………… 323
第五节　食品添加剂 …………………… 324
第六节　化妆品 ………………………… 325

第五篇　鉴定 ……………………………… 329
第一章　重量数量鉴定 ………………… 331
第一节　衡器计重 ……………………… 331
第二节　水尺计重 ……………………… 334
第三节　容量计重 ……………………… 339
第四节　货载衡量 ……………………… 342
第二章　装运技术条件鉴定 …………… 344
第一节　船舶检验鉴定 ………………… 344
第二节　集装箱鉴定 …………………… 346
第三章　残损鉴定 ……………………… 350
第一节　海运进口货物残损及验残 ………………………………… 350
第二节　空运货物残损鉴定 ………… 356
第四章　商品包装鉴定 ………………… 358
第一节　出口危险货物包装鉴定检验 ………………………………… 358
第二节　出口一般商品运输包装检验鉴定 ………………………………… 363
第五章　国外委托鉴定 ………………… 365
第一节　出口商品委托鉴定 ………… 365
第二节　进口商品委托鉴定 ………… 367
第三节　国际合作检验 ………………… 369

第六篇　监管认证 ………………………… 373
第一章　商品检验监督管理 …………… 375

第一节 出口商品监督管理 ………… 375
第二节 进口商品监督管理 ………… 394
第三节 认证与认可 ……………………… 398
第二章 动植物检疫监督管理 ………… 410
第一节 检疫审批 …………………………… 410
第二节 动植物检疫注册登记和备案 ……………………………… 411
第三节 动植物隔离检疫 …………… 414
第四节 动植物检疫监管 …………… 415
第三章 卫生检疫监督管理 …………… 419
第一节 卫生检疫监管注册 ………… 419
第二节 口岸卫生监督 ……………… 419
第三节 口岸媒介监测 ……………… 425
第四节 口岸卫生创建活动 ………… 428

第七篇 检务 ……………………………… 435
第一章 报检(验)及申请 ………………… 437
第一节 进出口商品检验报验 ……… 437
第二节 进出境动植物检疫报检 …… 438
第三节 进出境卫生检疫申报 ……… 439
第四节 出入境检验检疫报检 ……… 440
第二章 签证放行 ………………………… 445
第一节 证单种类和使用 …………… 445
第二节 签证规范 ……………………… 460
第三章 检验检疫费 ……………………… 463
第一节 计收费 ………………………… 463
第二节 收费监督 ……………………… 465
第四章 原产地证明 ……………………… 467
第一节 一般原产地证书 …………… 467
第二节 普惠制原产地证明书 ……… 469
第三节 其他原产地证明 …………… 475
第五章 其他管理 ………………………… 477
第一节 证单、印章、标志、封识的制定与管理 ………………… 477
第二节 单证档案管理 ……………… 479
第三节 报验(检)单位和报验(检)员管理 ……………………………… 480

第八篇 科研技术 ………………………… 483
第一章 科技管理与信息储备 ………… 486
第一节 科技管理 ……………………… 486
第二节 科技信息储备 ……………… 488
第二章 科技应用 ………………………… 493
第一节 课题研究 ……………………… 493
第二节 技术标准 ……………………… 499
第三节 技术交流 ……………………… 504
第三章 信息化建设 ……………………… 508
第一节 上海“三检”信息化建设 …… 508
第二节 上海检验检疫信息化建设 ……………………………… 510
第四章 实验室建设 ……………………… 512
第一节 实验室 ………………………… 512
第二节 仪器设备 ……………………… 515
第五章 检测技术应用 ………………… 519
第一节 微生物指标检测 …………… 519
第二节 偶氮染料、化学污染物检测 ……………………………… 520
第三节 危险化学品检验 …………… 522
第四节 猪病检疫 ……………………… 523
第五节 性病、艾滋病检测 ………… 524
第六节 结核病检测 ………………… 525
第六章 课题成果 ………………………… 526
第一节 上海商检 ……………………… 526
第二节 上海动植检 ………………… 527
第三节 上海卫检 ……………………… 527
第四节 上海检验检疫 ……………… 528

第九篇 综合管理 ………………………… 535
第一章 综合业务 ………………………… 538
第一节 综合业务管理 ……………… 538
第二节 法制建设 ……………………… 542
第三节 内部质量管理体系 ………… 550
第二章 财务 ……………………………… 552
第一节 财务管理 ……………………… 552
第二节 固定资产 ……………………… 557
第三章 机关事务 ………………………… 563

第一节　文档 …… 563
第二节　信息宣传 …… 566
第三节　外事 …… 570
第四章　纪检监察审计 …… 580
第一节　纪检监察 …… 580
第二节　内部审计 …… 589

第十篇　队伍建设 …… 593
第一章　队伍构成 …… 596
第一节　结构与规模 …… 596
第二节　职称 …… 599
第三节　离退休人员 …… 602
第二章　教育培训　文明建设 …… 606
第一节　党内教育 …… 606
第二节　文明创建活动 …… 610
第三节　职业道德教育 …… 613
第四节　业务培训 …… 615

第十一篇　人物 …… 621
第一章　人物传略 …… 623
第二章　人物表 …… 631
第三章　人物名录 …… 633
第一节　高级职称名录 …… 633
第二节　先进名录 …… 635

专记 …… 643
附录 …… 669
索引 …… 700
编后记 …… 718

《上海市志·口岸分志·出入境边防检查卷（1978—2010）》目录

序 …… 1
《上海市志（1978—2010）》凡例 …… 1
编纂说明 …… 1
概述 …… 1
大事记 …… 13

第一篇　体制·机构 …… 57
第一章　中华人民共和国上海出入境边防检查总站 …… 60
第一节　改革开放以前 …… 60
第二节　改革开放以后至职业化改革以前 …… 63
第三节　职业化改革以后 …… 69
第二章　下辖单位 …… 73
第一节　中华人民共和国浦江出入境边防检查站 …… 73
第二节　中华人民共和国上海虹桥出入境边防检查站 …… 81
第三节　中华人民共和国金山出入境边防检查站 …… 88
第四节　中华人民共和国吴淞出入境边防检查站 …… 90
第五节　中华人民共和国外高桥出入境边防检查站 …… 92
第六节　中华人民共和国上海机场出入境边防检查站 …… 94
第七节　中华人民共和国上海铁路出入境边防检查站 …… 97
第八节　中华人民共和国洋山出入境边防检查站 …… 98

第二篇　边防检查 …… 101
第一章　出入境人员检查 …… 105
第一节　出入境旅客手续办理 …… 105
第二节　出入境员工手续办理 …… 112
第三节　特定出入境人员手续办理 …… 116
第四节　出入境人员统计 …… 122
第二章　出入境交通运输工具检查监护 …… 125
第一节　船舶检查监护 …… 125
第二节　飞机检查监护 …… 145
第三节　列车检查监护 …… 146
第四节　出入境交通运输工具统计 …… 147
第三章　口岸执勤与服务 …… 150
第一节　执勤区域划分 …… 150
第二节　勤务组织 …… 159
第三节　边检服务 …… 171
第四章　口岸管控工作 …… 179
第一节　查控查堵 …… 179
第二节　打击非法出入境活动 …… 188

第三节　情报信息工作 …………………… 195
第四节　证件研究 ………………………… 200
第五章　典型案例和重要安保工作 …… 204
第一节　典型案例 ………………………… 204
第二节　重要安保工作 …………………… 212

第三篇　队伍建设 ………………………… 219
第一章　规模结构 ………………………… 221
第一节　队伍规模 ………………………… 221
第二节　人员结构 ………………………… 225
第二章　思想文化建设 …………………… 229
第一节　队伍管理 ………………………… 229
第二节　主题教育 ………………………… 239
第三节　文化建设 ………………………… 248
第三章　教育培训 ………………………… 253
第一节　业务技能培训 …………………… 253
第二节　学历教育 ………………………… 262
第四章　人事工作 ………………………… 265
第一节　征集兵员与退伍转业 ………… 265
第二节　公务员管理 ……………………… 270
第三节　工人、文职人员管理 ……… 272

第四篇　纪检督察 ………………………… 275
第一章　党风廉政建设 …………………… 277
第一节　制度规范 ………………………… 277
第二节　专项整治 ………………………… 281
第三节　财经审计 ………………………… 285
第四节　执纪办案 ………………………… 286
第二章　警务督察 ………………………… 290
第一节　执勤执法督察 …………………… 290
第二节　社会外部监督 …………………… 292
第三节　维护民警权益 …………………… 296

第五篇　法制·调研·宣传 ……………… 297
第一章　法制 ……………………………… 300
第一节　执法规范化建设 ………………… 300
第二节　执法能力建设 …………………… 306
第三节　执法评议与救济 ………………… 310
第二章　信息和调研 ……………………… 313
第一节　信息编报 ………………………… 313
第二节　理论调研 ………………………… 315
第三章　宣传 ……………………………… 326
第一节　宣传机制 ………………………… 326
第二节　媒体报道 ………………………… 327

第六篇　合作交流 ………………………… 333
第一章　对外合作交流 …………………… 335
第一节　口岸会谈会晤 …………………… 335
第二节　国际维和工作 …………………… 341
第三节　境外参访交流 …………………… 342
第二章　国内合作交流 …………………… 348
第一节　协作联动 ………………………… 348
第二节　与港澳台地区合作交流 ……… 356
第三节　社会活动 ………………………… 358

第七篇　警务科技 ………………………… 365
第一章　信息应用基础建设 ……………… 367
第一节　边防查验系统 …………………… 367
第二节　网络通信系统 …………………… 375
第三节　视频监控系统 …………………… 381
第四节　其他技术装备及系统 ………… 385
第二章　技术保障 ………………………… 388
第一节　技术队伍管理 …………………… 388
第二节　技术制度建设 …………………… 391

第八篇　后勤保障 ………………………… 393
第一章　财务保障 ………………………… 395
第一节　财经管理制度 …………………… 395
第二节　预算管理 ………………………… 398
第三节　资产管理和政府采购 ………… 399
第四节　地方经费支持 …………………… 404
第二章　勤务保障 ………………………… 406
第一节　被装管理 ………………………… 406
第二节　武器警械 ………………………… 410
第三节　交通工具 ………………………… 414
第四节　办公执勤基础设施建设 ……… 420

《上海市志·科学分志·科学技术卷(1978—2010)》目录

序 …… 1
《上海市志(1978—2010)》凡例 …… 1
编纂说明 …… 1
概述 …… 1
大事记 …… 9

第一篇　科研机构 …… 55
第一章　中国科学院上海分院 …… 57
第一节　机构沿革 …… 57
第二节　科技贡献 …… 58
第三节　沪地所属研究机构 …… 59
第二章　上海科学院 …… 61
第一节　机构沿革 …… 61
第二节　主要研究机构 …… 61
第三章　部门研究机构 …… 66
第一节　农业研究机构 …… 66
第二节　卫生研究机构 …… 68
第三节　建筑研究机构 …… 69
第四节　化工研究机构 …… 70

第二篇　科技管理 …… 73
第一章　宏观管理 …… 75
第一节　科技发展战略 …… 75
第二节　科技会议 …… 76
第三节　科技管理机构 …… 79
第二章　科技计划与投入 …… 83
第一节　中长期规划 …… 83
第二节　五年规划 …… 84
第三节　年度计划 …… 86
第四节　专项计划 …… 87
第五节　科技投入 …… 88
第三章　科技体制改革 …… 92
第一节　计划管理体制改革 …… 92
第二节　拨款制度改革 …… 93
第三节　科研机构改革 …… 93
第四章　科技政策与法规 …… 95
第一节　科技政策与法规建设进程 …… 95
第二节　主要科技政策与法规 …… 98
第三节　科技执法与服务 …… 103
第五章　科技人才 …… 109
第一节　科技人才管理 …… 109
第二节　科技人才计划 …… 111
第六章　科技成果与奖励 …… 114
第一节　科技成果鉴定与登记 …… 114
第二节　科技成果推广 …… 115
第三节　国家科技奖励 …… 118
第四节　上海科技奖励 …… 120

第三篇　科技服务 …… 123
第一章　科技信息服务 …… 125
第一节　科技信息服务工作 …… 125
第二节　科技信息服务机构 …… 127

第二章　研发基地与基础设施 …………… 132
第一节　研发基地 …………………… 132
第二节　大科学装置 ………………… 143
第三章　技术市场 …………………… 146
第一节　技术市场政策与法规 ……… 146
第二节　技术市场监管 ……………… 147
第三节　技术市场交易 ……………… 149
第四章　研发公共服务平台 …………… 153
第一节　研发平台建设 ……………… 153
第二节　研发平台十大系统 ………… 153
第五章　政府决策咨询服务 …………… 159
第一节　软科学研究 ………………… 159
第二节　科技咨询与服务 …………… 163
第六章　科技出版 …………………… 165
第一节　科技图书 …………………… 165
第二节　科技期刊 …………………… 168

第四篇　科技社团、科学普及与科技合作 …………………………… 173

第一章　科技社团 …………………… 175
第一节　上海市科学技术协会 ……… 175
第二节　专业协会、学会、研究会 …… 180
第二章　科学普及与群众发明 ………… 187
第一节　科学普及 …………………… 187
第二节　群众发明 …………………… 195
第三章　科技合作与交流 ……………… 200
第一节　国内科技合作与交流 ……… 200
第二节　国际科技合作与交流 ……… 205

第五篇　技术创新体系与科技园区 …………………………… 211

第一章　企业技术创新 ………………… 213
第一节　技术引进、攻关与改造 …… 213
第二节　新产品开发 ………………… 215
第三节　企业技术中心 ……………… 217
第四节　产学研合作 ………………… 218
第二章　科技企业 …………………… 220
第一节　创新型企业 ………………… 220
第二节　民营科技企业 ……………… 223
第三节　科技中小企业 ……………… 224
第四节　科技金融与科技创业 ……… 226
第三章　高新技术园区 ………………… 229
第一节　张江核心园区 ……………… 230
第二节　漕河泾新兴技术开发区 …… 236
第三节　金桥现代科技园区 ………… 238
第四节　上海大学科技园区 ………… 240
第五节　嘉定民办科技密集区 ……… 241
第六节　中国纺织国际科技产业城 ………………………… 243
第七节　上海紫竹科学园区 ………… 244
第八节　杨浦知识创新区 …………… 245

第六篇　基础研究 …………………… 247

第一章　数学 ………………………… 249
第一节　基础数学 …………………… 249
第二节　概率论与控制论 …………… 254
第三节　应用数学 …………………… 255
第二章　物理学 ……………………… 259
第一节　力学 ………………………… 259
第二节　声学 ………………………… 263
第三节　光学 ………………………… 265
第四节　电磁学、半导体物理学 …… 270
第五节　等离子体物理学 …………… 274
第六节　固体物理学 ………………… 275
第七节　热学 ………………………… 278
第八节　原子与分子物理学 ………… 279
第九节　原子核物理学 ……………… 282
第十节　粒子物理学 ………………… 284
第三章　化学 ………………………… 286
第一节　无机化学 …………………… 286
第二节　有机化学 …………………… 287
第三节　高分子化学 ………………… 292
第四节　物理化学 …………………… 296
第五节　分析化学 …………………… 298
第四章　天文学 ……………………… 301
第一节　天体测量学 ………………… 301
第二节　天体物理 …………………… 305

第三节　射电天文学与天文仪器 …… 309
第五章　地学 …… 312
第一节　地理学 …… 312
第二节　地质学 …… 319
第三节　大气科学 …… 323
第四节　海洋学 …… 325
第六章　生命科学 …… 329
第一节　植物学 …… 329
第二节　动物学 …… 332
第三节　微生物学 …… 335
第四节　遗传学 …… 337
第五节　分子与细胞生物学 …… 348
第六节　生物物理与生物化学 …… 353
第七节　脑科学 …… 358
第八节　生物信息学 …… 362

第七篇　高新技术研究 …… 365
第一章　信息技术 …… 368
第一节　微电子与集成电路技术 …… 368
第二节　计算机硬件技术 …… 372
第三节　计算机软件技术 …… 373
第四节　网络通信技术 …… 375
第五节　信息处理技术 …… 377
第二章　生物技术 …… 379
第一节　农业生物技术 …… 379
第二节　工业生物技术 …… 380
第三节　医药生物技术 …… 382
第三章　新材料技术 …… 385
第一节　金属材料技术 …… 385
第二节　无机非金属材料技术 …… 386
第三节　有机材料技术 …… 388
第四节　复合材料技术 …… 390
第五节　生物医用材料技术 …… 391
第四章　纳米技术 …… 392
第一节　纳米材料技术 …… 392
第二节　纳米生物学与药学研究 …… 394
第三节　纳米器件制备技术 …… 394
第五章　空天技术 …… 397
第一节　航空技术 …… 397
第二节　航天技术 …… 399
第六章　光电技术 …… 405
第一节　光电节能技术 …… 405
第二节　光通信技术 …… 406
第三节　激光技术 …… 409

第八篇　制造业科技 …… 413
第一章　电子与信息制造技术 …… 416
第一节　仪器仪表技术 …… 416
第二节　广播电视设备技术 …… 417
第三节　通信设备技术 …… 418
第二章　汽车制造技术 …… 420
第一节　传统汽车制造技术 …… 420
第二节　新能源汽车制造技术 …… 422
第三章　船舶制造技术 …… 425
第一节　船舶设计与开发技术 …… 425
第二节　海洋工程装备制造技术 …… 427
第三节　船舶关键系统和配套设备技术 …… 429
第四章　成套设备与装备制造技术 …… 430
第一节　基础装备制造技术 …… 430
第二节　电站装备技术 …… 431
第三节　交通运输装备技术 …… 433
第四节　机器人技术 …… 435
第五章　冶金技术 …… 437
第一节　冶炼技术 …… 437
第二节　金属加工技术 …… 439
第三节　特种金属冶炼技术 …… 441
第四节　冶金信息技术 …… 443
第六章　化工技术 …… 445
第一节　无机化工技术 …… 445
第二节　石油、天然气化工技术 …… 445
第三节　精细化工技术 …… 447
第四节　化工机械制造技术 …… 451
第七章　制药与医疗器械技术 …… 453
第一节　中药制药技术 …… 453
第二节　化学制药技术 …… 454
第三节　生物制药技术 …… 455
第四节　医用设备开发技术 …… 457

第八章　轻工与纺织制造技术 ………… 461
第一节　轻工制造技术 ………………… 461
第二节　纺织制造技术 ………………… 464

第九篇　现代农业科技 ………………… 467
第一章　种源农业科技 ………………… 469
第一节　作物新品种培育技术 ……… 469
第二节　蔬菜新品种培育技术 ……… 471
第三节　菌类新品种培育技术 ……… 472
第四节　水果新品种培育技术 ……… 473
第五节　花草、树木新品种培育技术 ………………………… 474
第六节　畜禽新品种培育技术 ……… 476
第七节　水产新品种培育技术 ……… 477
第二章　生态农业科技 ………………… 479
第一节　农产品安全技术 …………… 479
第二节　病虫害防治技术 …………… 480
第三节　栽培与养殖技术 …………… 482
第三章　装备农业科技 ………………… 486
第一节　农产品加工技术 …………… 486
第二节　农田、园林机械技术 ……… 488
第三节　畜禽、水产养殖机械技术 …… 490
第四节　温室工程与工厂化技术 …… 491
第四章　数字农业科技 ………………… 494
第一节　农业信息技术 ……………… 494
第二节　农业标准化技术 …………… 495

第十篇　现代服务业科技 ……………… 497
第一章　信息服务科技 ………………… 499
第一节　信息系统集成技术 ………… 499
第二节　通信服务技术 ……………… 502
第三节　网络服务技术 ……………… 505
第四节　文化广播服务技术 ………… 506
第二章　物流服务科技 ………………… 509
第一节　港口物流技术 ……………… 509
第二节　商贸服务技术 ……………… 510
第三节　邮政服务技术 ……………… 512
第四节　物流电子标签技术 ………… 513
第三章　金融服务科技 ………………… 515
第一节　金融服务系统技术 ………… 515
第二节　金融卡服务技术 …………… 517
第三节　金融信息技术 ……………… 519

第十一篇　卫生与体育科技 ………… 523
第一章　预防医学与疾病防控 ……… 525
第一节　预防医学 …………………… 525
第二节　疾病防控 …………………… 528
第二章　疾病诊断与治疗科技 ……… 531
第一节　基础医学 …………………… 531
第二节　临床医学 …………………… 533
第三节　中医学与中西医结合 ……… 544
第三章　生殖健康科技 ………………… 549
第一节　科学生殖技术 ……………… 549
第二节　优生优育技术 ……………… 551
第四章　体育科技 ……………………… 554
第一节　群众体育 …………………… 554
第二节　竞技体育 …………………… 554

第十二篇　城市建设、交通与安全科技 ………………………… 557
第一章　城市建设科技 ………………… 560
第一节　道路设计与施工技术 ……… 560
第二节　桥梁设计与施工技术 ……… 561
第三节　建筑工程技术 ……………… 563
第四节　地下、水下工程技术 ……… 572
第五节　建筑材料开发技术 ………… 576
第六节　建筑设计与施工信息技术 ………………………… 577
第二章　交通科技 ……………………… 579
第一节　交通设施技术 ……………… 579
第二节　交通管理技术 ……………… 581
第三节　交通辅助设施研制技术 …… 584
第三章　公共安全科技 ………………… 587
第一节　自然灾害预防技术 ………… 587
第二节　公共设施安全技术 ………… 590
第三节　消防技术 …………………… 594

第四节　社会公共安全技术 ………… 596

第十三篇　环境、能源与生态科技 …… 601
第一章　环境科技 ……………………… 604
第一节　水处理与水环境保护技术 ………………………… 604
第二节　固体废弃物处理及资源化技术 ………………………… 609
第三节　大气环境和噪声控制技术 ………………………… 612
第四节　环保设备和信息化技术 …… 614
第二章　能源科技 ……………………… 617
第一节　传统能源综合利用技术 …… 617
第二节　可再生能源与新能源利用技术 ………………………… 619
第三节　节能技术 …………………… 623
第四节　输配电与电网技术 ………… 626
第三章　生态科技 ……………………… 631
第一节　城市生态技术 ……………… 631
第二节　生态保护与修复技术 ……… 633
第三节　海岸生态保护技术 ………… 634

第十四篇　人物 ……………………… 637
第一章　人物传略 ……………………… 639
第二章　人物简介 ……………………… 662
第一节　中国科学院院士 …………… 662
第二节　中国工程院院士 …………… 684
第三章　人物表 ………………………… 698
第一节　上海市科技功臣 …………… 698
第二节　上海市科技精英 …………… 702

专记 …………………………………… 715
附录 …………………………………… 739
索引 …………………………………… 821
编后记 ………………………………… 909

《上海市志·科学分志·人文社会科学卷(1978—2010)》目录

序 …… 1
《上海市志(1978—2010)》凡例 …… 1
编纂说明 …… 1
概述 …… 1
大事记 …… 21

第一篇 机构社团 …… 47
第一章 管理机构 …… 49
第一节 上海市哲学社会科学规划领导小组及办公室 …… 49
第二节 上海市社会科学界联合会 …… 50
第三节 上海市决策咨询委员会 …… 52
第二章 研究机构与学术团体 …… 54
第一节 市属研究机构 …… 54
第二节 普通院校 …… 55
第三节 党校系统研究机构 …… 59
第四节 政府部门研究机构 …… 60
第五节 军事院校 …… 63
第六节 民办研究机构 …… 63
第七节 上海社联所属学术团体 …… 65

第二篇 规划与管理 …… 89
第一章 上海市哲学社会科学规划 …… 91
第一节 “六五”规划 …… 91
第二节 “七五”规划 …… 92
第三节 “八五”规划 …… 93
第四节 “九五”规划和2010年远景规划 …… 94
第五节 “十五”规划 …… 96
第六节 “十一五”规划 …… 98
第二章 管理 …… 101
第一节 课题管理 …… 101
第二节 经费管理 …… 105
第三节 评奖与出版资助 …… 107

第三篇 学术研究 …… 113
第一章 马克思主义研究 …… 115
第一节 马克思列宁主义基本原理 …… 115
第二节 国外马克思主义 …… 130
第三节 马克思主义中国化 …… 134
第四节 思想政治教育 …… 143
第二章 党史党建研究 …… 145
第一节 党史研究 …… 145
第二节 党建研究 …… 159
第三章 哲学 …… 164
第一节 中国哲学史 …… 164
第二节 外国哲学史 …… 174
第三节 逻辑学 …… 184
第四节 科学技术哲学 …… 189
第五节 伦理学 …… 195
第四章 经济学 …… 202

第一节 政治经济学 …………………… 202
第二节 微观经济学 …………………… 206
第三节 宏观经济学 …………………… 209
第四节 经济史学 ……………………… 212
第五节 产业经济学 …………………… 217
第六节 财政学 ………………………… 220
第七节 金融学 ………………………… 225
第八节 农业经济学 …………………… 230
第九节 资源环境经济学 ……………… 233
第十节 区域经济学 …………………… 235
第十一节 国际经济学(世界经济) …………………… 237
第五章 政治学 ………………………… 244
第一节 政治学理论 …………………… 244
第二节 行政学 ………………………… 256
第三节 政治制度 ……………………… 262
第四节 政治思想史 …………………… 266
第六章 法学 …………………………… 269
第一节 法理学 ………………………… 269
第二节 法律史学 ……………………… 272
第三节 宪法学 ………………………… 277
第四节 行政法与行政诉讼法 ………… 280
第五节 民法学 ………………………… 285
第六节 商法学 ………………………… 291
第七节 刑法学 ………………………… 298
第八节 诉讼法学 ……………………… 304
第九节 经济法学 ……………………… 309
第十节 环境与资源法学 ……………… 312
第十一节 社会法学 …………………… 314
第十二节 国际法学 …………………… 315
第十三节 比较法学 …………………… 317
第七章 社会学 ………………………… 319
第一节 社会学理论与方法 …………… 319
第二节 家庭社会学 …………………… 322
第三节 城市社会学 …………………… 330
第四节 经济社会学 …………………… 333
第五节 政治、法律、宗教与组织社会学 ………………………… 335
第六节 社会工作与社会政策 ………… 339
第七节 文化人类学与民俗学 ………… 342
第八章 人口学 ………………………… 346
第一节 人口学理论与方法论 ………… 346
第二节 人口数量与调控 ……………… 348
第三节 人口转变 ……………………… 350
第四节 人口素质 ……………………… 353
第五节 人口分布 ……………………… 355
第六节 人口流动与城市化 …………… 355
第七节 人口、环境资源与生态 ……… 358
第九章 历史学 ………………………… 360
第一节 中国史 ………………………… 360
第二节 世界史 ………………………… 391
第三节 考古学 ………………………… 400
第十章 宗教学 ………………………… 423
第一节 宗教学理论 …………………… 423
第二节 佛教 …………………………… 428
第三节 道教 …………………………… 431
第四节 伊斯兰教 ……………………… 433
第五节 天主教 ………………………… 435
第六节 基督教 ………………………… 437
第十一章 文学 ………………………… 442
第一节 古代文学 ……………………… 442
第二节 现当代文学 …………………… 457
第三节 外国文学 ……………………… 465
第四节 文艺理论 ……………………… 475
第十二章 语言学 ……………………… 483
第一节 语言学综合 …………………… 483
第二节 语音学和音韵学 ……………… 488
第三节 语法学 ………………………… 491
第四节 修辞学、语体学和语用学 …… 496
第五节 文字学 ………………………… 499
第六节 方言学 ………………………… 504
第七节 训诂学 ………………………… 509
第八节 词汇学和辞书学 ……………… 512
第九节 汉语国际教育教学 …………… 515
第十节 外语及其教学 ………………… 519
第十三章 新闻学与传播学 …………… 525
第一节 新闻学 ………………………… 525
第二节 传播学 ………………………… 534

第三节　广告公关学 …………………… 541
第四节　媒介产业 …………………… 545
第十四章　图书馆学、情报学与档案学 …………………… 549
第一节　图书馆学 …………………… 549
第二节　情报学 …………………… 559
第三节　档案学 …………………… 569
第十五章　管理学 …………………… 578
第一节　管理科学与工程 …………………… 578
第二节　公共管理学 …………………… 589
第三节　工商管理学 …………………… 599
第四节　农林经济管理 …………………… 606
第十六章　教育学 …………………… 615
第一节　教育原理 …………………… 615
第二节　基础教育 …………………… 618
第三节　高等教育 …………………… 622
第四节　职业教育 …………………… 624
第五节　教师教育 …………………… 628
第六节　终身教育 …………………… 631
第七节　教育史 …………………… 634
第八节　国际与比较教育 …………………… 637
第十七章　艺术学 …………………… 641
第一节　美术 …………………… 641
第二节　表演 …………………… 647
第三节　影视 …………………… 650
第十八章　军事学 …………………… 653
第一节　军事思想 …………………… 653
第二节　军事历史 …………………… 657
第三节　军队政治工作学 …………………… 664
第四节　国防建设学 …………………… 671
第五节　特色交叉学科 …………………… 673
第十九章　民族学 …………………… 682
第一节　民族史 …………………… 682
第二节　民族学理论 …………………… 685
第三节　都市民族问题 …………………… 687
第二十章　国际问题研究 …………………… 690
第一节　国际关系理论 …………………… 690
第二节　国际关系史与中国外交思想史 …………………… 695
第三节　区域/国别研究 …………………… 697
第四节　领域问题 …………………… 705
第二十一章　港澳台问题研究 …………………… 710
第一节　香港研究 …………………… 710
第二节　澳门研究 …………………… 712
第三节　台湾研究 …………………… 714
第二十二章　上海重大发展战略研究 …………………… 720
第一节　城市发展战略 …………………… 720
第二节　城市总体规划布局 …………………… 722
第三节　改革开放战略 …………………… 726
第四节　城市区域经济发展战略 …………………… 732
第五节　文化发展战略 …………………… 734
第六节　社区建设与管理研究 …………………… 735

第四篇　学术活动 …………………… 739
第一章　国际学术交流活动 …………………… 741
第一节　上海学者出国学术交流 …………………… 741
第二节　国外学者来沪学术交流 …………………… 742
第三节　在沪国际学术会议 …………………… 744
第二章　国内学术交流活动 …………………… 748
第一节　在沪全国学术会议 …………………… 748
第二节　上海学者为主学术会议 …………………… 751
第三节　上海特色学术活动 …………………… 754
第四节　港澳台学术交流活动 …………………… 760

第五篇　获奖成果 …………………… 763
第一章　综合性奖项 …………………… 765
第一节　国家社会科学基金项目优秀成果奖 …………………… 765
第二节　“五个一工程”奖 …………………… 765
第三节　高等学校科学研究优秀成果奖(人文社会科学) …………………… 766
第四节　国家图书奖 …………………… 768
第五节　上海市哲学社会科学优秀成果奖 …………………… 770
第六节　上海市邓小平理论研究和宣传优秀成果奖 …………………… 785

第七节　上海市决策咨询研究成果奖 …… 787
第二章　专项性奖项 …… 792
第一节　孙冶方经济科学奖 …… 792
第二节　吴玉章人文社会科学奖 …… 793
第三节　钱端升法学研究成果奖 …… 794
第四节　安子介国际贸易研究奖 …… 794
第五节　张培刚发展经济学优秀成果奖 …… 795

第六篇　人物 …… 797
第一章　人物传略 …… 799
第二章　人物简介 …… 818

附录 …… 825
索引 …… 1033
编后记 …… 1072

《上海市志·教育分志·学前教育·特殊教育卷(1978—2010)》目录

《上海市志·教育分志》总序 …… 1
《上海市志(1978—2010)》凡例 …… 1
编纂说明 …… 1

学 前 教 育

概述 …… 3
大事记 …… 17

第一篇　园所设置与基本保障 …… 35
第一章　办园标准 …… 37
第一节　设置标准 …… 37
第二节　等级标准 …… 47
第二章　园所布局 …… 51
第一节　就近入园 …… 51
第二节　园所规模 …… 53
第三节　政策举措 …… 56
第三章　办学保障 …… 63
第一节　经费保障 …… 64
第二节　督导保障 …… 76

第二篇　保育教育 …… 85
第一章　课程与教材 …… 87
第一节　改革与实践 …… 87
第二节　“纲要”与“教材” …… 91
第三节　国家重大项目试验 …… 93
第四节　园本课程 …… 95
第二章　教育教学 …… 100
第一节　教学研究 …… 100
第二节　课程实施 …… 105
第三节　质量监控 …… 110
第三章　科学保育 …… 114
第一节　保育工作 …… 114
第二节　医教结合实践 …… 118
第三节　保育队伍培训 …… 120
第四章　家庭教育 …… 123
第一节　指导与管理 …… 123
第二节　指导与实践 …… 126
第三节　指导与研究 …… 131

第三篇　教师队伍建设 …… 135
第一章　教师职前培养 …… 137
第一节　培养机构 …… 137
第二节　学制设置 …… 140
第三节　课程与教学 …… 143
第四节　见习与实习制度 …… 155
第二章　教师职后培训 …… 158
第一节　学历培训 …… 158
第二节　专业能力培训 …… 160
第三章　职责与考核 …… 168
第一节　教师职责和奖励 …… 168
第二节　教师待遇 …… 171

第三节　教师考核 …… 175
第四节　教师资格制度与职称评定 …… 177
第五节　园长管理 …… 180

第四篇　教育管理 …… 183
第一章　管理体制 …… 186
第一节　政府管理及职责 …… 186
第二节　行政管理及协调机构 …… 195
第三节　协会、研究组织和媒体 …… 202
第二章　办学体制 …… 207
第一节　教育部门办园 …… 207
第二节　街道、乡镇办园 …… 214
第三节　机关、企事业办托幼机构 …… 218
第四节　民办园 …… 220
第三章　园所管理 …… 224
第一节　依法办园 …… 224
第二节　科学办园 …… 228
第三节　保教管理 …… 234
第四章　体制创新 …… 238
第一节　概况 …… 238
第二节　0岁～3岁散居婴幼儿早期教养工作实践与创新 …… 250

第五篇　科研、交流与信息化 …… 255
第一章　学前教育科研 …… 258
第一节　科研网络 …… 258
第二节　科研基地 …… 259
第三节　科研方法培训 …… 263
第四节　重大科研课题 …… 265
第五节　获奖科研成果 …… 276
第二章　国内外交流 …… 282
第一节　国内教育交流 …… 282
第二节　港澳台和国外教育交流 …… 285
第三章　学前教育信息化 …… 293
第一节　机构设置与职责 …… 293
第二节　园所管理信息化 …… 294
第三节　教师信息化素养提升 …… 296

第六篇　园所选介 …… 299
第一章　区县园所 …… 301
第一节　黄浦区 …… 301
第二节　卢湾区 …… 303
第三节　徐汇区 …… 305
第四节　长宁区 …… 308
第五节　静安区 …… 310
第六节　闸北区 …… 312
第七节　普陀区 …… 314
第八节　虹口区 …… 317
第九节　杨浦区 …… 319
第十节　宝山区 …… 322
第十一节　闵行区 …… 324
第十二节　嘉定区 …… 325
第十三节　浦东新区 …… 327
第十四节　金山区 …… 331
第十五节　松江区 …… 332
第十六节　青浦区 …… 332
第十七节　奉贤区 …… 333
第十八节　崇明县 …… 334
第二章　系统办园 …… 336

第七篇　人物 …… 339
第一章　人物传略 …… 341
第二章　人物简介 …… 343
第三章　人物名录 …… 345
第一节　国家表彰人物名录 …… 345
第二节　上海市表彰人物名录 …… 347
第三节　上海市学前教育领域特级教师名录 …… 349

附录 …… 351

特殊教育

概述…… 405
大事记 …… 419

第一篇　特殊教育管理 …… 433
第一章　法规与管理 …… 435
第一节　特教法规 …… 435
第二节　特教规划与工作会议 …… 436
第三节　特教学校管理 …… 441
第二章　经费与保障 …… 444
第一节　特教经费 …… 444
第二节　特教办学条件 …… 448
第三节　特教专业服务 …… 453
第三章　督导与表彰 …… 457
第一节　督查与评估 …… 457
第二节　表彰奖励 …… 458

第二篇　特殊教育体系 …… 461
第一章　残疾幼儿学前教育 …… 463
第一节　特教幼儿园 …… 464
第二节　学前特教班 …… 464
第三节　学前随班就读 …… 470
第二章　义务教育 …… 472
第一节　特教学校 …… 472
第二节　中小学特教班 …… 489
第三节　随班就读 …… 493
第四节　送教上门 …… 499
第三章　高中及以上阶段教育 …… 503
第一节　高中阶段特殊教育 …… 503
第二节　高等特殊教育 …… 505
第三节　成人特殊教育 …… 507

第三篇　学生与教师…… 511
第一章　学生管理 …… 513
第一节　招生入学 …… 513
第二节　学籍管理 …… 522
第三节　资助与表彰 …… 524
第二章　教师队伍 …… 528
第一节　教师配备 …… 528
第二节　培养与培训 …… 533
第三节　待遇与表彰 …… 541

第四篇　课程与教学…… 545
第一章　学前教育 …… 547
第一节　视力残疾学前班 …… 547
第二节　听力残疾学前班 …… 549
第三节　智力残疾学前班 …… 551
第二章　义务教育 …… 553
第一节　盲校课程与教学 …… 553
第二节　聋校课程与教学 …… 561
第三节　辅读学校课程与教学 …… 566
第四节　随班就读课程与教学 …… 573
第三章　高中及以上教育 …… 576
第一节　高中阶段教育 …… 576
第二节　高等教育 …… 582
第四章　教研与科研 …… 587
第一节　教研 …… 587
第二节　科研 …… 592

第五篇　特色与交流…… 603
第一章　医教结合 …… 605
第一节　前期探索 …… 605
第二节　整体推进 …… 608
第二章　艺体活动 …… 612
第一节　艺术活动 …… 612
第二节　体育活动 …… 613
第三章　交流与合作 …… 619
第一节　国内交流 …… 619
第二节　国际交流 …… 622

第六篇　人物 …… 625
第一章　人物传略 …… 627
第二章　人物简介 …… 630
第三章　人物名录 …… 631
第一节　获全国性表彰人物名录 …… 631
第二节　上海市表彰人物名录 …… 633
第三节　上海市特殊教育领域特级教师名录 …… 635

专记 …… 637
附录 …… 665

索引 …… 749
编后记 …… 787

《上海市志·教育分志·普通教育卷（1978—2010）》目录

《上海市志·教育分志》总序 …… 1
《上海市志（1978—2010）》凡例 …… 1
编纂说明 …… 1
概述 …… 1
大事记 …… 13

第一篇　学校 …… 45
　第一章　沿革 …… 48
　　第一节　中学 …… 48
　　第二节　小学 …… 56
　　第三节　九年一贯制学校 …… 63
　第二章　改革与布局 …… 67
　　第一节　体制改革 …… 67
　　第二节　学校布局 …… 69
　　第三节　改制学校 …… 72
　　第四节　重点（示范）学校 …… 76
　　第五节　中外合作办学 …… 88

第二篇　教师与学生 …… 91
　第一章　教师 …… 94
　　第一节　教师队伍 …… 94
　　第二节　教师聘用 …… 96
　　第三节　教师培养 …… 100
　　第四节　教师待遇 …… 108
　第二章　学生 …… 113
　　第一节　义务教育阶段学生 …… 113
　　第二节　普通高中学生 …… 118
　　第三节　外来务工人员子女招生 …… 130

第三篇　课程与教学 …… 133
　第一章　教学改革 …… 136
　　第一节　概况 …… 136
　　第二节　小学教学改革 …… 138
　　第三节　初中教学改革 …… 141
　　第四节　高中教学改革 …… 143
　　第五节　体育与卫生 …… 145
　第二章　课程教材 …… 152
　　第一节　概况 …… 152
　　第二节　课程设置 …… 155
　　第三节　教材编写 …… 166
　第三章　考试与评价 …… 173
　　第一节　考试 …… 173
　　第二节　评价 …… 182

第四篇　德育 …… 189
　第一章　学校德育 …… 192
　　第一节　概况 …… 192
　　第二节　德育课程 …… 196
　　第三节　专题德育 …… 198
　　第四节　德育活动 …… 204
　　第五节　劳动教育 …… 207
　第二章　学生心理健康教育 …… 211

第一节　机构队伍与教育机制 ……… 211
第二节　课程教材及教学研究 ……… 213
第三节　心理健康教育活动 ………… 214

第五篇　校外教育 ………………………… 217
第一章　科技艺术中心各类教育 ……… 220
第一节　机构沿革 ………………………… 220
第二节　科技与艺体活动 ……………… 221
第三节　活动课程开发与管理 ……… 228
第四节　科技后备人才培养 ………… 230
第五节　各类教师培训 ………………… 232
第六节　制度建设与教育科研 ……… 234
第二章　少年宫各类教育 ……………… 237
第一节　少年宫体制与建设 ………… 237
第二节　少年宫德育及综合活动 …… 241
第三节　少年宫艺术与文体活动 …… 243
第四节　少年宫科普活动 …………… 247
第五节　少年宫对外交流活动 ……… 250
第三章　其他校外教育机构 …………… 254
第一节　沿革 …………………………… 254
第二节　选介 …………………………… 255
第三节　中小学生艺术类考级 ……… 257
第四章　家庭教育 ……………………… 259
第一节　机构与团体 …………………… 259
第二节　家庭教育政策 ………………… 260
第三节　家庭教育研究 ………………… 262
第四节　家庭教育重要活动 ………… 263
第五节　各类家庭教育实践 ………… 266

第六篇　普教科研 ………………………… 269
第一章　研究机构 ……………………… 272
第一节　市级研究机构、部门 ……… 272
第二节　市普教研究所 ……………… 274
第三节　各区、县教育科研室 ……… 275
第四节　师范类大学基础教育研究机构 ………………………… 280
第二章　科研队伍建设与成果评选 …… 284
第一节　普教群众性教育科研队伍与网络 ………………………… 284
第二节　普教科研规划指南与课题管理 ………………………… 286
第三节　科研成果评选 ……………… 300
第四节　重要研究成果选介 ………… 305
第三章　教育报刊与学术团体 ………… 316
第一节　教育报刊 …………………… 316
第二节　学术团体与研究基地 ……… 324

第七篇　普教管理 ………………………… 327
第一章　政策法规 ……………………… 330
第一节　发展纲要与规划 …………… 330
第二节　义务教育法规政策 ………… 333
第三节　办学法规政策 ……………… 335
第四节　青少年保护法规政策 ……… 341
第五节　教师与教育资源管理规定 ………………………… 344
第六节　学生德育规章要求 ………… 347
第二章　学校内部管理制度 …………… 350
第一节　校内结构工资制及分配制度改革 ………………………… 350
第二节　教师聘用合同制及人事制度改革 ………………………… 351
第三节　校长管理制度改革 ………… 351
第三章　组织机构 ……………………… 354
第一节　上海市教育局 ……………… 354
第二节　上海市教育委员会 ………… 355
第三节　上海市专门教育委员会与研究中心 ………………………… 359
第四章　教育督导 ……………………… 362
第一节　督导机构与制度 …………… 362
第二节　综合督导 …………………… 365
第三节　专项督导 …………………… 373
第五章　教育经费 ……………………… 388
第一节　教育经费投入 ……………… 388
第二节　经费管理 …………………… 397

第八篇　合作交流 …… 407
第一章　重要会议与访问交流 …… 409
第一节　重要国际与地区会议 …… 409
第二节　重要访问交流活动 …… 415
第三节　出国留学进修 …… 427
第二章　与境外机构组织合作办学 …… 431
第一节　中外合作办学项目 …… 431
第二节　沪港、沪台合作办学 …… 435
第三节　聘请外教与接受捐赠 …… 437
第四节　国际化课程实验 …… 440
第三章　国内合作交流 …… 442
第一节　支教概况 …… 442
第二节　对口支援 …… 443
第三节　上海普教民族学校与民族班 …… 452

第九篇　学校选介 …… 457
第一章　中心城区学校 …… 459
第一节　浦东新区 …… 459
第二节　徐汇区 …… 466
第三节　卢湾区 …… 477
第四节　长宁区 …… 480
第五节　普陀区 …… 485
第六节　闸北区 …… 490
第七节　虹口区 …… 496
第八节　杨浦区 …… 502
第九节　黄浦区 …… 509
第十节　静安区 …… 515
第二章　郊区学校 …… 521
第一节　宝山区 …… 521
第二节　闵行区 …… 526
第三节　嘉定区 …… 531
第四节　金山区 …… 537
第五节　松江区 …… 542
第六节　青浦区 …… 547
第七节　南汇区 …… 551
第八节　奉贤区 …… 554
第九节　崇明县 …… 557

第十篇　人物 …… 563
第一章　人物传略 …… 565
第二章　人物简介 …… 592
第三章　人物名录 …… 600

专记 …… 619
附录 …… 641
索引 …… 752
编后记 …… 798

《上海市志·教育分志·高等教育卷（1978—2010）》目录

《上海市志·教育分志》总序 …… 1
《上海市志（1978—2010）》凡例 …… 1
编纂说明 …… 1
概述 …… 1
大事记 …… 13

第一篇　教育管理 …… 53
第一章　机构设置 …… 56
第一节　管理机构 …… 56
第二节　机构职能 …… 60
第三节　协调服务机构 …… 64
第二章　办学体制 …… 67
第一节　公办高校 …… 67
第二节　民办高校 …… 72
第三节　中外合作办学 …… 75
第三章　管理体制 …… 82
第一节　部（委）市共建高校 …… 82
第二节　高校隶属关系调整 …… 85
第三节　院校调整 …… 88
第四节　高校内部管理体制改革 …… 91
第四章　战略规划 …… 95
第一节　战略规划编制 …… 95
第二节　战略规划实施 …… 101
第三节　教育重大工程 …… 104
第五章　教育综合改革试验 …… 108
第一节　前期探索 …… 108
第二节　两轮改革试验 …… 109

第二篇　教育教学 …… 115
第一章　学科专业 …… 118
第一节　发展与布局 …… 118
第二节　重点学科建设 …… 124
第三节　学科专业评估 …… 139
第四节　专业建设 …… 141
第二章　教学资源建设 …… 149
第一节　课程建设 …… 149
第二节　教材建设 …… 151
第三节　图书资料设施建设 …… 153
第四节　实践教学建设 …… 153
第五节　教学名师与团队建设 …… 157
第三章　教学改革 …… 160
第一节　综合改革 …… 160
第二节　学分制改革 …… 164
第三节　通识教育 …… 165
第四节　教学方法与手段改革 …… 167
第五节　教学质量保障 …… 168
第四章　思想政治教育 …… 172
第一节　政治理论课建设 …… 172
第二节　德育与心理健康教育 …… 176
第三节　思想政治教育队伍建设 …… 179

第四节　校园文化建设 …………………… 184
第五节　大学生志愿服务活动 ……… 187
第五章　综合素质教育 …………………… 191
第一节　体育、美育 …………………… 191
第二节　国防教育、科普教育 ……… 194
第三节　语言文字规范教育 ………… 196
第四节　社会实践 ……………………… 197
第六章　人才培养 …………………………… 199
第一节　人才培养举措 ……………… 199
第二节　人才培养成效 ……………… 205
第三节　教学成果奖 ………………… 207

第三篇　教师队伍 …………………………… 211
第一章　教师来源与规模 ………………… 214
第一节　教师来源 ……………………… 214
第二节　教师规模 ……………………… 218
第二章　教师待遇 …………………………… 225
第一节　工资制度 ……………………… 225
第二节　福利待遇 ……………………… 230
第三章　教师培养 …………………………… 236
第一节　入职教育和培训 …………… 236
第二节　教师专业发展 ……………… 239
第四章　职称评聘 …………………………… 248
第一节　职称评审 ……………………… 248
第二节　职务聘任制改革 …………… 252
第五章　教师考核与激励 ………………… 256
第一节　教师岗位考核 ……………… 256
第二节　奖惩激励 ……………………… 259

第四篇　学生管理 …………………………… 263
第一章　招生考试与录取 ………………… 266
第一节　招生管理 ……………………… 266
第二节　本专科招生和考试 ………… 271
第三节　研究生招生和考试 ………… 277
第四节　特殊类型招生 ……………… 280
第二章　资助体系 …………………………… 282
第一节　奖学金 ………………………… 282
第二节　资助家庭经济困难学生 …… 286
第三节　勤工助学 ……………………… 297
第三章　毕业生就业创业 ………………… 300
第一节　毕业生就业 ………………… 300
第二节　服务与援助 ………………… 304
第三节　大学生职业生涯教育与创业指导 ……………………… 307

第五篇　科学研究 …………………………… 313
第一章　科研机构 …………………………… 315
第一节　自然科学研究 ……………… 315
第二节　人文社会科学研究 ………… 320
第三节　高等教育研究 ……………… 324
第四节　软科学研究和E-研究院 …………………………… 326
第二章　重要课题和研究成果 ………… 328
第一节　自然科学研究课题成果 …… 328
第二节　人文社会科学研究课题成果 ………………………… 332
第三章　科研管理 …………………………… 338
第一节　政策导向 ……………………… 338
第二节　经费管理 ……………………… 345
第三节　成果鉴定与评奖 …………… 350
第四章　社会服务 …………………………… 354
第一节　协同创新 ……………………… 354
第二节　技术转移 ……………………… 361

第六篇　合作交流 …………………………… 365
第一章　国际交流与合作 ………………… 367
第一节　学生留学 ……………………… 367
第二节　教师互聘互访 ……………… 373
第三节　海外办学 ……………………… 375
第四节　学术交流 ……………………… 377
第二章　国内合作与交流 ………………… 382
第一节　教育合作与地方服务 ……… 382
第二节　支援西部地区 ……………… 387
第三节　沪台港澳交流与合作 ……… 393
第四节　学术活动 ……………………… 401

第七篇 资源保障 …… 407
第一章 教育经费 …… 410
第一节 来源构成 …… 410
第二节 投入机制 …… 419
第三节 监督管理 …… 424
第二章 教育基本建设 …… 431
第一节 校园基本建设 …… 431
第二节 大学园区建设 …… 434
第三章 后勤保障与校园治理 …… 438
第一节 高校后勤管理改革 …… 438
第二节 校园安全管理 …… 443
第三节 校园文明建设 …… 450
第四节 节约型校园建设 …… 454
第四章 教育信息化建设 …… 456
第一节 上海教育城域网建设 …… 456
第二节 教育信息化技术应用 …… 460

第八篇 高等学校 …… 463
第一章 部委属院校 …… 465
第一节 复旦大学 …… 465
第二节 上海交通大学 …… 468
第三节 同济大学 …… 470
第四节 华东理工大学 …… 473
第五节 东华大学 …… 474
第六节 华东师范大学 …… 475
第七节 上海外国语大学 …… 476
第八节 上海财经大学 …… 478
第九节 上海海关学院 …… 480
第二章 市属本科院校 …… 481
第一节 上海理工大学 …… 481
第二节 上海大学 …… 482
第三节 上海工程技术大学 …… 483
第四节 上海中医药大学 …… 484
第五节 上海师范大学 …… 485
第六节 上海对外贸易学院 …… 486
第七节 上海应用技术学院 …… 487
第八节 上海海事大学 …… 488
第九节 上海电力学院 …… 489
第十节 上海海洋大学 …… 490
第十一节 华东政法大学 …… 491
第十二节 上海体育学院 …… 492
第十三节 上海戏剧学院 …… 494
第十四节 上海音乐学院 …… 495
第十五节 上海杉达学院 …… 496
第十六节 上海立信会计学院 …… 498
第十七节 上海电机学院 …… 499
第十八节 上海金融学院 …… 500
第十九节 上海政法学院 …… 501
第二十节 上海第二工业大学 …… 502
第二十一节 上海商学院 …… 503
第二十二节 上海建桥学院 …… 504
第二十三节 复旦大学上海视觉艺术学院 …… 505
第二十四节 复旦大学太平洋金融学院 …… 505
第二十五节 上海外国语大学贤达经济人文学院 …… 506
第二十六节 上海师范大学天华学院 …… 506
第二十七节 同济大学同科学院 …… 507
第三章 市属高等专科院校 …… 508
第一节 上海医疗器械高等专科学校 …… 508
第二节 上海出版印刷高等专科学校 …… 509
第三节 上海旅游高等专科学校 …… 510
第四节 上海公安高等专科学校 …… 510
第五节 上海医药高等专科学校 …… 511
第四章 市属高等职业院校 …… 513
第一节 上海行健职业学院 …… 513
第二节 上海城市管理职业技术学院 …… 513
第三节 上海交通职业技术学院 …… 514
第四节 上海海事职业技术学院 …… 515
第五节 上海电子信息职业技术学院 …… 515
第六节 上海科学技术职业学院 …… 516

第七节　上海农林职业技术学院 …… 517
第八节　上海工艺美术职业学院 …… 517
第九节　上海建峰职业技术学院 …… 518
第十节　上海工会管理职业学院 …… 519
第十一节　上海体育职业学院 ……… 519
第十二节　上海健康职业技术学院 …… 520
第十三节　上海东海职业技术学院 …… 521
第十四节　上海新侨职业技术学院 …… 521
第十五节　上海震旦职业学院 ……… 522
第十六节　上海民远职业技术学院 …… 523
第十七节　上海思博职业技术学院 …… 523
第十八节　上海立达职业技术学院 …… 524
第十九节　上海济光职业技术学院 …… 524
第二十节　上海工商外国语职业学院 …… 525
第二十一节　上海邦德职业技术学院 …… 526
第二十二节　上海托普信息技术职业学院 …… 527
第二十三节　上海中侨职业技术学院 …… 527
第二十四节　上海电影艺术职业学院 …… 527
第二十五节　上海中华职业技术学院 …… 528

第九篇　人物 …… 529
第一章　人物传略 …… 531
第二章　人物简介 …… 537
第三章　人物名录 …… 543

附录 …… 547
索引 …… 603
编后记 …… 650

《上海市志·教育分志·成人教育卷（1978—2010）》目录

《上海市志·教育分志》总序 …… 1
《上海市志（1978—2010）》凡例 …… 1
编纂说明 …… 1
概述 …… 1
大事记 …… 11

第一篇　社区教育 …… 27
第一章　组织机构 …… 29
第一节　市级管理指导机构 …… 29
第二节　区级管理指导机构 …… 30
第二章　办学网络 …… 36
第一节　三级网络 …… 36
第二节　办学队伍 …… 40
第三节　课程资源 …… 43
第四节　学习方式 …… 46
第三章　开展实验与创建示范 …… 51
第一节　社区教育实验区和实验街镇 …… 51
第二节　社区教育示范区和示范街镇 …… 53
第三节　社区教育实验项目 …… 55
第四节　学习型社区 …… 60

第二篇　老年教育 …… 67
第一章　学校老年教育 …… 69
第一节　市级老年学校 …… 69
第二节　区县老年大学 …… 75
第三节　街道乡镇老年学校 …… 77
第四节　街道乡镇老年学校办学点 …… 79
第二章　远程老年教育 …… 80
第一节　上海空中老年大学 …… 80
第二节　上海网上老年大学 …… 82
第三节　上海远程老年大学 …… 84
第三章　社会老年教育 …… 89
第一节　社会办社会老年教育 …… 89
第二节　老年学习团队活动 …… 90
第四章　管理 …… 92
第一节　重要会议 …… 92
第二节　管理体制 …… 94
第三节　政策措施 …… 97

第三篇　企业教育 …… 101
第一章　职工双补教育 …… 103
第一节　机构机制 …… 103
第二节　文化技术补课 …… 107
第二章　企业岗位培训 …… 112
第一节　沿革 …… 112
第二节　主要培训 …… 115
第三节　紧缺人才培训 …… 118
第三章　现代企业教育培训 …… 121
第一节　制度试点 …… 121

第二节　机构建设 …… 124
第三节　创建学习型企业 …… 129

第四篇　农村成人教育 …… 135
第一章　扫盲 …… 137
第一节　20 世纪 70 年代扫盲工作 …… 137
第二节　20 世纪 80 年代扫盲工作 …… 137
第三节　20 世纪 90 年代扫盲工作 …… 139
第二章　文化基础教育 …… 143
第一节　青年农民文化补课 …… 143
第二节　乡镇企业职工文化技术补课 …… 148
第三章　实用技术培训 …… 152
第一节　农民实用技术培训 …… 152
第二节　乡镇企业职工教育 …… 154
第三节　“燎原计划”与绿色证书工程 …… 156
第四章　职业技能培训 …… 159
第一节　农村劳动力转移培训 …… 159
第二节　“三年行动计划” …… 160
第三节　专业农民培训 …… 161
第四节　创业农民培训 …… 162
第五节　新型农民培训 …… 164
第五章　乡(镇)成人中等文化技术学校 …… 167
第一节　乡(镇)成人学校建设 …… 167
第二节　乡镇成人学校多元办学 …… 168
第三节　多功能乡镇成人学校 …… 170
第六章　教育教学管理与师资队伍 …… 172
第一节　教育教学管理 …… 172
第二节　师资队伍 …… 173

第五篇　成人高等教育 …… 175
第一章　普通高等院校成人高等教育 …… 177
第一节　概况 …… 177
第二节　成人高等学历教育 …… 180
第三节　非学历教育 …… 185
第四节　教育国际化 …… 189
第二章　独立设置成人高校 …… 192
第一节　区办成人高校 …… 192
第二节　行业成人高校 …… 210

第六篇　成人中等教育 …… 231
第一章　成人中专教育 …… 233
第一节　学校建设 …… 233
第二节　教育教学 …… 241
第三节　学校管理 …… 246
第二章　成人中学教育 …… 252
第一节　学校建设 …… 252
第二节　教育教学 …… 258
第三节　管理 …… 261

第七篇　远程教育与开放教育 …… 265
第一章　函授教育 …… 267
第一节　上海高校函授教育 …… 267
第二节　外地高校上海函授站 …… 272
第三节　研究生课程班函授教育 …… 272
第四节　单科远距离教育 …… 273
第二章　广播电视教育 …… 275
第一节　广播电视高等教育 …… 275
第二节　广播电视中等教育 …… 278
第三节　其他形式广播电视教育 …… 282
第三章　现代远程教育 …… 284
第一节　远程开放教育 …… 284
第二节　普通高校网络教育 …… 295

第八篇　自学考试 …… 299
第一章　高等教育自学考试 …… 301
第一节　概况 …… 301
第二节　组织机构和管理模式 …… 307
第三节　考试管理 …… 311
第四节　高等教育学历文凭考试

试点 …………………………… 321
第二章 中等专业教育自学考试 ……… 328
第一节 概况 …………………………… 328
第二节 组织机构 …………………… 331
第三节 专业开考 …………………… 335
第四节 考试管理 …………………… 337
第五节 社会助学 …………………… 340
第六节 考试研究 …………………… 343

第九篇 民办非学历教育 ………… 347
第一章 办学类型与形式 ………… 349
第一节 各类主体办学 ………… 349
第二节 联合办学 …………………… 357
第三节 办学形式 …………………… 360
第二章 教育教学 ………………… 362
第一节 培训项目 …………………… 362
第二节 课程、师资与生源 ……… 367
第三节 教学管理与评价 ………… 373
第三章 管理模式与政策 ………… 376
第一节 管理机构 …………………… 376
第二节 管理内容 …………………… 378
第三节 政策规定 …………………… 385

第十篇 公共平台 ………………… 391
第一章 展示交流平台 ………… 393
第一节 品牌学习活动 ………… 393
第二节 长三角社区教育发展论坛 …………………… 394
第二章 信息化服务平台 ………… 396
第一节 终身教育数字化学习网站 …………………… 396
第二节 其他信息化服务平台形式 …………………… 399
第三节 数字化学习资源 ………… 399
第三章 学习成果认证、积累和转换服务平台 ……………… 401
第一节 学分互认试点 ………… 401
第二节 非学历证书认证试点 ……… 401
第三节 上海市终身教育学分银行 …………………… 402
第四章 社会组织 ………………… 404
第一节 协会 …………………… 404
第二节 研究会 …………………… 408
第三节 上海明德学习型组织研究所 ………………… 409

第十一篇 行政管理 ……………… 411
第一章 机构与管理 ……………… 413
第一节 机构 …………………… 413
第二节 管理 …………………… 417
第二章 法规规章 ………………… 428
第一节 法规 …………………… 428
第二节 规章 …………………… 429
第三章 重大会议 ………………… 438
第一节 工作会议 ……………… 438
第二节 专题会议 ……………… 439

第十二篇 科学研究与学科点建设 …………………… 445
第一章 科研机构 ………………… 447
第一节 教育行政系统所属科研机构 …………………… 447
第二节 高等院校所属科研机构 …… 450
第二章 科研成果 ………………… 456
第一节 国家级科研成果 ………… 456
第二节 省部级科研成果 ………… 460
第三节 上海市教育科学规划科研成果 …………………… 465
第三章 学科点建设 ……………… 472
第一节 成人教育学专业硕博学位授予点 ……………… 472
第二节 成人教育学专业硕博学位授予点人才培养 ……… 473
第四章 合作交流 ………………… 477
第一节 国际(项目)合作 ……… 477
第二节 国际学术会议 ………… 480

第三节　港澳台学术会议 …………… 485
第五章　学术期刊 ……………………… 487
第一节　公开刊物 ……………………… 487
第二节　内部刊物 ……………………… 488

第十三篇　人物 ……………………………
第一章　人物传略 ……………………… 493
第二章　人物简介 ……………………… 495
第三章　人物名录 ……………………… 500

附录 ………………………………………… 505
索引 ………………………………………… 525
编后记 ……………………………………… 555

《上海市志·教育分志·职业教育卷(1978—2010)》目录

《上海市志·教育分志》总序 …… 1
《上海市志(1978—2010)》凡例 …… 1
编纂说明 …… 1
概述 …… 1
大事记 …… 9

第一篇　管理 …… 29
　第一章　管理机构与管理体制 …… 32
　　第一节　机构 …… 32
　　第二节　管理体制 …… 33
　　第三节　学校管理 …… 39
　第二章　法规与制度 …… 42
　　第一节　法规规划 …… 42
　　第二节　学校管理制度 …… 46
　第三章　经费 …… 49
　　第一节　中专经费来源 …… 49
　　第二节　职业高中经费来源 …… 54
　　第三节　技工学校经费来源 …… 63
　　第四节　高等职业院校经费来源 …… 64
　　第五节　职业教育投入 …… 64

第二篇　学校发展与体系建设 …… 67
　第一章　学校发展 …… 69
　　第一节　中等专业学校 …… 69
　　第二节　区县所属中等职业学校 …… 71
　　第三节　技工学校 …… 82
　　第四节　高等职业院校 …… 83
　第二章　中等职业学校重点校和示范校建设 …… 91
　　第一节　现代化标志性职业学校建设 …… 91
　　第二节　上海市百所中等职业学校重点建设工程 …… 92
　　第三节　国家级重点中等职业学校建设 …… 98
　　第四节　国家中等职业教育改革发展示范校建设 …… 102
　第三章　国家示范性高等职业院校建设 …… 104
　　第一节　概况 …… 104
　　第二节　案例选介 …… 105
　第四章　职业教育体系 …… 108
　　第一节　中高衔接 …… 108
　　第二节　普职渗透 …… 110

第三篇　校企合作与集团化办学 …… 113
　第一章　校企合作 …… 115
　　第一节　校企合作机制 …… 115
　　第二节　校企联合办学 …… 117
　　第三节　学校和专业发展指导性合作组织 …… 118
　　第四节　订单培养 …… 120

第五节 校企合作建设实训基地 …… 123
第六节 产教结合 …… 125
第二章 集团化办学 …… 130
第一节 集团组建 …… 130
第二节 管理和指导 …… 135
第三节 改革探索 …… 137

第四篇 招生、学籍管理与就业 …… 145
第一章 招生 …… 148
第一节 招生政策 …… 148
第二节 中等职业学校招生 …… 153
第三节 高等职业院校招生 …… 156
第二章 学制与学籍管理 …… 159
第一节 学制 …… 159
第二节 学籍管理 …… 161
第三章 职业指导 …… 166
第一节 沿革 …… 166
第二节 中等职业学校职业指导 …… 168
第三节 高等职业院校职业指导 …… 169
第四章 奖学与资助 …… 172
第一节 中等职业学校帮困助学 …… 172
第二节 中等职业学校奖学金和专业奖励 …… 176
第三节 高等职业院校帮困助学 …… 185
第五章 就业 …… 187
第一节 中等职业学校毕业生就业 …… 187
第二节 高等职业院校毕业生就业 …… 194

第五篇 专业与课程 …… 197
第一章 中等职业学校专业建设 …… 199
第一节 中等职业学校专业布局 …… 199
第二节 中等职业学校专业结构布局调整 …… 203
第三节 上海市中等职业学校百个重点专业建设工程 …… 212
第二章 中等职业学校课程建设 …… 219
第一节 中等职业学校教学计划和专业教学标准 …… 219
第二节 中等职业学校课程和教材建设 …… 231
第三节 中等职业教育课程教材改革特色实验学校 …… 235
第三章 高等职业院校专业建设 …… 241
第一节 专业设置 …… 241
第二节 案例选介 …… 246
第四章 高等职业院校课程建设 …… 252
第一节 概况 …… 252
第二节 案例选介 …… 253

第六篇 教学管理与改革 …… 259
第一章 教学管理 …… 261
第一节 教学管理改革 …… 261
第二节 学分制 …… 271
第二章 教学方法改革 …… 276
第一节 中等职业学校教学方法改革 …… 276
第二节 高等职业院校教学方法改革 …… 280

第七篇 实训实习与技能竞赛 …… 285
第一章 实习实训 …… 287
第一节 中等职业学校实习实训 …… 287
第二节 高等职业院校学生实习实训 …… 296
第二章 技能竞赛 …… 303
第一节 技术技能比武和“星光计划” …… 303
第二节 其他技能大赛 …… 306

第八篇 学生全面发展 …… 311
第一章 中等职业学校德育与素质教育 …… 314
第一节 概况 …… 314
第二节 德育课程建设案例选介 …… 321

第三节 职业学校课外活动案例选介 …… 324
第四节 德育工作队伍建设案例选介 …… 328
第五节 德育途径创新案例选介 …… 332
第六节 德育管理创新案例选介 …… 336
第七节 心理健康教育及其他专题教育案例选介 …… 341
第二章 高等职业院校德育与素质教育 …… 348
第一节 概况 …… 348
第二节 案例选介 …… 349
第三章 校园文化建设 …… 355
第一节 概况 …… 355
第二节 案例选介 …… 357
第四章 体育与艺术教育 …… 362

第九篇 教师队伍建设 …… 365
第一章 中等职业学校教师队伍建设 …… 367
第一节 概况 …… 367
第二节 教师培训 …… 369
第三节 教师职称评聘 …… 376
第四节 案例选介 …… 379
第二章 高等职业院校教师队伍建设 …… 384
第一节 概况 …… 384
第二节 案例选介 …… 386

第十篇 设备设施建设 …… 391
第一章 实训条件建设 …… 393
第一节 实训基地建设 …… 393
第二节 案例选介 …… 409
第二章 图书馆建设 …… 414
第一节 中等职业学校图书馆建设 …… 414
第二节 案例选介 …… 416
第三章 信息化建设 …… 421
第一节 概况 …… 421
第二节 案例选介 …… 422

第十一篇 职业教育评估 …… 427
第一章 中等职业教育评估 …… 429
第一节 中等专业学校与职业高中分类评估 …… 429
第二节 中等职业教育评估 …… 432
第二章 高等职业教育评估 …… 467
第一节 高等职业院校相关项目评选 …… 467
第二节 高等职业院校两轮系统性综合评估 …… 467

第十二篇 职业教育科研 …… 471
第一章 科研机构和相关组织 …… 473
第一节 科研机构 …… 473
第二节 社会组织 …… 476
第三节 论坛和媒体 …… 479
第二章 课题研究 …… 482
第一节 概况 …… 482
第二节 上海市教育科学研究院职业教育与成人教育研究所成果 …… 484
第三节 华东师范大学职业教育与成人教育研究所成果 …… 488
第四节 职业院校课题成果 …… 489
第五节 其他重要课题成果 …… 495

第十三篇 培训与社会服务 …… 499
第一章 培训 …… 501
第一节 概况 …… 501
第二节 案例选介 …… 502
第二章 社会服务 …… 506
第一节 概况 …… 506
第二节 案例选介 …… 507

第十四篇　交流与合作 ………………… 509
第一章　国际交流与合作项目 ………… 511
第一节　国际互访与交流 ………… 511
第二节　合作项目 ………………… 512
第三节　案例选介 ………………… 514
第二章　对口支援与异地联合办学 …… 519
第一节　概况 ……………………… 519
第二节　案例选介 ………………… 522

第十五篇　学校 ……………………… 527
第一章　中等职业学校简介 ………… 529
第一节　区县主管学校 …………… 529
第二节　行业主办学校 …………… 542
第二章　高等职业学院及相关院校简介 ……………………… 559
第一节　公办院校 ………………… 559
第二节　民办院校 ………………… 569

第十六篇　人物 ……………………… 575
第一章　人物传略 ………………… 577
第二章　人物简介 ………………… 581
第三章　人物表 …………………… 586

附录 ………………………………… 601
索引 ………………………………… 627
编后记 ……………………………… 667

《上海市志·新闻出版分志·报业卷（1978—2010）》目录

序 …… 1
《上海市志(1978—2010)》凡例 …… 1
编纂说明 …… 1
概述 …… 1
大事记 …… 33

第一篇　报业规模与报纸类别 …… 147
第一章　三家主要报纸 …… 149
第一节　解放日报 …… 149
第二节　文汇报 …… 149
第三节　新民晚报 …… 150
第二章　综合类报纸 …… 152
第一节　机关报 …… 152
第二节　都市报 …… 159
第三节　外文报 …… 165
第三章　行业专业类报纸 …… 168
第一节　财经报 …… 168
第二节　产经报 …… 174
第三节　科教文史卫体报 …… 180
第四节　时尚休闲消费报 …… 188
第五节　人力资源政法类报纸 …… 193
第四章　特定对象类报纸 …… 196
第一节　老年报和中小学生报 …… 196
第二节　高校报 …… 202
第三节　企业报 …… 211
第四节　其他报纸 …… 215
第五章　文摘服务类报纸 …… 219
第一节　文摘翻译类 …… 219
第二节　节目资讯类 …… 220
第六章　报(集团)办期刊和出版社 …… 222
第一节　上海支部生活 …… 222
第二节　新民周刊 …… 222
第三节　新闻记者 …… 223
第四节　文汇月刊 …… 223
第五节　新民围棋 …… 223
第六节　上海小说 …… 224
第七节　上海滩 …… 224
第八节　新读写 …… 225
第九节　上海宣传通讯 …… 225
第十节　今日上海 …… 225
第十一节　书城 …… 226
第十二节　私家地理 …… 226
第十三节　新沪商 …… 227
第十四节　行政与人事 …… 227
第十五节　新上海人 …… 227
第十六节　职场指南 …… 228
第十七节　上海三联书店 …… 228
第十八节　文汇出版社 …… 228

第二篇　新闻传播(上) …… 231
第一章　办报定位与方针 …… 233
第一节　解放日报 …… 233

第二节 文汇报 …… 234
第三节 新民晚报 …… 235
第四节 其他报纸 …… 236
第二章 新闻内容 …… 240
第一节 解放日报 …… 240
第二节 文汇报 …… 242
第三节 新民晚报 …… 244
第四节 其他报纸 …… 245
第三章 报纸信息量 …… 248
第一节 解放日报 …… 248
第二节 文汇报 …… 249
第三节 新民晚报 …… 250
第四节 其他报纸 …… 251
第四章 报道视野 …… 253
第一节 解放日报 …… 253
第二节 文汇报 …… 254
第三节 新民晚报 …… 257
第四节 其他报纸 …… 258
第五章 报纸影响力 …… 261
第一节 解放日报 …… 261
第二节 文汇报 …… 263
第三节 新民晚报 …… 266
第四节 其他报纸 …… 268
第六章 版面表现方式 …… 272
第一节 解放日报 …… 272
第二节 文汇报 …… 275
第三节 新民晚报 …… 277
第四节 其他报纸 …… 278

第三篇 新闻传播(下) …… 281
第一章 新闻作品 …… 283
第一节 消息 …… 283
第二节 通讯 …… 291
第三节 系列报道 …… 302
第四节 评论 …… 309
第五节 版面 …… 312
第二章 新闻事件与新闻活动 …… 315
第一节 解放日报 …… 315
第二节 文汇报 …… 325
第三节 新民晚报 …… 335
第四节 其他报纸 …… 344
第三章 副刊、专刊、专栏 …… 350
第一节 解放日报 …… 350
第二节 文汇报 …… 364
第三节 新民晚报 …… 373
第四节 其他报纸 …… 383
第四章 美术摄影与资料工作 …… 389
第一节 美术摄影 …… 389
第二节 资料工作 …… 391
第五章 数字化建设 …… 394
第一节 解放日报报业集团 …… 394
第二节 文汇新民联合报业集团 …… 395
第三节 解放日报 …… 398
第四节 文汇报 …… 400
第五节 新民晚报 …… 402
第六节 其他报纸 …… 404
第七节 东方网 …… 406
附：1997年至2010年上海十大新闻 …… 408

第四篇 报业改革与发展 …… 425
第一章 报业新业态新生态 …… 427
第一节 解放日报 …… 427
第二节 文汇报 …… 429
第三节 新民晚报 …… 431
第四节 其他报纸 …… 434
第二章 设立办事处、驻国内外记者站 …… 437
第一节 解放日报 …… 437
第二节 文汇报 …… 438
第三节 新民晚报 …… 441
第三章 报纸扩版改版 …… 443
第一节 解放日报 …… 443
第二节 文汇报 …… 444
第三节 新民晚报 …… 446
第四节 其他报纸 …… 448
第四章 广告与发行 …… 450
第一节 广告 …… 450
第二节 发行 …… 455

第五章　新闻从业人员 …………………… 462
第一节　解放日报 …………………… 462
第二节　文汇报 …………………… 464
第三节　新民晚报 …………………… 465
第四节　其他报纸 …………………… 466
第六章　管理与领导体制 …………………… 469
第一节　领导机构 …………………… 469
第二节　管理体制机制 …………………… 470
第三节　组建报业集团 …………………… 473
第七章　多元经营和产业拓展 …………………… 477
第一节　资本运作与文化产业 ……… 477
第二节　印刷 …………………… 494
第三节　物业 …………………… 498
第四节　托管文艺院团 …………………… 501

第五篇　行业社团与中央主要新闻单位驻沪机构 …………………… 503
第一章　上海市新闻工作者协会 ……… 505
第一节　协会沿革 …………………… 505
第二节　重大活动 …………………… 506
第三节　分支机构 …………………… 509
第二章　上海市新闻学会 …………………… 511
第一节　学会沿革 …………………… 511
第二节　主要工作 …………………… 512
第三章　上海老新闻工作者协会 ……… 514
第一节　协会沿革 …………………… 514
第二节　工作范围和活动内容 ……… 514
第三节　组织结构及运作模式 ……… 516
第四章　上海市报纸行业协会 ………… 517
第一节　协会沿革 …………………… 517
第二节　工作范围和活动特点 ……… 517
第三节　组织结构与运作模式 ……… 520
第五章　其他团体 …………………… 521
第一节　上海市女记者联谊会 ……… 521
第二节　上海市体育记者协会 ……… 521
第三节　上海新闻摄影学会 ………… 522
第四节　上海市青年记者协会 ……… 522
第五节　上海市法制新闻工作者协会 …………………… 523
第六节　上海市企业报新闻工作者协会 …………………… 523
第七节　上海市科技新闻工作者协会 …………………… 523
第八节　上海新闻资料学会 ………… 524
第六章　中央主要新闻单位驻沪机构 …………………… 525
第一节　人民日报上海分社 ………… 525
第二节　新华通讯社上海分社 ……… 527
第三节　光明日报上海记者站 ……… 529
第四节　经济日报上海记者站 ……… 530

第六篇　交流合作与友好往来 ……… 531
第一章　与中央、兄弟省市媒体交流合作 …………………… 533
第一节　上海市新闻工作者协会(含新闻学会) …………………… 533
第二节　解放日报报业集团 ………… 535
第三节　文汇新民联合报业集团 …… 537
第四节　解放日报 …………………… 539
第五节　文汇报 …………………… 542
第六节　新民晚报 …………………… 543
第七节　上海老新闻工作者协会 …… 545
第八节　上海市报纸行业协会 ……… 545
第九节　其他 …………………… 545
第二章　与港澳台媒体交流合作 ……… 547
第一节　上海市新闻工作者协会(含新闻学会) …………………… 547
第二节　解放日报报业集团 ………… 549
第三节　文汇新民联合报业集团 …… 550
第四节　解放日报 …………………… 552
第五节　文汇报 …………………… 552
第六节　新民晚报 …………………… 554
第三章　与国际媒体交流合作 ……… 556
第一节　上海市新闻工作者协会(含新闻学会) …………………… 556
第二节　解放日报报业集团 ………… 558
第三节　文汇新民联合报业集团 …… 559

第四节　解放日报 …………………… 561
第五节　文汇报 …………………… 563
第六节　新民晚报 …………………… 564
第四章　出访与来访 …………………… 567
第一节　市记协和三家主要报纸 …… 567
第二节　两大报业集团外事活动 …… 573

第七篇　业务研究与专业论著 ……… 575
第一章　新闻作品与新闻学术研讨会 …………………… 577
第一节　优秀记者新闻作品研讨会 …………………… 577
第二节　新闻业务学术研讨会 ……… 579
第二章　新闻研究机构和研究刊物 …… 582
第一节　解放日报报业集团 ………… 582
第二节　文汇新民联合报业集团 …… 583
第三节　解放日报 …………………… 584
第四节　文汇报 …………………… 586
第五节　新民晚报 …………………… 587
第三章　新闻学研究与出版物 ………… 589
第一节　新闻学术年会 ……………… 589
第二节　上海市新闻工作者协会编辑出版物 …………………… 590
第三节　《新闻记者》…………………… 591
第四章　部分新闻学论著论文简介 …… 593
第一节　新闻理论和新闻实务论著 …………………… 593
第二节　新闻史论著 ………………… 599
第三节　部分新闻学论文摘要 ……… 604
第四节　部分新闻研究论文 ………… 613
第五章　部分失实错误报道与差错案例 …………………… 617
第一节　三家主要报纸 ……………… 617
第二节　其他报纸 …………………… 620

第八篇　人力资源和队伍建设 ……… 625
第一章　队伍状况 …………………… 627
第一节　解放日报报业集团 ………… 627
第二节　文汇新民联合报业集团 …… 632
第三节　解放日报 …………………… 637
第四节　文汇报 …………………… 644
第五节　新民晚报 …………………… 649
第六节　其他报纸 …………………… 654
第二章　新闻专业技术职务评定 ……… 665
第一节　评审机构 …………………… 665
第二节　评审等级 …………………… 666
第三节　评审标准 …………………… 666
第三章　部校共建和教育实践 ………… 678
第一节　部校共建新闻学院 ………… 678
第二节　报社教育实践基地 ………… 679
第四章　表彰与奖励 ………………… 681
第一节　全国及上海新闻工作者(集体)奖项评选 ……………… 681
第二节　新闻作品与新闻论文奖项评选 …………………… 686
第三节　上海市优秀媒体品牌评选 …………………… 712

第九篇　人物 …………………… 715
第一章　人物传略 …………………… 717
第二章　人物简介 …………………… 736
第三章　人物表 …………………… 801

附录 …………………… 813
索引 …………………… 837
编后记 …………………… 873

《上海市志·新闻出版分志·广播电视卷(1978—2010)》目录

序 …… 1
《上海市志(1978—2010)》凡例 …… 1
编纂说明 …… 1
概述 …… 1
大事记 …… 15

第一篇 机构 …… 113
第一章 管理机构 …… 116
第一节 中共上海市委宣传部 …… 116
第二节 上海市文化广播影视管理局 …… 116
第三节 上海文化广播影视集团 …… 122
第四节 郊区广播电视管理机构 …… 124
第二章 播出机构 …… 128
第一节 市级机构 …… 128
第二节 区县、企业机构 …… 152
第三章 传输机构 …… 164
第一节 上海东方明珠传输有限公司 …… 164
第二节 东方有线网络有限公司 …… 164
第四章 制作机构 …… 166
第一节 国有制作机构 …… 166
第二节 民营制作机构 …… 173
第五章 经营机构 …… 179
第一节 广播电视经营机构 …… 179
第二节 新媒体经营机构 …… 186
第六章 社会团体 …… 192
第一节 上海电视艺术家协会 …… 192
第二节 上海市电影电视技术学会 …… 193
第三节 上海市广播电视学会 …… 194
第四节 上海市有线电视协会 …… 196
第七章 艺术团体 …… 198
第一节 上海广播电视艺术团 …… 198
第二节 少年儿童广播合唱团 …… 198
第三节 少年儿童广播剧团 …… 200
第四节 小荧星艺术团 …… 201

第二篇 广播节目 …… 203
第一章 新闻节目 …… 206
第一节 综合新闻 …… 207
第二节 主要栏目 …… 214
第三节 大型直播 …… 221
第二章 经济节目 …… 224
第一节 新闻报道 …… 224
第二节 专题节目 …… 226
第三节 主要栏目 …… 228
第三章 交通节目 …… 232
第一节 交通信息 …… 232
第二节 交通伴随栏目 …… 237
第四章 社教节目 …… 238
第一节 主要栏目 …… 238

第二节　专题节目 …………………… 247
第五章　服务节目 …………………… 250
第一节　主要栏目 …………………… 250
第二节　特别节目 …………………… 255
第六章　音乐节目 …………………… 257
第一节　音乐专题 …………………… 258
第二节　主要栏目 …………………… 262
第七章　文艺节目 …………………… 269
第一节　文学节目 …………………… 270
第二节　戏曲节目 …………………… 276
第三节　综艺节目 …………………… 282
第八章　广播剧 …………………… 286
第一节　重点剧目创作 …………………… 286
第二节　其他剧目创作与展播 ……… 288
第九章　体育节目 …………………… 292
第一节　体育新闻 …………………… 292
第二节　重大赛事报道 …………………… 294
第三节　体育专题 …………………… 296
第四节　主要栏目 …………………… 297
第十章　少儿节目 …………………… 299
第一节　主要栏目 …………………… 300
第二节　专题与活动 …………………… 303
第十一章　对台节目 …………………… 306
第一节　新闻 …………………… 306
第二节　其他栏目与大型活动 ……… 308
第十二章　英语广播 …………………… 311
第一节　栏目 …………………… 311
第二节　重要报道 …………………… 313
第十三章　广告节目 …………………… 314
第一节　广告创意与编排 …………………… 314
第二节　公益广告与品牌推介 ……… 316
第十四章　获奖情况 …………………… 318

第三篇　电视节目 …………………… 345
第一章　综合新闻节目 …………………… 348
第一节　新闻报道栏目 …………………… 348
第二节　其他新闻栏目 …………………… 355
第三节　大型新闻直播 …………………… 358
第四节　新闻特别节目 …………………… 364
第二章　经济节目 …………………… 367
第一节　财经新闻栏目 …………………… 367
第二节　其他财经栏目 …………………… 368
第三节　财经专题(含特别节目) …… 374
第四节　大型财经活动 …………………… 375
第三章　文艺节目 …………………… 377
第一节　综艺节目 …………………… 377
第二节　戏剧曲艺节目 …………………… 379
第三节　音乐舞蹈节目 …………………… 381
第四节　其他文艺栏目 …………………… 383
第五节　文艺专题节目 …………………… 389
第六节　娱乐节目 …………………… 390
第七节　大型文艺活动 …………………… 392
第四章　纪实节目 …………………… 406
第一节　纪实栏目 …………………… 406
第二节　纪录片、专题片 …………………… 409
第五章　体育节目 …………………… 416
第一节　体育新闻栏目 …………………… 416
第二节　其他体育栏目 …………………… 417
第三节　体育专题节目(含特别节目) …………………… 421
第四节　重要体育赛事转播 ……… 423
第六章　社教节目 …………………… 426
第一节　社教栏目 …………………… 426
第二节　社教专题(含特别节目) …… 437
第三节　讲座节目 …………………… 440
第四节　教学节目 …………………… 441
第七章　外语节目 …………………… 443
第一节　外语新闻栏目 …………………… 443
第二节　其他外语栏目 …………………… 443
第三节　外语特别节目 …………………… 447
第八章　少儿节目 …………………… 449
第一节　少儿栏目 …………………… 449
第二节　动画节目、栏目和儿童电影 …………………… 454
第三节　少儿特别节目 …………………… 456
第九章　电视剧 …………………… 459
第一节　电视剧投资与摄制 ………… 459
第二节　海外影视剧译制播出 ……… 464

第十章　理论节目 …… 466
第一节　理论栏目 …… 466
第二节　理论特别节目 …… 466
第十一章　对外宣传节目 …… 468
第一节　外宣外输节目 …… 468
第二节　海外电视周 …… 472
第十二章　生活服务节目 …… 473
第一节　生活服务栏目 …… 473
第二节　购物节目 …… 478
第十三章　广告节目 …… 479
第一节　商业广告 …… 479
第二节　公益广告 …… 481
第十四章　获奖情况 …… 484

第四篇　产业经营 …… 509
第一章　广告经营 …… 512
第一节　广播广告经营 …… 512
第二节　电视广告经营 …… 522
第三节　报刊广告经营 …… 541
第四节　电视购物产业经营 …… 547
第五节　媒体品牌经营 …… 549
第二章　观光旅游经营 …… 559
第一节　业务由来 …… 559
第二节　发行股票 …… 560
第三节　旅游经营 …… 560
第四节　多种经营 …… 561
第三章　节目版权经营 …… 565
第一节　电视剧 …… 565
第二节　动画片 …… 570
第三节　栏目类节目 …… 574
第四章　有线电视网络经营 …… 579
第一节　基础业务 …… 579
第二节　专项业务 …… 582
第三节　增值业务 …… 583
第四节　运营管理 …… 585
第五章　交互式网络电视(IPTV)业务经营 …… 589
第一节　试点探索 …… 589
第二节　业务特色 …… 590
第三节　市场定位 …… 591
第四节　用户规模 …… 591
第五节　经营业绩 …… 592
第六节　借壳上市 …… 592
第六章　多元化经营 …… 593
第一节　广电制作 …… 593
第二节　数码技术 …… 595
第三节　演艺经纪 …… 597
第四节　产业投资 …… 598
第五节　收入结构 …… 600

第五篇　技术 …… 603
第一章　广播技术 …… 606
第一节　调幅广播 …… 606
第二节　调频广播 …… 607
第三节　广播制作 …… 609
第四节　广播播出 …… 610
第二章　电视技术 …… 613
第一节　电视信号 …… 613
第二节　电视制作技术 …… 613
第三节　电视播出技术 …… 624
第四节　电视传输技术 …… 626
第三章　广播电视监测技术 …… 634
第一节　广播节目 …… 634
第二节　电视节目 …… 635
第三节　广播电视安全播出监测 …… 636
第四章　广播电视技术管理 …… 637
第一节　广播电视覆盖 …… 637
第二节　媒体资产管理系统与数字化率 …… 637
第三节　广播电视新技术的研发应用 …… 639
第四节　广播电视科技项目获奖情况和成果应用 …… 640
第五节　广播电视标准化工作 …… 647

第六节　广播电视技术交流 …………… 649

第六篇　新媒体 ………………………… 653
第一章　管理与产业 …………………… 656
第一节　管理 ………………………… 656
第二节　产业基地建设 ……………… 656
第三节　产业配套扶持 ……………… 657
第四节　产业论坛 …………………… 658
第五节　资本运作 …………………… 658
第二章　网络视听新媒体 ……………… 660
第一节　互联网视频网站 …………… 660
第二节　移动网络视听 ……………… 670
第三节　网络电视 …………………… 674
第四节　公共视听载体 ……………… 680
第三章　产业链 ………………………… 684
第一节　内容制作商 ………………… 684
第二节　版权运营商 ………………… 686
第三节　内容集成播控运营商 ……… 687
第四节　视频网站运营商 …………… 691
第五节　第三方服务商 ……………… 692
第四章　商业模式 ……………………… 693
第一节　广告盈利 …………………… 693
第二节　版权经营 …………………… 694
第三节　自制内容 …………………… 695
第四节　用户付费 …………………… 696
第五节　终端销售 …………………… 697
第六节　运营绩效 …………………… 697
第五章　技术创新与应用 ……………… 699
第一节　视频编解码及封装 ………… 699
第二节　视频内容生产 ……………… 699
第三节　内容分发与传输 …………… 701
第四节　内容接收终端 ……………… 704

第七篇　管理 …………………………… 707
第一章　行政管理 ……………………… 710
第一节　宣传舆论导向管理 ………… 710
第二节　市郊区县广播电视管理 …… 713
第三节　院团管理 …………………… 715
第四节　社会管理 …………………… 719
第二章　节目管理 ……………………… 723
第一节　节目审核制度 ……………… 723
第二节　节目创优 …………………… 725
第三节　受众工作 …………………… 728
第三章　播出管理 ……………………… 733
第一节　安全播出管理 ……………… 733
第二节　播控机房管理 ……………… 737
第三节　现场直播管理 ……………… 741
第四章　媒体内容资产与版权管理 …… 743
第一节　机构与资源 ………………… 743
第二节　媒体内容资产管理 ………… 746
第三节　版权管理 …………………… 750
第五章　队伍管理 ……………………… 752
第一节　人员规模、结构与人才工作 ………………………… 752
第二节　从业人员任用评定奖惩 …… 757
第三节　教育与培训 ………………… 766
第六章　财务管理 ……………………… 773
第一节　财务架构与延伸 …………… 773
第二节　资金管控与会计核算 ……… 775
第三节　财务统计与审计 …………… 778

第八篇　交流合作 ……………………… 783
第一章　来访与出访 …………………… 785
第一节　接待来访 …………………… 785
第二节　派遣出访 …………………… 791
第二章　国际交流合作 ………………… 796
第一节　与国外节目交流 …………… 796
第二节　出国摄制与合办节目 ……… 801
第三节　工程技术援外及技术交流 ………………………… 806
第四节　新媒体节目交流与合作 …… 809
第五节　上海电视节 ………………… 810
第六节　上海国际广播音乐节/上海之春国际音乐节 ……… 820
第三章　国内交流合作 ………………… 824
第一节　与中央媒体的合作 ………… 824
第二节　与各省级台等合作 ………… 830

第三节　与港澳台广播电视媒体的交流合作 …… 836
第四节　与国内体育系统合作 …… 839
第四章　派驻机构和人员 …… 843
第一节　海南记者站 …… 843
第二节　天津记者站 …… 844
第三节　北京记者站 …… 845
第四节　香港办事处记者站 …… 846
第五节　四川记者站 …… 847
第六节　上海第一财经传媒有限公司派驻机构与人员 …… 847
第七节　《第一财经日报》派驻机构与人员 …… 848

第九篇　研究出版 …… 851
第一章　科研机构与业务研究 …… 853
第一节　科研机构 …… 853
第二节　业务研究 …… 855
第二章　音像制品 …… 860
第一节　音频制品出版发行 …… 860
第二节　视频制品出版发行 …… 861
第三章　报刊 …… 863
第一节　《每周广播电视》报 …… 863
第二节　《上海电视》杂志 …… 866
第三节　《电视剧艺术》杂志 …… 867
第四节　《有线电视》报 …… 867
第五节　《新闻午报》/《天天新报》…… 868
第六节　《第一财经日报》…… 869
第七节　《哈哈画报》…… 871
第八节　《星尚OK!》/《星尚画报》…… 872
第九节　《第一财经周刊》…… 873
第十节　内部报刊网站 …… 873

第十篇　人物 …… 879
第一章　人物传略 …… 881
第二章　人物简介 …… 914
第三章　人物表录 …… 979

专记 …… 1009
附录 …… 1047
索引 …… 1075
编后记 …… 1135

《上海市志·新闻出版分志·出版卷(1978—2010)》目录

序 …… 1
《上海市志(1978—2010)》凡例 …… 1
编纂说明 …… 1
概述 …… 1
大事记 …… 11

第一篇　出版管理机构和社团 …… 91
第一章　上海市新闻出版局 …… 93
第一节　机构沿革和职能 …… 93
第二节　领导成员 …… 95
第二章　出版社团 …… 98
第一节　上海市出版工作者协会 …… 98
第二节　上海市书刊发行行业协会 …… 98
第三节　上海市印刷行业协会 …… 99
第四节　上海市包装技术协会 …… 100
第五节　上海市音像出版制作行业协会 …… 100
第六节　上海市期刊协会 …… 101
第七节　上海版权保护协会 …… 101
第八节　上海出版社经营管理协会 …… 102
第九节　上海故事家协会 …… 102
第十节　上海少儿读物促进会 …… 103
第十一节　生活·读书·新知三联书店上海联谊会 …… 103
第十二节　上海长江出版交流基金会 …… 103
第十三节　上海市编辑学会 …… 104
第十四节　上海市辞书学会 …… 104
第十五节　上海市报纸行业协会 …… 105

第二篇　图书出版 …… 107
第一章　出版单位 …… 109
第一节　上海世纪出版集团及所属出版社 …… 109
第二节　上海文艺出版总社及所属出版社 …… 117
第三节　高等院校出版社 …… 121
第四节　上海其他出版单位和中央在沪出版机构 …… 127
第二章　出版图书 …… 135
第一节　马克思列宁主义、毛泽东思想、邓小平理论、“三个代表”重要思想、科学发展观 …… 135
第二节　社会科学 …… 142
第三节　人文科学 …… 156
第四节　教育 …… 198
第五节　自然科学与工程技术 …… 209
第六节　综合 …… 235
第三章　图书出版管理 …… 252
第一节　选题管理 …… 252
第二节　书号管理 …… 253

第三节　图书审读 …………………… 255
第四节　质量管理 …………………… 256
第五节　图书质量评估 ……………… 257
第六节　财税管理 …………………… 258
第七节　扶持与奖励 ………………… 260
第八节　图书评奖 …………………… 262
第四章　出版社经营管理 …………… 292
第一节　经营管理 …………………… 292
第二节　经营机制 …………………… 293
第三节　印制管理 …………………… 295
第四节　图书营销 …………………… 297

第三篇　期刊出版 …………………… 305
第一章　出版单位 …………………… 307
第一节　杂志社选介 ………………… 307
第二节　编辑部选介 ………………… 315
第二章　出版期刊 …………………… 336
第一节　社科学术 …………………… 336
第二节　时政财经 …………………… 338
第三节　文学艺术 …………………… 341
第四节　文化教育 …………………… 344
第五节　科学技术 …………………… 348
附：上海期刊亮点 …………………… 354
第三章　期刊管理 …………………… 364
第一节　机构沿革 …………………… 364
第二节　期刊审批 …………………… 365
第三节　期刊审读 …………………… 366
第四节　主管主办单位职责 ………… 366
第五节　期刊治理整顿 ……………… 367
第六节　期刊建设 …………………… 370

第四篇　音像电子数字出版 ………… 409
第一章　出版单位 …………………… 411
第一节　音像电子出版单位 ………… 411
第二节　数字出版单位 ……………… 414
第二章　音像电子和数字出版 ……… 418
第一节　产业发展概况 ……………… 418
第二节　音像电子出版物 …………… 430
第三节　数字出版物 ………………… 439
第三章　出版管理 …………………… 453
第一节　音像电子出版管理 ………… 453
第二节　数字出版管理 ……………… 454

第五篇　编辑业务 …………………… 457
第一章　编辑体制与编辑工作 ……… 459
第一节　编辑体制 …………………… 459
第二节　编辑工作 …………………… 463
第二章　校对工作 …………………… 471
第一节　校对工作体制 ……………… 471
第二节　校对工作规则 ……………… 474
第三节　校对人员构成及管理 ……… 477
第三章　书刊整体设计 ……………… 480
第一节　沿革 ………………………… 480
第二节　工艺和材料 ………………… 480
第三节　美术和技术编辑 …………… 483
第四节　优秀书籍设计作品 ………… 484
第四章　作者与读者工作 …………… 491
第一节　作者工作 …………………… 491
第二节　读者工作 …………………… 493

第六篇　印刷业 ……………………… 495
第一章　印刷企业 …………………… 497
第一节　书报刊印刷企业 …………… 497
第二节　包装印刷企业 ……………… 504
第三节　其他印刷企业 ……………… 505
第二章　印刷业务 …………………… 510
第一节　概况 ………………………… 510
第二节　书刊印刷 …………………… 513
第三节　包装印刷 …………………… 516
第四节　票据印刷 …………………… 518
第五节　印刷新业态 ………………… 519
第六节　设备器材 …………………… 524
第七节　印刷服务 …………………… 529
第八节　行业荣誉 …………………… 531
第三章　印刷业管理 ………………… 534
第一节　宏观管理 …………………… 534

第二节　管理制度 …………………… 536
第三节　质量管理 …………………… 539
第四节　产业服务平台 ……………… 543
第四章　印刷企业经营管理 …………… 544
第一节　发展沿革 …………………… 544
第二节　管理架构 …………………… 544
第三节　计划生产 …………………… 545
第四节　技术改造 …………………… 546

第七篇　发行业 ………………………… 557
第一章　发行单位 ……………………… 559
第一节　图书发行单位 ……………… 559
第二节　报刊发行单位 ……………… 567
第三节　音像制品电子出版物发行单位 …………………………… 570
第四节　图书进出口单位 …………… 571
第五节　物流机构 …………………… 573
第二章　出版物发行 …………………… 575
第一节　图书发行 …………………… 575
第二节　报刊发行 …………………… 582
第三节　音像电子出版物发行 ……… 585
第四节　出版物营销 ………………… 588
第五节　进出口业务 ………………… 590
第六节　发行物流 …………………… 595
第七节　宣传推广 …………………… 599
第三章　发行管理 ……………………… 607
第一节　管理体制和方式 …………… 607
第二节　行业服务和管理 …………… 607
第四章　市场管理 ……………………… 609
第一节　地方立法 …………………… 609
第二节　出版物批发 ………………… 609
第三节　书报刊市场 ………………… 610
第四节　扫黄打非 …………………… 611
第五章　书店经营管理 ………………… 614
第一节　国营书店 …………………… 614
第二节　民营书店 …………………… 614
第三节　专业书店 …………………… 615
第六章　上海书展和全民阅读 ………… 618
第一节　上海书展 …………………… 618
第二节　全民阅读 …………………… 626
第三节　农家书屋 …………………… 631

第八篇　版权产业与版权保护 ………… 635
第一章　版权产业 ……………………… 637
第一节　产业演变 …………………… 637
第二节　产业规模 …………………… 638
第三节　合作出版和版权贸易 ……… 640
第二章　版权服务 ……………………… 644
第一节　作品登记 …………………… 644
第二节　展会服务 …………………… 644
第三节　宣传推广 …………………… 646
第四节　培训交流 …………………… 648
第三章　版权管理 ……………………… 650
第一节　地方立法 …………………… 650
第二节　行政执法 …………………… 651
第三节　互联网版权保护 …………… 653
第四节　行政审批 …………………… 654
第五节　行业管理组织 ……………… 656
第六节　软件正版化 ………………… 658

第九篇　对外交流与合作 ……………… 665
第一章　国际合作交流 ………………… 667
第一节　国际合作出版 ……………… 667
第二节　各类书业展会 ……………… 672
第三节　友好往来 …………………… 676
第二章　沪港沪台合作 ………………… 679
第一节　沪港合作 …………………… 679
第二节　沪台合作 …………………… 683
第三章　“走出去”工程 ………………… 687
第一节　“走出去”项目 ……………… 687
第二节　“走出去”成果 ……………… 690

第十篇　教育与科研 …………………… 693
第一章　教育 …………………………… 695
第一节　上海出版印刷高等专科学校 …………………………… 695
第二节　上海新闻出版职业技术

学校 …… 696
第三节 上海新闻出版教育培训中心 …… 697
第四节 上海新华书店发行学校和职工中专 …… 698
第五节 上海高校出版教育 …… 699
第二章 出版科研馆所 …… 703
第一节 上海印刷技术研究所 …… 703
第二节 上海韬奋纪念馆 …… 704
第三节 上海中华印刷博物馆 …… 705
第四节 上海印刷博物馆 …… 705
第三章 教育和科研成果 …… 707
第一节 教育成果 …… 707
第二节 科研成果 …… 710

第十一篇 队伍建设 …… 723
第一章 编辑队伍 …… 725
第一节 素质工程 …… 725
第二节 高层次人才工程 …… 728
第二章 印刷队伍 …… 733
第一节 人才结构变化 …… 733
第二节 高技能人才 …… 734
第三节 教培结合 …… 735
第四节 技能竞赛 …… 736
第五节 技术能手评选 …… 738
第三章 发行队伍 …… 739
第一节 队伍建设 …… 739
第二节 员工管理和培训 …… 740
第三节 技能竞赛和职称评聘 …… 742

第十二篇 人物 …… 749
第一章 人物传略 …… 751
第二章 人物表 …… 792
第一节 主要领导任职表 …… 792
第二节 高级专业技术人员名录 …… 831
第三节 获奖人物表 …… 850

专记 …… 863
附录 …… 939
索引 …… 1007
编后记 …… 1081

《上海市志·文学·艺术分志·文学卷（1978—2010）》目录

《上海市志（1978—2010）》凡例 …… 1
编纂说明 …… 1
概述 …… 1
大事记 …… 13

第一篇　文学组织与机构 …… 61
第一章　上海市作家协会 …… 64
第一节　沿革 …… 64
第二节　会员大会、理事会及主席团、党组 …… 67
第三节　会员及专业作家、签约作家 …… 73
第二章　文学教育研究机构 …… 80
第一节　上海社会科学院文学研究所 …… 80
第二节　复旦大学中文系 …… 80
第三节　华东师范大学中文系 …… 81
第四节　上海师范大学中文系 …… 82
第五节　同济大学中文系 …… 83
第六节　上海戏剧学院戏剧文学系 …… 83
第七节　上海大学中文系 …… 84
第三章　其他文学机构 …… 85
第一节　基金会和交流中心 …… 85
第二节　上海市区县作家协会和行业作协分会 …… 86
第四章　文学社团和创作群体 …… 90
第一节　校园文学社团 …… 90
第二节　其他文学社团 …… 93
第三节　创作群体 …… 97

第二篇　诗歌 …… 101
第一章　新体诗 …… 104
第一节　概况 …… 104
第二节　作品选介 …… 109
第二章　旧体诗 …… 126
第一节　概况 …… 126
第二节　作品选介 …… 130

第三篇　小说 …… 135
第一章　短篇小说 …… 137
第一节　概况 …… 137
第二节　作品选介 …… 138
第二章　中篇小说 …… 146
第一节　概况 …… 146
第二节　作品选介 …… 146
第三章　长篇小说 …… 155
第一节　概况 …… 155
第二节　作品选介 …… 156

第四篇　散文 …… 179
第一章　抒情性散文 …… 182
第一节　概况 …… 182
第二节　作品选介 …… 184
第二章　杂文 …… 201

第一节　概况 …… 201
第二节　作品选介 …… 201
第三章　报告文学 …… 214
第一节　概况 …… 214
第二节　作品选介 …… 215
第四章　传记、回忆录、书信和日记 …… 226
第一节　概况 …… 226
第二节　作品选介 …… 227

第五篇　戏剧文学 …… 237
第一章　话剧 …… 240
第一节　概况 …… 240
第二节　作品选介 …… 241
第二章　戏曲 …… 253
第一节　概况 …… 253
第二节　作品选介 …… 257
第三章　影视剧与广播剧 …… 282
第一节　概况 …… 282
第二节　作品选介 …… 285

第六篇　儿童文学 …… 295
第一章　诗歌 …… 298
第一节　概况 …… 298
第二节　作品选介 …… 298
第二章　小说和散文 …… 304
第一节　概况 …… 304
第二节　作品选介 …… 305
第三章　童话和儿童剧 …… 325
第一节　概况 …… 325
第二节　作品选介 …… 326

第七篇　民间文学与网络文学 …… 341
第一章　民间故事、新故事 …… 343
第一节　民间故事 …… 343
第二节　新故事 …… 345
第二章　民间歌谣和新民歌 …… 349
第一节　民间歌谣 …… 349
第二节　新民歌 …… 351
第三章　网络文学 …… 354
第一节　文学网站 …… 355
第二节　作品选介 …… 359

第八篇　外国文学翻译 …… 371
第一章　欧洲文学 …… 374
第一节　英国文学 …… 375
第二节　法国文学 …… 378
第三节　德国文学 …… 381
第四节　俄苏文学 …… 382
第五节　其他欧洲国家文学 …… 385
第二章　亚洲文学 …… 389
第一节　日本文学 …… 389
第二节　印度和其他亚洲国家文学 …… 390
第三章　美洲文学 …… 392
第一节　美国文学 …… 392
第二节　美洲其他国家文学 …… 394
第四章　非洲文学和大洋洲文学 …… 395
第一节　非洲文学 …… 395
第二节　大洋洲文学 …… 395

第九篇　文学研究与传播 …… 405
第一章　一般文学研究 …… 408
第一节　文艺理论研究 …… 408
第二节　古代文学研究 …… 420
第三节　现当代文学研究 …… 430
第四节　外国文学理论和译介学研究 …… 453
第二章　作家、作品评论 …… 460
第一节　古代作家、作品论 …… 460
第二节　现代作家、作品论 …… 471
第三节　当代作家、作品论 …… 488
第四节　外国作家、作品论 …… 505
第三章　文艺思潮和文学现象 …… 522
第一节　文艺思潮和文学现象的争鸣 …… 522
第二节　作品争鸣 …… 530

第四章　文学活动 …… 544
第一节　文学征文、竞赛和评奖 …… 544
第二节　文学会议 …… 550
第三节　文学交流 …… 594
第四节　其他活动 …… 600
第五章　文学期刊和出版社 …… 606
第一节　文学期刊 …… 606
第二节　文学出版社 …… 625

第十篇　人物 …… 629
第一章　人物传略 …… 631
第二章　人物简介 …… 688
第三章　人物表录 …… 731
第一节　上海作家、作品所获部分文学奖项表 …… 731
第二节　2010年上海市作家协会会员名录 …… 738

专记 …… 743
附录 …… 763
索引 …… 768
编后记 …… 821

《上海市志·文学·艺术分志·电影卷(1978—2010)》目录

序一 …… 1
序二 …… 1
《上海市志(1978—2010)》凡例 …… 1
编纂说明 …… 1
概述 …… 1
大事记 …… 11

第一篇　机构·团体·企业 …… 87
第一章　管理机构 …… 90
第一节　上海市电影局 …… 90
第二节　上海电影总公司 …… 92
第三节　上海市广播电影电视局 …… 93
第四节　上海市文化广播影视管理局 …… 94
第五节　上海文化广播影视集团 …… 97
第二章　上海电影(集团)有限公司 …… 100
第一节　上海电影制片厂 …… 102
第二节　上海科学教育电影制片厂 …… 104
第三节　上海电影乐团 …… 105
第四节　上海美术电影制片厂 …… 106
第五节　上海电影译制厂 …… 107
第六节　上海电影技术厂 …… 108
第七节　上海电影演员剧团 …… 109
第八节　上海永乐电影电视(集团)公司 …… 110
第九节　上影对外合作制片公司 …… 112
第十节　江南影视制作有限公司 …… 113
第十一节　上海上影数码传播股份有限公司 …… 113
第十二节　上海动画影视(集团)公司 …… 113
第十三节　上海上影电通影视文化传播有限公司 …… 114
第十四节　上海上影大耳朵图图影视传媒有限公司 …… 114
第十五节　上海上影英皇文化发展有限公司 …… 115
第十六节　上影寰亚文化发展(上海)有限公司 …… 115
第十七节　上海影城有限公司 …… 116
第十八节　已撤销制片机构 …… 117
第三章　其他影视制片机构 …… 118
第一节　上海影视有限公司 …… 118
第二节　上海谢晋—恒通影视有限公司 …… 118
第三节　上海亚太影视公司 …… 118
第四节　上海东上海国际文化影视公司 …… 118
第五节　上海桑达媒体传播有限公司 …… 119

第六节　上海银润传媒广告有限公司 …… 119
第七节　上海求索影视制片有限公司 …… 119
第八节　上海祥盛影视制作发行有限公司 …… 120
第九节　上海谢晋影视科技有限公司 …… 120
第十节　上海金棕榈影视制作有限公司 …… 120
第十一节　上海三九文化发展有限公司 …… 120
第十二节　上海华宇电影有限公司 …… 121
第十三节　上海今日动画影视文化有限公司 …… 121
第十四节　上海云飞扬文化传播有限公司 …… 121
第十五节　上海春华秋实影视文化传播有限公司 …… 121
第十六节　上海炫动传播有限公司 …… 122
第十七节　上海张江动漫科技有限公司 …… 122
第十八节　上海三元影视有限公司 …… 122
第十九节　上海尚世影业有限公司 …… 123
第二十节　上海开圣影视文化传媒股份有限公司 …… 123
第二十一节　上海铭承影视制作有限公司 …… 123
第四章　影视基地 …… 141
第一节　上影车墩影视摄制基地(上海影视乐园) …… 141
第二节　上海胜强影视基地 …… 143
第三节　松江盐仓影视基地 …… 144
第五章　配套服务企业 …… 149
第一节　上海银星皇冠假日酒店 …… 149
第二节　上海电影发展总公司 …… 149
第三节　上海美术设计有限公司 …… 150
第六章　电影社会团体 …… 151
第一节　上海电影家协会 …… 151
第二节　上海市电影电视技术学会 …… 152
第三节　上海电影评论学会 …… 152
第四节　上海市中小学影视教育协会 …… 153

第二篇　影片 …… 155
第一章　故事片 …… 158
第一节　独立出品 …… 158
第二节　联合出品 …… 202
第二章　美术片 …… 233
第一节　概况 …… 233
第二节　选介 …… 234
第三章　科教片 …… 268
第一节　概况 …… 268
第二节　选介 …… 269
第四章　纪录片 …… 292
第一节　概况 …… 292
第二节　选介 …… 292
第五章　译制片 …… 297
第一节　概况 …… 297
第二节　选介 …… 297

第三篇　发行放映 …… 367
第一章　发行与院线 …… 369
第一节　发行公司 …… 370
第二节　院线公司 …… 371
第二章　专业影院与放映活动 …… 374
第一节　概况 …… 375
第二节　专业电影院 …… 379
第三节　放映活动 …… 400

第四篇　电影技术 …… 411
第一章　摄影 …… 413

第一节　技术 …… 413
第二节　设备 …… 417
第二章　照明 …… 419
第一节　技术 …… 419
第二节　设备 …… 420
第三章　录音 …… 422
第一节　技术 …… 422
第二节　设备设施 …… 424
第四章　剪辑 …… 428
第一节　技术 …… 428
第二节　设备 …… 429
第五章　特技 …… 430
第一节　特技沿革 …… 430
第二节　数字特技 …… 431
第六章　动画 …… 434
第一节　技术 …… 434
第二节　设备设施 …… 435
第七章　洗印 …… 437
第一节　技术 …… 437
第二节　设备设施 …… 438
第三节　数字后期制作 …… 439
第八章　放映 …… 440
第一节　放映技术 …… 440
第二节　放映技术新形式 …… 444

第五篇　教育研究 …… 453
第一章　教育研究机构 …… 455
第一节　教学机构 …… 455
第二节　研究机构 …… 460
第二章　媒介与出版物 …… 465
第一节　媒介 …… 465
第二节　图书 …… 472
第三章　研讨纪念 …… 484
第一节　研讨 …… 484
第二节　庆贺纪念研讨 …… 495

第六篇　交流活动 …… 509
第一章　电影节 …… 511
第一节　上海国际电影节 …… 511
第二节　主题电影节 …… 529
第二章　合作交流 …… 538
第一节　上海电影(人)在境外 …… 538
第二节　境外电影(人)在上海 …… 543

第七篇　管理 …… 555
第一章　行政(依法)管理 …… 557
第一节　制片业 …… 557
第二节　财税政策与专项资金 …… 561
第三节　发行放映 …… 563
第四节　农村电影 …… 571
第二章　剧本创作 …… 575
第一节　故事片 …… 575
第二节　美术片、科教片 …… 577
第三章　制片生产 …… 579
第一节　制片管理概况 …… 580
第二节　摄制工作 …… 582
第三节　经费管理 …… 587
第四节　影片自审流程 …… 588

第八篇　人物 …… 591
第一章　人物传略 …… 593
第二章　人物简介 …… 651
第三章　人物录 …… 715

专记 …… 725
附录 …… 733
索引 …… 912
编后记 …… 945

《上海市志·文学·艺术分志·戏剧卷（1978—2010）》目录

序一 …… 1
序二 …… 1
《上海市志（1978—2010）》凡例 …… 1
编纂说明 …… 1
概述 …… 1
大事记 …… 15

第一篇　机构团体·市场·活动 …… 73
第一章　管理机构与团体 …… 75
第一节　管理部门 …… 75
第二节　上海市文学艺术界联合会 …… 77
第三节　上海市戏剧家协会 …… 80
第二章　演出场所与市场 …… 88
第一节　演出场所 …… 88
第二节　演出市场 …… 98
第三章　戏剧节与展演 …… 101
第一节　中国上海国际艺术节 …… 101
第二节　上海戏剧节 …… 103
第三节　上海市新剧目展演 …… 105
第四节　上海市小剧（节）目展演 …… 106
第五节　上海优秀儿童剧展演 …… 107
第六节　上海国际儿童戏剧展演 …… 109
第七节　上海国际木偶艺术节 …… 113

第二篇　京剧 …… 117
第一章　演出团体 …… 120
第一节　上海京剧院 …… 120
第二节　民营与社会团体 …… 123
第二章　剧目 …… 126
第一节　改编剧目 …… 126
第二节　新创剧目 …… 130
第三章　表导演 …… 152
第一节　表演 …… 152
第二节　导演 …… 155
第四章　音乐唱腔 …… 158
第一节　沿革 …… 158
第二节　发展 …… 158
第五章　重大演出与活动 …… 160
第一节　重大演出 …… 160
第二节　重要活动 …… 172

第三篇　昆剧 …… 175
第一章　演出团体 …… 178
第一节　上海昆剧团 …… 178
第二节　民营与社会团体 …… 179
第二章　剧目 …… 183
第一节　改编剧目 …… 184
第二节　新创剧目 …… 190
第三章　表导演 …… 200
第一节　表演 …… 200
第二节　导演 …… 202

第四章　音乐唱腔 …… 205
第一节　沿革 …… 205
第二节　唱念艺术 …… 205
第五章　重大演出与活动 …… 210
第一节　重大演出 …… 210
第二节　重要活动 …… 219

第四篇　越剧 …… 223
第一章　演出团体 …… 227
第一节　上海越剧院 …… 227
第二节　区县、民营与社会团体 …… 229
第二章　剧目 …… 233
第一节　改编剧目 …… 233
第二节　新创剧目 …… 237
第三章　表导演 …… 269
第一节　表演 …… 269
第二节　导演 …… 272
第四章　音乐唱腔 …… 275
第一节　沿革 …… 275
第二节　流派唱腔 …… 275
第五章　重大演出与活动 …… 285
第一节　重大演出 …… 285
第二节　重要活动 …… 294

第五篇　沪剧 …… 299
第一章　演出团体 …… 303
第一节　上海沪剧院 …… 303
第二节　区县与民营团体 …… 305
第二章　剧目 …… 310
第一节　改编剧目 …… 310
第二节　新创剧目 …… 317
第三章　表导演 …… 344
第一节　表演 …… 344
第二节　导演 …… 347
第四章　音乐唱腔 …… 350
第一节　音乐的改革与发展 …… 350
第二节　流派唱腔 …… 352
第五章　重大演出与活动 …… 356
第一节　重大演出 …… 356
第二节　重要活动 …… 361

第六篇　淮剧 …… 363
第一章　演出团体 …… 367
第一节　上海淮剧团 …… 367
第二节　业余与社会团体 …… 369
第二章　剧目 …… 372
第一节　改编剧目 …… 372
第二节　新创剧目 …… 379
第三章　表导演 …… 393
第一节　表演 …… 393
第二节　导演 …… 397
第四章　音乐唱腔 …… 403
第一节　音乐唱腔的改革 …… 403
第二节　流派唱腔 …… 408
第五章　重大演出与活动 …… 412
第一节　重大演出 …… 412
第二节　重要活动 …… 416

第七篇　滑稽戏及其他剧种 …… 419
第一章　滑稽戏 …… 421
第一节　演出团体 …… 422
第二节　剧目 …… 427
第三节　表演及其选例 …… 446
第四节　重大演出与活动 …… 452
第二章　锡剧 …… 458
第一节　演出团体 …… 458
第二节　剧目 …… 460
第三节　表演 …… 461
第四节　音乐唱腔 …… 463
第五节　演出与活动 …… 464
第三章　扬剧　甬剧 …… 466
第一节　扬剧 …… 466
第二节　甬剧 …… 467

第八篇　话剧 …… 469
第一章　演出团体 …… 473

第一节　上海人民艺术剧院 …………… 473
第二节　上海青年话剧团 …………… 475
第三节　上海话剧艺术中心 …………… 476
第四节　民营与社会团体 …………… 477
第二章　剧目 …………… 480
第一节　现代剧目 …………… 480
第二节　历史与传奇剧目 …………… 495
第三节　外国剧目 …………… 498
第三章　表导演 …………… 529
第一节　表演 …………… 529
第二节　导演 …………… 532
第四章　重大演出与活动 …………… 536
第一节　重大演出 …………… 536
第二节　重要活动 …………… 544

第九篇　儿童剧　木偶剧 …………… 549
第一章　儿童剧 …………… 551
第一节　演出团体 …………… 551
第二节　剧目 …………… 554
第三节　表导演 …………… 575
第四节　音乐 …………… 579
第五节　重大演出与活动 …………… 579
第二章　木偶剧 …………… 586
第一节　演出团体 …………… 587
第二节　剧目 …………… 592
第三节　表导演 …………… 603
第四节　音乐 …………… 613
第五节　木偶、皮影造型设计与制作 …………… 615
第六节　重大演出与活动 …………… 621

第十篇　教育研究 …………… 633
第一章　高等戏剧教育 …………… 635
第一节　上海戏剧学院 …………… 635
第二节　其他高等戏剧教育 …………… 654
第二章　中等戏剧教育 …………… 658
第一节　上海戏剧学院附属戏曲学校 …………… 658
第二节　院团学馆 …………… 681
第三章　戏剧研究 …………… 687
第一节　研究机构 …………… 687
第二节　研究活动 …………… 690
第三节　戏剧出版物 …………… 694

第十一篇　人物 …………… 717
第一章　人物传略 …………… 719
第二章　人物简介 …………… 783
第三章　人物表录 …………… 891
第一节　全国性主要奖项上海获奖名单 …………… 891
第二节　上海市主要奖项获奖名单 …………… 896

专记 …………… 921
附录 …………… 937
索引 …………… 948
编后记 …………… 987

《上海市志·文学·艺术分志·音乐·舞蹈卷(1978—2010)》目录

序 …… 1
《上海市志(1978—2010)》凡例 …… 1
编纂说明 …… 1
概述 …… 1
大事记 …… 19

音　乐

序一 …… 157
序二 …… 159

第一篇　社会团体、音乐场馆 …… 161
第一章　上海音乐家协会 …… 165
第一节　沿革 …… 165
第二节　理事会 …… 166
第三节　上海音乐家协会各专业委员会 …… 169
第二章　其他社会音乐团体 …… 178
第一节　基金会 …… 178
第二节　群众性团体 …… 179
第三章　演出团体 …… 184
第一节　职业团体 …… 184
第二节　非职业团体 …… 194
第四章　音乐场馆及塑像 …… 238
第一节　演出剧场 …… 238
第二节　乐器陈列馆 …… 244
第三节　纪念塑像、故居及音乐广场 …… 246

第二篇　音乐创作 …… 257
第一章　声乐作品 …… 260
第一节　艺术歌曲和合唱曲 …… 260
第二节　流行歌曲 …… 272
第三节　群众文化歌曲和庆典歌曲 …… 275
第四节　影视歌曲 …… 279
第二章　中国民族器乐作品 …… 289
第一节　独奏曲 …… 289
第二节　重奏曲与小型合奏曲 …… 291
第三节　协奏曲 …… 293
第四节　管弦乐曲 …… 295
第三章　西洋器乐作品 …… 306
第一节　独奏曲 …… 306
第二节　室内乐 …… 310
第三节　协奏曲 …… 312
第四节　管弦乐曲 …… 313
第四章　舞台剧音乐和影视剧音乐 …… 335
第一节　歌剧 …… 335
第二节　音乐剧 …… 341
第三节　舞蹈、舞剧音乐 …… 343

第四节　戏曲音乐 …………………… 349
第五节　影视剧音乐 ………………… 353
第五章　“海上新梦”原创作品 ………… 382
第一节　声乐 ……………………… 382
第二节　民族器乐 ………………… 383
第三节　交响乐 …………………… 386

第三篇　演出与演播 …………………… 393
第一章　民族民间音乐 ……………… 396
第一节　民族管弦乐 ……………… 396
第二节　民族室内乐 ……………… 398
第三节　民间音乐 ………………… 399
第四节　民乐独奏 ………………… 401
第五节　民歌 ……………………… 408
第二章　西洋器乐 …………………… 411
第一节　交响乐 …………………… 411
第二节　室内乐 …………………… 414
第三节　独奏 ……………………… 416
第三章　歌剧、音乐剧、声乐 ………… 421
第一节　歌剧 ……………………… 421
第二节　音乐剧 …………………… 423
第三节　声乐 ……………………… 424
第四章　流行音乐 …………………… 427
第一节　沿革 ……………………… 427
第二节　东方风云榜 ……………… 429
第五章　个人作品专场音乐会 ………… 431
第一节　综合类 …………………… 431
第二节　器乐类 …………………… 433
第六章　公益性演播 ………………… 436
第一节　音乐会 …………………… 436
第二节　电台、电视台演播的音乐节目 ……………………… 439

第四篇　音乐比赛、交流与活动 …… 445
第一章　音乐比赛 …………………… 449
第一节　国际表演类、作曲等比赛 …… 449
第二节　上海表演类、作曲比赛 …… 472
第二章　音乐交流 …………………… 511
第一节　海外音乐家和音乐团体到访 ……………………… 511
第二节　上海音乐家及音乐团体出访 ……………………… 519
第三章　音乐活动 …………………… 537
第一节　上海之春国际音乐节 ……… 537
第二节　上海国际广播音乐节 ……… 542
第三节　中国上海国际艺术节中的音乐演出 ………………… 545
第四节　世博号角——上海管乐艺术节 ……………………… 552
第五节　上海音乐学院音乐活动 …… 553
第六节　上海夏季音乐节 ………… 556

第五篇　教育、研究与出版 ………… 557
第一章　教育 ……………………… 561
第一节　高等音乐教育 …………… 561
第二节　中等及社会音乐教育 ……… 564
第三节　业余音乐考级 …………… 568
第二章　理论研究 ………………… 571
第一节　研究单位 ………………… 571
第二节　研究成果 ………………… 574
第三章　出版 ……………………… 582
第一节　图书出版 ………………… 582
第二节　报刊 ……………………… 585
第三节　音像出版 ………………… 590

第六篇　乐器研制与音乐产品销售 …………………… 595
第一章　乐器研制 ………………… 598
第一节　西洋乐器 ………………… 598
第二节　民族乐器 ………………… 606
第二章　音乐产品销售 …………… 613
第一节　琴行 ……………………… 613
第二节　书店 ……………………… 614
第三节　上海钢琴企业与乐器企业 …………………… 616

第七篇　人物 …… 625
第一章　人物传略 …… 627
第二章　人物简介 …… 679

专记 …… 723
附录 …… 733
编后记 …… 740

舞　蹈

序一 …… 745
序二 …… 746

第一篇　团体机构 …… 747
第一章　协会 …… 749
第一节　上海市舞蹈家协会 …… 749
第二节　上海市国际标准舞协会 …… 752
第二章　演出团体 …… 753
第一节　国有院团 …… 753
第二节　民营舞团与机构 …… 755
第三节　院校舞蹈团 …… 756

第二篇　创作 …… 759
第一章　舞蹈创作 …… 762
第一节　概况 …… 762
第二节　作品选介 …… 763
第二章　舞剧、舞蹈诗创作 …… 795
第一节　概况 …… 795
第二节　作品选介 …… 797
第三章　音乐舞美创作 …… 816
第一节　音乐创作 …… 816
第二节　舞美创作 …… 819

第三篇　演出与比赛 …… 823
第一章　演出 …… 827
第一节　国内演出 …… 828
第二节　境外演出与引进演出 …… 891
第二章　比赛 …… 910
第一节　概况 …… 910
第二节　国际比赛 …… 910
第三节　国内比赛 …… 915

第四篇　教育　研究　出版 …… 947
第一章　教育 …… 950
第一节　中等教育 …… 950
第二节　高等教育 …… 955
第三节　社会教育 …… 967
第二章　研究 …… 972
第一节　理论研究 …… 972
第二节　研讨会 …… 978
第三章　出版 …… 994
第一节　上海音乐出版社 …… 994
第二节　外省市出版社 …… 1008
第三节　上海其他出版社 …… 1008

第五篇　人物 …… 1011
第一章　人物传略 …… 1013
第二章　人物简介 …… 1019
第三章　人物表 …… 1056

专记 …… 1059
附录 …… 1069
编后记 …… 1082

索引 …… 1083

《上海市志·文学·艺术分志·曲艺·杂技卷(1978—2010)》目录

序 …… 1
《上海市志(1978—2010)》凡例 …… 1

曲　　艺

序 …… 3
编纂说明 …… 5
概述 …… 7
大事记 …… 15

第一篇　协会、团体、场所 …… 75
　第一章　上海市曲艺家协会 …… 78
　　第一节　沿革 …… 78
　　第二节　会员大会 …… 78
　第二章　评弹演出团体 …… 81
　　第一节　专业演出团体 …… 81
　　第二节　业余演出团体 …… 83
　第三章　滑稽演出团体 …… 85
　　第一节　市级团体 …… 85
　　第二节　区级团体 …… 86
　　第三节　民营团体 …… 87
　第四章　其他演出团体 …… 89
　　第一节　沪书演出团体 …… 89
　　第二节　相声演出团体 …… 90
　　第三节　区县曲艺团体 …… 90
　第五章　演出场所 …… 93
　　第一节　评弹书场 …… 93
　　第二节　滑稽演艺剧场 …… 96

第二篇　评话弹词 …… 99
　第一章　评话 …… 102
　　第一节　传统长篇评话 …… 102
　　第二节　新编评话 …… 104
　第二章　弹词 …… 108
　　第一节　传统弹词 …… 108
　　第二节　新编弹词 …… 115
　第三章　评弹创作与演出 …… 130
　　第一节　评弹创作 …… 130
　　第二节　评弹演出 …… 131
　　第三节　评弹艺术流派 …… 132

第三篇　独脚戏与其他曲种 …… 137
　第一章　独脚戏 …… 140
　　第一节　传统独脚戏 …… 143
　　第二节　新编独脚戏 …… 148
　　第三节　上海说唱 …… 159
　第二章　浦东说书 …… 168
　　第一节　概况 …… 168
　　第二节　书目选介 …… 169
　第三章　锣鼓书 …… 174
　　第一节　概况 …… 174
　　第二节　书目选介 …… 174
　第四章　沪书与宣卷 …… 184

第一节　沪书 …… 184
第二节　宣卷 …… 188
第五章　其他曲种 …… 192
第一节　相声 …… 192
第二节　空谈、海派清口、玫瑰金口 …… 192

第四篇　曲艺传播 …… 195
第一章　曲艺会演 …… 197
第一节　评弹会演 …… 197
第二节　滑稽会演 …… 199
第三节　综合性会演 …… 201
第二章　曲艺节庆及赛事 …… 202
第一节　上海曲艺艺术节 …… 202
第二节　中国曲艺牡丹奖 …… 202
第三节　其他节庆及赛事 …… 203
第三章　曲艺交流 …… 205
第一节　全国性交流 …… 205
第二节　港台交流 …… 206
第三节　国际交流 …… 208
第四章　广播电视曲艺 …… 213
第一节　广播曲艺 …… 215
第二节　电视曲艺 …… 221

第五篇　教育研究出版 …… 225
第一章　曲艺教育 …… 227
第一节　专业曲艺教育 …… 227
第二节　群众曲艺教育 …… 229
第三节　少儿曲艺教育 …… 231
第二章　研究活动 …… 234
第一节　研讨会 …… 234
第二节　纪念演出 …… 236
第三章　研究成果 …… 244
第一节　著作 …… 245
第二节　音像出版 …… 254

第六篇　人物 …… 261
第一章　人物传略 …… 263
第二章　人物简介 …… 288
第三章　人物名录 …… 300

专记 …… 303
附录 …… 311
编后记 …… 386

杂　技

序 …… 391
编纂说明 …… 393
概述 …… 395
大事记 …… 403

第一篇　协会、团体 …… 423
第一章　上海市杂技家协会 …… 425
第一节　历史沿革 …… 425
第二节　上海市杂技艺术家协会会员代表大会 …… 426
第三节　上海市杂技艺术家协会魔术专业委员会 …… 429
第二章　上海杂技团(上海马戏城) …… 432
第一节　历史沿革 …… 432
第二节　体制、机制改革 …… 436
第三节　演出场所 …… 441
第四节　奖项与荣誉 …… 443
第三章　上海魔术团 …… 450
第一节　历史沿革 …… 450
第二节　体制、机制改革 …… 452
第三节　演出场所 …… 453
第四节　人才和奖项 …… 454
第四章　民营团体 …… 456
第一节　上海腾龙魔术艺术团 …… 457
第二节　上海星光杂技艺术团 …… 458

第三节 上海青年马戏团 …… 459
第四节 上海力创演艺有限公司 …… 460

第二篇 节目与剧目 …… 461
第一章 节目 …… 463
第一节 杂技 …… 463
第二节 魔术 …… 473
第三节 驯兽 …… 479
第四节 滑稽 …… 483
第二章 剧目 …… 487
第一节 杂技 …… 487
第二节 杂技驯兽 …… 492
第三节 魔术 …… 496

第三篇 演出 …… 499
第一章 国内演出 …… 501
第一节 驻场演出 …… 501
第二节 国内巡回演出 …… 502
第三节 香港、澳门、台湾地区演出 …… 506
第四节 国事、节庆、慈善慰问演出 …… 509
第二章 国外演出 …… 512
第一节 友好访问演出 …… 512
第二节 境外商业演出 …… 516
第三章 到沪演出 …… 532
第一节 境外团体 …… 532
第二节 国内团体 …… 541

第四篇 比赛与访问活动 …… 547
第一章 国际比赛与访问活动 …… 549
第一节 国际比赛 …… 549
第二节 上海国际魔术节暨国际魔术比赛 …… 559
第三节 出访 …… 569
第四节 到访 …… 572
第二章 国内比赛活动 …… 574
第一节 国内比赛 …… 574
第二节 在沪各类比赛活动 …… 581

第五篇 教育研究 …… 587
第一章 教育 …… 589
第一节 学馆、培训部、学员班 …… 589
第二节 上海市马戏学校 …… 591
第二章 研究及其他 …… 606
第一节 非遗传承 …… 606
第二节 研讨纪念 …… 607
第三节 著作文章 …… 616
第四节 电影、电视 …… 624

第六篇 人物 …… 627
第一章 人物传略 …… 629
第二章 人物简介 …… 636

专记 …… 647
附录 …… 653
编后记 …… 680

索引 …… 681

《上海市志·文学·艺术分志·美术·书法·摄影卷(1978—2010)》目录

序 …… 1
《上海市志(1978—2010)》凡例 …… 1
编纂说明 …… 1

美　　术

序 …… 3
概述 …… 5
大事记 …… 15

第一篇　团体与机构 …… 51
　第一章　上海市美术家协会 …… 53
　　第一节　沿革 …… 53
　　第二节　会员大会 …… 54
　　第三节　工作委员会 …… 56
　第二章　社会团体 …… 58
　　第一节　协会与学会 …… 58
　　第二节　研究会 …… 60
　　第三节　区(县)美术家协会 …… 62
　第三章　创作机构 …… 64
　　第一节　市级创作单位 …… 64
　　第二节　区(县)创作单位 …… 66
　　第三节　其他创作单位 …… 68
　　第四节　工作室 …… 69
　第四章　美术馆 …… 71
　　第一节　公立美术馆 …… 71
　　第二节　民营美术馆 …… 76

第二篇　美术创作 …… 83
　第一章　绘画 …… 86
　　第一节　中国画 …… 86
　　第二节　油画 …… 95
　　第三节　版画 …… 111
　　第四节　水彩、粉画 …… 117
　　第五节　漫画 …… 125
　　第六节　年画 …… 132
　　第七节　连环画 …… 138
　　第八节　宣传画 …… 147
　　第九节　少儿美术 …… 152
　第二章　雕塑 …… 159
　　第一节　城市雕塑 …… 159
　　第二节　架上雕塑 …… 172
　第三章　工艺美术 …… 177
　　第一节　上海玉雕 …… 180
　　第二节　上海象牙雕刻 …… 182
　　第三节　上海金银首饰 …… 183
　　第四节　上海黄杨木雕 …… 184
　　第五节　上海竹刻 …… 185
　　第六节　上海绒绣 …… 185
　　第七节　上海面塑 …… 186
　　第八节　上海剪纸 …… 187

第九节　上海编织 …… 188
第十节　上海灯彩 …… 188
第四章　艺术设计 …… 194
第一节　平面设计 …… 194
第二节　产品设计 …… 197
第三节　包装设计 …… 200
第四节　公共艺术 …… 202

第三篇　美术展览 …… 209
第一章　上海市级展览 …… 212
第一节　综合展览 …… 212
第二节　单项展览 …… 222
第三节　交流展览 …… 239
第二章　全国性展览 …… 242
第一节　综合展览 …… 242
第二节　单项展览 …… 243
第三章　国际性展览 …… 250
第一节　综合展览 …… 250
第二节　单项展览 …… 259

第四篇　教育研究出版 …… 267
第一章　教育与研究机构 …… 270
第一节　高等美术教育机构 …… 270
第二节　研究机构 …… 274
第三节　考级机构 …… 275
第二章　理论研究与出版 …… 277
第一节　学术研讨会 …… 277
第二节　理论著作 …… 282
第三节　期刊 …… 300
第四节　出版社与期刊社 …… 304

第五篇　艺术市场 …… 307
第一章　艺术交易推广 …… 309
第一节　艺术博览会 …… 309
第二节　艺术园区 …… 314
第二章　画廊 …… 321
第一节　本土画廊 …… 321
第二节　外资独资、合资画廊 …… 333
第三章　拍卖 …… 338
第一节　绘画、雕塑拍卖 …… 339
第二节　综合拍卖 …… 344

第六篇　人物 …… 347
第一章　人物传略 …… 349
第二章　人物简介 …… 395
第三章　人物名录 …… 410

专记 …… 413
附录 …… 419
编后记 …… 427

书　法

序 …… 431
概述 …… 433
大事记 …… 441

第一篇　团体 …… 467
第一章　上海市书法家协会 …… 469
第一节　历史沿革 …… 469
第二节　会员(代表)大会 …… 469
第三节　专业委员会 …… 472
第二章　区(县)书法家协会及社会团体 …… 474
第一节　区(县)书法家协会 …… 474
第二节　社会团体 …… 478

第二篇　展览比赛交流 …… 481
第一章　书法展赛 …… 483
第一节　全国展赛 …… 483
第二节　市级展赛 …… 491

第三节 区(县)展赛 …… 509
第二章 书法交流 …… 518
第一节 国际书法交流 …… 518
第二节 港、澳、台书法交流展 …… 531
第三节 省际书法交流展 …… 532

第三篇 教育研究出版 …… 541
第一章 教育培训 …… 544
第一节 高等院校书法教育 …… 544
第二节 中、小学书法教育 …… 548
第三节 社会教育 …… 553
第四节 等级考试 …… 562
第二章 理论研究 …… 565
第一节 学术活动 …… 565
第二节 主要学术论文 …… 569
第三章 出版 …… 573
第一节 报刊影视 …… 573
第二节 图书 …… 576

第四篇 人物 …… 595
第一章 人物传略 …… 597
第二章 人物简介 …… 607
第三章 人物名录 …… 637
第一节 中国书协上海会员名录 …… 637
第二节 西泠印社上海社员名录 …… 638

专记 …… 639
附录 …… 649
编后记 …… 656

摄影

序 …… 659
概述 …… 661
大事记 …… 671

第一篇 社团与机构 …… 685
第一章 上海市摄影家协会 …… 687
第一节 沿革 …… 687
第二节 理事会 …… 687
第三节 专业组、专业委员会和分会 …… 690
第四节 区县级协会 …… 693
第二章 社会团体和民间组织 …… 695
第一节 社会团体 …… 695
第二节 新闻媒体摄影部门 …… 697
第三节 民间组织 …… 699
第三章 商业机构 …… 703
第一节 画廊 …… 703
第二节 照相馆 …… 704
第三节 照相器材厂 …… 706
第四节 图片、器材公司 …… 708

第二篇 创作 …… 711
第一章 新闻摄影 …… 713
第一节 概况 …… 713
第二节 成果 …… 713
第二章 商业人像 …… 715
第一节 彩色模式 …… 715
第二节 婚纱和其他模式 …… 716
第三章 广告摄影 …… 718
第一节 概况 …… 718
第二节 成果 …… 718
第四章 艺术创作 …… 721
第一节 工农兵 …… 721
第二节 其他个体 …… 724

第三篇 展览、比赛与交流 …… 729
第一章 国际 …… 732
第一节 展览 …… 732
第二节 比赛 …… 742
第三节 交流 …… 744
第二章 国内 …… 750

第一节　展览 …… 750
第二节　比赛 …… 759
第三节　交流 …… 766

第四篇　教育与研究 …… 769
第一章　教育 …… 772
第一节　高等教育 …… 772
第二节　职业教育 …… 775
第三节　社会教育 …… 780
第二章　理论研究 …… 785
第一节　理论研究活动与成果 …… 785
第二节　理论文章 …… 789
第三章　出版 …… 793
第一节　期刊 …… 793
第二节　书籍 …… 796
第三节　画册 …… 802
第四节　宣传品 …… 808

第五篇　科技 …… 811
第一章　器材科技与应用 …… 813
第一节　照相器材 …… 813
第二节　上海产经典相机 …… 814
第二章　感光材料 …… 817
第一节　产品更新换代 …… 817
第二节　工艺装备及技术改进 …… 817
第三节　技术交流 …… 818

第六篇　人物 …… 821
第一章　人物传略 …… 823
第二章　人物简介 …… 828
第三章　人物名录 …… 856
第一节　中国摄影家协会上海会员人物名录(1962—2010) …… 856
第二节　上海市摄影家协会会员人物名录(1962—2010) …… 857
第三节　上海从事摄影工作50年荣誉获得者(中国摄影家协会公布) …… 863

专记 …… 865
附录 …… 869
编后记 …… 877

索引 …… 879

《上海市志·文学·艺术分志·群众文艺卷（1978—2010）》目录

序 …… 1
《上海市志（1978—2010）》凡例 …… 1
编纂说明 …… 1
概述 …… 1
大事记 …… 11

第一篇　机构与场馆 …… 57
第一章　行政机构 …… 60
第一节　行政管理机构 …… 60
第二节　协调指导机构 …… 61
第三节　专业培训和学术交流机构 …… 63
第二章　公共文化馆 …… 64
第一节　上海市群众艺术馆 …… 64
第二节　区（县）文化馆（艺术馆、群艺馆、艺术指导中心） …… 67
第三节　街道（乡镇）和居（村）委综合文化活动室（中心） …… 83
第三章　青少年宫（活动中心） …… 92
第一节　中国福利会少年宫 …… 92
第二节　青少年活动（教育）中心 …… 94
第四章　工人文化宫（俱乐部） …… 99
第一节　上海市工人文化宫 …… 99
第二节　沪西、沪东工人文化宫 …… 100
第三节　区（县）职工俱乐部 …… 103

第二篇　群众文艺组织 …… 107
第一章　社会团体 …… 110
第一节　市级社团 …… 110
第二节　区县社团和其他社团 …… 117
第二章　艺术团队 …… 127
第一节　行业、系统表演艺术团 …… 128
第二节　区（县）艺术团队 …… 147
第三节　民间艺术团队 …… 165

第三篇　群众文艺创作 …… 179
第一章　文学创作 …… 182
第一节　诗歌与散文 …… 183
第二节　小说与报告文学 …… 186
第三节　影视文学 …… 189
第四节　新故事 …… 191
第五节　文学期刊《上海故事》 …… 194
第二章　音乐、舞蹈创作 …… 198
第一节　音乐 …… 199
第二节　舞蹈 …… 211
第三章　戏剧、曲艺创作 …… 228
第一节　戏剧 …… 230
第二节　曲艺 …… 252
第四章　美术、书法（篆刻）、摄影创作 …… 266
第一节　美术 …… 266
第二节　书法篆刻 …… 282
第三节　摄影 …… 286

第四篇　群众文化活动 …… 291
第一章　中国上海国际艺术节 …… 296
第一节　沿革 …… 296
第二节　品牌活动 …… 308
第二章　节庆活动 …… 321
第一节　“上海之春”国际音乐节 …… 321
第二节　主题庆典活动 …… 328
第三节　区(县)品牌节庆活动 …… 344
第四节　系统节庆活动 …… 361
第五节　民俗活动 …… 367
第三章　会演、调演与其他活动 …… 375
第一节　会演 …… 375
第二节　调演 …… 380
第三节　专题演出 …… 382
第四节　其他活动 …… 402
第四章　群文比赛 …… 409
第一节　国家级比赛 …… 409
第二节　地区级比赛 …… 422
第三节　市级比赛 …… 424
第五章　展示 …… 439
第一节　美术展 …… 439
第二节　书法、篆刻展 …… 452
第三节　摄影展 …… 455
第四节　收藏展示 …… 459
第五节　民间艺术活动 …… 465
第六章　交流 …… 470
第一节　国际性交流活动 …… 470
第二节　国内群众文化交流活动 …… 477

第五篇　群众文化理论研究、民间文艺研究和艺术普及 …… 487
第一章　群众文化理论研究 …… 489
第一节　研究活动 …… 489
第二节　研究成果 …… 501
第三节　期刊 …… 513
第二章　民间文艺研究 …… 516
第一节　研究机构 …… 516
第二节　民间文艺调查与专题研究 …… 517
第三节　民间文艺与民俗文化研讨会 …… 522
第四节　民间文艺著作 …… 524
第五节　民间文艺论文与《民间文艺季刊》 …… 530
第三章　艺术普及 …… 534
第一节　培训 …… 534
第二节　讲座 …… 541

第六篇　群众文化事业管理 …… 545
第一章　发展规划与体制改革 …… 548
第一节　发展规划 …… 548
第二节　体制改革 …… 553
第二章　规章办法 …… 561
第一节　公共文化馆管理 …… 561
第二节　社区文化建设与管理 …… 565
第三节　农村文化建设与管理 …… 569
第四节　活动管理 …… 570
第五节　社会文化组织管理 …… 572
第三章　决策部署 …… 574
第一节　总体部署 …… 574
第二节　专项工作部署与推进 …… 581
第四章　考核评估 …… 584
第一节　文化馆评估定级 …… 584
第二节　街道(乡镇)文化站(活动中心)考核评估 …… 586
第三节　重大文化活动评估 …… 586
第五章　公共文化馆队伍建设 …… 588
第一节　从业人员 …… 588
第二节　教育培训 …… 594

第七篇　非物质文化遗产保护 …… 599
第一章　机构与管理 …… 602
第一节　机构 …… 602
第二节　管理 …… 604
第二章　上海市非物质文化遗产名录和项目代表性传承人 …… 606

第一节 国家级非物质文化遗产名录和项目代表性传承人 ………… 606
第二节 市级非物质文化遗产名录和项目代表性传承人 ………… 622
第三章 活动 ………… 649
第一节 主题活动 ………… 649
第二节 专项活动 ………… 655
第三节 论坛与研讨会 ………… 659

第八篇 人物 ………… 665
第一章 人物传略 ………… 667
第二章 人物简介 ………… 684
第三章 非物质文化遗产项目代表性传承人 ………… 713
第四章 人物表 ………… 732

专记 ………… 741
附录 ………… 755
索引 ………… 816
编后记 ………… 873

《上海市志·文学·艺术分志·文化娱乐业卷(1978—2010)》目录

序 …… 1
《上海市志(1978—2010)》凡例 …… 1
编纂说明 …… 1
概述 …… 1
大事记 …… 15

第一篇　机构组织 …… 107
第一章　机构 …… 109
第一节　管理机构 …… 109
第二节　执法机构 …… 113
第三节　教育机构 …… 120
第四节　研究机构 …… 123
第二章　社会组织 …… 126
第一节　行业协会 …… 126
第二节　演艺工作者组织 …… 128

第二篇　演出放映场所 …… 133
第一章　剧场 …… 135
第一节　老剧场 …… 137
第二节　新中国成立后新建剧场 …… 150
第三节　文化宫(馆)、俱乐部附设剧场 …… 175
第二章　电影院 …… 208
第一节　老电影院 …… 209
第二节　新中国成立后新建电影院 …… 240
第三节　商场附设电影院 …… 260
第三章　书场 …… 269
第一节　茶楼书场 …… 270
第二节　专业书场 …… 272
第三节　文化书场 …… 277
第四节　社区书场 …… 281
第五节　其他类型的书场 …… 283

第三篇　歌舞、游艺、游乐场所 …… 301
第一章　歌舞游艺场所 …… 303
第一节　交谊舞厅选介 …… 304
第二节　迪斯科舞厅、歌舞厅、卡拉OK歌舞厅选介 …… 320
第三节　卡拉OK厅(包房)、量贩式KTV及餐饮卡拉OK厅(包房)选介 …… 336
第四节　音乐茶座、音乐餐厅选介 …… 402
第五节　游戏机房、游艺机房选介 …… 420
第六节　台球室 …… 446
第二章　大型游乐场所 …… 468
第一节　大型游乐场 …… 469
第二节　水上游乐园 …… 478
第三章　互联网公共上网服务场所 …… 484
第一节　连锁网吧 …… 485

第二节　单体网吧 …………………… 507

第四篇　市场运营与管理 …………… 539

第一章　剧场建设、运营和演出管理 ……………………………… 542

第一节　规划、建设、会议 ………… 542

第二节　运营与票价 ……………… 554

第三节　演出管理 ………………… 574

第二章　电影发行放映 ……………… 586

第一节　电影院建设 ……………… 586

第二节　建章立法 ………………… 590

第三节　市场化改革 ……………… 592

第三章　书场管理 ………………… 598

第一节　书场经营 ………………… 599

第二节　经营管理 ………………… 601

第四章　歌舞游艺场所和音像市场的运营与管理 ………………… 604

第一节　歌舞游艺场所的运营消费 ………………………… 604

第二节　歌舞游艺场所和音像市场的管理 ………………………… 613

第五章　互联网上网服务场所的运营与管理 ……………………… 628

第一节　互联网运营 ……………… 628

第二节　互联网管理 ……………… 631

第五篇　人物 ……………………… 635

第一章　人物传略 ………………… 637

第二章　人物简介 ………………… 643

第三章　人物表录 ………………… 650

专记 ………………………………… 675

附录 ………………………………… 687

索引 ………………………………… 831

编后记 ……………………………… 856

《上海市志·图书·文博分志·图书馆事业卷(1978—2010)》目录

序 …… 1
《上海市志(1978—2010)》凡例 …… 1
编纂说明 …… 1
概述 …… 1
大事记 …… 17

第一篇　图书馆 …… 35
第一章　公共图书馆 …… 38
第一节　上海图书馆(上海科学技术情报研究所) …… 38
第二节　上海少年儿童图书馆 …… 40
第三节　区县图书馆 …… 40
第四节　街镇社区图书馆(室) …… 53
第二章　高等院校图书馆 …… 102
第一节　普通高等院校图书馆 …… 102
第二节　军事院校图书馆 …… 123
第三章　中小学图书馆 …… 125
第一节　普通中小学图书馆选介 …… 125
第二节　中专学校图书馆选介 …… 140
第四章　专业图书馆 …… 143
第一节　中国科学院上海地区图书情报机构 …… 143
第二节　上海社会科学院图书馆和研究所资料室 …… 148
第三节　其他科研院所与企业集团图书情报机构选介 …… 153
第四节　文化出版单位图书馆选介 …… 157
第五章　党校(行政学院)图书馆 …… 162
第一节　中共上海市委党校(上海行政学院)图书馆 …… 162
第二节　上海市大口党委和区县党校(行政学院)图书馆 …… 162
第三节　中国浦东干部学院图书馆 …… 167
第六章　工会图书馆 …… 169
第一节　概况 …… 169
第二节　选介 …… 170

第二篇　馆藏资源 …… 173
第一章　源流与分布 …… 175
第一节　藏书源流 …… 175
第二节　入藏文献布局 …… 188
第二章　纸质文献资源 …… 192
第一节　古代文献 …… 192
第二节　近代文献 …… 194
第三节　现代文献 …… 196
第三章　视听及数字资源 …… 199
第一节　视听资源 …… 199
第二节　订购数据库 …… 200
第三节　自建数字资源 …… 205

第三篇　文献信息资源建设 …… 211
第一章　文献信息资源体系规划 …… 213

第一节 目标与原则 …………………… 213
第二节 规划与实施方法 …………… 218
第二章 文献信息资源采访 ………… 226
第一节 纸质文献资源采访 ………… 226
第二节 视听、缩微资源采访 ……… 228
第三节 数字资源采访 ……………… 228
第三章 文献信息资源组织 ………… 231
第一节 文献信息资源标引 ………… 231
第二节 文献信息资源编目 ………… 234
第四章 文献信息资源揭示 ………… 238
第一节 馆藏目录 …………………… 238
第二节 索引与文摘 ………………… 239
第三节 联机目录 …………………… 241
第五章 文献信息资源收藏质量控制 …………………………… 244
第一节 文献信息资源保护 ………… 244
第二节 文献资源排架布局 ………… 247
第三节 馆藏书刊剔旧 ……………… 249
第四节 文献信息资源质量控制 …… 251

第四篇 服务工作 ……………………… 255
第一章 阅览流通服务 ……………… 258
第一节 阅览服务 …………………… 258
第二节 外借服务 …………………… 267
第三节 馆际互借 …………………… 271
第四节 文献传递 …………………… 273
第二章 专业信息服务 ……………… 275
第一节 参考咨询 …………………… 275
第二节 情报服务 …………………… 279
第三节 上海世博会信息服务 ……… 289
第三章 延伸服务 …………………… 292
第一节 无障碍服务 ………………… 292
第二节 流动图书馆服务 …………… 294
第四章 读者活动 …………………… 299
第一节 讲座展览 …………………… 299
第二节 读者培训 …………………… 304
第三节 读书活动 …………………… 309
第四节 公共图书馆服务宣传周 …… 315
第五章 文化信息共享 ……………… 318
第一节 地方特色资源建设与推介 …………………………… 318
第二节 跨城(域)资源共建共享 …… 322
第三节 面向中西部地区资源共建与支援服务 ……………………… 327

第五篇 技术应用与开发 ……………… 329
第一章 图书馆硬件设施 …………… 331
第一节 图书馆计算机服务器 ……… 331
第二节 图书馆计算机机房和存储设备 …………………………… 334
第三节 图书馆其他硬件设施 ……… 335
第二章 图书馆网络环境 …………… 338
第一节 网络布局与规划 …………… 338
第二节 网络接入形式 ……………… 343
第三节 图书馆网站建设 …………… 348
第三章 图书馆系统平台与新技术应用 ………………………… 354
第一节 业务集成管理系统 ………… 354
第二节 数字图书馆研究与项目建设 …………………………… 363
第三节 资源整合系统 ……………… 365
第四节 新兴技术应用 ……………… 365
第五节 学科情报服务平台 ………… 368
第六节 特色资源服务平台 ………… 369
第七节 其他系统平台与应用 ……… 374
第四章 图书馆智能楼宇 …………… 379
第一节 安保监控系统 ……………… 379
第二节 消防和门禁系统 …………… 380
第三节 综合布线系统 ……………… 380
第四节 其他智能化系统 …………… 381

第六篇 协作与交流 …………………… 383
第一章 馆际协作和联盟 …………… 386
第一节 上海市文献资源共建共享协作网 …………………………… 386
第二节 上海市中心图书馆 ………… 393
第三节 上海市文化信息共享工程 …………………………………… 401
第四节 上海市高校图工委和上海市教育网络图书馆 ……………… 407
第五节 上海行业情报发展联盟 …… 412
第二章 国际及港澳台地区交流与

合作 …… 414
第一节 上海公共图书馆国际及港澳台地区交流与合作 …… 414
第二节 高校图书馆国际及港澳台地区交流与合作 …… 418
第三节 中国科学院上海图书馆系统国际交流与合作 …… 423

第七篇 教育与研究 …… 425
第一章 图书馆学教育 …… 427
第一节 沿革 …… 427
第二节 华东师范大学商学院信息学系 …… 429
第三节 上海大学图书情报档案系 …… 431
第四节 中国人民解放军南京政治学院上海分院军事信息管理系 …… 432
第五节 高校图书馆、研究所专业培养 …… 433
第二章 学术研究 …… 437
第一节 学术活动 …… 437
第二节 专业期刊 …… 441
第三节 学术成果 …… 442
第四节 课题项目 …… 453
第三章 学术团体与社团组织 …… 456
第一节 中国索引学会 …… 456
第二节 上海市图书馆学会 …… 457
第三节 上海市科技情报学会 …… 458
第四节 上海市高等学校图书情报工作委员会 …… 459
第五节 上海市图书馆行业协会 …… 460

第八篇 队伍建设 …… 463
第一章 人员队伍 …… 465
第一节 人员整体结构 …… 465
第二节 高级人才 …… 469
第二章 专业培训 …… 471
第一节 业务培训 …… 471
第二节 在职继续教育 …… 477
第三节 中外合作培训 …… 478
第三章 职称评定 …… 480
第一节 专业技术职称评审制度 …… 480
第二节 图书馆职称队伍建设 …… 481

第九篇 事业管理 …… 485
第一章 管理体制 …… 487
第一节 公共图书馆 …… 487
第二节 高等学校系统图书馆 …… 498
第三节 中小学图书馆 …… 500
第四节 科研院所系统图书馆 …… 502
第五节 党校系统图书馆 …… 504
第六节 工会系统图书馆 …… 507
第二章 考核评估工作 …… 509
第一节 公共图书馆评估 …… 509
第二节 高等学校图书馆评估 …… 512
第三节 中小学图书馆评估 …… 512
第四节 中国科学院系统上海图书馆评估工作 …… 513
第三章 行业文明创建 …… 515
第一节 创建文明图书馆 …… 515
第二节 创建文明单位 …… 515
第三节 创建文明行业 …… 516

第十篇 人物 …… 519
第一章 人物传略 …… 521
第二章 人物简介 …… 525
第三章 人物表 …… 537

专记 …… 547
附录 …… 573
索引 …… 659
编后记 …… 699

《上海市志·图书·文博分志·文博卷(1978—2010)》目录

《上海市志(1978—2010)》凡例 …… 1
编纂说明 …… 1
概述 …… 1
大事记 …… 11

第一篇　不可移动文物 …… 81
第一章　文物保护单位与优秀历史建筑 …… 83
第一节　全国重点文物保护单位 …… 83
第二节　上海市文物保护单位 …… 101
第三节　优秀历史建筑 …… 198
第二章　历史文化名城、名镇 …… 223
第一节　历史文化名城 …… 223
第二节　历史文化名镇 …… 225
第三章　历史文化风貌区和历史风貌保护道路 …… 232
第一节　历史文化风貌区 …… 232
第二节　历史风貌保护道路 …… 267

第二篇　考古发掘 …… 271
第一章　遗址 …… 274
第一节　青浦区 …… 274
第二节　松江区 …… 281
第三节　金山区 …… 286
第四节　闵行区 …… 287
第五节　嘉定区 …… 289
第六节　其他区县 …… 290
第二章　墓葬 …… 295
第一节　唐宋元墓葬 …… 295
第二节　明清墓葬 …… 298

第三篇　博物馆事业 …… 311
第一章　场馆设施与概况 …… 313
第一节　博物馆 …… 313
第二节　纪念馆　陈列馆 …… 354
第三节　美术馆 …… 392
第四节　科技馆 …… 399
第二章　馆藏文物 …… 402
第一节　古代文物 …… 402
第二节　近现代文物 …… 451
第三节　自然标本 …… 485
第三章　陈列展览 …… 489
第一节　精品展览 …… 489
第二节　出入境展览 …… 493

第四篇　文物流通 …… 507
第一章　文物经营 …… 509
第一节　文物商店 …… 510
第二节　文物拍卖行 …… 515
第三节　古玩市场 …… 521
第二章　民间收藏 …… 527
第一节　上海市收藏协会 …… 528
第二节　各区、县收藏协会 …… 538

第三节　专项行业收藏协会 …………… 544
第四节　特色收藏和展会 …………… 549

第五篇　教育科研 …………… 557
第一章　机构 …………… 560
第一节　教育机构 …………… 560
第二节　科研机构 …………… 568
第二章　课题与成果 …………… 576
第一节　科研课题 …………… 576
第二节　学术著作 …………… 590
第三节　刊物 …………… 604
第三章　学术交流 …………… 608
第一节　国际学术研讨会 …………… 608
第二节　国内学术研讨会 …………… 621

第六篇　文博管理 …………… 631
第一章　综合管理 …………… 633
第一节　管理机构 …………… 633
第二节　规划纲要 …………… 642
第三节　专业队伍建设 …………… 645
第四节　法制管理 …………… 648
第五节　文博经费 …………… 655
第二章　文物工作 …………… 657
第一节　不可移动文物普查 …………… 657
第二节　不可移动文物修缮 …………… 672
第三章　博物馆管理 …………… 684
第一节　博物馆等级评定 …………… 684
第二节　博物馆开放工作 …………… 684
第四章　社会宣传与教育活动 …………… 689
第一节　"5·18"国际博物馆日活动 …………… 689
第二节　中国文化遗产日活动 …………… 692
第三节　青少年教育活动 …………… 694
第四节　志愿者、博物馆之友 …………… 696

第七篇　人物 …………… 697
第一章　人物传略 …………… 699
第二章　人物简介 …………… 716
第三章　人物表 …………… 728

专记 …………… 743
附录 …………… 755
索引 …………… 803
编后记 …………… 850

《上海市志·文化产业分志(1978—2010)》目录

序 …… 1
《上海市志(1978—2010)》凡例 …… 1
编纂说明 …… 1
概述 …… 1
大事记 …… 15

第一篇 文化产业管理 …… 71
第一章 产业概况 …… 74
第一节 规模和结构 …… 74
第二节 对外文化贸易 …… 83
第二章 管理机构 …… 90
第一节 中共上海市委宣传部 …… 90
第二节 上海市文化创意产业推进领导小组及办公室 …… 90
第三节 上海市文化广播影视管理局 …… 90
第四节 上海市新闻出版局 …… 91
第五节 上海市文化市场行政执法总队 …… 91
第六节 其他相关部门 …… 92
第三章 管理体制 …… 93
第一节 法规政策 …… 93
第二节 文化体制改革 …… 102

第二篇 文化服务行业 …… 119
第一章 新闻出版发行业 …… 121
第一节 新闻出版业 …… 121
第二节 发行业 …… 149
第二章 广播电视电影业 …… 167
第一节 广播电视业 …… 169
第二节 电影和影视录音服务业 …… 183
第三章 文化艺术业 …… 226
第一节 文艺创作与表演业 …… 226
第二节 图书馆与档案馆 …… 232
第三节 文化遗产保护服务 …… 243
第四节 群众文化服务 …… 247
第五节 文化研究和社团服务 …… 250
第四章 文化信息传输业 …… 253
第一节 互联网信息服务业 …… 253
第二节 增值电信服务业 …… 259
第三节 广播电视传输业 …… 265
第五章 文化创意和设计业 …… 275
第一节 广告服务业 …… 275
第二节 文化软件服务业 …… 285
第三节 建筑设计服务业 …… 290
第四节 专业设计服务业 …… 296
第六章 文化休闲娱乐业 …… 299
第一节 景区游览服务 …… 299
第二节 娱乐休闲服务业 …… 307

第三篇 文化生产行业 …… 317
第一章 工艺美术品生产 …… 319
第一节 工艺美术品制造与销售 …… 319
第二节 园林、陈设艺术及其他陶瓷制品制造 …… 322
第二章 文化产品生产的辅助生产 …… 323

第一节　版权服务 …………………… 323
第二节　印刷复制服务 ………………… 330
第三节　文化经纪代理服务 …………… 345
第四节　文化贸易代理与拍卖服务 …………………………… 347
第五节　文化出租服务 ………………… 354
第六节　会展服务 ……………………… 356
第三章　文化用品生产 ………………… 410
第一节　办公用品制造 ………………… 410
第二节　乐器制造 ……………………… 413
第三节　玩具制造 ……………………… 416
第四节　视听设备制造 ………………… 418
第五节　照相器材制造 ………………… 420
第四章　文化专用设备生产 …………… 423
第一节　印刷专业设备制造 …………… 423
第二节　广播电视电影专用设备制造 …………………………… 428

第四篇　重点文化企业和文化产业项目 ………………………… 431
第一章　文化服务业企业 ……………… 433
第一节　新闻出版发行业企业 ………… 433
第二节　广播电视电影业企业 ………… 440
第三节　文化艺术业企业 ……………… 447
第四节　文化信息传输业企业 ………… 449
第五节　文化创意和设计业企业 ……… 455
第六节　文化休闲娱乐业企业 ………… 462
第二章　文化生产企业 ………………… 466
第一节　辅助生产企业 ………………… 466
第二节　文化专用设备生产企业 ……… 470
第三章　文化产业项目选介 …………… 476
第一节　概况 …………………………… 476
第二节　选介 …………………………… 476

第五篇　园区、基地和平台 …………… 483
第一章　园区与基地 …………………… 485
第一节　文化创意产业园区 …………… 485
第二节　文化产业基地 ………………… 513
第二章　文化版权交易平台 …………… 517
第一节　上海文化产权交易所 ………… 517
第二节　上海联合产权交易所 ………… 517
第三章　文化产业投融资机构 ………… 518
第一节　上海文化发展基金会 ………… 518
第二节　上海精文投资有限公司 ……… 518
第三节　上海东方惠金文化产业创业投资有限公司 ………………… 519
第四节　华人文化产业投资基金 ……… 519

第六篇　文化产业学科建设与研究 ……………………………… 521
第一章　学科建设 ……………………… 523
第一节　上海交通大学文化产业管理专业 ……………………………… 523
第二节　华东政法大学文化产业管理专业 ……………………………… 523
第三节　同济大学文化产业系 ………… 524
第四节　上海师范大学文化产业管理专业 ……………………………… 524
第二章　研究机构 ……………………… 525
第一节　国家文化产业创新与发展研究基地 …………………………… 525
第二节　上海文化研究中心 …………… 526
第三节　上海社会科学院创意产业研究中心 …………………………… 526
第四节　上海市创意产业协会 ………… 527
第三章　研究会议与成果 ……………… 529
第一节　研究会议 ……………………… 529
第二节　研究成果 ……………………… 529

第七篇　人物 …………………………… 533
第一章　人物传略 ……………………… 535
第二章　人物简介 ……………………… 540

专记 ………………………………………………………… 565
附录 ………………………………………………………… 573
索引 ………………………………………………………… 644
编后记 ……………………………………………………… 656

《上海市志·卫生·体育分志·医疗卫生卷(1978—2010)》目录

《上海市志(1978—2010)》凡例 …… 1
编纂说明 …… 1
概述 …… 1
大事记 …… 15

第一篇　医疗卫生改革 …… 73
第一章　行政管理体制改革 …… 76
第一节　医疗保险制度改革 …… 76
第二节　食品药品监督管理制度改革 …… 79
第三节　市级医疗机构管理制度改革 …… 79
第二章　医药卫生综合改革 …… 82
第一节　医疗服务价格体系改革 …… 82
第二节　医疗卫生服务体系改革 …… 85
第三节　“三医”联动 …… 86
第四节　劳动人事制度改革 …… 88

第二篇　疾病预防控制 …… 93
第一章　组织网络 …… 96
第一节　市级网络 …… 96
第二节　区县级网络 …… 97
第三节　基层网络 …… 97
第二章　防控职责 …… 98
第一节　传染病防治 …… 98
第二节　慢性非传染性疾病防治 …… 119
第三节　精神卫生 …… 137
第四节　学校卫生 …… 141
第五节　职业病防治 …… 147
第六节　环境监测与碘缺乏病防治 …… 152
第七节　健康教育与健康促进 …… 155

第三篇　医疗 …… 161
第一章　医疗机构 …… 164
第一节　沿革 …… 164
第二节　综合医院选介 …… 169
第三节　专科医院选介 …… 189
第四节　社区卫生服务中心(站)、村卫生室 …… 209
第五节　其他医疗机构 …… 210
第二章　医疗服务 …… 212
第一节　医疗技术 …… 212
第二节　院前急救 …… 223
第三节　血液管理 …… 227
第三章　医政管理 …… 232
第一节　医疗服务要素准入与监管 …… 232
第二节　医疗质量安全管理 …… 244
第三节　医院综合评审 …… 252
第四章　保健医疗 …… 255
第一节　管理机构与定点医院 …… 255
第二节　保健医疗管理 …… 256

第三节　国际重大会议和活动VIP医疗保障管理 …… 258

第四篇　基层卫生 …… 259
第一章　社区卫生服务机构和人员 …… 261
第一节　服务体系 …… 261
第二节　人员 …… 276
第二章　社区卫生服务内容 …… 279
第一节　综合服务 …… 279
第二节　服务模式 …… 283
第三章　农村合作医疗 …… 285
第一节　制度 …… 285
第二节　筹资和支付 …… 289
第四章　初级卫生保健 …… 293
第一节　机构 …… 293
第二节　评审 …… 293

第五篇　卫生应急 …… 297
第一章　组织网络 …… 299
第一节　管理网络 …… 299
第二节　联防联控协调网络 …… 299
第三节　上海市突发公共卫生事件指挥机构 …… 299
第二章　应急准备 …… 301
第一节　应急预案 …… 301
第二节　监测预警和报告 …… 301
第三节　应急队伍和保障能力 …… 302
第三章　重大活动医疗卫生保障 …… 303
第一节　概况 …… 303
第二节　世界特殊奥林匹克运动会医疗 …… 304
第三节　奥运会上海赛区医疗 …… 305
第四节　世博会医疗 …… 307
第四章　突发公共卫生事件应急处置 …… 313
第一节　甲肝防控 …… 313
第二节　严重急性呼吸综合征防控 …… 313
第三节　5.12汶川地震医疗卫生应急救援 …… 315
第四节　甲型H1N1流感疫情应对 …… 317

第六篇　卫生监督 …… 321
第一章　卫生监督体系 …… 323
第一节　监督机构 …… 323
第二节　监督队伍 …… 326
第二章　医疗服务监督 …… 329
第一节　医疗机构执业监管 …… 329
第二节　医务人员执业监管 …… 331
第三节　医疗技术应用监管 …… 333
第四节　医疗设备应用监管 …… 334
第五节　医疗广告监管 …… 335
第六节　打击非法行医 …… 336
第三章　公共卫生监督 …… 340
第一节　公共场所卫生监督 …… 340
第二节　生活饮用水卫生监督 …… 343
第三节　学校卫生监督 …… 344
第四节　传染病防治监督 …… 345
第五节　消毒产品、涉水产品卫生监督 …… 349
第六节　职业卫生监督 …… 350
第七节　放射卫生监督 …… 355
第八节　预防性卫生监督 …… 358

第七篇　中医与中西医结合 …… 361
第一章　医疗机构 …… 363
第一节　中医医院、中西医结合医院 …… 363
第二节　综合(专科)医院中医科 …… 366
第三节　社区卫生服务中心(乡镇卫生院)中医科 …… 366
第四节　中医门诊部、诊所 …… 367
第二章　医技人员与学科 …… 370
第一节　中医药人员(含中西医结合人员) …… 370

第二节 人才培养 …………………… 370
第三节 学科专科建设 ……………… 374
第三章 中医药服务与管理 …………… 383
第一节 概况 ………………………… 383
第二节 中医、中西医结合医院中医药服务与管理 ………………… 386
第三节 综合(专科)医院中医药服务与管理 ………………………… 388
第四节 基层医疗机构中医药服务与管理 ………………………… 391
第五节 治未病与中医药参与公共卫生服务 ……………………… 392
第六节 中医特色诊疗和适宜技术推广 ………………………… 394
第四章 中医药传承 ………………… 396
第一节 流派 ………………………… 396
第二节 医著 ………………………… 399
第三节 师承教育 …………………… 400
第五章 中西医结合创新研究 ………… 403
第一节 研究机构 …………………… 403
第二节 研究经费投入 ……………… 411
第三节 重大研究项目 ……………… 432
第四节 研究成果 …………………… 438
第六章 中医药文化 ………………… 451
第一节 职业竞赛 …………………… 451
第二节 科普宣传 …………………… 452
第三节 基地建设 …………………… 453

第八篇 妇幼卫生 ………………… 455
第一章 组织架构 …………………… 457
第一节 三级网络 …………………… 457
第二节 危重孕产妇和新生儿会诊抢救网络 …………………… 460
第二章 妇女保健 …………………… 463
第一节 孕产妇健康管理 …………… 463
第二节 妇女病防治 ………………… 466
第三节 其他 ………………………… 467
第三章 儿童保健 …………………… 468
第一节 7岁以下儿童保健 ………… 468
第二节 主要疾病防治 ……………… 471
第三节 儿童生长发育监测 ………… 474
第四节 新生儿疾病筛查 …………… 476
第五节 出生缺陷和残疾儿童管理 ………………………………… 478
第四章 生殖与健康 ………………… 481
第一节 计划生育技术服务 ………… 481
第二节 辅助生殖技术管理 ………… 484
第三节 婚前保健 …………………… 484

第九篇 爱国卫生与健康城市 ……… 487
第一章 组织网络 …………………… 489
第一节 市级网络 …………………… 489
第二节 区县街道网络 ……………… 489
第二章 爱国卫生 …………………… 491
第一节 病媒控制 …………………… 491
第二节 卫生创建 …………………… 495
第三节 环境整治 …………………… 503
第四节 改水改厕 …………………… 506
第三章 健康城市 …………………… 510
第一节 概况 ………………………… 510
第二节 健康教育 …………………… 512
第三节 健康行动 …………………… 515
第四节 健康场所 …………………… 518
第五节 公共场所控制吸烟 ………… 519

第十篇 合作交流 ………………… 523
第一章 国际及中国港澳台地区合作交流 ……………………………… 525
第一节 来访 ………………………… 525
第二节 出访 ………………………… 533
第三节 专项合作 …………………… 536
第四节 国际学术交流研讨活动 …… 541
第五节 上海世界卫生组织(WHO)合作中心设立及活动 ……… 550
第二章 与港澳台地区合作交流 …… 554
第一节 香港 ………………………… 554
第二节 澳门 ………………………… 555

第三节　台湾 …… 556
第三章　中医药国际交流和合作 …… 558
第一节　中医药国际标准化 …… 558
第二节　中医药对外医疗、教育、科研合作 …… 558
第三节　中医药学术交流 …… 561
第四章　援外 …… 563
第一节　医疗援助 …… 563
第二节　物资援助 …… 569
第五章　国内对口支援 …… 572
第一节　支援云南 …… 572
第二节　支援西藏 …… 575
第三节　支援宁夏 …… 577
第四节　支援湖南 …… 578
第五节　支援新疆 …… 579
第六节　支援都江堰 …… 580
第七节　对口支援其他事项 …… 582

第十一篇　医学研究 …… 585
第一章　科研机构 …… 587
第一节　研究所 …… 587
第二节　重点实验室 …… 590
第二章　科研计划 …… 592
第一节　学科建设 …… 592
第二节　人才培养 …… 618
第三章　科研成果 …… 625
第一节　项目 …… 625
第二节　成果 …… 627
第四章　科技管理 …… 663
第一节　医学伦理 …… 663
第二节　知识产权 …… 663
第三节　医学科技期刊 …… 665
第四节　病原微生物 …… 667

第十二篇　医学教育 …… 669
第一章　学校教育 …… 671
第一节　高等医学教育 …… 671
第二节　中等医学教育 …… 676
第三节　成人学历教育 …… 682
第二章　毕业后医学教育 …… 684
第一节　住院医师培养 …… 684
第二节　专科医师培养 …… 686
第三节　全科医师培养 …… 687
第四节　乡村医师培养 …… 690
第三章　继续医学教育 …… 692
第一节　教育模式 …… 692
第二节　管理方式 …… 693

第十三篇　人力资源 …… 695
第一章　卫生队伍 …… 698
第一节　队伍建设 …… 698
第二节　人员管理 …… 700
第二章　技术职称 …… 705
第一节　职称评定 …… 705
第二节　职称改革 …… 707
第三章　工资福利 …… 708
第一节　工资制度 …… 708
第二节　卫生津贴 …… 709

第十四篇　卫生管理机构和社会团体 …… 711
第一章　卫生管理部门 …… 713
第一节　上海市卫生局 …… 713
第二节　上海市中医药发展管理机构 …… 716
第三节　区县卫生局 …… 716
第四节　医学院校医院管理部门 …… 717
第五节　工业及其他系统卫生主管部门 …… 718
第二章　社会团体 …… 720
第一节　学会、研究会 …… 720
第二节　协会、基金会 …… 734

第十五篇　综合管理 …… 745
第一章　卫生法制 …… 747
第一节　卫生立法普法 …… 747

第二节　行政审批制度改革 ………… 750
第三节　卫生标准化 ………………… 751
第二章　基建与财务 ………………… 753
第一节　基本建设 …………………… 753
第二节　财务管理 …………………… 753
第三章　新闻宣传与政府网站 ………… 760
第一节　新闻宣传 …………………… 760
第二节　政府网站 …………………… 762
第四章　信息化建设 ………………… 765
第一节　医疗信息化 ………………… 765
第二节　公共卫生信息化 …………… 772
第五章　精神文明建设与卫生行风建设 ………………………………… 775
第一节　精神文明建设 ……………… 775
第二节　卫生行风建设 ……………… 791

第十六篇　人物 ………………………… 799
第一章　人物传略 …………………… 801
第二章　人物简介 …………………… 818
第三章　人物表 ……………………… 841

专记 ……………………………………… 885
附录 ……………………………………… 897
索引 ……………………………………… 930
编后记 …………………………………… 970

《上海市志·卫生·体育分志·体育卷(1978—2010)》目录

序 …… 1
《上海市志(1978—2010)》凡例 …… 1
编纂说明 …… 1
概述 …… 1
大事记 …… 9

第一篇　群众体育 …… 51
第一章　健身项目 …… 54
第一节　特色健身项目 …… 54
第二节　民间传统健身项目 …… 56
第三节　现代大众健身项目 …… 60
第二章　健身活动 …… 70
第一节　市级大型健身活动 …… 70
第二节　主题系列群体活动 …… 77
第三节　特定人群健身活动 …… 79
第三章　健身设施 …… 89
第一节　市政府实事工程 …… 89
第二节　农民健身工程 …… 91
第三节　体育公园 …… 93
第四节　全民健身活动中心 …… 94
第四章　健身指导与服务 …… 95
第一节　健身指导队伍 …… 95
第二节　社区体育配送 …… 98
第三节　市民体质监测 …… 100
第四节　体育场馆开放 …… 102
第五章　健身组织 …… 107
第一节　市级管理机构 …… 107
第二节　区县管理机构 …… 108
第三节　社区体育及组织 …… 110

第二篇　竞技体育 …… 115
第一章　田径运动 …… 118
第一节　径赛 …… 118
第二节　田赛和全能运动 …… 127
第二章　游泳运动 …… 136
第一节　游泳 …… 136
第二节　花样游泳 …… 168
第三节　跳水 …… 172
第四节　水球 …… 177
第五节　蹼泳 …… 180
第三章　球类运动 …… 184
第一节　足球 …… 184
第二节　篮球 …… 189
第三节　排球 …… 192
第四节　沙滩排球 …… 196
第五节　手球 …… 198
第六节　橄榄球 …… 199
第七节　乒乓球 …… 200
第八节　羽毛球 …… 204
第九节　网球(软式网球) …… 207

第十节　棒(垒)球 …… 211
第十一节　高尔夫球 …… 213
第十二节　曲棍球 …… 214
第四章　水上运动 …… 216
第一节　赛艇 …… 216
第二节　皮划艇 …… 220
第三节　帆船、帆板 …… 224
第四节　摩托艇 …… 232
第五节　滑水 …… 234
第五章　射击、射箭运动 …… 236
第一节　射击 …… 236
第二节　射箭 …… 241
第六章　自行车、击剑运动 …… 245
第一节　自行车 …… 245
第二节　击剑 …… 249
第七章　体操运动 …… 258
第一节　体操 …… 258
第二节　艺术体操 …… 266
第三节　技巧 …… 268
第四节　蹦床 …… 272
第八章　举重、摔跤、柔道运动 …… 274
第一节　举重 …… 274
第二节　摔跤 …… 279
第三节　柔道 …… 281
第九章　拳击、跆拳道运动 …… 283
第一节　拳击 …… 283
第二节　跆拳道 …… 284
第十章　现代五项、马术、铁人三项运动 …… 286
第一节　现代五项 …… 286
第二节　马术 …… 291
第三节　铁人三项 …… 293
第十一章　棋牌运动 …… 295
第一节　象棋 …… 295
第二节　国际象棋 …… 297
第三节　围棋 …… 300
第四节　五子棋 …… 305
第五节　国际跳棋 …… 305
第六节　桥牌 …… 306
第十二章　其他运动 …… 310
第一节　武术 …… 310
第二节　航空模型 …… 315
第三节　航海模型 …… 320
第四节　汽车、摩托车运动 …… 328
第五节　无线电、定向运动 …… 329
第六节　极限运动 …… 330
第七节　冰壶 …… 331

第三篇　青少年体育 …… 333
第一章　业余训练 …… 336
第一节　沿革 …… 336
第二节　市属业余训练单位 …… 338
第三节　区县业余训练单位 …… 345
第四节　国家高水平体育后备人才基地 …… 356
第二章　体教结合 …… 358
第一节　青少年体育俱乐部 …… 358
第二节　体育传统项目学校 …… 369
第三节　学校二线运动队 …… 370
第四节　阳光体育运动 …… 374
第三章　学校体育 …… 376
第一节　学校体育教学 …… 376
第二节　学校课外体育活动 …… 381
第三节　学生运动会 …… 382
第四节　青少年体质 …… 389

第四篇　体育赛事 …… 391
第一章　举办国(洲)际体育赛事 …… 394
第一节　世界(洲际)综合性运动会 …… 394
第二节　世界锦标赛 …… 399
第三节　世界杯赛 …… 404
第四节　品牌赛事 …… 407
第五节　城市景观赛事 …… 413
第二章　举办全国和市级赛事 …… 415

第一节　全国综合性运动会 …… 415
第二节　全国单项赛事 …… 416
第三节　上海市运动会 …… 439
第三章　参加重大体育赛事 …… 442
第一节　夏季奥林匹克运动会 …… 442
第二节　亚洲运动会 …… 451
第三节　全国运动会 …… 468
第四节　其他运动会 …… 476

第五篇　体育产业 …… 485
第一章　竞赛表演业 …… 488
第一节　大型运动会运作 …… 488
第二节　品牌赛事培育 …… 491
第三节　职业联赛运营 …… 495
第四节　体育中介服务 …… 496
第二章　体育彩票业 …… 499
第一节　组织架构 …… 499
第二节　体彩种类 …… 502
第三节　体彩销售及公益金 …… 506
第三章　体育场地业 …… 510
第一节　体育场地普查 …… 510
第二节　市属场馆(中心) …… 512
第四章　体育健身休闲业 …… 518
第一节　体育用品 …… 518
第二节　经营性体育休闲场所 …… 519
第五章　体育会展业 …… 521
第一节　体育类展会 …… 521
第二节　体育类展览 …… 523

第六篇　体育科教 …… 527
第一章　体育科研 …… 530
第一节　科研机构和人员 …… 530
第二节　科研活动 …… 533
第三节　科研成果 …… 536
第二章　文化教育 …… 563
第一节　体育高等教育 …… 563
第二节　体育运动学校 …… 568
第三节　区县业余体校 …… 569

第七篇　体育交流 …… 571
第一章　国际体育交往 …… 574
第一节　国际体育交流合作 …… 574
第二节　友好城市交流平台 …… 575
第三节　多元体育交往 …… 576
第四节　体育人才交流培养 …… 577
第二章　港澳台地区体育交流 …… 582
第一节　港澳地区体育交流 …… 582
第二节　台湾地区体育交流 …… 582
第三章　内地体育交流合作 …… 584
第一节　省区市交流合作 …… 584
第二节　华东地区交流合作 …… 586
第四章　区域融合发展 …… 589
第一节　区县互动发展 …… 589
第二节　社会联动推进 …… 590

第八篇　体育管理 …… 593
第一章　组织机构 …… 596
第一节　市体育行政机构 …… 596
第二节　区(县)体育行政机构 …… 599
第三节　市体育局直属单位 …… 600
第四节　体育社会组织 …… 602
第二章　人员队伍 …… 614
第一节　运动员 …… 614
第二节　教练员 …… 616
第三节　裁判员 …… 618
第四节　干部职工 …… 621
第三章　法治管理 …… 624
第一节　体育法规与规范性文件 …… 624
第二节　体育行政执法 …… 628
第三节　普法宣传教育 …… 629
第四节　反兴奋剂 …… 630
第四章　经费管理 …… 633
第一节　体育事业经费 …… 633
第二节　基本建设经费 …… 633

第三节 预算财务管理 …………………… 635

第九篇 人物 ………………………………… 637
第一章 人物传略 ………………………… 639
第二章 人物简介 ………………………… 648
第三章 人物名录 ………………………… 680
第一节 国家级荣誉获得者 ………… 680
第二节 市级荣誉获得者 …………… 681
第三节 高级专业技术职称(国际运动等级)名录 …………… 688

专记 …………………………………………… 697
附录 …………………………………………… 707
索引 …………………………………………… 763
编后记 ………………………………………… 801

《上海市志·社会团体分志(1978—2010)》目录

序 …… 1
《上海市志(1978—2010)》凡例 …… 1
编纂说明 …… 1
概述 …… 1
大事记 …… 15

第一篇　社会团体 …… 35
　第一章　行业性社会团体 …… 38
　　第一节　沿革 …… 38
　　第二节　选介和名录 …… 40
　第二章　专业性社会团体 …… 122
　　第一节　经济领域专业性社会团体 …… 122
　　第二节　文学艺术领域专业性社会团体 …… 162
　　第三节　体育领域专业性社会团体 …… 179
　　第四节　其他专业性社会团体 …… 195
　第三章　联合性社会团体 …… 212
　　第一节　异地商会 …… 212
　　第二节　联谊类社会团体 …… 219
　　第三节　联合类社会团体 …… 227
　第四章　学术性社会团体 …… 244
　　第一节　自然科学领域社会团体 …… 244
　　第二节　社会科学领域社会团体 …… 280

第二篇　民办非企业单位 …… 307
　第一章　教育领域民办非企业单位 …… 310
　　第一节　沿革 …… 310
　　第二节　选介和名录 …… 314
　第二章　卫生领域民办非企业单位 …… 321
　　第一节　沿革 …… 321
　　第二节　选介和名录 …… 325
　第三章　文化领域民办非企业单位 …… 329
　　第一节　沿革 …… 329
　　第二节　选介和名录 …… 332
　第四章　科技领域民办非企业单位 …… 342
　　第一节　沿革 …… 342
　　第二节　选介和名录 …… 345
　第五章　体育领域民办非企业单位 …… 356
　　第一节　沿革 …… 356
　　第二节　选介和名录 …… 357
　第六章　劳动领域民办非企业单位 …… 361
　　第一节　沿革 …… 361
　　第二节　选介和名录 …… 363
　第七章　民政领域民办非企业单位 …… 367
　　第一节　沿革 …… 367
　　第二节　选介和名录 …… 370
　第八章　中介服务领域民办非企业单位 …… 375
　　第一节　沿革 …… 375
　　第二节　选介和名录 …… 375

第九章　法律服务领域民办非企业单位 …… 379
第一节　沿革 …… 379
第二节　选介和名录 …… 381
第十章　其他领域民办非企业单位 …… 383
第一节　沿革 …… 383
第二节　选介和名录 …… 384

第三篇　基金会 …… 407
第一章　公募基金会 …… 409
第一节　沿革 …… 409
第二节　选介和名录 …… 411
第二章　非公募基金会 …… 444
第一节　沿革 …… 444
第二节　选介和名录 …… 445

第四篇　涉外社会组织 …… 471
第一章　试点登记涉外社会组织 …… 473
第一节　沿革 …… 473
第二节　选介和名录 …… 474
第二章　教育领域涉外社会组织 …… 478
第一节　沿革 …… 478
第二节　选介和名录 …… 479

第五篇　机构与管理 …… 487
第一章　机构 …… 489
第一节　市级登记管理机构 …… 489
第二节　区(县)级登记管理机构 …… 493
第二章　登记管理 …… 503
第一节　登记管理体制 …… 503
第二节　社会团体登记 …… 506
第三节　民办非企业单位登记 …… 513
第四节　基金会登记 …… 518
第五节　社区群众活动团队备案 …… 522
第三章　日常管理 …… 525
第一节　年度检查 …… 525
第二节　规范化建设 …… 527
第三节　诚信建设 …… 551
第四节　枢纽式管理 …… 556
第五节　党建工作 …… 558
第四章　培育发展 …… 561
第一节　培育发展类型 …… 561
第二节　培育发展措施 …… 577
第三节　重大活动 …… 582
第四节　信息化建设 …… 586
第五章　执法监察 …… 590
第一节　机构 …… 590
第二节　机制 …… 591
第三节　执法监察办案 …… 592

第六篇　人物 …… 601
第一章　人物传略 …… 603
第二章　人物简介 …… 605
第三章　人物名录 …… 607

专记 …… 619
附录 …… 635
索引 …… 683
编后记 …… 739

《上海市志·民族·宗教分志·民族卷（1978—2010）》目录

序 …… 1
《上海市志（1978—2010）》凡例 …… 1
编纂说明 …… 1
概述 …… 1
大事记 …… 9

第一篇　族源与习俗 …… 33
　第一章　族源 …… 35
　　第一节　上海人口较多少数民族族源 …… 35
　　第二节　其他少数民族族源 …… 37
　第二章　习俗 …… 40
　　第一节　少数民族特色食品与饮食禁忌 …… 40
　　第二节　少数民族特色服饰 …… 44

第二篇　人口与节日 …… 47
　第一章　人口 …… 49
　　第一节　少数民族人口数量与分布 …… 49
　　第二节　少数民族人口性别、年龄构成与婚姻状况 …… 53
　　第三节　少数民族人口文化与在业构成 …… 55
　第二章　节日 …… 58
　　第一节　回族等传统节日 …… 58
　　第二节　其他少数民族节日 …… 59

第三篇　参与政治、经济与文体活动 …… 63
　第一章　政治活动 …… 66
　　第一节　当选人大代表 …… 66
　　第二节　担任政协委员 …… 72
　　第三节　人大代表、政协委员履职 …… 78
　　第四节　少数民族干部培养和任用 …… 80
　第二章　经济活动 …… 89
　　第一节　清真食品企业 …… 89
　　第二节　少数民族特需用品定点生产企业 …… 93
　第三章　文体活动 …… 97
　　第一节　文艺活动 …… 97
　　第二节　体育活动 …… 108

第四篇　教育与学术研究 …… 115
　第一章　教育 …… 117
　　第一节　学前教育与小学 …… 117
　　第二节　中学与中专民族班 …… 121
　　第三节　高校民族班 …… 125
　第二章　学术研究 …… 129
　　第一节　民族史研究 …… 129

第二节　民族学理论和专题研究 …… 132
第三节　都市及城市化进程中的民族问题研究 …… 135

第五篇　民族事务 …… 139
第一章　机构与团体 …… 141
第一节　上海市民族事务委员会 …… 141
第二节　上海市民族和宗教事务委员会 …… 142
第三节　区县民族事务机构 …… 144
第四节　上海市少数民族联合会 …… 147
第二章　权益保障 …… 153
第一节　法规制定 …… 153
第二节　民族政策、法律宣传 …… 153
第三节　少数民族事务 …… 155
第三章　民族团结表彰 …… 160
第一节　上海市民族工作会议 …… 160
第二节　民族团结进步表彰 …… 161
第三节　社区民族工作 …… 164
第四节　上海世博会少数民族志愿者 …… 171
第四章　清真食品管理和回民公墓 …… 173
第一节　清真食品管理 …… 173
第二节　回民公墓 …… 180
第五章　对口支援 …… 182
第一节　援助德昂族 …… 182
第二节　援助独龙族 …… 187
第三节　援助喀什地区 …… 190
第四节　其他兴边富民项目 …… 191

第六篇　人物 …… 195
第一章　传略 …… 197
第二章　简介 …… 210
第三章　人物表 …… 223
第四章　先进集体名录 …… 250

专记 …… 265
附录 …… 287
索引 …… 305
编后记 …… 311

《上海市志·民族·宗教分志·宗教卷(1978—2010)》目录

序 ………… 1
《上海市志(1978—2010)》凡例 ………… 1
编纂说明 ………… 1
概述 ………… 1
大事记 ………… 9

第一篇　佛教 ………… 41
第一章　寺院 ………… 43
第一节　固有寺院 ………… 43
第二节　重建寺院 ………… 57
第二章　团体 ………… 67
第一节　上海市佛教协会 ………… 67
第二节　上海佛教居士林 ………… 71
第三节　法师与信众 ………… 74
第三章　教育、文化、公益慈善与实业 ………… 76
第一节　上海佛学院 ………… 76
第二节　出版 ………… 79
第三节　佛教文化 ………… 82
第四节　佛教音乐 ………… 88
第五节　公益慈善 ………… 92
第六节　实业 ………… 98
第四章　活动与交往 ………… 99
第一节　活动 ………… 99
第二节　交往 ………… 104

第二篇　道教 ………… 115
第一章　宫观 ………… 117
第一节　固有宫观 ………… 117
第二节　重建宫观 ………… 127
第二章　团体 ………… 136
第一节　上海市道教协会 ………… 136
第二节　道士与信众 ………… 139
第三章　教育、文化与公益慈善 ………… 142
第一节　上海道教学院 ………… 142
第二节　出版 ………… 144
第三节　道教书画 ………… 147
第四节　道教音乐 ………… 149
第五节　公益慈善 ………… 156
第四章　活动、交往与涉道民俗 ………… 160
第一节　活动 ………… 160
第二节　交往 ………… 165
第三节　涉道民俗 ………… 170

第三篇　伊斯兰教 ………… 175
第一章　清真寺 ………… 177
第一节　固有清真寺 ………… 177
第二节　重建和新建清真寺 ………… 180
第二章　团体 ………… 184
第一节　上海市伊斯兰教协会 ………… 184
第二节　阿訇与信众 ………… 187
第三章　教育、文化与公益慈善 ………… 189
第一节　经学班 ………… 189

第二节 出版 …… 190
第三节 伊斯兰教诵读 …… 192
第四节 公益慈善 …… 193
第四章 活动与交往 …… 196
第一节 活动 …… 196
第二节 交往 …… 201

第四篇 天主教 …… 205
第一章 教堂 …… 207
第一节 固有教堂 …… 207
第二节 重建教堂 …… 223
第二章 团体 …… 235
第一节 天主教上海教区 …… 235
第二节 上海市天主教爱国会、上海市天主教教务委员会 …… 237
第三节 上海市天主教知识分子联谊会 …… 241
第四节 教职人员与信教群众 …… 243
第三章 教育、文化与公益慈善 …… 246
第一节 天主教佘山修院、泰来桥分院及圣母献堂会 …… 246
第二节 出版 …… 251
第三节 天主教音乐 …… 253
第四节 教区其他机构 …… 257
第五节 公益慈善 …… 259
第四章 活动与交往 …… 263
第一节 活动 …… 263
第二节 交往 …… 274

第五篇 基督教 …… 279
第一章 教堂 …… 281
第一节 固有教堂 …… 281
第二节 重建和新建教堂 …… 288
第二章 团体 …… 307
第一节 上海市基督教三自爱国运动委员会、上海市基督教教务委员会 …… 307
第二节 神学思想建设研讨 …… 313
第三节 教职人员与信众 …… 315
第三章 教育、文化与公益慈善 …… 318
第一节 华东神学院 …… 318
第二节 出版 …… 321
第三节 基督教音乐 …… 323
第四节 公益慈善 …… 327
第四章 活动与交往 …… 332
第一节 活动 …… 332
第二节 交往 …… 337
第五章 上海基督教青年会、上海基督教女青年会 …… 343
第一节 机构 …… 343
第二节 活动与交往 …… 346
第三节 社会公益 …… 348

第六篇 宗教事务 …… 355
第一章 机构与职能 …… 358
第一节 上海市宗教事务局 …… 358
第二节 上海市民族和宗教事务委员会 …… 359
第三节 区县宗教事务机构 …… 361
第二章 贯彻宗教信仰自由政策 …… 366
第一节 宗教工作会议 …… 366
第二节 调研与视察 …… 369
第三节 平反冤假错案 …… 371
第四节 促进宗教团体、场所和院校建设 …… 373
第五节 保障宗教书刊出版 …… 375
第六节 保护宗教团体合法财产 …… 376
第三章 依法管理宗教事务 …… 379
第一节 法规制定 …… 379
第二节 普法宣传 …… 380
第三节 行政处罚、审批和备案 …… 383
第四节 登记和年检 …… 384
第五节 基层宗教事务委托管理 …… 386
第六节 在沪外国人宗教活动管理 …… 387

第四章　引导宗教与社会主义社会相适应 …… 389
第一节　创建文明场所和社区 …… 389
第二节　素质教育 …… 393
第三节　讲经讲道交流 …… 397
第四节　参加社会保险 …… 398
第五节　参与上海世博会运行 …… 400

第七篇　学术研究 …… 407
第一章　研究机构团体与基础理论研究 …… 410
第一节　研究机构及学术团体 …… 410
第二节　理论探索与研究 …… 413
第三节　综合体系研究 …… 416
第四节　大型工具书编纂 …… 417
第二章　研究成果 …… 419
第一节　佛教研究成果 …… 419
第二节　道教研究成果 …… 421
第三节　伊斯兰教研究成果 …… 424
第四节　天主教研究成果 …… 426
第五节　基督教研究成果 …… 428

第八篇　文物 …… 433
第一章　寺院宫观珍藏文物 …… 435
第一节　佛寺珍藏文物 …… 435
第二节　道观珍藏文物 …… 443
第二章　宗教古迹保护 …… 445
第一节　全国重点文物保护单位 …… 445
第二节　上海市文物保护单位 …… 462

第九篇　人物 …… 487
第一章　传略 …… 489
第一节　佛教界人物 …… 489
第二节　道教界人物 …… 497
第三节　伊斯兰教界人物 …… 498
第四节　天主教界人物 …… 502
第五节　基督教界人物 …… 506
第二章　名录 …… 520

附录 …… 525
索引 …… 590
编后记 …… 607

《上海市志·人力资源和社会保障分志·人事卷(1978—2010)》目录

《上海市志·人力资源和社会保障分志》总序 …… 1
《上海市志(1978—2010)》凡例 …… 1
编纂说明 …… 1
概述 …… 1
大事记 …… 13

第一篇　人事制度改革 …… 47
　第一章　人才流动机制 …… 50
　　第一节　人才管理体制 …… 50
　　第二节　人力资源服务市场 …… 53
　第二章　人事制度分类 …… 57
　　第一节　国家公务员制度 …… 57
　　第二节　企业人事制度 …… 58
　　第三节　事业单位人事制度 …… 60
　第三章　专业技术职称(职务)评聘制度 …… 64
　　第一节　专业技术职称制度 …… 64
　　第二节　专业技术职务聘任制度 …… 64
　　第三节　专业技术职称(资格)评定 …… 68
　　第四节　专业技术职业资格制度 …… 70
　第四章　机关事业单位工资制度 …… 75
　　第一节　1985 年工资制度改革 …… 75
　　第二节　1993 年工资制度改革 …… 76
　　第三节　2006 年工资制度改革 …… 81

第二篇　录用　聘用　调配(交流) …… 85
　第一章　录用与聘用 …… 88
　　第一节　“以工代干”转干 …… 88
　　第二节　录用 …… 90
　　第三节　聘用 …… 92
　第二章　调配(交流) …… 96
　　第一节　调配管理 …… 96
　　第二节　干部调配和结构调整 …… 97
　　第三节　支边与抽调 …… 99
　　第四节　对口地区干部和专业技术人才选派 …… 101
　　第五节　照顾困难调配 …… 105
　第三章　大中专毕业生就业 …… 110
　　第一节　高校毕业生分配 …… 110
　　第二节　中专毕业生分配 …… 114

第三篇　国家公务员管理 …… 119
　第一章　公务员过渡与登记 …… 122
　　第一节　过渡 …… 122
　　第二节　登记 …… 123
　第二章　公务员录用与交流 …… 126
　　第一节　考试录用 …… 126
　　第二节　交流 …… 129
　第三章　公务员考核与奖惩 …… 132
　　第一节　考核 …… 132
　　第二节　奖励 …… 134
　　第三节　处分 …… 136
　第四章　公务员培训 …… 138
　　第一节　行政机关工作人员岗位

培训 …………………………… 138
第二节 初任培训 ………………… 139
第三节 任职培训和专门培训 ……… 142
第四节 在职培训 ………………… 143

第四篇 专业技术人员和事业单位人事管理 ………………………… 145
第一章 专业技术职称(职务)评聘管理 ………………………… 148
第一节 专业技术任职资格评审 …… 148
第二节 职称评聘分类改革 ………… 152
第二章 专家管理 ………………… 157
第一节 国家级专家 ……………… 157
第二节 领军人才和优秀青年人才 ……………………… 160
第三章 博士后管理 ……………… 162
第一节 博士后站 ………………… 162
第二节 博士后管理服务 ………… 163
第四章 专业技术人员继续教育 ……… 166
第一节 继续教育制度建设 ………… 166
第二节 继续教育项目 …………… 167
第五章 事业单位人事管理 ………… 170
第一节 聘用合同 ………………… 170
第二节 公开招聘 ………………… 172
第三节 岗位管理 ………………… 173
第四节 考核与奖惩 ……………… 174

第五篇 军队转业干部安置 ………… 177
第一章 计划安置 ………………… 179
第一节 安置管理 ………………… 179
第二节 工作分配 ………………… 180
第三节 安置情况 ………………… 184
第二章 自主择业 ………………… 198
第一节 管理服务 ………………… 198
第二节 保障待遇 ………………… 200
第三节 安置情况 ………………… 201
第三章 军转干部培训 ……………… 203
第一节 培训制度 ………………… 203
第二节 培训管理 ………………… 203
第三节 培训内容 ………………… 205

第六篇 人才引进与开发服务 ……… 207
第一章 人才引进 ………………… 210
第一节 专业技术干部调入 ………… 210
第二节 人才居住证制度 ………… 211
第三节 国内人才引进 …………… 213
第四节 高校毕业生就业 ………… 215
第二章 人才开发 ………………… 219
第一节 人才开发机制 …………… 219
第二节 国内人才开发合作 ………… 224
第三节 非公有制领域人才开发 …… 231
第三章 人才服务 ………………… 233
第一节 人才交流服务 …………… 233
第二节 人才发展服务平台 ………… 236

第七篇 人才评价与培训 …………… 239
第一章 人才评价体系建设 ………… 242
第一节 分类人才评价体系 ………… 242
第二节 分类人才评价(考试)实践 ………………………………… 247
第二章 人事考试 ………………… 268
第一节 专业技术人员考试 ………… 268
第二节 公务员录用考试 ………… 290
第三节 事业单位公开招聘考试 …… 293
第三章 人才培训 ………………… 295
第一节 公务员培训 ……………… 295
第二节 军队转业干部培训 ………… 310
第三节 专业技术人员培训 ………… 314
第四节 紧缺人才岗位资格培训 …… 323
第五节 对口培训和服务全国培训 ……………………… 325
第六节 中高级管理人员培训 ……… 334
第七节 到村任职和“三支一扶”岗前培训 ……………………… 336

第八篇 引进海外智力与国际人才交流 ………………………… 339
第一章 留学人员工作 ……………… 342
第一节 鼓励政策 ………………… 342
第二节 申办户口 ………………… 344

第三节 《上海市居住证》B证 ……… 346
第四节 海外留学人才集聚工程 …… 347
第五节 上海市浦江人才计划 ……… 349
第六节 留学人员创业园 …………… 351
第七节 留学人员成果展 …………… 354
第二章 引进国外智力和外国专家 …… 356
第一节 引进国外智力 ……………… 356
第二节 外国专家来华工作许可 …… 362
第三章 出国(境)培训 ……………… 364
第一节 政策沿革 …………………… 364
第二节 政策实施 …………………… 365
第四章 国际合作交流 ……………… 366
第一节 上海国际人才交流协会 …… 366
第二节 海外联络处 ………………… 367
第三节 国际人才合作交流 ………… 367

第九篇 工资福利 …………………… 373
第一章 机关工作人员(公务员)工资制度 …………………… 376
第一节 工资 ………………………… 376
第二节 津贴、补贴 ………………… 391
第二章 事业单位工作人员收入分配制度 …………………… 399
第一节 工资 ………………………… 399
第二节 津贴、补贴 ………………… 415
第三节 绩效工资 …………………… 425
第四节 分配改革 …………………… 426
第三章 机关事业单位福利制度 ……… 429
第一节 福利费 ……………………… 429
第二节 假期 ………………………… 430
第三节 其他福利 …………………… 437
第四节 退休人员服务管理 ………… 441

第十篇 理论研究与刊物 …………… 443
第一章 理论研究 …………………… 445
第一节 人事人才研究 ……………… 445
第二节 重要成果选介 ……………… 448
第三节 重大学术研究活动 ………… 455
第二章 刊物 ………………………… 457
第一节 《行政与人事》……………… 457
第二节 《公共行政与人力资源》…… 458

第十一篇 机构和社会团体 ………… 461
第一章 人事(人才)行政机构 ……… 463
第一节 上海市人事局 ……………… 463
第二节 上海市人力资源和社会保障局 …………………… 465
第三节 上海市公务员局 …………… 466
第四节 区、县人事管理机构 ……… 467
第二章 市级人事(人才)服务机构 …… 468
第一节 人才服务机构 ……………… 468
第二节 人才评价机构 ……………… 469
第三节 上海市干部培训中心(上海市军队转业干部培训中心) … 471
第四节 退休和福利服务机构 ……… 471
第五节 上海市公共行政与人力资源研究所 …………………… 473
第三章 社会团体 …………………… 474
第一节 上海市退(离)休高级专家协会 …………………… 474
第二节 上海人才研究会 …………… 480
第三节 上海继续工程教育协会 …… 482
第四节 上海人才服务行业协会 …… 485

第十二篇 人物 ……………………… 489
第一章 人物传略 …………………… 491
第二章 人物简介 …………………… 493
第三章 人物表 ……………………… 499

专记 ………………………………… 503
附录 ………………………………… 511
索引 ………………………………… 577
编后记 ……………………………… 609

《上海市志·人力资源和社会保障分志·劳动卷(1978—2010)》目录

《上海市志·人力资源和社会保障分志》总序 …… 1
《上海市志(1978—2010)》凡例 …… 1
编纂说明 …… 1
概述 …… 1
大事记 …… 15

第一篇　劳动制度改革 …… 67
第一章　就业制度 …… 70
第一节　知青就业 …… 70
第二节　“三结合”就业方针 …… 72
第三节　发展就业服务 …… 81
第二章　用工制度 …… 89
第一节　用工计划变迁 …… 89
第二节　劳动合同制用工 …… 91
第三章　收入分配和福利 …… 96
第一节　奖励制度 …… 96
第二节　调整工资 …… 97
第三节　工资总额管理 …… 102
第四节　企业内部分配 …… 107
第五节　国有企业经营者年薪制 …… 112
第六节　企业福利制度改革 …… 114
第四章　职业培训和教育 …… 124
第一节　行业、企业培训 …… 124
第二节　中等职业技术教育 …… 130
第三节　社会化协作培训 …… 134
第四节　操作技术比赛 …… 137
第五章　劳动力流动管理 …… 141
第一节　组织调动 …… 141
第二节　照顾职工生活困难调动 …… 145
第三节　职工离复职管理 …… 149
第六章　农村劳动力、外来劳动力、外企用工管理 …… 155
第一节　农村剩余劳动力管理 …… 155
第二节　外来劳动力管理 …… 158
第三节　外商投资企业劳动用工管理 …… 163
第七章　劳动保护和劳动卫生 …… 167
第一节　劳动保护制度 …… 167
第二节　特殊群体劳动保护 …… 168
第三节　工作时间与休息休假 …… 169
第四节　劳动卫生 …… 171
第八章　再就业工程 …… 180
第一节　企业富余人员 …… 180
第二节　试点 …… 181
第三节　再就业服务中心 …… 183
第四节　政策服务举措 …… 187

第二篇　促进就业 …… 197
第一章　政府促进就业责任体系 …… 200
第一节　政府促进就业 …… 200
第二节　运行机制 …… 204
第三节　资金保障 …… 209

第二章　促进就业政策体系 …………… 213
第一节　劳动力市场管理 …………… 213
第二节　就业援助政策 …………… 217
第三节　创业扶持政策 …………… 228
第四节　就业培训政策 …………… 231
第五节　税费减免、补贴政策 ……… 236
第六节　风险应对政策 …………… 237
第三章　公共就业服务体系 …………… 239
第一节　服务体系架构 …………… 239
第二节　职业介绍服务 …………… 243
第三节　就业援助服务 …………… 250
第四节　劳动力资源管理 …………… 259
第四章　公共创业指导服务 …………… 269
第一节　服务机制 …………… 269
第二节　项目运行 …………… 273
第三节　创业能力提升、融资指导和园区建设 …………… 277
第四节　创业带动就业三年行动计划 …………… 282

第三篇　职业能力建设 …………… 285
第一章　市场化社会化培训体系 ……… 288
第一节　职业教育培训体系改革 …… 288
第二节　政府经费补贴培训 ………… 294
第三节　职业培训运行保障 ………… 306
第四节　培训机构 …………… 312
第二章　高技能人才队伍建设 ………… 315
第一节　技能振兴计划 …………… 315
第二节　高、新技能人才培养 ……… 316
第三节　培养机制 …………… 317
第四节　配套措施 …………… 321
第三章　职业培训项目开发 …………… 328
第一节　新职业培训项目开发 ……… 328
第二节　社会通用职业 …………… 331
第三节　企业特有职业 …………… 333
第四节　院校鉴定项目 …………… 335
第四章　职业培训公共实训基地 ……… 338
第一节　概况 …………… 338
第二节　天山路1800号公共实训基地——中国(上海)高技能人才公共实训中心 …………… 341
第三节　国定东路200号公共实训基地——中国(上海)创业者公共实训基地 …………… 352
第四节　公共实训体系建设 ………… 354
第五章　职业技能鉴定 …………… 355
第一节　管理体制 …………… 355
第二节　社会化职业技能鉴定 ……… 358
第三节　证书核发 …………… 363
第六章　技能竞赛 …………… 366
第一节　市级一类技能竞赛 ………… 366
第二节　上海市“星光计划” ………… 368
第三节　区县、行业技能竞赛 ……… 371
第四节　参加国家技能竞赛 ………… 372

第四篇　非上海户籍人员就业管理 …………… 375
第一章　外来从业人员就业管理服务 …………… 378
第一节　管理对象 …………… 378
第二节　管理方式 …………… 379
第三节　外来从业人员就业服务 …… 385
第二章　外国人、港澳台居民及定居国外人员在沪就业 …………… 389
第一节　外国人 …………… 389
第二节　港澳台居民 …………… 392
第三节　定居国外人员 …………… 394
第三章　农民工工作 …………… 397
第一节　联席会议制度 …………… 397
第二节　权益维护和评选表彰 ……… 402
第四章　对口地区劳动力就业援助 …………… 404
第一节　三峡库区移民 …………… 404
第二节　对云南扶贫 …………… 405
第三节　对都江堰就业援助 ………… 406
第四节　对口支援新疆 …………… 407

第五篇　企业工资管理 …………………… 409
第一章　企业工资分配 …………………… 412
第一节　工资分配指导 …………………… 412
第二节　自主决定工资水平 …………… 416
第三节　工资支付和福利 ……………… 419
第二章　工资集体协商 …………………… 429
第一节　协商制度建立 ………………… 429
第二节　协商工作推进 ………………… 432
第三章　工资指导 ………………………… 435
第一节　最低工资 ……………………… 435
第二节　工资增长指导线 ……………… 437
第三节　工资指导价位 ………………… 441
第四节　行业人工成本 ………………… 446
第四章　工资监督检查 …………………… 450
第一节　企业工资手册备案制度 …… 450
第二节　国有企业工资内外监督检查 …………………………… 452

第六篇　劳动关系、劳动监察和争议处理 ………………………………… 455
第一章　劳动合同制度 …………………… 458
第一节　劳动合同 ……………………… 458
第二节　集体合同 ……………………… 465
第二章　劳动关系协调和欠薪保障金 ………………………… 469
第一节　劳动关系协调联席会议制度 ………………………… 469
第二节　欠薪保障金制度 ……………… 473
第三章　劳动保障监察体制 ……………… 477
第一节　劳动保障监察制度 …………… 477
第二节　劳动保障监察事项 …………… 482
第三节　劳动保障监察网格化 ……… 486
第四节　劳动保障监察网络化 ……… 489
第四章　劳动保障监察方式 ……………… 492
第一节　日常巡视检查 ………………… 492
第二节　专项检查 ……………………… 495
第三节　举报和投诉 …………………… 500
第四节　书面审查劳动用工材料 …… 503
第五节　群体性劳资矛盾突发事件的处置 …………………………… 505
第五章　调解仲裁制度 …………………… 508
第一节　劳动争议仲裁 ………………… 508
第二节　人事争议仲裁 ………………… 512
第三节　劳动人事争议仲裁 …………… 516
第四节　劳动人事争议调解 …………… 517
第六章　仲裁规则和争议处理 …………… 522
第一节　劳动争议仲裁规则 …………… 522
第二节　社会保险争议仲裁规则 …… 529
第三节　人事争议仲裁规则 …………… 531
第四节　争议处理情况 ………………… 534

第七篇　安全生产监督 …………………… 541
第一章　安全生产监督制度 ……………… 544
第一节　安全生产监督体制 …………… 544
第二节　安全生产法规制订 …………… 546
第三节　安全生产标准 ………………… 548
第二章　安全生产行政许可 ……………… 552
第一节　企业资质许可 ………………… 552
第二节　建设项目"三同时"审查 …… 556
第三节　中介机构资质许可 …………… 557
第三章　监督检查 ………………………… 560
第一节　专项检查 ……………………… 560
第二节　特殊时段检查 ………………… 562
第三节　安全检查情况 ………………… 566
第四章　生产安全事故 …………………… 568
第一节　事故调查 ……………………… 568
第二节　事故的统计 …………………… 571
第三节　较大以上生产安全事故 …… 574
第四节　典型事故案例 ………………… 581
第五章　危险化学品监管 ………………… 588
第一节　普查、规划及布局调整 …… 588
第二节　治理措施 ……………………… 590
第三节　重大危险源监督管理 ……… 594
第六章　预防和治理 ……………………… 597
第一节　隐患排查治理 ………………… 597
第二节　专项整治 ……………………… 599
第三节　小企业安全生产治理 ……… 601

第四节　安全生产标准化 …… 602
第七章　安全生产培训考核 …… 604
第一节　安全生产监管人员 …… 604
第二节　厂长(经理)和安全管理人员 …… 605
第三节　特种作业人员 …… 606
第四节　农民工 …… 607
第五节　培训考核机构 …… 608
第八章　社会共治 …… 610
第一节　安全专业教育 …… 610
第二节　安全社区 …… 611
第三节　信息化建设 …… 615
第四节　应急救援 …… 616

第八篇　研究、宣传和合作交流 …… 623
第一章　研究 …… 626
第一节　劳动就业研究 …… 626
第二节　安全科学研究 …… 637
第二章　宣传 …… 642
第一节　劳动就业宣传 …… 642
第二节　安全生产宣传 …… 646
第三章　合作交流 …… 651
第一节　国际劳工组织 …… 651
第二节　其他外国机构 …… 656
第三节　港澳台地区机构 …… 664
第四节　出国考察与培训 …… 668
第五节　国际会议 …… 673

第九篇　机构和团体 …… 677
第一章　劳动行政机构 …… 680
第一节　上海市劳动局 …… 680
第二节　上海市劳动和社会保障局 …… 681
第三节　上海市人力资源和社会保障局 …… 683
第四节　区县劳动行政机构 …… 685
第二章　安全生产监督行政机构 …… 686
第一节　上海市劳动局劳动保护监察机构 …… 686
第二节　上海市经济委员会安全生产监察机构 …… 687
第三节　上海市安全生产监察局 …… 688
第四节　上海市安全生产监督管理局 …… 689
第五节　区县监督体制 …… 691
第三章　行政执法机构 …… 693
第一节　上海市劳动监察机构 …… 693
第二节　上海市劳动人事争议仲裁机构 …… 694
第三节　区县安全生产执法机构 …… 695
第四章　就业管理服务机构 …… 696
第一节　上海市就业促进中心 …… 696
第二节　上海市职业介绍中心 …… 698
第三节　上海市开业指导服务中心 …… 699
第四节　上海市外来人员就业管理中心 …… 700
第五节　上海市外国人就业中心 …… 701
第六节　区县就业促进机构 …… 701
第五章　职业培训管理服务机构 …… 704
第一节　上海市职业培训指导中心 …… 704
第二节　上海市职业技能鉴定中心 …… 704
第三节　上海市职业培训研究发展中心 …… 705
第六章　其他工作机构 …… 707
第一节　上海市安全生产科学研究所 …… 707
第二节　上海市劳动保护检测站 …… 708
第三节　上海市劳动保障宣传教育中心 …… 709
第四节　上海市人力资源和社会保障信息中心 …… 709
第五节　上海市安全生产信息中心 …… 711
第六节　上海市人力资源和社会保障

咨询服务中心 …………………… 711
第七节　上海市化工职业病防治院 …………………… 713
第七章　社会团体 …………………… 716
第一节　上海市劳动和社会保障学会 …………………… 716
第二节　上海市技师协会 …………………… 718
第三节　上海市安全生产协会 …………………… 720

第十篇　人物 …………………… 723
第一章　人物传略 …………………… 725
第二章　人物简介 …………………… 729
第三章　先进人物表 …………………… 737

专记 …………………… 739
附录 …………………… 755
索引 …………………… 803
编后记 …………………… 838

《上海市志·人力资源和社会保障分志·社会保险卷(1978—2010)》目录

《上海市志·人力资源和社会保障分志》总序 …… 1
《上海市志(1978—2010)》凡例 …… 1
编纂说明 …… 1
概述 …… 1
大事记 …… 15

第一篇　劳动保险制度 …… 39
第一章　解放初稳定就业和失业救助 …… 42
第一节　稳定就业 …… 42
第二节　失业救助 …… 43
第二章　实施劳动保险 …… 49
第一节　劳动保险条例 …… 49
第二节　企业实施劳动保险 …… 49
第三节　劳动保险集体合同 …… 53
第四节　机关事业单位劳动保险 …… 53
第三章　退休、离休和退职 …… 55
第一节　范围对象 …… 55
第二节　养老条件和待遇 …… 60
第四章　劳保医疗和公费医疗 …… 69
第一节　劳保医疗制度 …… 69
第二节　公费医疗制度 …… 72
第五章　生育、伤残、亡故待遇 …… 75
第一节　生育待遇 …… 75
第二节　工伤待遇 …… 76
第三节　因病或非因工负伤待遇 …… 81
第四节　亡故待遇 …… 81
第六章　社会化保险和退休费统筹 …… 84
第一节　社会化保险措施 …… 84
第二节　退休费统筹 …… 86

第二篇　城镇职工养老保险 …… 89
第一章　制度沿革 …… 92
第一节　制度出台 …… 92
第二节　制度完善和整合 …… 93
第二章　参保范围和对象 …… 95
第一节　用人单位及其职工 …… 95
第二节　其他人员 …… 96
第三章　养老保险基金筹措与拨付 …… 99
第一节　单位缴费 …… 99
第二节　个人缴费 …… 102
第三节　特殊缴费 …… 104
第四章　养老保险个人账户 …… 108
第一节　账户内容 …… 108
第二节　账户使用 …… 110
第五章　养老金申领条件 …… 113
第一节　申领养老金一般条件 …… 113
第二节　提前申领养老金对象 …… 114
第三节　延迟申领养老金对象 …… 115
第四节　最低缴费年限不足的处理 …… 116
第六章　养老金计发 …… 118
第一节　企业养老金计发办法 …… 118
第二节　机关退休费计发 …… 123
第三节　事业单位退休费计发

办法 …………………………… 125
第四节 养老金其他计发办法 ……… 126
第五节 一次性补充养老金计发 …… 127
第六节 参保人员死亡待遇 ………… 128
第七章 养老金增长 ……………………… 130
第一节 企业退休人员养老金增长 ……………………… 130
第二节 机关事业单位离退休费调整 ……………………… 136
第三节 节假日补助 ………………… 140
第八章 企业年金制度 …………………… 142
第一节 范围对象和基金筹措 ……… 142
第二节 账户管理和待遇 …………… 143
第三节 年金管理和投资运营 ……… 145

第三篇 医疗保险 ……………………… 149
第一章 职工医疗保险制度分步改革 ………………………… 152
第一节 城镇职工医疗保险制度改革方案 ……………………… 152
第二节 城镇职工医疗保险覆盖对象和内容 ……………………… 153
第三节 扩大医疗保险覆盖人群 ………………………………… 156
第四节 保障城镇职工医疗保险改革举措 ……………………… 160
第二章 城镇职工基本医疗保险 ……… 163
第一节 参保范围和资金筹措 ……… 163
第二节 个人医疗账户 ……………… 164
第三节 医疗保险待遇 ……………… 167
第四节 其他人群的医保关系处理 ……………………… 170
第五节 医疗保险减负与补贴 ……… 174
第三章 居民基本医疗保险 …………… 182
第一节 居民基本医疗保障措施 …… 182
第二节 城镇居民基本医疗保险 …… 185
第三节 其他医疗保障 ……………… 189

第四篇 失业保险 ……………………… 195
第一章 待业保险制度 ………………… 198
第一节 概况 ………………………… 198
第二节 参保缴费和待遇 …………… 199
第三节 就业安置和转业训练 ……… 203
第二章 失业保险制度 ………………… 205
第一节 参保缴费 …………………… 205
第二节 失业保险待遇 ……………… 206
第三章 预防失业和促进就业 ………… 211
第一节 概况 ………………………… 211
第二节 就业援助补贴 ……………… 212
第三节 职业培训补贴 ……………… 215
第四节 公共实训补贴 ……………… 216
第五节 扶持创业补贴 ……………… 217

第五篇 生育保险和工伤保险 ……… 221
第一章 生育保险 ……………………… 224
第一节 范围 ………………………… 224
第二节 基金筹措 …………………… 225
第三节 生育保险待遇 ……………… 226
第二章 工伤保险 ……………………… 229
第一节 贯彻《企业职工工伤保险试行办法》 ……………………… 229
第二节 工伤保险范围对象 ………… 230
第三节 工伤保险基金筹措 ………… 232
第四节 工伤认定和鉴定 …………… 232
第五节 工伤待遇 …………………… 234
第六节 工伤预防及工伤康复 ……… 239
第七节 工伤保险管理服务 ………… 240
第三章 劳动能力鉴定 ………………… 242
第一节 工伤劳动能力鉴定 ………… 242
第二节 因病、非因工负伤劳动能力鉴定 ………………………… 243
第三节 劳动能力鉴定程序 ………… 244
第四节 劳动能力鉴定标准 ………… 246

第六篇 城乡居保、综保、镇保 ……… 249
第一章 城乡居民养老保险 …………… 253
第一节 农村社会养老保险 ………… 253
第二节 新型农村社会养老保险 …… 262
第三节 城镇居民基本养老保险 …… 267
第二章 外来从业人员综合保险 ……… 269

第一节　外地劳动力工伤待遇 ……… 269
第二节　综合保险 ……………………… 270
第三节　综合保险管理服务 ………… 276
第三章　小城镇社会保险 …………… 280
第一节　概况 …………………………… 280
第二节　范围对象 ……………………… 284
第三节　基金筹措 ……………………… 286
第四节　基本养老保险待遇 ………… 290
第五节　其他基本保险待遇 ………… 291
第六节　补充社会保险待遇 ………… 293
第七节　镇保与职保、农保的转移衔接 …………………………… 294

第七篇　社会保险基金 ……………… 297
第一章　基金构成 …………………… 300
第一节　基本养老保险基金 ………… 300
第二节　基本医疗保险基金 ………… 301
第三节　失业保险基金 ……………… 303
第四节　生育保险基金 ……………… 304
第五节　工伤保险基金 ……………… 305
第六节　外来从业人员综合保险基金 …………………………… 305
第七节　小城镇社会保险基金 ……… 306
第八节　农村社会养老保险基金 …… 307
第九节　城镇居民社会保险基金 …… 307
第二章　基金征收 …………………… 309
第一节　征缴环路 …………………… 309
第二节　缴付方式 …………………… 310
第三节　补缴、预缴 ………………… 312
第四节　实物资产管理 ……………… 314
第五节　滞纳金征收 ………………… 315
第三章　基金支付 …………………… 317
第一节　基金账户管理 ……………… 317
第二节　各项保险基金支付 ………… 323
第四章　基金预算、决算和基金监督 …… 327
第一节　基金预算、决算 …………… 327
第二节　审计监督 …………………… 330
第三节　行政监督 …………………… 333
第四节　特别监督 …………………… 335

第八篇　医疗保险管理和监督 ……… 339
第一章　医疗保险管理 ……………… 342
第一节　医疗保险就医管理 ………… 342
第二节　医疗保险支付项目管理 …… 345
第三节　医疗保险服务机构管理 …… 351
第四节　医疗保险费用结算 ………… 355
第五节　社会保险(医疗保险)关系转移衔接 …………………………… 360
第二章　医疗保险监督管理 ………… 361
第一节　定点医疗机构医疗服务监督管理 …………………………… 361
第二节　定点医疗机构监督检查 …… 363
第三节　配售药服务管理 …………… 366
第四节　定点零售药店监督检查 …… 368
第五节　参保人员行为规范和监督管理 …………………………… 369
第六节　参保个人医保待遇监督审核 …………………………… 371
第七节　立案调查处理 ……………… 372
第八节　药品招标管理 ……………… 375

第九篇　社会保险经办管理 ………… 379
第一章　经办模式 …………………… 382
第一节　养老(工伤、生育)保险经办模式 …………………………… 382
第二节　医疗保险经办模式 ………… 386
第三节　城乡居民养老、医疗保险经办模式 …………………………… 386
第二章　个人账户和缴费记录管理 …… 390
第一节　城镇职工养老保险个人账户管理 …………………………… 390
第二节　城镇职工医疗保险个人账户管理 …………………………… 395
第三节　城乡居民养老保险个人账户管理 …………………………… 397
第四节　生育、工伤保险缴费记录管理 …………………………… 398
第五节　社会保险关系转移接续经办 …………………………… 399
第三章　医疗保险费用结算管理 …… 402

第一节　医疗保险费用审核与稽核 …… 402
第二节　医疗保险费用结算的基本流程 …… 405
第四章　待遇支付 …… 408
第一节　养老保险待遇核定 …… 408
第二节　其他待遇核定 …… 410
第三节　待遇支付方式 …… 412
第五章　社会服务 …… 415
第一节　养老、工伤、生育保险社会服务 …… 415
第二节　医疗保险社会服务 …… 420
第六章　经办档案资料管理 …… 429
第一节　社保中心经办档案资料管理 …… 429
第二节　农保机构经办档案资料管理 …… 430
第三节　医保中心经办档案资料管理 …… 431
第七章　社会保险管理服务信息化 …… 432
第一节　养老、生育、工伤等保险经办信息系统 …… 432
第二节　医疗保险计算机信息系统 …… 437

第十篇　社会保险机构 …… 449
第一章　社会保险行政机构 …… 451
第一节　上海市劳动局 …… 451
第二节　上海市社会保险委员会和社会保险管理局 …… 452
第三节　上海市医疗保险局 …… 453
第四节　上海市劳动和社会保障局 …… 454
第五节　上海市人力资源和社会保障局 …… 455
第六节　区(县)社会保险行政机构 …… 456
第二章　社会保险经办机构 …… 458
第一节　上海市城镇养老、生育、工伤保险经办机构 …… 458
第二节　上海市医疗保险经办机构 …… 461
第三节　上海市失业保险经办机构 …… 463
第四节　上海市农村社会养老保险经办机构 …… 464
第五节　上海市劳动能力鉴定中心 …… 465
第六节　上海市医疗保险监督检查所 …… 465
第七节　上海市医药集中招标采购事务管理所 …… 465
第八节　上海市征地劳动力事务中心 …… 465
第三章　社会保险其他机构 …… 467
第一节　上海市劳动能力鉴定委员会 …… 467
第二节　上海市社会保障监督委员会 …… 467
第三节　上海市劳动和社会保障学会 …… 468

第十一篇　人物 …… 469
第一章　人物传略 …… 471
第二章　人物简介 …… 472
第三章　人物表 …… 478

专记 …… 479
附录 …… 491
索引 …… 567
编后记 …… 598

《上海市志·民政·民生分志·民政卷(1978—2010)》目录

序 …… 1
《上海市志(1978—2010)》凡例 …… 1
编纂说明 …… 1
概述 …… 1
大事记 …… 21

第一篇　社会救助与灾害救助 …… 55
第一章　社会救助 …… 57
第一节　社会救济 …… 57
第二节　最低生活保障 …… 63
第三节　专项救助 …… 71
第四节　居民经济状况核对 …… 78
第二章　流浪乞讨人员救助管理 …… 81
第一节　收容遣送 …… 82
第二节　救助管理 …… 83
第三章　救灾减灾 …… 89
第一节　灾害救助 …… 89
第二节　防灾减灾 …… 92
第三节　救灾捐赠 …… 94

第二篇　基层政权和社区建设 …… 99
第一章　基层政权建设 …… 102
第一节　街道办事处建设 …… 102
第二节　乡镇政府建设 …… 106
第二章　群众性自治组织建设 …… 109
第一节　居民委员会建设 …… 109
第二节　村民委员会建设 …… 113
第三节　居村民委员会民主选举 …… 117
第三章　社区服务 …… 121
第一节　社区服务机构 …… 121
第二节　规划和政策 …… 126
第三节　志愿者与先进表彰 …… 128
第四节　信息化建设 …… 128
第四章　社区建设 …… 133
第一节　城市社区建设 …… 133
第二节　农村社区建设 …… 137
第三节　培训与表彰 …… 137

第三篇　双拥优抚安置 …… 141
第一章　双拥工作 …… 144
第一节　拥军优属 …… 144
第二节　拥政爱民 …… 161
第三节　军民共建 …… 164
第四节　评比表彰 …… 167
第二章　抚恤优待 …… 171
第一节　抚恤补助和优待金 …… 171
第二节　社会优待 …… 186
第三节　优抚对象和事业单位普查 …… 192
第三章　烈士褒扬 …… 194
第一节　烈士追认审核 …… 194
第二节　烈士纪念建筑物 …… 195

第三节 烈士公祭和纪念活动 ……… 202
第四节 编纂出版烈士相关书籍 …… 204
第四章 双退安置与军供保障 ………… 216
第一节 退伍军人安置 ……………… 217
第二节 复员干部接收安置 ………… 221
第三节 军休人员安置与服务 ……… 223
第四节 军供保障 …………………… 230

第四篇 老龄事业 ……………………… 233
第一章 老龄工作 …………………… 235
第一节 工作机制 …………………… 235
第二节 法制建设 …………………… 237
第三节 发展规划 …………………… 238
第四节 重要会议 …………………… 239
第五节 老龄科学研究 ……………… 242
第二章 老年保障 …………………… 246
第一节 老年人社会保障 …………… 246
第二节 老年人权益保障 …………… 251
第三章 老年社会生活 ……………… 253
第一节 老年教育文化体育 ………… 253
第二节 老年人为社会服务 ………… 258
第四章 尊老敬老活动 ……………… 260
第一节 老年优待 …………………… 260
第二节 敬老实事 …………………… 261
第三节 宣传与表彰 ………………… 266
第五章 养老服务 …………………… 273
第一节 机构养老服务 ……………… 274
第二节 社区养老服务 ……………… 287
第三节 养老服务管理 ……………… 296

第五篇 社会福利 ……………………… 307
第一章 福利企业 …………………… 310
第一节 发展过程 …………………… 311
第二节 管理 ………………………… 318
第三节 残疾人职工保障 …………… 322
第四节 技术改造与产品 …………… 328
第五节 康复辅助器具生产与管理 ………………………… 335
第二章 儿童社会福利 ……………… 338
第一节 弃婴弃儿福利保障 ………… 338
第二节 有家伤残儿童福利 ………… 345
第三节 社会关爱 …………………… 347
第三章 民政精神卫生福利 ………… 350
第一节 机构与服务管理 …………… 350
第二节 社区防治与康复 …………… 352
第四章 福利彩票 …………………… 355
第一节 销售 ………………………… 355
第二节 管理 ………………………… 365
第三节 公益金管理与使用 ………… 367

第六篇 社会组织 ……………………… 375
第一章 登记管理 …………………… 378
第一节 社会团体登记管理 ………… 378
第二节 民办非企业单位登记管理 ………………………… 385
第三节 基金会登记管理 …………… 391
第二章 培育和发展 ………………… 395
第一节 社团进社区 ………………… 395
第二节 政府购买服务 ……………… 397
第三节 行业协会政社分开 ………… 397
第四节 孵化基地建设 ……………… 399
第五节 枢纽式管理 ………………… 400
第六节 社会保险和工资基金管理 ………………………… 401
第七节 自律诚信与规范化建设 …… 402
第八节 命名表彰 …………………… 404
第九节 重要会议和培训 …………… 405
第三章 监督管理 …………………… 409
第一节 日常监管 …………………… 409
第二节 年度检查 …………………… 414
第三节 执法监察 …………………… 416
第四节 案件处置 …………………… 419

第七篇 社会事务 ……………………… 421
第一章 婚姻登记管理 ……………… 424
第一节 婚姻登记 …………………… 424

第二节　法制宣传和婚俗改革 ……… 432
第三节　法制建设 ……………………… 434
第四节　依法行政 ……………………… 437
第五节　婚姻服务 ……………………… 441
第六节　规范化建设 …………………… 443
第七节　信息化建设 …………………… 445
第二章　收养登记与私自收养治理 …… 446
第一节　收养登记 ……………………… 446
第二节　收养法宣传 …………………… 450
第三节　私自收养治理 ………………… 451
第四节　规范化建设 …………………… 453
第三章　殡葬管理 ……………………… 456
第一节　服务机构 ……………………… 456
第二节　殡殓服务 ……………………… 466
第三节　葬式改革 ……………………… 470
第四节　法制建设 ……………………… 474
第五节　业务管理 ……………………… 476
第六节　队伍建设 ……………………… 487
第七节　殡葬文化建设 ………………… 489

第八篇　行政区划与地名管理 ……… 493
第一章　行政区划管理 ………………… 495
第一节　行政区划调整 ………………… 496
第二节　政府驻地迁移 ………………… 510
第三节　行政管理属地化 ……………… 512
第二章　政区地名管理 ………………… 515
第一节　政区地名命名更名管理 …… 516
第二节　政区历史地名文化保护 …… 517
第三节　无居民岛屿地名管理 ……… 520
第三章　勘界和界线管理 ……………… 524
第一节　勘定省级界线 ………………… 524
第二节　勘定区县界线 ………………… 529
第三节　核定乡镇街道村居界线 …… 530
第四节　界线管理 ……………………… 531

第九篇　慈善事业与社会工作 ……… 535
第一章　慈善事业 ……………………… 538
第一节　慈善机构 ……………………… 538
第二节　慈善捐赠和项目 ……………… 540
第三节　扶持推动慈善事业 …………… 546
第二章　社会工作与志愿服务 ………… 553
第一节　规划、制度和人才队伍 …… 553
第二节　社工机构 ……………………… 559
第三节　社工实务 ……………………… 560
第四节　志愿服务 ……………………… 566

第十篇　残疾人事业 ………………… 571
第一章　组织机构 ……………………… 574
第一节　市级协调机构 ………………… 574
第二节　市残联及其领导、执行机构 …… 576
第三节　市残联专门协会 ……………… 582
第四节　直属事业单位 ………………… 586
第五节　上海市残疾人福利基金会 …… 588
第六节　区县及基层残联组织 ……… 591
第二章　康复工作 ……………………… 593
第一节　康复规划、政策 …………… 593
第二节　康复服务 ……………………… 594
第三节　康复机构、网点 …………… 599
第三章　教育与就业 …………………… 601
第一节　教育 …………………………… 602
第二节　就业 …………………………… 606
第三节　社会保障 ……………………… 612
第四章　宣传、文娱、体育 …………… 616
第一节　宣传工作 ……………………… 616
第二节　文娱工作 ……………………… 621
第三节　体育工作 ……………………… 626
第五章　权益保障 ……………………… 633
第一节　法律保障 ……………………… 633
第二节　无障碍环境建设 ……………… 635
第六章　与国外及中国港澳台地区交流 …… 638
第一节　与中国港澳台地区的交流 …… 638
第二节　国际交流 ……………………… 639

第十一篇 综合管理 …… 643
第一章 机构 …… 645
第一节 行政机关 …… 645
第二节 事业单位 …… 655
第三节 企业单位 …… 663
第二章 干部职工队伍建设 …… 670
第一节 队伍状况 …… 670
第二节 人事制度改革 …… 673
第三节 干部教育培训 …… 675
第三章 民政精神文明建设 …… 678
第一节 精神文明创建活动 …… 678
第二节 民政文化建设 …… 685
第四章 民政研究和法制建设 …… 690
第一节 课题研究 …… 690
第二节 民政业务立法 …… 695
第三节 行政执法 …… 698
第四节 法制宣传 …… 703
第五节 执法监督 …… 707
第五章 财力投入与管理 …… 710
第一节 财力保障 …… 710
第二节 民政国资管理 …… 715
第三节 民政设施建设 …… 717
第四节 “五年”计划和规划 …… 720
第五节 市政府实事民政项目 …… 724
第六章 民政信息化建设 …… 728
第一节 基础设施建设 …… 728
第二节 民政综合性信息系统 …… 730
第三节 民政业务信息系统 …… 732
第七章 对外交流与合作 …… 736
第一节 出国(境)交流、培训 …… 736
第二节 来访接待 …… 737
第三节 合作项目 …… 741
第四节 专题会议和文化交流活动 …… 744

第十二篇 人物 …… 749
第一章 人物传略 …… 751
第二章 人物简介 …… 756
第一节 市民政局人物 …… 756
第二节 市残联人物 …… 762
第三章 人物表 …… 765
第一节 市民政局人物表 …… 765
第二节 市残联人物表 …… 773

专记 …… 779
附录 …… 831
索引 …… 904
编后记 …… 953

《上海市志·民政·民生分志·社会生活卷（1978—2010）》目录

《上海市志（1978—2010）》凡例 …… 1
编纂说明 …… 1
概述 …… 1

第一章　生活空间 …… 7
　第一节　居住空间 …… 7
　第二节　商业空间 …… 9
　第三节　公共空间 …… 12
第二章　婚恋家庭 …… 16
　第一节　婚恋 …… 16
　第二节　家庭 …… 32
第三章　衣食住行 …… 55
　第一节　衣着打扮 …… 55
　第二节　饮食 …… 62
　第三节　居住 …… 74
　第四节　出行 …… 88
第四章　通信联络 …… 104
　第一节　邮政快递 …… 104
　第二节　电信联络 …… 108
　第三节　互联网生活 …… 118
第五章　休闲娱乐 …… 128
　第一节　过节方式 …… 129
　第二节　逛街、购物 …… 134
　第三节　旅游 …… 136
　第四节　健身 …… 138
　第五节　歌舞 …… 140
　第六节　观影、观展 …… 141
　第七节　电子游戏 …… 143
　第八节　集邮 …… 144
第六章　教育 …… 146
　第一节　教育政策与规模 …… 147
　第二节　教育观念和行为 …… 157
第七章　就业 …… 162
　第一节　就业人口的规模、构成与结构 …… 162
　第二节　就业促进 …… 173
　第三节　失业人口与失业保险 …… 187
　第四节　职工工资 …… 192
第八章　医疗 …… 198
　第一节　医疗资源与医疗服务 …… 198
　第二节　就医行为与费用 …… 206
　第三节　健康教育与献血活动 …… 211
第九章　养老 …… 214
　第一节　老年保障 …… 214
　第二节　老年生活 …… 221
　第三节　养老服务 …… 233
第十章　丧葬 …… 243
　第一节　治丧 …… 243
　第二节　安葬方式 …… 247
　第三节　葬后祭奠 …… 249
　第四节　丧葬费用 …… 250

专记 …… 252
索引 …… 272
编后记 …… 290

《上海市志·民俗·方言分志·民俗卷（1978—2010）》目录

《上海市志（1978—2010）》凡例 …… 1
编纂说明 …… 1
概述 …… 1

第一篇　人生礼俗 …… 13
第一章　生养习俗 …… 15
第一节　妊娠习俗 …… 15
第二节　分娩习俗 …… 17
第三节　新生儿庆贺习俗 …… 21
第四节　养育习俗 …… 27
第二章　婚嫁习俗 …… 32
第一节　择偶 …… 32
第二节　订婚 …… 34
第三节　毛脚女婿与上门女婿 …… 36
第四节　聘礼、嫁妆与迎妆 …… 37
第五节　结婚仪式 …… 40
第六节　蜜月旅行与回乡婚礼 …… 47
第七节　网恋、异域婚与未婚同居 …… 48
第八节　结婚纪念日 …… 51
第三章　生日习俗 …… 53
第一节　未成年人生日 …… 54
第二节　成年礼 …… 55
第三节　特殊生日 …… 57
第四节　做寿 …… 58
第五节　其他做寿形式 …… 62
第四章　丧葬习俗 …… 64
第一节　送终与报丧 …… 64
第二节　灵堂与吊丧 …… 67
第三节　大殓与告别仪式 …… 70
第四节　出殡与落葬 …… 75
第五节　祭拜仪式 …… 80
第六节　丧葬形式 …… 84
第七节　殡葬组织与服务 …… 90

第二篇　日常生活习俗 …… 97
第一章　服饰习俗 …… 99
第一节　服饰演变 …… 99
第二节　服饰民俗特点 …… 110
第二章　饮食习俗 …… 118
第一节　日常饮食 …… 118
第二节　岁时饮食 …… 119
第三节　本帮菜肴与名菜 …… 120
第四节　客帮菜肴与名菜 …… 125
第五节　西式菜肴与名菜 …… 131
第六节　特色风味食品 …… 133
第七节　饮品 …… 138
第八节　饮食业规矩 …… 143
第三章　居住习俗 …… 145
第一节　住房类型 …… 145
第二节　居住生活 …… 151
第三节　住房调换、购置与租赁 …… 153
第四节　房屋装潢 …… 157
第五节　搬迁 …… 159
第四章　出行习俗 …… 161

第一节　行车 …… 161
第二节　乘船 …… 170
第五章　交际习俗 …… 174
第一节　日常交际 …… 174
第二节　贺庆交际 …… 177
第三节　会馆公所与校友会 …… 179

第三篇　岁时节日习俗 …… 181
第一章　传统节日 …… 183
第一节　春节 …… 183
第二节　元宵节 …… 194
第三节　清明节 …… 199
第四节　立夏 …… 201
第五节　端午节 …… 203
第六节　七夕 …… 208
第七节　七月半 …… 209
第八节　中秋节 …… 212
第九节　重阳节 …… 214
第十节　冬至 …… 215
第二章　新兴节日 …… 218
第一节　情人节 …… 218
第二节　母亲节 …… 218
第三节　父亲节 …… 219
第四节　圣诞节 …… 219

第四篇　农副业生产习俗 …… 221
第一章　稻作生产习俗 …… 223
第一节　土地制度 …… 223
第二节　生产组织形式与文化信仰 …… 230
第三节　备耕习俗 …… 238
第四节　播种习俗 …… 241
第五节　田间管理 …… 245
第六节　收获习俗 …… 248
第二章　经济作物、副业生产习俗 …… 251
第一节　蔬菜生产习俗 …… 251
第二节　棉花、油料生产习俗 …… 257
第三节　花卉、竹木、瓜果生产习俗 …… 261
第四节　纺纱织布习俗 …… 269
第五节　副业生产习俗 …… 277
第三章　畜禽生产习俗 …… 283
第一节　养猪习俗 …… 283
第二节　养牛习俗 …… 287
第三节　养羊、兔习俗 …… 290
第四节　养禽习俗 …… 292
第四章　渔业生产习俗 …… 300
第一节　渔民 …… 300
第二节　生产工具 …… 303
第三节　捕捞生产 …… 305
第四节　加工流通 …… 315
第五节　业余捕捞 …… 321

第五篇　商贸金融习俗 …… 325
第一章　金融业习俗 …… 327
第一节　民间借贷与交易中介 …… 327
第二节　股民习俗 …… 337
第二章　商贸习俗 …… 340
第一节　行商 …… 341
第二节　店商 …… 346
第三节　中间商 …… 350
第四节　店规、店俗 …… 353
第三章　新兴商业习俗 …… 361
第一节　超市购物 …… 361
第二节　连锁店与会员卡 …… 362
第三节　排队与黄牛党 …… 363

第六篇　娱乐休闲习俗 …… 365
第一章　文艺娱乐 …… 367
第一节　口头讲唱 …… 367
第二节　音乐舞蹈 …… 382
第三节　听书看戏 …… 389
第二章　休闲娱乐 …… 400
第一节　闲逛 …… 400
第二节　广场舞 …… 400
第三节　游乐场 …… 401

第四节　电子游戏 …………………… 402
第三章　竞技娱乐 …………………… 404
第一节　棋牌 …………………… 404
第二节　麻将 …………………… 405
第三节　斗蟋蟀 …………………… 408
第四章　儿童娱乐 …………………… 409
第一节　童谣 …………………… 409
第二节　游戏 …………………… 410

第七篇　信仰禁忌习俗 …………………… 415
第一章　宗教信仰习俗 …………………… 417
第一节　道教信仰民俗 …………………… 417
第二节　佛教信仰民俗 …………………… 421
第三节　天主教信仰民俗 …………………… 425
第四节　基督教信仰民俗 …………………… 426
第五节　伊斯兰教信仰民俗 …………………… 427
第二章　民间信仰习俗 …………………… 429
第一节　祖先与俗神信仰 …………………… 429
第二节　地方神信仰民俗 …………………… 431
第三节　行业神信仰民俗 …………………… 434
第三章　俗信 …………………… 444
第一节　巫术、预兆、避邪与禁忌民俗 …………………… 444
第二节　风水堪舆民俗 …………………… 451
第三节　算命占卜 …………………… 454

第八篇　学术研究 …………………… 457
第一章　学术机构与社团 …………………… 459
第一节　高校与研究机构 …………………… 459
第二节　社团组织 …………………… 460
第二章　学术报刊与出版 …………………… 462
第一节　民俗学报刊 …………………… 462
第二节　书籍出版 …………………… 467
第三章　学术活动与成果 …………………… 481
第一节　新中国成立前 …………………… 481
第二节　新中国成立后 …………………… 483

第九篇　人物 …………………… 491
第一章　人物传略 …………………… 493
第二章　人物简介 …………………… 499

附录 …………………… 503
索引 …………………… 548
编后记 …………………… 576

《上海市志·民俗·方言分志·方言卷(1978—2010)》目录

《上海市志(1978—2010)》凡例 …… 1
编纂说明 …… 1
概述 …… 1

第一篇　上海城市方言概况 …… 13
第一章　上海城市方言 20 世纪 70 年代末语音系统 …… 15
第一节　声母系统 …… 15
第二节　韵母系统 …… 15
第三节　声调系统 …… 16
第四节　声韵调配合关系 …… 19
第五节　内部差异 …… 31
第二章　上海城市方言 21 世纪初语音系统 …… 39
第一节　声母系统 …… 39
第二节　韵母系统 …… 40
第三节　声调系统 …… 41
第四节　声韵调配合关系 …… 43
第三章　词汇、语法分析 …… 56
第一节　名词 …… 56
第二节　动词 …… 65
第三节　形容词 …… 78
第四节　数词和量词 …… 86
第五节　代词 …… 98
第六节　能愿词 …… 113
第七节　趋向词和唯补词 …… 118
第八节　副词 …… 127
第九节　介词 …… 140
第十节　连词 …… 149
第十一节　助词 …… 156
第十二节　叹词和拟词 …… 178
第十三节　短语 …… 185
第十四节　常用句式 …… 187

第二篇　上海郊区方言概况 …… 201
第一章　上海郊区方言分片及特点 …… 203
第一节　上海郊区方言分片概况 …… 203
第二节　上海郊区方言的分片标准 …… 204
第二章　松江方言区方言语音及其内部差异 …… 205
第一节　松江方言区语音概况 …… 205
第二节　老派松江方言音系(松江镇) …… 205
第三节　新派松江方言音系(松江镇) …… 207
第四节　青浦音系(青浦镇) …… 209
第五节　金山音系(朱泾镇) …… 211
第六节　奉贤音系(南桥镇) …… 213
第七节　闵行音系(莘庄镇,原上海县) …… 215
第八节　南汇音系(惠南镇) …… 218
第九节　川沙音系(城厢镇) …… 220
第三章　嘉定方言区方言语音及其内部

差异 …… 223
第一节 嘉定方言区语音概况 …… 223
第二节 老派嘉定方言音系(嘉定城区) …… 223
第三节 新派嘉定方言音系(嘉定城区) …… 225
第四节 宝山音系(吴淞镇) …… 226
第四章 练塘方言区方言语音及其内部差异 …… 229
第一节 练塘方言区语音概况 …… 229
第二节 老派练塘方言音系(练塘镇) …… 229
第三节 新派练塘方言音系(练塘镇) …… 231
第五章 崇明方言区方言语音及其内部差异 …… 233
第一节 崇明方言区语音概况 …… 233
第二节 老派崇明方言音系(城桥镇) …… 233
第三节 新派崇明方言音系(城桥镇) …… 235

第三篇 上海城市方言170年的演变 …… 237
第一章 语音演变 …… 239
第一节 开埠初期上海县城方言语音系统及变化 …… 239
第二节 20世纪初城市方言语音系统及变化 …… 244
第三节 20世纪50、60年代城市方言语音系统及变化 …… 247
第四节 20世纪70、80年代城市方言语音系统及变化 …… 256
第五节 20世纪90年代后城市方言语音系统及变化 …… 259
第二章 词语的历时变迁 …… 264
第一节 上海方言土著基本词的更迭 …… 264
第二节 清末民初产生的新词语和新语言现象 …… 271
第三节 都市化进程中的词语变化 …… 274
第四节 20世纪50、60年代后的词语变化 …… 286
第三章 语法的历时变迁 …… 307
第一节 句子语序的变化 …… 307
第二节 双宾语句的变化 …… 312
第三节 时态的变化 …… 320
第四节 助词的变化 …… 329
第五节 指代词的变化 …… 341
第六节 副词的变化 …… 349
第七节 “拨”字句和“拿”字句的变化 …… 360
第八节 判断句和比较句的变化 …… 361
第九节 是非问句、选择问句的变化 …… 363
第十节 复合句的变化 …… 369

第四篇 上海方言研究 …… 377
第一章 研究内容与成果 …… 379
第一节 开埠到20世纪前 …… 379
第二节 20世纪初到20世纪40年代 …… 381
第三节 20世纪50、60年代 …… 387
第四节 20世纪70年代末以后 …… 387
第二章 研究机构、团体及学术会议 …… 396
第一节 研究机构、团体 …… 396
第二节 学术会议 …… 396

第五篇 分类词汇 …… 399
第一章 天文、地理、时令、农事 …… 401
第一节 天文 …… 401
第二节 地理 …… 409
第三节 时令 …… 415
第四节 农事 …… 426
第二章 植物、动物、房屋、器具 …… 432

第一节　植物 …………………………… 432
第二节　动物 …………………………… 443
第三节　房屋 …………………………… 454
第四节　器具 …………………………… 460
第三章　称谓、人品职业、身体、疾病 …… 474
第一节　称谓 …………………………… 474
第二节　人品职业 ……………………… 484
第三节　身体 …………………………… 494
第四节　疾病 …………………………… 502
第四章　衣着穿戴、饮食、风俗、日常生活 …………………………… 509
第一节　衣着穿戴 ……………………… 509
第二节　饮食 …………………………… 515
第三节　风俗 …………………………… 524
第四节　日常生活 ……………………… 530
第五章　政务公事、社会交往、商业交通、文化教育、娱乐 ……………… 536
第一节　政务公事 ……………………… 536
第二节　社会交往 ……………………… 538
第三节　商业交通 ……………………… 545
第四节　文化教育 ……………………… 554
第五节　娱乐 …………………………… 558
第六章　语法类词 ……………………… 564
第一节　动词 …………………………… 564
第二节　方位词 ………………………… 586
第三节　代词 …………………………… 592
第四节　形容词 ………………………… 597
第五节　副词、连词、介词 ……………… 627
第六节　量词 …………………………… 639
第七节　助词、语气词、叹词 …………… 642
第八节　数量词组 ……………………… 645

第六篇　俗语、谚语、歇后语与洋泾浜语 …………………………… 647

第一章　俗语、谚语、歇后语 …………… 649
第一节　天气农事 ……………………… 649
第二节　社会生活 ……………………… 651
第三节　养生保健 ……………………… 655
第四节　婚庆风俗 ……………………… 658
第五节　歇后语 ………………………… 660
第二章　洋泾浜语 ……………………… 666
第一节　概况 …………………………… 666
第二节　词汇 …………………………… 667

专记 …………………………………… 677
附录 …………………………………… 687
索引 …………………………………… 1005
编后记 ………………………………… 1013

《上海市志·浦东开发开放分志》目录

《上海市志(1978—2010)》凡例 …… 1
编纂说明 …… 1
概述 …… 1
大事记 …… 13

第一篇 决策推进管理 …… 59
第一章 决策环境 …… 61
第一节 自然地理 …… 61
第二节 建置沿革 …… 63
第三节 经济社会形态 …… 64
第二章 中央决策 …… 67
第一节 时代背景 …… 67
第二节 社会呼声 …… 68
第三节 研讨决策 …… 69
第三章 上海实施 …… 71
第一节 浦东开发领导小组 浦东开发办公室 …… 72
第二节 中共浦东新区工作委员会、浦东新区管理委员会 …… 75
第三节 中共浦东新区委员会、浦东新区人民政府 …… 81
第四章 开发规划 …… 90
第一节 浦东新区规划纲要和初步方案 …… 91
第二节 浦东新区总体规划方案 …… 92
第三节 分区开发规划 …… 96
第四节 专项规划 …… 100
第五章 政策措施 …… 106
第一节 建立国家和市级开发区 …… 106
第二节 国家支持浦东开发开放政策 …… 107
第三节 上海市支持浦东开发政策措施 …… 109
第六章 浦东综合配套改革 …… 112
第一节 转变政府职能 …… 113
第二节 转变经济运行方式 …… 119
第三节 改变城乡二元结构 …… 122
第七章 财政税收 …… 128
第一节 税收总量 …… 128
第二节 税收结构 …… 131
第三节 财政收入 …… 135
第四节 财政支出 …… 141

第二篇 基础设施 …… 149
第一章 动拆迁 …… 154
第一节 重大工程项目动迁 …… 155
第二节 旧城改造动迁 …… 158
第二章 交通运输枢纽设施 …… 159
第一节 上海浦东国际机场 …… 159
第二节 外高桥港区 …… 161
第三节 洋山深水港区 …… 163
第四节 陆上客运设施 …… 164
第三章 越江交通设施 …… 166
第一节 黄浦江大桥 …… 166
第二节 黄浦江隧道 …… 169

第三节　长江隧桥 …… 171
第四章　轨道交通设施 …… 173
第一节　轨道交通 …… 173
第二节　磁浮列车 …… 174
第三节　有轨电车 …… 175
第五章　道路设施 …… 176
第一节　环线道路 …… 177
第二节　区内骨干道路 …… 179
第六章　公用设施 …… 187
第一节　供电设施 …… 187
第二节　燃气设施 …… 193
第三节　供水设施 …… 197
第七章　邮政通信设施 …… 202
第一节　邮政机构设施 …… 202
第二节　固定电话设施 …… 205
第三节　移动通信设施 …… 207

第三篇　陆家嘴金融贸易区 …… 211
第一章　开发管理 …… 214
第一节　开发管理机构 …… 214
第二节　金融管理机构 …… 216
第三节　开发规划 …… 218
第四节　金融环境配套服务 …… 219
第二章　基础配套设施 …… 223
第一节　道路交通设施 …… 223
第二节　公用与环保设施 …… 226
第三节　居住区 …… 227
第三章　分区开发建设 …… 232
第一节　金融中心区 …… 232
第二节　新上海商业城 …… 240
第三节　竹园商贸区 …… 243
第四节　花木行政文化区 …… 247
第四章　产业集聚 …… 250
第一节　银行业 …… 251
第二节　保险业 …… 253
第三节　要素市场 …… 255
第四节　商贸服务业 …… 269
第五节　会展旅游 …… 274
第六节　楼宇经济 …… 277

第四篇　外高桥保税区 …… 281
第一章　开发管理 …… 284
第一节　管理机构 …… 284
第二节　开发体制 …… 288
第三节　区域规划 …… 291
第四节　政策法规 …… 292
第五节　先行先试 …… 294
第六节　绿色园区创建 …… 296
第二章　基础设施 …… 298
第一节　动拆迁 …… 299
第二节　市政设施 …… 299
第三节　隔离设施 …… 301
第四节　绿化景观 …… 302
第五节　配套设施 …… 303
第三章　产业 …… 305
第一节　产业集聚 …… 306
第二节　国际贸易 …… 312
第三节　国内贸易 …… 316
第四节　出口加工业 …… 318
第五节　现代物流 …… 322
第六节　保税市场 …… 326
第七节　房地产业 …… 329

第五篇　金桥出口加工区 …… 331
第一章　开发管理 …… 334
第一节　规划政策 …… 334
第二节　公司化开发管理机构 …… 336
第三节　行政性开发管理机构 …… 339
第四节　配套服务机构 …… 341
第五节　开发机制 …… 342
第六节　生态园区创建 …… 344
第二章　基础配套设施 …… 347
第一节　动拆迁 …… 347
第二节　市政基础设施 …… 348
第三节　配套房产 …… 349
第四节　碧云国际社区 …… 350
第三章　产业 …… 353
第一节　产业集聚 …… 354

第二节　四大支柱产业 …………………… 359
第三节　生产性服务业 …………………… 369
第四章　金桥南区 …………………… 374
第一节　关外产业区 …………………… 374
第二节　海关监管区 …………………… 375
第三节　保税物流 …………………… 376
第四节　半导体企业 …………………… 377
第六篇　张江高科技园区 …………………… 379
第一章　开发建设管理 …………………… 383
第一节　开发管理服务机构 …………………… 384
第二节　开发模式 …………………… 386
第三节　聚焦张江战略 …………………… 387
第四节　开发规划 …………………… 388
第五节　基础配套设施 …………………… 392
第六节　分区开发建设 …………………… 395
第二章　主导产业 …………………… 399
第一节　集成电路产业 …………………… 399
第二节　生物医药产业 …………………… 405
第三节　软件与信息服务产业 …………………… 410
第四节　文化科技创意产业 …………………… 416
第五节　新能源与节能环保产业 …………………… 420
第六节　光电子产业 …………………… 422
第三章　创新创业环境 …………………… 426
第一节　孵化服务 …………………… 426
第二节　资金服务 …………………… 428
第三节　公共专业技术服务平台 …………………… 429
第四节　人才服务 …………………… 432
第五节　创新能力 …………………… 435
第六节　政策措施 …………………… 437
第七节　文化环境 …………………… 439
第七篇　产业集聚发展 …………………… 441
第一章　招商引资 …………………… 446
第一节　引进外资 …………………… 446
第二节　市外投资 …………………… 456
第三节　招商服务措施 …………………… 461
第二章　现代农业 …………………… 468
第一节　农田面积与保护 …………………… 470
第二节　农业区划与生产结构 …………………… 472
第三节　农副产品 …………………… 475
第四节　养殖企业 …………………… 477
第五节　孙桥现代农业开发区 …………………… 480
第六节　上海浦东临空出口农业园区 …………………… 487
第七节　农业产业化与龙头企业 …………………… 489
第八节　农民专业合作社 …………………… 491
第三章　工业 …………………… 492
第一节　工业产业结构 …………………… 496
第二节　高新技术工业 …………………… 497
第三节　重点开发区工业 …………………… 502
第四节　重大工业项目投资 …………………… 503
第五节　工业产品产量 …………………… 509
第六节　工业重点行业 …………………… 513
第七节　工业产业链 …………………… 516
第八节　轻纺工业 …………………… 519
第九节　船舶制造业 …………………… 521
第十节　港澳台及外商投资工业 …………………… 526
第十一节　乡镇工业 …………………… 528
第四章　金融业 …………………… 532
第一节　银行 …………………… 533
第二节　保险 …………………… 540
第三节　证券 …………………… 543
第四节　证券和基金公司 …………………… 546
第五节　浦东上市公司 …………………… 549
第五章　商业服务业 …………………… 553
第一节　现代商业设施 …………………… 556
第二节　连锁商业 …………………… 562
第三节　大型专业市场 …………………… 563
第四节　商贸企业选介 …………………… 568
第五节　旅游业 …………………… 573
第六节　会展业 …………………… 581
第七节　2010 年上海世界博览会 …………………… 583
第六章　对外贸易 …………………… 587
第一节　出口贸易 …………………… 589
第二节　进口贸易 …………………… 594
第七章　建筑业与房地产业 …………………… 598

第一节　建筑施工 …………………… 598
第二节　建筑企业 …………………… 602
第三节　土地 ………………………… 605
第四节　房产开发经营 ……………… 609
第五节　房地产开发企业 …………… 622

第八篇　城乡建设管理 …………………… 627
第一章　园林绿化 ………………………… 629
第一节　绿带绿廊 …………………… 630
第二节　外环线环城绿带 …………… 632
第三节　公园绿地 …………………… 634
第四节　林业 ………………………… 639
第五节　花事活动 …………………… 641
第二章　河道治理 ………………………… 643
第一节　景观河道建设 ……………… 643
第二节　骨干河道整治 ……………… 645
第三节　镇级河道整治 ……………… 646
第四节　河道生态修复 ……………… 647
第五节　河道开挖改道工程 ………… 648
第三章　市容市貌 ………………………… 649
第一节　生活垃圾 …………………… 649
第二节　景观灯光 …………………… 658
第三节　城市雕塑 …………………… 659
第四章　镇村建设 ………………………… 663
第一节　集镇建设 …………………… 663
第二节　一镇一园 …………………… 671
第三节　村庄改造 …………………… 672
第四节　乡村道路 …………………… 675
第五章　环境保护 ………………………… 677
第一节　环境监测技术设施 ………… 677
第二节　在线监测系统建设 ………… 679
第三节　污染源监测 ………………… 680
第四节　污染源监察治理 …………… 682
第五节　环保三年行动计划 ………… 686
第六节　重大治污工程 ……………… 687
第七节　九段沙保护 ………………… 690
第六章　城市网格化管理 ………………… 694
第一节　管理机构 …………………… 694
第二节　管理方式 …………………… 695
第三节　系统建设 …………………… 696
第四节　运行管理 …………………… 697
第五节　数字化示范城区创建 ……… 699

第九篇　社会事业 ………………………… 701
第一章　居民生活 ………………………… 704
第一节　居民收入 …………………… 704
第二节　居民消费支出 ……………… 706
第三节　居民生活水平 ……………… 709
第二章　劳动人才 ………………………… 711
第一节　劳动就业 …………………… 713
第二节　再就业工程 ………………… 717
第三节　征地劳动力安置 …………… 718
第四节　人才规划与政策 …………… 719
第五节　国内人才引进 ……………… 720
第六节　国外境外人才引进 ………… 721
第七节　人才安居工程 ……………… 722
第三章　社会保障 ………………………… 724
第一节　城镇社会保障 ……………… 725
第二节　小城镇社会保险 …………… 728
第三节　农村养老保障 ……………… 729
第四节　征地养老保障 ……………… 730
第五节　扶贫帮困 …………………… 730
第六节　住房帮扶 …………………… 731
第七节　养老服务 …………………… 732
第四章　科学技术 ………………………… 736
第一节　科技资金 …………………… 737
第二节　科技认定 …………………… 739
第三节　科技服务 …………………… 744
第四节　科技项目 …………………… 747
第五节　技术市场 …………………… 749
第六节　科研机构 …………………… 751
第七节　科技成果奖 ………………… 757
第八节　国家级科技成果选介 ……… 758
第五章　文化 ……………………………… 764
第一节　文化设施 …………………… 765
第二节　文化艺术社团 ……………… 775
第三节　重大文化艺术活动 ………… 777
第四节　文化艺术创作 ……………… 780

第五节　媒体 …… 788
第六章　教育 …… 794
第一节　教育经费 …… 795
第二节　校舍建设 …… 797
第三节　教学设备 …… 801
第四节　教师队伍 …… 802
第五节　幼儿教育 …… 804
第六节　中小学教育 …… 807
第七节　中等职业技术教育 …… 817
第八节　成人教育 …… 822
第九节　高等教育 …… 823
第七章　医疗卫生 …… 830
第一节　医疗设备设施 …… 831
第二节　医疗卫生机构 …… 834
第三节　医疗服务 …… 850
第四节　公共卫生 …… 856
第八章　体育 …… 866
第一节　体育设施 …… 866
第二节　群众体育 …… 874
第三节　竞技体育 …… 877
第四节　体育赛事 …… 881
第五节　浦东球队 …… 887

附录 …… 889
索引 …… 917
编后记 …… 971

《上海市志·上海特奥会分志》目录

序 …… 1
《上海市志(1978—2010)》凡例 …… 1
编纂说明 …… 1
概述 …… 1
大事记 …… 9

第一章 特奥申办 …… 24
第一节 申请 …… 24
第二节 考察 …… 25
第三节 陈述 …… 26
第四节 签约 …… 26
第二章 组织领导 …… 29
第一节 筹办组织机构 …… 29
第二节 赛时组织机构 …… 45
第三章 赛事场馆 …… 65
第一节 场馆规划 …… 65
第二节 场馆改造 …… 70
第四章 体育活动项目 …… 75
第一节 赛事程序 …… 75
第二节 正式比赛项目 …… 77
第三节 表演项目 …… 122
第五章 非体育活动项目 …… 130
第一节 社区接待计划 …… 131
第二节 特奥运动员领袖计划 …… 136
第三节 运动员健康计划 …… 137
第四节 全球青少年峰会论坛 …… 139
第五节 全球家庭论坛 …… 140
第六节 智障人士福利全球政策高峰论坛 …… 141
第七节 特奥娱乐活动(中心) …… 142
第六章 重大活动 …… 146
第一节 执法人员火炬跑 …… 146
第二节 开幕式和闭幕式 …… 165
第七章 沟通推介 …… 173
第一节 会标、主题、吉祥物 …… 173
第二节 内外沟通与媒体推介 …… 179
第八章 市场运作与票务、保险 …… 190
第一节 赞助商 …… 190
第二节 捐赠 …… 194
第三节 特许经营 …… 197
第四节 票务与保险 …… 198
第九章 保障服务 …… 203
第一节 安全 …… 203
第二节 交通 …… 209
第三节 医疗 …… 211
第四节 餐饮 …… 213
第五节 质量 …… 215
第六节 通信 …… 216
第七节 接待 …… 219
第八节 气象 …… 221
第九节 媒体 …… 223
第十章 全市支持 …… 226
第一节 区县支持 …… 226
第二节 局委办支持 …… 235

《上海市志·开发区分志(1978—2010)》目录

序 …… 1
《上海市志(1978—2010)》凡例 …… 1
编纂说明 …… 1
概述 …… 1
大事记 …… 21

第一篇　总体布局与经济规模 …… 75
第一章　总体布局 …… 78
第一节　布局规划 …… 79
第二节　开发区设立 …… 88
第三节　开发区清理整顿 …… 95
第二章　经济规模 …… 110
第一节　经济总量 …… 110
第二节　企业与从业人员 …… 116
第三节　开发区综合评价 …… 119

第二篇　体制机制与管理服务 …… 131
第一章　体制机制 …… 133
第一节　行政管理 …… 133
第二节　运营管理模式 …… 134
第三节　业务归口管理 …… 145
第四节　行业服务机构 …… 147
第二章　管理服务 …… 149
第一节　法规制定 …… 149
第二节　产业引导与开发管理 …… 157
第三节　前期开发主体管理 …… 159
第四节　园区品牌建设 …… 163

第三篇　土地开发与利用 …… 167
第一章　土地开发 …… 170
第一节　土地开发利用政策 …… 170
第二节　土地开发进程与规模 …… 178
第三节　项目供地 …… 195
第四节　生态环境建设 …… 197
第二章　土地利用 …… 214
第一节　用地空间 …… 214
第二节　集约用地 …… 217
第三节　投资强度 …… 224
第四节　产出水平 …… 227

第四篇　招商引资与产业发展 …… 233
第一章　招商引资 …… 236
第一节　招商引资政策 …… 236
第二节　招商引资成果 …… 239
第二章　产业发展 …… 249
第一节　主导产业及分布 …… 249
第二节　产业集聚 …… 262
第三节　高新技术产业 …… 270
第四节　生产性服务业 …… 283
第五节　国家新型工业化产业示范基地 …… 306
第三章　科技创新 …… 314
第一节　创新平台 …… 314
第二节　科技人才与研发投入 …… 327

第三节　创新成果 …………………… 330

第五篇　国家级开发区 ……………… 333
第一章　闵行经济技术开发区 ………… 335
第一节　开发区创建 ………………… 336
第二节　管理机制 …………………… 337
第三节　规划与建设 ………………… 342
第四节　招商引资 …………………… 355
第五节　产业发展 …………………… 361
第六节　投资环境 …………………… 372
第二章　虹桥经济技术开发区 ………… 379
第一节　开发区创建 ………………… 379
第二节　管理机制 …………………… 380
第三节　规划与建设 ………………… 386
第四节　招商引资 …………………… 404
第五节　产业发展 …………………… 408
第六节　联动发展 …………………… 414
第三章　漕河泾新兴技术开发区 ……… 416
第一节　开发区创建 ………………… 417
第二节　管理机制 …………………… 419
第三节　规划与建设 ………………… 428
第四节　产业发展 …………………… 439
第五节　科技创新 …………………… 451
第六节　品牌联动发展 ……………… 456
第四章　金桥出口加工区 ……………… 462
第一节　开发区创建 ………………… 462
第二节　管理机制 …………………… 463
第三节　规划与建设 ………………… 466
第四节　招商引资 …………………… 472
第五节　产业发展 …………………… 477
第六节　国家生态工业示范园区建设 ……………………… 493
第五章　张江高科技园区 ……………… 497
第一节　开发区创建 ………………… 497
第二节　管理机制 …………………… 500
第三节　规划与建设 ………………… 504
第四节　产业发展 …………………… 512
第五节　科技创新 …………………… 533
第六章　上海陆家嘴金融贸易区 ……… 544
第一节　开发区创建 ………………… 545
第二节　管理机制 …………………… 545
第三节　规划与建设 ………………… 548
第四节　功能性区域开发 …………… 557
第五节　产业发展 …………………… 572
第七章　上海佘山国家旅游度假区 …… 594
第一节　开发区创建 ………………… 595
第二节　管理机制 …………………… 597
第三节　园区规划 …………………… 599
第四节　园区建设 …………………… 602
第五节　项目开发 …………………… 610
第六节　旅游项目 …………………… 613

第六篇　海关特殊监管区域 ………… 621
第一章　上海综合保税区 ……………… 624
第一节　创建与规划 ………………… 624
第二节　管理机制 …………………… 625
第三节　人力资源与企业服务 ……… 626
第四节　规模与效益 ………………… 627
第五节　上海外高桥保税区 ………… 632
第六节　洋山保税港区 ……………… 668
第七节　上海浦东机场综合保税区 ……………………… 687
第二章　出口加工区 …………………… 692
第一节　上海闵行出口加工区 ……… 692
第二节　上海金桥出口加工区（南区）……………………… 695
第三节　上海漕河泾出口加工区 …… 699
第四节　上海松江出口加工区 ……… 702
第五节　上海青浦出口加工区 ……… 708
第六节　上海嘉定出口加工区 ……… 715

第七篇　市级工业园区 ……………… 717
第一章　上海化学工业区 ……………… 719
第一节　工业区创建 ………………… 720
第二节　管理机制 …………………… 723
第三节　规划与建设 ………………… 727
第四节　招商引资 …………………… 738
第五节　产业发展 …………………… 748
第六节　社会责任 …………………… 754
第二章　上海星火工业园区 …………… 759

第一节　工业区创建 …………………… 759
第二节　管理机制 ……………………… 761
第三节　规划与建设 …………………… 764
第四节　招商引资 ……………………… 767
第五节　产业发展 ……………………… 772
第三章　上海浦东康桥工业园区 ……… 777
第一节　工业区创建 …………………… 777
第二节　管理机制 ……………………… 778
第三节　规划与建设 …………………… 781
第四节　招商引资 ……………………… 794
第五节　产业发展 ……………………… 797
第四章　上海莘庄工业园区 …………… 805
第一节　工业区创建 …………………… 805
第二节　管理机制 ……………………… 806
第三节　规划与建设 …………………… 809
第四节　招商引资 ……………………… 817
第五节　产业发展 ……………………… 823
第六节　生态园区建设 ………………… 833
第五章　上海嘉定工业园区 …………… 836
第一节　工业区创建 …………………… 837
第二节　管理机制 ……………………… 838
第三节　规划与建设 …………………… 844
第四节　招商引资 ……………………… 853
第五节　产业发展 ……………………… 862
第六章　上海青浦工业园区 …………… 871
第一节　工业区创建 …………………… 872
第二节　管理机制 ……………………… 874
第三节　规划与建设 …………………… 881
第四节　招商引资 ……………………… 888
第五节　产业发展 ……………………… 900
第七章　上海松江工业园区 …………… 909
第一节　工业区创建 …………………… 909
第二节　管理机制 ……………………… 911
第三节　规划与建设 …………………… 915
第四节　招商引资 ……………………… 923
第五节　产业发展 ……………………… 928
第八章　上海市工业综合开发区 ……… 934
第一节　工业区创建 …………………… 934
第二节　管理机制 ……………………… 935
第三节　规划与建设 …………………… 937
第四节　招商引资 ……………………… 942
第五节　产业发展 ……………………… 947
第九章　上海金山工业园区 …………… 953
第一节　工业区创建 …………………… 953
第二节　管理机制 ……………………… 954
第三节　规划与建设 …………………… 955
第四节　招商引资 ……………………… 960
第五节　产业发展 ……………………… 963
第十章　上海宝山工业园区 …………… 969
第一节　工业区创建 …………………… 969
第二节　管理机制 ……………………… 970
第三节　规划与建设 …………………… 972
第四节　招商引资 ……………………… 984
第五节　产业发展 ……………………… 986
第十一章　宝山城市工业园区 ………… 992
第一节　工业区创建 …………………… 992
第二节　管理机制 ……………………… 993
第三节　规划与建设 …………………… 995
第四节　招商引资 …………………… 1003
第五节　产业发展 …………………… 1006
第十二章　上海市市北高新技术服务业园区 ……………………… 1011
第一节　工业区创建 ………………… 1012
第二节　管理机制 …………………… 1014
第三节　规划与建设 ………………… 1022
第四节　招商引资 …………………… 1030
第五节　产业发展 …………………… 1035
第十三章　上海紫竹科学园区 ……… 1042
第一节　工业区创建 ………………… 1042
第二节　管理机制 …………………… 1043
第三节　规划与建设 ………………… 1043
第四节　招商引资 …………………… 1049
第五节　产业发展 …………………… 1052
第六节　创新与创业服务 …………… 1056
第十四章　上海南汇工业园区 ……… 1058
第一节　管理机制 …………………… 1059
第二节　规划与建设 ………………… 1062
第三节　招商引资 …………………… 1068
第四节　产业发展 …………………… 1072
第五节　生态环境 …………………… 1079

第十五章　上海崇明工业园区 ……… 1080
第一节　管理机制 ……… 1080
第二节　规划与建设 ……… 1083
第三节　招商引资 ……… 1090
第四节　产业发展 ……… 1092

第八篇　重点产业基地 ……… 1099
第一章　上海临港产业区 ……… 1101
第一节　基地创建 ……… 1102
第二节　管理机制 ……… 1103
第三节　基地规划 ……… 1110
第四节　开发建设 ……… 1114
第五节　招商引资 ……… 1121
第六节　产业发展 ……… 1127
第二章　上海长兴岛海洋装备产业基地 ……… 1136
第一节　基地创建 ……… 1136
第二节　管理机制 ……… 1137
第三节　基地规划 ……… 1140
第四节　开发建设 ……… 1144
第五节　产业发展 ……… 1149

第九篇　区级重点工业园区 ……… 1157
第一章　浦东新区 ……… 1159
第一节　上海浦东合庆工业园区 ……… 1159
第二节　上海浦东川沙经济园区 ……… 1165
第三节　上海祝桥空港工业区 ……… 1170
第四节　老港化工工业区 ……… 1176
第二章　嘉定区 ……… 1183
第一节　上海国际汽车城零部件配套工业园区 ……… 1183
第二节　外冈工业园区 ……… 1189
第三节　徐行工业园区 ……… 1194
第三章　青浦区 ……… 1198
第一节　华新绿色工业园区 ……… 1198
第二节　徐泾绿色工业园区 ……… 1203
第三节　练塘绿色工业园区 ……… 1207
第四章　松江区 ……… 1211
第一节　松江工业区石湖荡分区 ……… 1211
第二节　上海松江高科技园区 ……… 1214
第三节　松江工业区洞泾分区 ……… 1217
第五章　奉贤区 ……… 1222
第一节　上海奉贤现代农业园区 ……… 1222
第二节　上海奉城工业园区 ……… 1227
第六章　宝山区 ……… 1231
第一节　杨行工业区 ……… 1231
第二节　月浦工业园区 ……… 1234
第三节　顾村工业园区 ……… 1238
第四节　罗店工业园区 ……… 1242
第七章　金山区 ……… 1248
第一节　上海枫泾工业园区 ……… 1248
第二节　上海朱泾工业园区 ……… 1253
第三节　金山第二工业区 ……… 1257
第四节　张堰工业园区 ……… 1260
第八章　闵行区 ……… 1265
第一节　上海向阳工业园区 ……… 1265
第二节　闵北工业区 ……… 1268
第九章　中心城区 ……… 1273
第一节　上海新杨工业园区 ……… 1273
第二节　上海未来岛高新技术产业园区 ……… 1276
第十章　崇明县 ……… 1281
第一节　上海富盛工业园区 ……… 1281
第二节　上海长兴海洋装备基地配套园区 ……… 1286

第十篇　人物 ……… 1289
第一章　人物传略 ……… 1291
第二章　人物简介 ……… 1293
第三章　人物表 ……… 1295

专记 ……… 1297
附录 ……… 1327
索引 ……… 1369
编后记 ……… 1433

《上海市志·黄浦江分志(1978—2010)》目录

序 …… 1
《上海市志(1978—2010)》凡例 …… 1
编纂说明 …… 1
概述 …… 1
大事记 …… 11

第一篇　黄浦江水系及其自然环境 …… 45
　第一章　黄浦江水系 …… 47
　　第一节　水系沿革 …… 47
　　第二节　水系现状 …… 59
　第二章　黄浦江水文特征 …… 71
　　第一节　潮汐 …… 71
　　第二节　流量、流速 …… 74
　　第三节　含沙量 …… 76
　第三章　自然环境 …… 79
　　第一节　气候 …… 79
　　第二节　地形地貌 …… 81
　　第三节　土壤 …… 87
　　第四节　生物 …… 90
　　第五节　洪涝水情 …… 91

第二篇　水文勘测 …… 101
　第一章　水文测绘 …… 103
　　第一节　航道水文测量 …… 103
　　第二节　基准面和水准测量 …… 108
　　第三节　水文水质测验 …… 110
　　第四节　黄浦江实测地图 …… 115
　第二章　机构与管理 …… 133
　　第一节　水文机构 …… 133
　　第二节　水文水质站网 …… 134
　　第三节　水文测量制度 …… 142

第三篇　水利与防汛 …… 145
　第一章　水利 …… 147
　　第一节　水利机构 …… 147
　　第二节　黄浦江水系河道工程 …… 148
　　第三节　黄浦江水闸 …… 151
　　第四节　苏州河河口挡潮水闸 …… 162
　第二章　防汛 …… 164
　　第一节　防汛机构 …… 164
　　第二节　市区防汛墙 …… 164
　　第三节　重要防汛墙工程 …… 177
　　第四节　郊区堤防 …… 180

第四篇　水资源利用与保护 …… 187
　第一章　水资源总量及利用 …… 189
　　第一节　水资源总量 …… 189
　　第二节　水资源利用 …… 190
　第二章　水污染 …… 197
　　第一节　水污染状况 …… 197
　　第二节　污染源 …… 217
　第三章　水污染治理 …… 230
　　第一节　污染源治理 …… 230
　　第二节　污水处理 …… 238

第三节 重要支流污染治理 …………… 247

第五篇 黄浦江航道 …………… 255
第一章 航道概况 …………… 257
第一节 干流主航道 …………… 257
第二节 支流航道 …………… 259
第二章 航道整治与维护工程 …………… 263
第一节 航道整治工程 …………… 263
第二节 航道维护工程 …………… 278
第三章 重要航道整治工程 …………… 286
第一节 高桥新航道 …………… 286
第二节 陈家嘴航道 …………… 290
第三节 汇山航道 …………… 291
第四节 江南航道 …………… 294
第五节 吴泾、关港等上游航道 …… 295
第四章 疏浚土处理工程 …………… 300
第一节 吹泥造地 …………… 300
第二节 远距抛卸 …………… 305
第三节 排泥管系统 …………… 305
第五章 航道管理与疏浚设备 …………… 309
第一节 航道疏浚机构 …………… 309
第二节 管理制度 …………… 315
第三节 疏浚设备 …………… 322

第六篇 航运和港口 …………… 329
第一章 航运 …………… 331
第一节 船舶 …………… 331
第二节 航线 …………… 344
第三节 进出港货物 …………… 351
第二章 港口规划与岸线 …………… 364
第一节 港口规划 …………… 364
第二节 岸线 …………… 370
第三章 港区与码头 …………… 371
第一节 港区 …………… 371
第二节 码头 …………… 382
第三节 辅助设施 …………… 410
第四章 黄浦江港务管理 …………… 427
第一节 港务管理 …………… 427
第二节 航运管理 …………… 429
第三节 海事管理 …………… 430

第七篇 越江交通 …………… 435
第一章 轮渡 …………… 437
第一节 沿革 …………… 437
第二节 客轮渡航线 …………… 443
第三节 车轮渡航线 …………… 468
第四节 轮渡管理 …………… 472
第二章 跨江桥梁 …………… 474
第一节 沿革 …………… 474
第二节 桥梁简介 …………… 481
第三章 越江隧道 …………… 484
第一节 沿革 …………… 484
第二节 隧道简介 …………… 486

第八篇 沿江经济 …………… 491
第一章 沿江农业 …………… 493
第一节 种植业 …………… 493
第二节 渔业 …………… 496
第二章 沿江工业 …………… 502
第一节 水电煤公司 …………… 502
第二节 造船业 …………… 515
第三节 棉纺织业 …………… 526
第四节 化工业 …………… 531
第五节 其他 …………… 535
第三章 第三产业 …………… 541
第一节 金融业 …………… 541
第二节 浦江旅游业 …………… 543
第三节 酒店和商业 …………… 543
第四节 航运服务业 …………… 544

第九篇 滨江规划与开发 …………… 547
第一章 滨江规划 …………… 550
第一节 两岸土地利用与景观规划 …………… 550
第二节 重点项目规划 …………… 561
第二章 黄浦江两岸综合开发 …………… 567

第一节　机构与管理 …… 567
第二节　滨岸开发前沿江状况 …… 568
第三节　黄浦滨江开发 …… 570
第四节　虹口滨江开发 …… 574
第五节　杨浦段滨江开发 …… 577
第六节　徐汇段滨江开发 …… 578
第七节　浦东段滨江开发 …… 579
第八节　宝山段滨江开发 …… 582

第十篇　社会与文化 …… 585
第一章　市镇聚落 …… 587
第一节　市镇 …… 587
第二节　乡村聚落 …… 601
第二章　风俗民情与名胜古迹 …… 616
第一节　风俗习惯与民间信仰 …… 616
第二节　名胜古迹 …… 624
第三节　滨江博物馆、艺术馆 …… 638
第三章　黄浦江文学作品 …… 641
第一节　旧体诗词 …… 641
第二节　现代诗文中的“黄浦江” …… 664
第三节　码头号子 …… 699
第四章　黄浦江影像作品 …… 707
第一节　解放前所摄影像作品 …… 707
第二节　中华人民共和国成立后有关黄浦江的专题影片 …… 711

第十一篇　人物 …… 713
第一章　人物传略 …… 715
第二章　人物简介 …… 720

专记 …… 721
附录 …… 741
索引 …… 856
编后记 …… 902

《上海市志·区县简况(1978—2010)》目录

《上海市志(1978—2010)》凡例 …… 1
编纂说明 …… 1
概述 …… 1
大事记 …… 15

第一篇 浦东新区 …… 85
第一章 经济社会恢复发展 …… 90
第一节 农村生产经营方式 …… 90
第二节 农业生产 …… 91
第三节 工商业经营机制 …… 92
第四节 工商企业 …… 93
第五节 基础设施 …… 95
第六节 社会事业 …… 97
第二章 浦东开发开放 …… 99
第一节 决策与规划 …… 99
第二节 领导机构 …… 102
第三节 招商引资 …… 104
第四节 市政设施 …… 105
第五节 开发区建设 …… 111
第六节 要素市场 …… 114
第三章 建设一流新区 …… 117
第一节 城市开发与管理 …… 117
第二节 综合配套改革 …… 120
第三节 产业能级提升 …… 128
第四节 开发区功能拓展 …… 132
第五节 现代商业 …… 138
第六节 服务世博 …… 141
第七节 社会事业和精神文明 …… 142

第二篇 徐汇区 …… 147
第一章 工作重心转移 …… 151
第一节 党政机构设置 …… 151
第二节 地区工业 …… 152
第三节 商业市场 …… 154
第四节 扩大企业自主权 …… 156
第五节 漕河泾新兴技术开发区 …… 158
第二章 调整经济结构 …… 161
第一节 经济体制改革 …… 161
第二节 徐家汇商城 …… 163
第三节 民营科技企业 …… 165
第四节 房地产业 …… 167
第五节 旅游业 …… 169
第三章 推进城区建设 …… 173
第一节 土地批租 …… 173
第二节 旧区改造 …… 174
第三节 重大市政建设 …… 176
第四节 改善环境质量 …… 179
第四章 建设国际一流中心城区 …… 182
第一节 现代服务业 …… 182
第二节 科技创新体系 …… 184
第三节 现代化教育体系 …… 186
第四节 “康乐工程” …… 188
第五节 历史风貌保护 …… 189

第六节　徐汇滨江 ………………………… 191

第三篇　长宁区 ………………………… 195
第一章　工作重心转移 ………………………… 199
第一节　经济社会恢复发展 ………………………… 199
第二节　经济体制改革 ………………………… 200
第三节　重大项目 ………………………… 204
第二章　依托虹桥发展 ………………………… 206
第一节　城区建设 ………………………… 206
第二节　产业结构调整 ………………………… 208
第三节　三大经济组团 ………………………… 211
第四节　招商引资 ………………………… 214
第五节　房地产业 ………………………… 216
第六节　凝聚力工程 ………………………… 217
第三章　西大门建设 ………………………… 221
第一节　提升城区品质 ………………………… 221
第二节　信息化建设 ………………………… 224
第三节　现代服务业 ………………………… 227
第四节　教育、卫生事业 ………………………… 229
第五节　精神文明建设 ………………………… 232

第四篇　普陀区 ………………………… 239
第一章　工作重心转移 ………………………… 243
第一节　落实政策 ………………………… 243
第二节　集体企业 ………………………… 245
第三节　多种经济 ………………………… 247
第四节　区域工业 ………………………… 249
第五节　贸易市场 ………………………… 250
第六节　城区建设 ………………………… 253
第二章　"西大堂"建设 ………………………… 256
第一节　功能定位 ………………………… 256
第二节　经济体制改革 ………………………… 258
第三节　民营科技企业 ………………………… 262
第四节　旧区改造 ………………………… 264
第五节　基础设施建设 ………………………… 267
第三章　现代化新城区建设 ………………………… 271
第一节　重点地区 ………………………… 271
第二节　现代商贸服务业 ………………………… 275
第三节　大型居住小区 ………………………… 280
第四节　生态环境 ………………………… 282
第五节　精神文明建设 ………………………… 283

第五篇　闸北区 ………………………… 289
第一章　经济社会恢复发展 ………………………… 292
第一节　党政机构 ………………………… 292
第二节　落实政策 ………………………… 293
第三节　区属工业 ………………………… 296
第四节　社会商业 ………………………… 298
第五节　铁路上海站 ………………………… 301
第二章　推进城区建设 ………………………… 304
第一节　建设不夜城 ………………………… 304
第二节　经济体制改革 ………………………… 307
第三节　外向型经济 ………………………… 308
第四节　专业市场 ………………………… 311
第五节　旧区改造 ………………………… 313
第六节　市政建设 ………………………… 315
第七节　特色教育 ………………………… 317
第三章　"陆上大门"建设 ………………………… 320
第一节　区域交通枢纽 ………………………… 320
第二节　高新技术产业 ………………………… 322
第三节　现代商务区 ………………………… 325
第四节　环境整治 ………………………… 327
第五节　文化事业 ………………………… 331

第六篇　虹口区 ………………………… 339
第一章　经济社会恢复发展 ………………………… 343
第一节　知青安置 ………………………… 343
第二节　企业改革 ………………………… 344
第三节　市政和住房建设 ………………………… 346
第四节　教育事业 ………………………… 348
第二章　推进改革发展 ………………………… 351
第一节　转变政府职能 ………………………… 351
第二节　商业 ………………………… 354
第三节　多种所有制经济 ………………………… 358
第四节　航运服务业 ………………………… 361
第五节　城区建设 ………………………… 363

第三章　深化开发治理 …… 366
第一节　北外滩综合开发 …… 366
第二节　现代服务业 …… 368
第三节　社会事业 …… 372
第四节　社会治理 …… 379

第七篇　杨浦区 …… 385
第一章　经济社会恢复发展 …… 388
第一节　区属工业 …… 388
第二节　地区商业 …… 389
第三节　科技服务经济 …… 391
第四节　知青安置 …… 393
第五节　推进住宅建设 …… 393
第六节　绿化建设 …… 394
第二章　调整产业结构 …… 397
第一节　市属工业 …… 397
第二节　区属企业 …… 399
第三节　新型商业业态 …… 401
第四节　民营科技企业 …… 403
第五节　房地产业 …… 404
第六节　外向型经济 …… 406
第三章　推进城区建设 …… 408
第一节　旧区改造 …… 408
第二节　基础设施建设 …… 409
第三节　生态环境整治 …… 411
第四章　建设知识创新区 …… 413
第一节　制定“知识杨浦”目标 …… 413
第二节　产业园区 …… 415
第三节　创新创业服务平台 …… 417
第四节　人才策略 …… 421
第五节　服务高校发展 …… 423
第六节　重点区域 …… 425
第七节　新江湾城 …… 428

第八篇　黄浦区 …… 433
第一章　工作重心转移 …… 437
第一节　劳动就业 …… 437
第二节　特色商业 …… 438
第三节　商业体制 …… 441
第二章　恢复经济建设 …… 442
第一节　知(支)青安置 …… 442
第二节　多种经济 …… 443
第三节　商业市场 …… 444
第四节　商业改革 …… 446
第三章　建设中央商务区 …… 448
第一节　区属国有企业 …… 448
第二节　土地使用制度 …… 452
第三节　旧区改造 …… 453
第四节　市政基础设施 …… 455
第五节　环境绿化 …… 458
第六节　文化设施 …… 461
第七节　南京路步行街 …… 463
第四章　建设商业中心城区 …… 466
第一节　区属国有企业 …… 466
第二节　土地使用制度 …… 470
第三节　危棚简屋改造 …… 471
第四节　市政基础设施 …… 473
第五节　绿化环境 …… 475
第六节　豫园商业旅游区 …… 476
第五章　打造“经典黄浦” …… 478
第一节　外滩金融集聚带 …… 478
第二节　楼宇经济 …… 479
第三节　服务世博 …… 481

第九篇　卢湾区 …… 489
第一章　恢复经济建设 …… 492
第一节　区属工业 …… 492
第二节　商业 …… 495
第三节　安置知青 …… 496
第四节　住宅建设 …… 498
第五节　工业污染治理 …… 499
第二章　建设现代化中心商业区 …… 501
第一节　旧区改造 …… 501
第二节　市政建设 …… 502
第三节　淮海中路国际商业街 …… 504
第四节　打浦桥商贸中心 …… 508
第五节　经济体制改革 …… 510

第六节 科教兴区 …… 511
第七节 社区管理 …… 514
第三章 建设精品城区 …… 516
第一节 创意产业 …… 516
第二节 上海新天地 …… 519
第三节 现代服务业 …… 521
第四节 创建全国文明城区 …… 523
第五节 迎办上海世博会 …… 526

第十篇 静安区 …… 533
第一章 工作重心转移 …… 536
第一节 党政机构 …… 536
第二节 落实政策 …… 538
第三节 区属工业 …… 540
第四节 集贸市场 …… 541
第二章 建设中心城区 …… 542
第一节 企业制度改革 …… 542
第二节 现代商业 …… 545
第三节 外向型经济 …… 550
第四节 旧区改造 …… 552
第五节 静安南京路开发 …… 554
第三章 建设"国际静安" …… 559
第一节 战略定位 …… 559
第二节 楼宇经济 …… 562
第三节 金融业与专业服务业 …… 565
第四节 住宅建设 …… 569
第五节 城区环境 …… 574
第六节 社会建设 …… 578

第十一篇 宝山区 …… 585
第一章 城郊型经济 …… 589
第一节 农村生产经营方式 …… 589
第二节 农业生产 …… 591
第三节 乡镇工业 …… 593
第二章 新颖城区建设 …… 596
第一节 区属工业 …… 596
第二节 生活区域 …… 597
第三节 道路交通 …… 598
第四节 环境卫生 …… 599
第三章 推进城乡一体化 …… 602
第一节 农业结构调整 …… 602
第二节 工业经济转型 …… 603
第三节 一业特强、多业并存 …… 608
第四节 振兴区域经济 …… 610
第四章 基础设施建设 …… 613
第一节 道路交通 …… 613
第二节 新农村建设 …… 615
第三节 上海北部能源基地 …… 617
第四节 吴淞工业区环境综合整治 …… 620
第五章 滨江新城建设 …… 623
第一节 新型产业 …… 623
第二节 大型居住社区 …… 625
第三节 全国双拥模范城 …… 626
第四节 上海宝山国际民间艺术节 …… 628
第五节 滨江带开发 …… 631

第十二篇 闵行区 …… 637
第一章 恢复经济建设 …… 641
第一节 农村生产经营方式 …… 641
第二节 农业生产 …… 643
第三节 乡镇工业 …… 646
第四节 第三产业 …… 650
第二章 发展区属经济 …… 653
第一节 区属工业 …… 653
第二节 商业布局 …… 655
第三节 住宅建设 …… 657
第四节 市政建设 …… 660
第五节 上海闵行经济技术开发区 …… 663
第三章 发展城乡经济 …… 666
第一节 经济体制改革 …… 666
第二节 支柱产业 …… 669
第三节 招商引资 …… 672
第四节 房地产业 …… 675
第五节 重视科学技术 …… 678

第四章　推进城乡建设 …………………… 682
第一节　旧区改造 …………………… 682
第二节　基础设施建设 …………………… 684
第三节　生态环境 …………………… 687
第五章　现代化新城区崛起 …………………… 693
第一节　重点园区 …………………… 693
第二节　现代商贸 …………………… 696
第三节　现代服务业 …………………… 700
第四节　农业产业化 …………………… 703
第五节　文明城区建设 …………………… 705

第十三篇　嘉定区 …………………… 713
第一章　恢复经济建设 …………………… 718
第一节　农村经营体制改革 …………………… 718
第二节　农业生产 …………………… 722
第三节　县域工业 …………………… 726
第四节　商业流通 …………………… 729
第二章　调整产业结构 …………………… 734
第一节　支柱产业 …………………… 734
第二节　工业企业集团 …………………… 737
第三节　工业园区 …………………… 739
第四节　外向型经济 …………………… 743
第五节　设施农业 …………………… 746
第六节　现代商贸服务业 …………………… 748
第三章　建设“汽车嘉定” …………………… 752
第一节　嘉定新城 …………………… 752
第二节　上海国际汽车城 …………………… 756
第三节　新农村建设 …………………… 760
第四节　基础设施 …………………… 762
第五节　生态环境 …………………… 766
第六节　民生事业 …………………… 770
第七节　创建全国文明城区 …………………… 774

第十四篇　金山区 …………………… 779
第一章　工作重心转移 …………………… 783
第一节　落实政策 …………………… 783
第二节　农业生产 …………………… 785
第三节　贸易市场 …………………… 788
第二章　经济体制改革 …………………… 791
第一节　农业生产经营方式 …………………… 791
第二节　产、加、销一条龙 …………………… 794
第三节　工业体制改革 …………………… 799
第四节　商业体制改革 …………………… 802
第五节　上海枫泾商城 …………………… 804
第三章　金山新城崛起 …………………… 807
第一节　金山新城建设 …………………… 807
第二节　市政建设 …………………… 809
第三节　工业园区 …………………… 811
第四节　现代农业 …………………… 814
第五节　商业新业态 …………………… 818
第六节　旅游资源 …………………… 819
第七节　金山农民画 …………………… 823

第十五篇　松江区 …………………… 829
第一章　恢复经济建设 …………………… 833
第一节　农村生产经营方式 …………………… 833
第二节　农业生产 …………………… 835
第三节　乡镇企业 …………………… 839
第四节　商贸服务业 …………………… 843
第二章　推进城乡发展 …………………… 847
第一节　工业经济体制改革 …………………… 847
第二节　工业园区 …………………… 851
第三节　上市公司 …………………… 853
第四节　农业基地 …………………… 857
第五节　房地产业 …………………… 860
第六节　基础设施 …………………… 863
第三章　现代新城崛起 …………………… 869
第一节　松江新城 …………………… 869
第二节　现代都市农业 …………………… 873
第三节　工业产业集聚 …………………… 877
第四节　出口加工区 …………………… 880
第五节　现代产业园区 …………………… 882
第六节　特色旅游业 …………………… 887

第十六篇　青浦区 …………………… 897
第一章　经济社会恢复发展 …………………… 901

第一节　农村生产经营方式 …………… 901
第二节　农业生产 ………………………… 902
第三节　乡镇企业 ………………………… 906
第四节　政治体制建设 …………………… 908
第五节　教育改革 ………………………… 910
第二章　优化产业结构 …………………… 913
第一节　农业一体化 ……………………… 913
第二节　企业产权制度改革 ……………… 917
第三节　开发区 …………………………… 919
第四节　旅游业 …………………………… 922
第五节　商贸业 …………………………… 925
第六节　房地产业 ………………………… 929
第三章　建设“绿色青浦” ………………… 934
第一节　现代农业 ………………………… 934
第二节　工业产业集聚 …………………… 938
第三节　现代商贸服务业 ………………… 943
第四节　生态环境 ………………………… 947
第五节　市政基础设施 …………………… 951
第六节　城镇建设 ………………………… 956
第七节　民生事业 ………………………… 962

第十七篇　奉贤区 ………………………… 971
第一章　经济社会恢复发展 ……………… 975
第一节　农村生产经营方式 ……………… 975
第二节　政治体制建设 …………………… 977
第三节　乡镇企业 ………………………… 980
第四节　建设小城镇 ……………………… 983
第二章　推进城乡建设 …………………… 986
第一节　企业制度改革 …………………… 986
第二节　企业集团 ………………………… 988
第三节　经济园区 ………………………… 990
第四节　城乡一体化 ……………………… 993
第五节　土地整理复垦与延包 …………… 996
第三章　经济全面发展 …………………… 998
第一节　招商引资 ………………………… 998
第二节　重点产业 ………………………… 1000
第三节　都市农业 ………………………… 1002
第四节　万家富工程 ……………………… 1005
第四章　滨海新城崛起 …………………… 1008
第一节　南桥新城 ………………………… 1008
第二节　扶持中小企业 …………………… 1011
第三节　农民专业合作社 ………………… 1012
第四节　宅基地置换 ……………………… 1015
第五节　“贤文化”建设 …………………… 1017

第十八篇　崇明县 ………………………… 1023
第一章　振兴农村经济 …………………… 1027
第一节　农村生产经营方式 ……………… 1027
第二节　农业生产 ………………………… 1029
第三节　乡镇企业 ………………………… 1033
第四节　县属工业 ………………………… 1035
第二章　两个文明同步发展 ……………… 1038
第一节　经济体制改革 …………………… 1038
第二节　调整产业结构 …………………… 1040
第三节　经济园区 ………………………… 1043
第四节　滩涂保护围垦 …………………… 1045
第五节　精神文明建设 …………………… 1047
第三章　生态岛建设 ……………………… 1053
第一节　生态岛规划 ……………………… 1053
第二节　生态农业 ………………………… 1055
第三节　生态旅游 ………………………… 1057
第四节　生态环境 ………………………… 1063
第五节　基础设施建设 …………………… 1066
第六节　新农村建设 ……………………… 1069

第十九篇　南汇区 ………………………… 1077
第一章　恢复经济建设 …………………… 1081
第一节　农村生产经营方式 ……………… 1081
第二节　种植业 …………………………… 1082
第三节　乡(镇)村工业 …………………… 1084
第四节　县属工业 ………………………… 1087
第二章　调整经济结构 …………………… 1089
第一节　现代农业 ………………………… 1089
第二节　“三资”企业 ……………………… 1090
第三节　民营经济 ………………………… 1092
第三章　推进城镇化 ……………………… 1094
第一节　公路、航道建设 ………………… 1094

图书在版编目(CIP)数据

上海市志. 总目：1978—2010 / 上海市地方志编纂委员会编. —上海：上海人民出版社，2021
ISBN 978-7-208-17515-0

Ⅰ.①上… Ⅱ.①上… Ⅲ.①上海—地方志—1978-2010—目录 Ⅳ.①K295.1

中国版本图书馆 CIP 数据核字(2021)第 264150 号

责任编辑 黄玉婷 郭立群
封面设计 严克勤

上海市志·总目(1978—2010)
上海市地方志编纂委员会 编

出　　版 上海人民出版社
（201101 上海市闵行区号景路 159 弄 C 座）
发　　行 上海人民出版社发行中心
印　　刷 上海中华商务联合印刷有限公司
开　　本 889×1194 1/16
印　　张 31
插　　页 5
字　　数 795,000
版　　次 2021 年 12 月第 1 版
印　　次 2021 年 12 月第 1 次印刷
ISBN 978-7-208-17515-0/K·3176
定　　价 200.00 元